当代经济学系列丛书

Contemporary Economics Series

主编 陈昕

行为法律经济学

[以] 埃亚勒·扎米尔　多伦·泰希曼　著

詹菲菲　彭丽嫦　译

当代经济学
教学参考书系

格致出版社

上海三联书店

上海人民出版社

主编的话

上世纪 80 年代,为了全面地、系统地反映当代经济学的全貌及其进程,总结与挖掘当代经济学已有的和潜在的成果,展示当代经济学新的发展方向,我们决定出版"当代经济学系列丛书"。

"当代经济学系列丛书"是大型的、高层次的、综合性的经济学术理论丛书。它包括三个子系列:(1)当代经济学文库;(2)当代经济学译库;(3)当代经济学教学参考书系。本丛书在学科领域方面,不仅着眼于各传统经济学科的新成果,更注重经济学前沿学科、边缘学科和综合学科的新成就;在选题的采择上,广泛联系海内外学者,努力开掘学术功力深厚、思想新颖独到、作品水平拔尖的著作。"文库"力求达到中国经济学界当前的最高水平;"译库"翻译当代经济学的名人名著;"教学参考书系"主要出版国内外著名高等院校最新的经济学通用教材。

20 多年过去了,本丛书先后出版了 200 多种著作,在很大程度上推动了中国经济学的现代化和国际标准化。这主要体现在两个方面:一是从研究范围、研究内容、研究方法、分析技术等方面完成了中国经济学从传统向现代的转轨;二是培养了整整一代青年经济学人,如今他们大都成长为中国第一线的经济学家,活跃在国内外的学术舞台上。

为了进一步推动中国经济学的发展,我们将继续引进翻译出版国际上经济学的最新研究成果,加强中国经济学家与世界各国经济学家之间的交流;同时,我们更鼓励中国经济学家创建自己的理论体系,在自主的理论框架内消化和吸收世界上最优秀的理论成果,并把它放到中国经济改革发展的实践中进行筛选和检验,进而寻找属于中国的又面向未来世界的经济制度和经济理论,使中国经济学真正立足于世界经济学之林。

我们渴望经济学家支持我们的追求;我们和经济学家一起瞻望中国经济学的未来。

2014 年 1 月 1 日

推荐序:探寻真实世界中的人心与法意

法学与经济学这两门学问,历来被看作社会科学中的翘楚,它们都有精密严谨的理论,又皆有经邦济世之大用。从 20 世纪 60 年代以来,经济学与法学经过一番交汇融合,发展出了"法律经济学"(law and economics)这样一个交叉学科,并逐渐成为当代学术发展中一股浩浩荡荡的潮流。经济学为法学研究提供了新的整合视角,而法律实践则为经济学提供了观察真实人类行为的丰富宝藏,二者的结合如水乳交融,贡献了众多的学术成果,并涌现出如理查德·波斯纳、大卫·弗里德曼、罗伯特·埃里克森、罗伯特·库特等一系列名家,引领了美国乃至全世界的法学研究。如兰德斯和波斯纳所说,法律经济学是美国法学从 20 世纪 40 年代以来最有影响力的一个发展方向。[1]几十年来,法律经济学的学术刊物、学术论文大量涌现,经济学背景的法律研究者在法学教授中占据了相当比例,法律经济学思想广泛渗透于法学教育之中,并显著影响了美国法官和立法者的决策。这一理论分支已经无可争议地跻身美国法学院的主流,并日益展现出全球范围内的影响力。[2]

然而,当代法律经济学面临着新的转型,那就是从以新古典的"理性经济人"(homo economicus)假说为基础的抽象理论构建,转向对真实世界中人类的心理与行为的研究。法律经济学开始逐渐从"黑板经济学"中脱离出来,越来越多地与心理学、神经科学(neuroscience)相融合,以大量的实验、调查问卷和实地观察,探究人类在真实世界中的判断与决策行为。故而,"行为法律经济学"成为法律经济学中居于前沿且最为活跃的一个领域。实际上,从名称上也可以看出,它超越了以往的法律经济学,可以看作心理学、法学、经济学这三门"显学"的综合。然而,为什么这门学问叫作"行为法律经济学"而不是"心理法律经济学"?

之所以称其为"行为法律经济学"(behavioral law and economics),是因为它对应于"行为科学"(behavioral sciences)。英文中的"behavior"和"action"两个词都对应于汉语的"行为"一词,但"behavior"更侧重于受控的、被动的行为,例如巴甫洛夫那只听见铃声就流口水的狗,展现出某种"动物行为",与股票交易中见机而动的"羊群"似乎也相去不远。人类行为受制于外部环境的刺激,也受到遗传基因的控制,其程度之深超过一般人的想象。[3]而"action"则带有一种不受控制和拘束的主动性,所以我们也可将其翻译为"行动",例如米塞斯的强调人的自主行为的巨著 *Human Action*,中译本的书名就是"人的行动"。[4]看上去,这样区分似乎有些咬文嚼字,然而事实上,我们在生活中的所作所为,无一不可以落入"行为"与"行动"之中,而"行为法律经济学"以"行为"作为"法律经济学"的定语,则在于强调:它所研究的是人的那些可观察、可统计、在一定程度上受到外在力量与个体生理特点影响和操控的行为。因此,行为法律经济学是一门社会科学,而非心理学中的那些"非科学"乃至"反科学"的流派。

那么,"行为法律经济学"的学科名称,是否暗示着人是没有自由意志的无灵魂的傀儡,或者说只是一台"碳基机器"? 关于自由意志的问题众说纷纭,迄今为止,并不存在一个终极答案。但是,本书的作者并未断言自由意志不存在。至少,本书强调应当把故意和过失区分开来,认为处心积虑的故意选择与不可预见的事故之间有着明显区别(见本书第5章)。实际上,行为经济学所强调的"受控行为"是统计意义上的。虽然我们不能判断自由意志是否存在,但即使一个把"独立之精神,自由之思想"奉为人生信条的人,他在购物、择业、投资、休闲、育儿、医疗、养老等方面做出的大部分选择,也可能符合统计规律,亦因此是在"行为科学"研究范畴之内的。即使我们承认自由意志的存在性,在生活中真正需要动用自由意志的抉择,其实是非常稀少的。例如,在历史关键时刻是选择屈膝投降还是从容就义,如何创造一部伟大的艺术作品或学术巨作,法官对于重大疑难案件应当如何判决等。这些抉择如果带有很强的个体性、主动性或创造性,就不在"行为科学"的研究范围之内,而是历史学、文学、哲学所擅长的领域。在你我的日常生活中,有相当一部分经验是高度个体化和差异化的,例如各种梦境或白日梦,以及涉及特殊心理与特殊行为的个案。它们虽然属于心理学探究的范围,但并不是行为科学所擅长的。[5]总之,"行为科学"并不能穷尽人类生活的所有方面,却关联着人类生活的许多重要方面,又由于法律总是影响着为数众多的普通人的一般行为(而非特异个体的特殊状态),因此,在探究法律制度如何有序运行、大众如何对不同的法律做出反应、如何评估和改进现行法律这些"大问题"上,行为科学的视角是不可缺少的。

本书提供了行为法律经济学的极佳入门读本,对于希望一般性地了解法律经济学的读者而言,也提供了相当简洁生动的引导。本书作者埃亚勒·扎米尔(Eyal Zamir)教授,是以色列耶路撒冷希伯来大学法学院的 Augusto Levi 讲席商法教授,曾担任法学院院长,并创建了 Aharon Barak 跨学科法律研究中心。他曾在哈佛大学法学院、耶鲁大学法学院等世界一流大学法学院担任客座教授。另一位作者多伦·泰希曼(Doron Teichman)是耶路撒冷希伯来大学法学院的 Basil Wunsch 讲席刑法学教授,也是以色列法律经济学会的前主席。两位教授一位是民法领域的专家,另一位是刑法领域的翘楚,都致力于将法律的经济分析与行为学方法结合起来,并进行实证与统计研究。除本书之外,他们还联合主编了著名的《牛津行为经济学与法律手册》,提供了对这一研究领域更为广博的综述。[6]

行为法律经济学中的关键部分,是确认了人类在认知和决策领域的种种偏差,突破了传统经济学"理性经济人"假设的藩篱(详见本书第2章)。传统经济学假设人是具有完备理性的决策者,会搜集和运用一切可能获得的信息,在此基础上做出最优决策,同时具有强大的意志力去贯彻这些决策。但现实中的人们往往具有两套决策系统:一套是负责快速决策(但并不准确)的

"系统1"；另一套是慢速思考、深思熟虑的"系统2"。系统2看似更加理性，但实际上往往是为"系统1"匆忙得出的"第一印象"做合理化论证。而人们的决策受到"快捷启发式"的影响极大，亦即所谓"所见即所有"(What You See Is All There Is)——那些最容易获得的信息对于人的决策影响超乎想象。例如，报纸上对空难的生动报道会让人们主动购买航空保险，但飞机的事故发生概率其实极低(其致命事故概率约为千万分之一，远远低于乘火车或开汽车)。再如，当回答"哪个城市更大"的问题时，学生们会认为更熟悉(更有名)的城市更大。与有限的认知能力相比，大概"有限的意志力"是每个人在生活中更能切身体验到的。人们经常"想一套，做一套"，因此才不能抵御手机和短视频的诱惑，受到懒惰和拖延的困扰，并且控制不好饮食和睡眠。总之，各种偏差的存在，使得真实世界中的人类决策与理性经济人相差甚远。

通过确认真实世界中的各种认知与决策偏差，行为法律经济学构建了不同于传统经济学理性决策理论的框架。那么，我们收集了这么多"千态万状"的关于"非理性决策"的知识，其意义何在？笔者认为，行为法律经济学所确认的人类认知与决策规律，可以有如下几个方面的运用：

首先，最重要的是"见招拆招"——确认系统性偏差之后，我们可以用适当的手段去纠正这些偏差，从而使决策变得更科学、更理性、更有益于社会，或避免严重的失误。例如，由于人们的记忆极不完美，目击者指认凶手的错误率很高，而且，如果让目击者在一个队列里指认凶手，他们会严重倾向于在队列里认定一个人是凶手，即使这个队列里全都是无辜者。此时，就不妨采用"顺序队列"方法，依次让目击者辨认嫌疑者(或照片)，并且在下一个嫌疑者出现之前就询问目击者的意见，这样会降低冤案的发生率。再如，认识到诱导性的审讯会带来虚假供词，简单的操纵会使人"回忆"起从未发生的事情，就需要对审讯加以技术限制，使之更加客观中立(见本书第16章)。再如，在消费者保护领域，传统的披露义务要求厂商一次性公布所有信息，然而消费者根本不会注意这些复杂而冗长的信息(这被称为"信息过载")。英国和澳大利亚等国家现在采用了对信息量的限制和直观颜色代码(例如以红色表示危险)，以减少消费者的"麻木效应"(见本书第8章)。再如，专利法领域中，专利审查员往往表现得像一个"事后诸葛亮"(hindsight，或译作"后见之明")：当一项新发明摆在他们眼前，请他们判断此发明有没有创新价值，审查员会倾向于低估发明创造的难度。因此，可以让审查者在接触申请方案之前就对该领域的创新难度做出考量，这样就不致把很多真正的创新拒于门外(见本书第6章)。

其次是"将错就错"——在某些方面人类的认知确实是有偏差的，但这些偏差或许对社会而言并无损害，而现有的各种制度在很大程度上也随顺了人的心理需要，此时我们就应当维护现行法律的稳定性，或在此基础上略加改进。例如，根据行为学研究，人们实际上并不严格区分"所有"和"占有"，对于长期占有的土地，即使没有所有权也会被视为是"自己的"。于是，对长期租赁的公地实施确权，明晰其占有、使用的权益，就可起到类似于让"有恒产者有恒心"的效能。再如，人们往往会对自己的创新能力过于自信，忽略了创造发明的难度，而其实"创新彩票"的中奖率极低，但是这种"过度自信""盲目乐观"，恰恰是创新者不断发挥积极性、奋勇向前的动力所在，正所谓"悲观者正确，乐观者成功"。也因此，现有的"赢家通吃"式的专利保护制度是大致可取的(见本书第6章)。再如，刑法领域中，罪犯对自己的犯罪成功率会过于乐观，从而系统性地低估抓获概率，这导致了犯罪率提升。但现实中类似《名侦探柯南》或阿加莎·克里斯蒂小说里出现的"完美犯罪"其实并不存在。但正因为罪犯实际上漏洞百出，他们被抓获的概率也会大大增加，因此现行的刑法也许不需要提高惩罚力度以威慑过于乐观的罪犯。再如，普通人并不遵循传统法学理论的那些复杂精致的刑罚观念,而是遵循简单的"罪有应得""善恶有报"的朴素正义观,虽然这些正义观往往与理性选择理论相背离。一些学者认为,刑法应当更多地顺应人们的朴素观念,当法律法规与公众认知保持一致时,就会获得广泛的尊重,从而促进自觉守法。实际上,当法律严重背离普通公众的认知时,具有犯罪倾向的人会把现有的刑事司法系统看作是不公正的,以合理化其犯罪行为。虽然这一结论并非定论,但在一些热点案件的讨论中,当一些法律专业人士把社会一般公众视为"法盲",无视或轻视普通人的"非专业意见"时,行为法律经济学的探究或许会让我们重新思考朴素正义感的价值。本书作者也指出,法律不可能直接改变人们的信念。重塑人们的态度,相当于改变社会的底层运行逻辑。因此,不妨对普通人的信念更多一份尊重(见本书第12章)。

再次可称之为"借力打力"——在法律制度的设计中主动地利用人们的错觉和偏差,通过巧妙的制度设计来改善社会状况。这就是著名的"助推"(nudge)理论,亦即,制度设计者并不必用九牛二虎之力去"强推"(push)某些有益于社会的行为,而只需要像太极高手一样顺着对方的来劲,轻轻加以拨动,就可以起到四两拨千斤的效果。[7]例如,对于自己的健康和寿命,人们倾向于过度乐观,因此,知识产权法如果采用"寿命+延伸保护年限"的方法来设定保护期限,会让人们更加积极地发明创造(见本书第6章)。在危险事故领域,过度乐观同样存在,多数人只要自己没有遇到事故或没看到事故发生,就将其概率默认为零。但人们同时也对具有"突显性"(salience)的事故信息极为敏感(例如,购买航空保险的动机就是来自空难的惨烈印象)。因此,不妨采取温和提醒的政策,鼓励雇员在观察到安全规范被违反时提醒同事注意,这会让人们更加遵守安全规范。此时,风险管理并不侧重于事后的补救,而是贯彻到工作的整个流程之中(见本书第9章)。再如,立法机构可以抓住时机,顺应公众对某些偶然发生的热点事件的关注,推动有益于社会进步的立法,以收事半功倍之效(见本书第11章)。

最后,我们希望"见山是山"——承认人类决策的复杂性,一如登山者意识到"不识庐山真面目"的可能性,从而对法律制度的改易变动(乃至一般意义上的立、改、废、释)永远怀着谨慎之心。我们必须承认,人心犹如浩瀚的宇宙,人类对于自身心理的认识是不完全的。因此,即使确认了一些认知和决策上的偏差,也不能立刻将其转化为现有制度的变革,因为这些"偏差"或许没有外部有效性(在实验室里确认的偏差,在外部世界中可能不成立),并且"偏差"本身对于现实的影响也是多面的。例如,如前所述,人们往往遵循着"所见即所有"的认知规律,格外重视自己手头上可获得的信息。那么,这是否意味着政府应当让执法工作高度可见,以提高潜在违法者对实际被抓获概率的认知?对这个问题不能轻率下判断,特别是在犯罪率已经较高的地方。让执法工作更为鲜明突显会提高威慑,但同时也突出了违法犯罪之频繁,为潜在犯罪者提供了示范效应(见本书第12章)。再如,陪审员往往会接受那些不可采信的证据(例如非法获取的证据、传闻证词之类),但法官是否应当直接告诉陪审员"不要采信那些证据"?事实证明这样做反而激起了陪审员的逆反心理,形成"回旋镖效应"。另外,司法中的普遍现象是:法官决策是情境依赖的,受到诸如先入为主的判断、自身个性因素、后见之明效应、决策规避等因素的影响,从而会系统性地出现偏差(见本书第15章)。但是,法官必然会行使自由裁量权,不可能通过预先规定的细密法条把法官的手脚完全拘束住——在"机器人法官"出现之前,我们只能接受这一事实。正所谓,"利不百,不变法","兴一利,必生一弊"。两位作者也在本书的不同部分反复强调,从行为学洞察中得出规范性结论时(亦即关于如何修改法律的建议)必须小心谨慎,尤其是在这些洞察的实证基础并不那么牢靠的情况下。正如胡适所说:"我们有一分的证据,只能说一分的话;我有七分证据,不能说八分的话;有了九分证据,不能说十分的话,也只能说九分的话。"[8]这种态度是十分可贵的。以往同类作品的作者,在避免传统经济学"理性的自负"的过程中,往往又陷入了"非理性的自负",亦即认为可以轻易通过法律制度来改变和纠正人类的非理性,从而为通往"美丽新世界"铺成一条康庄大道。相较而言,本书作者的谨慎意见,体现出更为严谨科学的态度。

作为一部教科书式的著作,本书具有简洁生动、清晰明畅的鲜明特色。完全不同于某些教材干瘪枯燥的"教科书面孔",本书充满了大量来自现实生活中的例子,使人目不暇接,来自心理学的各种奇妙知识更是令人兴味盎然。书中所有的行为学洞察和法学应用都有细心的铺垫,耐心介绍了相关的背景知识,尽可能使读者少一些翻检之劳。同时,本书列举了大量参考文献,相当于对行为法律经济学的各个领域做了学术综述,为进一步的延伸阅读乃至研究提供了一幅幅周详细密的导览图。清楚易懂的介绍行文,则仿佛一位优秀的知识导游,陪同读者展开探索的旅程。然而本书丝毫没有因为易于理解而显得浅薄。尤其是前面几章,视野宏大开阔,将法律经济学的技术性讨论上升到了哲学高度。这些优点,都是值得国内的教材(特别是法学教材)书写者认真学习的。然而,也许,国内的法学专家读完此书之后,会发出一声疑问——这是"法学"吗? 这样的疑问,也反映出国内法学研究的一些独特秉性。当然,也必须承认,当代行为法律经济学的研究者,仍然以象牙塔内的学者为主。他们以比较经典的心理学框架为"参照点"而展开研究,其实证研究受科学实验方法影响甚大,而缺乏对现实世界中人情世故、权谋策略、世道人心的更为深入的体悟和分析。这本身是否也是一种"框架效应"或"路径依赖"? 或许不同学科、不同地域的法学研究可以相互启发,相互借鉴。"旧学商量加邃密,新知培养转深沉。"希望这本书能更有效率地传递更多新知,为国内青年一代的法律经济学学人打开一扇通往国际前沿学术的大门。

丁建峰
中山大学法学院法学理论研究所副教授
2025 年 6 月 9 日于广州

注　　释

[1] 参见 Landes, William M. and Richard A. Posner, 2003, "The Influence of Economics on Law: A Quantitative Study," *The Journal of Law and Economics*, 30(2), 385. 关于法律经济学的发展简史,可参见 Priest, George L., 2020, *The Rise of Law and Economics: An Intellectual History*, New York: Routledge.

[2] 参见:Hersch, Joni and W. Kip Viscusi, 2012, "Law and Economics as Pillar of Legal Education," *Review of Law and Economics*, 8(2), 487 - 510; Ash, Elliott, Daniel L. Chen and Suresh Naidu, 2022, "Ideas Have Consequences: The Impact of Law and Economics on

American Justice," *NBER Working Paper*, No. w29788, available at SSRN: https://ssrn.com/abstract=4045366。

［3］参见 Sapolsky, Robert M., 2017, *Behave: The Biology of Humans at Our Best and Worst Hardcover*, New York: Penguin Press。关于法律对人类行为的影响, 可参见［美］劳伦斯·弗里德曼:《碰撞:法律如何影响人的行为》, 邱遥堃译, 中国民主法制出版社 2021 年版。

［4］参见 Mises, Ludwig Von, 2012, *Human Action: A Treatise on Economics* (Reprint of 1949 Edition), Martino Fine Books。中译本为［奥］路德维希·冯·米塞斯:《人的行动:关于经济学的论文》, 余晖译, 上海人民出版社 2013 年版。关于人类行动为何应该成为社会科学之基础的更精要论述, 可参见［奥］路德维希·冯·米塞斯:《经济科学的最终基础:一篇关于方法的论文》, 朱泱译, 商务印书馆 2015 年版, 第 6—14 页。

［5］例如,"吴谢宇弑母案"可以作为社会学与心理学上的重要个案,但它缺乏统计学上的意义 (对该案的介绍与分析,详见吴琪、王珊:《人性的深渊:吴谢宇案》,生活·读书·新知三联书店 2025 年版)。再如,名校大学生的抑郁频发与"空心人"现象,也并非行为学研究的合适对象。但是,法学专业就业率不高,而仍有大量学生选择这一专业,以至于该专业成为高考录取分数线比较高的文科专业,这一现象却是值得用行为学的理论与方法来探究一番的。

［6］参见 Zamir, Eyal and Doron Teichman eds., 2014, *The Oxford Handbook of Behavioral Economics and the Law*, New York: Oxford University Press。

［7］关于助推的更多事例与理论论证,参见［美］理查德·塞勒、［美］卡斯·桑斯坦:《助推:事关健康、财富与快乐的最佳选择》,刘宁译,中信出版社 2009 年版。一个更为简明的介绍,参见［美］卡斯·桑斯坦:《为什么助推》,马冬梅译,中信出版社 2015 年版。

［8］胡适:《容忍与自由》,载欧阳哲生编:《胡适文集》第 12 卷《胡适演讲集》,北京大学出版社 1998 年版,第 844 页。

献给我的父母，约纳·泰希曼和梅厄·泰希曼
D.T.

献给达芙娜、阿比盖尔和亚拉
E.Z.

英文版序

尽管行为法律经济学在过去二十年间对法学理论与政策制定都产生了深刻的影响，但至今仍未有关于此学科的全面教材或论著。本书是第一部旨在为读者提供一个该领域概览的教材兼论著——包括其经济学与行为学背景、方法论、在规范与政策上的含义，以及在多个法律领域的应用。

本书的两位作者在该领域的合作始于几年前，当时我们受邀共同主编《牛津行为经济学与法律手册》(2014)——这是该领域内的第一本手册，其中的章节由领域内的一些领军人物撰写而成。我们对这本手册深感自豪，但仍认为有必要对这个领域进行整合性的梳理，使初学者与专家均能获益。我们希望本书能将行为法律研究的神奇世界介绍给更多读者，并且激发法学家、心理学家、经济学家与更多人士的进一步研究。

本书每个章节最初由两位作者分别独立完成（有些部分由两位作者合作撰写），但最终成果完全是通力合作与集体智慧的结晶。[1]

书中的部分内容参考了我们此前出版的著作，譬如关于"损失厌恶""后见之明偏差"与"司法决策"的这几章，均含括在上文提到的手册中。

我们从与许多同行多年的交流中获得了丰硕成果，并深深对他们表示感谢——尤其是 Ilana Ritov 和 Yuval Feldman，我们的长期研究伙伴。同时也要特别感谢 Ilan Benshalom、Barak Medina 和 Anne-Lise Sibony 为本书的各个章节提供了真知灼见，感谢 Shmuel Baron、Inbal Elbaz、Yuval Farkash、Elisha Harlev、Carl Nathan Johnson、Ben Levko、Tal Mendelson、Tal Nisim、Elad Spiegelman 与 Roi Yair 出色的研究协助。以色列规划和预算委员会（Planning and Budgeting Committee）和以色列科学基金会（Israel Science Foundation）的 I-CORE 计划，为本书提供了慷慨的资助（拨款编号：1821/12）。

注　释

[1]　第1—6章、第8章、第11章、第13章、第14章、第15章部分内容以及第16章的最初几个版本,主要是由埃亚勒·扎米尔(Eyal Zamir)撰写。第7章、第9章、第10章、第12章以及第15章部分内容的最初几个版本,主要是由多伦·泰希曼(Doron Teichman)撰写。

目　录

绪　言

　　几十年以来,法律的经济分析一直是法学理论的前沿视角之一,或可称为最前沿的视角。与通常的经济分析一样,支撑着标准法律经济分析的人类行为理论一直是理性选择理论。根据此理论,人们总是会选择可以最大化他们期望效用的选项,设法以此增益自己的福祉。在过去的几十年间,法律的经济分析与经济学领域的各项相应发展一样,受到了越来越多实验与实证研究的挑战。这些研究证实了对经济学中的理性假设普遍与系统性的偏离,展示出人们的偏好通常并不服从于占优性、传递性与不变性等,以此挑战了浅层的认知理性假设。同时,这些研究也通过强调人类行为中的公平、嫉妒与利他主义等动机,对深层的动机理性假设提出了疑问。从一个略微不同的视角来看,实验与实证研究已经说明,人类的道德选择并不与福利经济学——经济分析中的规范性分支——的后果主义框架相嵌合,而是更多地与道义论式的道德相吻合。

　　尽管这些洞见最初被认为与标准的经济与法律经济分析格格不入,但随着时间的推移,它们逐渐被大量整合到主流经济分析当中,其中也包括法律的经济分析。此外,行为学洞见的影响,早已超越了对法律的纯经济分析:近年来,这场行为学运动已成为整个法学领域最具影响力的进展之一。正如经济学推理在20世纪80年代与90年代(起码在世界的某些地方)成为法学分析的一种标准范式,行为分析亦成为跨学科分析的一种标准范式。行为分析亦在逐渐影响世界范围内的立法、行政与司法政策制定。

　　近年来,伴随着行为法律经济学影响力的扩大,实证与实验的法学研究也开始兴起。这一新的范式革新了行为法学学者所从事研究的性质与范围。越来越多的研究者开始独立开展专门设计的实验与实证研究,试图回答特定的法学问题,而非仅仅利用由非法学界人士开展的实证研究中的结论。多亏了上述各项发展,经济学、心理学与法学的整合,正在法学理论、社会科学与政府政策制定等领域,开辟令人振奋的新天地。

　　吸收行为经济学的学术成果——更别说产出——需要熟悉三个不同的学科。遗憾的是,目前基本上没有行为经济学的相关教材,关于判断与决策的教材也寥寥可数——而判断与决策恰恰是启发行为法律分析的基础心理学研究。这种境况使得对行为法律经济学相关教材和专著的需求更为迫切,但同时也使我们的任务尤其有挑战性。

　　本书包含五篇,共16章。第一篇为随后的讨论打下基础:第1章介绍实证与规范经济学的基本原则;第 2 章回顾构成行为法律经济学基础的心理学发现。在关注判断与决策相关研究的同时,第 2 章也引入在社会与道德心理学、实验博弈论与实验哲学领域的研究。该章较详细地阐述多项已被文献记录的启发式与偏差,以及贯穿在多种现象中的各项议题——例如专业知识对决策的影响、集体决策、个体与文化差异,以及去偏差化。

第二篇包含三章,展开行为法律经济学的概述,并讨论一些统领性的主题。其中包括:对学科领域、相关历史、方法论与面临的挑战的概述(第 3 章);对行为学洞见带来的规范与政策启示的综合讨论(第 4 章);对认知心理学、道德与法律之间有趣的互通之处的分析(第 5 章)。

余下三篇批判性地考察行为学研究对多个法学领域的现有贡献。以私法与商法为基点,第三篇的五章(第 6—10 章)分别讨论财产法(包括知识产权,以及财产规则相较于责任规则的争论)、合同法、消费者合同、侵权法,以及商法(包括公司法、证券法与反垄断法)。第四篇专注公法——首先讨论行政法、宪法与国际法(第 11 章),随后是刑法与执法(第 12 章),并以税法作结(第 13 章)。最后,第五篇讨论法律程序——也就是当事人行为、司法决策,以及证据法(分别在第 14、15、16 章)。

尽管为行为法律经济学提供了一份范围广泛的概述,但本书并没有穷尽所有行为学洞见对法学研究的贡献。具体来说,我们认为在某些领域,现有的行为学学术成果——尽管非常重要且有影响力——还不适合纳入系统性的综合(虽然在将来也许会)。因此,本书没有关于例如劳动与雇佣法[1]或是家庭法[2]的相关章节(但是,一些可包含在上述主题下的讨论,在本书的其他部分有所涉及)。

注　释

[1]　在大多数情况下,劳动与雇佣法的行为学分析,聚焦两项议题:老年人储蓄的不足与就业歧视。见:Deborah M. Weiss, *Paternalistic Pension Policy: Psychological Evidence and Economic Theory*, 58 U. Chi. L. Rev. 1275 (1991); Linda Hamilton Krieger, *The Content of Our Categories: A Cognitive Bias Approach to Discrimination and Equal Employment Opportunity*, 47 Stan. L. Rev. 1161 (1995); Samuel Issacharoff, *Contracting for Employment: The Limited Return of the Common Law*, 74 Tex. L. Rev 1783 (1996); Cass R. Sunstein, *Human Behavior and the Law of Work*, 87 Va. L. Rev. 205 (2001); Cass R. Sunstein, *Switching the Default Rule*, 77 N.Y.U. L. Rev. 106 (2002); Samuel R. Bagenstos, *The Structural Turn and the Limits of Antidiscrimination Law*, 94 Calif. L. Rev. 1 (2006); Linda Hamilton Krieger & Susan T. Fiske, *Behavioral Realism in Employment Discrimination Law: Implicit Bias and Disparate Treatment*, 94 Calif. L. Rev. 997 (2006); Christine Jolls & Cass R. Sunstein, *The Law of Implicit Bias*, 94 Calif. L. Rev. 969 (2006); Christine Jolls, *Behavioral Economics*

Analysis of Employment Law，in The Behavioral Foundations of Public Policy 264 (Eldar Shafir ed.，2013)。

［2］家庭法的行为学研究相对缺乏，已有研究举例：Brian Bix，*Bargaining in the Shadow of Love：The Enforcement of Premarital Agreements and How We Think about Marriage*，40 Wm. & Mary L. Rev. 145，193－200 (1998)；Daphna Lewinsohn-Zamir，*In Defense of Redistribution through Private Law*，91 Minn. L. Rev. 326，385－89 (2006)；Sean Hannon Williams，*Postnuptial Agreements*，2007 Wis. L. Rev. 827；Tess Wilkinson-Ryan & Deborah Small，*Negotiating Divorce：Gender and the Behavioral Economics of Divorce Bargaining*，26 Law & Ineq. 109 (2008)；Sean Hannon Williams，*Sticky Expectations：Responses to Persistent Over-Optimism in Marriage，Employment Contracts，and Credit Card Use*，84 Notre Dame L. Rev. 733 (2009)。

第一篇

经济学与心理学背景

▶ 1

法律的经济分析：概述

1.1　绪论

　　无论如何运用与理解法律，行为学洞见都可以并且应该启发法律和法学理论。既然法律试图影响人类行为，那么它必须关注关于人类动机、决策与道德判断的实证发现。将行为学研究与*法律的经济分析*（economic analysis of law）——而非一般的*法律分析*（legal analysis）——联系起来，一定程度上是由特定的历史发展，而非分析性的真理所造成的。在历史上，构成法律的行为分析之核心的许多判断与决策研究，一直在参照与回应传统经济分析的假设。[1]尽管行为学洞见遭遇了经济学正统的诸多抵制，这些洞见还是逐渐被整合到了主流经济分析当中，从而形成了*行为经济学*（behavioral economics，BE）这一新领域。有两项因素造就了*行为法律经济学*（behavioral law and economics，BLE）同样迅速（如果不是更加迅速的话）的兴起。其一，相比基础社会科学，包括律师经济学家在内的法律界专家对应用型社会科学尤其感兴趣。他们比非律师经济学家更为关注真实世界，而不是抽象模型的世界。[2]其二，与其他社会科学家不同，律师经济学家并不满足于理解人类行为。他们经常参与规范与政策分析——就如何使用法律的强制力来影响人类行为，向决策者提出建议。为实现这一目标，他们应该并且通常确实会采纳多个不同的视角。

　　可以肯定的是，撰写这本关于行为法律经济学，而非行为法学的专著，并不主要是由历史发展所驱动的。相反，这体现了我们对下述事实的理解：经济学方法论对几乎所有法学领域内的思考做出了巨大贡献。经济分析推动人以一种系统且严谨的方式思考目标、方法、激励与产出之间的相互关系。此外，行为学洞见固然对任何阐释性或规范性的法学理论而言都必不可少，但这些洞见在限定与修正标准的法律经济分析时尤为重要，因为标准的法律经济分析假设人们是自身效用的理性最大化者，并且是基于一种具体的规范性视角而建构的。

　　因此，为了给接下来的讨论打好基础，本章将对法律的经济分析进行一个全景式的概述。[3]1.2 节将介绍一般经济分析的主要特点，并特别关注实证经济学。1.3 节将介绍经济分析的规范性分支中的基本原则。

1.2 实证经济学

在过去的几十年间,在美国,以及在越来越多的其他地方,法学理论与实践中最有影响力的跨学科学派,一直是法律的经济分析。经济学研究的是,在一个资源不足以满足人类欲望的世界中的人类行为。[4]标准经济分析力图在定义明确的假设之下——具体来说,即假设人们会理性地试图最大化自身偏好的满足——解释、预测并评估人类行为及其后果。虽然始于对物质商品与显性市场的关注,但当代经济分析处理的是生活的方方面面与所有的分配机制,包括政府命令与家庭内部关系。除了直接分析法律规范(legal norms)对人类行为的影响,法律的经济分析还力图理解几乎所有语境之下令法学家产生兴趣的人类行为(human behavior),从乱丢垃圾到诉讼,因此,只有极少议题在其讨论视域之外。

经济分析在传统上被划分为实证(positive)和规范(normative)两类。实证经济学尝试描述、解释并预测人类行为及其社会后果。它并不回答人类应该如何行事,或者什么法律规范应该被采用等问题。确切地说,它提出问题,例如:"买家掌握信息不足,会如何影响在原本竞争性市场之下的商品质量?"或者"规定合同前的信息披露义务,会如何影响事前的不同类型信息的生产?"大多数经济学家主要进行的是实证分析——或者至少他们是这样认为的。[5]然而,某些经济分析,以及大多数法律的经济分析,具有明显的规范性。它们规定人们应当如何行事,国家应当追求何种政策等等。它们会提出诸如此类问题:"如果可能的话,在什么情况下,规定合同前的信息披露义务,会提升总体社会效用?"经济学的规范性分支——也被称作福利经济学(welfare economics)——是一种道德理论。法律的实证与规范经济分析运用相似的方法论,这在当前这一节中会介绍。随后的一节将概述福利经济学的基本原则。

除了以公共选择理论(public choice theory)为基础的公法的经济分析[6],大多数法律的经济分析主要运用微观经济学(microeconomics)的理论,且在一定程度上使用博弈论(game theory)的相关理论。[7]微观经济学在考虑到资源稀缺性的情况下探讨个人与小团体的行为,企业与家庭行为也包括在内。稀缺资源包括生产资料、金钱与时间。博弈论则是研究在决策结果受到他人决策影响且能影响他人的情况下人们的决策。

经济分析与自然科学一样,使用模型来解释与预测行为和结果。通常来说,模型与现实情况相去甚远,且更为简单。一个经济模型的目标,并非精确地描述现实,而是试图通过关注一小部分变量并排除真实世界的复杂性,来解释与分析现实。一个模型越精简——也就是说,模型纳入的变量越少,而解释的社会现象的范围越大——就越好。经济模型的构建者显然很清楚模型无法捕捉现实中所有的复杂性,否则它们就不只是模型了。当模型与现实的相似程度高到可提供关于后者的洞见,或当它们让我们注意到模型与现实之间的区别时,模型就是卓有成效的。比如说,科斯定理(Coase theorem)将模型置于一个完全竞争市场之中,其中没有对法定权利转移的限制,且交易成本为零,则无论法律规定的初始分配如何,都会产生有效的权利分配。[8]当然,几乎没有交易成本实际为零的市场。然而,科斯定理十分重要,原因有二:其一,许多环境与科斯的零交易成本世界足够相似,因此该定理的预测是有价值的;其二,科斯定理强调研究交易成本的重要性:成本在何时以及为何走高,社会结果如何可能因提升或降低交易成本而受到影响等。

标准经济分析的一项显著特征在于其假设:经济参与者均为理性最大化者(rational maximizers)。让我们首先来看最大化(maximization)这个概念,然后来看理性(rationality)。个体通常被设想为会最大化他们的效用,而企业则会最大化其利润。当数名(或多名)最大化者互动时,一种互动的模式,即均衡,可能随之产生(它可能或多或少是稳定的,即对外部事件的敏感性相应较低或较高)。的确,理性最大化者之间的反复互动,经常会创造出一种均衡,无论是在游戏中、市场中,还是政治舞台上。均衡并非经济参与者刻意试图制造的产物,而是每个参与者努力最大化其自身利益之实现而得到的自发性结果。最大化行为与随之产生的均衡或可用数学公式来表述,由此为经济学配备了强大的分析工具。对大多数法学家来说,幸运的是,经济学洞见通常都无需通过公式数学来理解,或至少大致理解。

如前所述,标准经济分析不仅假设经济参与者会努力最大化其效用利润,还假设他们会理性地做到这一点。这样一来,标准经济分析也就假设了下面两点:人们知道自己所求为何;并且他们能够根据从中获得的效用,对包括闲暇在内的不同商品与服务的组合划分等级。比如说,对于一个偏好多用一小时的时间来休息,而非多工作一小时并用工作酬劳来购买商品的人而言,把这一小时用在工作之外的地方效用会更高。经济理性有多种可能的定义,有些定义比另外一些有更多的限制条件。从最低限度上说,经济理性假设人们的偏好集能满足一些基本条件,例如完备性(completeness)、传递性(transitivity)、占优性(dominance)与不变性(invariance)。完备性是指,对任意两种商品或服务的组合,经济行为人要么是偏好 A 多于 B 或偏好 B 多于 A,要么是两者对他来说无差异。这项条件尽管看起来微不足道,但事实上并非如此,因为它假设任意两项事物均可被比较——例如某人母亲的健康与不同数额的金钱。[9]传递性是指,若某人偏好组合 A 多于组合 B,且偏好组合 B 多于组合 C,则此人偏好组合 A 多于偏好组合 C(同时,如果此人偏好 A 多于 B,但 B 与 C 对他来说无差异,则此人必然偏好 A 多于 C,依此类推)。占优性指的是,如果某人在某些情况下或在某个方面偏好组合 A 多于组合 B,且不在任何情况下或在任何方面偏好 B 多于 A,则此人必然偏好 A 多于 B。不变性是指,组合 A 与 B 的排序,不受描述它们的方式影响。另外一个经济模型的标准简化假设是:人们的偏好是外生给定且不随时间变化的。经济模型通常还会假设:人们会考虑到所有相关、可得的信息;忽视不相关的信息;准确使用概率规则与逻辑推理,等等。因此,理性的人们会对激励做出反应,以便最大化地满足其欲求。事实上,有些模型所依赖的假设,对人与企业的理性有很高的要求。

应再次强调,经济学家们意识到了人们的偏好并非无法改变(正如广告行业的存在所印证的),并且人们并不总是一以贯之地作为对自身效用或利润的理性最大化者来做决策(正如离婚率所印证的)。然而,经济学家们倾向于相信,人们与这些假设的偏差足够小且为随机分布,因此假设有用,且用更现实的假设来替换这些假设所增加的复杂性并不值当。经济模型甚至无需假设人们会刻意力图最大化其效用。若一个模型假设人们仿佛(as if)就像是理性最大化者一样行动,且该模型生成的可检验预测要比另一与之竞争的适度精简的模型更准确,则无论该模型的假设是否精确地把握了现实,此模型都是有用的。[10]

从理论上来说,经济分析将人们的偏好视作是给定的。它并不探究偏好被如何创造这类问题,也不评判偏好的内容。但是,经济模型通常不仅假设如上所述的浅层(thin)理性或认知(cognitive)理性,也假设深层(thick)理性或动机(motivational)理性。这些经济模型假设每个经济参与者都只在意自身的福利(或利润,如果是企业的话),排斥真正的利他主义(或嫉妒)与对其他价值的奉行,例如公平、信守承诺与说真话。[11]

欲例证上述一般观察,可思考微观经济学与博弈论中的两个经典模型:完全竞争市场(perfectly competitive market)与囚徒困境(prisoner's dilemma)。在一个完全竞争市场里——可能是最为著名的经济模型——有许多卖家与买家;无论是认知上还是动机上,他们所有人都是理性最大化者;每个人都有完整的信息;交易成本很低;人们的行为与交易没有外部性(所谓外部性,即其成本或收益没有被行动者完全内化的各种影响);没有贸易限制。在这样一个市场里,没有行动者可以垄断任何产品或服务的定价。相反,供需规则(市场的"无形之手")决定所有商品的数量、质量与价格。市场机制激励卖家生产最符合买家偏好的商品与服务,因为后者愿意为满足自己而支付金钱。若某一个卖家提高了价格,买家会选择其他卖家。并且,如果生产某一产品的成本增加导致价格上涨,买家们也许会选择能更好地满足他们需求的替代品。市场交易推进专业化,这正是提升商品与服务的数量与质量、降低生产成本的关键。在一个完全竞争市场中,资源会向它们最有价值的用途聚沉,由此最大化总体人类福利,这是由以支付能力做支撑的偏好满足来衡量的。

完全竞争市场是一个非常有用的模型——尽管它在现实中极少存在。一方面,许多市场都足够有竞争性,致使任何政府监管都变得适得其反。另一方面,该模型让人们注意到一个竞争性市场运作的多种障碍,也就是市场失灵(market failures)。市场失灵包括贸易限制、信息问题、外部性、公共品等。许多经济分析都致力于研究市场失灵,以及如何修复它们。

囚徒困境是一个典型化模型,其中有两名(认知上与动机上的)理性最大化者,他们都掌握了其所在环境中的完整信息,但是二者不能相互交流,也不能投入到任何行动当中。想象两个人因为犯有一项重罪与一项轻罪的嫌疑被逮捕与审问。他们不能与对方交流,而且双方都不知道对方如何行事。然而,双方可知的是,警察对指控他们的轻罪掌握了充足的证据,但没有足够证据指控他们犯了重罪——除非其中一人或双方坦白自己犯下重罪并控告另一人。同时,可知轻罪的惩罚是两年监禁,而重罪则是十年。但是,如果只有一人坦白,并控告另一嫌疑人,则坦白者可得到一年减刑。若两名罪犯都坦白并控告对方,则双方都会以重罪指控,但因为他们配合警方(同时背叛对方),可被减刑至六年监禁。

在这些假设之下,两名嫌疑人都知道,如果另一方保持沉默,自己可以通过坦白与控告对方的方式将自己的刑罚从两年减至一年。双方亦知道如果另一方坦白并控告自己,自己最好也坦白并控告对方,从而将自己的刑期从十年减至六年。因此,对两名嫌疑人来说,占优策略是无论另一方怎么做,自己都坦白并控告另一方。换句话说,囚徒困境里没有困境——只有这一条占优策略。

在真实生活当中,只有在非常有限的情形下,才会出现两个决策相互影响的人完全无法进行交流、不在乎另一方的福利,且没有(正式或非正式的)承诺机制来促进合作的情况。但是,囚徒困境是一个强大的模型,因为它为观察许多人类活动提供了洞见。举一个例子:为什么人们总是乱丢垃圾?一个可能的回答是,虽然,人们通常会偏好一个整洁的环境,但他们也知道,环境是否能保持整洁不仅仅是其自身行为能保证的。人们也许会把不同的可能性进行如下排序:(1)每个人都保持环境整洁,只有我乱丢垃圾(在这种情况下,环境总的来说依然整洁,而且我不需要把垃圾带到最近的垃圾桶处);(2)每个人,包括我,都保持环境整洁;(3)每个人都乱丢垃圾;(4)只有我不乱丢垃圾(在此情况下,环境被污染,而且我要承担不乱丢垃圾的代价)。一个令人沮丧的结果是,尽管每个人都希望所有人能保持环境整洁(第二最优选择),每个人都还是会乱丢垃圾(第三最优选择)。人们的贪婪(想要实现他们最优选择的欲望)与恐惧(害怕最终会面对第四种可能)导致了不合作均衡——尽管如果合作的话,每个人都可以获益。虽然这个典型化的囚徒困境的假设很少在现实中出现,但我们可以看到,一个非常简单的模型——当然,其预测应该被实证检验,并且与其他模型的预测进行对比——可以如何为基础的问题提供洞见,例如为什么一个社会需要中央执法。

这些仅仅是法律的经济分析的一些基本特征。额外的特征,例如经济分析中偏好的意义与角色,会在下一节中进一步阐释。在不同的特殊性水平上,经济学视角的更多面向与应用,会贯穿在全书中讨论。

1.3 规范经济学

前文已概述了一般经济分析的基本特征,本节讨论福利经济学——属规范经济学这一分支。福利经济学绝不是一成不变的单一整体,但我们将其基本原理作为背景进行梳理,有助于讨论行为学发现所提出的挑战。

从基本形式上看,福利经济学是一门后果主义(consequentialist)道德理论。[12]这意味着,与道义论(deontological)的理论相反,它主张在对某一行为或规则的道德评估当中,最终唯一的决定因素为该行为或规则的后果。比如说,根据福利经济学,主动或故意伤害他人(包括杀害对方)本身并无不道德之处,只要这种伤害能产生合意的结果。如果在进行全方位考量后,某一涉及伤害他人、打破承诺,或撒谎的特定做法,能带来比不涉及上述行为的做法更优的结果,则应采取前者。当然,后果主义者——包括福利经济学家——也许会试图规避如此有争议的结论。比如说,他们会强调打破承诺的长期与间接副作用,或者辩称考虑到错误计算的风险,更可取的是对伤害他人的做法施加非常严格的禁令。后果主义的批评者则回应,尽管上述及类似观点可能可以规避后果主义的一些最为恶劣的推论,但它们依旧无法对批评提供一个完整的回应。[13]

作为一种后果主义理论,福利经济学不仅对促成好的结果没有施加任何限制,而且也不认可未促成好的结果的选项(或特权)。因此,如果说把某人的钱捐给慈善机构,能促成比花掉这笔钱更好的结果,那么捐款就将变成强制性的,而非仅仅是值得称赞或可供选择的。很显然,为了促成好的结果,富人应该捐出他们的大部分财产。因此,后果主义的缺陷,不仅仅在于许可空间过大(由于道德约束的缺位),也在于要求过高(由于道德选项的缺失)。后果主义者同样对这项批评提出了一些回应,例如,要求高产人士捐出大部分收入,会首先削弱他们的生产激励,从而对社会整体产生负面影响。[14]

尽管这些回应的说服力有待商榷,但应当注意,相比其他的后果主义理论,福利经济学所面临的要求过高的批评要轻许多。正如在 1.2 节中所述,标准的经济分析,简单化地假设人们会理性地最大化他们自身的福利,并主张,在相对广泛的情况下——尤其是在有竞争性市场的地方——人类福利会在每个个体逐求自身利益时得到提升。甚至在没有竞争性市场的地方,标准经济分析也极少认为人们应该为了共同利益而放弃他们自己的利益。恰恰相反,经济学家们会寻找克服市场失灵、设法让个体和社会利益保持一致的方法。

福利经济学不仅将道德相关因素的范围限制在后果上,并且还将相关后果的范围限制在人类福利上。[15] 这排除了非人类生物之福利、自然环境,以及诸如可责性(culpability)、公平(fairness)与应得赏罚(desert)等概念的固有价值。福利经济学仅从工具性的角度考量非人类的福利,以及公平、应得赏罚等概念:在能够助益人类福利的情况下,逐求上述种种是有价值的。在此情境下试举一例,若生态系统破坏达到了会损害人类福利的程度,则此种破坏应该被避免。同样,若不公平待人会对这些人未来的行为产生不良刺激,或者会损害憎恨得到这种对待的人的福利,并且这些代价超过了不公平待人的益处,则不公平是错的。福利主义的批评者则认为,生态系统与公平本质上就是重要的,而不仅仅是用于逐求人类福利的工具。

福利经济学的另外一项特征是,它顾及所有人类的福利,并且对每个人的福利一视同仁。因此,与伦理利己主义不同,福利经济学要求以不带个人色彩的方式考量人们的福利,且不将某人自身或其家庭、社群的福利凌驾于其他人类的福利之上。同样,在能够最终推进整体社会福利的情况下,人们的偏向性或可得到辩护。

正如任何考虑到人类福利的道德理论(也就是说,正如所有道德理论),福利经济学必须回应是什么构成了人类福利这一问题。从图式上看,该回应有三个可能的标准:主观的快乐或愉悦、偏好的满足,以及客观价值。[16] 在平等对待每个个体福祉并且试图最大化社会整体福祉的理论当中,上述标准与以下这些规范性理论相符。根据心理享乐主义,即三条标准中的第一条,人们力图增加自己的快乐,减少自己的痛苦。因此,伦理享乐主义认为,在道德上,我们应该最大化人类的整体愉悦。第二条标准,偏好理论,认为人们的福祉会在他们的偏好与欲望得到满足时增进(即使他们偏好除自身愉悦之外的其他事物)。在该情境下,相关的偏好,要么是某人实际的偏好(实际偏好理论,actual preferences theory),要么是在平静理性地思考、考虑到所有相关信息且不带任何外在压力或偏见时所形成的偏好(理想偏好理论,ideal preferences theory)。最后,根据客观价值理论(objective goods theories),福祉在于拥有一些具有内在价值的事物,无论它们是造益某人的快乐,还是满足某人的偏好。客观价值清单可能会包括良好的健康、自由、自我尊重、知识、有意义的社会关系、快乐等。[17]

经济分析通常被认为是建立在实际偏好理论之上的。[18] 然而,因为标准经济分析假定人们是理性最大化者,所以它可能更接近理想偏好理论,或者说至少它的规范性含义与理性或理想偏好理论的含义类似。只要福利经济学是建立在实际选择之上的,就有可能加剧其后果主义本质所带来的危害。对最大化人类福利的手段的限制之缺失,叠加关于人类福利的实际偏好理论，会得出这样一个推论：满足种族主义或沙文主义偏好，可以造福社会福利，甚至可以为恶劣行径正名，只要偏好此类行径之人的效用高于反对者的负效用。从实际偏好理论转向理性偏好理论，也许会缓和这种危险，但却无法完全避免它。

与本书主题更直接相关的是，人们福利的提升与其欲望得到满足的程度相当这一规范性主张，容易受到一种批评，即人们有时会渴望得到不能提高他们的客观——甚或主观——福祉的东西。对不知情的、考虑不周的、偏执的、过于谦逊的、自我牺牲的、非理性的或有心理偏差的偏好的满足，可能是衡量人类福利的一个糟糕的标准（当然，其他衡量福祉的标准也有其缺点）。

由于福利经济学将每个人的福利都考虑在内，并对所有个人的福利给予同等的重视，而很多时候一个会提高某些人福利的特定行为、规则或任何其他东西会同时降低其他人的福利，所以福利经济学似乎需要对福利（或效用）进行人际比较。然而，现代福利经济学会寻找方法来避免这种直接比较。其中一个与帕累托原则（Pareto principle）相关的方法，完全避免了人际比较。它并不直接试图衡量福祉或福利，而是描述任何个人对不同选择的排序。根据帕累托原则，如果至少有一个人偏好 A 胜过 B，而其他人要么是也偏好 A 胜过 B，要么对两者均无差异，那么状态 A 就比状态 B 更受社会偏好（或帕累托更优，Pareto superior）。如果没有其他可能的状态在此意义上比 A 更受社会欢迎，那么此特定的状态 A 就是帕累托最优（Pareto optimum）。帕累托原则是福利经济学两条基本定理的基础。福利经济学第一定理认为，在一定的条件下，任何竞争性均衡都满足帕累托最优的条件。福利经济学第二定理认为，在其他特定条件下，当行为人的初始禀赋通过适当的一次性转移而得到调整后，任何帕累托最优状态都可以作为一个竞争性均衡而实现。[19]

然而，仅仅通过帕累托标准和福利经济学的两条定理来分析实际的政策问题，会使经济学家陷入窘境。几乎在每一个给定状态下，都有一些人比在另一个状态下处境更糟，因此，几乎没有任何政策是帕累托优越于其他政策的。[20] 此弱点促生了两种学派。较为传统的方法是使用社会福利函数（social welfare function，SWF）[也被称为伯格森-萨缪尔森（Bergson-Samuelson）福利函数]，它代表社会所有成员的福利变化。[21] 尽管原则上任何与社会福祉相关的变量都可能被含括进社会福利函数，但在经济学家们一直以来关注的社会福利函数中，变量是每个个体的效用指标。因此，社会福利函数为社会中每一种可能的个体效用分配都赋予了一个值。根据其形式的不同，社会福利函数体现了对分配的不同规范性判断。例如，相比一个对每个人的福利一视同仁的社会福利函数，一个更强调最不富裕个体的福利的社会福利函数或许会提倡更为平等的政策。

这种处理的目的，是使社会福利函数无需借助基数的、可进行人际比较的效用函数。然而，从阿罗不可能定理中可以看出，社会福利函数必须基于基数的效用函数，而非序数的效用函数，且人际可比性为必需。[22] 另一个替代方法是基于补偿原则（Compensation Principle）——也称作卡尔多-希克斯（Kaldor-Hicks）效率或潜在帕累托改进。通过以金钱而非幸福来衡量福利，此原则尝试超越帕累托原则，而又不至于走向功利主义。这一原则主张，如果用金钱来度量，那些偏好 A 的人从处于 A 状态而非 B 状态中获得的收益，要大于那些偏好 B 的人处于 A 状态而非 B 状态时所遭受的损失，那么社会就偏好给定的状态 A 胜过状态 B。因此，如果一项社会变革的受益者能补偿损失者，并且境况依然能变得更好,那么即便不满足帕累托标准,该变革仍应进行。[23]依照人们的偏好是完备的这一假设,人们可以将任何权利都比作一笔钱。因此,偏好是以人们为满足自己的偏好而支付金钱的意愿(willingness to pay,WTP,简称"支付意愿")来衡量的。[24]这是成本收益分析(Cost-Benefit Analysis,CBA)程序的基础,它假设每个人的支付意愿,均充分代表他或她因为从现状到给定备选状态的变化,而产生的效用差异。[25]由此,与功利主义一致,卡尔多-希克斯标准和成本收益分析一般会根据对所有人的整体福利之影响,来评估任何行动、规则、政策或项目的合意性。由于法律的经济分析是以政策为导向的,它通常使用卡尔多-希克斯标准。

在经济分析中使用支付意愿作为人类福祉衡量标准的一个显著优势是,它有利于数理经济模型的建立,使规范性问题形式化。然而,用金钱来衡量福利,会引起一些担忧。首先,一个人可能想要的一切都能用钱来衡量的这一假设,是有争议的。[26]即使驳回了不可比性这一原则性反对意见,支付意愿标准也被批评为会系统性地偏袒富人。[27]该问题或可通过由支付意愿转向接受意愿(willingness to accept,WTA)来缓和——接受意愿即一个人已拥有某项权利时,要让他放弃该权利,作为补偿,他要求接受的最低金额。[28]然而,这样的回应是不够的。相比富人,一个极度贫困的人很可能会愿意为更少的钱而放弃一项特定的权利——尽管她可从该权利中获得更大的幸福或满足。接受意愿也更容易被操纵,因为它通常依赖于人们的陈述,而非他们的实际行为。[29]

通过支付意愿将偏好货币化所带来的倒退效应(regressive effect),与对卡尔多-希克斯标准的一项根本性批评相关,即它忽略了分配问题。[30]基本形式下的卡尔多-希克斯效率,仅衡量总福利,而不对总福利在人群中的分配赋予内在价值。卡尔多-希克斯标准可能倾向于根据边际效用递减的规则,将资源(resources)的再分配作为最大化社会总福利的一种手段。边际效用递减是一项描述性观察,指人们从任何额外一单位的资源(无论是一辆车还是一美元)中获得的效用,通常都低于从前一单位资源中获得的效用。[31]然而,这仅仅是最大化总福利的一种方法,且并不涉及对福利的分配。许多经济分析试图通过考量分配问题,并将其纳入预测性和规范性的经济模型,来解决成本收益分析的这一缺陷。

在此,规范伦理学中值得一提的最后一个区分,是理想化理论和现实理论之间的区别。在制定人们应遵循的规范时,道德理论可能依赖于对规则运行环境的不同假设。道德理论可能会假设理想化的条件,每个身处这种条件下的人都能接受、理解并遵守规则。相比之下,现实理论会寻找最佳的一组规则,因为有些人不会理解、接受或遵守规则。[32]虽然一些(但不是全部)抽象的经济模型假设了理想化的遵守条件,但是,在涉及法律的经济分析和法律政策的制定时,仍需要一个关于人类行为和人类遵守规则的现实理论。这就是为何行为学洞见对律师经济学家,以及对更广泛的法律政策制定者而言,尤为有意义。

1.4 结语

在短短的一章无法中穷尽法律的实证与规范分析,因此建议对相关文献不熟悉的读者阅读更为全面的综述。一旦通晓了经济分析在法律问题中的诸多应用,下述两项观察或结论则会相应浮现。其一,支撑着标准经济分析的事实性假设是不现实的,而且为规范经济学奠定基础的道德判断,通常是违反直觉且有问题的。其二,尽管有不现实的假设与有问题的规范性原则,经济分析可对法律问题提供十分富有成效的视角。仅说一点,经济视角加强了描述性法律分析和规范性法律分析之间的区别,强调了从事后和事前两个角度来看待规则和裁决的重要性(即关注规则的激励效应),并挑衅性地质疑了许多既定的真理。本书的其余部分绝不是要摒弃经济分析,而是意在通过纳入行为研究的见解,力图改善经济分析,并更广泛地改善法律分析。

注　　释

[1]　参见下文 2.1 节。

[2]　参见 Guido Calabresi, The Future of Law and Economics 17 – 21 (2016)。

[3]　有两本专著对该领域进行了精彩的介绍,参见 Richard A. Posner, Economic Analysis of Law(9th ed. 2014)与 Robert Cooter & Tomas Ulen, Law & Economics(6th ed. 2012)。

[4]　参见 Gary S. Becker, The Economic Approach to Human Behavior 3 – 14 (1976); Posner,同前注[3],第 3 页。

[5]　关于即使是所谓的实证经济分析,包括作为其基础的人类理性理论,也并非毫无规范性假设这一说法,参见:Daniel M. Hausman, Michael S. McPherson & Debra Satz, Economic Analysis, Moral Philosophy, and Public Policy 39 – 91 (3d ed. 2017); Eyal Zamir, *Tastes*, *Values*, *and the Future of Law and Economics*, Jerusalem Rev. Legal Stud. (forthcoming 2018, 网址:https://ssrn.com/abstract＝2887951)。

[6]　参见下文 11.2 节。

[7]　相关概述,参见:N. Gregory Mankiw, Principles of Microeconomics (7th ed. 2015); Walter Nicholson & Christopher M. Snyder, Microeconomic Theory: Basic Principles and Extensions (12th ed. 2017); Drew Fudenberg & Jean Tirole, Game Theory (1991)。

[8]　参见 Ronald Coase, *The Problem of Social Cost*, 3 J.L. & Econ. 1 (1960)。

[9]　参见 Incommensurability, Incomparability, and Practical Reason(Ruth Change ed.,1997)的一般性讨论。

[10]　参见 Milton Friedman, *The Methodology of Positive Economics*, in Essays in Positive Economics 3(1953)。

[11]　对经济分析这一特征的经典批评,参见 Amartya K. Sen, *Rational Fools*: *A Critique of the Behavioral Foundations of Economic Theory*,6 PHIL. & PUB.

AFF. 317（1977）。更新的评论，参见 Calabresi，前注[2]。另见下文 2.7 节。

[12] 一般性的讨论，参见 Hausman，McPherson & Satz，前注[5]，第 107—125 页；Eyal Zamir & Barak Medina，Law，Economics，and Morality 11—40(2010)。另见下文 2.7 节。

[13] Shelly Kagan，Normative Ethics 59-69（1998）；Zamir & Medina，前注[11]，第 18—40 页。

[14] 关于后果主义的这一特点，参见 Shelly Kagan，The Limits of Morality（1989）。

[15] 参见 Louis Kaplow & Steven Shavell，Fairness versus Welfaire（2002）。

[16] 参见 Derek Parfit，Reasons and Persons 493 – 502(1984)；Kagan，前注[13]，第 25—41 页。

[17] 参见 Daphna Lewinsohn-Zamir，*The Objectivity of Well-Being and the Objectives of Property Law*，78 N.Y.U.L. Rev. 1669(2003)。

[18] Hausman，McPherson & Satz，前注[5]，第 127—130 页。

[19] 可参见 Allan M. Feldman & Roberto Serrano，Welfare Economics and Social Choice Theory 51 – 75（2006）。

[20] Guido Calabresi，*The Pointlessness of Pareto*：*Carrying Coase Further*，100 Yale L.J. 1211（1991）；Michael B. Dorff，*Why Welfare Depends on Fairness*：*A Reply to Kaplow and Shavell*，75 S. Cal. L. Rev. 847，858 – 59（2002）.

[21] Abram Bergson，*A Reformulation of Certain Aspects of Welfare Economics*，52 Q.J. Econ. 314（1938）；Paul A. Samuelson，Foundations of Economic Analysis（1947）.

[22] 根据阿罗定理，当有三个或更多的选项可供选择时，不可能制定出一个满足传递性、不相关选项独立性、非独裁等一系列合理标准的社会偏好排序。参见 Kenneth J. Arrow，Social Choice and Individual Values（1951，rev. ed. 1963）。

[23] 可参见 Richard A. Posner，Frontiers of Legal Theory 95 – 141（2001）。

[24] 参见：Cass R. Sunstein，*Lives*，*Life-Years*，*and Willingness to Pay*，104 Colum. L. Rev. 205（2004）；Elizabeth Hoffman & Matthew L. Spitzer，*Willingness to Pay vs. Willingness to Accept*：*Legal and Economic Implications*，71 Wash. U. L.Q. 59（1993）。

[25] 参见 Anthony E. Boardman et al.，Cost-Benefit Analysis：Concepts and Practice（1996）。

[26] 关于一般性讨论，参见 Incommensurability，Incomparability，and Practical Reason，前注[9]。

[27] 可参见：Ronald W. Dworkin，*Is Wealth a Value*?，9 J. Legal Stud. 191（1980）；Donald Hubin，*The Moral Justification of Benefit/Cost Analysis*，10 Econ. & Phil. 169（1994）。

[28] 参见 Hoffman & Spitzer，前注[24]，第 85—87 页。

[29] 参见 Daniel Kahneman，Jack Knetsch & Richard Thaler，*Experimental Tests of*

the Endowment Effect and the Coase Theorem，98 J. Pol. Econ. 1325，1336 (1990)(提出个人会习惯性地将接受意愿误报为大于支付意愿,因为在许多情况下,他们这样做会得到奖励)。

［30］ 可参见 Amartya Sen，*The Discipline of Cost-Benefit Analysis*，29 J. Legal Stud. 931，945－48 (2000)。

［31］ 参见 R. Layard & A. A. Walters，*Income Distribution*，in Cost-Benefit Analysis 179，192-97 (Richard Layard & Stephen Glaister ed.，2d ed. 1994)。

［32］ Kagan,前注［13］,第 227—228 页。

▶2

行为研究

2.1 概述

2.1.1 历史、方法论,以及跨学科影响

尽管有更为久远的知识根基,但对于人类判断与决策(judgment and decision-making, JDM)的心理学研究,主要是从 20 世纪 50 年代开始发展进化的———一定程度上回应了由约翰·冯·诺依曼(John von Neumann)与奥斯卡·摩根斯特恩(Oskar Morgenstern)提出的期望效用理论(expected utility theory)。[1]虽然经济学家们一直倾向于将期望效用看作是关于人类偏好与选择的规范性与描述性模型(他们中的许多人仍旧持此看法),但心理学家们从很早开始就已经专注于通过实验方法来质疑期望效用理论的描述有效性。[2]

如我们将在下文所见,将期望效用理论看作一项规范性基准(意味着偏离此理论的均为"偏差"),以及大量诉诸实验室实验的做法,都一直具有一定争议。然而,大多数判断与决策研究,包括那些对法律研究与政策制定有具体影响的研究,也都具有上述特点。数以千计的研究在各种任务的执行中辨识出了一长串的偏差——例如可得性启发式、回顾信息时的自利偏差,以及有限意志力。

多年以来,判断与决策研究的范围与方法论都逐渐拓展,模糊了这些研究本身与其他心理学领域的边界,例如对情感、学习与记忆的研究。特别是判断与决策研究与社会心理学之间有许多重叠之处,例如研究他人的(现实与想象的)存在对人们的想法、感受与行为的影响。[3]判断与决策研究的重要进展亦得益于方法论的创新。除了实验室实验之外——这依旧是最为通用的方法——判断与决策研究也会采用现场实验,并分析那些有助于我们理解人类判断与选择的自然实验的结果。迅速增加的以功能性磁共振成像(fMRI)以及其他类似技术为基础的神经心理学研究,正在为理解认知过程的神经基础开疆拓土。[4]

最后,除了判断与决策研究与其他心理学研究之间的连结与重合之处,判断与决策研究与其他人类行为相关的学科亦在持续发生对话,比如经济学[5]、金融[6]、政治科学[7]与法学[8]。在实验方法论被引入经济学、法学甚至哲学研究之后,这些对话得到了拓展。[9]

心理学研究对经济学的重要贡献在 2002 年得到了认可,当时丹尼尔·卡尼曼(Daniel Kahneman)获得了诺贝尔经济学奖。心理学研究对法律分析的强大影响亦在本书中贯穿体现。

如此前所述,判断与决策研究与心理学研究的其他领域之间的界限,以及心理学与其他关于人类决策的视角之间的界限,已变得模糊。然而,我们关注的焦点并非判断与决策研究与法学,而是行为法律经济学,因此划分楚河汉界对我们的意图来说并不重要。相反,我们应讨论与行为法律经济学相关的主要发现,无论它们是否属于严格意义上的判断与决策研究。因此,除了对认知的,或"浅层"经济理性假设——也就是与人们的偏好结构(例如传递性)及人们的决策策略相关的形式化要素——的偏离之外,我们亦关注对动机的或"深层"理性的系统性偏离,也就是对人们仅会试图最大化他们自身的效用这一假设的偏离。[10]心理学家与实验经济学家们做的无数研究已经证明,最大化自身效用并不是驱动人们的唯一动力:人们同样关心其他人的福利,会因羡慕或利他主义而行动,并且会恪守互惠与公平的价值观。[11]近来,对人们的道德判断,以及对引导普通人违反道德与社会规则的自动心理过程,有了大量的关注。[12]

在进入具体的心理现象之前,这篇概述会先讨论一些普遍主题,包括双加工理论、启发式与偏差理论,以及由快速简省启发式(Fast-and-Frugal Heuristics)这一方法所带来的对判断与决策研究的挑战。

2.1.2 双加工理论

双加工理论(dual-process theories)认为,人们理解信息、处理信息并作出决定的方式不止一种。[13]由基思·斯坦诺维奇(Keith Stanovich)与理查德·韦斯特(Richard West)首先提出,随后为卡尼曼所用的系统 1(System 1)与系统 2(System 2)这两个术语,被广泛用于描述人类判断与决策。[14]

系统 1 的运行自动且迅速,无需或只需极少耗力,并且没有自主控制的迹象。它通常被描述为自发的、直觉的、联想的、依赖于语境的,以及整体的。它使用人们在个人经历中习得的,甚或是先天的心理捷径或启发式(heuristics)。与之相反,系统 2 涉及耗力的心理活动。它是有意识的、慎重的、分析的——也因此是缓慢而费劲的。它会采用被明确学习过的规则。系统 1 思考被用在我们的大部分日常活动中——例如辨认出熟悉的面孔与分辨他人的强烈情绪反应、开车(当道路相对空旷时)、理解简单的句子,以及回答简单的数学问题。用到系统 2 的活动,包括回答复杂的数学问题、在一个陌生街区找到对应的地址,以及撰写这个段落。

有些观点将双加工思考与情绪在决策中的角色联系起来,认为情绪反应会通过系统 1 影响决策。[15]这种论调出现在许多关于情绪对判断(包括道德判断)与决策之影响的研究当中。[16]亦有一些证据表明大脑的不同区域会参与到不同类型的认知过程当中。[17]相应地,也有一些假说是关于这两个系统如何反映在人类与动物的进化历程中——基本上,系统 2 是人类独有或特有的。[18]

使用系统 1 的启发式与捷径是不可避免的,因为我们被持续暴露在无数刺激当中,而且我们每天要做大量的决定。系统 1 通常非常有效率。但是,它也会导致对理性决策公理的系统性且可预见的偏离,这些也被称作认知偏差(cognitive biases)。

通常来说,系统 1 过程迅速与自发的特性使其先验地占有支配地位——也就是说,它会自动控制行为,除非有分析推理介入。[19]尽管当系统 1 导致次优结果时,系统 2 可能会介入,人们通常还是会坚持他们直觉的系统 1 选择,并且主要用系统 2 来为他们的选择找理由。[20]在这方面,斯坦诺维奇提出,应当区别系统 2 当中的反省(reflective)成分与算法(algorithmic)成分。所谓的反省心智(reflective mind)会判断系统 1 是否被系统 2 打断与压制;若的确如此,算法心智(algorithmic mind)则会处理相关信息,并且做出慎重的分析判断或决定。除非更加高级的反省心智介入,并且算法心智生成了比系统 1 提供的更为理性、准确与一致的判断/决定,否则系统 1 的认知偏差会继续存在。[21]很显然,这些建构是现实中更为复杂过程的简化版本。[22]

在使用分析而非直觉的思维模式这件事上,不同的人会有不同的倾向。认知反思测试(cognitive reflection test,CRT)常被用于测评人们的此类倾向。认知反思测试涵盖如下问题:"一只球棒与一个球价格为 1.10 美元。球棒比球贵 1.00 美元。球的价格是多少?"第一个浮上脑海的答案是 10 美分,但是片刻的反思会显示正确答案是 5 美分。给出前一个答案的人展示出了比给出后一个答案的人更低的认知反思倾向。[23]认知反思测试最初只有三个问题,随后被加入了更多问题进行拓展。[24]对从事费力的认知努力之倾向进行测试的另一个办法,是认知需求量表(need for cognition scale,NCS),它涵盖了一个相对长的自我特性描述清单,例如:"我能从长时间的认真思考当中获得满足。"受试者需表明每一个描述在多大程度上与他们的特性相符,并且会根据他们所有的回答得到评估。[25]

一个人在任何具体的情境下使用哪个系统,不仅事关个人倾向,也事关训练与经验。一开始需要有意识努力的活动——例如说一门外语或者开车——也许会随着时间流逝而变为无意识且不耗力。此外,使用哪个系统亦取决于决策者在做出决定之时可以获得的认知资源。因此,人们在大量使用受到控制的审慎思考资源之后,资源的损耗也许会导致在一项后续的不相关活动当中使用更为直觉的系统 1 做决策。[26]

尽管系统 1 的启发式有一些缺点,应当注意的是,有时候系统 1 会比系统 2 产生更加精确的决定,而且人们通常是有意识地在判断与决策当中使用简单启发式(而非严格的分析思考过程)。[27]启发式的优点与缺点,将在下文进一步阐述。[28]

2.1.3 启发式与偏差理论

有多项理论被提出,用于解释系统 1 使用的启发式如何运作,以及为什么它们会导致系统性错误。属性替代(attribute substitution)便是其中一个模型。它假设许多启发式"都有一个共同的过程……在这个过程当中,困难的判断是通过用更为简单易懂、且在概念或语义上相关的评估来进行替换,而完成的。"[29]比如说,当一个人被问及两个事件中哪一个更有可能发生,他可能会用一个更简单的问题来替代这个问题:"哪个事件中的情况更容易被想起?"(可得性启发式)。[30]类似地,当被问及某个物品从属于某一特定类别的概率有多高时,被提问者也许会用一个更简单的问题将之替代:"该物品与此特定门类中的典型代表有多高的相似度?"(代表性启发式)。[31]在一项研究中,学生们被问及他们对自己的生活总体上的满意程度,以及他们在之前的一个月里约会了几次。当这两个问题的提问顺序如此时,其各自对应的答案之间几乎没有关联;但是,当约会的问题被首先提出时,两个问题的答案之间则呈现高相关性——这可能是因为对约会问题的回答,成为回答满意度问题的启发式属性。[32]

根据一个更为复杂的模型,属性替代仅仅是五项消耗降低(effort reduction)机制中的一项——其他四项为:(1)检查更少的线索;(2)简化线索的加权法则;(3)整合更少的信息;以及(4)检查更少的替代选项(alternatives)。[33]根据这个模型,这五项机制可以分开使用,也可以相互组合使用。

另一项或可解释某些启发式的机制(与前文提到的一些有重合),是孤立效应(isolation effect)——也就是忽略任何不在某人的直接意识领域内的东西。比如说,孤立效应也许可以解释为什么通常规避风险的人会用他们刚赢的钱继续赌博,或者为什么节俭的人会用中彩票的钱去买奢侈品。在这两种情况下,他们都在把当前的选择从更大的图景里孤立开来。[34]与之相关的是卡尼曼所提出的"所见即所有"(What You See Is All There Is, WYSIATI),他用此缩略语描述系统 1 基于直接可得的信息、并忽略其他所有信息而得出结论的倾向。[35]

在此要提到的最后一种解释是过度推广(overgeneralization)。人们也许会依照有用的判断规则以及选择规则,即便这些规则的原理不(再)适用——由此将会产生系统性错误。比如说,过度推广"不要浪费"这项有用的启发式,也许会导致承诺升级(escalation of commitment)——也就是,无法忽略沉没成本(sunk costs),无法仅仅根据未来的成本与收益来做出关于额外资源投入的决策。[36]类似地,倾向于相信他们本人与他人之所见,而非相信推断力的人,相比根据间接证据所作出的推断,会更加重视如证人证言等直接证据。甚至在间接证据与直接证据同等确凿时,或当间接证据更为确凿时,他们也会这样做。[37]

2.1.4　认知偏差 vs.快速简省启发式

许多判断与决策研究,特别是那些对经济学与法学理论有深刻影响的早期研究,已经通过在实验室实验中记录下具体的判断失误而得到了发展。这些研究将经济理性作为规范基准——并且仅在记录下失误之后(如果真的存在失误的话),再去寻找原因。用实验的方式研究一个系统的失灵,可以为其有效运作提供有价值的洞见。[38]然而,这种类型的研究也受到了一些不可忽视的批评,特别是由格尔德·吉仁泽(Gerd Gigerenzer)及其同仁们所提出的批评。他们支持将快速简省方法作为丹尼尔·卡尼曼与阿摩司·特沃斯基(Amos Tversky)的启发式与偏差研究纲领的替代选择。[39]

其中一种批评认为,由于实验室实验与真实决策之间的差异,启发式与偏差纲领在生态效度方面有所欠缺。具体来说,有观点认为,至少有一部分强调人类认知偏差的实验室实验包含了一些抽象的任务,而这些任务有别于人们在日常生活中所面对的任务。比如说,在其中一个确认偏差(confirmation bias)的著名实验中[40],受试者会看到四张卡片,两张写了字母,两张写了数字。他们被告知,每张卡片都是一面写着字母,另一面写着数字。他们被要求指出需要翻转哪两张卡片就可以确认下述规则的真实性:如果一张卡片上有一面写着元音字母,则另一面上写着一个偶数数字。大多数受试者会错误地认为,要翻转的是可以确认这条规则的卡片,但事实上正确的答案是选择有可能证伪该规则的组合。然而,当同样的任务在真实的社会的情境中出现,而非以抽象形式出现时,受试者们的表现变好了许多。[41]

另外一项对启发式与偏差学派的批评认为,该学派倾向于消极地将人类决策描绘为系统性地不理性且不可靠的(于是可能会寻求去偏差的技术),但事实上人们在大多数普通情境中表现非常好。有别于实验室实验那些得到清晰界定的条件,在真实生活中,人们对一个不确定的世界掌握着不完整的信息。他们需要的——并且实际上在使用的——是在真实情境下运作良好的、有效且简省的决策算法,而非根据理性选择理论最大化他们的效用。[42]事实上,基于有限信息的简单启发式也许会优于整合了更多信息的复杂决策规则。比如说,研究发现,当被要求判断两个美国城市中哪个更大时,运用"越熟悉的城市越大"这一启发式的德国学生,表现得比对这些城市有更多了解的美国学生更好(反之亦然)。[43]这样的启发式也许是被有意识地采用的。[44]

最后,快速简省启发式学派的研究者,倾向于强调当大多数人类还是狩猎者兼采集者时发展出的那些启发式的适应性优势,并且批评启发式与偏差研究虽然得出了一长串偏差,对其底层的心理过程却了解甚少。[45]

深入这些争论超出了当前讨论的范围。尽管有一些对启发式与偏差学派的批评得到了接受,但随着启发式与偏差学者构想出了更广阔的理论以描述偏差的底层认知过程(其中一些在前文的小节中有所提及),并且更加留意实验发现的生态效度,其他一些批评却似乎越来越不令人信服。总的来说,这两个学派之间的差异,实际上比快速简省启发式学派的学者所认为的要小得多。正如乌尔丽克·哈恩(Ulrike Hahn)与亚当·哈里斯(Adam Harris)所扼要提出的,一个人是应该强调使用有效启发式的"适应性理性(adaptive rationality)",还是强调由这些启发式造成的、可预见且系统性错误,就如同问一个玻璃杯是一半空还是一半满一样。[46]此外,有一些议题,例如启发式的进化根源,是难以通过科学手段解答的,并且也不必然会影响法学家与法律决策者对行为学洞见的使用(这恰恰是本书的焦点)。而且,法律决策者倾向于关注人们的判断与决策,而不是他们的底层心理过程,这是可以理解的。

2.1.5　现象的类型学与本章结构

对行为学研究的一项惯常批评是,这些研究得出了一长串的启发式与偏差,而不是像理性选择理论所提供的那种简单且统一的判断与决策模型。[47]由于这是关注对经济理性的偏离而导致,尤其是在早期的判断与决策研究当中[48],也许去除经济理性这一基准——如快速简省学派所倡议的那样——会提高明晰度与融贯性。[49]然而,归根结底,在描述的效度与与简洁度之间,有无法避免的权衡取舍。人类心理太过复杂,难以被一个简单的理论所捕捉。正如卡尼曼所说,"对行为经济学家而言,生活比人类理性的虔诚信徒所理解的更为复杂"。[50]只要不把行为学观点看作是看待法律与政策议题的经济学视角或其他视角的替代品,而是将其视作一个补充性与修正性的措施,统一理论的缺失与我们对决策当中潜在心理过程的有限了解就不会是一个那么大的问题。[51]

尽管有这些不足,对启发式与偏差进行分类对说明问题而言仍然必要。乔纳森·巴伦(Jonathan Baron)提出了一种重要的分类建议。[52]巴伦把数类启发式与偏差分成了三种类型。第一种类型是注意力偏差。它包含三个子类型:(1)可得性,即对此刻与现在的、简单的、相容的信息的关注;(2)基于不完美相关性的启发式(例如后见之明偏差与忽略偏差);(3)只关注单一属性并忽略其他属性。第二种类型是由于目标和愿望对感知与信息处理的影响而带来的偏差(例如愿望思维)。最后一种类型有关可量化的属性与其感知之间的关系,包括对收益、损失与概率变化的敏感度的逐渐降低。

如巴伦所坦言,他的分类是建议,而不是确定的。不同现象之间复杂的相互联系使任何分类的尝试都充满挑战。幸运的是,我们并不需要提供这样一种分类方式。本章并不打算对所有行为学发现进行系统性概述[53],甚至也无意讨论那些可能与行为法律经济学相关的内容。本章关注的是一些现象,对这些现象的理解对后文的分析至关重要。与具体的法律议题相关的(或者其更广泛的重要性还未被意识到的)其他现象,将会在对应的议题部分探讨。

上述目标塑造了本章余下内容的结构。由于我们的视角是行为法律经济学视角,我们会区分开对浅层的认知理性的偏离(2.2节到2.5节),以及对深层的动机理性的偏离,同时涵盖道德判断的相关研究(2.7节)。

在上述框架之下,本章首先讨论概率评估及相关议题(2.2节),随后讨论偏好与决策。随后的部分被分为与前景理论(prospect theory,可以说是行为经济学中影响力最大的理论)相关的现象(2.3节)、与动机性推理和自我中心主义相关的现象(2.4节),以及与跟参照依赖和顺序效应相关的现象(2.5节)。

2.6节讨论有限意志力与拖延。这些现象无法完全对应认知理性或动机理性的架构,尽管它们与两者都有着紧密联系。

尽管经济分析在规范上(normatively)将全体人类的福利最大化排在其他价值之上,它在描述上(descriptively)假设人们是自身福利的理性最大化者。2.7节介绍的研究呈现的是,大多数人既不遵从上述规范性观点,也不符合该描述性假设。

最后,2.8节讨论与前文中描述的现象相交叉的一些议题。包括:判断与决策的个体差异,专业培训、经验与专业知识的重要性,替他人做决定,群体决策,文化差异,以及去偏差化。

2.2　概率评估与相关议题

许多判断与决策领域早期的突破性研究探讨了频率与概率评估、统计推断与风险和不确定性认知。本小节将总结概览上述领域中的主要发现。

2.2.1 合取谬误与析取谬误

判断与决策领域最知名(以及最有争议)的人物之一叫琳达(Linda)。如特沃斯基与卡尼曼主持的一项经典实验当中所述:"琳达 31 岁,单身,直言不讳且非常活泼。她主修哲学。在学生时代,她非常关心歧视与社会公平的问题,并且参与了反核示威。"[54]在该实验的某一版本当中,受试者被问及下述选项哪个概率更大:"琳达是一名银行出纳",还是"琳达是一名银行出纳,并且在活跃在女权主义运动当中"?根据合取规则,一个合取事件的概率 $P(A\&B)$,即事件 A 和事件 B 同时发生的概率,不可能超过其构成事件 A 和 B 各自发生的概率 $P(A)$ 和 $P(B)$,因为合取事件 A&B 包含在 A 中,也包含在 B 中。然而,在这项被特沃斯基与卡尼曼称为"对合取规则的公然违反"的研究当中,85%的受试者认为,琳达同时是银行出纳与活跃的女权主义者的概率,大于她是银行出纳的概率。[55]有更多的研究证明了这个逻辑错误会在其他的实验设计与其他领域当中出现(比如预测体育比赛的结果)。在不同程度上犯此逻辑错误的,有学习了统计学与决策理论高级课程的学生,也有在其专业领域内进行评估的专家。这种错误甚至在回答正确可收获金钱激励时也会出现,而且与人们理解合取谬误的能力无关。[56]

特沃斯基与卡尼曼试图通过代表性启发式(representativeness heuristic)来解释合取谬误与其他概率评估和相关议题中的偏差。诉诸这种启发式的人们是通过以下判断来评估一个不确定事件概率的:"(1)它在多大程度上与作为其母群的总体的本质属性相似;以及(2)它在多大程度上反映了该事件产生过程当中的突显特征"。[57]在当前的语境中,相比银行出纳的特征,琳达似乎更有女权主义活动家的特征。因此,相比于银行出纳的描述,把她描述为一名银行出纳兼女权主义活动家听起来更有代表性,也因此概率更大,尽管事实上她同时是这两者的概率,不会在逻辑上超过她只是一名银行出纳的概率。

合取谬误的原因、普遍性及其是否存在,都受到了质疑,尤其是判断与决策领域的快速简省学派成员的质疑。[58]有观点认为,看起来像是合取谬误的东西,实际上是术语多重含义的产物,这些术语包括"可能的"(probable,可能指数学上的频率,但也可能指信念的强度,等等)[59],以及"和"(and,在概率论中指事件的交集,但在自然语言中可能既指事件的交集也指事件的并集,就像在"亲爱的朋友们和同事们"这样的表达中)。[60]我们再指出几点,但不深入细节:尽管当受试者被指示去估计频率而非概率时,合取谬误会减少,但这样的指示并不会消除合取谬误。此外,合取谬误也不是由对"和"这一词语意义的误解所造成的。然而,有一些实验设计引起了受试者对合取规则的注意,这些设计的确消除了谬误。[61]

对代表性启发式的存在性的进一步支持,来自对析取谬误(disjunction fallacy)的研究。根据析取规则,A 或 B 发生的概率,不会小于 A 发生的概率或者 B 发生的概率。例如,一名多年来每天都吸烟超过一包的女性,她死于癌症的概率不会低于她死于肺癌的概率。借助该例子与其他类似的例子,马娅·巴-希勒尔(Maya Bar-Hillel)与埃弗拉特·内特尔(Efrat Neter)进行了精心设计的实验。在实验中,受试者被要求根据他们在每个选项上下注的意愿与这些选项的概率来进行排序。由于这些例子中,更具体的选项多少比更宽泛的选项更具代表性(例如肺癌的例子),大多数受试者在他们下注的意愿与概率评估当中都违背了析取规则。[62]在 10 种不同的描述与 2 个问题当中,64％的答案违反了析取规则。

2.2.2　基础比率忽视

基础比率忽视涉及对相似性的评估。它是一种忽视一个事件发生的频率,而去关注个性化信息——而非将这两者结合起来——的倾向。更具体的信息被认为更有意义,因此它会支配不那么具体的信息[63],且更生动具体的数据比起枯燥且抽象的数据对推理有更大的影响。[64]下述的知名案例阐释了这一现象,它来自卡尼曼与特沃斯基的一项实验[65]:杰克是一名 45 岁的男性,已婚,有四个孩子。总的来说,他保守,谨慎,野心勃勃。他对政治与社会议题没有展现出兴趣,并且把大多数空闲时间都花在了他的爱好上,例如家庭木工、航海、解数学谜题。在该实验中,一组受试者被告知,杰克是从 70 名工程师与30 名律师所组成的人群中随机抽出的一位,而另一组受试者则被告知,这群人里有 30 名工程师和 70 名律师。当被要求判断杰克以什么职业为生时,受试者们几乎没有注意到基础比率问题,而是基本上只基于个性化信息来进行评估。

与其他重复了该结果的研究一样,基础比率忽视的稳健性、普遍性与生态效度多年来一直受到质疑。对多项实验与实证研究的分析表明,人们并不会常规性地忽视基础比率。[66]研究者提出:“基础比率能在其中产生最大影响力的任务,具备这样的特征:(1)是以能让决策者对基础比率敏感的方式建构的;(2)被决策者用具有较强频率论色彩的术语概念化了;(3)包含了基础比率诊断的线索;以及(4)引发了将注意力集中在基础比率的启发式。”[67]由此,当受试者被要求去进行一系列评估时,他们会更加注意每一个任务中各不相同的信息,而非所有任务当中共有的信息。因此,当对一个受试者操控基础比率的变化时,受试者会对基础比率给予更多的关注;而当基础比率是在个体之间变化时(就像卡尼曼和特沃斯基的研究中那样),他们则会更少地注意到基础比率。[68]类似地,不将问题描述为单一事件的概率,而用频率论术语来表述此问题,会在大多数受试者身上引发正确的贝叶斯推理。[69]然而,在大多数真实世界的情境下,人们一次只会面对一组数值,且概率通常是以百分比的形式呈现的。

一些基础比率忽视研究的另一局限性,源自一项存疑的假设,即人们的主观概率评估等同于既定的基础比率。除开由实验人员提供的信息之外,人们对于先验概率的评估可能会被其他(相关或无关)信息影响。这种情况下呈现出的基础比率忽视,可能实际上是由对基础比率的不同主观评估所导致的。[70]总的来说,人们对基础比率的关注,明显取决于个性化信息的诊断性与可靠性:个性化信息中的刻板印象越少,对基础比率的重视则越高。[71]亦有研究证明,人们在涉及具体熟悉情境(例如检查求职申请)的任务当中,会比在抽象陌生情境中更少地忽视基础比率。[72]

除了人们会在多大程度上忽略基础比率这一复杂议题,也有争论是关于人们在做概率评估时应该在多大程度上考虑到基础比率。基础比率得到的相对权重与个性化信息有关,在每个情境中都不一样。例如,在律师—工程师案例中,如果给定杰克学习过法律,那么尽管他的职业有可能是工程师,对律师只占人群中30％这一事实给予过低的关注也是合理的。遗憾的是,对不同情况下应给予基础比率多高的权重这一问题,没有简单的答案,如果这样的答案真的存在的话。[73]

2.2.3 反向谬误

与基础比率忽视密切相关的一个现象是反向混淆,或称反向谬误(inverse fallacy)。如有 A 与 B 两个事件,人们会倾向于假设——与贝叶斯定理相反——事件 A 在事件 B 已发生的条件下发生的概率,与事件 B 在事件 A 已发生的条件下发生的概率,是几乎相同的。[74]例如,假设每 100 人中就有 1 人患有某种疾病。又假设,根据准确率为90％的诊断测试,某人患有这种疾病。根据基础比率,这个人实际患有这种疾病的可能性约为 8％。测试结果为假阳性的可能性约为 92％。[75]那些估计患者患病的可能性约为 90％的人,不仅忽略了基础比率,还错误地认为,在检测结果呈阳性的情况下,患者患病的可能性大致等于检测结果呈阳性的可能性。[76]研究表明,不仅是普通人,包括医生在内的专业人士也会陷入这种谬误之中。[77]

2.2.4 对样本大小与相关现象的不敏感

根据大数定律,样本量越大,其平均值就越接近总体的平均值。然而,人们倾向于高估从总体中抽出的小样本的代表性。[78]这种倾向可能会造成多种错误推论。

其中一个典型的错误,涉及评估多个事件的某种排序是否为随机。小数定律(law of small numbers,一个由特沃斯基与卡尼曼提出的术语)[79]导致人们相信,看起来有规则的序列并非随机产生,即便它们可能的确是随机的。[80]比如说,人们会倾向于相信,在一个有六个孩子的家庭里,"男男男女女女"的序列比"女男男女男女"的可能性要小(因为后者看起来更像是一个随机序列),但实际上两者的可能性是均等的。[81]一个著名的真实世界例子,是篮球中的"热手"现象。球员,教练与粉丝都趋向于相信,一个球员在一次命中或连续几次命中后的命中概率,会高于一次或多次不中后的命中概率。因此,球员们在成功命中后,可能会进行难度更高的投篮,而同队球员也通常会被指示将球传给刚刚命中了几次的球员。然而,事实上,尽管有一些球员明显比其他人更善于投篮,但大量对专业与非专业球员表现的分析并没有找到证据证明,同一球员连续投篮结果之间的正相关关系。[82]类似地,有证据显示,投资者太过重视基金经理的业绩记录,会导致他们基于相对短期的(不)成功业绩记录而作出次优的投资决定,尽管我们对这一领域的了解还远远谈不上清晰。[83]另一个错误推论被称为赌徒谬误(the gambler's fallacy)。当事件已知或被假设为是随机的,例如说掷硬币,人们会倾向于相信,如果某事在一定时间内发生的频率高于(低于)预期,那么它在下一时间段内的发生频率则会下降(升高),就好像有某种校正机制存在一样。[84]有趣的是,在埃里克·戈尔德(Eric Gold)与戈登·赫斯特(Gordon Hester)开展的多项实验中,即便受试者出现赌徒谬误,若硬币在下一次投掷前被替换,或者说被允许在下一次投掷前"休息"一会儿,赌徒谬误的发生率就会明显减少。[85]在实验室外，人们实际行为中的赌徒谬误也同样被记录了下来。[86]

对样本大小不敏感的另一后果是忽视如下事实：与大样本相比，小样本中更有可能出现严重偏离整个总体平均值的情况。这样的忽视通常会导致人们去寻找——并且找到——对小样本中非典型结果的替代解释。例如，当发现小规模学校在第一梯队成功学校中所占的比例过高，美国有大量资金被投入以建立这种学校，并将大学校拆分为多所小学校。然而，实际上，小学校不仅在高端优质学校中所占的比例过高，在较为低端的学校中也同样如此，而这仅仅是因为小学校之间的差异性比大学校之间要大。[87]

不考虑数据中的自然波动也可能会导致错误的因果推断。由于均值回归（regression to the mean）这一现象，大幅偏离平均值的情况相对罕见，而且随后的最终结果通常会更接近平均值。这里举一个卡尼曼的例子。[88]假设培训生会因超常的优秀表现而得到表扬，且会因异于平常的糟糕表现而被批评。由于异于平常的表现本质上是例外情况，其随后的表现更有可能回归平常水平。培训者也许会因此错误地认为责备是有效的，而表扬则适得其反。

2.2.5　确定性效应

根据预期效用理论，无论基准概率是多少，某种风险或前景之概率的增加或减少应对人们的效用有同等的影响。然而，如莫里斯·阿莱（Maurice Allais）在 20 世纪 50 年代早期所指出[89]，并由卡尼曼与特沃斯基在 20 世纪 70 年代末所阐明的[90]，该假设在描述上是不正确的：相对于仅仅是有可能发生的结果，人们会更为重视他们认为确定的结果。因此，相比将赢得中等收益的概率从 40％提升到 50％，大多数人愿意付出更多来使其从 90％提升到 100％。同理，相比将某风险的概率从，比方说，48％降到 43％，他们会愿意付出更多来将该风险的概率从 5％降到 0。换句话说，当概率离两极——完全确定与完全不可能——距离渐远时，人们对概率变化的敏感性递减（diminishing sensitivity）。[91]相关结果的情绪面向越显著（例如触电相比钱财损失，或者遇见并亲吻某人最喜欢的电影明星相比钱财收益），确定性效应则越明显。[92]多种真实世界中的行为已经与确定性效应联系在了一起。[93]

2.2.6　可得性

上述的部分启发式与偏差涉及人们基于已知概率的推断。但人们首先是如何估算概率的呢？以大量的实验发现为基础，特沃斯基与卡尼曼认为，人们通常是根据回忆相似事件的难易程度，来确定事件的可能性及发生的频率。[94]他们把该启发式称为可得性效应（availability effect）。[95]例如，某人可能会通过回忆自己相识之人的离婚案例，来估算全社会的离婚率。特沃斯基与卡尼曼注意到，可得性对估算频率与概率是一条有用的线索，因为事件发生的普遍性与想起它们的难易程度之间，通常有明显的相关关系。遗憾的是，由于可得性会受到除频率之外的其他因素影响，依赖此项启发式导致可预见的错误。[96]

可得性效应背后的确切机制——是人们想起某事物之难易程度的主观经验,还是他们在特定时间内想起这些事物的实际能力——我们还不清楚。尽管特沃斯基与卡尼曼认为是前者,随后的研究显示后者也时有发生,而且这两者可能会导致不同的结果。[97]由于可得性启发式是基于对具体事例的回忆,人们在准备进行较为具体、抽象程度较低的思考时更倾向于使用该启发式。[98]

在影响事件或其他事项的可得性的多种因素当中,人们也许会提到熟悉程度、生动程度与新近程度。在一项经典实验当中,受试者会听到一串名字,随后要说出该名单中是男性更多还是女性更多。该实验使用的名单中有 19 个某一性别的名人的名字,以及 20 个另一性别的、相对较不知名的人的名字。大多数受试者错误地认为名单中的多数性别是名人们所属的性别,因为这些人的名字更容易被想起。[99]

在另一实验中,一组受试者拿到了更容易想象的疾病症状描述,接下来他们评估的自身染病概率,要高于拿到较难以想象的疾病症状描述的对照组——尤其是当他们被要求去实际想象经受有关症状时。事实上,与拿到了同样描述,却没有被要求去尝试想象这些疾病症状的受试者相比,被要求去想象较难以想象之症状的受试者所评估的染病概率更低。[100]更加生动的事件通常更加容易被唤起,这亦是因为它们会带来更强烈的情绪反应。因此,可得性效应有时与情感启发式(affect heuristic)相关——对刺激物自动产生的、消极或积极的情感的反应,会影响人们的判断与决策。[101]

由此,实际地目睹一个事件,例如一场交通事故,会比仅仅在报纸上阅读到相关新闻更深地影响对交通事故可能性的估计。然而,大量对各类事件的生动媒体报道,也可能深刻影响人们对频率(与严重程度)的估计。在这样的背景下,蒂穆尔·库兰(Timur Kuran)与卡斯·桑斯坦(Cass Sunstein)提出,应注意可得性级联(availability cascades)的危险——也就是,"集体信念形成的自我强化过程,通过这一过程,一种表达出来的感知会引发连锁反应,使这种感知在公共话语中的可得性不断增加,从而使其可信度不断提高"。[102]因此,"可得性企业家"可能会操纵公共话语的内容,以此来推进他们自己的议程。随之而来的大众压力很有可能导致对某些风险成问题的监管,以及对某些犯罪行为成问题的责罚加重。[103]

当然,可得性并不是唯一一个影响可能性评估的因素。[104]一旦受试者意识到该启发式的危险,他们就可以在一定程度上克服其偏差效应。[105]同时,除了对可能性评估的影响之外,可得性会以其他方式影响人们的判断与决策。比如说,有发现证明,个体投资者明显更有可能投资更受关注的股票——"新闻里的股票、有着异常高交易额的股票,以及有极高单日回报的股票"——这仅仅是因为他们甚至都没有考虑过投资其他大部分股票。[106]

2.2.7 次可加性

在一项影响深远的研究中,巴鲁克·菲施霍夫(Baruch Fischhoff)、保罗·斯洛维奇(Paul Slovic)与萨拉·利希滕斯坦(Sarah Lichtenstein)向受试者——既有普通人,也有有经验的机修工——提供了一份汽车启动失败可能的原因清单,并且让他们评估每个原因出现的频率。[107]除了一些具体的原因之外,这份清单包含了一个称作"其他问题"的剩余类别。研究者们发现,受试者会在很大程度上忽略那些没有被清楚提及的原因。比如说,相较于只涵盖了完整版清单中的 3 个具体原因、外加一个剩余类别的清单,当该清单有 6 个具体原因以及一个剩余类别时,每个可能原因的估计频率明显更低。删减版清单中"其他问题"的估计可能性,要显著低于从完整版清单中移除的原因加上剩余类别的估计频率的总和。此外,他们也发现,当一项原因的组成部分被单独列出的时候,任何给定原因的估计频率都会更高。

以下两种现象都可以用可得性启发式来解释:没有被提及的原因出现在受试者脑海中的可能性更小;因此他们会高估引起了他们注意的原因的频率。前一种现象亦反映了卡尼曼提出的"所见即所有"(WYSIATI)倾向。[108]第二种现象被称作次可加性(subadditivity),在后续研究中被进一步考察。[109]

次可加性——认为一个事件的概率小于其互斥且无遗漏的次级事件概率之总和的倾向——在次级事件的概率总和超过 1(100%)时尤为棘手。在一项实验中,受试者被要求评估生育了某一数量——该数值为每个受试者电话号码的最后一位数,也就是从 0 到 9——子女的美国已婚伴侣的百分比。[110]每个数值组别的平均值相加,总和为 1.99,中位数总和为 1.8。0 个、1 个、2 个、3 个子女的平均概率总和为 1.45。

多项研究已经证明,次可加性无法描述互补的二元事件,例如当受试者被要求评估有"少于 3 个子女"以及有"3 个或更多子女"的美国已婚伴侣的百分比。[111]这有可能是因为在二元互补事件中,人们是相对于其互补事件来评估一个事件的概率的。然而,有些研究也报告了二元事件中的次可加性[112],且也有证据证明在特定条件下此类评估的超可加性(superadditivity,互补事件概率总和小于 1)。[113]

2.2.8　后见之明偏差

有时候,人们会被要求在事后评估事件的事前概率。在此类情形下,可获得的信息,即事件结果确实已经发生的这一事实,可能导致人们错误地评估事件发生的可能性。更具体来说,当人们意识到该事件已经发生,他们可能会高估事件的初始概率。

后见之明偏差(hindsight bias,以及它的近亲,"我早就知道"偏差)是判断与决策文献中首先被系统地记录的现象之一。巴鲁克·菲施霍夫为该偏差的研究作出了最初的贡献。[114]在一项经典研究中,菲施霍夫要求受试者阅读一篇 19 世纪英国-尼泊尔战争的详细历史背景描述,随后估计该事件四种不同结果的可能性。受试者所不知道的是,他们被随机地分配进了一个事前或事后的情境:事前组的受试者没有获知结果信息;事后组的受试者被告知,其中一种可能的结果是事件的"真实"结果。实验结果显示,受试者无法忽视结果信息。一旦被告知某一结果已经发生,他们就会倾向于认为该结果发生的可能性要高得多。

菲施霍夫实验的基本发现被多项研究复现。[115]这些研究既采用了上述的受试者间设计,也使用了受试者内设计,主要关注人们在一项事件发生前后对该事件的概率评估。[116]此外,研究者探索了多种变量的影响,例如受试者的专业水平与年龄对偏差大小的影响。[117]应用研究记录了后见之明偏差在具体领域内的存在,例如审计、医药,以及法律。[118]如一篇评论所总结的,"多项实验的结果汇聚成一个结论,即结果反馈会极大地抑制人们对不同于所报告结果的其他可能性的考虑"。[119]

后见之明偏差的存在毋庸置疑,但研究者们强调,有多种不同的基础过程可以解释该偏差。其中一类解释关注该偏差的认知层面。[120]根据该视角,人们会在记忆里搜寻被结果信息所证实的、过去的信念。还有一类解释关注该偏差的动机层面。[121]由于人们希望更积极地看待自己,又由于能够准确预测事件的能力值得嘉奖,他们会倾向于高估自己预测事件的能力。

后见之明偏差在面对不同的去偏差手段时展示出了极强的韧性,这些手段包括增加对准确性的激励,以及引起受试者对准确性的关注等等。[122]相关元分析所呈现的普遍情况是:"相比没有引入干预来增加或减少后见之明偏差的研究……试图减少后见之明偏差的干预并没有使效应显著变小。"[123]然而,一种被证明相对有效的去偏差技术,是反向思考(consider-the-opposite)策略,也就是鼓励人们去主动思考不涉及已发生结果的反事实情境。如下文所进一步解释的,哈尔·阿尔克斯(Hal Arkes)与他的同事在评估医疗决策的语境下证明了该策略的有效性。[124]

2.2.9 模糊厌恶

到目前为止,我们探索了人们如何评估概率,以及他们如何基于已知概率作出推断。现在,我们来探究人们对风险与不确定性之态度的另一个维度。弗兰克·奈特(Frank Knight)在 1921 年提出了"风险"(risk,或可测度的不确定性,measurable uncertainty)——结果不确定,但各种可能结果的概率已知的情况——与"不确定性"(uncertainty,或不可测度的不确定性,unmeasurable uncertainty)——不仅结果未知,其概率亦未知的情况——之间的区别。[125]四十年后,丹尼尔·埃尔斯伯格(Daniel Ellsberg)通过两个著名的思想实验,阐明了人们对不确定性的厌恶——通常被称为模糊厌恶(ambiguity aversion),实验的发现现在被称为埃尔斯伯格悖论(Ellsberg paradox)。[126]

假设有两个瓮,均装有红球与黑球,要从瓮中随机取出一个球。已知其中一个瓮里有正好 50 个红球和 50 个黑球,另一个瓮也装了 100 个球,但红球与黑球的比例未知。如果抽出一个红球,则可得到一个奖品。你会倾向于从哪个瓮抽取球呢? 大部分人选择从第一个,也就是红黑球概率已知的瓮中抽球。有可能会这样来解释:人们之所以有此偏好,是因为怀疑游戏组织者只把很少数量的红球放在了第二个瓮里(或可能一个都没有),以此来降低中奖概率或完全避免给予奖品。但有趣的是,即便人们在做出第一次选择后,如果他们从任意一个瓮中取出的是黑球,也可以立即得到一个类似的奖品,大多数人仍然坚持从概率已知的瓮中取球。因此,不能说人们偏好第一个瓮是因为他们怀疑另一个瓮里的红球或黑球更少。

模糊可能有多种原因。例如说,这可能是由信息源的可信度不明,或者是由确定可能的结果分布的证据基础较狭窄而导致的。有证据表明,人们的模糊厌恶取决于其来源。具体来说,研究显示,当模糊是由专家们对某种风险概率的不同意见所导致时,保险业人员会收取比其他模糊来源更高的"模糊溢价"（由此支撑了冲突厌恶的假设）。[127]模糊也可能有不同的程度。因此，与其说是在一个有 50 个红球与 50 个黑球的瓮和一个可能有 0—100 个红球的瓮之间做选择，其实是在前者与可能有 20—80 个或 40—60 个红球的瓮之间做选择。一般来说，某人也许缺少关于可能结果分布的相关信息，但是知晓可能的结果分布的确切分布，或者，甚至缺少关于可能分布之分布的信息。[128]

多项实验研究证实，人们有模糊厌恶的倾向，并且愿意投入可观的金钱来避免模糊。概率范围的扩大会增强模糊厌恶。有研究发现，模糊厌恶在与损失相关的情况下会减弱，甚至被消除或扭转。的确，有证据显示，对模糊的态度有四种模式，包括对高可能性收益事件的模糊厌恶，对低可能性收益事件的模糊偏好，以及面对损失时对应的相反模式。有研究发现，低收益下的模糊厌恶，要略微弱于高收益下的模糊厌恶。个人的风险厌恶与他们对模糊的态度之间的相关性研究得出了矛盾的结果。[129]研究发现，同侪的观察会增强模糊厌恶，但集体决策——尤其是当集体中既有模糊中立的成员，又有模糊厌恶或模糊偏好的成员时——会增强模糊中立。[130]虽然并非总是如此，但上述发现通常会在关于某些实验室之外的活动的研究中复现，例如买卖保险，以及市场营销。[131]

风险厌恶通常由资源边际效用递减来解释，但模糊厌恶却没有显而易见的解释。有一种解释认为，模糊厌恶是对"尽量避免在信息不足时做决定"这一规则的过度推广——特别是在已知该信息存在或可能在未来获得的情况下。[132]奇普·希思（Chip Heath）与阿莫斯·特沃斯基提出的一种补充解释借鉴了这样一项研究发现：人们越是觉得自己了解相关议题，其模糊厌恶程度就越低。[133]根据该解释，人们不仅会考虑决策的预期收益，还会考虑与决策结果相关的赞扬与责备。由于他们看重在自己专业领域内成功决策时获得期望的赞扬（尽管也知道有可能失败），人们在专业领域内的模糊境况下做决策时会没那么犹豫。[134]

模糊厌恶向作为人类决策描述性理论的预期效用理论［以及伦纳德·萨维奇（Leonard Savage）的主观预期效用理论］[135]提出了挑战，因为在真实世界中，除了碰运气的游戏之外，不确定事件的确切概率很少能被精确地知晓。然而，这并非是说模糊厌恶是非理性的。[136]比如说，当一个决策者面对多于一种可能的概率分布时，他也许会使用最大化选择规则（maximum choice rule），选择在这些分布之上能最大化最小预期效用的选项。在上文讨论过的埃尔斯伯格的瓮的例子当中，决策者会因此选择第一个瓮，因为它保证了 50% 的胜率，而在另一个瓮里，胜率有可能高许多（高达 100%），但也有可能低许多（包括 0%）。[137]多种其他的建议被提出，以正式地对模糊厌恶进行建模——其中一些建议比另一些更符合这一现象的现有数据。[138]有研究发现，模糊厌恶通常对借助解释的去偏差方法免疫[139]，这就支持了这样一种观点：模糊厌恶与算术或逻辑错误并不相似。但尽管如此，关于人类决策的描述性理论应该将这一现象考虑在内。

2.3　前景理论与相关议题

1979 年，卡尼曼与特沃斯基提出了前景理论，作为一种关于人们在风险下决策的描述性理论。[140]近四十年后，这仍然是最有野心及影响力的行为学理论。本节介绍一般的前景理论(2.3.1节),以及其意义超越前景理论的关键要素:情感的角色(2.3.2节)、参照依赖(2.3.3节)及框架效应(2.3.4节)。随后,本节会介绍与前景理论的要素相关联的几种现象:现状偏差与忽略偏差(status quo and omission biases)(2.3.5节)、禀赋效应(endowment effect)(2.3.6节),以及沉没成本与承诺升级(sunk costs and escalation of commitment)(2.3.7节)。

2.3.1　概论

前景理论由几个要素组成,这些要素全部偏离了预期效用理论的原则。最重要的是,前景理论假设,人们通常会将结果感知为收益或损失,而非财富或福祉的最终状态。收益与损失的定义与某些参照点有关。一般来说,价值函数在收益区间是凹函数(意味着风险厌恶),在损失区间则为凸函数(反映了风险喜好)。因此,大多数人会更愿意接受100美元,而非参与到一场赢得200美元与一无所获概率相当的赌博当中。然而,与确定地支出100美元相比,大多数人更偏好参与一场损失200美元与毫无损失概率相当的赌博当中。换句话说,价值函数在收益域的凹性与其在损失域的凸性反映了敏感性递减(diminishing sensitivity):收益或损失离参照点越远,对个体效用的影响就越小。[141]

根据前景理论,不仅收益与损失状况下的风险承担态度有所不同,价值函数在损失区间上一般还会比在收益区间上更为陡峭。这意味着由损失造成的负效用大于同等收益所带来的正效用。由于损失比收益有更大的影响力,人们通常是厌恶损失的。因此,主观价值函数会在参照点处出现一个"弯折"。特沃斯基与卡尼曼估计,金钱损失的影响是收益的2.25倍。[142]一份元分析考察了45项关于禀赋效应(下文将会提到)相关现象的研究后发现,人们对获取某样自己未拥有物品的支付意愿与舍弃某样相似物品时会要求的接受意愿之比的中位数为1:2.6(平均值为1:7.17)。[143]一份包含了164项禀赋效应实验的后续元分析发现,支付意愿与接受意愿之比的中位数为1:2.9(数据之间存在相当大的差异)。[144]

前景理论也假设,人们在收益域的风险厌恶,以及损失域的风险喜好,在低概率的收益与损失面前会发生倒转。[145]若无此倒转,前景理论则无法兼容许多人会为低概率风险购买保险以及会购买彩票的事实。最后,前景理论假设,主观概率考量会系统性地偏离客观概率,这体现了前文讨论的确定性效应。[146]而前景理论的关键要素——卡尼曼所强调的"前景理论的核心理念"——则参照依赖("价值函数在参照点处弯折"这一构想)与损失厌恶。[147]

前景理论已被证明有助于解释多种真实世界现象,例如所谓的股权溢价之谜(equity premium puzzle)[148],胜诉收费安排(contingent-fee arrangements)为什么在原告中常见而在被告中罕见[149],以及其他。[150]例如在第一个例子中,对长期收益远低于股票收益的短期国债以及其他债券的需求,与风险厌恶的标准概念并不相符。然而,它与损失厌恶的概念完全相符,因其假设投资者会每年评估他们的投资组合,并且愿意为了避免哪怕小额损失的风险而放弃可观的预期收益。

前景理论一直受到不少批评。有研究挑战了支撑起该理论的实验发现,有研究则质疑了参照依赖与损失厌恶这些概念的普遍性。亦有研究提出了对前景理论主要特点的不同解释。[151]然而,从几百项研究中浮现的整体图景是清晰的:人们的偏好、选择以及判断,确实通常会取决于所感知的参照点,并且显示出损失厌恶,以对边际收益与损失的敏感性递减。在后文中,我们会关注损失厌恶,后者对法律分析有着最广泛的启示。[152]

2.3.2 损失厌恶与情绪

许多研究已经指出负面偏差(negativity bias)的存在,也就是负面经历比正面经历对个体有更大影响的现象。[153]例如,负面的社会互动比正面的社会互动更深地影响人们的福祉。[154]关于生理唤起的研究——以自主神经系统激活指标来衡量,例如瞳孔放大与心率加快——也同样证明了负面事件或结果会比正面事件或结果带来更高的唤起水平。[155]

收益与损失同愉悦和痛苦的情绪有紧密联系。[156]事实上,应用功能核磁共振成像技术的神经学研究已经证明,一般的决策,尤其是有损失厌恶特征的决策,涉及大脑中如杏仁核等与情绪有关的区域。[157]同理,有研究发现,杏仁核损伤会消除金钱方面的损失厌恶[158],而情绪信息处理能力的欠缺与风险和无风险决策中的损失厌恶降低都有关系。[159]

2.3.3 参照依赖

前景理论假设,人们将结果视为收益还是损失的参照基准,取决于他们如何构建(frame)所面临的情境或选择。人们通常会把现状当作参照点,并把相对于该点的改变看作是收益或损失。然而,也有看起来十分合理的论点认为,该假设仅仅或主要适用于人们期望维持现状的情况。当期望与现状不同时,将这些期望作为参照点也许能更好地解释与预测人们的行为。[160]人们对参照点的认知也同样受到他人状态的影响。比如说,当一名雇员的加薪幅度小于单位中的其他所有人时,他会把这看作损失——即便在绝对数量上,他的情况其实有进步。[161]

一个人的参照点也许会在动态的情境下改变。大多数研究认为,人们会在获得收益(相对于他们的初始位置)后迅速调整他们的参照点,但是在经历损失之后则较不愿意这样做。[162]长期来看,人们的主观感受甚至会随着极端的变故而调整,例如中了大额彩票,或者在事故中失去了一只肢干。[163]相当数量的研究探索了有多于一种合理参照点的情况。总的来说,在这些案例当中,人们似乎不会将结果同多种参照点加权综合后得出的单一参照点进行比较。在某些案例中,有一个单一的主导性参照点;在其他案例中,人们认识到,对同一结果,既可以看作是得益,也可以看作是损失,而他们的决定也许会受到这两种框架的相对强度的影响。[164]

人们有时候会通过为自己设定目标的方式,来有意识地创造一个参照点。将某人的目标看作参照点有助于目标的实现。当一个目标被设立,它就会把结果划分为成功的范围或失败的范围。由于优于参照点的结果会带来更大的享乐影响,仅仅是设立一个目标就可以为实现它注入更强的动机。[165]前景理论为心理学中同目标相关的文献记载的另一发现提供了解释:人们离实现目标越近,就会为实现目标付出越多努力。该现象与价值函数在损失域上的凸性相吻合。[166]

参照依赖并非只出现在风险与无风险环境下的判断与决策当中。该现象及其相关议题,会在下文进一步讨论。[167]

2.3.4　框架效应

有一个与前景理论相关,但其潜在含义却远不限于该理论的关键概念,叫决策框架,或框架效应(framing effect)。在介绍该效应的那项奠基性研究当中,特沃斯基与卡尼曼向受试者呈现了下面两个问题中的一个。[168]问题一如下所示:

想象美国正在为一种罕见疾病的爆发做准备,预计该疾病会造成 600 人死亡。有两种抗击该疾病的计划被提出。假设对这两种计划之结果的精确科学评估如下:

采用 A 计划,可挽救 200 人的生命。

采用 B 计划,有 1/3 的概率是 600 人的生命都可被挽救,有 2/3 的概率是无人被挽救。

你偏向使用哪个计划?

在问题二中,替代计划的结果描述如下:

采用 C 计划,有 400 人会死亡。

采用 D 计划,有 1/3 的概率是无人死亡,而 2/3 的概率是 600 人会死亡。

你偏向使用哪项计划?

很显然,两个问题之间唯一的不同是,在问题一中,结果被描述为可能的收益(生存),而在问题二中则被描述为可能的损失(死亡)。与前景理论一致,问题一的回答者中有 72% 选择了风险较低的计划 A;而对问题二,则有 78% 的回答者选择了风险更高的计划 D。

疾病爆发问题仅仅是关于框架效应的丰富文献提出的几种范式中的一种。[169]它例证了欧文·莱文(Irwin Levin)与他的联合作者们所提出的风险选择框架(risky choice framing),即对同一结果的不同表述对人们风险态度的影响。[170]另一种框架效应是目标框架(goal framing)。[171]在风险选择框架中,不同的表述可能会引发相反的选择,而在目标框架中,不同的表述全部旨在实现单一的行为或最终结果。为此,人们的注意力要么是被引向相关行为/结果的预期获益(一种积极框架),要么被引向将会避免的预期成本(一种消极框架)。例如,为了推广乳房自检,女性可能会被告知强调检查的积极结果的信息,或者不检查的消极后果信息。与损失厌恶相一致,有研究证明,消极框架比积极框架更为有效;但另一些研究并未发现这种效应。[172]

最后,最简单的范式是属性框架(attribute framing)。与前两个框架不同,该框架并不涉及从两个选项当中做选择或引发单一行为的尝试,而仅仅是对某物件的质量或合意性的评估。[173]例如,在一项研究当中,受试者评价被标识为"75% 瘦肉"的牛肉末比被标识为"25％脂肪"的更好吃和更不油腻。[174]

在一项覆盖 136 项已发表研究,以及研究中计算的 230 种效应大小的元分析中,安东·屈贝格尔(Anton Kühberger)发现框架效应的确存在,但其量级为较小至中等。[175]如他所总结:"操作上、方法上与具体案例特点的多样性,使汇总的数据如此混杂,以至其无法说明'框架效应'。框架以不同的形式出现,有一些对产生某种效应是有效的,有一些则无效。"[176]其他文献回顾也得出了相似的结论。[177]从实验室转向真实世界时,图景并未变得更加清晰。有些研究,尤其是涉及具体语境下默认设置的研究,展现了强有力的框架效应。[178]市场营销领域对多种框架技巧的广泛使用,也同样证明了营销人员对这些技巧有效性的信赖。[179]同时,有些研究没有发现真实世界中的框架效应[180];而且,在实验室外难以评估效应的稳健性与普遍性,因为实验室中的决定通常是与社会接触和情境隔离开的。[181]看起来,"许多/任何简单的选择问题,结构都如此精巧,无论是实验设计的,还是自然形成的,以至于为了实用目的,参照点都是由具体情况决定的"。[182]

上文讨论了一般前景理论的主要特点,我们接下来会讨论三个与之相关的具体现象:现状偏差与忽略偏差、禀赋效应,以及沉没成本(也称为承诺升级)。

2.3.5 现状偏差与忽略偏差

现状偏差(status quo bias)所指的现象是,在其他条件相同的情况下,人们会偏向于维持他们眼中的现状,而不会选择另一种状态。[183]改变现状通常需要行动,而维持现状仅仅需要不作为。因此,维持现状的倾向,同偏好不作为而非作为的倾向[通常被称为忽略偏差(omission bias)],是交织在一起的。然而,有实验证据证明,这两种偏差也可以独立存在,且它们的效应是累加的。[184]当这两种偏差朝相反方向发生作用时,比如为了实现改变需要不行动,而维持现状却需要行动,有证据表明受试者偏好不行动。[185]除开这些例外情况,我们会主要将现状偏差与忽略偏差放在一起讨论。

试举一例,在一项实验中,威廉·萨缪尔森(William Samuelson)与理查德·泽克豪泽(Richard Zeckhouser)要求受试者想象他们继承了一大笔钱,并且要在如下投资选项中做选择。在中性的版本中,所有的选项会被平等地呈现。在现状版本中,受试者被要求想象他们继承了现金与证券的组合,并且要决定是维持该组合还是进行替换。无论哪种选项被呈现为现状,其被选择的概率都会比它作为替代选项时高很多,也会比在中性版本中被选择的概率高很多。选择集中的选项越多,偏好现状的相对偏差就越强。[186]在其他的假设性的选择任务中,以及在面对不同类型的受试者时,现状偏差/忽略偏差也已被实验证明。

多项自然实验也同样对现状偏差/忽略偏差提供了强有力的实证支持。例如,对美国某大企业养老金计划员工参与率在一次默认设置调整前后的研究。[187]在调整之前,员工需要主动选择加入;在调整之后,新员工会自动被注册进该计划中,除非他们选择退出。默认设置的改变,致使退休计划参与率极大提高。类似的数据出现在死后器官捐献的领域。在欧盟,某些国家的人会自动成为器官捐赠者,除非他们选择退出;而在其他国家,不注册则无法成为器官捐赠者。大多数推定同意国家,捐赠率近乎 100％;而在明示同意的国家中,则是 4%—27%。[188]实验研究证明,这种差别最有可能是现状偏差/忽略偏差的结果。[189]

对现状偏差/忽略偏差的一种通常解释是损失厌恶。[190]当偏离现状既有优点也有缺点时,人们会倾向于避免这种偏离,因为缺点比优点更有影响力。同理,当不确定偏离现状会带来收益还是损失时,人们也会倾向于避免偏离。

然而,损失厌恶并不是对维持现状的倾向以及偏好不行动而非行动的倾向的唯一解释。首先,当人们在现状与替代选项之间没有明显偏好,且偏离现状会带来交易或决策成本时,无所作为(也就是维持现状)似乎是合理的。然而,除非是在近乎一样的选项之间做选择,该解释在决策与交易成本微不足道时是有问题的。该解释的不足通过精心设计的实验被进一步显示出来。在这些实验中,受试者没有被要求在不同的政策之间做选择,而仅仅是要给它们评分(由此避免了决策成本)。结果显示,仅仅把一项政策标明为现状,就会提升它的被喜爱程度,因为这提供了一个有偏向性的、评估相对优缺点的视角。[191]

世界的某种状态已经存在这一事实,可能会导致人们对其有偏好:"存在的就是好的。"[192]人们倾向于合理化与合法化已有的事态。[193]然而,在给相互竞争的政策评分的情境下,这样的解释被直接排除,受试者给被描述为现状的政策评分显著高于替代性政策,即便他们并不认为一项政策得以实施这一事实就足以证明其优点。[194]

亦有观点认为,相比被动所致的有害结果,人们对他们主动带来的有害结果有更强的道德责任感。[195]由此,不行动意味着承担的责任更少。因此,人们有时候会偏好有害的不作为,而非不那么有害的有作为。[196]

2.3.6　禀赋效应

重要性与范围

禀赋效应[endowment effect,也被称作接受意愿-支付意愿差异(WTA-WTP disparity)]现象是指,相比自己没有的物品与权利,个体倾向于对他们已有的物品与权利给予更高的评价。[197]人们对他们并不拥有的某种物品或权利的支付意愿(WTP)的最大值,通常低于当他们拥有该物品或权利时让他们舍弃它他们会要求的接受意愿(WTA)的最小值。这种接受意愿-支付意愿差异与标准经济学理论中一个基本的独立性假设相反,即"个体的某项权利之价值,独立于在目前世界状态中个体与此权利的关系"。[198]因此,它反驳了如下观念:在一个交易成本为零且没有交易限制的世界里,法律权利的初始分配并不决定它们的最终分配。[199]毋庸置疑,禀赋效应一直是行为法律经济学中被最广泛研究的现象。

人们愿为某种权利付出的金钱的最大值,与使其放弃某相似权利时人们会要求接受的金钱的最小值之间存在差异,相关证据早在 20 世纪 60 年代与 20 世纪 70 年代就已被发掘。[200]然而直到 1980 年,禀赋效应这一概念及其与损失厌恶的联系,才被理查德·塞勒(Richard Thaler)指出。[201]自那以后,禀赋效应在多项实验研究中被证实。这些研究通常在下述两种形式中取其一。在一种形式中,受试者被问及他们愿意为某一物件或权利付出多少金钱,以及他们需要多少钱才愿意舍弃某一相似的物件或权利,由此建立起接受意愿-支付意愿差异。[202]在另一种形式中,受试者被给予多个物件,并有机会用它们换取其他物件。这些实验发现了一种交易异常,表现为无论得到的物件是什么,受试者都不情愿用得到的物件交换另一物件。[203]

禀赋效应与现状偏差和忽略偏差紧密相关。有发现证明,禀赋效应不仅适用于有形商品,也适用于无形的权利,例如工作时长[204]、在健康风险中的暴露程度[205],以及在默认规则下的合同权利[206]。

多种因素决定了禀赋效应的存在与范围。因此,当两个物品完全一样,且所有者会获得轻微的交易激励时,交易的不情愿程度会极大降低。[207]当物品间的相似度升高,交易的不情愿程度会降低。[208]人们比较禀赋物品和建议替代品的难度越大,交易的不情愿程度就越高。[209]

金钱并不会造成禀赋效应。[210]通常来说,当持有物品是被用于交换(例如商业股票),而非用于使用时,禀赋效应不存在。[211]然而,禀赋效应并不适用于价值不确定的金融工具或谈判筹码。[212]

另外一个影响禀赋效应强度的因素,是物品的来源。因此,相比认为自己只是偶然获得物品的对照组,当受试者认为得到的物品是对他们在一个课堂练习中表现的奖赏,他们会展示出更强的禀赋效应。[213]类似地,当涉及的物品是来自一个亲近朋友的礼物,更强的禀赋效应被识别了出来。[214]最后,艺术品(画作)的创造者在面对他们的创作时展示出了尤为强烈的禀赋效应。[215]

有证据表明,交易经验会减少甚至消除禀赋效应。[216]然而,当涉及难以比较的非市场物品时,经验似乎并不会消除接受意愿-支付意愿差异。[217]因此,禀赋效应的消除很可能并不是源自交易经验,而是因为交易者持有商品是用于交换——如前文所说,在此情况下,禀赋效应不适用。

原因与解释

尽管禀赋效应的存在很少被否认[218],关于接受意愿-支付意愿差异的原因及解释却存在激烈的争论。[219]一种基本的解释是损失厌恶。"将一件商品从禀赋中移除会造成损失,而添加一件商品(至无此商品的禀赋中)则产生收益。"[220]由于金钱的重要性在于其交换价值,它不会造成禀赋效应。因此,卖方由于舍弃一物件的感知损失,并不等同于买家舍弃金钱的损失。

另一种对禀赋效应的解释参考了以下认识,即拥有一件物品会创造该物品与个体自我之间的联系。当拥有一件物品成为了个体自我定义的一部分,自利偏差(例如人们渴望以有利的角度看待自己)[221]可能会导致对该物品的估值上升,即所谓的纯粹所有权效应(mere ownership effect)。[222]该假设已被实验证实。在这些实验中,若买家碰巧拥有一件与被提供之物完全一样的物品,则此买家的支付意愿与卖家的接受意愿均等。[223]这同时也符合如下发现:涉及金钱与其他被持有以用于交换的物品时,禀赋效应不存在,而当物品是作为因表现良好而给予的奖励时,禀赋效应则更强。然而,很难确定这种解释可以如何适用于人们在交易价值不确定的彩票或谈判筹码时的不情愿。

另一种心理学解释,是基于有偏差的信息摄入与处理:拥有一件物品会提高支持保留该物品的信息的可得性与对此类信息的注意力,而是否要获取一件物品的决定,则会提高支持保留金钱或支持接受金钱、而非获取该物品的那类信息的可得性与注意力。[224]正如基于自我定义的那种解释,这种解释也基本不适用于彩票。但人们对卖出彩票的犹豫可能并不是一种禀赋效应的表现,而是预期后悔的表现。[225]

其他人认为,标准经济学理论可以不诉诸心理学现象来解释起码一部分的接受意愿-支付意愿差异。根据此类解释中的一种——基于财富的边际效用递减——一个人没有某种资产这一事实,就会使他更加贫穷。因此,他会比拥有资产的人更加看重每一分钱,他的支付意愿也会因此低于拥有者的接受意愿。然而,这种解释与大多数禀赋效应的表现无关。它既与构成人们财富中的极小部分的那些物品无关,也与这样一种实验无关:潜在买家在实验中会收到等同于给予潜在卖家的物品的价值。

另外一种试图使禀赋效应与标准经济学理论相吻合的观点是,这种效应是由对"低买,高卖"这一正常议价策略的不恰当应用所导致的。然而,该观点没有解释在如下实验中的发现:受试者在不说明他们的接受意愿或支付意愿值的情况下,选择保留某物品,还是用其交换另一物品。当实验经过设计,使受试者的占优策略能揭示他们真正的支付意愿与接受意愿时,这种解释也难以令人信服。[226]

还有一种经济学解释是基于收入效应与替代效应。当一项权利或物品的替代品缺失,接受意愿可能是无上限的,但支付意愿总是会被某人的收入限制住,由此导致很大的接受意愿-支付意愿差异。一项权利或物品越被视作独特,预期的接受意愿就越高。[227]然而,尽管这种解释可用到独特且有价值的物品上,它很难解释与咖啡杯这样普通且不昂贵的物品相关的禀赋效应,更难以解释像彩票这种互为完全替代品的商品的交易异常。[228]

其他造成交易异常的可能原因包括:所有者与物品的联结[229];个体对出售普通物件(他们通常只会购买)的不情愿[230];羊群效应(当受试者公开地通过举手/不举手示意自己的交易意愿/不情愿)[231];交易与决策成本;缺乏关于物品价值[232]与市场价格[233]的信息;受试者误认为从实验人员处收到一样物品就意味着物品的高价值或保存该物品的合意性[234];对价值诱导过程的误解。[235]

尽管所有这些因素都可能确实地构成了接受意愿-支付意愿差异,但从几十项研究中浮现出的总体情况是,没有任何一种因素——无论是单独或组合——可以完全解释该差异。因此,例如,尽管估值很可能随着拥有的时长而升高,有实验发现了"一种即时的禀赋效应"。[236]甚至在交易和不交易的决策成本与交易成本都基本一致的情况下,也发现了接受意愿-支付意愿差异。[237]同样,尽管羊群效应可能可以解释受试者被要求通过举手来表达其交易意愿时对交易的极端不情愿,它仍无法解释当受试者被要求在表格上标记选择时展现出的不情愿。[238]类似地,甚至在实验操作消除了任何因为受试者收到某物品而非另一物品而可能导致的推断的情况下,禀赋效应依然存在。[239]在采取了相关措施来消除对价值诱导过程的误解时,也同样如此。[240]

在控制了这些变量后,对某些实验设计中(被设计来质疑该效应的存在)禀赋效应缺失的主要解释似乎是,这些设计极大地削弱了对参照状态的感知。[241]没有禀赋感知,则没有禀赋效应。这些设计也与实验室外的情况差异很大。实验室内的参照状态通常非常清晰,禀赋效应亦同样明显。[242]最终,损失厌恶仍然是对禀赋效应最为核心的解释之一。

2.3.7　沉没成本与承诺升级

预期效用理论认为,在不同的行动方案中进行选择时,只有未来的成本与收益应被列入考虑范围。不会影响未来的成本或收益、且无法恢复的已发生成本,不应当影响决策,因为过去无法改变。比如说,一个持票人应该根据预期净收益来决定是否要去一场音乐会,无论他为这张票支付了多少钱。然而,大量实验室实验、现场实验以及实证研究都显示,人们通常不会在决策中忽视沉没成本(sunk costs)。相反,他们倾向于坚持投入更多已经投入过的资源、时间或努力。因此,在一个随机的现场试验中,为剧院季票支付了更多钱的人会比支付了较少钱的人观看更多剧作。[243]类似地,在购买了两件不同价格的物品,并且被迫只能选择其中一件来使用时,大多数人会选择使用更加昂贵的那一件,尽管他们可能本来更偏好另一件,或者无明显偏好。[244]同理,企业家会一直投资失败的项目[245],国家会坚持进行没有希望的战争。[246]这类承诺升级(escalation of commitment)在普通人与专业决策者做的决策中均会出现。[247]

承诺升级受多种决定因素影响,包括经济、组织、社会与心理因素等。[248]如果我们聚焦心理因素,有两种主要的解释被用于解释承诺升级现象:自我辩护;以及避免确定的损失。根据第一种解释,人们不愿意对自己与他人承认他们最初的决定已被证明是错误和无效的。[249]自我辩护与确认偏差(confirmation bias)有关,也就是用符合先前承诺的方式来收集与处理信息的倾向。[250]根据另一解释,承诺升级源自人们对确定的损失的厌恶。为了避免确定的损失,人们会倾向于持续投入正在失败的项目,即便扭转盈亏(或收支相抵)的希望渺茫。[251]在一项早期的升级实验中,巴里·斯托(Barry Staw)发现,受试者会分配明显更多的研发经费给失败的企业部门,而非给成功的部门。[252]与前景理论相吻合的是,确定的损失被高估了(确定性效应),而人们在损失域是逐求风险的。[253]

上述两种解释并不互斥,且它们都扮演着重要的角色。尽管承诺升级在决策者需要为初始投入负责时体现得更为强烈,但当在初始决定是由他人做出时,这种现象也非常明显。[254]沉没成本会影响人们的决策,即便他们并不认为自己要为一个错误的决定负责,比如需要从两种产品中挑选一种来消费,且其中一种花费更高的情况。亦有观点认为,这两种解释是相互关联的:对自我辩护有更大需求的人,不太可能会在初始投入失败后调整自己的参照点,因此也更容易受到承诺升级的影响。[255]

有趣的是,对损失与收益的不同态度,也许不仅可以解释过度投入失败项目这种对期望效用理论的偏离,也可解释对成本超出了初始心理预算的项目的投入不足——所谓的去承诺升级(de-escalation of commitment)。当人们设定了一个心理预算来控制他们的资源支出时,他们也许会在额外支出可能会超出该预算时停止投入某个项目,即便该投入的预期收益大于增量成本。[256]

2.4 自我中心主义与动机性推理

2.4.1 概论

多种相互关联的偏差,都围绕人们感知、判断与选择中动机——尤其是自利动机——的角色而展开。从 20 世纪 50 年代利昂·费斯廷格尔(Leon Festinger)卓有影响力的认知失调(cognitive dissonance)理论开始[257],延续至 20 世纪 60 年代彼得·沃森(Peter Wason)关于确认偏差的重要研究[258],有大量的研究探索了这些现象。[259]然而,尽管有人认为确认偏差"可能在所有的认知偏差中吸引了最持久的关注"[260],亦有观点认为"关于该偏差的证明仍不明确"[261](而且有可能前一种说法反映了确认偏差研究者的自利偏差)。这一节着重讨论关于动机性推理和确认偏差的主要发现(和争议),以及多种相关现象,例如过度乐观(overoptimism)、天真现实主义(naïve realism)和控制错觉(illusion of control)。本节还会讨论行为伦理学(behavioral ethics)研究,这些研究认为自利偏差导致了不道德行为。

2.4.2 动机性推理与确认偏差

人们有时候有动力去得出一个准确的结论,无论这个结论是什么,而有时则会以得出一个特定的、有方向的结论为目标——通常是对他们的利益最有帮助的结论。当人们真正试图去得出一个准确的结论时,他们会用最为恰当的策略来实现此目标。与此相反,有方向的目标会推动人们采用最有可能得出期望结论的策略。有趣的是,有方向的信息处理,可以跟由准确性推动的信息处理一样地细致与全面。信息处理可以既是全面的,又是有偏差的。[262]动机性推理在决策前的信息获取、信息处理,以及对自身决策的事后辩护当中,都明显可见。[263]尽管人们可能会有意图、有目的地获取与处理信息,以证实他们先前的观点、期望和决定,但我们关注的是相对无意识且多为自发的过程——也就是系统 1 思考,它由系统 2 推理支撑。[264]系统 1 与系统 2 之间的相互影响,也许能解释,在合理性约束下,动机性决策者对自身判断的偏倚,为什么往往是不多不少,刚好能证实他们的决策。[265]

确认偏差是动机性推理的一个关键表现形式。确认偏差[也被称作我方偏差(myside bias)]指的是以偏向于某人利益、信仰与期待的方式,来寻找和处理信息的倾向。[266]在一项早期研究中,沃森向受试者展示了三个一组的数字(例如 2、4、6),并要求他们来推断生成这些数组的规则(例如等差为 2,或递增的偶数)。接下来,受试者要提出另一个含有三个数字的数组来验证他们的假设,并会被告知这是否与规则相符。为了验证他们的假设,受试者本应有逻辑地提出与假设不一致的数组。但事实上,他们更倾向于提出与假设相符的数组。[267]研究发现人们会吸取经验,以更好的策略来验证他们的假设,但时间限制会加剧偏差。[268]相比涉及熟悉且日常任务的实验,在涉及抽象与陌生任务的实验中,寻找确认性证据的倾向可能会更加强烈,但前者中也有这种倾向。[269]

　　人们不仅会寻找确认性证据,而且会偏向于忽略或至少不那么重视反驳性证据,并且会以能够证明他们此前态度的方式来解读可得证据。人们会在数据中看到他们寻找或期待看到的东西。[270]当人们面对与已有的信念不兼容的观点时,他们会自发地花更长时间来审视这些观点,对它们进行更多的批判性分析,并最终将它们评判为比与自身信念相符的观点薄弱。[271]

　　有偏差的搜索、解读与回忆,也许能解释信念固着(belief perseverance,尽管有伪证,却仍不理性地坚持信念)[272]、首因效应(primacy effect,相比后续的证据,更加重视最先获得的证据)[273],以及态度极化(attitude polarization 接触到同样的附加信息的人之间的分歧加剧)[274]。

　　确认偏差在涉及充满情绪的议题以及根深蒂固的信念时会更加强烈。[275]它同时也与某些个人特质相关。例如,有发现显示,人们的防御性信心(defensive confidence)程度不同,这指的是他们对成功为自己的态度辩护、驳斥反对意见之能力的信心。讽刺的是,研究发现,防御性信心越强的人越不容易受到确认偏差的影响,因为他们更愿意去考量对立的证据,而这有时候会致使他们改变想法(而防御性信心低的人倾向于忽视驳斥性信息)。[276]以能够确认人们先前信念与态度的方式来搜集和解读信息的倾向,与他们的智力之间,几乎没有发现关联。[277]最近,有一种衡量个体层面的认知开放性——狭隘思维与易受确认偏差影响的反义词——的具体方法被开发了出来。[278]

　　正如判断与决策研究中通常出现的情况,对确认偏差进行描述是一回事,但评估它会在多大程度上偏离规范性决策模型,则是另一回事。对与自身已有信念相反的证据与观点持怀疑态度,通常是审慎且理性的。持续质疑自己的态度会带来精神压力,而且由于我们有限的认知资源,这基本上是不可能的。更令人困扰的是,巴伦发现,在评估一组看上去是由其他学生提出的观点时,相比这些观点中包含了对立两方论点的情形,大学生倾向于在这些观点均指向同一方向时对这组观点评价更高——即使最后的结论与评估者的立场相反。[279]因此,确认偏差可能通常是有适应性的,但也可预见是有害的。[280]

　　用确认的方式来收集与处理信息的倾向,被用于解释多种现实生活中的现象,从神秘学信仰与猎巫,到政策制定、司法推理,以及历史上缓慢的医学与科学知识发展,不一而足。[281]事实上,社会科学(与其他科学)中的许多争议,包括认同理性选择理论的经济学家与行为经济学家之间的争论,可能都根植于每个阵营的确认偏差(而且也没有理由假设这本书的作者们会对此免疫)。可以说,使科学知识比其他形式的知识更为可靠的,并非每个科学家证伪自己发现的开放心态,而是科学作为一个系统对可证伪性的坚持,以及科学家想要去证伪其他科学家理论的强烈动机。[282]

2.4.3　过度乐观与优于常人效应

　　"过度乐观"(overoptimism)这个术语被用于描述多种心理现象。[283]在此,我们用它指代人们高估积极或合意之物的前景,或低估消极或不合意之物的前景的情况。因此,我们当前的讨论排除了作为个人特质的乐观主义,以及对情形或事件的积极或消极框架(比如说,玻璃杯是半满还是半空)。目前的讨论将涵盖优于常人效应(better-than-average effect），但不涉及过度自信（overconfidence）。过度自信的相关内容会分开讨论。[284]

过度乐观要求在某人的评估与一个外部基准之间进行比较。根据具体情况，可能有多种基准会被认为是相关的，包括实际未来结果（在预测情形下）、基于一般基础比率的概率值（例如某人离婚的概率），以及社会比较（例如由其他人作出的评估）。[285]

过度乐观已在多个实验设定中被发现。在一项早期研究中，受试者被给予一盒卡片，且被告知其中有确定比例（例如，7/10）的卡片被标记，他们被问及是否预期自己会抽到一张有标记的卡片。有一半的受试者被告知，如果抽到一张有标记的卡片，他们会获得一分（合意情况）；而另一半受试者则被告知，如果抽到一张有标记的卡片，他们会失去一分（不合意情况）。其他受试者参与进了中性情况——当抽中有标记的卡片，不会得分也不会丢分。所有受试者均在整个流程的末尾才被告知抽卡片的结果。研究发现，合意情况下表达出的预期值最高，不合意情况下最低，中性情况下居中。[286]相似结果亦在其他研究中出现，这些研究中，（受试者视角）的合意结果并非通过实验手段控制所得，而是事先存在的——例如预测某人未来的健康状况或职业成功、选举结果，或者足球赛结果。[287]在一项于美国进行的调查当中，刚刚结婚或将要结婚的人，被问及美国的离婚率以及他们自己离婚的可能性。对第一个问题回答的中位数是 50%，这个数字是正确的；而第二个问题回答的中位数却是 0%。[288]

许多研究表明，人们在评估自己时会比评估同伴时态度更为赞许。在一项研究中，近半受试者认为自己是司机中驾车最为安全的 20% 或 30%，并且有 80% 的人认为他们比中位数水平更加安全。[289]在另一研究中，各项智力技能测试得分最低的四分之一的受试者，认为他们的表现优于平均值。[290]研究发现，优于常人效应对可控特质的影响要高于对不可控特质的影响[291]，且对定义模糊之特质的影响要高于对定义具体之特质的影响[292]。该效应的强度亦取决于比较对象的抽象程度。人们在把自己跟个体化对象，尤其是与他们有个人交往的人进行比较时，偏差较小，而跟如"普通学生"这样的非个体化对象进行比较时则反是。[293]

已有研究证明，人们一旦接收到表明自己的最初评估过于悲观的信息，就会马上更新他们的评估，而当接收到的信息显示初始评估过于乐观时，则较不会这样做。这种选择性更新（源自于大脑中对负面信息解码的减少）使人们能在不利证据面前仍然保持过度乐观。[294]

与此相关的是，人们倾向于把积极事件归因于自身稳定的内部特质，而把消极事件归因于不稳定的外部原因。他们对成功的内部归因，要高于对失败的内部归因。[295]

自利偏差的另外一个体现——在过度乐观与过度自信之间的边界上限，这与法律语境尤为相关——涉及人们对自己通过论证来自圆其说的能力的评估。人们倾向于高估这项能力，尤其是当他们对问题中涉及的议题有情绪投入时。[296]

需注意，过度乐观与优于常人效应并不一定是源自动机性推理（motivated reasoning）或愿望思维（wishful thinking）。前述的某些效应，似乎是其他非动机性认知偏差的副产品。根据自我中心思维的解释，在把自己跟他人做比较时，人们关注的是自己经历某个事件的可能性，而非比较对象经历此事件的可能性。该理论可以解释如下发现，即当一个负面事件发生的绝对频率较高时，人们有时会给出更高的比较评估，但当此频率较低时，则会给出更低甚至是过度消极的比较评估(而愿望思维则预示着在这两种情况中均会过度乐观)。[297]类似地,在预测足球比赛的结果时,受试者不仅在得到某球队赢就有金钱奖赏的承诺时,会提高对该队获胜的概率评估,而且在没有任何奖赏承诺,但通过其他方式使某只球队更加突显的情况下也会如此。[298]过度乐观可能也跟所谓的投射偏差(projection bias)有关,这指的是人们倾向于低估自己的趣味或偏好在未来发生改变的程度。[299]投射偏差会在(比方说)如下情况导致过度乐观:人们低估自己生活标准的逐渐提高对自己消费偏好的影响——这可能反过来会导致储蓄不足。考虑到人们关于他人的信息有限,有一些过度乐观的例子也可能是完全理性的。[300]然而,动机导致的过度乐观的确存在,即人们的确会希望通过表现得更加乐观,来提高自己的技能(无论是绝对意义上,还是同他人比较的相对意义上)、获得积极的经历、在竞争中获胜,以及获得更高的社会地位。[301]

可以说,关于现实的准确信念对优化决策至关重要。然而,过度乐观的普遍性意味着,它可能确实是有适应性的。事实上,一项对已有实证证据的元分析表明,抑郁现实主义(depressive realism)——抑郁的个体比非抑郁个体更不容易受到过度乐观的影响——的总体影响较小。[302]乐观主义亦有助于个体的身体健康。由于对积极结果的预期可减少压力与焦虑,以及增加提升健康的活动,乐观主义者通常寿命更长也更为健康。过度乐观或可使人们更加努力工作,这又可以反过来推动更大的成就。对某人的伴侣以及子女优于常人认知,同样非常普遍,且有高度适应性。[303]

即便如此,过度乐观也会有不利甚至危险的影响。过度乐观的人在被要求完成一项令人不快的任务时更容易拖延。[304]他们可能不会采取必要的预防措施,会忽视定期的体验,以及不注意饮食习惯。同理,对某人未来收入的不现实的乐观主义也许会导致过度借款[305];商业上的愿望思维也许会导致过度进入竞争性市场[306];关于诉讼结果的过度乐观也许会阻碍有利于双方的让步[307]。

2.4.4　过度自信

"过度自信"一词被用于指代多种现象,包括前文讨论的优于常人效应。[308]在本节中,我们主要关注人们对其评估与判断的准确度所表达出的自信程度[也被称为过度精准(overprecision)或校准误差(miscalibration)]。

检验人们自信程度的常用方法,是让他们回答一系列问题,然后说出对每个回答准确性的自信等级。例如说,受试者可以说他对一个答案的正确性有10%、20%……或100%的信心。对应每个自信等级(例如说,受试者信心程度为70%的所有回答),将回答正确的百分比与表达出的自信程度进行比较。这类实验传统上用到的是一般的知识性问题、拼写任务,以及其他类似任务。[309]通常可发现,受试者回答正确的百分比,以及他们所称的自信程度(高于前者)之间,有较大的差距。另一个被广泛用于评估自信的方法,使用的是置信区间范式(confidence interval paradigm):让人们在一个指定的置信区间内进行评估或预测,例如说90%的置信区间(这样评估错误的概率仅有10%),或者评估他们对自己估值的信心程度的百分比区间。[310]研究再次发现,正确的数字比受试者预期的要更常偏离指定区间。有多种对过度自信的解释被提出,但没有一种解释是一般性的或结论性的。[311]

研究发现,过度自信在任务难度很大时最为突出,并会在难度降低时消减——这可能是因为人们评估不同任务难度的能力有限。过度自信在任务较容易时显著降低这一发现,引起了对实验室发现的外部有效性与可推广性的担忧,因为人们在自然环境中更善于评估一般任务的难度。[312]此外,难易任务之间的区别,引起了对显示出的过度自信是否确与自利偏差有关的怀疑,因为后者理论上应该既可描述困难任务,也可描述简单任务。[313]

然而,过度自信也出现在似乎不那么容易受到上述批评的实验中。比如在其中一项实验中,受试者被要求识别一个文本的矛盾之处。[314]在另一实验中,被给予一个简单决策规则的受试者,更倾向于自行判断,而非遵守规则——这导致他们表现更差。此类过度自信在具备(或者认为自己具备)相关专业知识的受试者中甚至更加突出。最终,他们的表现不仅比遵守决策规则时要差,甚至也比非专业人士逊色。[315]

关于专业培训与专业知识对人们自信的影响,存在相互矛盾的证据:一方面,气象学家对自己的天气预测准确度的评估,被证实是相当准确的——似乎是得益于他们持续获得的反馈[316];另一方面,其他专业人士,例如医生、律师和科学家,均被发现有过度自信[317]。过度自信可能会影响在自由裁量的整体性决策,以及基于证据的指导原则之间的抉择,后者整合进了基于统计元分析的数据。许多对这种指导原则有害的使用不足,都是由专业人士的过度自信所导致[318]。

鼓励人们考虑更多信息以及可能的替代情况,会减少过度自信。然而,向人们提供反馈,并没有带来清晰的影响。[319]

总的来说,社交互动中的过度自信,也许会带来有利影响,例如在协商、劝服,以及药物治疗(由于安慰剂效应,医生对预期治疗成功的过度自信,也许会提高成功的可能性)的情境中。[320]因此,它也许会有演化适应的优势。但是,这种偶然的获益,很有可能加剧这种偏差,而过度自信也许会让人们偏离轨道,例如在诉讼以及调解决策中。[321]

2.4.5 天真现实主义与错误共识效应

人们对现实有不同的认知与解读。在一项著名研究中,来自两所大学的本科生观看了一场激烈的橄榄球比赛的片段,这场比赛实际上正是这两所大学的球队之间的对垒。这些学生被要求记录下每个队的所有犯规行为,无论这些犯规是"程度轻微"还是"极端恶劣"。从他们的回答来看,读者可能会认为这些学生看的不是同一场比赛,尽管对于每个学生来说,他或她看到的版本都非常真实。[322]比如说,斯坦福的学生看到的达特茅斯队的犯规次数,是达特茅斯学生所看到的两倍,而虽然90%的斯坦福学生认为是达特茅斯队激化了粗野行为,但大部分达特茅斯学生认为双方都有责任。[323]

这项橄榄球实验展现了天真现实主义的一个方面——也就是,人类倾向于认为自己是在客观地看待周围的世界,而与自己意见不同的人一定是被误导或持有偏见。[324]人们会假设他们看到的现实"如其所是",且他们的信念和态度源自对他们可得信息的公正理解。所以,其他能够接触同样信息且开放地理解信息的理性人,应该得出同样的结论。更进一步,如果其他人与他们的结论不同,那一定是因为前者缺少信息或被误导,或者是因为他们不理性或无法考量数据,又或者他们因自身利益、意识形态或其他因素的歪曲性影响而产生了偏差。[325]

天真现实主义是错误共识效应(false-consensus effect)的基础——人们倾向于高估自己的信仰与观点被他人认同的程度。[326]人们同时也相信,尽管他们自己的信念与个人性情无关,相反的看法却会反映他们的反对者的性格特质。[327]一种情形或选择可以被相互冲突的观点解释的空间越大,错误共识效应则越强——这反映出人们的主观阐释在产生该效应时发挥的作用。[328]

天真现实主义的必然结果是,人们很容易辨识出他人的认识与判断中的此类偏差和其他偏差,但他们通常对自己的天真现实主义(以及其他偏差)存有盲点。[329]甚至在人们意识到自身偏差时,他们也偏向于相信他们比其他人更擅长评估这些偏差的程度和影响。[330]

天真现实主义与群体内和群体外身份的形成与维系相关。因此,它使社会、种族以及政治冲突的解决变得极为困难。[331]

2.4.6　基本归因错误

了解他人为何以某种方式行事,在日常生活中和在教育者、管理者与法官的专业决策中同等重要。归因理论(attribution theories)试图解释这个过程。它们通常会区分例如个人特质和性情这样的行为内在原因,以及像社会规范以及服从指令这样的外部或情境原因。在一项经典实验中,爱德华·琼斯(Edward Jones)与维克多·哈里斯(Victor Harris)要求受试者评估一个人的真实态度,此人写了一篇支持或批评卡斯特罗政权的文章。同时,受试者被告知,该作者是要么是自愿写作此文章,要么是受到了一个权威人士的指示。虽然受试者考虑到了上述选择,但一项惊人的发现是,即使在无选择的情境下,他们也偏向于认为文章反映了作者的真实态度。[332]后来被称为基本归因错误(fundamental attribution error)[333]——也被称为对应偏差(correspondence bias)——这种把他人的行为归咎于个人态度和动机,而非环境的影响或限制的倾向,在大量研究中都有记载。[334]然而,如同本章中讨论的几乎所有现象,基本归因错误,以及行为的内在与外在原因之间的区分,都一直存在争议。[335]

对基本归因错误的一种解释,是观察者缺乏对情境约束的意识。要判断某种行为在多大程度上是内在情绪或外部因素的产物,观察者需要意识到后者的存在。然而,有时候,像观众压力或父母的威胁这种外部因素,是旁观者无法看见的,而且,旁观者会因为比如天真现实主义等原因,而无法理解它们对当事人的真实影响。[336]另外一种解释,是对行为的不现实预期——这种预期没有充分重视人们的从众性,也就是人们让自己的行为符合群体规范的倾向。[337]亦有其他解释被提出。[338]

基本归因错误受到多种变量的影响。在较少认知资源可以被调配,以用于评估所观察行为的原因时(例如说,当他们在同时完成一项额外的认知任务),人们会更容易陷入此错误。[339]因此,通过考虑外在情境来纠正对行为的初始认知,似乎是一个要求更高、更审慎的过程。亦有研究证实,负面情绪会减少基本归因错误,正面情绪则反之。[340]最后,将行为归咎于个人性情的倾向,似乎存在文化差异。具体来说,有研究发现,东亚人比西方人更容易识别到情境中的因果力量。[341]

2.4.7　计划谬误

对完成项目所需时间(与成本)的过度乐观预测,已被反复注意到,比如说,在建筑工程与软件工程行业中。这个现象被称为计划谬误(planning fallacy)[342],它在日常生活中同样普遍。因为这个原因,在一家顶尖出版社出版了多本书籍后,本书的一位作者发现,每次他都按照出版合同上确定的截止日期提交书稿,但正式出版流程实际是在几个月之后才开始。他意识到,出版社从以往经历中了解到作者们很少会按时提交书稿,因此相应地调整了他们的工作计划。在发现这点之后,他在下一份出版合同里设定了一个早到不现实的交稿日期。

卡尼曼与特沃斯基认为,一个合理的预测取决于两类信息:关于正在考虑的具体案例的信息[所谓的特殊信息(singular information)],以及基于过去经验可得的类似案例的信息[分布信息(distributional information)]。他们把计划谬误归因为过度关注特殊信息,而非分布信息[343],因为后者会提醒人们谨防过度乐观。进一步的实验研究显示,对过去经验的相对忽视,是由多种因素造成的。[344]首先,参与一个计划活动本身,会引起对未来而非过去的关注。由此可见,为提早完成任务提供激励,会加剧计划谬误,因为它强化了对详细的未来计划的关注,而忽视了过去的相关经验。[345]同理,由于权力感与控制感会引发目标导向的注意力(以及对其他信息的忽视),它也会类似地加剧计划谬误。[346]忽视过去经验的另一原因是,正如在概率评估中的基础比率忽视[347],人们会倾向于关注具体而非一般性的信息——人们会关注当下的情境,而非过去的经验。再次,在评判自己之前的行为时,人们倾向于把成功归因为自身的能力与努力——并将失败归因于似乎与当前项目未必相关的外在偶发事件。[348]意料之中的是,当受试者被引导着回忆过去的经验,并将其与手上的任务相联系时,他们会作出更加现实的预测。[349]有研究发现,尽管人们对自己项目的完成时间过度乐观,外部观察者却可能会过度悲观。[350]最后,对完成项目的过度乐观,同时也跟渴望得到他人肯定相关。因此,在一项实验中,人们会在对相熟的实验人员作出口头预测时出现计划谬误,但在匿名预测时则不会。[351]

预测提早完成,可能会激励人们通过更加努力、坚持不懈,并激发一致性动机,来实现目标。[352]因此,计划谬误有可能是演化适应的,至少在某些情况下如此。然而,有理由相信,可以在一段连续时间(因此更不容易受到被打断的影响)内完成的任务,有别于那些无法如此完成的任务:过度乐观的预测会促进前者的提早完成,而非后者。[353]

除开这些会造成计划谬误的、自动且基本无意识的机制,低估未来项目所需的时间与成本,也许会有战略性优势。比如说,一旦一个组织开始开展一个项目,它极有可能持续进行投资(可能是由于沉没成本效应),即便事实上预期的成本与完成时间都过度乐观。所以,当决策者必须在多个竞争项目中做选择时,那些支持某一具体项目的人,可能会战略性地低估所需成本与完成时间。因此,可能很难区分开当前现象中自动的原因与审思的原因。

2.4.8　控制错觉

人们把成功向内归因,把失败向外归因的倾向[354],显然不适用于结果完全取决于运气的情境。然而,早有实验证明,与技能相关的因素——例如竞争、选择、对成功策略的考虑、积极参与,以及熟悉程度——会使人们相信自己可以控制那些客观上由机遇决定的事件。[355]例如说,观察者倾向于暗自假设,相比让他人代为掷骰子,一个自己掷骰子的人能更多地控制结果。[356]事实上,有人观察到,骰子玩家会表现得好像他们能够控制投掷的结果一样:他们会在需要小数时轻轻掷骰子,需要大数时则会用力投掷。[357]

一项对几十项研究的元分析显示,控制错觉会出现在多种任务与情境中。[358]研究发现,相比受试者对自身控制结果之能力的看法,控制错觉更多地相关的,是受试者对自己预测结果之能力的看法。研究还表明,当采用间接定性测量(例如,参与者是否愿意交易彩票)的实验时,效应的大小要明显大于采用间接定量测量(例如,参与者对结果有信心的试验次数)或采用直接评估(例如,询问参与者他们认为自己对结果的控制程度)的实验。[359]

目前提及的实验有一个共同特征,即它们都关注人们对结果的控制力极小或为零,但却仍然相信自己的确拥有这种控制力的情境。一项更近期的研究揭示了一个补充性的——在某种程度上亦是相反的——现象:当人们有极大控制力时,他们会倾向于低估它。[360]

2.4.9　行为伦理学

自我中心主义与动机性推理对理解人们的道德行为至关重要,尤其是理解使普通人得以违反道德规范但同时又保全自己作为有道德之人的自我认知的机制。该话题——一般被称为行为伦理学(behavioral ethics)——在近年来吸引了大量关注。[361]

行为伦理学大量吸收了双重推理(dual reasoning)的概念(系统1与系统2)[362],且认为自利行为基本上是自动的。判断与决策研究主要关注启发式与偏差通常如何阻碍(hinder)人们利益与目标的实现,而行为伦理学研究则展示自动的过程如何促成(facilitate)对人们的利益与目标的推进。然而,有别于认为人们会有意地最大化自身效用的标准经济分析,行为伦理学关注自利对人们的自动认知过程的影响。

动机,尤其是达成自我利益的动机,会影响通过认知过程进行的推理;人们通过这些认知过程形成印象、坚定信念、评估证据,并作出决定。[363]动机性的、自利的推理不仅会影响决策过程,也会影响事后回忆。莉莎·舒(Lisa Shu)与她的同事已经证明,当这样做可以让人们相信自己的行为符合道德,他们会错误地记忆自己的所作所为,以及他们被要求做的事情。[364]在对应的实验中,相比没有作弊机会的受试者,被给予一次作弊机会的受试者明显更倾向于忘记此前阅读的诚信守则的内容。

有大量证据支持自利会通过系统1影响道德行为这一观点。自利是"自动的、出自强烈本能的,且通常无意识的",而遵守专业职责则是"一个更为需要思虑的过程"。[365]自利的自动属性使人们很难意识到它的存在;因此,人们不太可能会对抗自利对自身推理的影响。在一些实验中,受试者首先被要求代表一方(例如一个潜在买家或卖家)做出评估,然后会被激励去做出尽可能客观的评估。尽管对准确度给予了金钱激励,但与其中一方的联系不仅使受试者的初始评估产生偏差,这种偏差也被带到了后续的评估当中。受试者看起来的确相信自己有偏差的评估。[366]不道德行为是自动的(有时也会被自我控制所限制)这一观点,得到了以下发现的支持:时间紧迫会增加自利的不道德行为,而充足的时间则会减少此类行为(如果人们无法为自己的行为进行辩护的话)。[367]最后,一项近期实验显示,当受试者被引导进入了一个直觉的/自动的思维方式,他们的行为方式会比被引导进入分析的/审思的思维方式时更加自利。[368]

尽管文献中的主流观点强调系统 1 在不道德行为中的角色,实际情况其实更为微妙:系统 1 思考并不总会导致自私的行为,且人们有时的确会故意且有意识地违反道德与社会规范。[369]在明显的社会交换情境下(例如囚徒困境与公共品博弈),合作与回报似乎才是自动反应,而自利缺陷不是。[370]

行为伦理学研究的一个常见主题——与不道德行为通常是自动而非经过计算这一观点紧密相关——是普通的"好人"有时会做"坏事"。[371]人们倾向于展示出道德伪善(moral hypocrisy):他们有动力"在自己与他人的眼中表现得有道德,但如果可能的话,会避免付出实际道德的代价"。[372]然而,尽管理性选择理论可能会预期对道德准则的全盘忽视,现实中,人们倾向于仅在容许自己保持诚实之人形象的范围内破坏道德规范。[373]如尼娜·马萨尔(Nina Mazar)与其合作者所言:"人们的行事背信至足以谋利,但又诚信至足以蒙骗自己相信自身足够正直。小小的背信得以使其一尝得利的甜头,但又不破坏积极的自我认知。"[374]

戴维·伯索夫(David Bersoff)进行的一项实验对此观察提出了有力的证明。在该实验中,所有的受试者都"错误地"被超额支付了参与实验的报酬。[375]不纠正该错误的不道德,其显著性对每个受试者来说程度不一;他们眼中此行为的受害者身份(一家资助了该实验的海外公司,或者实验者本人)亦有不同;每个受试者被间接引发去思考道德问题的程度也不一样。实验设计越使受试者难以忽视持续被超额支付报酬的不道德,他们就越倾向于纠正这种情况(同样也适用于受害者是具体的人的情况,例如说是实验人员,而非一个面目模糊的大型外国公司)。[376]同理,当人们面对一个可能会伤害他人的自利选择,他们会偏向于不去了解这种伤害是否会随之发生,以此让这个选择问心无愧。[377]其他研究也同样支持了此观点,即人们只会在一定程度内作弊,以维护自己作为诚实之人的自我认知。[378]

安·滕布伦塞尔(Ann Tenbrunsel)与戴维·梅西克(David Messick)认为,人们会用多种策略来避免认识到自己行为中的不道德性。[379]这包括使用委婉语(例如"创造性会计")、在道德可疑行为重复出现时的伦理麻木(ethical numbing)[380],以及责怪他人(要么是整群人,要么是上司)。事实上,在特定情境下,上述及其他相似的道德推脱(moral disengagement)机制,不仅会导致撒谎和作弊,也可能会导致大规模的暴行。[381]其他的道德推脱机制还包括:道德辩护(moral justification),也就是把不道德行为合理化成是在服务于某个重要目标;有利比较(advantageous comparison),即把有问题的行为跟一个甚至更为恶劣的做法比较；以及扭曲结果（distortion of consequences），尤其是最大程度地弱化某人行为之有害影响的严重性。[382]在不仅有利于行动者，且有利于其他人时，不道德行为会更加被合理化——也因此会被认为是利他的。[383]

尽管研究显示人们在意公平[384]，对公平的关心似乎并不一定会抑制不道德行为，因为公平是一个极有弹性的概念。由此，在议价语境下进行的实验表明，人们会对公平做出自利的判断，且这种偏差会随着情境的复杂性而增强。[385]如此前所说，人们也可以通过避开自身行为对他人之影响的相关信息，来绕开公平问题。[386]

目前为止，我们已经阐述了影响人们道德行为的情境因素，以及会增加普通人不道德行为的机制。然而，要全面地理解不道德行为，两个更深的层面应该被纳入考虑：个体特征（包括性格特质与人口学变量），以及社会和组织环境。

一项含括几十项研究的元分析发现，认知道德发展与把人生事件归因为自身行为（与命运或强大的他人等外部原因相对照）的倾向，都与不道德行为负相关。相对主义道德观与马基雅维利主义（即便会损害或欺骗他人，也要增益自身利益的倾向）均与不道德行为正相关。[387]基于阿尔伯特·班杜拉（Albert Bandura）的道德推脱机制清单[388]，西莉亚·穆尔（Celia Moore）与她的同事开发了一个测量人们道德推脱倾向的方法（基于受试者对八个问题的回答），并展示出该方法在预测多种类型的不道德组织行为时的有效性。[389]

至于人口学变量，上述元分析发现了性别与不道德行为倾向之间的弱关系（男性比女性更容易有不道德行为），以及年龄与不道德性之间的弱关系（更年轻的人更有可能不道德地行事）。教育水平与不道德性之间并未发现联系。[390]

除情境因素与个体特征之外，行为伦理学探索的第三个维度是社会规范（包括相关情况下的组织文化）。心理学家研究从众效应（conformity effect）已有很长时间。[391]人们为适应群体规范而调整自己行为的倾向，在不道德行为以及其他语境下均中有所体现。例如，弗兰切斯卡·吉诺（Francesca Gino）和她的同事研究了合作者的不道德行为的例子如何影响其他受试者的行为。[392]他们发现，当合作者被认为是团体内成员时，这样的例子会增加不道德行为，但当他被认为是团体外成员时，不道德行为就会减少。[393]人们越是觉得自己与树立了不道德行为榜样的人关系密切，他们对这种行为的评判就越不严厉，他们自己也就越有可能参与这种行为。[394]总的来说，研究证明，合作会大大增加不道德行为。[395]

2.5　参照依赖与顺序效应

2.5.1　概述

人类对信息的感知和处理、判断（包括自我评估）与决策、普遍的道德信念，以及有限道德性，以上种种均有相对性或参照依赖的特征。人们的感知、判断与选择，受到情境的强烈影响，且通常是比较性质的，而非与情境无关，也不反映绝对的度量标准。[396]对温度、亮度和大小的基本感知就是如此。[397]同样，基于某些参照点衡量结果是收益还是损失,以及相关的、对损失之重视程度大于对收益之重视程度的倾向,还有在收益域表现出的风险规避和在损失域表现出的风险逐求的倾向,也是如此。[398]同理,人们更倾向于违反道德和社会规范以避免损失,而非以此获得额外收益。[399]对公平与公正的评估,本质上同样是比较性的。[400]最终,根据普遍的道德信念,参照依赖对于判断涉及伤害与造益他人的行为的道德性至关重要,因为使人受益与不伤害之间的差别,以及伤害与不使人受益之间的差别,均以一个参照点为前提。[401]

与其试图去系统回顾参照依赖的各种表现,本节聚焦于判断与决策的多个方面,包括对比与同化效应、顺序效应(首因与近因效应)、折中效应(compromise effect)、锚定(anchoring),以及敏感性递减。

2.5.2 对比与同化效应

是做鸡头更好,还是做凤尾更好? 此类谚语反映了一项常见观察:包括自我评估在内的评估,很大程度上是比较性的。然而,事实上,比较也许会引向另一个方向。它们通常会导致对比效应(contrast effect),也就是人们会高估目标与参照物之间的差异性。例如,在一项实验中,部分受试者被要求列举卷入一桩政治丑闻的政客,而其他受试者则不用。随后,在被要求评估未涉及上述丑闻的特定政客的可信度时,第一组受试者比第二组受试者更认为这些政客值得信任。 显然,第一组政客名字的可及性(accessibility)为第一组受试者设定了一个特别低的基准,参照这个基准,其他政客似乎更值得信任。[402]在另一项研究中,受试者如果暗自把自己跟一个仪容整洁、技能卓越、自信心强的人比较,往往会表现出自尊下降,而当暗自将自己与一个不整洁、无能、无助的人相比时,则会表现出自尊增强。[403]

然而,比较也可能导致同化效应(assimilation effect),即人们高估目标和参照物之间的相似性。 由此,在政客的可信度实验中,虽然因为腐败政客的例子可及性增强而致使某些政客被认为更值得信任,但一般情况下,政客均被认为是较不可信任的。[404]同理,虽然接触极端邪恶(如吸血鬼德拉库拉或阿道夫·希特勒)或极端友好的典型人物(如圣诞老人或秀兰·邓波儿)会导致受试者在评估属性模糊之个体的敌意时产生对比效应,但接触中等程度的邪恶或友好人物典型时,则会产生同化效应。[405]

比较会导致对比效应还是同化效应,取决于各种因素,如参照物的极端程度(相比极端的参照物,依据中等程度参照物的初步评估更有可能指出相似性)[406],以及自我评估是与团体内还是团体外成员进行比较(当参照物和目标属于同一类别时更有可能表达出相似性,反之亦然)。[407]有人认为,比较会引发对比效应还是同化效应,取决于比较的过程。 相似性测试(导向同化)使暗示相似性的信息更可及,而差异性测试(导致对比效应)则使指向差异性的信息更可及。[408]

即使是一个明显不重要的变量——比如受试者是否认为他们与参照者是同一天出生的——也会影响低自尊受试者对身体吸引力的自我评价。[409]这些受试者在观看生日不匹配的、有吸引力或无吸引力的同性照片后,会在评估自己的吸引力时表现出对比效应。然而,若观看的是生日与他们相匹配的人的照片,与观看无吸引力之人的照片相比,在观看有吸引力之人的照片后,他们亦评价自己更具吸引力。

对比效应和同化效应的前提是将目标与一个给定的基准进行比较,但相关的基准往往不是"给定"的,而是从几个可以想象的基准中构建或选择的。因此,关于对比效应和同化效应——以及其他参照依赖效应——的大部分研究,都是关于相关基准的构建。有研究认为,判断事件的标准往往是通过反事实的思考在事后构建的,而不是事先就存在的。[410]

许多关于对比和同化的研究表明,这些效应或可受到启动(priming)的影响。[411]启动是一个过程,在此过程中,接触某种刺激——无论是感官信息(如视觉图像),还是概念——会无意识地影响随后对同一刺激和相关刺激的反应。[412]例如,接触到"鸟"这个词的人,后来识别该词和"麻雀"这个词的速度比先接触到"建筑"这个词的人快。[413]同样,若受试者首先接触到积极(如"有冒险精神"或"自信")或消极(如"鲁莽"或"自负")的词语,随后又被问及一个看似无关的问题,比如描述一个进行一系列不明确的活动的人(如考虑去跳伞),那么先接触到积极词语的人往往会比接触到消极词语的人更积极地描述这个人。[414]解释这一现象的一个常见理论是,信息会被编码进认知单元,在我们的大脑中形成一个相互联系的网络。在记忆中检索信息是通过在整个网络中扩散激活来进行的。启动提高了激活的水平,从而增加了某些信息的可及性,这又提高了回忆被启动信息和识别相关图像与概念的速度和概率。启动可以影响各种认知过程,包括构建或选择一个与目标相比较的基准。[415]

2.5.3　锚定与调整

在锚定(anchoring)的情境下,可以找到能影响人们决策的突显信息的具体例子。锚定指的是,人们在做决定时会被吸引到一些焦点上,并倾向于根据这些焦点价值或"锚"来估计价值。[416]正如大量研究所证明的,锚点可能会过度影响人们的选择。更具体来说,锚点可能会把决策者的注意力吸引过来,从而导致决策者系统地错误估计目标值。

在典型的锚定研究中,受试者被要求在接触到某个作为锚点的数字后,估计目标量的值。在他们的一项早期研究中,特沃斯基和卡尼曼证明了这种不相关的锚会如何改变人们的评价。[417]这项研究的受试者被要求估计非洲国家在联合国中的百分比。不过,在作出估计之前,受试者观察了一个"命运之轮"的旋转,该转轮被设定为停在10或65的位置,且受试者会被问及非洲国家在联合国的百分比是高于还是低于转轮上出现的数字。这个本无意义的转轮极大地影响了人们的决定:碰到转轮结果为10的受试者估计非洲国家的数量占联合国会员国的25%;而碰到转轮结果为65的受试者则估计它们占45%。

许多研究都再现了这一结果,并证明了锚点在我们的决策中发挥着关键作用。经典研究考察了锚点是否以及如何影响对事实问题的评估,例如密西西比河的长度[418]、勃兰登堡门的高度和宽度[419]、联合国的成员国数量[420],以及爱因斯坦首次去美国的年份[421]。某种程度上,这些发现并不令人惊讶:当人们被要求估计他们完全不知道的数值时,他们可能会抓住任何可用的信息。[422]

然而,关于锚定的近期研究结果表明,这种现象并不局限于估测模糊事实这一狭窄的范畴。例如,丹·阿里利(Dan Ariely)和他的同事进行了一项研究,证明了锚点可以影响人们对商品的支付意愿,例如一瓶稀有的葡萄酒。[423]接触到高锚点的受试者,愿意比接触到低锚点的受试者支付更高昂的价格。在另一项研究中,罗宾·勒伯夫(Robyn LeBoeuf)和埃尔达尔·沙菲尔(Eldar Shafir)证明,锚定会影响人们对物理刺激的评估,如长度、重量和声音。[424]在他们的一项实验中,受试者首先听了一个音量水平为 35 的音乐片段(在整个实验过程中,受试者看不到音量的数字显示)。然后,他们再次聆听该音乐片段,并被要求调整音量以恢复他们之前听到的音量水平。一半的受试者从 1 的音量水平开始,被要求向上调整音量(即从低锚点开始),另一半的受试者从 70 开始,被要求向下调整音量(即从高锚点开始)。结果显示,即使在这种非数字的、纯粹的物理环境中,锚定也会影响人们的选择:低锚定组的受试者选择的音量明显低于高锚定组的受试者。

锚定研究的一个关键方面是,它们通常建立在一个不提供信息的(uninformative)锚点之上。如上所述,在他们最初的锚定实验中,特沃斯基和卡尼曼用了一个转轮来生成锚点。[425]后来的研究使用了其他工具,如掷骰子的结果和受试者的社会保险号。[426]正是锚点的这种性质,使我们能够把这种现象解释为一种偏差——对一瓶稀有葡萄酒的估价,没有理由会受到社会保险号最后两位数字的影响。[427]

判断与决策文献已经识别了几个可能驱动锚定的潜在机制。第一种机制关注调整的过程。[428]根据这一思路,锚点被作为分析的起点,而人们会慢慢地从锚点向他们的最终估测调整。然而,这个调整过程往往会过早结束,因此,最终的估测会偏向于锚点的方向。第二种理论关注的是由锚点引发的暗示过程。[429]它认为锚定是一个自动的过程,在潜意识中发生。锚点将我们的注意力集中在我们所面临问题的某个潜在答案上,并使我们从记忆中检索出与锚点一致的信息,作为一个合理的解决方案。最后,最近的研究结果表明,锚点可能扭曲了人们的尺度感。[430]根据这种解释,数字锚点并不会影响一个人对目标刺激物的描述或看法,而是改变了作出判断的反应尺度。

鉴于锚定效应的强大基础,要消除锚点对决策者的影响是相当困难的。在决策环境中,通过对准确答案给予金钱奖励的形式增加激励,已被证明是无效的。[431]同样地,强调锚定效应的提示,也没有明显地减少其影响。[432]甚至相关领域的专业知识也似乎作用不大。例如,格雷戈里·诺思克拉夫特(Gregory Northcraft)和玛格丽特·尼尔(Margaret Neale)做了一个对照实验,要求专家(房地产经纪人)和非专家(学生)评估房产的价值。[433]受试者被随机分配到一个作为实验锚点的高要价或低要价。结果显示,专家和非专家都明显受到了标价的影响:较高的标价引起较高的估值;反之亦然。有趣的是,虽然非专业人士承认他们受到了锚点的影响,但专家们却认为他们对锚点的影响免疫。[434]然而,采用反向思考的策略,确实减轻了(尽管没有消除)锚点的影响。[435]也就是说,要求人们在面对一个高锚点时积极思考偏向于低值的论据(反之亦然),可以减少锚点对他们最终决定的影响。

2.5.4 顺序效应:首因与近因

收集和整合信息通常是一个顺序的过程。按推测来说,除非接收信息的顺序本身是有意义的,否则此顺序不应影响一个人的最终判断或选择。然而,人类的判断与决策往往不遵循这一逻辑。在一项经典研究中,所罗门·阿施(Solomon Asch)向受试者提供了一份个人性格特征的清单,并要求他们描述一个拥有这些特征的人。一组受试者听到了以下特质:聪明、勤奋、冲动、有批判性、固执和善妒;另一组受试者听到了相同的特质,但顺序相反:善妒、固执、有批判性、冲动、勤奋和聪明。随之产生的描述有很大的不同:先听到积极品质的受试者描述了一个有能力的人,他的缺点并没有掩盖他的优点;相反,听到相反顺序的受试者则描述了一个能力受其重大缺陷阻碍的人。此外,在第一组中,大多数受试者倾向于以积极的方式解释模棱两可的特征(冲动和有批判性),而第二组的受试者则倾向于消极地描述这些特征。[436]顺序效应出现在多种情境当中,包括态度调查和其他调查[437]、对话交流中的说服力[438]、法律决策[439]、审计[440]和道德判断[441]。

阿施的实验证明了首因效应(primacy effect),即早期信息对最终判断的影响更大,这与确认偏差一致。[442]然而,有些研究则证明了近因效应(recency effect),即后来的信息对最终判断的影响更大。[443]如前文所讨论的对比效应和同化效应一样,没有简单的规则可以确定这两种效应中究竟哪一种能描述任何情况下的判断和决策。最引人注目的模型是信念调整模型(belief-adjustment model)[444],它由罗宾·霍格思(Robin Hogarth)和希勒尔·艾因霍恩(Hillel Einhorn)提出,并在随后的研究中得到巩固。该模型描述了一个锚定和调整的过程,在此过程中,各种因素会生成不同的顺序效应,这些因素例如刺激物的复杂性、信息条目的数量,以及信息是逐步处理还是在序列的最后处理等。[445]

顺序效应受多种因素影响,其中一项是人们对信息片断呈现顺序的预期。在说服性的交流中,人们通常期望最重要的论点被首先呈现。因此,当实验人员明确告知受试者论点是以随机顺序呈现的时候,实验中没有发现可靠的顺序效应。与假设一致,这一结果受人们对论点重要性的感知影响。[446]然而,该观察结果并不适用于其他已被发现有顺序效应的情境。

研究证明,顺序效应在以下情况下可被消除或减轻:当人们要对自己的判断负责时[447];当专家对其专业范围内的证据审查顺序有控制权时[448];以及当以三人为一组工作的审计师认为财务报告存在高欺诈风险时[449]。

2.5.5 折中与吸引效应

理性选择理论假设,两个选项的相对排名与情境无关,也就是说,这些选项间的排名不会受到其他选项之可得性的影响。例如,餐厅里的顾客应该不会仅仅因为菜单上增加了一道鱼,就改变他对牛排和鸡肉选项的排名。然而,主要来自消费者行为领域的实证研究结果表明,决策往往显示出折中效应或吸引效应(attraction effect)。

折中效应是指人们倾向于选择中间选项而不是极端选项。例如,当消费者被要求在中档和低档相机之间做出选择时,选择这两种类型的消费者各有50%。然而,当他们被要求在这两款相机和另外一款高端相机中进行选择时,72%的人选择了中档相机。[450]在市场领域之外,折中效应或可解释政治领域(不同政策之间的选择)[451]和判决中(例如,在被告可能被定罪的不同罪行之间的选择)的决策[452]。

　　吸引效应指的是,在一个选择集中加入一个次优选项(诱饵),会增加与之最相近的较优选项的选择份额。[453]例如,当受试者被要求在一卷卷纸和一盒面巾纸之间做出选择时,与第三个选项是一盒明显质量更差的面巾纸的情境相比,若第三个选项是一卷明显质量更差的卷纸,则有更多受试者会选择第一个选项。在另一个实验中,一个情境下的受试者被问到他们是愿意用 6 美元换一支精美的笔,还是愿意保留这笔钱;在另一个情境下,受试者可以用 6 美元换取同一支精美的笔或换取一支较差的、不吸引人的笔,或保留这笔钱。相比有两个选项的情境,在有三个选项的情境下,更多的受试者选择了精美的笔(几乎没有人选择较差的笔)。[454]

　　折中效应与涉及不同属性之间取舍的选择有关,例如产品质量和价格(当比较是单一维度时,人们自然会选择更优选项)。虽然违反了人们的偏好与情境无关这一假设,但选择中间选项(例如质量和价格都是中间值的产品)的策略,在信息问题与不确定性(例如,关于多种属性的相对重要性)使做出最优选择成本过高时,似乎是完全理性的——通常也的确如此。[455]因此,有别于其他启发式,折中效应很可能是一个深思熟虑的过程的产物,它引向一个被认为(在各类选项当中)不太可能被他人批评的选择。[456]实际上,已有研究发现,通常会促进系统 1 启发式使用的认知资源的枯竭(由于之前参与了一项耗力任务)[457],以及时间限制[458]可减少折中效应。

　　此外,假设质量和价格相关,理性的消费者如果不能有意义地计算质量和价格如何取舍,但认为自己有适度的需求和品味,则可能会理性地选择一个折中的选项。[459]

　　虽然选择中间选项的倾向可能是处理信息问题的一种理性手段,但它也可能和吸引效应一起被营销人员和其他说服者所操纵。因此,尽管对一类产品需求量的预期很低,一个公司仍可能会推出一个超大份的产品,或者一个质量极高或极低的产品,以促进对其他产品的需求。[460]同时,政策制定者可以助推消费者减少软饮料的消费,例如可通过要求卖家在提供大杯和超大杯饮料的同时提供小杯饮料。[461]

2.5.6　敏感性递减

　　参照依赖是感知、判断和决策中另一种心理现象的基础,即敏感性递减:变化离参照点越远,则影响越小。研究已注意到前景理论的价值函数与概率加权这两个语境下的敏感性递减。[462]反射效应(reflection effect)——收益和损失的边际效应递减,导致收益域的风险厌恶和损失域的风险逐求——标志着结果离参照点越远,对结果的敏感性则越低。就概率而言,与中间概率的类似变化相比,从不可能到低概率和从确定到高概率的影响更大,这意味着离这两个边界越远,对概率变化的敏感性则越小。

　　更具体而言,敏感性递减解释了为什么在一个现有功能相对较差的产品上增加一个新功能,比在一个质量相对较好的产品上增加同样的功能更能增加对该产品的需求。[463]它还解释了为什么——与标准的经济分析相反——一个消费者可能会开车穿过小镇去买一个 30 美元而非 40 美元的产品(从而节省 10 美元),但不会做出类似的努力去买一个 2 970 美元而非 2 990 美元的产品(从而节省 20 美元)。[464]同理,送礼物是一种比小幅降价更有效的营销技巧:因为礼物是单独估价的,收到礼物是与没有礼物进行比较,而不是与一个巨大损失的微小减少相比较。[465]另一个与敏感性递减相适应的发现是,人们越是接近目标,就越倾向于付出更大的努力来实现它。例如,有研究发现,一个奖励计划的会员在购买 10 杯咖啡后可以获得一杯免费的咖啡;当他们越接近获得免费的咖啡,购买咖啡的频率就越高。[466]

敏感性递减也涉及空间距离。它被用来解释为什么尽管总出行距离一样,但是在家—商店 1—商店 2—家这样的三段式购物旅程中,消费者会更偏好中间距离为 40 英里—10 英里—40 英里的行程,而非间距为 30 英里—30 英里—30 英里的行程。[467]

最后,敏感性递减与心理麻木(psychic numbing)的概念类似。[468]虽然人们认识到每个人的生命价值是平等的,但他们愿意为拯救人的生命(或以其他方式帮助他人)所做的努力,会随着濒临死亡的受害者人数增加而减少。由此,举例来说,人们愿意做出更大的努力来拯救 10 个濒死者中的 9 个人的生命,而不是拯救 10 000 个濒死者中的 10 个人的生命。

2.6　拖延、短视与有限意志力

评论者们有时将偏离经济理性的整个领域分为三类:有限理性(bounded rationality,偏离浅层的认知理性)、有限自利(bounded self-interest,偏离深层的动机理性)和有限意志力(bounded willpower,以人们"知道会与自己的长期利益相冲突"的方式行事)。[469]虽然第三类没有前两类那么宽泛或分明,但我们还是要单独讨论它,因为它很难被归入其他类别。本节将首先讨论拖延,随后是短视和有限意志力。

2.6.1　拖延

有别于有意回避一项任务或决定,拖延涉及自愿推迟一项任务或决策的开始或完成,尽管拖延者意识到了此类拖延会对其利益产生不利影响,或甚至会导致有害的表现不佳或无法决定。[470]正如阿莫斯·特沃斯基与埃尔达尔·沙菲尔所言:"许多事情从未被完成,并非因为有人选择不做此事,而是因为此人选择不在现在做此事。"[471]拖延似乎是一个非常普遍的现象,它会导致拖延者表现不佳,造成大量的金钱和其他损失以及自我厌恶。[472]拖延也可能对除拖延者之外的人产生负面影响,例如拖延为公共事业作出努力这一情境。

人们的拖延倾向各不相同。一些研究表明,这种倾向在不同的时间和情境下是一致的,这意味着它可以被看作是一种人格特质。在"大五"(big-five)人格维度中[473],拖延与尽责性(conscientiousness)及其构成要素密切相关。因此,拖延的倾向与组织性(organization,计划和安排自己的任务)和成就动机(achievement-motivation)呈负相关,而与注意力分散(distractibility,无法管理分散注意力的暗示)和意图-行动差距(intention-action gap,人们不坚持完成其计划的程度)呈正相关。[474]也有研究表明,越是过度乐观的人越容易在面对不愉快的任务时拖延。[475]

拖延取决于手头任务的特点。距离任务的预期奖惩越远,拖延的倾向就越强[476],可以说这反映了将在下文讨论的、人们对未来成本与收益的双曲线贴现率。[477]同样地，一项任务或决定越是无聊或不愉快，就越有可能被推迟。[478]

鉴于拖延的普遍性和危害性，人们对克服它的方法给予了极大关注，包括自行和外部施加的截止日期，以及强制决策。关于截止日期，在一项研究中，被给予五天期限的受试者中有 60％完成了有偿任务；被给予三周期限的受试者中有 42％完成了任务；而没有截止日期限制的受试者中则仅有 25％完成了任务。[479]然而，截止日期可能会刺激人们去做一些不那么理想的事情，如对考试成绩和法庭判决提出申诉。[480]一些研究对比了自行与外部施加的截止日期的效果，结果不一：有些研究发现自我施加的截止日期在保证业绩方面更有效[481]，而其他研究则显示外部施加的截止日期更有效。[482]拖延（和忽视偏差）的另一种解药，是迫使人们做决定。例如，申请驾照的人可能被要求表明他们是否同意死后捐献器官，新雇员可能被要求决定是否加入养老金计划。[483]

2.6.2　短视与有限意志力

经济学和心理学的大量实验与理论研究已经探索了不同时间下人们关于成本和收益的选择——特别是与即时的成本与收益相比，更倾向于贴现未来的成本与收益。[484]这类关于跨期偏好(intertemporal preferences)的研究，很大程度上因回应规范经济模型而出现，并由行为经济学家和心理学家共同推进。因此，许多文献倾向于孤立地讨论跨期选择，而非将其作为自我管理和自我控制等更宽泛问题的一个方面。[485]对自我控制失败的详细讨论，尤其是与犯罪和暴力问题相关的讨论，超出了当前讨论的范围。[486]然而，从心理学和法律政策的角度来看，短视和自我控制的问题在消费与储蓄、消费不健康食品和吸烟等情境下几乎没有区别。因此，本小节既讨论跨期选择，也讨论与之密切相关的自我控制问题。

保罗·萨缪尔森(Paul Samuelson)在 1937 年提出的、跨期选择的标准经济模型，一直假设人们以一个恒定的贴现率(discount rate)来贴现未来的成本和收益。[487]的确，在许多情况下，贴现未来的成本和收益是完全合理的。提前收到一笔钱，使一个人或者可以赚取这笔钱的利息，偿还有息债务，或者可以其他方式投资这笔钱来获利。然而，即使在这种逻辑不适用的情况下，人们也会对未来的结果进行贴现，例如在健康状况和拯救人类生命的语境下（例如，在明天拯救 10 个人的生命与一年后拯救另外 11 个人的生命之间进行选择）。此外，人们的主观贴现率往往比任何可知利率都要高得多。最重要的是，人们的贴现率似乎通常不是恒定的，而是双曲线的(hyperbolic)——也就是说，它随着时间的推移而下降。[488]例如，许多人宁愿今天收到 10 美元，而非两周后收到 12 美元——但又愿意在一年零两周后收到 12 美元，而不愿在一年后收到 10 美元。双曲线贴现率意味着，人们具有非时间一致性的偏好，这取决于他们何时做出选择。

跨期偏好涉及广泛的结果与情境，并且经常与其他因素相混淆。例如，资源的边际效用递减意味着，一个偏向于立即收到 10 万美元而不愿一年后收到 20 万美元的人，其跨期贴现率远低于 100％，因为通常情况下，从 20 万美元获得的预期效用明显低于 10 万美元效用的 2 倍。同理，在现实生活中，结果离得越远，其不确定性就越大，这反过来可能会降低其预期价值。例如,一定数量的钱在未来的效用,取决于一个人到时的财务状况——如果此人在这期间变得更加富有,则效用降低;而如果变得更加贫穷,则效用提高。事实上,如果一个人在指定时间之前去世,未来的效用甚至可能为零。即使上述和类似因素能够以某种方式剔除,任何个人都不太可能对不同的对象、时间跨度和结果大小有一个单一的(恒定的或双曲线的)贴现率。事实上,单一贴现率的观点并没有得到现有证据的证实。[489]

除了不具有时间一致性之外,研究还显示,收益的贴现率高于损失的贴现率。[490]事实上,相当一部分受试者更愿意立即承担损失,而不是将其推迟。[491]跨期选择也很容易受到框架效应的影响:人们愿意为从 T_2 提前到 T_1 收到某件物品而支付的费用,远远低于他们愿意将其从 T_1 推迟到 T_2 而要求得到的报偿。[492]最后,与贴现未来成本和收益的逻辑相反,人们偏好好结果的递增序列(如逐渐增加的工资)而非递减序列[493],并且偏好坏结果的递减序列(如身体不适)。[494]上述一些特征,包括对时间上遥远的结果敏感性递减、参照依赖,以及收益-损失不对称性,均与前景理论的价值函数类似。[495]

短视行为也与其他感知和处理信息时的偏差相互作用。例如,当人们设定储蓄或节食目标时他们认为,与目标一致的行为(例如存一定数量的钱)对实现目标的助益程度,要大于与目标不一致的行为(例如花与之前一样多的钱)对实现目标的阻碍程度。人们对实现目标的期望越高,这种所谓的进度偏差(progress bias)就越大。[496]

过高的贴现率与冲动和自我控制的问题有关。沃尔特·米舍尔(Walter Mischel)和他的同事在 20 世纪 60 年代和 70 年代进行了著名的棉花糖实验(marshmallow experiments),研究了四岁儿童为获得更大的延迟奖励而放弃即时满足的能力,以及他们用来实现这一目标的策略。[497]有趣的是,后续研究表明,在这些实验中表现出更强自控力的儿童,往往在认知和学习上更加出色,并且在青春期能更好地应对挫折和压力[498],在成年后的人际关系中也表现更好。[499]另一项研究发现,高贴现率和(自我报告的)较早的第一次性活动年龄,同最近的关系不忠、吸烟和较高的身体质量指数(BMI)之间存在关联。[500]

贴现率的情境依赖性、易受框架效应影响的特性、前述的进度偏差,以及短视和自我控制之间的密切联系,都对一个观点提出了怀疑,即人们的短视行为可被一个效用贴现函数充分捕捉。因此,对人们的跨期选择的一些替代性解释被提出。其中一种说法类似于决策的双加工理论。乔治·洛温斯坦(George Loewenstein)指出,当人们违背自己的长期利益行事时,他们往往能意识到这一情况,但会有一种"失控"的感觉。[501]这种行为通常由冲动或突然的情绪所引起,例如饥饿或渴望。这些本能因素所产生的、即时且强大的影响,会排挤掉其他目标。此外,人们倾向于低估自己和他人有多容易受到这些因素的影响。一项研究为这一说法提供了实验的支持。在该研究中,受试者需执行一项在认知上有挑战性的任务,因此会在别处大量使用他们的慎思资源,从而倾向于选择一种不太健康的食物。[502]

与此相关的是,根据解释水平理论(construal level theory),在时间上遥远的结果的心理表征比在时间上临近的结果更抽象。[503]因此,有假设认为,人们加速收到某物品的支付意愿低于延迟收到该物品的接受意愿,是与人们最初对收到物品的理解是抽象(在前者的框架中)还是具体(在后者的框架中)有关。事实上,有发现表明,要求受试者具体想象收到物品并使用它的那一刻——从而消除这两种框架之间的差异——可以消除接受意愿-支付意愿差异。[504]

还有人认为,考虑到在相关选择集中结果属性的绝对差异与相对百分比差异,跨期选择可能是简单启发式(而非固定的跨期效用函数)的产物。[505]影响跨期选择的其他心理决定因素有:人们感觉到的与未来自我的联结程度[506];对当前行为之未来影响的不注意[507];以及人们对未来时间长度的感知[508]。

有别于一些错误的逻辑推论,而类似于损失厌恶等现象,高贴现率的存在本身,并不是"非理性"的。[509]然而,双曲线贴现率意味着选择并不具有时间一致性。它们也与冲动、短视和自我控制不足有关。虽然有可能通过拓宽"信息成本"的概念,或把个人建模为由"多个自我"组成,来将这些现象以及人们为克服这些现象而采取的措施纳入经济分析[510],但这种概念拓宽无法替代对这些现象、其个人和社会成本,以及应对它们的可能方式的实证研究。

短视和自我控制失败在节食[511]、吸烟[512]、毒瘾[513]、退休储蓄[514]和消费者行为[515]等情境下有特别大的不利影响。这些问题有几个共同特点。第一,无法以符合自身长期利益的方式行事,会导致对人们自己的重大伤害和重大社会问题,如肥胖和养老储蓄不足。第二,公司经常采取积极的策略,为其利益诱导短视行为,比如通过铺天盖地的广告推广不健康食品的消费、鼓励吸烟,以及说服人们为当前的消费借款而不为晚年储蓄。第三,人们有时会使用预先承诺、自我家长式的手段,来限制他们的冲动决策。例如远离诱人的食品和香烟,以及将钱存入没有提前取款选项的储蓄账户。第四,市场有时会提供帮助人们克服短视的机制(如储蓄计划),而且关于这些机制的新提议也在不断被提出和检验。[516]突出的例子包括将默认雇员不参与退休储蓄计划改为默认参与[517],以及使雇员在获得加薪时预先承诺提高将其工资中存入退休储蓄的比例[518]。最后,全世界的政府都采取了措施来处理与自我控制失败有关的社会问题。这些措施包括非常温和的、受心理学启发的助推(nudges),例如要求生产者以更突显和更生动的方式向消费者告知产品风险;以及强制措施,例如宣布特别不健康的食品为非法,或规定向未成年人出售烟草产品和酒精为犯罪行为。[519]

2.7 道德判断与人类动机

2.7.1 概述

哲学家们会围绕道德理论同普遍的、深入人心的道德直觉保持一致有多重要展开辩论。一些人认为,同至少某些直觉不相符的道德理论是不可接受的;而另一些人则并不重视这一问题。许多哲学家选择了中间立场(人们有时会有不同的直觉,或者同一个人可能对某个特定问题有矛盾的直觉,这使问题更加复杂)。无需解决此问题即可明白,关于道德直觉的心理学研究本身就很有趣,且对政策制定至关重要。只要人们想了解、预测或影响人们的行为,人们的道德判断就很重要,因为道德判断会影响行为。与理性选择理论的假设相反,大量证据表明,人们不仅受到自身利益的驱动,也受道德规范和亲社会动机的驱动。

普遍的道德直觉对法律同样重要。若法律规范的有效性取决于其道德性（如一些法律理论所认为的），且若道德理论的有效性（至少在某种程度上）取决于其与道德直觉的兼容性，那么道德直觉对法律来说则必不可少。此外，即使人们否认法律的有效性取决于其道德性，或否认与道德直觉的兼容性对道德理论至关重要，法律规范与普遍道德直觉的兼容性在纯粹工具层面上依然重要：相比被认为是不公正的法律规范，人们更可能遵循他们认为是公正和可取的法律规范。[520]法律规范与普遍道德直觉的兼容性，也可能是民主原则的要求。

在以下各小节中，我们会简要讨论人们的道德判断与动机的几个方面。[521]我们将首先讨论后果主义（consequentialist）和道义论（deontological）道德之间的区别。虽然规范经济学以后果主义道德为基础，但许多研究表明，大多数人主要是以温和的道义论者的方式来推理和行事。随后，我们将转向人们对正义之看法的更具体方面，并特别关注实质性公正和程序性公正的概念，以及对一个公正世界的信念。接下来，我们将讨论似乎有悖于标准经济分析之假设的、另一方面的人类行为，即人们的亲社会和利他主义行为。最后，我们会谈到各种道德判断之间的关系，以及直觉的和审慎的判断与决策之间的区别。

2.7.2　道义论 vs.后果主义

规范伦理学

福利经济学是一项后果主义道德理论。它认为，最终决定行动、忽视或其他任何行为之道德性的唯一因素是它们的后果，并要求人们应始终促成最佳结果。它不承认对促成良好结果的目标应施加任何道义论限制，也不承认优先考虑其他目标的选择。[522]与此相反，道义论虽承认促成良好结果的重要性，但却否认促成良好结果是唯一的道德决定性因素。[523]道义论将自主、基本自由、说真话，公平竞争和遵守承诺等价值，置于促成良好结果之上。它们包括对实现最佳结果的限制（constraints）。同时，道义论道德承认多种选项（options）：在许多情况下，行为人都可以合法地将其自身利益，或其所爱之人与社群成员的利益，置于提高整体利益之前的位置。因此，富人不需要捐出他们的大部分钱来减轻贫困者的痛苦。他们可以合法地把钱花在"奢侈品"上，比如看电影和读小说，即便把钱给穷人会提高人类的净福利。[524]因此，道义论既承认随行为人不同而不同的（agent-relative）限制（对于促成良好结果的限制），又承认随行为人不同而不同的选项（可以不促成良好结果的选择）。[525]

道义论限制的核心，是反对伤害他人。它通常包括对侵犯权利的限制，如生命权和身体完整权、人类尊严以及言论自由。它还包括由承诺产生的特殊义务，以及对撒谎和背叛的限制。[526]此外，还有"对公平，以及对公道或平等对待他人的道义论要求"。[527]

"随行为人不同而不同"（agent-relativity，或译"行为人相对性"）的概念意味着，不违反限制的义务，同不带来或防止其他违反限制的义务，是有区别的——即使后一种违反限制的行为，是避免当前限制时预期会出现的结果。否则，禁止杀死一个人以拯救另外两个人,就会同时阻止杀死那个人和不杀死他(从而允许另外两个人的死亡)。因此,道义论必须诉诸积极违反限制和不阻止他人违反限制之间的区别——或某种类似的区别。[528]就反对伤害他人这一限制而言,道义论由此在主动伤害(actively harming)一个人和不施与帮助(not aiding)之间做出了区分——通常被称为"作为与允许之间的区分"(doing/allowing distinction)。[529]造成伤害想必是不道德的,但允许伤害却并不总被认为是不道德的。至少,反对主动伤害的限制,要比帮助他人的义务要严格得多。

道义论者经常进行的另一个区分,是故意(intending)伤害和仅仅预见(foreseeing)伤害之间的区别。故意伤害是不道德的,即使只是允许伤害发生,而预见伤害不一定不道德。[530]反对故意伤害的限制,不仅禁止把伤害作为目的,而且禁止把伤害作为实现另一个目标的手段(means)。因此,为了继承某人的钱而杀人是一种故意伤害,即使凶手宁愿有其他方式来获得这笔钱。把一个人作为一种手段,违反了把人作为目的来尊重的要求。

这些区别经常在提到电车难题(trolley problem)时被讨论。[531]假设一辆不受控制的电车在轨道上飞驰。轨道上有五个人,除非电车转轨,否则他们无法逃脱,会被撞死。行为人可以打开一个开关,将电车转向另一条轨道,这样则只会撞死一个人。行为人应该打开这个开关吗?或者,假设行为人能够拯救这五个人的唯一方法是打开一个开关,使另一个人从天桥上掉到轨道上,从而挡住电车并致其死亡。行为人是否应该导致另一个人坠落?虽然一些道义论者在这两种情况下都会反对打开开关,但其他人可能会认为让电车转轨是道德上许可的,甚至可能是必须的,而导致一个人坠落则是道德所不容的。虽然这两种杀人均为主动,但它们的区别在于,杀人仅仅是一种副作用(在转轨方案中),还是一种手段(在天桥方案中)。

道义论的道德理论,要么是绝对主义的,要么是温和的。[532]绝对主义(absolutist)道义论认为,无论良好结果的数量有多少,都不能违反约束;而温和(moderate)的道义论则认为,约束是有阈值(thresholds)的:如果利害攸关的是足够好或足够坏的结果,那么为了推进好的结果或避免坏的结果,就可以推翻限制。例如,如果这是拯救成千上万人生命的唯一方法,那么即使违背了反对主动/故意杀害一个无辜之人的限制也情有可原。[533]而要证明违反其他限制的合理性,例如反对撒谎或违背承诺的限制,所必须达到的阈值则要低得多。相应地,道义论的选项不必是绝对的:当有足够多利害攸关的好或坏的结果时,就不再有不促成好结果或避免坏结果的选项了。在确定可以证明违反限制之合理性的好/坏结果的数量时,温和的道德论者可以合理地考虑作为与允许和故意与预见之间的区别。当伤害是有意为之的时候,为了证明伤害某人的正当性,所必须达到的阈值显然比伤害只是副作用时要高得多。

温和的道义论不仅禁止在除非违反行为会产生足够大的净利益时违反道德限制,而且在确定净利益是否达到特定的阈值时,还会排除某些成本和利益或降低其权重。例如,道义论可能认为,某些价值的词汇优先级排在其他价值之前(例如,人的生命相对于金钱损失);当更严重的价值(如人的生命)受到威胁时,小的利益(如消除头痛)则完全不应被考虑;在时间上遥远的利益和成本应被大打折扣;消除坏结果应优先于促成好结果。[534]最后,道义论道德可能会在伤害(拯救)一个身份不明的人和伤害(拯救)一个身份确定的人之间做出区分。从后果主义的观点来看,伤害(或拯救)一个身份不明的人与伤害(或拯救)一个身份确定的人是一样的,而道义论可能会区分这两者,并认为后者更令人反感(或更加有合理性)。[535]

行为学研究

虽然伦理学家们围绕哪种规范性理论才是正确的展开了激烈争论,但他们早已认识到,在三类理论中——后果主义、绝对主义道义论和温和道义论,第三类最符合常识性的道德(commonsense morality),或普遍的道德信念。[536]

绝对主义道义论和简单的后果主义往往都是反直觉的。例如,绝对主义地判断一个人决不能主动或故意撒谎,即使这样做可能会挽救一个无辜者的生命,这在大多数人听来非常奇怪。同时,大多数人认为,在道德上有义务为拯救 101 个人(或者拯救 100 个人的生命并防止另外一个人受到轻微伤害)而杀死 100 名无辜之人,这样一种后果主义判断同样骇人。事实上,后果主义者和绝对主义道义论者都竭尽全力地试图使各自的理论与普遍的道德信念达成协调。例如,绝对主义道义论者可能会在说谎和不说实话之间划出一条细线,以避免绝对禁止说谎会带来的站不住脚的结果。同时,后果主义者可能会从行为后果主义转向规则后果主义——这大体上是为常识性道德提供后果主义基础的一种方式。[537]

许多实验研究确实表明,大多数人的道德判断,既不是后果主义的,也不是绝对主义道义论式的。有一个研究方向探究了受保护的价值(protected values)和禁忌权衡(taboo trade-offs)的相关概念,这些概念涉及抗拒与其他价值(尤其是经济价值)进行权衡的那些价值。[538]与后果主义相反,研究发现,许多人最初均认为这些价值不应被违反(例如,医生绝不应在未经病人同意的情况下切除垂死病人的器官)。然而,与绝对主义道义论相反,当被要求思考反例时,许多信奉受保护的价值的人,都对这种说法进行了限定。[539]此外,做出政策决定的政治家们,经常面临着不可避免的、涉及受保护的价值的权衡。[540]必须决定是要投资于公共卫生项目、高速公路安全、拯救濒危物种,还是仅仅平衡预算的政策制定者们,不得不将这些目标纳入单一的政策衡量指标。然而,在这样做的时候,他们必须十分小心,因为,把受保护的价值当作任何其他可量化的物品,相当于"政治自杀"。[541]因此,围绕受保护的价值的公共话语,倾向于诉诸修辞上的混淆。[542]通过给政策选择贴上"道德"或"公正",而非"有效"或"成本合理"的标签,人们就可以忽略这些选择对受保护的价值的侵犯。[543]

研究还表明,与后果主义相反,相比那些被动地允许发生的有害结果,人们被认为——并认为自己——对其主动带来的有害结果负有更大的道德责任。[544]这些研究还表明,对大多数人来说,对主动造成死亡的禁止是有阈值的,因此,如果侵害行为是防止大量的死亡的唯一方法,那么这些行为是可以被允许的。[545]

近年来,许多研究都探索了人们对各种版本的电车难题与类似道德困境的反应。例如,大多数受试者认为,有害的行为在道德上比有害的忽视更恶劣,且故意伤害比预见伤害更恶劣。[546]大多数受试者认为,为了救人而伤害一个人(故意伤害)不可接受,而作为救人的副作用而伤害一个人(预见的伤害)可以被允许,尽管许多受试者无法为这种区分提供充分的解释。[547]受试者还倾向于认为涉及身体接触的伤害在道德上比无接触的伤害更恶劣。[548]研究发现,与简单的后果主义所规定的行为人中立性相反,并与道义论的行为人相对性相一致，人们认为，故意和预见的杀人在是为了救自己和他人的情况下，比起只是为了救他人的情况，要更可接受。[549]同理，受试者认为，为救几个人而牺牲一个陌生人，比牺牲一个亲人更可接受。[550]

亦有研究证明，与绝对主义道义论相反，人们会合理化作为一种拯救许多其他人之手段的主动杀人。[551]实验设计中也发现了绝对主义道义论和普遍的道德判断之间的差异。在这些实验中，受试者认为在标准的天桥方案中杀死一个人是可被允许的。[552]

总之，虽然人们的道德判断各不相同——既有后果主义，也有绝对主义道义论和温和道义论（同一个人的判断也可能因情境不同而变化）——大多数道德判断似乎更符合温和道义论，而非后果主义或绝对主义道义论。人们倾向于相信，将好的结果最大化应受到道德的限制，包括反对主动或故意伤害他人的限制，但若好或坏的结果达到充分的量级，这些限制可能会被推翻。还应注意，大量实验和调查显示，人们对各种版本的电车难题和类似的道德困境的反应具有明显的一致性。[553]对世界各地数千人的道德判断分析表明，虽然诸如性别、教育、政治参与和宗教信仰等变量产生了统计上显著的影响，但这些影响极小，且前后并不一致。[554]

有一种在一定程度上基于神经学研究的观点认为，道义论的判断与情绪有关，而后果主义的判断与审慎思考有关。[555]在类似电车难题的困境中，参与正常情绪生成的脑区受到双侧损伤的病人，其判断出现了"一种异常'功利主义'的模式"（在其他种类的道德困境中，有类似大脑损伤的病人的判断是正常的）。[556]相应地，研究发现，有直觉决策模式倾向的人，比有审慎思考倾向的人更重视道德约束。[557]

然而，肖恩·尼科尔斯（Shaun Nichols）和罗恩·马伦（Ron Mallon）已经证明，人们的判断反映了故意伤害和仅仅预见伤害之间的道义论区别，即使在没有涉及对任何人的身体伤害的情况下也是如此，因此对道义论限制主要由情绪驱动的说法提出了怀疑。[558]类似地，在执行一项认知要求很高的任务时应对道德困境——一种减少人们诉诸系统2推理的操纵手段——并不影响受试者对相互冲突的道德论点的敏感性。[559]

此外，对电车难题式困境的研究，可以说是将道义论与后果主义的比较，同直觉与反直觉判断之间的比较相混淆了。有研究发现，反直觉的道德判断，无论是后果主义的还是道义论的，都与更大的困难有关，并且激活了大脑中涉及情感冲突的部分。[560]总的来说，近年来，一个愈发强烈共识是，道德判断是由多个系统——包括情绪和认知系统——同时达成的，并且同时涉及情绪和原则、直觉和审思。[561]

除了温和道义论比后果主义或绝对主义道义论得到更多的支持外，有更多具体的心理现象也与（温和）道义学相符。例如，近年来，一些实验研究已经证实了可识别性效应（identifiability effect）——比起未被识别出的个人，人们倾向于对已被识别出的个人态度更慷慨或更苛责。[562]

可以肯定的是，无论是道义论道德信念的普遍性，还是后果主义推理更加审思这一（假设性）论点，都不能证明任何一种道德理论在哲学上优于另一种。[563]但是，即使普遍道德信念是错误的，由于法律规范与普遍道德判断的兼容性在原则上和工具性上都非常重要，政策制定者仍应该考虑这些发现。[564]

2.7.3　公正性与社会正义

概述

继亚里士多德之后,哲学家和法学家通常将正义分为两种主要形式:矫正性正义和分配性正义。矫正性正义(corrective justice)是指对一个人在自愿(如合同)或非自愿(如侵权)的互动中给另一个人造成的不当损失进行补救的责任。它是通过剥夺得利者的不当得利并补救失利者的损失来实现的。分配性正义(distributive justice)涉及社会成员之间的利益和负担的分配。它要求每个人获得的利益或负担与相关标准(如功绩、需要,或卓越)相称。

自 20 世纪 60 年代以来,社会心理学家已经广泛研究了人们在各种情境下对正义和公平的判断。社会心理学文献通常不区分矫正性正义和分配性正义,并通常使用后者来含括前者。社会心理学家将"分配性正义"与程序性正义(procedural justice,即做出分配决定的程序的公平性)进行了对比。一些社会心理学研究还探索了报应性正义(retributive justice),即与惩罚违反社会、法律或道德规范的人有关的心理过程。本小节讨论实质性("分配性")公正和程序性公正,以及一个与所有形式的公正判断均相关的现象:对公正世界的信念(belief in a just world)。本书的其他部分会涉及报应性正义。[565]

实质性公正

在对实质性公正的社会心理学研究中,最有影响力的理论是公平理论(equity theory)。该理论认为,当人们得到的结果(例如工资)和他们的投入(例如他们在工作中付出的努力、才能和承诺)之间的比率与其他人得到的结果和投入之间的比率相当时,人们就会认为自己受到了公平对待。[566]公平理论的一个关键要素是,人们不仅在受到比自己认为应得的更不利的对待时会感到苦恼,而且在受到更有利的对待时也会感到苦恼(尽管程度较轻)。当人们受到不公平和比别人差的对待时,公正和自我利益都会受到侵犯,这进而会导致更强的怨恨。

当人们感到自己受到不公正对待时,他们可能会以各种方式恢复公平,包括增加或减少他们的贡献,改变他们对自己或他人的投入或产出的评估,或完全退出这种关系。感知到的不公正也可能导致不道德的行为,如从雇主那里偷窃。[567]人们不仅反对自己关系中的不公正,而且也反对他人关系中的不公正。

因此,与理性选择理论相反,心理学研究显示,人们关心公正,即使它与他们的自我利益相抵触或不相关。事实上,一项对几十项研究的元分析表明,结果公正对组织承诺等变量的影响,比结果有利更大。[568]

公正的主张是对利润最大化的一种约束,这一说法也被实验博弈论所证实。其中两种相关的博弈是最后通牒博弈和独裁者博弈。在最后通牒博弈中,其中一个人(提议者)被要求在他和另一个人之间分配一笔钱。另一个人(回应者)可以接受提议的分配(在这种情况下,分配被执行),或者拒绝它(在这种情况下,双方均无所获)。在独裁者博弈中,其中一方会单方面决定如何在自己和另一人之间分配一笔钱。理性选择理论预测,在最后通牒博弈中,提议者会提出给回应者在博弈中使用的最小单位的钱,且回应者会接受此提议;而在独裁者博弈中,独裁者会占有全部的钱。然而,大量实验证明,在最后通牒博弈中,大多数提议者向回应者提议的份额相当慷慨(平均为 40%),而回应者会拒绝极低的提议。[569]这些结果甚至是在完全匿名的条件下得到的,从而说明致使人们公正行事的不仅仅是对报复的恐惧。在最后通牒博弈中,回应者会拒绝明显比例失衡的分配,这表明人们愿意承担一定的成本,以惩罚他们认为不公平地分配资源的人。[570]甚至在独裁者博弈中,虽然有相当一部分人(36%)将所有的钱都留给自己,但大多数人都与被动的受试者分享了所得中的相当大一部分(平均为 28%)。[571]

商业企业对公正的关注(不管是为了公正本身,还是为了保持积极的声誉)或可解释其他令人费解的市场行为,例如当需求过剩而供应商的成本没有增加时,企业没有立即提高价格(与标准经济模型相反)。[572]公正的约束也可以解释在法律服务市场上为何很少出现非常高的胜诉费率,即便这种费率可能对双方都有利。[573]

公平理论极大地促进了我们对交换关系(也就是人们在其中付出并得到回报的关系)的理解。然而,它既不能充分解释其他情境下的公正判断(如公民权利和政治权利的分配),也不能完整地解释人们在交换关系中的公正判断。研究表明,虽然公平(equity)是交换关系中公正性(fairness)的主要决定因素,但在将痛苦最小化的情境下,以及在家庭内部或亲近朋友之间的亲密关系中,需要也是一个重要因素。[574]在强调合作和伙伴关系的情境中,平等的分配比公平的分配更受青睐。[575]有趣的是,在公平(equity,产出/投入比)和平等(equality,所有人的结果相似)均为合理标准时,男性倾向于优先考虑公平,而女性则更倾向优先考虑平等。[576]

人们对公正的判断有一个共同标准,即社会比较这一重要因素。无论人们采用公平、平等、需要或任何其他分配标准,其施行都需要与其他人进行比较:其他人得到了什么(在平等的语境下);其他人的贡献和结果之间的比例(在公平的语境下);其他人的需要(在需要的语境下);等等。由此可见,人们会认为同样的产出是更公正还是更不公正,这取决于他们将自己(或他人)与哪个参照群体进行比较。[577]有多种心理因素会决定哪个竞争参照点占上风。[578]人们亦可能比较自己目前的产出/投入比例和以前的比例,这或可形成不同于跟他人比较时的判断。因此,对公正的判断取决于各种因素,包括决定着参照群体感知的个人特质和启发式(如可得性)。

公平理论的其他局限性源自这一事实:贡献和产出往往是多维的,且不容易被量化和总结。例如,一些工人可能比其他人更勤奋,但其生产率或创新能力却较低。同样地,工人的产出不仅包括他们的工资,还包括非货币性的福利和尊重等。当一个结果由多种要素组成,而人们对这些要素的比较价值有不同的评估时,对公正的判断就尤为具有挑战性。[579]最后,研究已证明,人们可能有"做正确之事"的独立动机。因此,在两个亲社会行动方案(例如,一个是最小化不平等,另一个是最大化整体福利)之间进行选择时,他们更有可能选择被视作道德选择的那个方案,无论究竟是哪一个方案。[580]

程序性公正

公平理论(以及其他关注结果公正性的理论)受到的一个重要挑战是,研究表明,人们对利益和负担分配决策过程之公正的关注,有时并不亚于他们对这些决策之结果的关注。[581]实验室实验和现场研究均表明,人们更愿意接受作为公正程序之产物的不理想结果——特别是如果程序允许他们表达自身关切的话。人们在资源分配和纠纷解决的语境下均关心程序性公正。[582]同样地,他们在与公共权力机构(如警方)的接触中也重视程序性公正。[583]虽然这一现象最初被解释为人们对权力和程序控制的渴望[584],但随后的研究强调了社会群体内部的尊严和尊重,以及对持续关系之维护的重要性。[585]人们关心程序性公正,既是因为他们相信公正的程序——特别是在决策之前有公正的机会表达他们的关切——更有可能生成有利的分配,也是因为他们在意程序公正本身。[586]当结果公正难以评估时,程序公正也可以作为一种导向结果公正的启发式。[587]

人们有理由对特定程序的公正性持不同意见。如在实质性公正的语境之下一样,对程序性公正而言,社会比较,即把自身情况所适用的程序与他人情况所适用的程序进行比较,在人们对公正的判断中起着重要作用。[588]

虽然难以否认感知到的程序性公正的重要性,但程序性公正的不同方面之间的明确关系,程序性与实质性公正的相对重要性,以及公正的这些(及其他)方面之间复杂的、依赖语境的相互作用,均是被持续争论的主题。[589]例如,警务领域的研究表明,即使严格遵守程序性正义的命令,某些措施仍会被认为是负面的。[590]显然,礼貌加上真诚的倾听意愿并不能消解警方高度侵入性搜查的负面效应。

对公正世界的信念

在目前的语境下要提到的最后一个现象——对公正世界的信念[591]——与前文讨论的实质性和程序性公正概念是在不同的层面上运作。人们有相信自己生活在一个公正世界里的需要,有相信自身和他人的命运是值得的需要。他们相信努力和善举是有回报的。这种信念鼓励人们去致力追求长期目标,并帮助他们应对自己的不幸。由此看来,它似乎对个人和社会均有益处。然而,对公正世界的信念可能会阻碍推进必要的社会变革的尝试,因为特权和弱势群体都可能认同现状。[592]

当人们观察到或了解到有人在枉受不幸时,他们会感受到痛苦和威胁,并使用各种手段来避免这种痛苦。帮助或补偿受害者是一种可能性[593];另一种可能性则是与受害者脱离关系[594]。被研究得最多、也最令人不安的手段,是指责或贬低受害者。那些无法用其他方式重建正义的人,倾向于贬低和诋毁各种罪行的受害者、贫穷的人,以及患有癌症和其他疾病的人。[595]

2.7.4　亲社会行为和利他主义

帮助他人

与理性选择理论相反,人们往往不会以自私自利的方式行事,而是会为他人和整个社会的利益来行事。亲社会行为(prosocial behavior)这一术语,在社会心理学中被用来涵盖广泛的现象,包括在紧急情况下向人们提供援助、向慈善机构捐款、在社区做志愿者、投票,以及参与社会运动。利他主义(altruism)一词表示一种可能的行动动机,即造益他人的愿望。这两个概念经常重叠,但也可能存在不由利他主义驱动的亲社会行为,而且利他主义不一定会转化为行动。[596]

虽然大多数早期的研究聚焦于人际间的互助,但最近的研究已经扩展至由一群人组成的、有计划和持续的活动。[597]此外,亲社会行为的综合性概念,不仅包括单边受益,还包括处境相同的个人或群体之间的互惠合作关系——这是实验经济学家广泛研究的课题。[598]

个体和集体的亲社会行为研究的一个基本问题是:一个人是否会以亲社会的方式行事,是由什么决定的?关于旁观者在紧急情况下可能介入或不介入的典型情形,许多研究都强调了情境决定因素的重要性,特别是强调了现场其他人的存在。除了旁观者效应(bystander effect)——当其他的被动旁观者在场时,由于责任的主观分散,一个人去帮助另一个人的可能性就会降低——还发现了其他影响这一可能性的因素。在下述情况下,人们更有可能介入:当对方的需求更生动、更严重、更不模糊时;当对方是朋友而非陌生人时;当提供帮助的成本较低时;以及在农村地区(与城市地区相比)时。最后,研究发现,当独自介入是危险的,而他人的协助可减少这种危险时,更多的旁观者可能会增加而非减少干预的可能性。[599]

与这些情境变量的既定效果相反,早期的研究没有发现在旁观者情境下的介入倾向与特定的个人特质(如宗教性、自尊心或社会责任感)之间的明确关联。然而,随后的研究发现,亲社会取向的总体衡量,以及情境和秉性变量之间的特定相互作用,的确为人们援助他人之可能性提供了良好的预测指标。[600]亲社会行为与经历情感和认知共鸣的可能性、对他人福利的责任感,以及对自我效能的信念呈正相关。在"大五"人格维度中[601],以亲社会方式行事的倾向主要与亲和性(agreeableness)相关,也就是与他人保持积极关系、利他和合作地行事的倾向。[602]这些特质,再加上自我超越的价值观(例如,认可所有人类的平等价值)和自我效能信念,对亲社会行为起着重要作用。[603]亲社会取向可以预测在日常生活中(如志愿服务)和极端条件下(如在纳粹欧洲拯救犹太人)持续参与亲社会行为的可能性。[604]当对方处在极端困境中时,亲社会行为与体验自我导向的不适感呈负相关。[605]

帮助他人的倾向受一个人的情绪影响。愉快的情绪,无论是诱发的还是自然发生的,都会提升助人意愿。人们在成功完成一项任务后,在想到快乐的想法时,甚至在体验晴朗的天气时,都会更倾向于帮助他人。[606]负面情绪对亲社会行为的影响要复杂得多。负罪感一般会引发亲社会行为。[607]然而,悲伤的影响不是始终如一的:虽然它可能会增加助人行为,但在更多的时候,它会减少亲社会行为,或者没有影响。悲伤对助人倾向产生负面影响的一个主要解释是,悲伤会导致对自己的关注增加,而对他人的关注减少。[608]

不仅感觉良好会增加行善的可能性,行善通常也会带来良好的感觉。因此,有人认为,看似利他的行为,实际上是由改善自己的情绪和缓解负面情绪的利己主义愿望所驱动的[609],或者是作为一种方法去减少因目睹其他人的痛苦而产生的、不愉快的共情反应[610]。然而,研究表明,在控制受试者通过帮助他人来改善自身情绪的期望,或通过提供其他方法来实现这一目标的情况下,亲社会行为也可能是由共情心和利他主义,而非由自我利益所驱动的。[611]尽管有这些发现,研究表明,人们参与志愿工作的动机有很多种,包括承诺感和理想主义、希望认识新朋友,以及增强自尊。[612]

另一个关于亲社会行为的视角强调了社会学习的作用:人们观察他人的行为并进行模仿。[613]人们倾向于遵守社会规范,如互惠的规范:人们感到有义务通过帮助那些帮助过我们的人来回报过去的恩惠,而不帮助那些没有帮助过我们的人。[614]然而,可预见的是,通过遵循这一规范,人们倾向于做出以自我为中心的评估,例如给予者会关注他们所承受的成本,而接受者则关注他们从所得中获得的利益。[615]同样不出意料的是,推销员、筹款人、政治运动的捐助者等人群,常常会利用根深蒂固的互惠规范来达成自己的目标。[616]

合作

虽然帮助是单向的,但许多亲社会行为在团体内部甚至团体之间采取双向合作的形式。与单边帮助相比,合作的特点在于处境相似的人之间的相互依赖关系,并且经常涉及重复发生的互动。[617]合作对克服社会困境(social dilemmas)十分必要——在自私行为符合理性,但所有人都自私行事的情境下,每个人的境遇会比所有人都进行合作的情境更糟。[618]著名的囚徒困境(prisoner's dilemma)博弈就是这一情形的两人情境简单模型。公地悲剧(tragedy of the commons)和公共品(public goods)描述了多人情境下的社会困境。[619]由于社会困境通常被法律经济学家援引为证明各种法律规则和制度合理性的理由,因此对这种困境的行为研究对行为法律经济学尤为重要。

与理性选择理论相一致,囚徒困境、公地悲剧和公共品问题假定所有人都逐求自身效用的最大化。然而,社会心理学家发现,人们的动机各不相同。根据一种常见的基本分类,人们的社会价值取向(social-value orientation,SVO)要么是个人主义的,要么是亲社会的或竞争的。个人主义者逐求自己的利益最大化,而不考虑他人的结果;亲社会者偏好资源的平等分配,并寻求总体资源的最大化;而竞争者则寻求自己对他人的相对优势最大化。[620]对47项使用分解博弈(decomposed games)的研究的元分析发现,50%的人被归为亲社会者,24%的人被归为个人主义者,13%的人被归为竞争者,其余13%的人没有显示出连贯的社会价值取向。[621]另一项对82项研究的元分析显示,总体而言,亲社会者在社会困境中比个人主义者合作得更多,而个人主义者比竞争者合作得更多。[622]

大量关于实验博弈论的研究表明,大多数人是以互惠者的方式行事,而非以自身效用之理性最大化者的方式行事:他们以他人待己之道对待他人,并且愿意惩罚搭便车者,即使自己付出一些代价。这项研究为互惠的底层动机提供了洞见,包括对不平等的厌恶、对他人行为之外的意图的考虑,以及对整体社会福利的关注(当它与不平等厌恶相冲突时)。该研究还强调了惩罚威胁在重复互动中可以让合作变得稳定的重要性。[623]

为了充分理解人们的合作,我们必须思考团体内和团体外关系的相互作用,包括社会认同的形成和影响。然而,深入研究这些问题将超出当前讨论的范围。[624]

2.8　跨现象的因素

本节将研究贯穿各种认知现象的几个问题:个体差异、专业知识和经验对判断和决策的影响、关于自身的决策和代表他人做出的决策之间可能存在的差异、群体决策、文化差异,以及对次优决策之不利影响的可能反应。虽然前文已零星地讨论了其中的一些问题,但本节将从更广泛和更有条理的视角来讨论这些问题。

2.8.1　个体差异

判断和决策取决于三类因素:任务特征、环境条件和个人特征。虽然前两个因素很早就被广泛研究,但对第三个因素的关注却少得多。在这方面,判断与决策研究落后于心理学研究的其他领域。[625]近年来,关于判断与决策的个体差异已有相当多的证据浮现,但在这一领域仍有许多系统化和理论化的空间。[626]

人们在判断和决策方面存在差异,包括使用各种启发式的倾向、受认知偏差影响的容易程度,以及道德信念等方面。这在日常生活中显而易见,并在数以千计的经验心理学研究中得到了体现。这些个体差异并不意味着人类的判断、动机和决策没有可预测、系统化的模式。本书中探讨的诸多研究已证实,这些模式确实存在。然而,个体之间在这方面的差异给政策制定者带来了挑战,因为它意味着任何单一的措施都可能对不同的人产生不同的影响:它可能对许多人有利,对一些人没有必要,甚至对其他人有害。我们将在第4章回到这一点。[627]在此,我们只是简单介绍那些试图确定为人熟知的启发式和偏差之间的相关性的研究,以及关于智力、思维倾向、人格特征和人口学变量之间的相关性,及不同的启发式和偏差之间的相关性的研究。[628]这些相关性为了解各种现象的原因,以及了解人类的一般反应提供了一些见解。[629]

基思·斯坦诺维奇和理查德·韦斯特发现,受试者在认知能力测试中的得分,与他们在概率评估和逻辑推理中的错误倾向之间存在负相关关系。[630]不那么显而易见的是,他们发现认知能力测试的低分,与容易出现事后偏差和过度自信之间,存在微弱、但统计上显著的相关关系。然而,在错误共识效应方面却没有发现这种相关性。[631]类似地,在认知能力和人们易受合取谬误、基础比率忽视、确定性效应、框架效应、忽略偏差、沉没成本、确认偏差、锚定,以及其他已知的认知偏差影响的程度之间,也没有发现相关关系。[632]

认知偏差和认知能力的相对独立性,可能与许多启发式和偏差是归因于直觉的系统1思维有关。根据基思·斯坦诺维奇提出的一项模型,系统2包括两个要素:反思(reflective)和算法(algorithmic)。[633]反思心智决定了系统1思维是否会被算法性的系统2思维所压制。虽然智力测试所衡量的认知能力与许多判断与决策研究关注的、人们的算法能力之间存在一定的相关性,但一个人的认知能力和算法能力与其进行审慎思考的倾向之间相关性较弱。许多研究表明,智力的衡量与思维倾向(如积极的开放性思维和对认知的需求)之间,仅显示出中等或较弱的相关性,而与其他方面(如尽责性、好奇心和勤奋)几乎无相关性。[634]因此,高认知能力并不一定会转化为不易受认知偏差影响的能力。

这并不是说,更倾向于进行审慎的思考,就一定意味着更不易受认知偏差的影响。此处的图景也并不明晰。有几项研究考察了人们在认知需求量表(NCS)上的得分——这是一种常见测试,用于测试参与费力的认知活动的倾向[635]——与框架效应之间的相关性。虽然结果不一,但大多数研究都没有发现这种相关性。[636]同样,沙恩·弗雷德里克(Shane Frederick)研究了人们在认知反思测试(CRT)中的得分——对使用分析性思维模式之倾向的另一种度量指标[637]——与判断和决策中的几种现象之间的相关性。[638]他发现,认知反思测试得分低的人(即倾向于更多的直觉思维),有更高的贴现率。在认知反思测试得分和自我感觉到的拖延倾向之间,没有发现相关性。[639]与认知反思测试得分低的受试者相比,认知反思得分高的受试者对收益的风险厌恶程度较低,对损失的风险厌恶程度较高。因此,与前者不同,后者没有显示出前景理论的反射效应。[640]奇怪的是,女性的认知反思测试分数与时间偏好的联系比男性更紧密,但同时男性的认知反思测试分数与风险偏好的联系比女性更紧密。[641]

尽管近年来进展卓著,但我们似乎仍然缺乏一个全面且令人满意的关于认知能力、思维倾向,以及易受认知偏差影响的程度之间关系的理论。目前唯一可以较为确定的是,易受认知偏差影响的程度与认知能力或思维倾向之间没有强关联。

在另一个研究方向上,一些研究对人格特质——特别是"大五"人格维度[642]——与决策之间的关系进行了研究。例如,一项研究发现,经验开放性(opennes to experience)的高分——包括积极的想象力、审美敏感性、对内心感受的关注、对多样性的偏好,以及智力上的好奇心——与收益域较高的风险承担有关。神经质(neuroticism)的高分——以焦虑、恐惧、喜怒无常、担心、羡慕、沮丧、嫉妒和孤独为特征——与较低的收益域风险承担相关,而与较高的损失域风险承担有关。[643]另一项研究发现,尽责性的两个方面——争取成就和尽职尽责——与承诺升级相关,但各自关联的方向相反:在争取成就方面得分高的人更容易受到这种偏差的影响,而在尽责方面得分高的人则反之。[644]

相当多的研究考察了决策和人口学变量之间的相关性。例如,一项大规模的研究发现,短视贴现率(myopic discount rate,通过受试者在更快获得但却更小的、假想的奖赏与更迟获得但却更大的奖赏之间的选择来衡量),在年轻、受教育程度低、收入低的受试者中更高,高得不多,但在统计上具有显著性(尽管与后两个变量的因果关系尚不清楚)。[645]一项含括150项研究的元分析发现,女性通常比男性更厌恶风险,尽管性别差异在不同的情境之下亦有不同。[646]研究还发现,不同年龄段的性别差距程度有明显的差异,尽管这也在不同情境下有所变化。一般来说,证据显示,女性比男性表现出更大的损失厌恶[647],老年人往往比年轻人更厌恶损失[648],而高等教育会减少(但不会消除)损失厌恶[649]。虽然一些决策技能(如应用决策规则)被发现会随着年龄的增长而降低——可以说是因为认知能力下降——但其他技能(如风险感知的一致性)并未降低,还有一些技能(如对过度自信的抵抗)被发现得到了提高,可以说是得益于经验的增长。[650]

最后,另一条研究路线考察了决策的不同方面之间的相关性——特别是在那些存在一个规范上准确(或一致)的决策的任务中。总的来说,这些研究发现,受试者对不同偏差的抵抗力之间存在着统计学上显著的正相关关系,但这些相关性大多比较弱。[651]受试者在决策任务中的总分与其社会经济地位之间,也发现了一些相关性,虽然相关性仍不意味着因果性。[652]

2.8.2　专业知识

专业知识是指拥有通过经验或培训获得、可形成在领域相关的任务中持续出色表现的特定领域知识。[653]专家不仅比普通人拥有更多的信息,他们还会将信息组织成更高层次的图式,这使他们能够快速感知和回忆与领域相关的信息,识别情况,并迅速准确地做出反应——而无需考虑所有可用的数据，或所有可想到的选项。[654]由此，专业知识有效地将系统2思维（在获得专业知识的初始阶段可能至关重要），转化为基于启发式的系统1思维。

虽然研究结论有些模糊，但如果判断是在一个（1）有规律和可预测的，并且（2）人们有机会学习相关模式的决策环境中达成的，似乎就可以反映真正的专业知识。[655]如果决策的结果不可控或不可预测，那么专家决策的概念就不适用。但即使满足了第一个条件，第二个条件却经常无法满足，因为人们没有得到关于自己是否做出了正确决定的明确反馈。缺乏反馈的一个原因是，人们可能永远无法知晓被放弃的行动方案之结果，因此排除了有意义的比较。例如，一个经理可能知道他所雇佣的员工表现如何，但他永远不会知道她没有雇佣的员工会表现如何。这种不对称的反馈很可能会扭曲学习：一个拒绝了不符合录用标准的潜在雇员的经理，可能永远也不会意识到这一点，如果录用标准存在缺陷的话。反馈不足的另一个原因是，一个人决策的结果可能是多维的，因此不利于明确的评估。最后，在复杂的环境中，一个具体决策的结果，可能只有在决策完成后很久才会被知晓，而且一个决策和某个结果之间的因果关系可能很难确定。

人们在生活各个领域中求助专家的倾向，反映了专家的明显优势。专家以更低的成本生产出更多更好的产品和服务。就决策而言，专家对基于经验和训练的启发式的使用，与普通人在日常生活中对启发式的使用一样重要。此外，专家经常使用的策略，是用结构化的决策过程来取代或补充直觉的或"整体性的"（holistic）判断，这些决策过程采用线性模型、多属性效用分析，以及基于计算机的决策支持系统。[656]这样的过程和系统，可以极大地提高专家的准确性和一致性。

这并不是说专家就会对认知错误免疫。专家特别容易出现两种偏差：图式思考和过度自信。虽然使用图式是专业知识的一个标志，但它也可能导致对相关信息的疏忽和对图式相关信息的错误回忆。[657]更重要的是，快速简省的专家启发式的好处，往往是以丧失灵活性、适应性和创造性为代价的。[658]当任务涉及非典型特征或环境变化时，这种僵化的代价尤其大。

关于过度自信，研究表明，专业人士通常对他们的判断和决策的正确性过于乐观。[659]这种过度自信的一个不利影响是，他们对可能改善决策的决策辅助工具使用不足。[660]尽管如此，一些专业人士（如天气预报员）自我评估的正确性，被发现经过了很好的校正，这可能是得益于他们不断收到的反馈。[661]

除了专家的图式思考和过度自信的"职业风险"之外，许多行为学研究还考察了经验是否以及在多大程度上会影响人们对其他各种认知偏差的易感性。虽然报告的结果较为复杂，但可以说，专家一般不会对偏差有免疫。例如，特沃斯基和卡尼曼给出的关于小数定律的一个示范，是美国心理学会数学心理学小组会议上与会者给出的错误答案——这些人应该都是在概率估计方面的专家。[662]同样地，训练有素的哲学家的道德判断，与非专业人士的道德判断一样容易受到顺序效应的影响。[663]然而，另一项研究表明，当税务专业人员可以控制他们在其专业范围内（而非专业范围外）审查证据的顺序时，顺序效应会得到缓解。[664]

研究发现，在选择替代疗法时，医生和普通人一样容易受到框架效应的影响——当结果被描述为收益时,表现出风险厌恶;而当同样的结果被描述为损失时,则表现出风险逐求。[665]同样,芝加哥期货交易所的交易员在上午亏损后的下午比上午盈利的下午后更有可能承担风险。[666]

一项实证研究发现,专业投资者表现出一种处置效应(disposition effect),即相比价格下跌的资产,倾向于更快地出售升值的股票和其他资产,这种现象通常与损失厌恶和锚定效应相关。[667]与之相反,随后对同一现象的实证研究发现,交易经验消除了对兑现损失的不情愿,但没有完全消除兑现收益的倾向。[668]其他对专业投资者行为的实证研究,发现损失厌恶会降低——尽管没有消除。[669]另一些研究证明,损失厌恶和与之密切相关的现象,在经济学教授和律师中间存在。[670]

最后,在非专业人士和专业人士的行为中都发现,为避免损失而进行不道德行为的倾向,比为获得收益而进行不道德行为的倾向更大。[671]关于不道德行为,在一个实验中,一家大银行的雇员在他们作为银行雇员的职业身份被突显出时,表现得更不诚实——由此指向了这两者之间的因果关系。[672]

总之,否认专家在任何领域——从飞机工程到语言教育——的决策中比普通人更有优势是荒谬的。但同时,专家也是人,因此也无法对认知上的偏差免疫。取决于具体的偏差、情境和决策环境,专家有时会克服常见的偏差,但在其他情况下,他们也同样会、甚至更容易受到偏差的影响。

2.8.3 为他人做决定

人们经常为他人做决定,或建议他人如何做决定:父母为他们的孩子做决定;政策制定者为整个人口制定规则;律师为客户代理;医生回答病人例如"如果你是我,你会怎么做?"的问题。如后两个例子所示,自我与他人的区别,有时与非专业决策与专业决策的区别相吻合,然而,由于专业人士也会为自己做决定,而非专业人士也会为他人做决定,这两种情形值得分开讨论。[673]

为他人做决定会引出两个基本问题:动机问题和认知问题。根据理性选择理论,人们最终只关心自己的利益。因此,当一个人向他人提供建议或代表他人做出决定时,就会出现代理问题(agency problem),即担心代理人会推进其自己的利益,而非委托人的利益。另一个问题是,个人决定的启发式和偏差特征,是否会以及会如何影响关于他人的决定。前一个问题会在本书的其他部分讨论[674];在此,我们重点讨论后者。

虽然关于这个问题的研究还处在早期,但有证据表明,代表他人做决定可以减轻认知偏差。在一项研究中,受试者被要求把自己想象成一个必须决定是否接受某种医学治疗的病人,或一个要对其孩子做出上述决定的父母,或一个向病人提出有关治疗建议(或制定一般政策)的医生。该治疗方法有望消除 10% 的死于某种致命疾病的风险,但也有 5% 死于其自身副作用的风险。研究发现,改变受试者的视角会改变他们的决定。与为自己做决定相比,在为他人做决定(或向他人推荐治疗方法)时,明显有更多的受访者选择了接受治疗,从而克服了人们熟知的忽略偏差。[675]同样,研究发现,当为他人做决定时,人们会克服现状偏差。[676]

同样,尽管研究结论并不明确,但似乎在为他人做决定或建议他人如何决定时,人们表现出的损失厌恶明显比为自己做决定时要低。[677]类似地,一系列调查和真实金钱实验表明,当顾问代表第三方评估权利时,接受意愿-支付意愿差异远远小于他们代表自己行事时的差异。[678]

在一项研究中,医生被要求在两种治疗致命疾病的方法中做出选择:一种生存前景较好,但有不愉快的副作用(如结肠造口和慢性腹泻)风险;另一种生存率较低,但没有此类副作用的风险。与为其他人选择相比,医生们更倾向于为自己选择生存率较低的治疗方法。[679]这可能是因为,他们能够更好地想象他们的病人成功适应一种重大的残疾,而对于他们自己,则只能想象随之而来自己遭受的痛苦。[680]无论如何,这项研究表明,这两种决定——以自我为中心还是以他人为中心——哪一种在规范上更优越,并不总是很清楚。

有时很难确定自我与他人的差异是不是由决策过程中的差异造成的。例如,医生推荐病人做常规体检,但自己却没有这样做[681],这可能是因为医生的拖延和自我控制的失败,而不是因为决策中自我与他人的差异。同样,与病人相比,精神科医生更倾向于对自己采取创伤性较小、效果较差的治疗方法,这一结论可能是有道理的,因为精神科医生认为,如果发现保守疗法失败,自己更有能力采取行动。[682]

自我决策与他人决策的真正差异可能有多种解释。一种假说是:认知偏差往往是系统1思维的产物;系统1思维比系统2思维更容易受到情绪的影响;人们为他人做决定时,比为自己做决定时更冷静。[683]然而,一些实验结果似乎与这种说法相矛盾。[684]与此相关的是,当人们为他人做决定时,他们更注意抽象的考量(如目标的合意性),而当为自己做决定时,他们更注重具体的考量(如实现目标的困难之处),这样一种观点有证据支持。[685]根据解释水平理论,这种差异是因为为他人做决定时有更大的心理距离,而心理距离越大,人们的思维就越趋于抽象。[686]

还有观点认为,在关于自身的选择中,人们倾向于对不同的考量给予相对均等的权重,而在为他人考虑的决定中,他们倾向于关注最重要的考量,而对次要的考量给予较低的权重。[687]然而,有人可能会怀疑这种解释的普遍性,因为许多决策不是多维的。随着对决策中自我与他人差异的研究不断拓展,其他的解释和额外的中介因素也不断被提出。[688]

除了自我与他人的区别之外,在为他人做决定(deciding)和建议(advising)他人如何做决定之间,也可能存在差异。研究发现,当人们为他人提供建议时,他们往往会比为他人决定时进行更平衡的信息搜索。[689]后续的实验揭示,当决策者不被预期同对方进行沟通时,那种在涉及自我和涉及他人的决定中常见的确认偏差(但在只是给出建议时则不那么明显),就会在涉及他人的决定中消失。因此,(向自己或向他人)证明一个决定之合理性的需要,似乎触发了确认偏差,而在没有这种需要的情况下——要么是因为一个人没有做出决定,而只是提供建议,要么是因为一个人不被期望与对方沟通——偏差就会减轻。[690]

2.8.4 群体决策和建议采纳

许多决定是由群体而非个人作出的。例子包括选举、董事会的决定和陪审团的裁决。

群体决策在群体特征(规模、组成、内部等级、成员的相对专长等)[691]、决策程序(如,决策前的信息共享和讨论程度,以及法定多数)[692],以及决策对象(如,决策是否直接影响成员的利益,如果是,它指向共同利益还是私人利益——如果是后者,群体决策是否适用于所有利益)[693]等方面存在巨大差异。多个学科都对群体决策非常感兴趣,包括政治学、公共管理、社会心理学、经济分析,以及法学。本小节从判断与决策的视角,聚焦讨论互动的小群体的决策。[694]本小节还将简要讨论建议采纳(advice-taking)这一介于个人决策和群体决策之间的中间现象。

出于公正和民主价值等非工具性的理由,群体决策可能是有必要的。当群体的表现被认为会优于个人时,群体决策也可能会被偏好。已经证明:在信息检索等任务维度上,群体的表现要优于一般的个人;在某些任务中(如通过归纳找出模式),他们的表现与同等数量的个人中的佼佼者一样好;在其他任务中,如字母转数字问题(即问题中数字被编码为字母,解决者被要求识别每个字母被编码为了哪个数字),他们比最优的个人表现得更好。[695]然而,在这些优势之外,群体信息共享、商议和决策的特点,也可能导致群体偏离轨道,造成次优结果。[696]

事实上,虽然有许多研究考察了群体决策的效果,但仍没有出现一致的结论。在某些情况下,从个人决策到群体决策的转变,减轻了与预期效用理论的差异——在其他情况下,它没有影响;而在另一些情况下,它又增加了这些差异。[697]鉴于群体、决策程序和目标的巨大差异,群体商议的效果各异并不令人惊讶。我们将集中讨论群体决策对偏离浅层的、认知理性的影响。然而,应指出,群体商议也被发现会影响动机。具体来说,对囚徒困境等混合动机博弈的研究揭示出,与个人相比,群体在面对其他群体和个人时,往往合作性更低。[698]

影响群体决策成功的一个因素,是手头任务的性质,特别是它在智力型(intellective)任务和判断型(judgmental)任务之间光谱上所处的位置。[699]根据这种类型学,在智力型任务中,相关的概念框架内有一个明显正确的答案;相反,在判断型任务中,没有被普遍接受的、明显正确的答案,因为它们涉及存在争论的规范、审美或类似的面向。例如,解决一个数学或逻辑问题,通常非常接近光谱中的智力一端,而为一份工作选择最佳人选,或确定诉讼中的惩罚性赔偿,则属于判断的范畴。当正确的答案很容易被证明,并且能够找到答案的集体成员有足够的动机来纠正其他成员的错误时,群体就有可能得出正确的答案。他们有可能做得和群体中最有能力的成员一样好。然而,由于下面讨论的原因,当涉及判断型任务时,群体商议实际上可能会加剧个体偏差。[700]

倾向于群体决策而非个体决策的一个关键原因在于,利用更广泛的专业知识并整合更多信息的可能性。因此,任何群体都面临的一个挑战是,如何最佳地利用其成员的知识,并尽可能合理地吸收更多的可用信息。然而,许多研究得出的一个稳健的结论,是所谓的共同知识效应(common knowledge effect)[701]:最初由所有群体成员共享的信息,比未共享的信息更有可能在商议中被提出,并影响最终的决定——这将使决定的质量受损。这种令人遗憾的结果发生的程度取决于几个因素。一个是群体成员对讨论过程的看法。有证据表明,如果群体成员把这个过程看作是在相互冲突的观点之间进行谈判,每个成员都想占上风,而非为达成一个最佳决定而协同努力,那么他们就有可能分享较少的信息,并且对信息处理得较不彻底。另一个因素是讨论过程本身:就其性质而言,共享的信息更有可能被提出,而且是反复提出,所以它可能会产生更大的影响。最后,某些信息被几个或所有成员共享的事实,会使其听起来更有效,成员也更有可能依赖它,因为它往往会唤起其他成员的令提出者感到安心的反应。因此,设定一个达到最佳结果的共同目标(而不是一个对抗性的、类似谈判的过程),鼓励成员分享信息,并在分享所有信息之前保留判断,可能会改善群体决策。[702]

另一个被充分研究的现象是群体极化(group polarization),这是群体判断型任务的特点。群体讨论后,当个别成员在某一方向的初始倾向性被增强,这种现象就会发生。对这一现象的两种主要解释,是社会比较(social comparison)和信息影响(informational influences)。根据前者,人们力图以有利的方式看待自己以及被他人看待。因此,当观察到群体中的一个普遍趋势时,人们倾向于采取相同方向的立场,只是会更加极端。根据后一种解释,当群体成员最初倾向于一个方向,则商议过程中在这个方向上所阐述论点的数量和说服力都会大于相反的方向,从而强化最初的倾向性。[703]

至于判断与决策中的具体现象,与"球棒和球问题"等类似问题不同的是,"球棒和球问题"中的常见错误很容易证明[704],而许多认知现象,如损失厌恶,本身并不能被定性为错误或非理性。因此,它们不会在群体商议后消失。有趣的是,从个体决策转向群体决策时,合取谬误和基础比率忽视也不一定会消失(有时甚至会加剧)——这说明它们并非显而易见的错误。[705]

一些关于损失厌恶和相关现象之影响的实验研究,特别涉及群体决策。这些研究表明,当决策由群体做出时,收益域的风险厌恶和损失域的风险逐求的倾向并未消失,反而增强了。[706]当不同的群体成员对选择问题有不同的框架时,选择通常会遵循大多数人的选择。[707]在研究团体商议对个人禀赋效应和现状偏差的影响的实验中,也发现了群体极化。例如,研究发现,在2—4人的小组中,受试者出售合法权利的意愿和购买权利的意愿之间的差异——反映了禀赋效应和现状偏差——在商议后扩大了。[708]虽然群体商议有可能会减少损失厌恶,但现有数据表明,它实际上可能放大了损失厌恶。在一项关于个体决策和群体决策中承诺升级的研究中也发现了对这一假设的支持。[709]

最后,关于在预测项目完成时间时的过度乐观——所谓的计划谬误——的研究表明,这种偏差在群体商议后也会加剧。[710]这是因为群体讨论增加了成员对导致积极预测的因素的关注。

在讨论了个体决策(贯穿本章)和群体决策(在本小节中)后,应该指出,许多决策过程并不完全贴合这两种模式中的任何一种。具体来说,许多决策是由一个人在与其他人商议后做出的。[711]人们寻求建议以改进其决策和分担责任,特别是在组织环境中。[712]事实上,大多数研究表明,采用建议的确能改善决策。[713]

然而,在采纳建议方面,判断与决策研究的核心发现,是自我中心的建议折扣(egocentric advice discounting):决策者会系统性地把自己的意见看得比其顾问的意见更重,因此做出的决定不如他们更严格地遵循建议时准确。[714]可以预料到的是,决策者的知识越丰富,他们自己的判断和收到的建议之间的差异越大,他们对建议的折扣倾向就越大。虽然有些建议折扣可能是由于决策者更了解自己的理由而非顾问的理由[715],或者是由于对决策者的初始估计调整不足[716]，但建议折扣的主要原因似乎是自我中心主义[717]。

可能是由于沉没成本效应，比起免费得到的建议，决策者倾向于对他们付费获得的建议给予更多的重视。[718]决策者还倾向于使用信心启发式（confidence heuristic）——认为顾问越有信心（往往是不知不觉地），其专业知识或准确性就越高。[719]显然，采纳建议也不是万能药方。

2.8.5　文化差异

在过去，判断与决策学者倾向于认为他们所研究的现象是普遍存在的[720]，但近年来，人们越来越认识到判断和决策的跨文化差异[721]。然而，这一领域的研究仍然未充分发展，关于文化和决策之间的相互作用，还有很多东西需要学习。了解文化差异对政策制定者来说尤为重要，因为基于毫无根据的概括而制定的政策可能会适得其反。

跨文化研究——其中许多研究集中在东亚与西方社会——发现，人们在集体主义还是个人主义取向[722]、相互依赖还是独立的自我解释[723]，以及整体性还是分析性的认知风格[724]方面，存在着显著差异。这些差异有时会影响人们的判断和决策。

因此，虽然美国人和中国人都认为中国人比美国人更厌恶风险，但实验表明，在金融投资领域，情况恰恰相反。[725]同时，中国人在医疗和学术领域的风险厌恶程度更高。中国人和美国人似乎在其固有的风险态度上并无差异，而是在每个领域决策的感知风险性上有差异。在集体主义社会，如中国，人们期望在有需要时能从他们的大家庭中得到经济支持。因此，他们在金融领域的风险厌恶程度较低，但在其他领域则不然。

研究已发现了跨期偏好的跨文化差异——特别是对未来收益和损失的过度贴现倾向。[726]除了不同国家之间储蓄率的宏观差异，还发现了来自不同社会和不同种族的人之间微观层面的差异。显见的是，受试者的跨期偏好可以通过启动技术进行操纵。[727]在一项研究中，新加坡学生被暴露在西方或新加坡的文化符号中，然后被问及他们愿意为加急的、一天内送达的书，而非标准的五天内送达，支付多少钱。与假设一致的是，暴露在西方符号下会导致更强的不耐烦。[728]另一项研究通过让美国学生填写一份背景调查表，了解他们在家里使用的语言以及他们的家庭在美国生活了多少代，来启动他们的种族认同。受试者随后被要求选择他们是愿意提前收到一定数额的钱，还是在一个更迟的日期收到更大数额的钱。结果发现，在启动了他们的种族身份后，亚裔的受试者更有可能选择在晚些时候获得更大的金额。[729]

并不意外的是，研究亦发现了自我中心主义的相关现象中的文化差异——包括过度乐观、过度自信，以及将他人行为归因于其个人态度而非环境影响的倾向（基本归因错误）。[730]例如，在一项研究中，加拿大的受试者比日本受试者表现出明显更不现实的乐观主义。[731]事实上，一项对91项研究的元分析显示，在各种文化当中，西方人表现出了明显的、积极看待自己的倾向，而东亚人没有，亚裔美国人则介于两者之间。[732]与此相关的是，有研究发现，东亚人的禀赋效应不如西方人那么突出。[733]实验证明，这种差异也许受到文化上对独立和自我提升（相对于相互依赖和自我批评）的重视程度的影响。当自我与客体的关联被突显时,文化差异是明显的,但当这种关联被最小化时,文化差异就消失了。[734]

有趣的是,一些研究表明,马来西亚和印度尼西亚的受试者——但没有日本或新加坡受试者——比西方人表现出更强的过度自信。[735]结果发现,这一结果会被受试者提出与其答案相冲突的论点的能力所调节——这表明结果可能与他们各自的教育系统培养批判性思维的程度有关(这往往会减少过度自信)。[736]

最后,跨文化研究,包括使用启动技术的研究,已经证明,亚洲人犯基本归因错误的可能性要低许多:他们把他人行为归因于其个人禀性而非情境因素的倾向,要明显更低。[737]

2.8.6 去偏差化

初步评论

本小节将讨论应对认知偏差、改善判断和决策的技术。诚然,认知偏差并非造成次优决策的唯一原因。例如,不识字和不识数是造成决策失误的两个主要原因,但它们应主要通过教育来解决,而非通过去偏差来解决。同样地,许多次优决策是错误信息的产物。向人们提供准确的信息就能克服信息问题,因此也许没有必要改变他们的判断与决策过程(尽管在实践中,认知偏差和信息问题之间的界限往往是模糊的,而行为学洞见可能对披露义务的设计有很大帮助)。[738]

去偏差化也应区别于阻断(insulation)。[739]有时候,我们不是试图去改变人们的认知过程,以避免自我伤害或对社会而言的不良行为,而是将一些行为完全禁止,将一些决定视作无效。例如,开车时系安全带的义务和限速的实施,基本上是以法律制裁支撑的强制性规则取代了司机的决策。这样的规则可能会起到教育作用,并改变人们的偏好和判断,但总的来说,它们不是通过提升人们的推理,而是通过增加与有害行为相关的成本,来改变行为。[740]

此外,严格意义上的去偏差,应该区别于那些其主要目标不是改变人们的判断和决策,而是用他人的判断和决策来取而代之的措施。若专业人士比非专业人士更善于决策,且当人们为他人做决定时比为自己做决定时表现更好,且群体的表现优于个人,那么将决策委托给专业人士、代理人或群体,就可以克服认知偏差。当然,由于专业人士、代理人和群体也会受到自身偏差的影响,可能还需要采取替代措施或额外措施。[741]

在描述了"去偏差"的概念之后,需要注意到去偏差化是在假设人们的推理方式有问题。的确,诸如反向谬误和赌徒谬误等现象,会导致明显错误的决定。然而,其他对经济理性或后果主义道德的偏离,如损失厌恶和道义论道德,可以说是非常合理的。在其他条件相同的情况下,一个判断或决定越是明显有错误,试图纠正它的理由就越充分。当涉及合理的判断和决定时,不仅没有理由去纠偏,而且试图改变它们通常也注定要失败,因为人们在仔细考虑之后仍会坚持己见。这意味着去偏差化,特别是当政府发起的时候,不可避免地会涉及规范性问题。[742]

在我们研究具体的去偏差技术之前,有必要做最后的评论。原则上,人们可以采取自己的去偏差策略。然而,去偏差往往需要外部干预。这是因为由于自利偏差和盲点,人们通常无法意识到自己的认知偏差。[743]外部干预可能是由朋友和家人发起,或在组织中实施,或由政府有关部门执行。这些干预会引起一系列规范性和实用性问题,这些问题超出了目前的讨论范围。[744]在此,我们聚焦于去偏差的行为学研究,而通过法律去偏差的规范性和政策问题将在第4章讨论。

去偏差策略一般可分为技术策略、动机策略和认知策略。[745]下面将分别讨论这三类策略。

技术策略

一个直接的"对判断去偏差的方法,是把[判断]完全从等式中拿出来,更准确地说,是用一个等式来替代它"。[746]一个著名的例子,是美国职业棒球运动员市场在采用基于证据的、严格的统计方法,而非基于球探、经验和专家判断的传统方法之后的转变。[747]一般来说,技术性的去偏差策略,通过涉及线性模型、多属性效用分析、基于计算机的决策支持系统等工具的结构化决策过程,来取代或补充直觉的或"整体性"的判断。[748]

因此,使用统计分析软件,而非依靠自己对概率的直觉评估,很可能会提高自己的表现。同样,核对清单也是一个非常简单且通常非常有效的克服遗忘的工具,特别是当决策任务复杂,决策者可能很累或压力很大的时候。使用清单可确保所有的考量都被考虑在内,以及所有相关的测试或行动都被执行。[749]

线性模型是一种更精密的工具。基于对各种属性(如发表记录和教学经验)及其数值(如发表数量)之间相关性的统计分析,线性模型根据每个属性的加权值,为每个备选项(如某一学术职位的每个候选人)提供一个综合得分。长期以来已被证明的是,基于数据和一个给定因变量(在我们的例子中,是作为学者的成功)之间的经验关系的决策,要优于自由裁量的整体性决策,后者可能反映了多种认知偏差。[750]更耐人寻味的是,即使是属性值的权重不能基于可靠的实证数据建立的线性模型(因此权重是基于专家的直觉,甚至被设定为相等),也优于整体性判断。至少,这样的模型可以保证所有的属性都得到考虑,而且得出的结论是一致的。[751]

然而,使用技术手段来避免非理性的、直觉的决策,并不一定是理性的。这种技术的好处应该始终与其成本相权衡。例如,如果认知偏差的不利影响很罕见或微不足道,那么求助于技术手段可能是没有必要的。[752]然而,有证据表明,即使是专业人士也没有充分利用具有成本效益的决策支持系统。对这种令人遗憾的现象,有两种解释:一是过度自信[753];二是担心使用这些系统的专业人士会被别人视为能力不足[754]。在缺乏对其决策质量的明确反馈的情况下,那些对自身错误视而不见的专业人士,可能永远不会了解使用决策辅助工具的重要性。

动机策略:激励和问责制

动机技术专注于增强表现优秀的动机。这可以通过提供激励(incentives)来克服决策错误,以及要求人们向其他人提供他们决策的理由(问责制,accountability)来实现。

鉴于激励在标准经济分析中扮演的核心角色(以及必然随之而来的,在实验经济学和实验心理学中关于使用激励的不同惯例),关于激励在消除认知偏差方面的有效性存在争议,这并不令人惊讶。[755]事实上,激励已经被证明有助于克服拖延和有限意志力的问题——在这些情况下,人们知道自己想要实现什么,但却不能通过必要的自我控制来实现它。由此,一些研究已经证明,数百美元的大额经济激励,对引导肥胖者减肥[756]、帮助吸烟者戒烟[757],以及养成在健身房锻炼的习惯[758]卓有成效。然而,这些证据远非结论性的。[759]激励可以从外部提供,但人们也可以通过各种承诺手段为自己创造激励。[760]

除了有限意志力的问题,当更多的努力会生成更好的结果时,激励是有用的,比如当一个决定的质量取决于一个人在获取和系统处理信息方面所投入的时间和精力时。[761]的确,根据一项涉及 74 项研究的综述,科林·卡默勒(Colin Camerer)和罗宾·霍格思得出的结论是,激励可以改进对记忆中事项的回想、对简单问题的解决,以及作出某些预测,等等。[762]

当认知偏差并非主要由于努力不足造成时,激励的效果就会大打折扣,甚至是适得其反。[763]例如当实验涉及真实的回报时,框架效应和事后偏差都没有被消除。[764]有关激励对锚定效应之影响的证据,并无清晰的结论。[765]对做出正确回答的激励并不能消除过度自信。[766]更多的努力可能会使人对自己的判断更有信心,即使它实际上并没有提高准确性。[767]在一项研究中,激励加强了偏好的逆转[768];在另一项研究中,受到激励的受试者更不可能遵循可靠的决策规则,而且更有可能在错误的判断后改变他们的决策策略,这导致比没有受到激励的受试者表现更差[769]。考虑到影响判断和决策的各种因素之间的复杂关系——动机只是影响决策的其中一个因素——激励产生的不同影响应该并不令人感到意外。

即使激励有有利影响,校正最佳的激励措施也并非易事:当外部激励过小,其挤出内在动机而导致的负面作用,可能会超过其正面作用[770];而当激励过大,则可能会导致过度激励和表现下降[771]。与上述观察一致的是,当对信任产生不利影响时,激励会减少合作;而当激励措施将社会框架转化为金钱框架时,它也会减少亲社会行为。[772]道德行为也是如此——当实施温和的监测并制裁不当行为,可能会将情境重塑为涉及行为人的风险成本(监测的概率和制裁水平)和收益(来自不道德行为),而非涉及道德困境。[773]

最后,行为学的见解可以帮助设计有效的激励。罗兰·弗赖尔(Roland Fryer)和他的同事进行了一个随机的现场实验,测试了对教师的经济激励对学生成绩的影响。对照组的教师得到承诺,如果学生的成绩有一定程度的提高,就会得到一笔可观的奖金,而干预组的教师则被提前支付同样的奖金,但被要求如果学生没有提高到同样的程度,则要把钱归还。将未能提高学生成绩至理想水平的情况重塑为一种损失,而非一种未获得的收益,这种做法产生了巨大的影响。虽然在对照组中没有发现明显的改善,但在干预组中的改善却相当于将教师的质量提高了一个标准差以上。[774]

与激励类似,问责制——向他人证明自己决定的必要性——对人们的判断和选择有多种不同的影响。[775]首先应指出,问责制不仅仅是一种去偏差技术:由于保证人们遵守社会规范的正式手段通常成本极其高昂,内部化的问责制是一种强大的社会控制形式。[776]因此,问责制不仅加强了做出正确决定的动机;它也可能改变"正确的决定"。由于社会认可会影响一个人的福祉,将这种认可纳入一个人的决定的影响因素,可能会使一个本来不恰当的决定变为恰当,反之亦然。[777]例如,研究发现,当选择可能给可识别的选区带来损失时,问责制会放大现状偏差和忽略偏差的影响。[778]可以说,从决策者的角度看,这是一种完全理性的考虑。

为理解问责制对人们的判断和决策的影响,必须进行一些区分。一个是时间问题:当一个人被要求证明其已经做出的决定时,问责制无法影响这个决定。然而,当一个人做出最初决定,然后要面临更多的决定时,问责制就会产生影响。由于人们不喜欢承认他们最初的决定是错误的,问责制可能会加强确认偏差并加剧承诺升级。[779]而对最初决定的问责制则并非如此。

另一个相关的区分是结果问责制(outcome accountability)和过程问责制(process accountability)的区别。对结果质量的问责往往会造成更大的承诺升级,而对决策程序的问责则往往会减少承诺升级、提高应用判断策略的一致性,并鼓励以更为分析性的方式考虑更多的信息。[780]结果问责制的不利影响,可能源自决策压力和注意力变窄。

最后,我们应该区分决策者向其负责的那些人的观点已知的情况与未知的情况。由于从众效应,当受众的观点被知晓时,问责制很可能会诱使人们让自己的判断和决定向受众的观点靠拢。[781]这可能会导致判断或决定出现偏差。(在这种情况与其他情况之下)问责制是改变了人们的思维方式,还是仅仅影响了他们所说出的想法,这可能因环境不同而发生变化(且两者之间的区别有时并不明确)。[782]相比之下,向观点不明的受众负责,更有可能导致对更多信息和相互冲突的论点的全面考虑,从而使决策者对可能的反对意见有所准备——这一过程有助于克服认知偏差。[783]

在回顾了关于上述和其他因素的研究后,珍妮弗·勒纳(Jennifer Lerner)和菲利普·泰特洛克(Philip Tetlock)总结道:"若决策者在形成任何意见之前,了解到他们将对(1)观点未知的、(2)关心准确性的、(3)关心过程而非具体结果的、(4)相对消息灵通的,以及(5)有合法理由询问受试者之判断背后的原因的受众负责时,自我批评与努力思考最有可能被激活。"[784]

然而,即使满足了所有这些条件,也不能保证问责制产生有益效果。当错误的判断和决定是缺乏努力的结果时,问责制尤为有益。为了做出一个站得住脚的决定,责任人更有可能彻底和自我批评地考量更多的信息和相互冲突的论点。因此,人们发现问责制可以减少顺序效应和锚定效应,并提高对决策者的决策准确性和他们本人的信心之间的校准。[785]相反,当一个人缺乏克服认知错误所需的智识工具或知识时,更多的努力不太可能提高一个人的判断力。事实上,问责制对基础比率忽视或对样本大小不敏感没有影响。[786]

此外,有时问责制会使事情变得更糟。当比较容易被合理化的决定在规范性上较次时,容易出现这种情况。有证据表明,问责制会放大折中效应和吸引效应,因为在这些偏差影响下的选择,其合理性更容易被证明。[787]同理,由问责制引发的、考虑所有可用的信息的努力,当额外信息为非诊断性的因而本应被忽视时,可能会导致更糟糕的决定。[788]

总之,虽然激励和问责制有时有助于克服认知偏差,但它们肯定不是万能的。根据情况的不同,它们可能无法改善判断和选择,甚至会使事情变得更糟。

认知策略

在讨论了从技术上去偏差的技术(对于日常决策来说可能成本太高)和动机技术(往往无效)之后,我们再来看看认知技术。去偏差认知策略的目的,是帮助人们克服他们的认知偏差,或者改变决策环境,使人们的普通认知过程能够带来更好的判断和决定。因此,应区别直接(direct)去偏差技术和间接(indirect)去偏差技术。前者的目的是帮助人们做出更理性(或至少更一致)的决定,而后者则努力通过触发其他偏差来抵消一些偏差的影响。[789]直接去偏差技术的例子包括让决策者注意到偏差的存在,要求人们思考其他的可能性或观点,以及进行概率推理的训练。间接去偏差的例子包括设置一个有利的默认值,例如,参与养老金储蓄计划(从而利用忽略偏差来抵消人们的短视和有限意志力),以及重新安排食堂的食物展示来鼓励消费健康食品。直接去偏差是调用系统 2 的思维来纠正系统 1 的偏差,而间接去偏差法是利用系统 1 的偏差来抵消其他偏差。因此,间接去偏差并不要求决策者认识到自己的偏差。事实上,当决策者没有意识到所涉及的认知过程时,它可能会更有效。间接去偏差措施与助推(nudges)和自由至上家长主义(libertarian paternalism)的概念密切相关;因此,第 4 章将讨论这些措施。[790]在此,我们将回顾一些关于直接去偏差技术的发现。

对认知偏差最直接的反应是让决策者注意到它们的存在。然而,关于这种提醒成功与否的证据并不明晰。例如,让受试者注意到"我早就知道"效应[791],再要求他们尽力克服它,并未能达到预期效果。[792]其他关于消除后见之明偏差的警告的效果研究,得出的结果不尽一致。[793]警告受试者他们的评估与某一特定的锚点过于接近(例如,在其±10%或±20%的范围内),同样未能消除锚定与调整效应。[794]相反,当受试者对决策的参与程度较高时,警告能成功地完全纠偏框架效应,甚至在受试者的参与程度较低时,非常强烈的警告也能纠偏这种效应。[795]

另一种被证明比简单的警告更有效的技术,是要求人们考虑可能导致不同结论(反向思考,consider the opposite)或者生成额外选择的证据或论据。[796]由于许多偏差是系统 1 的联想思维的结果,而不是来自对论据和可能性的系统性考量,这种简单的技巧可以引导人们采用一种更加分析性的思维模式。例如,在一项研究中,神经心理学家被告知一个模糊的病例历史,并被要求估计三种可能的诊断的概率。在有后见之明的情境下,受试者被告知有一种诊断是正确的,并被问及如果他们做出最初的诊断,会给每种诊断分配多少概率。一些受试者在有无后见之明的条件下,均首先被要求列出每个可能诊断可能正确的一个原因。回答这个问题,使表现出后见之明偏差的受试者的百分比,从 58% 降至 41%。[797]最近的一项研究,涉及考虑任何可能购买的经济必要性和一个人金钱的其他用途(其机会成本,opportunity costs)之间的差异,以及"所见即所有"的倾向——一个人将其决定基于即时可用的信息,并排除所有其他信息的倾向。研究发现,在一个昂贵产品和一个廉价产品之间的选择中,只需添加一个提醒,说明将价格差异用于其他目的的可能性(例如,"让你有 X 美元可以花在别的地方"),就会大大增加选择廉价产品的概率。[798]反向思考的策略,在减少锚定效应[799]、过度自信[800]、自利偏差[801],以及更多效应方面[802],也被认为是有效的。然而,这些技术并不总是有效[803],且即使有效,它们通常也只是减少认知偏差,而不是消除它们。

另一种去偏差技术,是通过引导人们考量更多的信息和额外的视角,即要求他们做两次相同的判断或估计——可能在两次评估之间有一个时间延迟,或者对两次评估使用不同的思维模式——然后对反应进行平均化。[804]

还有一套去偏差技术,是训练人们使用适当的决策规则(而不是直观的启发式)之上。[805]例如,人们的概率评估可以通过学习统计学来提高[806],而成本收益分析可以通过学习经济学来提高[807]。然而,关于学习在某一领域运用相关规则能在多大程度上延伸到其他领域,以及这种训练在多大程度上能对人们的判断和决策产生持久的影响,存在着矛盾的证据。[808]人们可能不会停止使用他们知道的规则——特别是当他们的直觉判断很强时。在任何情况下都很少有人能真正得到这样的训练。

一个潜在的有效方法,是根据减少认知偏差的变量来设计一个去偏差机制。[809]由此,人们在用频率而非概率进行思考时能做出更好的判断(例如,"20 个当中有 1 个",而不是"5％")这一发现,造就了一种培训计划,在该计划中,受试者被教导通过构建频率表述来做出概率推断。[810]研究发现,教人们用这种方式表述信息,比教他们贝叶斯规则更有效。虽然两种类型的训练都产生了巨大的短期改善,但频率描述的训练在短期内更有效,且长期来看也有效得多。

一般来说,当有一个显而易见的"正确答案"时,比起基于对风险、损失、未来结果贴现率等的态度而做出的决策,去偏差技术可能更有效。因此,虽然研究结果远非决定性的,但框架效应比沉没成本效应更容易被去偏差的看法得到了一些支持。实验证明,通过给予适当的警告[811]、要求人们列出每个选项的优势和劣势以及他们做出决定的理由[812],并指示人们具体分析每一个证据[813],可以消除框架效应。相比之下,试图纠偏沉没成本效应的努力产生了多种结果。虽然有证据表明,学习经济学——包括接触沉没成本的概念——并不影响沉没成本效应[814],但研究发现,经济学教授比其他学科的教授更不容易受到这种效应的影响[815]。指导受试者在做出决定前概述每个选项的利弊,并不影响承诺升级。[816]

总而言之,大量关于去偏差的文献,没有提供明确的、一般性的结论。一些去偏差技术比另一些技术更有效,其功效因环境不同而不同,而有些策略实际上会适得其反。此外,正如有人认为,在实验室实验中发现的一些偏差在现实生活中可能会消失,在实验室中被证明有效的去偏差措施,很可能在现实世界中也并不那么有效,甚至根本没有效果。[817]前文提到的一些技术可以由个人使用,一些可以由组织使用,一些可以由政府实施。由政府来实施这些技术(尤其是间接去偏差技术和助推)会引起一系列的规范和政策问题,这些问题将在第 4 章讨论。[818]

2.9　结语

本章对启发了行为法律经济学的心理学研究进行了一番鸟瞰。它聚焦于判断与决策研究,但也整合了心理学其他领域的研究结果,并触及了其他学科,如实验经济学。

贯穿本章的大量关于心理学文献的具体研究、元分析和综述,应该可以让感兴趣的读者对相关问题有更全面与细致的了解。由于心理学研究在不断发展,要想了解当前研究的最新情况,就必须阅读最新的研究,可能的话,可以查看引用了本章中所引论文与书籍的研究。虽然在人们的动机、判断和决策方面仍有诸多未知,但已知之丰富,使忽视这些庞大的知识体系,坚持不切实际的、抽象的人类行为模型,变得似乎毫无意义。在此背景下,第二篇将提供一份行为法律经济学的总体概要,随后各篇将讨论具体的法律领域。

注　释

[1]　John von Neumann & Oskar Morgenstern, Theory of Games and Economic Behavior (2d ed. 1947).

[2]　关于判断与决策研究的智识根源及其发展,参见:William M. Goldstein & Robin M. Hogarth, Research on Judgment and Decision Making: Currents, Connections, and Controversies 3–65 (1997); Ulrike Hahn & Adam J.L. Harris, *What Does It Mean to Be Biased: Motivated Reasoning and Rationality*, 61 Psychol. Learning & Motivation 42 (2014); Gideon Keren & George Wu, *A Bird's-Eye View of the History of Judgment and Decision Making*, in The Wiley Blackwell Handbook of Judgment and Decision Making 1 (Gideon Keren & George Wu eds., 2015).

[3]　关于判断与决策研究与社会心理学的联系,参见 Thomas D. Gilovich & Dale W. Griffin, *Judgment and Decision Making*, in 1 Handbook of Social Psychology 542 (Susan T. Fiske, Daniel T. Gilbert & Gardner Lindzey eds., 5th ed. 2010).

[4]　可参见:Alan G. Sanfey & Mirre Stallen, *Neurosciences Contribution to Judgment and Decision Making: Opportunities and Limitations*, in Wiley Blackwell Handbook,前注[2],第 268 页; Handbook of Neuroscience for the Behavioral Sciences (Gary G. Berntson & John T. Cacioppo eds., 2009).

[5]　可参见:Advances in Behavioral Economics (Colin F. Camerer, George Loewenstein & Matthew Rabin eds., 2003); Nicholas C. Barberis, *Thirty Years of Prospect Theory in Economics: A Review and Assessment*, 27 J. Econ. Persp. 173 (2013).

[6]　可参见:Nicholas C. Barberis & Richard H. Thaler, *A Survey of Behavioral Finance*, in 1B Handbook of the Economics of Finance 1053 (George M. Constantinides, René M. Stulz & Milton Harris eds., 2003); Handbook of Behavioral Finance (Brian Bruce ed., 2010).

[7]　可参见 The Oxford Handbook of Political Psychology (Leonie Huddy, David O. Sears & Jack S. Levy eds., 2013)。关于判断与决策洞察在政治哲学中的应用,参见 Jamie Terence Kelley, Framing Democracy: A Behavioral Approach to Democratic Theory (2012).

[8]　可参见:Behavioral Law and Economics (Cass R. Sunstein ed., 2000); The Oxford Handbook of Behavioral Economics and the Law (Eyal Zamir & Doron Teichman eds., 2014).

[9]　参见:The Handbook of Experimental Economics Results (Charles R. Plott & Vernon L. Smith eds., 2008); Christoph Engel, *Behavioral Law and Economics: Empirical Methods*, in The Oxford Handbook of Behavioral Economics and the Law,前注[8],第 125 页; Experimental Philosophy (Joshua Knobe & Shaun Nichols eds.) Vols. 1 (2008) & 2 (2014).

[10] 关于认知理性与动机理性,参见上文 1.2 节。

[11] 参见下文 2.7 节。

[12] 分别参见下文 2.7 节与 2.4 节。

[13] 一般性的讨论,参见 Dual-Process Theories in Social Psychology (Shelly Chaiken & Yaacov Trope eds.,1999)。

[14] 参见:Keith E. Stanovich & Richard F. West, *Individual Differences in Reasoning:Implications for the Rationality Debate?*, 23 Behav. & Brain Sci. 645 (2000);Daniel Kahneman, Thinking, Fast and Slow (2011)。另见:Daniel Kahneman & Shane Frederick, *Representativeness Revisited:Attribute Substitution in Intuitive Judgment*, in Heuristics and Biases:The Psychology of Intuitive Judgment 49 (Thomas Gilovich, Dale Griffin & Daniel Kahneman eds.,2002); Jonathan St. B. T. Evans, *Dual-Processing Accounts of Reasoning,Judgment, and Social Cognition*, 59 Ann. Rev. Psychol. 255 (2008)。

[15] 可参见 Seymour Epstein, *Integration of the Cognitive and the Psychodynamic Unconscious*, 49 Am. Psychologist 709 (1994)。

[16] 可参见:Antonio R. Damasio, Descartes' Error:Emotion, Reason, and the Human Brain (1994);Jonathan Haidt, *The Emotional Dog and Its Rational Tail:A Social Intuitionist Approach to Moral Judgment*, 108 Psychol. Rev. 814 (2001)。近期的概述,参见:Dacher Keltner & E. J. Horberg, *Emotion-Cognition Interactions*, in APA Handbook of Personality and Social Psychology, Vol. 1:Attitudes and Social Cognition 623, 637 - 52 (Mario Mikulincer et al. eds.,2015);Jennifer S. Lerner et al., *Emotions and Decision Making*, 66 Ann. Rev. Psychol. 799 (2015)。另见下文 2.3 节与 2.7 节。

[17] 可参见:Vinod Goel & Raymond J. Dolan, *Explaining Modulation of Reasoning by Belief*, 87 Cognition B11 (2003);Matthew D. Lieberman, *Social Cognitive Neuroscience:A Review of Core Processes*, 58 Ann. Rev. Psychol. 259 (2007)。

[18] 参见:Evans,前注[14],第 259—261 页;Jonathan St. B. T. Evans, *Two Minds Rationality*, 20 Thinking & Reasoning 129, 131 - 32 (2014)(讨论人类的"旧"心智与"新"心智)。

[19] 参见:Jonathan St. B. T. Evans, *The Heuristic-Analytic Theory of Reasoning:Extension and Evaluation*, 13 Psychonomic Bull. & Rev. 378 (2006);Keith E. Stanovich, Rationality and the Reflective Mind 19 - 22 (2011)。

[20] 参见 Valerie Thompson, *Dual-Process Theories:A Metacognitive Perspective*, in In Two Minds:Dual Processes and Beyond 171 (Jonathan St. B. T. Evans & Keith Frankish eds.,2009)。另见 Emmanuel Trouche et al., *The Selective Laziness of Reasoning*, 40 Cognitive Sci. 2122 (2016)。

[21] 参见 Stanovich,前注[19]。更短的解释,参见 Keith E. Stanovich, *On the Distinction between Rationality and Intelligence:Implications for Understanding Indi-*

vidual Differences in Reasoning，in The Oxford Handbook of Thinking and Reasoning 343 (Keith J. Holyoak & Robert G. Morrison, Jr. eds., 2012)。

[22]　因此，一个决定通常都会同时涉及两个系统，并且在自动与审慎思考模式之间可能存在连续的变化区间，而非是断然的二分。

[23]　参见 Shane Frederick, *Cognitive Reflection and Decision Making*，19 J. Econ. Persp. 25 (2005)。

[24]　参见 Maggie E. Toplak, Richard F. West & Keith E. Stanovich, *Assessing Miserly Information Processing*：*An Expansion of the Cognitive Reflection Test*，20 Thinking & Reasoning 147 (2014)。

[25]　参见：John T. Cacioppo & Richard E. Petty, *The Need for Cognition*，42 J. Personality & Soc. Psychol. 116 (1982)；John T. Cacioppo, Richard E. Petty & Chuan Feng Kao, *The Efficient Assessment of Need for Cognition*，48 J. Personality Assessment 306 (1984)。

[26]　可参见 Anastasiya Pocheptsova et al., *Deciding without Resources*：*Resource Depletion and Choice in Context*，46 J. Marketing Res. 344 (2009)。

[27]　参见：Gerd Gigerenzer & Daniel G. Goldstein, *Reasoning the Fast and Frugal Way*：*Models of Bounded Rationality*，103 Psychol. Rev. 650 (1996)；Kahneman & Fredrick，前注[14]，第 59—60 页。另见 Better than Conscious? Decision Making, the Human Mind, and Implications for Institutions (Christoph Engel & Wolf Singer eds., 2008)。

[28]　参见下文 2.1.4 节。

[29]　参见 Daniel Kahneman & Shane Frederick, *A Model of Heuristic Judgment*，in The Cambridge Handbook of Thinking and Reasoning 267，287 (Keith J. Holyoak & Robert G. Morrison eds., 2005)。

[30]　参见下文 2.2 节。

[31]　参见下文 2.2 节。

[32]　参见：Fritz Strack, Leonard L. Martin & Norbert Schwarz, *Priming and Communication*：*The Social Determinants of Information Use in Judgments of Life Satisfaction*，18 Eur. J. Soc. Psychol. 429 (1988)；Kahneman & Frederick，前注[29]，第 269 页。

[33]　参见 Anuj K. Shah & Daniel M. Oppenheimer, *Heuristics Made Easy*：*An Effort-Reduction Framework*，134 Psychol. Bull. 207 (2008)。

[34]　参见 Jonathan Baron, *Heuristics and Biases*，in The Oxford Handbook of Behavioral Economics and the Law，前注[8]，第 3 页、第 17—18 页。

[35]　参见 Kahneman，前注[14]，第 85—88 页。

[36]　参见 Baron，前注[34]，第 15—17 页。关于沉没成本与承诺升级，参见下文 2.3 节。

[37]　参见 Eyal Zamir, Ilana Ritov & Doron Teichman, *Seeing Is Believing*：*The Anti-Inference Bias*，89 Ind. L.J. 195 (2014)。

[38] 参见 Amos Tversky & Daniel Kahneman, *Extensional versus Intuitive Reasoning*：*The Conjunction Fallacy in Probability Judgment*, 90 Psychol. Rev. 293, 313 (1983)。

[39] 可参见 Gerd Gigerenzer, Peter Todd & the ABC Research Group, Simple Heuristics That Make Us Smart (1999)。

[40] 参见 Peter C. Wason, *Reasoning*, in 1 New Horizons in Psychology 135, 145 - 46 (Brian M. Foss ed., 1966)。关于确认偏差,参见下文 2.4 节。

[41] 参见 Gerd Gigerenzer & Klaus Hug, *Domain-Specific Reasoning*：*Social Contracts*, *Cheating and Perspective Change*, 42 Cognition 127 (1992)。类似地,研究发现人们的概率推断在概率以频次形式(例如 20 次中有 1 次)呈现时,要比概率以百分比(例如 5%)形式呈现时更准确。参见 Gerd Gigerenzer & Ulrich Hoffrage, *How to Improve Bayesian Reasoning without Instruction*：*Frequency Formats*, 102 Psychol. Rev. 684 (1995)。然而,需注意,现今在现实生活中,概率更多地是以百分比而非频次形式呈现。

[42] 这个观点呼应了西蒙(Herbert Simon)的观点,他认为由于人们的局限性,他们在行动中对自身的效应通常是"满意即可"(satisfice)——而非追求最大化——并且他们的行动是理性的。

[43] 可参见 Daniel G. Goldstein & Gerd Gigerenzer, *Models of Ecological Rationality*：*The Recognition Heuristic*, 109 Psychol. Rev. 75 (2002)。

[44] 参见 Gerd Gigerenzer & Wolfgang Gaissmaier, *Heuristic Decision Making*, 62 Ann. Rev. Psychol. 451, 455 (2011)。

[45] 关于启发式与偏差和快速简省启发式学派之间论战的全面分析,参见 Mark Kelman, The Heuristics Debate 19 - 116 (2011)。详尽的叙述参见:Hahn & Harris,前注[2],第 49—53 页;Jonathan Baron,前注[34],第 11—14 页。

[46] 参见 Hahn & Harris,前注[2],第 50 页。

[47] 可参见 Jonathan Baron, Thinking and Deciding 54 (4th ed. 2008).

[48] 另外一个可能的原因是该领域中的研究者来自多种不同的领域,包括心理学、经济学、营销学、金融学与法律学。参见 Gilovich & Griffin,前注[3],第 542 页。

[49] Joachim I. Krueger & David C. Funder, *Towards a Balanced Social Psychology*：*Causes*, *Consequences*, *and Cures for the Problem-Seeking Approach to Social Behavior and Cognition*, 27 Behav. & Brain Sci, 313 (2004) (这篇文章文后附上了 35 条批判性评价以及作者的回应。参见同一出处,第 328—367 页);Elke U. Weber & Eric J. Johnson, *Mindful Judgment and Decision Making*, 60 Ann. Rev. Psychol. 53 (2009)。

[50] Kahneman,前注[14],第 412 页。

[51] 参见下文 3.4 节。

[52] Baron,前注[47],第 54—58 页。

[53] 关于判断与决策研究的全面评析与分析,参见:Baron,前注[47];Wiley Blackwell

Handbook，前注[2]。

[54] 参见 Amos Tversky & Daniel Kahneman, *Extension versus Intuitive Reasoning*：*The Conjunction Fallacy in Probability Judgment*, 90 Psychol. Rev. 293，297 (1983)。

[55] 出处同上，第 299 页。

[56] 出处同上，第 297—309 页；Rodrigo Moro, *On the Nature of the Conjunction Fallacy*, 171 Synthese 1 (2009)(分析了关于合取谬误的数十项研究)。

[57] Daniel Kahneman & Amos Teversky, *Subject Probability*：*A Judgment of Representativeness*, 1 Cognitive Psychol. 430，431(1972)。

[58] 关于快速简省学派，参见上文 2.1.4 节。

[59] 可参见 Ralph Hertwig & Gerd Gigerenzer, *The "Conjunction Fallacy" Revisited*：*How Intelligent Inferences Look Like Reasoning Errors*, 12 J. Bhave. Decision Making 275(1999)。

[60] 参见 Barbara Mellers, Ralph Hertwig & Daniel Kahneman, *Do Frequency Representations Eliminate Conjunction Effects? An Exercise in Adversarial Collaboration*, 12 Psychol. Sci. 269(2001)。

[61] 出处同上，第 271—273 页；Daniel Kahneman & Amos Tversky, *On the Reality of Cognitive Illusions*：*A Reply to Gigerenzer's Critique*, 103 Psychol. Rev. 582 (1996)；Moro,同前注[56]。

[62] 参见 Maya Bar-Hillel & Efrat Neter, *How Alike Is It versus How Likely Is It*：*A Disjunction Fallacy in Probability Judgments*, 65 J. Personality & Soc. Psychol. 1999(1993)。

[63] 参见 Maya Bar-Hillel, *The Base-Rate Fallacy in Probability Judgments*, 44 Acta Psychologia 211 (1980)。

[64] 参见 Richard Nisbett & Lee Ross, Human Inference：Strategies and Shorcomings of Social Judgment 147 – 50(1980)。

[65] 参见 Daniel Kahneman & Amos Tversky, *On the Psychology of Prediction*, 80 Psychol. Rev. 237(1973)。

[66] 参见 Johnathan J. Koehler, *The Base Rate Fallacy Reconsidered*：*Descriptive*, *Normative*, *and Methodological Challenges*, 19 Behav. & Brain Sci. 1(1996)。

[67] 出处同上，第 5 页。

[68] 可参见 Baruch Fischhoff, Paul Slovic & Sarah Lichtstein, *Subjective Sensitivity Analysis*, 23 Org. Behav. & Hum. Performance 339(1979)。

[69] 参见 Leda Cosmides & John Tooby, *Are Humans Good Intuitive Statisticians After All? Rethinking Some Conclusions from the Literature on Judgment under Uncertainty*, 58 Cognition 1(1996)。

[70] 参见 Kohler,前注[66],第 12—13 页。在真实生活中,包括在法律情境下,关于基础比率的客观数据通常是无法获得的。这意味着,如果对基础比率的主观评估是

不准确的,那么甚至是关注到了基础比率的决策者也有可能会得出错误的结论。参见 Michael J. Saks & Michael Risinger, *The Presumption of Guilt*, *Admissibility Rulings*, *and Erroneous Convictions*, 2003 Mich. St. DCL L. Rev. 1051。

[71] 参见 Kahneman & Tversky,同前注[65];Zvi Ginossar & Yaacov Trope, *The Effects of Base Rates and Individuating Information on Judgments about Another Person*, 16 J. Experimental Soc. Psychol. 228(1980)。

[72] 参见 Lívia Markóczy & Jeffrey Goldberg, *Women and Taxis and Dangerous Judgments*: *Content Sensitive Use of Base-Rate Information*, 19 Managerial & Decision Econ. 481(1998)。

[73] 一般性的讨论,参见:L. Jonathan Cohen, *Can Human Irrationality Be Experimentally Demonstrated?*, 4 Behave. & Brain Sci. 317, 328 - 30(1981); Koehler,同前注[66],第11—12页。另参见下文16.2节。

[74] 参见:Scott Plous, The Psychology of Judgment and Decisionmaking 131 - 34 (1993); Gaëlle Villejoubert & David R. Mandel, *The Inverse Fallacy*: *An Account of Deviations from Bayes's Theorem and the Additivity Principle*, 30 Memory & Cognition 171 (2002)。

[75] 参见 Jeffrey J. Rachlinski, *Heuristics and Biases in the Courts*: *Ignorance or Adaptation?*, 79 Or. L. Rev. 61, 82 - 85 (2000)。

[76] 参见 Villejoubert & Mandel,同前注[74]。

[77] 参见:Ward Casscells, Arno Schoenberger & Thomas B Graboys, *Interpretation by Physicians of Clinical Laboratory Results*, 299 New Eng. J. Med. 999 (1978); David M. Eddy, *Probabilistic Reasoning in Clinical Medicine*: *Problems and Opportunities*, in Judgment under Uncertainty: Heuristics and Biases 249 (Daniel Kahneman, Paul Slovic & Amos Tversky eds., 1982)。另见下文16.2节。

[78] 参见 Amos Tversky & Daniel Kahneman, Belief in the Law of Small Numbers, 76 Psychol. Bull. 105 (1971)。

[79] 出处同上。

[80] 参见 Maya Bar-Hillel & Willem A. Wagenaar, *The Perception of Randomness*, 12 Advances Applied Mathematics 428(1991)。

[81] 参见 Kahneman & Tversky,同前注[57],第432页。

[82] 参见 Thomas Gilovich, Robert Vallone & Amos Tversky, *The Hot Hand in Basketball*: *On the Misperception of Random Sequences*, 17 Cognitive Psychol. 295 (1985)。

[83] 可参见 Mark M. Carhart, *On Persistence in Mutual Fund Performance*, 52 J. Fin. 57 (1997); Guillermo Baquero, On Hedge Fund Performance, Capital Flows and Investor Psychology 89 - 126 (2006)。

[84] 参见 Tversky & Kahneman,同前注[78];Bar-Hillel & Wagenaar,同前注[80]。

[85] 参见 Eric Gold. & Gordon Hester, *The Gambler's Fallacy and the Coin's Memo-*

ry，*in* Rationality and Social Responsibility：Essays in Honor of Robyn Mason Dawes 21 (Joachim I. Krueger ed.，2008)。

[86] 可参见 Charles Clotfelter & Phil Cook，*The "Gambler's Fallacy" in Lottery Play*，39 Mgmt. Sci. 1521 (1993)。

[87] 参见 Howard Wainer & Harris L. Zwerling，*Evidence That Smaller Schools Do Not Improve Student Achievement*，88 Phi Delta Kappan 300 (2006)。

[88] 参见 Kahneman，同前注[14]，第 175—176 页。

[89] 参见 Maurice Allais，*Le comportement de l'homme rationnel devant le risque*：*Critique des postulats et axiomes de l'école Américaine*，21 Econometrica 503 (1953)。

[90] 参见 Daniel Kahneman & Amos Tversky，*Prospect Theory*：*An Analysis of Decision under Risk*，47 Econometrica 263，265 – 67，280 – 84 (1979)。

[91] 参见 Amos Tversky & Daniel Kahneman，*Advances in Prospect Theory*：*Cumulative Representation of Uncertainty*，5 J. Risk & Uncertainty 297，303 (1992)。

[92] 参见 Yuval Rottenstreich & Christopher K. Hsee，*Money*，*Kisses*，*and Electric Shocks*：*On the Affective Psychology of Risk*，12 Psychol. Sci. 185 (2001)。

[93] 参见 Sean Hannon Williams，*Probability Errors*：*Overoptimism*，*Ambiguity Aversion*，*and the Certainty Effect*，in The Oxford Handbook of Behavioral Economics and the Law，同前注[8]，第 335，348—349 页。

[94] 参见 Amos Tversky & Daniel Kahneman，*Availability*：*A Heuristic for Judging Frequency and Probability*，4 Cognitive Psychol. 207 (1973)（下文简称为 Tversky & Kahneman，*Availability*)。另见 Amos Tversky & Daniel Kahneman，*Judgment under Uncertainty*：*Heuristics and Biases*，185 Sci. 1124，1127 – 28 (1974)（下文简称为 Tversky & Kahneman，*Heuristics and Biases*)。

[95] 除了从记忆中提取信息之难易程度这种类型的可得性,特沃斯基与卡尼曼也讨论了建构可得性(availability of construction),即生成符合某特定标准的事例的难易程度,例如以字母 K 开头的单词相较于第三个字母为 K 的单词。他们证明了该意义上的可得性也会影响对频率的判断。Tversky & Kahneman，*Availability*，同前注[94]，第 211—220 页。

[96] 参见 Tversky & Kahneman，*Heuristics and Biases*，同前注[94]，第 1127 页。

[97] 关于相关概述,参考 Norbert Schwartz & Leigh Ann Vaughn，*The Availability Heuristic Revisited*：*Ease of Recall and Content of Recall as Distinct Sources of Information*，in Heuristics and Biases，同前注[14]，第 103 页。

[98] 参见 João N. Braga，Mário B. Ferreira & Steven J. Sherman，*The Effects of Construal Level on Heuristic Reasoning*：*The Case of Representativeness and Availability*，2 Decision 216 (2015)。另见 Cheryl Wakslak & Yaacov Trope，*The Effect of Construal Level on Subjective Probability Estimates*，20 Psychol. Sci. 52 (2010)。

[99] 参见 Tversky & Kahneman，*Heuristics and Biases*，同前注[94]，第 221—221 页。

[100] 参见 Steven J. Sherman et al., *Imagining Can Heighten or Lower the Perceived Likelihood of Contracting a Disease*: *The Mediating Effect of Ease of Imagery*, 11 Personality & Soc. Psychol. Bull. 118 (1985)。

[101] 参见 Carmen Keller, Michael Siegrist & Heinz Gutscher, *The Role of the Affect and Availability Heuristics in Risk Communication*, 26 Risk Analysis 631 (2006)。关于情感启发式, 参见 Paul Slovic et al., *The Affect Heuristic*, in Heuristics and Biases, 同前注[14], 第 397 页。

[102] 参见 Timur Kuran & Cass R. Sunstein, *Availability Cascades and Risk Regulation*, 51 Stan. L. Rev. 683 (1999)。关于具体案例, 参见 Russell Eisenman, *Belief That Drug Usage in the United States Is Increasing When It Is Really Decreasing*: *An Example of the Availability Heuristic*, 31 Bull. Psychonomic Soc'y 249 (1993)。

[103] 可得性级联甚至可能会带来道德恐慌(moral panic), 也就是公众对道德价值的感知威胁的过度反应, 再加上对参与威胁活动的人的普遍焦虑与强烈敌意。参见 Erich Goode & Nachman Ben-Yehuda, Moral Panics: The Social Construction of Deviance (2nd ed. 2009)。

[104] 参见 Tilmann Betsch & Devika Pohl, *Tversky and Kahneman's Availability Approach to Frequency Judgment*: *A Critical Analysis*, in Etc. Frequency Processing and Cognition 109 (Peter Sedlmeier & Tilmann Betsch eds., 2002)。

[105] 参见 Diederik A. Stapel, Stephen D. Reicher & Russell Spears, *Contextual Determinants of Strategic Choice*: *Some Moderators of the Availability Choice*, 52 Eur. J. Soc. Psychol. 141 (1995)。

[106] 参见 Brad M. Barber & Terrance Odean, *All That Glitters*: *The Effect of Attention and News on the Buying Behavior of Individual and Institutional Investors*, 21 Rev. Fin. Stud. 785 (2008)。

[107] 参见 Baruch Fischhoff, Paul Slovic & Sarah Lichtenstein, *Fault Trees*: *Sensitivity of Estimated Failure Probabilities to Problem Representation*, 4 J. Experimental Psychol.: Hum. Perception & Performance 330 (1978)。

[108] 同前注, 第 24 页。

[109] 参见 Amos Tversky & Derek J. Koehler, *Support Theory*: *A Nonextensional Representation of Subjective Probability*, 101 Psychol. Rev. 547 (1994)。概率判断中的次可加性可能反映的是一种更宽泛的现象, 即评估类别数量的增加会导致对它们的价值、吸引力及其他方面的更高评估。参见: Ian Bateman et al., *Does Part-Whole Bias Exist? An Experimental Investigation*, 107 Econ. J. 322 (1997); Avishalom Tor & Dotan Oliar, *Incentives to Create under a "Lifetime-Plus-Years" Copyright Duration*: *Lessons from a Behavioral Economic Analysis of* Eldred v. Ashcroft, 36 Loy. L.A. L. Rev. 437, 463 – 76 (2002) (文献综述)。

[110] 参见 Tversky & Koehler, 同前注[109], 第 553 页。

[111] 同前注,第 555 页、第 557 页。

[112] 参见 Lorraine Chen Idson et al., *The Relation between Probability and Evidence Judgment：An Extension of Support Theory*, 22 J. Risk & Uncertainty 227 (2001)。

[113] 出处同上；Laura Macchi, Daniel Osherson & David H. Krantz, *A Note on Superadditive Probability Judgment*, 106 Psychol. Rev. 210 (1999)。

[114] 参见 Baruch Fischhoff, *Hindsight ≠ Foresight：The Effect of Outcome Knowledge on Judgment under Uncertainty*, 1 J. Experimental Psychol.：Hum. Perception & Performance 288 (1975)。

[115] 关于综述与元分析,参见：Scott A. Hawkins & Reid Hastie, *Hindsight：Biased Judgments of Past Events after the Outcomes are Known*, 107 Psychol. Bull. 311 (1990)；Jay J.J. Christensen-Szalanski & Cynthia Fobian Willham, *The Hindsight Bias：A Meta-analysis*, 48 Org. Behav. & Hum. Decision Processes 147 (1991)；Rebecca L. Guilbault et al., *A Meta-Analysis of Research on Hindsight Bias*, 26 Basic & App. Soc. Psychol. 103 (2004)；Neal J. Roese & Kathleen D. Vohs, *Hindsight Bias*, 7 Persp. Psychol. Sci. 411 (2012)。

[116] 可参见 Baruch Fischhoff & Ruth Beyth, *"I Knew It Would Happen" Remembered Probabilities of Once-Future Things*, 13 Org. Behav. & Hum. Performance 1 (1975)。

[117] 参见：Dustin P. Calvillo & Abraham M. Rutchick, *Domain Knowledge and Hindsight Bias among Poker Players*, 27 J. Behav. Decision Making 259 (2014)；Daniel M. Bernstein et al., *Hindsight Bias from 3 to 95 Years of Age*, 37 J. Experimental Psychol.：Learning, Memory & Cognition 378 (2011)。

[118] 可参见：John C. Anderson, D. Jordan Lowe, Philip M.J. Reckers, *Evaluation of Auditor Decisions；Hindsight Bias Effects and the Expectation Gap*, 14 J. Econ. Psychol. 711 (1993)（审计）；Hal R. Arkes et al., *Eliminating the Hindsight Bias*, 73 J. App. Psychol. 305 (1988)（医药）；Kim A. Kamin & Jeffrey J. Rachlinski, *Ex Post ≠ Ex Ante：Determining Liability in Hindsight*, 19 Law & Hum. Behav. 89 (1995)（法律）。

[119] 参见 Hawkins & Hastie,同前注[115],第 316 页。

[120] 参见 Roese & Vohs,同前注[115],第 413—415 页。

[121] 出处同上,第 413—415 页。

[122] 可参见：Baruch Fischhoff, *Perceived Informativeness of Facts*, 3 J. Experimental Psychol.：Hum. Perception & Performance 349, 354 - 6 (1977)（去偏差指示）；Wolfgang Hell et al., *Hindsight Bias：An Interaction of Automatic and Motivational Factors?*, 16 Memory & Cognition 533 (1988)（金钱激励）。

[123] 参见 Guilbault et al,同前注[115],第 111 页。

[124] 参见 Arkes et al.,同前注[118]；下文 2.8 节。

[125] 参见 Frank H. Knight，Risk，Uncertainty and Profit (1921)。

[126] 参见 Daniel Ellsberg，*Risk，Ambiguity，and the Savage Axioms*. 75 Q.J. Econ. 643 (1961)。

[127] 参见 Laure Cabantous，*Ambiguity Aversion in the Field of Insurance：Insurers Attitude to Imprecise and Conflicting Probability Estimates*，62 Theory & Decision 219 (2007)。关于模糊厌恶的来源依赖，参见 Stefan T. Trautmann & Gijs van de Kuilen，*Ambiguity Attitudes*，in Wiley Blackwell Handbook，前注[2]，第 89 页、第 94—96 页、第 106—107 页。

[128] 参见 Colin Camerer & Martin Weber，*Recent Developments in Modeling Preferences：Uncertainty and Ambiguity*，5 J. Risk & Uncertainty 325，330‐32 (1992)。

[129] 关于此类及更多实验发现的概述，参见：出处同上，第 332—341 页；Trautmann & van de Kuilen，同前注[127]，第 104—106 页。

[130] 参见 Trautmann & van de Kuilen，同前注[127]，第 102—103 页。

[131] 参见：Camerer & Weber，前注[128]，第 353—360 页；Trautmann & van de Kuilen，前注[127]，第 107—109 页。

[132] 参见 Deborah Frisch & Jonathan Baron，*Ambiguity and Rationality*，1 J. Behav. Decision Making 149 (1988)。

[133] Chip Heath & Amos Tversky，*Preference and Belief：Ambiguity and Competence in Choice under Uncertainty*，4 J. Risk & Uncertainty 5 (1991).

[134] 在随后的一项研究中可找到对这一猜想的间接支持。该研究表明：当人们面临风险和模糊赌注之间的抉择，或当他们把自己与更有知识的人进行比较时，模糊厌恶就会出现；而在没有这种比较时，模糊厌恶则不会出现。参见 Craig R. Fox & Amos Tversky，*Ambiguity Aversion and Comparative Ignorance*，110 Q.J. Econ. 585 (1995)。

[135] 参见 Leonard J. Savage，The Foundations of Statistics (1954)。

[136] 参见 Frisch & Baron，前注[132]。

[137] 参见 Itzhak Gilboa & David Schmeidler，*Maxmin Expected Utility with Non-Unique Prior*，18 J. Mathematical Econ. 141 (1989)。

[138] 参见 Camerer & Weber，前注[128]，第 341—353 页。

[139] 可参见 Paul Slovic & Amos Tversky，*Who Accepts Savage's Axiom*? 19 Behav. Sci. 368 (1974)。

[140] 参见 Kahneman & Tversky，同前注[90]。

[141] 参见 Kahneman & Tversky，同前注[91]，第 303 页。关于前景理论下风险态度的文献综述，参见 Craig R. Fox, Carsten Erner & Daniel J. Walters，*Decision under Risk：From the Field to the Laboratory and Back*，in Wiley Blackwell Handbook，同前注[2]，第 41 页。另见下文第 85—86 页。

[142] 出处同上，第 311 页。

[143] 参见 John K. Horowitz & Kenneth E. McConnell，*A Review of WTA/WTP*

Studies，44 J. Envtl. Econ. & Mgmt. 426（2002）。关于禀赋效应，参见下文 2.3.6 节。

[144] 参见 Serdar Sayman & Ayşe Öncüler，*Effects of Study Design Characteristics on the WTA-WTP Disparity：A Meta Analytical Framework*，26 J. Econ. Psychol. 289，300，302（2005）。

[145] 参见：Tversky & Kahneman，同前注[91]，第 306 页；Chris Guthrie，*Framing Frivolous Litigation：A Psychological Theory*，67 U. Chi. L. Rev. 163（2000）。

[146] 参见上文 2.2.5 节。

[147] 参见 Daniel Kahneman，*Maps of Bounded Rationality：Psychology for Behavioral Economists*，93 Am. Econ. Rev. 1449，1457（2003）。

[148] 参见 Shlomo Benartzi & Richard H. Thaler，*Myopic Loss Aversion and the Equity Premium Puzzle*，110 Q.J. Econ. 73（1995）。

[149] 参见下文 14.6 节。

[150] 参见：Colin F. Camerer，*Prospect Theory in the Wild：Evidence from the Field*，in Choices，Values，and Frames 288（Daniel Kahneman & Amos Tversky eds.，2000）；Stefano DellaVigna，*Psychology and Economics：Evidence from the Field*，47 J. Econ. Literature 315，324－36（2009）；Barberis，同前注[5]。

[151] 关于这些批评、回应以及替代性理论的概述，参见：Fox，Erner & Walters，同前注[141]，第 59—67 页；Eyal Zamir，Law，Psychology，and Morality 11－13（2015）。

[152] 亦见下文第 5 章。对前景理论关于人们的风险与不确定性态度的断言的进一步完善，以及相关的反对意见，参见：Tversky & Kahneman，前注[91]；Amos Tversky & Craig R. Fox，*Weighing Risk and Uncertainty*，102 Psychol. Rev. 269（1995）；Michael H. Birnbaum & Alfredo Chavez，*Tests of Theories of Decision Making：Violations of Branch Independence and Distribution Independence*，71 Org. Behav. & Hum. Decision Processes 161（1997）；Charles A. Holt & Susan K. Laury，*Risk Aversion and Incentive Effects*，92 Am. Econ. Rev. 1644（2002）；Baron，前注[47]，第 271—274 页。关于这些现象的神经学基础，参见 Joshua A. Weller et al.，*Neural Correlates of Adaptive Decision Making for Risky Gains and Losses*，18 Psychol. Sci. 958（2007）。最后，关于损失厌恶与相关现象的进化根源与神经学基础，参见 Zamir，前注[151]，第 42—46 页。

[153] 可参见：Roy F. Baumeister et al.，*Bad Is Stronger than Good*，5 Rev. General Psychol. 323（2001）；Paul Rozin & Edward B. Royzman，*Negativity Bias，Negativity Dominance，and Contagion*，5 Personality & Soc. Psychol. Rev. 296（2001）。

[154] 参见 Karen S. Rook，*The Negative Side of Social Interaction：Impact on Psychological Well-Being*，46 J. Personality & Soc. Psychol. 1097（1984）。

[155] 可参见 Guy Hochman & Eldad Yechiam，*Loss Aversion in the Eye and in the*

Heart：*The Autonomic Nervous System's Responses to Losses*，24 J. Behav. Decision Making 140 (2011)。

[156]　参见 Kahneman & Tversky,前注[90],第 279 页。

[157]　参见 Peter Sokol-Hessner et al.，*Emotion Regulation Reduces Loss Aversion and Decreases Amygdala Responses to Losses*，8 Soc. Cognitive & Affective Neurosci. 341 (2013)。

[158]　参见 Benedetto De Martino, Colin F. Camerer & Ralph Adolphs，*Amygdala Damage Eliminates Monetary Loss Aversion*，107 Proced. Nat'l Acad. Sci. USA 3788 (2010)。

[159]　参见 Peter A. Bibby & Eamonn Ferguson，*The Ability to Process Emotional InformationPredicts Loss Aversion*，51 Personality & Individual Differences 263 (2011)。

[160]　可参见：Botond Köszegi & Matthew Rabin，*Reference-Dependent Risk Attitude*，97 Am. Econ. Rev. 1047 (2007)；Johannes Abeler et al.，*Reference Points and Effort Provision*，101 Am. Econ. Rev. 470 (2011)。

[161]　参见 Daniel Kahneman & Amos Tversky，*Choices，Values，and Frames*，39 Am. Psychologist 341，349 (1984)。

[162]　可参见 Hal R. Arkes et al.，*Reference Point Adaptation*：*Tests in the Domain of Security Trading*，105 Org. Behav. & Hum. Decision Processes 67 (2008)；Daniel Kahneman, Jack L. Knetsch & Richard H. Thaler，*Experimental Tests of the Endowment Effect and the Coase Theorem*，98 J. Pol. Econ. 1325 (1990)。

[163]　参见：Philip Brickman, Dan Coates & Ronnie Janoff-Bulman，*Lottery Winners and Accident Victims*：*Is Happiness Relative?*，36 J. Personality & Soc. Psychol. 917 (1978)；Jason Riis et al.，*Ignorance of Hedonic Adaptation to Hemodialysis*：*A Study Using Ecological Momentary Assessment*，134 J. Experimental Psychol.：General 3 (2005)。另见下文 9.4 节。

[164]　关于一般性的讨论,参见 Zamir,前注[151],第 9—10 页。

[165]　参见：Chip Heath, Richard P. Larrick & George Wu，*Goals as Reference Points*，38 Cognitive Psychol. 79 (1999)；Russell Korobkin，*Aspirations and Settlement*，88 Cornell L. Rev. 1，44-48 (2002)；Abeler et al.,同前注[160]。

[166]　然而,过高的回报有可能会产生相反的效果。参见：Heath, Larrick & Wu,前注[165]，第 89—93 页；Vikram S. Chib et al.，*Neural Mechanisms Underlying Paradoxical Performance for Monetary Incentives Are Driven by Loss Aversion*，74 Neuron 582 (2012)。

[167]　参见下文 2.5 节。

[168]　参见 Amos Tversky & Daniel Kahneman，*The Framing of Decisions and the Psychology of Choice*，211 Sci. 453 (1981)。

[169]　关于这些范式的多种类型,参见：Anton Kühberger，*The Influence of Framing*

on Risky Decisions：*A Meta-Analysis*，75 Org. Behav. & Hum. Decision Proces-
ses 23（1998）；Irwin P. Levin, Sandra L. Schneider & Gary J. Gaeth, *All
Frames Are Not Created Equal*：*A Typology and Critical Analysis of Framing
Effects*，76 Org. Behav. & Hum. Decision Processes 149（1998）。

［170］ 参见 Levin, Schneider & Gaeth，前注［169］，第 152—158 页。

［171］ 出处同上，第 167—178 页。

［172］ 参见 Beth E. Meyerowitz & Shelly Chaiken, *The Effect of Message Framing on
Breast Self-Examination Attitudes*，*Intentions*，*and Behavior*，52 J. Personality &
Soc. Psychol. 500（1987）（找到一种效应）；Karen M. Lalor & B. Jo Hailey, *The
Effects of Message Framing and Feelings of Susceptibility to Breast Cancer on
Reported Frequency of Breast Self-Examination*，10 Int'l Q. Community
Health Educ. 183（1990）（未能复现 Meyerowitz 与 Chaiken 的结果）。关于文献
综述，参见 Levin, Schneider & Gaeth，前注［169］，第 167—178 页；Kühberger，前
注［169］，第 32—33 页、第 37—38 页（根据对 13 项使用信息合规设计（message
compliance design）——相当于目标框架——的研究的元分析，得出结论：该设计
一般不会造成框架效应）。

［173］ 参见 Levin, Schneider & Gaeth，前注［169］，第 158—167 页。

［174］ 参见 Irwin P. Levin & Gary J. Gaeth, *How Consumers Are Affected by the
Framing of Attribute Information Before and After Consuming the Product*，15
J. Consumer Res. 374（1988）。

［175］ 参见 Kühberger，前注［169］，第 35—36 页、第 42 页。

［176］ 出处同上。

［177］ 参见 Lewis Petrinovich & Patricia O'Neill, *Influence of Wording and Framing
Effects on Moral Intuitions*，17 Ethology & Sociobiology 145，162 - 64（1996）；
Levin, Schneider & Gaeth，前注［169］，第 153 页、第 174 页。

［178］ 参见下文 4.4 节、7.3 节、11.5 节。

［179］ 参见下文 8.2 节、8.3 节。

［180］ 可参见：Laura A. Siminoff & John H. Fetting, *Effects of Outcome Framing on
Treatment Decisions in the Real World*：*Impact of Framing on Adjuvant
Breast Cancer Decisions*，9 Med. Decision Making 262（1989）；Annette M.
O'Connor, Ross A. Penne & Robert E. Dales, *Framing Effects on Expectations*，
Decisions，*and Side Effects Experienced*：*The Case of Influenza Immunization*，49
J. Clinical Epidemiology 1271（1996）（描述了一项现场实验的结果）。

［181］ 参见 James N. Druckman, *Using Credible Advice to Overcome Framing Effects*，
17 J.L. Econ. & Org. 62（2001）。

［182］ 参见 Jack S. Levy, *Applications of Prospect Theory to Political Science*，135
Synthese 215，218（2003）。

［183］ 参见：William Samuelson & Richard Zeckhouser, *Status Quo Bias in Decision*

Making，1 J. Risk & Uncertainty 7 (1988)；Daniel Kahneman, Jack L. Knetsch & Richard H. Thaler，*The Endowment Effect，Loss Aversion，and Status Quo Bias*，5 J. Econ. Persp. 193，197 – 99 (1991)。

[184] 参见 Maurice Schweitzer，*Disentangling Status Quo and Omission Effects：An Experimental Analysis*，58 Org. Behav. & Hum. Decision Processes 457 (1994)。

[185] 参见 Ilana Ritov & Jonathan Baron，*Status-Quo and Omission Biases*，5 J. Risk & Uncertainty 49 (1992)。

[186] 参见 Samuelson & Zeckhouser，前注[183]，第 12—21 页。对该现象的实证支持，参见 Alexander Kempf & Stefan Ruenzi，*Status Quo Bias and the Number of Alternatives：An Empirical Illustration from the Mutual Fund Industry*，7 J. Behav. Fin. 204 (2006)。

[187] 参见 Brigitte Madrian & Dennis Shea，*The Power of Suggestion：Inertia in 401 (k) Participation and Savings Behavior*，66 Q.J. Econ. 1149 (2001)。另见下文 4.4 节。

[188] 参见 Eric J. Johnson & Daniel Goldstein，*Do Defaults Save Lives？*，302 Sci. 1338 (2003)。

[189] 参见：出处同上；Shai Davidai, Thomas Gilovich & Lee D. Ross，*The Meaning of Default Options for Potential Organ Donors*，109 Proc. Nat'l Acad. Sci. USA 15201 (2012)。另见下文第 180—181 页。

[190] 可参见：Kahneman, Knetsch & Thaler，前注[183]，第 197—199 页；Jonathan Baron & Ilana Ritov，*Reference Points and Omission Bias*，59 Org. Behav. & Hum. Decision Processes 475，479 – 80 (1994)；Avital Moshinsky & Maya Bar-Hillel，*Status Quo Label Bias*，28 Soc. Cognition 191 (2010)。

[191] 参见 Moshinsky & Bar-Hillel，前注[190]。

[192] 参见 Craig R. M. McKenzie, Michael J. Liersch, & Stacey R. Finkelstein，*Recommendations Implicit in Policy Defaults*，17 Psychol. Sci. 414 (2006)。

[193] 参见 Scott Eidelman & Christian S. Crandall，*Bias in Favor of the Status Quo*，6 Soc. & Personality Psychol. Compass 270，272 (2012)。另见下文 2.7 节。

[194] 参见 Moshinsky & Bar-Hillel，前注[190]，第 199—203 页。

[195] 参见：Mark Spranca, Elisa Minsk & Jonathan Baron，*Omission and Commission in Judgment and Choice*，27 J. Experimental Soc. Psychol. 76 (1991)；Johanna H. Kordes-de Vaal，*Intention and the Omission Bias：Omissions Perceived as Nondecisions*，93 Acta Psychologica 161 (1996)；Peter DeScioli, John Christner & Robert Kurzban，*The Omission Strategy*，22 Psychol. Sci. 442 (2011)。

[196] 参见 Ilana Ritov & Jonathan Baron，*Reluctance to Vaccinate：Omission Bias and Ambiguity*，3 J. Behav. Decision Making 263 (1990)。

[197] 参见：Richard H. Thaler，*Toward a Positive Theory of Consumer Choice*，1 J. Econ. Behav. & Org. 39 (1980)；Kahneman, Knetsch & Thaler，前注[162]；

Russell Korobkin，*Wrestling with the Endowment Effect，or How to Do Law and Economics without the Coase Theorem*，in The Oxford Handbook of Behavioral Economics and the Law，前注[8]，第 300 页。

[198] 参见 Russell Korobkin，*The Endowment Effect and Legal Analysis*，97 Nw. U. L. Rev. 1227, 1228 (2003)。

[199] 参见上文 1.2 节、下文 6.5 节。

[200] 参见 C. H. Coombs, T. G. Bezembinder & F. M. Goode，*Testing Expectation Theories of Decision Making without Measuring Utility or Subjective Probability*，4 J. Math. Psychol. 72 (1967)；Judd Hammack & Gardner M. Brown Jr.，Waterfowl and Wetlands：Toward Bio-Economic Analysis 26 – 27 (1974)。

[201] 参见 Thaler，前注[197]。

[202] 参见：Jack L. Knetsch & J. A. Sinden，*Willingness to Pay and Compensation Demanded：Experimental Evidence of an Unexpected Disparity in Measures of Value*，99 Q.J. Econ. 507 (1984)；Kahneman, Knetsch & Thaler，前注[162]。

[203] 可参见 Jack L. Knetsch，*The Endowment Effect and Evidence of Nonreversible Indifference Curves*，79 Am. Econ. Rev. 1277 (1989)；Jack L. Knetsch，*Preferences and Nonreversibility of Indifference Curves*，17 J. Econ. Behav. & Org. 131 (1992)。

[204] 参见：Guido Ortona & Francesco Scacciati，*New Experiments on the Endowment Effect*，13 J. Econ. Psychol. 277 (1992)；Vera Hoorens, Nicole Remmers & Kamieke Van de Reit，*Time Is an Amazingly Variable Amount of Money：Endowment and Ownership Effects in the Subjective Value of Working Time*，20 J. Econ. Psychol. 383 (1999)。

[205] 参见 W. Kip Viscusi, Wesley A. Magat & Joel Huber，*An Investigation of the Rationality of Consumer Valuations of Multiple Health Risks*，18 Rand J. Econ. 465, 469, 477 – 78 (1987)。

[206] 参见 Russell Korobkin，*The Status Quo Bias and Contract Default Rules*，83 Cornell L. Rev. 608 (1998)。

[207] 参见 Maya Bar-Hillel & Efrat Neter，*Why Are People Reluctant to Exchange Lottery Tickets?*，70 J. Personality & Soc. Psychol. 17, 22 – 24 (1996).当两个物品完全相同且没有交易激励时,预期将不会发生交易。参见 David Gal，*A Psychological Law of Inertia and the Illusion of Loss Aversion*，1 Judgment & Decision Making 23, 26 – 27 (2006)。

[208] 参见 Gretchen B. Chapman，*Similarity and Reluctance to Trade*，11 J. Behav. Decision Making 47 (1998)。

[209] 参见：Eric van Dijk & Daan van Knippenberg，*Trading Wine：On the Endowment Effect，Loss Aversion，and the Comparability of Consumer Goods*，19 J. Econ. Psychol. 485 (1998)；Jason F. Shogren et al.，*Resolving Differences in*

Willingness to Pay and Willingness to Accept，84 Am. Econ. Rev. 255（1994）。

[210]　参见 Nathan Novemsky & Daniel Kahneman，*The Boundaries of Loss Aversion*，32 J. Marketing Res. 119（2005）。

[211]　参见：Kahneman, Knetsch & Thaler，前注 162；Amos Tversky & Daniel Kahneman，*Loss Aversion in Riskless Choice：A Reference-Dependent Model*，106 Q.J. Econ. 1039，1055（1991）；Novemsky & Kahneman，前注[210]，第 124—125 页。

[212]　参见：Samuelson & Zeckhouser，前注[183]，第 12—22 页（投资组合）；van Dijk & van Knippenberg，前注[209]（谈判筹码）。另请参见 Bar-Hillel & Neter，前注[207]（彩票）。

[213]　参见 George Loewenstein & Samuel Issacharoff，*Source Dependence in the Valuation of Objects*，7 J. Behav. Decision Making 157（1994）。

[214]　参见 Therese Jefferson & Ross Taplin，*An Investigation of the Endowment Effect Using a Factorial Design*，32 J. Econ. Psychol. 899（2011）。

[215]　参见 Christopher Buccafusco & Christopher Jon Sprigman，*The Creativity Effect*，78 U. Chi. L. Rev. 31（2011）。另见下文 6.4 节。

[216]　参见：John List，*Does Market Experience Eliminate Market Anomalies?*，41 Q.J. Econ. 46（2003）；John A. List，*Does Market Experience Eliminate Market Anomalies? The Case of Exogenous Market Experience*，101（3）Am. Econ. Rev. Papers & Proc. 313（2011）。

[217]　参见 Shogren et al.，前注[209]。

[218]　不同观点，请参见：Charles R. Plott & Kathryn Zeiler，*The Willingness to Pay—Willingness to Accept Gap，the "Endowment Effect," Subject Misconceptions, and Experimental Procedures for Eliciting Valuations*，95 Am. Econ. Rev. 530（2005）（下方简称为 Plott & Zeiler，*The WTP-WTA Gap*）；Charles R. Plott & Kathryn Zeiler，*Exchange Asymmetries Incorrectly Interpreted as Evidence of Endowment Effect Theory and Prospect Theory?*，97 Am. Econ. Rev. 1449（2007）（下文简称为 Plott & Zeiler，*Exchange Asymmetries*）；Gregory Klass & Kathryn Zeiler，*Against Endowment Theory：Experimental Economics and Legal Scholarship*，61 UCLA L. Rev. 2（2013）。需注意，与预期效用理论与前景理论相反，即使接受意愿与支付意愿在不同的受试者之间几乎不相关，接受意愿-支付意愿差异也有可能存在。参见 Jonathan Chapman et al.，*Willingness-to-Pay and Willingness-to-Accept Are Probably Less Correlated than You Think*（工作论文，2017，网址：https://ssrn.com/abstract＝2988958）。

[219]　相关概述，参见：Thomas C. Brown & Robin Gregory，*Why the WTA-WTP Disparity Matters?*，28 Ecological Econ. 323，326－29（1999）；Korobkin，前注[197]，第 304—318 页；Carey K. Morewedge & Colleen E. Giblin，*Explanations of the Endowment Effect：An Integrative Review*，19 Trends Cognitive Sci. 339（2015）；Kathryn Zeiler，*What Explains Observed Reluctance to Trade? A Com-*

prehensive Literature Review, in Research Handbook on Behavioral Law and Economics (Kathryn Zeiler & Joshua Teitelbaum eds., 2018,网址：https://ssrn.com/abstract=2862021)。

[220]　参见 Thaler,前注[197]，第 44 页。另见：Tversky & Kahneman,前注[211]；Michal A. Strahilevitz & George Loewenstein, *The Effect of Ownership History on the Valuation of Objects*, 25 J. Consumer Res. 276 (1998); Brown & Gregory,前注[219]，第 327 页。

[221]　参见上文 2.4 节。

[222]　参见 K.J. Beggan, *On the Social Nature of Nonsocial Perception：The Mere Ownership Effect*, 62 J. Personality & Soc. Psychol. 229 (1992)[但是也参见 Michael J. Barone, Terence A. Shimp & David E. Sprott, *Mere Ownership Revisited：A Robust Effect?*, 6 J. Consumer Psychol. 257 (1997)]。关于心理所有权 (psychological ownership)与禀赋效应,参见下文 6.2 节。关于禀赋效应作为回应威胁时的自我强化——结合所有权与损失厌恶的因素——参见 Promothesh Chatterjee, Caglar Irmak & Randall L. Rose, *The Endowment Effect as Self-Enhancement in Response to Threat*, 40 J. Consumer Res. 460 (2013)。

[223]　参见 Carey K. Morewedge et al., *Bad Riddance or Good Rubbish? Ownership and Not Loss Aversion Causes the Endowment Effect*, 45 J. Experimental Soc. Psychol. 947 (2009)。

[224]　参见：Nathaniel J.S. Ashby, Stephan Dickert & Andreas Glöckner, *Focusing on What You Own：Biased Information Uptake due to Ownership*, 7 Judgment & Decision Making 254 (2012); Morewedge & Giblin,前注[219]。

[225]　关于后悔成本(*cost of regret*),参见下文 14.4 节。

[226]　参见 Andrea Isoni, Graham Loomes & Robert Sugden, *The Willingness to Pay—Willingness to Accept Gap*, *the "Endowment Effect," Subject Misconceptions, and Experimental Procedures for Eliciting Valuations：Comment*, 101 Am. Econ. Rev. 991 (2011)。

[227]　参见 W. Michael Hanemann, *Willingness to Pay and Willingness to Accept：How Much Can They Differ?*, 81 Am. Econ. Rev. 635 (1991)。

[228]　参见 Brown & Gregory,前注[219]，第 326 页。

[229]　参见：Strahilevitz & Loewenstein,前注[220]；Korobkin,前注[198]，第 1251—1252 页（批判性地讨论了此观点）。另见下文 6.2 节。

[230]　参见 Russell Korobkin, *Policymaking and the Offer/Asking Price Gap：Toward a Theory of Efficient Entitlement Allocation*, 46 Stan. L. Rev. 663, 693‑96 (1994)。

[231]　参见 Plott & Zeiler, *Exchange Asymmetries*,前注[218]，第 1461 页。

[232]　参见 Plott & Zeiler, *Exchange Asymmetries*,前注[218]，第 1463 页。

[233]　参见：Ray Weaver & Shane Frederick, *A Reference Price Theory of the Endowment Effect*, 49 J. Marketing Res. 696 (2012); Itamar Simonson & Aimee

Drolet, *Anchoring Effects on Consumers' Willingness to Pay and Willingness to Accept*, 31 J. Consumer Res. 681 (2004)。

[234]　参见 Plott & Zeiler, *Exchange Asymmetries*, 前注[218], 第 1463 页。

[235]　参见 Plott & Zeiler, *The WTP-WTA Gap*, 前注[218]。

[236]　参见 Kaheman, Knetsch & Thaler, 前注[197], 第 1342 页。

[237]　参见 Brown & Gregory, 前注[219], 第 326 页。

[238]　例如, 后一种操作被用于 Kentsch and Wong: Jack L. Kentsch & Wei-Kang Wong, *The Endowment Effect and the Reference State: Evidence and Manipulations*, 71 J. Econ. Behav. & Org. 407 (2009)。

[239]　参见 Knetsch & Wong, 出处同上。第 410—411 页。

[240]　参见 Isoni, Loomes & Sugden, 前注[226]。

[241]　参见: Knetsch & Wong, 前注[238]; Weining Koh & Wei-Kang Wong, *The Endowment Effect and the Willingness to Accept-Willingness to Pay Gap: Subject Misconceptions or Reference Dependence?*（工作论文, 2011）, 网址: http://courses.nus.edu.sg/course/ecswong/research/WTA-WTP.pdf 。

[242]　参见 Knetsch & Wong, 前注[238], 第 412—413 页。

[243]　参见 Hal R. Arkes & Catherine Blumer, *The Psychology of Sunk Costs*, 35 Org. Behav. & Hum. Decision Processes 124, 127 - 29 (1985)。

[244]　出处同上, 第 126—127 页。

[245]　参见 Anne M. McCarthy, F. David Schoorman & Arnold C. Cooper, *Reinvestment Decisions by Entrepreneurs: Rational Decision-Making or Escalation of Commitment?*, 8 J. Bus. Venturing 9 (1993)。

[246]　参见: Robert Jervis, *Political Implications of Loss Aversion*, 13 Pol. Psychol. 187 (1992); Levy, 前注[182], 第 227 页（2003）。

[247]　参见: McCarthy, Schoorman & Cooper, 前注[245]; Barry M. Staw & Ha Hoang, *Sunk Costs in the NBA: Why Draft Order Affects Playing Time and Survival in Professional Basketball*, 40 Admin. Sci. Q. 474 (1995)。

[248]　参见: Barry M. Staw & Jerry Ross, *Understanding Behavior in Escalation Situations*, 246 Sci. 216 (1989); Gillian Ku, *Learning to De-Escalate: The Effects of Regret in Escalation of Commitment*, 105 Org. Behav. & Hum. Decision Processes 221, 222 - 23 (2008)。

[249]　参见: Barry M. Staw, *Knee-Deep in the Big Muddy: A Study of Escalating Commitment to a Chosen Course of Action*, 16 Org. Behav. & Hum. Decision Processes 27 (1976); Joel Brockner, *The Escalation of Commitment to a Failing Course of Action: Toward Theoretical Progress*, 17 Acad. Mgmt. Rev. 39 (1992)。

[250]　参见下文 2.4 节。

[251]　参见 Richard H. Thaler & Eric J. Johnson, *Gambling with the House Money*

and Trying to Break Even：The Effects of Prior Outcomes on Risky Choice，36 Mgmt. Sci. 643 (1990)。

［252］ 参见 Staw,前注［249］。

［253］ 参见：Thaler,前注［197］,第 48—49 页；Arkes & Blumer,前注［243］,第 130—132 页；Glen Whyte, Escalating Commitment to a Course of Action：A Reinterpretation，11 Acad. Mgmt. Rev. 311 (1986)。

［254］ 参见：Staw,前注［249］；Whyte,前注［253］。

［255］ 参见 Whyte,前注［253］,第 316 页。

［256］ 参见 Chip Heath, Escalation and De-Escalation of Commitment in Response to Sunk Costs：The Role of Budgeting in Mental Accounting，62 Org. Behav. & Hum. Decision Processes 38 (1995)。

［257］ 参见 Leon Festinger, A Theory of Cognitive Dissonance (1957)。

［258］ 参见：Peter C. Wason, On the Failure to Eliminate Hypotheses in a Conceptual Task，12 Q.J. Experimental Psychol. 129 (1960)（下文简称为 Wason, Failure）；Peter C. Wason, Reasoning about a Rule，20 Q.J. Experimental Psychol. 273 (1968)。

［259］ 关于这方面研究的不同部分的概述,参见：Ziva Kunda, The Case for Motivated Reasoning，108 Psychol. Bull. 480 (1990)；Raymond S. Nickerson, Confirmation Bias：A Ubiquitous Phenomenon in Many Guises，2 Rev. General Psychol. 175 (1998)；Hahn & Harris,前注［2］;Baron,前注［47］,第 199—227 页；Symposium, Motivated Beliefs，30 J. Econ. Persp. 133–212 (2016)。

［260］ 参见 Hahn & Harris,前注［2］,第 44 页。

［261］ 参见 Steven E. Clark & Gary L. Wells, On the Diagnosticity of Multiple-Witness Identifications，23 Law & Hum. Behav. 406 (2008)。

［262］ 参见 Kunda,前注［259］。

［263］ 参见：出处同上；Lisa L. Shu, Francesca Gino & Max H. Bazerman, Dishonest Deed，Clear Conscience：When Cheating Leads to Moral Disengagement and Motivated Forgetting，37 Personality & Soc. Psychol. Bull. 330 (2011)。

［264］ 关于判断与决策的双加工理论,参见上文 2.1 节。

［265］ 参见 Lindsley G. Boiney, Jane Kennedy & Pete Nye, Instrumental Bias in Motivated Reasoning：More When More Is Needed，72 Org. Behav. & Hum. Decision Proc. 1 (1997)。

［266］ 相关概述,参见 Nickerson,前注［259］。

［267］ 参见 Wason, Failure,前注［258］。关于信息收集过程中的确认偏差的其他多项实验研究,参见 Nickerson,前注［259］,第 177—180 页、第 184—187 页。

［268］ 参见 Anna Coenen, Bob Rehder & Todd M. Gureckis, Strategies to Intervene on Causal Systems Are Adaptively Selected，79 Cognitive Psychol. 102 (2015)。

［269］ 参见 Andrew J. Wistrich & Jeffrey J. Rachlinski, How Lawyers' Intuitions Pro-

long Litigation，86 S. Cal. L. Rev. 571，594 – 96 (2013)。

[270]　研究综述参见 Nickerson，前注[259]，第 180—184 页。

[271]　参见 Kari Edwards & Edward E. Smith，*A Disconfirmation Bias in the Evaluation of Arguments*，71 J. Personality & Soc. Psychol. 5 (1996)。

[272]　参见 Lee Ross，Mark R. Lepper & Michael Hubbard，*Perseverance in Self-Perception and Social Perception：Biased Attributional Processes in the Debriefing Paradigm*，32 J. Personality & Soc. Psychol. 880 (1975)。

[273]　参见下文 2.5 节。

[274]　参见 Charles G. Lord，Lee Ross & Mark R. Lepper，*Biased Assimilation and Attitude Polarization：The Effects of Prior Theories on Subsequently Considered Evidence*，37 J. Personality & Soc. Psychol. 2098 (1979)。

[275]　参见 Edwards & Smith，前注[271]。

[276]　参见 Dolores Albarracín & Amy L. Mitchell，*The Role of Defensive Confidence in Preference for Proattitudinal Information：How Believing That One Is Strong Can Sometimes Be a Defensive Weakness*，30 Personality & Soc. Psychol. Bull. 1565 (2004)。

[277]　参见 Keith E. Stanovich，Richard F. West & Maggie E. Toplak，*Myside Bias，Rational Thinking，and Intelligence*，22 Current Directions Psychol. Sci. 259 (2013)。

[278]　参见 Erika Price et al.，*Open-Minded Cognition*，41 Personality & Soc. Psychol. Bull. 1488 (2015)。

[279]　参见 Jonathan Baron，*Myside Bias in Thinking about Abortion*，1 Thinking & Reasoning 221 (1995)。

[280]　参见 Nickerson，前注[259]，第 205—210 页。

[281]　参见 Nickerson，前注[259]，第 189—197 页。

[282]　参见 Nickerson，前注[259]，第 194—197 页、第 206—208 页。

[283]　关于过度乐观相关现象的一个深思熟虑的分类，参见 Paul D. Windschitl & Jillian O'Rourke Stuart，*Optimism Biases：Types and Causes*，in 2 Wiley Blackwell Handbook，前注[2]，第 431 页、第 432—436 页。

[284]　参见下文 2.4 节。

[285]　参见 Wihdschitl & Stuart，前注[283]，第 433—444 页。

[286]　参见 Francis W. Irwin，*Stated Expectations as Functions of Probability and Desirability of Outcomes*，21 J. Personality 329 (1953)。

[287]　参见：Neil D. Weinstein，*Unrealistic Optimism about Future Life Events*，39 J. Personality & Soc. Psychol. 806 (1980)；Zlatan Krizan，Jeffrey C. Miller & Omesh Johar，*Wishful Thinking in the 2008 U.S. Presidential Election*，21 Psychol. Sci. 140 (2010)；Cade Massey，Joseph P. Simmons & David A. Armor，*Hope over Experience：Desirability and the Persistence of Optimism*，22 Psy-

chol. Sci. 274 (2011)。

[288] 参见 Lynn A. Baker & Robert E. Emery, *When Every Relationship Is above Average*：*Perceptions and Expectations of Divorce at the Time of Marriage*, 17 Law & Hum. Behav. 439, 443 (1993)。

[289] 参见 Ola Svenson, *Are We All Less Risky and More Skillful than Our Fellow Drivers?*, 47 ActaPsychologica 143 (1981)。

[290] 参见 Justin Kruger & David Dunning, *Unskilled and Unaware of It*：*How Difficulties in Recognizing One's Own Incompetence Lead to Inflated Self-Assessments*, 77 J. Personality & Soc. Psychol. 1121 (1999)。

[291] 参见 Mark D. Alicke, *Global Self-Evaluation as Determined by the Desirability and Controllability of Trait Adjectives*, 49 J. Personality & Soc. Psychol. 1621 (1985)。

[292] 参见 David Dunning, Judith A. Meyerowitz & Amy D. Holzberg, *Ambiguity and Self-Evaluation*：*The Role of Idiosyncratic Trait Definitions in Self-Serving Assessments of Ability*, 57 J. Personality & Soc. Psychol. 1082 (1989)。

[293] 参见 Mark D. Alicke et al., *Personal Contact*, *Individuation*, *and the Above-Average Effect*, 68 J. Personality & Soc. Psychol. 804 (1995)。关于这些变量及其他变量，亦见 Peter R. Harris, Dale W. Griffin & Sandra Murray, *Testing the Limits of Optimistic Bias*：*Event and Person Moderators in a Multilevel Framework*, 95 J. Personality & Soc. Psychol. 1225 (2008)。

[294] 参见 Tali Sharot, *The Optimism Bias*, 21 Current Biology R941, R942－44 (2011)。

[295] 参见 Amy H. Mezulis et al., *Is There a Universal Positivity Bias in Attributions? A Meta-analytic Review of Individual*, *Developmental*, *and Cultural Differences in the Self-Serving Attributional Bias*, 130 Psychol. Bull. 711 (2004)。关于归因理论，另见下文 2.4 节。

[296] 参见 Matthew Fisher & Frank C. Keil, *The Illusion of Argument Justification*, 143 J. Experimental Psychol.：General 425 (2014)。

[297] 参见：Justin Kruger & Jeremy Burrus, *Egocentrism and Focalism in Unrealistic Optimism (and Pessimism)*, 40 J. Experimental Soc. Psychol. 332 (2004)；John R. Chambers, Paul D. Windschitl & Jerry Suls, *Egocentrism*, *Event Frequency*, *and Comparative Optimism*：*When What Happens Frequently Is "More Likely to Happen to Me,"* 29 Personality & Soc. Psychol. Bull. 1343 (2003)。

[298] 参见 Maya Bar-Hillel, David V. Budesku & Moti Amar, *Predicting World Cup Results*：*Do Goals Seem More Likely When They Pay off?*, 15 Psychonomic Bull. & Rev. 278 (2008)。

[299] 参见 George Loewenstein, Ted O'Donoghue & Matthew Rabin, *Projection Bias in Predicting Future Utility*, 118 Q. J. Econ. 1209 (2003)。

[300] 参见：Adam J. L. Harris & Ulrike Hahn, *Unrealistic Optimism about Future*

Life Events：A Cautionary Note，118 Psychol. Rev. 135（2011）；Wihdschitl & Stuart，前注[283]，第 438 页。

[301]　参见 Wihdschitl & Stuart，前注[283]，第 437—440 页。

[302]　参见 Michael T. Moore & David M. Fresco，*Depressive Realism：A Meta-analytic Review*，32 Clinical Psychol. Rev. 496（2012）。

[303]　参见 Ryan T. McKay & Daniel C. Dennett，*The Evolution of Misbelief*，32 Behav. & Brain Sci. 493，505 - 07（2009）；Sharot，前注[294]，第 944—945 页。

[304]　参见 Harold Sigall，Arie Kruglanski & Jack Fyock，*Wishful Thinking and Procrastination*，15 J. Soc. Behav. & Personality 283（2000）。关于拖延，亦可参考下文 2.6 节。

[305]　另见下文 8.3 节。

[306]　参见 Colin Camerer & Dan Lovallo，*Overconfidence and Excess Entry：An Experimental Approach*，89 Am. Econ. Rev. 306（1999）。亦见下文 10.5 节。

[307]　参见 Linda Babcock & George Loewenstein，*Explaining Bargaining Impasse：The Role of Self-Serving Biases*，11 J. Econ. Persp. 109（1997）。另见下文 14.3 节。

[308]　参见 Don A. Moore & Paul J. Healy，*The Trouble with Overconfidence*，115 Psychol. Rev. 502（2008）；Don A. Moore，Elizabeth R. Tenney & Uriel Haran，*Overprecision in Judgment*，in Wiley Blackwell Handbo 前注[2]，第 182 页、第 183—184 页。

[309]　相关概述，参见：Sarah Lichtenstein，Baruch Fischhoff & Lawrence D. Phillips，*Calibration of Probabilities：The State of the Art to 1980*，*in* Judgment under Uncertainty，前注[77]，第 306 页；Nickerson，前注[259]，第 188—189 页；Ulrich Hoffrage，*Overconfidence*，in Cognitive Illusions：A Handbook on Fallacies and Biases in Thinking，Judgement and Memory 235（Rüdiger Pohl eds.，2004）。

[310]　参见 Marc Alpert and Howard Raiffa，*A Progress Report on the Training of Probability Assessors*，in Judgment under Uncertainty，前注[77]，第 295 页。

[311]　参见 Moore，Tenney & Haran，前注[308]，第 190—193 页。

[312]　参见 Peter Juslin，*The Overconfidence Phenomenon as a Consequence of Informal Experimenter-Guided Selection of Almanac Items*，57 Org. Behav. & Hum. Decision Processes 226（1994）。

[313]　参见 Gerd Gigerenzer，Ulrich Hoffrage & Heinz Kleinbölting，*Probabilistic Mental Models：A Brunswikian Theory of Confidence*，98 Psychol. Rev. 506（1991）。

[314]　参见 Arthur M. Glenberg，Alex Cherry Wilkinson & William Epstein，*The Illusion of Knowing：Failure in the Self-Assessment of Comprehension*，10 Memory & Cognition 597（1982）。

[315]　参见 Hal R. Arkes，Robyn M. Dawes & Caryn Christensen，*Factors Influencing*

the Use of a Decision Rule in a Probabilistic Task，37 Org. Behav. & Hum. Decision Processes 93（1986）。

[316] 参见 Allan H. Murphy & Robert L. Winkler，*Can Weather Forecasters Formulate Reliable Probability Forecasts of Precipitation and Temperature?*，2 Nat'l Weather Dig. 2（1977）。

[317] 参见：Nickerson，前注[259]，第 189 页；Moore，Tenney & Haran，前注[308]，第 187—188 页、第 189 页；Jane Goodman-Delahunty et al.，*Insightful or Wishful：Lawyers' Ability to Predict Case Outcomes*，16 Psychol. Pub. Pol'y & L. 133（2010）；Craig R.M. McKenzie，Michael J. Liersch & Ilan Yaniv，*Overconfidence in Interval Estimates：What Does Expertise Buy You?*，107 Org. Behavior & Hum. Decision Processes 179（2008）；Itzhak Ben-David，John R. Graham & Campbell R. Harvey，*Managerial Miscalibration*，128 Q. J. Econ. 1547（2013）。另见：Deborah J. Miller，Elliot S. Spengler & Paul M. Spengler，*A Meta-analysis of Confidence and Judgment Accuracy in Clinical Decision Making*，62 J. Counseling Psychol. 553（2015）（一项元分析显示，咨询心理学家的信心与他们的判断之间有微小但具有统计学意义的关联）；下文 14.5 节。

[318] 参见 Eta S. Berner & Mark L. Graber，*Overconfidence as a Cause of Diagnostic Error in Medicine*，121 Am. J. Med. S2（2008）。

[319] 关于这些以及其他去偏差方法，参见 Moore，Tenney & Haran，前注[308]，第 195—197 页。

[320] 参见 Hoffrage，前注[309]，第 250 页。

[321] 参见下文 14.3 节、14.5 节。

[322] 参见 Albert H. Hastorf & Hadley Cantril，*They Saw a Game：A Case Study*，49 J. Abnormal & Soc. Psychol. 129（1954）。

[323] 在另一个实验中，持相互对立的意识形态倾向的受试者，被要求描述一场政治示威。该实验也呈现了类似结果。参见 Dan M. Kahan et al.，*"They Saw a Protest"：Cognitive Illiberalism and the Speech-Conduct Distinction*，64 Stan. L. Rev. 851（2012）。

[324] 参见 Lee Ross & Andrew Ward，*Naive Realism in Everyday Life：Implications for Social Conflict and Misunderstanding*，in Values and Knowledge 103（Edward S. Reed，Elliot Turiel & Terrance Brown eds.，1996）。

[325] 出处同上，第 110—111 页。

[326] 参见 Thomas Gilovich，*Differential Construal and the False Consensus Effect*，59 J. Personality & Soc. Psychol. 623（1990）。

[327] 参见 Lee Ross，David Greene & Pamela House，*The "False Consensus Effect"：An Egocentric Bias in Social Perception and Attribution Processes*，13 J. Experimental Soc. Psychol. 279（1977）。

[328] 参见 Gilovich，前注[326]。

[329] 参见 Emily Pronin, Daniel Y. Lin & Lee Ross, *The Bias Blind Spot: Perceptions of Bias in Self versus Others*, 28 Personality & Soc. Psychol. Bull. 369 (2002)。

[330] 参见 Emily Pronin, Tom Gilovich & Lee Ross, *Objectivity in the Eye of the Beholder: Divergent Perceptions of Bias in Self versus Others*, 111 Psychol. Rev. 781 (2004)。

[331] 在一项重要研究中,支持以色列与支持阿拉伯的受试者观看了同一条关于贝鲁特难民营大屠杀的媒体报道。两组受试者均认为媒体的报道偏向另一方,且均回忆起了更多关于己方的负面报道。参见 Robert P. Vallone, Lee Ross & Mark R. Lepper, *The Hostile Media Phenomenon: Biased Perception and Perceptions of Media Bias in Coverage of the Beirut Massacre*, 49 J. Personality & Soc. Psychol. 577 (1985)。

[332] 参见 Edward E. Jones & Victor A. Harris, *The Attribution of Attitudes*, 3 J. Experimental Soc. Psychol. 1 (1967)。

[333] 参见 Lee Ross, *The Intuitive Psychologist and His Shortcomings: Distortions in the Attribution Process*, 10 Advances Experimental Soc. Psychol. 173, 184 – 87 (1977)。

[334] 相关概述,参见 Daniel T. Gilbert & Patrick S. Malone, *The Correspondence Bias*, 117 Psychol. Bull. 21 (1995)。在更广泛的认知社会心理学语境下对基本归因错误的一个讨论,参见 Lee Ross & Richard E. Nisbett, The Person and the Situation: Perspectives of Social Psychology (1991)。

[335] 参见 John Sabini, Michael Siepmann & Julia Stein, *The Really Fundamental Attribution Error in Social Psychological Research*, 12 Psychol. Inquiry 1 (2001)。

[336] 出处同上,第 25—27 页。

[337] 出处同上,第 27—28 页。关于人们从众性的著名展示,参见: see Solomon E. Asch, *Effects of Group Pressure upon the Modification and Distortion of Judgments*, in Groups, Leadership and Men; Research in Human Relations 177 (Harold Guetzkow ed., 1951); Stanley Milgram, *Behavioral Study of Obedience*, 67 J. Abnormal & Soc. Psychol. 371 (1963)。相关概述,参见 Donelson R. Forsyth, *Social Influence and Group Behavior*, in Handbook of Psychology, Vol. 5: Personality and Social Psychology 305 – 328 (Irving B. Weiner, Howard A. Tennen & Jerry M. Suls eds., 2d ed. 2012)。

[338] 参见: Gilbert & Malone,前注[334],第 28—32 页; Darren Lagdridge & Trevor Butt, *The Fundamental Attribution Error: A Phenomenological Critique*, 43 British J. Soc. Psychol. 357 (2004)。

[339] 参见 Daniel T. Gilbert, Brett W. Pelham & Douglas S. Krull, *On Cognitive Busyness: When Person Perceivers Meet Persons Perceived*, 54 J. Personality &

Soc. Psychol. 733 (1988)。

[340] 参见 Joseph P. Forgas, *On Being Happy and Mistaken*: *Mood Effects on the Fundamental Attribution Error*, 75 J. Personality & Soc. Psychol. 318 (1998)。

[341] 参见 Ara Norenzayan & Richard E. Nissbet, *Culture and Causal Cognition*, 9 Current Directions Psychol. Sci. 132 (2000)。但是,又请参见 Douglas S. Krull et al., *The Fundamental Attribution Error*: *Correspondence Bias in Individualist and Collectivist Cultures*, 25 Personality & Soc. Psychol. Bull. 1208 (1999)。

[342] 相关概述,参见:Roger Buehler, Dale Griffin & Michael Ross, *Inside the Planning Fallacy*: *The Causes and Consequences of Optimistic Time Predictions*, in Heuristics and Biases,前注[97],第 250 页;Roger Buehler, Dale Griffin & Johanna Peetz, *The Planning Fallacy*: *Cognitive*, *Motivational*, *and Social Origins*, 42 Advances Experimental Social Psychology 1 (2010)。

[343] 参见 Daniel Kahneman & Amos Tversky, *Intuitive Prediction*: *Biases and Corrective Procedures*, in Judgment under Uncertainty,前注[77],第 414 页。另见 David Lagnado & Steven Sloman, *Inside and Outside Probability Judgement*, in Blackwell Handbook of Judgment and Decision Making 155 (Derek Koehler & Nigel Harvey eds., 2004)(在概率判断的情境下考察此现象)。

[344] 参见 Roger Buehler, Dale Griffin & Michael Ross, *Exploring the "Planning Fallacy"*: *Why People Underestimate Their Task Completion Times*, 67 J. Personality & Soc. Psychol. 366 (1994)。

[345] 参见 Roger Buehler, Dale Griffin & Heather MacDonald, *The Role of Motivated Reasoning in Optimistic Time Predictions*, 23 Personality & Soc. Psychol. Bull. 238 (1997)。另见 Buehler, Griffin & Peetz,前注[342],第 27—31 页。

[346] 参见 Mario Weick & Ana Guinote, *How Long Will It Take? Power Biases Time Predictions*, 46 J. Experimental Soc. Psychol. 595 (2010)。

[347] 参见上文 2.2 节。

[348] 关于基本归因错误,参见上文 2.4.6 节。

[349] 参见 Buehler, Griffin & Ross,前注[344],第 374—377 页。关于其他去偏差技术,参见 Buehler, Griffin & Ross,前注[342],第 268—270 页;Buehler, Griffin & Peetz,前注[342],第 53—55 页。

[350] 出处同上,第 377—379 页。

[351] 参见 Stephanie P. Pezzo, Mark V. Pezzo & Eric R. Stone, *The Social Implications of Planning*, 42 J. Experimental Soc. Psychol. 221 (2006)。

[352] 参见 Buehler, Griffin & Peetz,前注[342],第 48 页。

[353] 出处同上,第 46—53 页。

[354] 参见上文 2.4 节。

[355] 参见 Ellen J. Langer, *The Illusion of Control*, 32 J. Personality & Soc. Psychol. 311 (1975)。

[356] 参见 John H. Fleming & John M. Darley，*Perceiving Choice and Constraint：The Effects of Contextual and Behavioral Cues on Attitude Attribution*，56 J. Personality & Soc. Psychol. 27 (1989)。

[357] 参见 James N. Henslin，*Craps and Magic*，73 Am. J. Soc. 316 (1967)。

[358] 参见 Paul K. Presson & Victor A. Benassi，*Illusion of Control：A Meta-Analytic Review*，11 J. Soc. Behav. & Personality 493 (1996)。

[359] 出处同上。

[360] 参见 Francesca Gino, Zachariah Sharek & Don A. Moore，*Keeping the Illusion of Control under Control：Ceilings，Floors，and Imperfect Calibration*，114 Org. Behavior & Hum. Decision Processes 104 (2011)。

[361] 关于行为伦理学的概述，参见 Yuval Feldman，*Behavioral Ethics Meets Behavioral Law and Economics*，in The Oxford Handbook of Behavioral Economics and the Law，前注[8]，第 213 页。另见：Jennifer J. Kish-Gephart, David A. Harrison & Linda Klebe Treviño，*Bad Apples，Bad Cases，and Bad Evidence about Sources of Unethical Decisions at Work*，95 J. Applied Psychol. 1 (2010)；Max H. Bazerman & Francesca Gino，*Behavioral Ethics：Toward a Deeper Understanding of Moral Judgment and Dishonesty*，8 Ann. Rev. L. & Soc. Sci. 85 (2012)。另见下文 12.5 节。

[362] 参见上文 2.1 节。

[363] 参见上文 2.4.2 节。

[364] 参见 Shu, Gina & Bazerman，前注[4]，第 263 页。

[365] 参见 Don A. Moore & George Loewenstein，*Self-Interest，Automaticity，and the Psychology of Conflict of Interest*，17 Soc. Just. Res. 189, 189 (2004)。另见：Nicholas Epley & Eugene M. Caruso，*Egocentric Ethics*，17 Soc. Just. Res. 171 (2004)；Brent L. Hughes & Jamil Zaki，*The Neuroscience of Motivated Cognition*，19 Trends Cognitive Sci. 62 (2015)。

[366] 参见 Don A. Moore, Lloyd Tanlu & Max H. Bazerman，*Conflict of Interest and the Intrusion of Bias*，5 Judgment & Decision Making 37 (2010)。

[367] 参见 Shaul Shalvi, Ori Eldar & Yoella Bereby-Meyer，*Honesty Requires Time (and Lack of Justifications)*，23 Psychol. Sci. 23:1264 (2012)。

[368] 参见 Yuval Feldman & Eliran Halali. *Can We Regulate "Good" People in Subtle Conflicts of Interest Situations*（工作论文，2015），网址：http://ssrn.com/abstract=2536575。

[369] 参见：Feldman，前注[361]，第 219—220 页；Yoella Bereby-Meyer & Shaul Shalvi，*Deliberate Honesty*，6 Current Opinion Psychol. 195 (2015)；Hughes & Zaki，前注[365]。

[370] 参见：David G. Rand, Joshua D. Greene & Martin A. Nowak，*Spontaneous Giving and Calculated Greed*，489 Nature 427 (2012)；Eliran Halali，Yoella

Bereby-Meyer & Nachshon Meiran, *Between Rationality and Reciprocity: The Social Bright Side of Self-Control Failure*, 143 J. Experimental Psychol.: General 745 (2014)。

[371] 参见：David M. Bersoff, *Why Good People Sometimes Do Bad Things: Motivated Reasoning and Unethical Behavior*, 25 Personality & Soc. Psychol. Bull. 28 (1999); Max H. Bazerman, George Loewenstein & Don A. Moore, *Why Good Accountants Do Bad Audits*, 80 Harv. Bus. Rev. 96 (2002); Nina Mazar, On Amir & Dan Ariely, *The Dishonesty of Honest People: A Theory of Self-Concept Maintenance*, 45 J. Marketing Res. 633 (2008)。

[372] 参见 C. Daniel Batson et al., *Moral Hypocrisy: Appearing Moral to Oneself without Being So*, 77 J. Personality & Soc. Psychol. 525 (1999)。

[373] 参见 Bazerman & Gino,前注[361],第 93 页。

[374] 参见 Mazar, Amir & Ariely,前注[371],第 633 页。

[375] 参见 Bersoff,前注[371]。

[376] 其他实验也类似地证明,提高不诚实的突显性会减少作弊。参见 Francesca Gino, Shahar Ayal & Dan Ariely, *Contagion and Differentiation in Unethical Behavior: The Effect of One Bad Apple on the Barrel*, 20 Psychol. Sci. 393 (2009)。

[377] 参见 Jason Dana, Roberto A. Weber & Jason Xi Kuang, *Exploiting Moral Wiggle Room: Experiments Demonstrating an Illusory Preference for Fairness*, 33 Econ. Theory 67 (2007)。

[378] 参见：Mazar, Amir & Ariely,前注[371];Shaul Shalvi et al., *Justified Ethicality: Observing Desired Counterfactuals Modifies Ethical Perceptions and Behavior*, 115 Org. Behav. & Hum. Decision Processes 181 (2011)。

[379] 参见 Ann E. Tenbrunsel & David M. Messick, *Ethical Fading: The Role of Self-Deception in Unethical Behavior*, 17 Soc. Just. Res. 223 (2004)。

[380] 当道德堕落是逐渐而非突然发生时,它较不容易被他人发现,后者包括那些负责监测行动者行为的人。参见 Francesca Gino & Max H. Bazerman, *When Misconduct Goes Unnoticed: The Acceptability of Gradual Erosion in Others' Unethical Behavior*, 45 J. Experimental Psychol. 708 (2009)。

[381] 参见 Albert Bandura, *Moral Disengagement in the Perpetration of Inhumanities*, 3 Personality & Soc. Psychol. Rev. 193 (1999)。

[382] 参见：出处同上;Celia Moore et al., *Why Employees Do Bad Things: Moral Disengagement and Unethical Organizational Behavior*, 65 Personnel Psychol. 1 (2012)。另见 Shahar Ayal & Francesca Gino, *Honest Rationales for Dishonest Behavior*, in The Social Psychology of Morality: Exploring the Causes of Good and Evil 149 (Mario Mikulincer & Phillip R. Shaver eds., 2012)。

[383] 参见 Francesca Gino, Shahar Ayal & Dan Ariely, *Self-Serving Altruism? The Lure of Unethical Actions That Benefit Others*, 93 J. Econ. Behav. & Org. 285

（2013）。

［384］　参见下文 2.7.3 节。

［385］　参见 Leigh Thompson & George Loewenstein, *Egocentric Interpretations of Fairness and Interpersonal Conflict*, 51 Org. Behav. & Hum. Decision Processes 176（1992）。

［386］　参见注释［377］及其相关的正文。

［387］　参见 Kish-Gephart, Harrison & Treviño,前注［361］,第 2—4 页、第 12 页（2010）。

［388］　参见 Bandura,前注［381］。

［389］　参见 Moore et al.,前注［382］。

［390］　参见 Kish-Gephart, Harrison & Treviño,前注［361］,第 4—5 页、第 12 页。

［391］　参见注释［337］及其相关的正文。

［392］　参见 Gino, Ayal & Ariely,前注［376］。

［393］　出处同上。另见 Ayal & Gino,前注［382］。

［394］　参见 Francesca Gino & Adam D. Galinsky, *Vicarious Dishonesty*：*When Psychological Closeness Creates Distance from One's Moral Compass*, 119 Org. Behav. & Hum. Decision Processes 15（2012）。

［395］　参见 Ori Weisel & Shaul Shalvi, *The Collaborative Roots of Corruption*, 112 Proc. Nat'l Acad. Sci. USA 10651（2015）。

［396］　参见：Thomas Mussweiler, *Comparison Processes in Social Judgment*：*Mechanisms and Consequences*, 110 Psychol. Rev. 472（2003）；Kahneman,前注［147］,第 1454—1455 页。

［397］　参见：Robert Shapley & R. Clay Reid, *Contrast and Assimilation in the Perception of Brightness*, 82 Proc. Nat'l Acad. Sci. USA 5983（1985）；Edward H. Adelson, *Perceptual Organization and the Judgment of Brightness*, 262 Sci. 2042（1993）。

［398］　参见上文 2.3 节。

［399］　参见：Zamir,前注［151］,第 31—33 页；下文 12.5 节。

［400］　参见下文 2.7 节。

［401］　参见下文 2.7.2 节、5.1 节、5.4 节。

［402］　参见 Norbert Schwarz & Herbert Bless, *Scandals and the Public's Trust in Politicians*：*Assimilation and Contrast Effects*, 18 Personality & Soc. Psychol. Bull. 574（1992）。

［403］　参见 Stan Morse & Kenneth J. Gergen, *Social Comparison, Self-Consistency, and the Concept of Self*, 16 J. Personality & Soc. Psychol. 148（1970）。

［404］　参见 Schwartz & Bless,前注［402］。

［405］　参见 Paul M. Herr, *Consequences of Priming*：*Judgment and Behavior*, 51 J. Personality & Soc. Psychol. 1106（1986）。

［406］　出处同上。

［407］　参见 Marilynn B. Brewer & Joseph G. Weber, *Self-Evaluation Effects of Interpersonal versus Intergroup Social Comparison*, 66 J. Personality & Soc. Psychol. 268 (1994)。

［408］　参见 Mussweiler, 前注［396］。另见 Norbert Schwarz & Herbert Bless, *Assimilation and Contrast Effects in Attitude Measurement: An Inclusion/Exclusion Model*, 19 Advances Consumer Res. 72 (1992)。

［409］　参见 Jonathon D. Brown et al., *When Gulliver Travels: Social Context, Psychological Closeness, and Self-Appraisals*, 62 J. Personality & Soc. Psychol. 717, 722 - 25 (1992)。

［410］　参见 Daniel Kahneman & Dale T. Miller, *Norm Theory: Comparing Reality to Its Alternatives*, 93 Psychol. Rev. 136 (1986)。

［411］　可参见：Herr, 前注［405］; E. Tory Higgins & C. Miguel Brendl, *Accessibility and Applicability: Some Activation Rules Influencing Judgment*, 31 J. Experimental Soc. Psychol. 218 (1995); Nira Liberman, Jens Förster & E. Tory Higgins, *Completed vs. Interrupted Priming: Reduced Accessibility from Post-Fulfillment Inhibition*, 43 J. Experimental Soc. Psychol. 258 (2007)。

［412］　参见 Jens Förster & Nira Liberman, *Knowledge Activation*, in Social Psychology: Handbook of Basic Principles 201 (Arie W. Kruglansky & E. Tory Higgins eds., 2d ed. 2007)。

［413］　参见 David E. Meyer & Roger W. Schvaneveldt, *Facilitation in Recognizing Pairs of Words: Evidence of a Dependence between Retrieval Operations*, 90 J. Experimental Psychol. 227 (1971)。

［414］　参见 E. Tory Higgins, William S. Rholes & Carl R. Jones, *Category Accessibility and Impression Formation*, 13 J. Experimental Soc. Psychol. 141 (1977)。

［415］　参见：John R. Anderson, *A Spreading Activation Theory of Memory*, 22 J. Verbal Learning & Verbal Behav. 261 (1983); Förster & Liberman, 前注［412］。

［416］　参见 Kahneman, 前注［14］, 第 119—120 页。

［417］　参见 Tversky & Kahneman, 前注［94］, 第 1128 页。

［418］　参见 Daniel M. Oppenheimer, Robyn A. LeBoeuf & Noel T. Brewer, *Anchors Aweigh: A Demonstration of Cross-Modality Anchoring and Magnitude Priming*, 106 Cognition 13, 16 - 17 (2008)。

［419］　参见 Fritz Strack & Thomas Mussweiler, *Explaining the Enigmatic Anchoring Effect: Mechanisms of Selective Accessibility*, 73 J. Personality & Soc. Psychol. 437, 439 - 40 (1997)。

［420］　参见 Timothy D. Wilson et al., *A New Look at Anchoring Effects: Basic Anchoring and Its Antecedents*, 125.4 J. Experimental Psychol. 387, 390 - 92 (1996)。

［421］　参见 Strack & Mussweiler, 前注［419］, 第 442—443 页。

［422］　参见 Kahneman, 前注［14］, 第 125 页。

[423]　参见 Dan Ariely，George Loewenstein & Drazen Prelec，*"Coherent Arbitrariness"*：*Stable Demand Curves without Stable Preferences*，118 Q. J. Econ. 73（2006）。

[424]　参见 Robyn A. LeBoeuf & Eldar Shafir，*The Long and Short of It*：*Physical Anchoring Effects*，19 J. Behav. Decision Making 393（2006）。

[425]　参见 Tversky & Kahneman，前注[94]，第 1128 页。

[426]　参见 Birte Englich，Thomas Mussweiler & Fritz Strack，*Playing Dice with Criminal Sentences*：*The Influence of Irrelevant Anchors on Experts' Judicial Decision Making*，32 Personality Soc. Psychol. Bull. 188，194 - 95（2006）（掷骰子）；Ariely，Loewenstein & Prelec，前注[423]，第 75—77 页（受试者社会保险号的最后两位）。

[427]　参见 Ariely，Loewenstein & Prelec，前注[423]，第 75—77 页。

[428]　对该理论的详细评述与支持它的相关研究，参见 Kahneman，前注[14]，第 120—122 页。对该理论的批判性评述，参见 Gretchen B. Chapman & Eric J. Johnson，*Incorporating the Irrelevant*，in Heuristics and Biases，前注[14]，第 120 页、第 127—130 页。

[429]　更为详尽的关于理论与相关研究的概述，参见：Kahneman，前注[14]，第 122—123 页；Chapman & Johnson，前注[428]，第 130—133 页。

[430]　参见 Shane W. Frederick & Daniel Mochon，A *Scale Distortion Theory of Anchoring*，141 J. Experimental Psychol. 124（2012）。

[431]　参见 Timothy D. Wilson et al.，*A New Look at Anchoring Effects*：*Basic Anchoring and Its Antecedents*，125 J. Experimental Psychol. 387，395 - 97（1996）。

[432]　出处同上，第 397—398 页。

[433]　参见 Gregory B. Northcraf & Margaret A. Neale，*Experts*，*Amateurs*，*and Real Estate*：*An Anchoring-and-Adjustment Perspective on Property Pricing Decisions*，39 Org. Behav. & Hum. Decision Processes 84，87 - 94（1987）。

[434]　出处同上，第 95 页。

[435]　参见 Thomas Mussweiler，Fritz Strack & Tim Pfeiffer，*Overcoming the Inevitable Anchoring Effect*：*Considering the Opposite Compensates for Selective Accessibility*，26 Personality & Soc. Psychol. Bull. 1142（2000）。关于此去偏差技术，参见下文 2.8.6 节。

[436]　参见 Solomon E. Asch，*Forming Impressions of Personality*，43 J. Abnormal & Soc. Psychol. 258，270 - 72（1946）。

[437]　关于该主题研究的论文集，参见 Context Effects in Social and Psychological Research 5 - 218（Norbert Schwartz & Seymour Sudman eds.，1992）。

[438]　参见 Eric R. Igou & Herbert Bless，*Conversational Expectations as a Basis for Order Effects in Persuasion*，26 J. Language & Soc. Psychol. 260（2007）。

[439]　参见：Adrian Furnham，*The Robustness of the Recency Effect*：*Studies Using*

Legal Evidence，113 J. General Psychol. 351 (1986)；José H. Kerstholt & Janet L. Jackson，*Judicial Decision Making：Order of Evidence Presentation and Availability of Background Information*，12 Applied Cognitive Psychol. 445 (1998)。另见下文 15.3.1 节。

[440] 参见：Alison Hubbard Ashton & Robert H. Ashton，*Sequential Belief Revision in Auditing*，63 Accounting Rev. 623 (1988)；Richard M. Tubbs，William F. Messier，Jr. & W. Robert Knechel，*Recency Effects in the Auditor's Belief-Revision Process*，65 Accounting Rev. 452 (1990)。

[441] 参见 Eric Schwitzgebel & Fiery Cushman，*Expertise in Moral Reasoning? Order Effects on Moral Judgment in Professional Philosophers and Non-philosophers*，27 Mind & Language 135 (2012)。顺序效应在人们记忆一连串内容时也有所显现。相比于在中间出现的内容，人们往往更能记住最先与最后出现的内容。

[442] 参见上文 2.4.2 节。

[443] 参见：Ashton & Ashton，前注[440]；Tubbs，Messier & Knechel，前注[440]。

[444] 参见 Robin M. Hogarth & Hillel J. Einhorn，*Order Effects in Belief Updating：The Belief-Adjustment Model*，24 Cognitive Psychol. 1 (1992)。关于后续研究，参见 Jane Kennedy，*Debiasing Audit Judgment with Accountability：A Framework and Experimental Results*，31 J. Accounting Res. 231，235 – 36 (1993)。

[445] 关于顺序效应，另见 Baron，前注[47]，第 205—208 页。

[446] 参见 Igou & Bless，前注[438]。

[447] 参见 Kennedy，前注[444]。另见下文 2.8.6 节。

[448] 参见 Andrew D. Cuccia & Gary A. McGill，*The Role of Decision Strategies in Understanding Professionals' Susceptibility to Judgment Biases*，38 J. Accounting Res. 419 (2000)。

[449] 参见 Philip M.J. Reckers & Joseph J. Schultz，Jr.，*The Effects of Fraud Signals，Evidence Order，and Group-Assisted Counsel on Independent Auditor Judgment*，5 Behav. Res. Accounting 124 (1993)。

[450] 参见 Itamar Simonson & Amos Tversky，*Choice in Context：Tradeoff Contrast and Extremeness Aversion*，29 J. Marketing Res. 281 (1992)。

[451] 参见 Kaisa Herne，*Decoy Alternatives in Policy Choices：Asymmetric Domination and Compromise Effects*，13 Eur. J. Pol. Econ. 575 (1997)。

[452] 参见：Mark Kelman，Yuval Rottenstreich & Amos Tversky，*Context-Dependence in Legal Decision Making*，25 J. Legal Stud. 287 (1996)；下文 15.3.1 节。

[453] 参见 Joel Huber，John W. Payne & Christopher Puto，*Adding Asymmetrically Dominated Alternatives：Violations of Regularity and the Similarity Hypothesis*，9 J. Consumer Res. 90 (1982)。

[454]　参见 Simonson ＆ Tversky，前注［450］，第 287 页。相反意见参见 Shane Frederick，Leonard Lee ＆ Ernest Baskin，*The Limits of Attraction*，51 J. Consumer Res. 487，498 (2014)（未能再现钢笔实验）。相关现象涉及（在市场营销与其他领域中）从选择集中移除一个选项的效应。参见 William Hedgcock，Akshay R. Rao ＆ Haipeng Chen，*Could Ralph Nader's Entrance and Exit Have Helped Al Gore? The Impact of Decoy Dynamics on Consumer Choice*，46 J. Marketing Res. 330 (2009)。

[455]　参见 Itamar Simonson，*Choice Based on Reasons：The Case of Attraction and Compromise Effects*，16 J. Consumer Res. 158 (1989)。另见 Nathan Novemsky et al.，*Preference Fluency in Choice*，44 J. Marketing Res. 347 (2007)（发现当选择任务越困难，越倾向于选择折中选项）。

[456]　参见 Simonson，前注［455］，第 161—162 页、第 167—168 页。

[457]　参见 Pocheptsova et al.，前注［26］，第 346—347 页、第 349—351 页。

[458]　参见 Ravi Dhar，Stephen M. Nowlis ＆ Steven J. Sherman，*Trying Hard or Hardly Trying：An Analysis of Context Effects in Choice*，9 J. Consumer Psychol. 189 (2000)。关于时间限制对吸引效应的影响，证据较为复杂。参见 Lisa D. Ordóñez，Lehman Benson III ＆ Andrea Pittarello，*Time-Pressure Perception and Decision Making*，in 2 Wiley Blackwell Handbook，前注［2］，第 519 页、第 531 页。

[459]　参见：Birger Wernerfelt，*A Rational Reconstruction of the Compromise Effect：Using Market Data to Infer Utilities*，21 J. Consumer Res. 627 (1995)；Emir Kamenica，*Contextual Inference in Markets：On the Informational Content of Product Lines*，98 Am. Econ. Rev. 2127 (2008)。

[460]　参见：Kamenica，前注［459］；Kathryn M. Sharpe，Richard Staelin ＆ Joel Huber，*Using Extremeness Aversion to Fight Obesity：Policy Implications of Context Dependent Demand*，35 J. Consumer Res. 406 (2008)。另见下文 8.3.2 节。

[461]　参见 Sharpe，Staelin ＆ Huber，前注［460］。关于助推，另见下文 4.4.3 节。

[462]　分别参见上文 2.3.1 节与 2.2.5 节。

[463]　参见 Stephen M. Nowlis ＆ Itamar Simonson，*The Effect of New Product Features on Brand Choice*，33 J. Marketing Res. 36 (1996)。

[464]　参见：Thaler，前注［197］，第 50—51 页 (1980)；Kahneman ＆ Tversky，前注［161］，第 347 页。相似结果亦出现在与节省时间（而非节约金钱）有关的调查实验中，以及无风险而非有风险的决策问题中。参见 France Leclerc，Bernd H. Schmitt ＆ Laurette Dubé，*Waiting Time and Decision Making：Is Time Like Money?*，22 J. Consumer Res. 110 (1995)。

[465]　参见：Joseph C. Nunes ＆ C. Whan Park，*Incommensurate Resources：Not Just More of the Same*，40 J. Marketing Res. 26 (2003)；Peter Jarnebrant，Olivier Toubia ＆ Eric Johnson，*The Silver Lining Effect：Formal Analysis and Ex-*

periments，55 Mgmt. Sci. 1832（2009）。

[466]　参见 Ran Kivetz，Oleg Urminsky & Yuhuang Zheng，*The Goal-Gradient Hypothesis Resurrected：Purchase Acceleration，Illusionary Goal Progress，and Customer Retention*，43 J. Marketing Res. 39（2006）。

[467]　参见：Charles M. Brooks，Patrick J. Kaufmann & Donald R. Lichtenstein，*Travel Configuration on Consumer Trip-Chained Store Choice Source*，31 J. Consumer Res. 241（2004）；M. Brooks，Patrick J. Kaufmann & Donald R. Lichtenstein，*Trip Chaining Behavior in Multi-destination Shopping Trips：A Field Experiment and Laboratory Replication*，84 J. Retailing 29（2008）。同理，涉及时间距离的敏感性递减与短视相关。参见下文 2.6.2 节。

[468]　参见 Paul Slovic，*"If I Look at the Mass I Will Never Act"：Psychic Numbing and Genocide*，2 Judgment & Decision Making 79（2007）。

[469]　参见 Christine Jolls，Cass R. Sunstein & Richard Thaler，*A Behavioral Approach to Law and Economics*，50 Stan. L. Rev. 1471，1476–79（1998）。

[470]　参见 Piers Steel，*The Nature of Procrastination：A Meta-analytic and Theoretical Review of Quintessential Self-Regulatory Failure*，133 Psychol. Bull. 65，66（2007）。

[471]　参见 Amos Tversky & Eldar Shafir，*Choice under Conflict：The Dynamics of Deferred Decision*，3 Psychol. Sci. 358，361（1992）。

[472]　参见 Steel，前注[470]，第 65 页、第 80 页。

[473]　根据人格心理学中的一种普遍概念，人格有五个基本维度：外向性、亲和性、开放性、尽责性，以及神经质。参见：John M. Digman，*Personality Structure：Emergence of the Five-Factor Model*，41 Ann. Rev. Psychol. 417（1990）；Lewis R. Goldberg，*An Alternative "Description of Personality"：The Big-Five Factor Structure*，59 J. Personality & Soc. Psychol. 1216（1990）。

[474]　一项元分析，参见 Steel，前注[470]，第 67 页、第 70 页、第 78—79 页。

[475]　参见 Sigall，Kruglanski & Fyock，前注[304]关于过度乐观，参见上文 2.4.3 节。

[476]　同上。第 68 页、第 75 页。

[477]　参见下文 2.5.2 节。

[478]　关于支持该观点的研究综述，参见 Steel，前注[470]，第 75 页、第 78 页。

[479]　参见 Tversky & Shafir，前注[471]，第 361 页。

[480]　参见 Eyal Zamir，Daphna Lewinsohn-Zamir & Ilana Ritov，*It's Now or Never！Using Deadlines as Nudges*，42 Law & Soc. Inquiry 769（2017）。

[481]　参见 M. Susan Roberts & George B. Semb，*Analysis of the Number of Student-Set Deadlines in a Personalized Psychology Course*，17 Teaching Psychol. 170（1990）。

[482]　参见 Dan Ariely & Klaus Wertenbroch，*Procrastination，Deadlines，and Performance：Self-Control by Precommitment*，13 Psychol. Sci. 219（2002）。

[483] 参见 Gabriel D. Carroll et al., *Optimal Defaults and Active Decisions*, 124 Q.J. Econ. 1639 (2009)。另见 Punam Anand Keller et al., *Enhanced Active Choice: A New Method to Motivate Behavior Change*, 21 J. Consumer Psychol. 376 (2011)(介绍了随机实验室研究与现场研究,表明强制主动选择会增强接种疫苗的意愿)。

[484] 参见:Shane Frederick, George Loewenstein & Ted O'Donoghue, *Time Discounting and Time Preference: A Critical Review*, 40 J. Econ. Literature 351 (2002); Oleg Urminsky & Gal Zauberman, *The Psychology of Intertemporal Preferences*, in Wiley Blackwell Handbook,前注[2],第 141 页。另见 Time and Decision: Economic and Psychological Perspectives on Intertemporal Choice (George Loewenstein, Daniel Read & Roy Baumeister eds., 2003)。

[485] 参见 Urminsky & Zauberman,前注[484],第 157 页。

[486] 参见:Michael R. Gottfredson & Travis Hirschi, A General Theory of Crime (1990); Travis C. Pratt & Francis T. Cullen, *The Empirical Status of Gottfredson and Hirschi's General Theory of Crime: A Meta-analysis*, 38 Criminology 931 (2000)。

[487] 参见 Paul A. Samuelson, *A Note on Measurement of Utility*, 4 Rev. Econ. Stud. 155(1937)。

[488] 参见:R.H. Strotz, *Myopia and Inconsistency in Dynamic Utility Maximization*, 23 Rev. Econ. Stud. 165 (1955－1956); George Ainslie, *Specious Reward: A Behavioral Theory of Impulsiveness and Impulse Control*, 82 Psychol. Bull. 463 (1975); David Laibson, *Golden Eggs and Hyperbolic Discounting*, 112 Q. J. Econ. 443 (1997)。

[489] 参见:Uri Benzion, Amnon Rapoport & Joseph Yagil, *Discount Rates Inferred from Decisions: An Experimental Study*, 35 Mgmt. Sci. 270 (1989); Frederick, Loewenstein & O'Donoghue,前注[484],第 390—393 页;Urminsky & Zauberman,前注[484],第 147—152 页。

[490] 参见 Richard Thaler, *Some Empirical Evidence on Dynamic Inconsistency*, 8 Econ. Letters 201 (1981)。

[491] 参见 Frederick, Loewenstein & O'Donoghue,前注[484],第 363 页。

[492] 参见 George F. Loewenstein, *Frames of Mind in Intertemporal Choice*, 34 Mgmt. Sci. 200 (1988)。

[493] 参见 George Loewenstein & Nachum Sicherman, *Do Workers Prefer Increasing Wage Profiles?*, 9 J. Labor Econ. 67 (1991)。

[494] 参见 Gretchen B. Chapman, *Preferences for Improving and Declining Sequences of Health Outcomes*, 13 J. Behav. Decision Making 203 (2000)。

[495] 参见 George Loewenstein & Drazen Prelec, *Anomalies in Intertemporal Choice: Evidence and an Interpretation*, 107 Q.J. Econ. 573 (1992)。关于前景理论,参

见上文 2.3 节。

[496] Margaret C. Campbell & Caleb Warren, *The Progress Bias in Goal Pursuit：When One Step Forward Seems Larger than One Step Back*, 41 J. Consumer Res. 1316 (2015)。

[497] 相关概述，参见 Walter Mischel, Yuichi Shoda & Monica L. Rodriguez, *Delay of Gratification in Children*, 244 Sci. 933 (1989)。

[498] 参见 Yuichi Shoda, Walter Mischel & Philip K. Peake, *Predicting Adolescent Cognitive and Self-Regulatory Competencies from Preschool Delay of Gratification：Identifying Diagnostic Conditions*, 26 Developmental Psychol. 978 (1990)。

[499] 参见 Ozlem Ayduk et al., *Regulating the Interpersonal Self：Strategic Self-Regulation for Coping with Rejection Sensitivity*, 79 J. Personality & Soc. Psychol. 776 (2000)。

[500] 参见 Stian Reimers et al., *Associations between a One-Shot Delay Discounting Measure and Age, Income, Education and Real-World Impulsive Behavior*, 47 Personality & Individual Differences 973 (2009)。

[501] 参见 George Loewenstein, *Out of Control：Visceral Influences on Behavior*, 65 Org. Behav. & Hum. Decision Processes 272 (1996)。不同意见请参见 Richard H. Thaler & H.M. Shefrin, *An Economic Theory of Self-Control*, 89 J. Pol. Econ. 392 (1981)。

[502] 参见 Baba Shiv & Alexander Fedorikhin, *Heart and Mind in Conflict：The Interplay of Affect and Cognition in Consumer Decision Making*, 26 J. Consumer Res. 278 (1999)。

[503] 参见：Yaacov Trope & Nira Liberman, *Construal-Level Theory of Psychological Distance*, 117 Psychol. Rev. 440 (2010)；Kentaro Fujita, Yaacov Trope & Nira Liberman, *On the Psychology of Near and Far*, in Wiley Blackwell Handbook，前注[2]，第 404 页。

[504] 参见 Selin A. Malkoc & Gal Zauberman, *Deferring versus Expediting Consumption：The Effect of Outcome Concreteness on Sensitivity to Time Horizon*, 43 J. Marketing Res. 618 (2006)。

[505] 参见：Ariel Rubinstein, *"Economics and Psychology"? The Case of Hyperbolic Discounting*, 44 Int'l Econ. Rev. 1207 (2003)；Keith M. Marzilli Ericson et al., *Money Earlier or Later? Simple Heuristics Explain Intertemporal Choices Better than Delay Discounting Does*, 26 Psychol. Sci. 826 (2015)。

[506] 参见 Daniel M. Bartels & Oleg Urminsky, *On Intertemporal Selfishness：The Perceived Instability of Identity Underlies Impatient Consumption*, 38 J. Consumer Res. 182 (2011)。

[507] 参见 Urminsky & Zauberman，前注[484]，第 155—157 页、第 158—159 页（讨论

机会成本的考量以及记忆中的理由与时间的反映顺序)。

[508]　一般性的讨论,参见出处同上,第 160—161 页。

[509]　参见 Frederick, Loewenstein & O'Donoghue,前注[484],第 364—365 页。

[510]　参见:Thaler & Shefrin,前注[501];Richard A. Posner, *Rational Choice*, *Behavioral Economics*, *and the Law*, 50 Stan. L. Rev. 1551, 1555 – 57 (1998)。

[511]　参见:Robert L. Scharff, *Obesity and Hyperbolic Discounting*:*Evidence and Implications*, 32 J. Consumer Pol'y 3 (2009);Shinsuke Ikedaa, Myong-Il Kang & Fumio Ohtake, *Hyperbolic Discounting*, *the Sign Effect*, *and the Body Mass Index*, 29 J. Health Econ. 268 (2010)。

[512]　参见 Warren K. Bickel, Amy L. Odum & Gregory J. Madden, *Impulsivity and Cigarette Smoking*:*Delay Discounting in Current*, *Never*, *and Ex-smokers*, 146 Psychopharmacology 447 (1999)。

[513]　参见 Warren K. Bickel & Lisa A. Marsch, *Toward a Behavioral Economic Understanding of Drug Dependence*:*Delay Discounting Processes*, 96 Addiction 73 (2001)。

[514]　参见下文 4.4.3 节、10.4.3 节。

[515]　参见:Stefano DellaVigna & Ulrike Malmendier, *Contract Design and Self-Control*:*Theory and Evidence*, 119 Q.J. Econ. 353 (2004);Klaus Wertenbroch, *Self-Rationing*:*Self-Control in Consumer Choice*, in Time and Decision,前注[484],第 491 页。关于公司对消费者偏差的利用,参见下文第 8 章。

[516]　可参见 Ian Ayres, Carrots and Sticks:Unlock the Power of Incentives to Get Things Done (2010)。

[517]　参见 Brigitte Madrian & Dennis Shea, *The Power of Suggestion*:*Inertia in 401 (k) Participation and Savings Behavior*, 66 Q.J. Econ. 1149 (2001)。

[518]　参见 Richard H. Thaler & Shlomo Benartzi, *Save More Tomorrow*™:*Using Behavioral Economics to Increase Employee Saving*, 112 J. Pol. Econ. S164 (2004)。另见下文 4.4.3 节。

[519]　参见下文 4.4.2 节、4.4.3 节。

[520]　参见下文 12.3 节。关于法律规范与普遍道德信念之兼容性的描述性与规范性解释,参见 Zamir,前注[151],第 193—195 页。

[521]　人类道德性的另一重要方面,即允许普通人违反道德规范的机制,我们在"行为伦理学"的标题下有讨论(上文 2.4.9 节;下文 12.5 节),其他议题则会在贯穿全书的、关于特定法律问题的部分讨论。

[522]　参见上文 1.3 节。

[523]　参见 John Rawls, A Theory of Justice 26 (rev. ed. 1999)。

[524]　一般性讨论,参见 Shelly Kagan, Normative Ethics 161 – 70 (1998)。

[525]　与其他后果主义理论相比,过度苛求的反对意见较不适用于经济分析,因为经济学假设在相对广泛的情境下,最大化总体福利的最佳方法是让每个人都理性地追

求其利益。经济分析极少会建议人们应努力最大化整体效用，如果真的会有这种建议的话。

[526]　参见：Kagan，前注[524]，第 84—94 页、第 106—152 页；Christopher McMahon, *The Paradox of Deontology*，20 Phil. & Pub. Aff. 350, 354 - 68 (1991)；Stephen Darwall，*Introduction*，in Deontology 1 (Stephen Darwall ed., 2003)。

[527]　参见 Thomas Nagel, The View from Nowhere 176 (1986)。关于道义论概念下的公平，参见：Frances M. Kamm, Morality, Mortality, Vol. I：Death and Whom to Save from It 76 (1993)；Iwao Hirose，*Aggregation and Numbers*，16 Utilitas 62 (2004)。

[528]　参见 David Enoch，*Intending*，*Foreseeing*，*and the State*，13 Legal Theory 69, 97 - 99 (2007)。

[529]　关于作为与允许之间的区分的一部十分有用的研究合集是 Killing and Letting Die (Bonnie Steinbock & Alastair Norcross eds., 2d ed. 1994)。

[530]　参见：Shelly Kagan, The Limits of Morality 128 - 82 (1989)；Nagel，前注[527]，第 179—180 页。

[531]　参见：Philippa Foot，*The Problem of Abortion and the Doctrine of the Double Effect*，in Virtues and Vices and Other Essays in Moral Philosophy 19, 23 (1978)；Judith Jarvis Thomson，*The Trolley Problem*，94 Yale L. J. 1395 (1985)；Alison McIntyre，*Doing Away with Double Effect*，111 Ethics 219 (2001)。

[532]　一般性的讨论，参见 Eyal Zamir & Barak Medina，Law，Economics，and Morality 41 - 56, 79 - 104 (2010)。

[533]　可参见：Judith Jarvis Thomson，*Some Ruminations on Rights*，in Rights, Restitution, and Risk 49 (William Parent eds., 1986)；Samantha Brennan，*Thresholds for Rights*，33 Southern J. Phil. 143 (1995)；Kagan，前注[524]，第 78—80 页。

[534]　参见 Zamir & Medina，前注[532]，第 86—93 页。

[535]　参见：Charles Fried，*The Value of Life*，82 Harv. L. Rev. 1415 (1969)；Mark Kelman，*Saving Lives*，*Saving from Death*，*Saving from Dying*：*Reflection on "Over-Valuing" Identifiable Victims*，11 Yale J. Health Pol'y. L. & Ethics 51 (2011)。

[536]　可参见：Samuel Scheffler，*Introduction*，in Consequentialism and Its Critics 1, 9 (Samuel Scheffler ed. 1988)；Samantha Brennan，*Thresholds for Rights*，33 Southern J. Phil. 143, 145 (1995)；Kagan，前注[530]，第 1—5 页。

[537]　关于该做法以及将道义论"后果主义化"的其他尝试，参见：Zamir & Medina，前注[532]，第 21—40 页 (2010)；Douglas W. Portmore，Commonsense Consequentialism：Wherein Morality Meets Rationality (2011)；Tom Dougherty，*Agent-Neutral Deontology*，163 Phil. Stud. 527 (2013)。

[538] 参见：Jonathan Baron & Mark Spranca, *Protected Values*, 70 Org. Behav. & Hum. Decision Processes 1 (1997); Ilana Ritov & Jonathan Baron, *Protected Values and Omission Bias*, 79 Org. Behav. & Hum. Decision Processes 79 (1999)。相关概述，参见 Daniel M. Bartels et al., *Moral Judgment and Decision Making*, in Wiley Blackwell Handbook,前注[2],第 478 页、第 483—487 页。

[539] 参见 Jonathan Baron & Sara Leshner, *How Serious Are Expressions of Protected Values?*, 6 J. Experimental Psychol.：Applied 183 (2000)。

[540] 参见 Daniel M. Bartels & Douglas L. Medin, *Are Morally Motivated Decision Makers Insensitive to the Consequences of Their Choices?*, 18 Psychol. Sci. 24, 24 (2007)。

[541] 参见 Baron & Spranca,前注[538],第 14 页。

[542] 参见 Michael R. Waldmann, Jonas Nagel & Alex Wiegmann, *Moral Judgments*, in The Oxford Handbook of Thinking and Reasoning,前注[21],第 364 页、第 383 页。另见：Guido Calabresi & Philip Bobbit, Tragic Choices (1978); Guido Calabresi, The Future of Law and Economics (2016)。

[543] 关于此观点的实验证明,参见 Philip E. Tetlock, *Coping with Trade-Offs：Psychological Constraints and Political Implications*, in Elements of Reason：Cognition, Choice, and the Bounds of Rationality 239, 254 – 55 (S. Lupia et al. eds., 2000)。

[544] 参见：Ilana Ritov & Jonathan Baron, *Reluctance to Vaccinate：Omission Bias and Ambiguity*, 3 J. Behav. Decision Making 263 (1990); Mark Spranca, Elisa Minsk & Jonathan Baron, *Omission and Commission in Judgment and Choice*, 27 J. Experimental Soc. Psychol. 76 (1991); Peter DeScioli, John Christner & Robert Kurzban, *The Omission Strategy*, 22 Psychol. Sci. 442 (2011)。关于忽略偏差,参见上文第 48—50 页。

[545] 参见：Ritov & Baron,前注[544]; Ritov & Baron,前注[538]。

[546] 参见 Fiery Cushman, Liane Young & Marc Hauser, *The Role of Conscious Reasoning and Intuition in Moral Judgment：Testing Three Principles of Harm*, 17 Psychol. Sci. 1082, 1086 (2006)。

[547] 参见 John Mikhail, Elements of Moral Cognition 77 – 85, 319 - 60 (2011)。类似的发现,参见：Marc Hauser et al., *A Dissociation between Moral Judgments and Justifications*, 22 Mind & Language 1 (2007); Cushman, Young & Hauser,前注[546]。

[548] 参见 Cushman, Young & Hauser,前注[546]。

[549] 参见 Adam B. Moore, Brian A. Clark & Michael J. Kane, *Who Shalt Not Kill? Individual Differences in Working Memory Capacity, Executive Control, and Moral Judgment*, 19 Psychol. Sci. 549 (2008)。

[550] 参见 Lewis Petrinovich, Patricia O'Neill & Matthew Jorgensen, *An Empirical*

Study of Moral Intuitions: *Toward an Evolutionary Ethics*, 64 J. Personality & Soc. Psychol. 467 (1993)。

[551] 参见 Shaun Nichols & Ron Mallon, *Moral Dilemmas and Moral Rules*, 100 Cognition 530 (2006)。

[552] 参见 Daniel M. Bartels, *Principled Moral Sentiment and the Flexibility of Moral Judgment and Decision Making*, 108 Cognition 381 (2008)。另见 Tage S. Rai & Keith J. Holyoak, *Moral Principles or Consumer Preferences? Alternative Framings of the Trolley Problem*, 34 Cognitive Sci. 311 (2010)。虽然该研究聚焦在电车难题中选择的其他方面,但在所有报告的实验中,在所有情境下,人们的判断都与温和道义论一致。仅有十分少数的受试者,表达了与后果主义或绝对主义道义论相一致的判断。

[553] 参见 Marc D. Hauser, Moral Minds: How Nature Designed Our Universal Sense of Right and Wrong 111 – 31 (2006)。

[554] 参见 Konika Banerjee, Bryce Huebner & Marc D. Hauser, *Intuitive Moral Judgments Are Robust across Demographic Variation in Gender*, *Education*, *Politics*, *and Religion*: *A Large-Scale Web-Based Study*, 10 J. Cognition & Culture 253 (2010)。

[555] 参见:Joshua D. Greene et al., *fMRI Investigation of Emotional Engagement in Moral Judgment*, 293 Sci. 2105 (2001); Joshua D. Greene et al., *The Neural Bases of Cognitive Conflict and Control in Moral Judgment*, 44 Neuron 389 (2004)。相关概述,参见 Bartels et al.,前注[538],第488—490页。

[556] 参见 Michael Koenigs et al., *Damage to the Prefrontal Cortex Increases Utilitarian Moral Judgments*, 446 Nature 908 (2007)。另见:Guy Kahane & Nicholas Shackel, *Do Abnormal Responses Show Utilitarian Bias?*, 452 Nature E5 (2008); Michael Koenigs et al., *Reply*, 452 Nature E5 (2008)。

[557] 参见 Bartels,前注[552]。

[558] 参见 Nichols & Mallon,前注[551]。另见 Charles Millar et al., *It's Personal*: *The Effect of Personal Value on Utilitarian Moral Judgments*, 11 Judgment & Decision Making 326 (2016)。

[559] 参见 Michał Białek & Wim De Neys, *Dual Processes and Moral Conflict*: *Evidence for Deontological Reasoners' Intuitive Utilitarian Sensitivity*, 12 Judgment & Decision Making 148 (2017)。

[560] 参见 Guy Kahane et al., *The Neural Basis of Intuitive and Counterintuitive Moral Judgment*, 7 Soc. Cognitive & Affective Neurosci. 393 (2012)。

[561] 参见:出处同上;Cushman,前注[546]; Fiery Cushman, Liane Young & Joshua D. Greene, *Multi-system Moral Psychology*, in John M. Doris and The Moral Psychology Research Group, The Moral Psychology Handbook 47 (2010); Jesse J. Prinz & Shaun Nichols, *Moral Emotions*, in The Moral Psychology Hand-

book，出处同上。

[562] 相关概述，参见 Daphna Lewinsohn-Zamir，Ilana Ritov & Tehila Kogut，*Law and Identifiability*，92 Ind. L. Rev. 505，509 – 19（2017）。

[563] 关于这些争论中的矛盾观点，参见：Cass R. Sunstein，*Moral Heuristics*，28 Behav. & Brain Sci. 531（2005）[此文之后有 24 篇对此文的评论，以及一篇作者回应；参见 28 Behav. & Brain Sci. 542 – 70（2005）]；Joshua D. Greene，*The Secret Joke of Kant's Soul*，in Moral Psychology，Vol. 3：The Neuroscience of Morality：Emotion，Brain Disorders，and Development 35（W. Sinnot-Armstrong ed.，2008）；S. Matthew Liao，*A Defense of Intuitions*，140 Phil. Stud. 247（2008）；F.M. Kamm，*Neuroscience and Moral Reasoning：A Note on Recent Research*，37 Phil. & Pub. Aff. 330（2009）；Waldmann，Nagel & Wiegmann，前注[542]，第 373—374 页；Bartels et al.，前注[538]，第 495—496 页。

[564] 另见 Zamir，前注[151]，第 193—195 页。

[565] 参见下文 12.3.1 节。

[566] 参见：J. Stacy Adams，*Inequality in Social Exchange*，in 2 Advances in Experimental Social Psychology 267（1965）；Elaine Walster，Ellen Berscheid & G. William Walster，*New Directions in Equity Research*，25 J. Personality & Soc. Psychol. 151（1973）。相关概述，参见：Linda J. Skitka & Daniel C. Wisneski，*Justice Theory and Research：A Social Functionalist Perspective*，in Handbook of Psychology，前注[337]，第 406 页、第 407—410 页；John T. Jost & Aaron C. Kay，*Social Justice：History，Theory，and Research*，in 2 Handbook of Social Psychology，前注[3]，第 1122 页、第 1130—1133 页。

[567] 参见 Jerald Greenber，*Stealing in the Name of Justice：Informational and Interpersonal Moderators of Theft Reactions to Underpayment Inequity*，54 Org. Behav. & Hum. Decision Processes 81（1993）。

[568] 参见 Linda J. Skitka，Jennifer Winquist & Susan Hutchinson，*Are Outcome Fairness and Outcome Favorability Distinguishable Psychological Constructs? A Meta-analytic Review*，16 Soc. Just. Res. 309（2003）。

[569] 参见 Hessel Oosterbeek，Randolph Sloof & Gijs van De Kuilen，*Cultural Differences in Ultimatum Game Experiments：Evidence from a Meta-analysis*，7 Experimental Econ. 171（2004）。

[570] 关于对实验数据的一般性综述与分析，参见 Colin F. Camerer，Behavioral Game Theory—Experiments in Strategic Interaction 43 – 117（2003）。

[571] 参见 Christoph Engel，*Dictator Games：A Meta Study*，14 Experimental Econ. 583（2011）。另见下文 2.7.4 节。

[572] 参见 Daniel Kahneman，Jack L. Knetsch & Richard Thaler，*Fairness as a Constraint on Profit Seeking：Entitlements in the Market*，76 Am. Econ. Rev. 728（1986）。

[573]　参见：Eyal Zamir & Ilana Ritov，*Notions of Fairness and Contingent Fees*，74 Law & Contemp. Probs. 1 (2010)；下文 14.5.2 节。

[574]　参见：Gerald S. Leventhal，*Fairness in Social Relationships*，in Contemporary Topics in Social Psychology 211 (John W. Thibaut, Janet T. Spence & Robert C. Carson eds., 1976)；Melvin J. Lerner，Dale T. Miller & J. G. Holmes，*Deserving and the Emergence of Forms of Justice*，in 9 Advances in Experimental Social Psychology 133, 152 – 60 (1976)；Helmut Lamm & Thomas Schwinger，*Norms concerning Distributive Justice：Are Needs Taken into Consideration in Allocation Decisions?*，43 Soc. Psychol. Q. 425 (1980)。

[575]　参见 Melvin J. Lerner，*The Justice Motive：Some Hypotheses as to Its Origins and Forms*，45 J. Personality 1, 24 – 28 (1977)。

[576]　参见 Brenda Major & Jeffrey B. Adams，*Role of Gender，Interpersonal Orientation，and Self-Presentation in Distributive-Justice Behavior*，45 J. Personality & Soc. Psychol. 598 (1983)。

[577]　对公正性判断中参照点相关性的简短综述，参见 Zamir & Ritov，前注[573]，第 7—11 页。关于参照依赖，参见上文 2.5 节。

[578]　参见：Carol T. Kulik & Maureen L. Ambrose，*Personal and Situational Determinants of Referent Choice*，17 Acad. Mgmt. Rev. 212 (1992)；Lisa D. Ordóñez，Terry Connolly & Richard Coughlan，*Multiple Reference Points in Satisfaction and Fairness Assessment*，13 J. Behav. Decision Making 329 (2000)。

[579]　参见 Menachem Yaari & Maya Bar-Hillel，*On Dividing Justly*，1 Soc. Choice & Welfare 1 (1984)。

[580]　参见 Valerio Capraro & David G. Rand，*Do The Right Thing：Preferences for Moral Behavior，Rather than Equity or Efficiency Per Se，Drive Human Prosociality*（工作论文，Nov. 2017），网址：https://ssrn.com/abstract=2965067)。

[581]　参见：Jost & Kay，前注[566]，第 410—414 页；Skitka & Wisneski，前注[566]，第 1140—1142 页；Robert J. MacCoun，*Voice，Control，and Belonging：The Double-Edged Sword of Procedural Fairness*，1 Ann. Rev. L. & Soc. Sci. 171 (2005)（包括对法律的含义）。

[582]　参见：Robert Folger et al.，*Effects of "Voice" and Peer Opinions on Responses to Inequity*，45 J. Personality & Soc. Psychol. 268 (1979)（资源分配）；Robert Folger et al.，*Elaborating Procedural Fairness：Justice Becomes Both Simpler and More Complex*，22 Personality & Soc. Psychol. Bull. 435 (1996)（纠纷解决）。

[583]　参见 Tom T. Tyler & Robert Folger，*Distributional and Procedural Aspects of Satisfaction with Citizen-Police Encounters*，1 Basic & Applied Soc. Psychol. 281 (1980)。

[584]　参见 John Thibaut & Laurens Walker，Procedural Justice：A Psychological Analysis (1975)。

[585] 参见 E. Allan Lind & Tom R. Tyler, The Social Psychology of Procedural Fairness 230 - 41 (1988)。

[586] 参见 Debra L. Shapiro & Jeanne M. Brett, *What Is the Role of Control in Organizational Justice?*, in Handbook of Organizational Research 155 (Jerald Greenberg & Jason A. Colquitt eds., 2005)。

[587] 参见 Kees van den Bos et al., *How Do I Judge My Outcome when I Do Not Know the Outcome of Others? The Psychology of the Fair Process Effect*, 72 J. Personality & Soc. Psychol. 1034 (1997)。

[588] 参见 Ilse V. Grienberger, Christel G. Rutte & Ad F.M. van Knippenberg, *Influence of Social Comparisons of Outcomes and Procedures on Fairness Judgments*, 82 J. Applied Psychol. 913 (1997)。

[589] 参见 Skitka & Wisneski, 前注[566], 第 412 页、第 413—414 页、第 418—420 页。

[590] 参见:Jacinta M. Gau, *Consent Searches as a Threat to Procedural Justice and Police Legitimacy: An Analysis of Consent Requests During Traffic Stops*, 24 Crim. Jus. Pol'y Rev. 759 (2013); Tal Jonathan-Zamir, Badi Hasisi & Yoram Margalioth, *Is It the* What *or the* How? *The Roles of High-Policing Tactics and Procedural Justice in Predicting Perceptions of Hostile Treatment: The Case of Security Checks at Ben-Gurion Airport, Israel*, 50 Law & Soc'y Rev. 608 (2016)。

[591] 相关概述,参见:Melvin J. Lerner & Dale T. Miller, *Just World Research and the Attribution Process: Looking Back and Ahead*, 85 Psychol. Bull. 1030 (1978); Adrian Furnham, *Belief in a Just World: Research Progress over the Past Decade*, 34 Personality & Individual Differences 795 (2003); Jost & Kay, 前注[566], 第 1136—1138 页。

[592] 参见 Gary Blasi & John T. Jost, *System Justification Theory and Research: Implications for Law, Legal Advocacy, and Social Justice*, 94 Cal. L. Rev. 1119 (2006)。

[593] 参见 Melvin J. Lerner & Carolyn H. Simmons, *Observer's Reaction to the "Innocent Victim": Compassion or Rejection?*, 4 J. Personality & Soc. Psychol. 203 (1966)。

[594] 参见 Carolyn L. Hafer, *Do Innocent Victims Threaten the Belief in a Just World? Evidence from a Modified Stroop Task*, 79 J. Personality & Soc. Psychol. 165 (2000)。

[595] 参见 Carolyn L. Hafer & Laurent Bègue, *Experimental Research on Just-World Theory: Problems, Developments, and Future Challenges*, 131 Psychol. Bull. 128 (2005)。

[596] 参见 C. Daniel Batson & Adam A. Powell, *Altruism and Prosocial Behavior*, in Handbook of Psychology, Vol. 5: Personality and Social Psychology 463, 463

（Theodore Millon & Melvin J. Lerner eds., 2003）。

[597]　参见 Mark Snyder & Allen M. Omoto, *Volunteerism: Social Issues Perspectives and Social Policy Implications*, 2 Soc. Issues & Pol'y Rev. 1 (2008)。

[598]　参见 Mark Snyder & Patrick C. Dwyer, *Altruism and Prosocial Behavior*, in Handbook of Psychology, 前注[337], 第 467 页。关于合作的行为经济学研究的一份明晰概述, 参见 Simon Gächter, *Human Prosocial Motivation and the Maintenance of Social Order*, in The Oxford Handbook of Behavioral Economics and the Law, 前注[8], 第 28 页。

[599]　相关概述与元分析, 参见: Bibb Latané & Steve Nida, *Ten Years of Research on Group Size and Helping*, 89 Psychol. Bull. 308 (1981); John F. Dovidio et al., The Social Psychology of Prosocial Behavior 65–105 (2006); Peter Fischer et al., *The Bystander-Effect: A Meta-analytic Review on Bystander Intervention in Dangerous and Non-dangerous Emergencies*, 137 Psychol. Bull. 517 (2011)。

[600]　参见 Louis A. Penner et al., *Measuring the Prosocial Personality*, in 10 Advances in Personality Assessment 147 (James N. Butcher & Charles D. Spielberger eds., 1995)。

[601]　参见前注[473]。

[602]　参见 William G. Graziano & Nancy Eisenberg, *Agreeableness: A Dimension of Personality*, in Handbook of Personality Psychology 795 (Robert Hogan, John Johnson & Stephen Briggs eds., 1997)。

[603]　参见 Gian Vittorio Caprara, Guido Alessandri & Nancy Eisenberg, *Prosociality: The Contribution of Traits, Values, and Self-Efficacy Beliefs*, 102 J. Personality & Soc. Psychol. 1289 (2012)。

[604]　参见: Samuel P. Oliner & Pearl M. Oliner, The Altruistic Personality: Rescuers of Jews in Nazi Europe (1988); Penner et al., 前注[600]; Caprara, Alessandri & Eisenberg, 前注[603]。

[605]　参见 Penner et al., 前注[600], 第 153—156 页。

[606]　参见: Peter Salovey & David L. Rosenhan, *Mood States and Prosocial Behavior*, in Handbook of Social Psychophysiology 371, 372–74 (Hugh Wagner & Antony Mansfield eds., 1989); Snyder & Dwyer, 前注[598], 第 472 页。

[607]　参见 Salovey & Rosenhan, 前注[606], 第 373—378 页。

[608]　关于相互矛盾的证据的综述, 参见出处同上, 第 378—379 页。

[609]　参见 Robert B. Cialdini et al., *Empathy-Based Helping: Is It Selflessly or Selfishly Motivated?*, 52 J. Personality & Soc. Psychol. 749 (1987)。

[610]　参见: Jane Allyn Piliavin et al., Emergency Intervention (1981); Dovidio et al., 前注[599], 第 126—131 页 (2006)。

[611]　参见: David A. Schroeder et al., *Empathic Concern and Helping Behavior: Egoism or Altruism?*, 24 J. Experimental Soc. Psychol. 333 (1988); C. Daniel Bat-

son et al., *Negative-State Relief and the Empathy-Altruism Hypothesis*, 56 J. Personality & Soc. Psychol. 922 (1989); C. Daniel Batson, The Altruism Question: Toward a Social-Psychological Answer (1991)。*相关争论的概述*，参见 Dovidio et al.，前注[599]，第 118—143 页。

[612]　参见 Snyder & Dwyer，前注[598]，第 472—473 页。

[613]　参见：Dovidio et al.，前注[599]，第 106—118 页、第 199—210 页；Batson & Powell，前注[596]，第 465—466 页。

[614]　参见 Robert B. Cialdini, Influence: Science and Practice 18‑50 (5th ed. 2009); Dovidio et al.，前注[599]，第 49—51 页、第 111—113 页。

[615]　参见 Yan Zhang & Nicholas Epley, *Self-Centered Social Exchange: Differential Use of Costs versus Benefits in Prosocial Reciprocity*, 97 J. Personality & Soc. Psychol. 796 (2009)。

[616]　参见 Cialdini，前注[614]，第 22—49 页。

[617]　参见 Dovidio et al.，前注[599]，第 270 页。

[618]　*一般性的讨论*，参见 Paul A.M. Van Lange et al., Social Dilemmas: The Psychology of Human Cooperation (2014)。

[619]　公地悲剧是指这样一种情境：一项资源开放给许多个体使用，而过度使用则会导致该资源的毁坏，例如一个用于放牧的牧场。由于每个使用者为其自身使用收割利益，而成本却是集体承担的，在协调缺失的情况下，自利行为被认为会伤害所有人。公共品是一种非排他性的(non-excludable)物品，也就是说，人们没有被有效地排斥出对它的使用，同时它也是非竞争性的(non-rivalrous)，意即一个人对它的使用不会降低它对其他人的可用性。例如，国家安全就是一种公共品。由于人们可以搭他人投资的便车来生产公共品，根据标准经济学理论，没有个体愿意贡献于这种公共品的生产，而这对所有人都不利。

[620]　关于此种与其他更为细致的类型学，参见：Paul A.M. Van Lange, *The Pursuit of Joint Outcomes and Equality in Outcomes: An Integrative Model of Social Value Orientation*, 77 J. Personality & Soc. Psychol. 337 (1999); Wing Tung Au & Jessica Y.Y. Kwong, *Measurements and Effects of Social-Value Orientation in Social Dilemmas: A Review*, in Contemporary Psychological Research on Social Dilemmas 71 (Ramzi Suleiman et al., eds., 2004)。

[621]　参见 Au & Kwong，前注[620]，第 72—74 页。在分解博弈当中，受试者被要求在他自己与另一个(想象中的)人之间分一块馅饼，而受试者预期得到的总回报是他选择的"自我"分配和另一个(假想的)人选择的"其他"分配之和。

[622]　参见 Daniel Balliet, Craig Parks & Jeff Joireman, *Social Value Orientation and Cooperation: A Meta-analysis*, 12 Group Processes & Intergroup Rel. 533 (2009)。

[623]　*相关概述*，参见 Gächter，前注[598]。

[624]　*简短概述*，参见 Snyder & Dwyer，前注[598]，第 479—481 页。

[625] 参见 Susan Mohammed & Alexander Schwall，*Individual Differences and Decision Making：What We Know and Where We Go from Here*，24 Int'l Rev. Indus. & Org. Psychol. 249，249–54 (2009)。关于在判断与决策研究与行为经济学中这一不足的智识根源，参见 Jeffrey J. Rachlinski，*Cognitive Errors，Individual Differences，and Paternalism*，73 U. Chi. L. Rev. 207，209–10 (2006)。

[626] 参见 Kirstin C. Appelt et al.，*The Decision Making Individual Differences Inventory and Guidelines for the Study of Individual Differences in Judgment and Decision-Making Research*，6 Judgment & Decision Making 252 (2011)。

[627] 参见下文 4.4.2 节、4.4.3 节。

[628] 其他关于个体差异及其相关因素的研究，参见上文 2.4.9 节、2.6.1 节、2.7.4 节。

[629] 参见：Stanovich，前注[19]；Stanovich，前注[21]。

[630] 参见 Keith E. Stanovich & Richard F. West，*Individual Differences in Rational Thought*，127 J. Experimental Psychol.：General 161，161–64 (1998)。

[631] 出处同上，第 175—178 页。关于错误共识效应，参见上文 2.4.5 节。

[632] 参见 Keith E. Stanovich & Richard F. West，*On the Relative Independence of Thinking Biases and Cognitive Ability*，94 J. Personality & Soc. Psychol. 672 (2008)。关于这些偏差，可分别参见上文 2.2.1 节、2.2.2 节、2.2.5 节、2.3.4 节、2.3.5 节、2.3.7 节、2.4.2 节、2.5.3 节。

[633] 参见上文 2.1.2 节。

[634] 参见 Stanovich，前注[21]，第 354 页。

[635] 参见前注[25]及其对应正文。

[636] 参见：Irwin P. Levin et al.，*A New Look at Framing Effects：Distribution of Effect Sizes，Individual Differences，and Independence of Types of Effects*，88 Org. Behav. & Hum. Decision Processes 411，427 (2002)；Mohammed & Schwall，前注[625]，第 255—259 页、第 280 页。

[637] 参见上文 2.1.2 节。

[638] 参见 Shane Frederick，*Cognitive Reflection and Decision Making*，19 J. Econ. Persp. 25 (2005)。

[639] 出处同上，第 28—32 页。

[640] 出处同上，第 32—33 页。关于反射效应，参见上文 2.3.1 节、2.5.6 节。

[641] 出处同上，第 37—38 页。

[642] 参见前注[473]。

[643] 参见 Marco Lauriola & Irwin P. Levin，*Personality Traits and Risky Decision-Making in a Controlled Experimental Task：An Exploratory Study*，31 Personality & Individual Differences 215 (2001)。其他关于性格特质与风险态度的发现，参见：Marvin Zuckerman & D. Michael Kuhlman，*Personality and Risk-Taking：Common Biosocial Factors*，68 J. Personality 999 (2000)；Marco Lauriola et al.，*Individual Differences in Risky Decision Making：A Meta-analysis*

of Sensation Seeking and Impulsivity with the Balloon Analogue Risk Task，27 J. Behav. Decision Making 20（2014）。

［644］　参见 Henry Moon，*The Two Faces of Conscientiousness：Duty and Achievement Striving in Escalation of Commitment Dilemmas*，86 J. Applied Psychol. 533 （2001）. On escalation of commitment，参见上文 2.3.7 节。

［645］　参见 Reimers et al.，前注［500］。关于类似发现的批判性评述，参见 Urminsky & Zauberman，前注［484］，第 147—148 页。

［646］　参见 James P. Byrnes，David C. Miller & William D. Schafer，*Gender Differences in Risk Taking：A Meta-analysis*，125 Psychol. Bull. 367（1999）。另见 Fox，Erner & Walters，前注［141］，第 75 页。

［647］　参见：Ulrich Schmidt & Stefan Traub，*An Experimental Test of Loss Aversion*，25. J. Risk & Uncertainty 233（2002）；Peter Brooks & Horst Zank，*Loss Averse Behavior*，31 J. Risk & Uncertainty 301（2005）；Adam S. Booij & Gijs van de Kuilen，*A Parameter-Free Analysis of the Utility of Money for the General Population under Prospect Theory*，30 J. Econ. Psychol. 651（2009）。

［648］　参见 Daniel Klapper，Christine Ebling & Jarg Temme，*Another Look at Loss Aversion in Brand Choice Data：Can We Characterize the Loss Averse Consumer?*，22 Int'l J. Res. Marketing 239（2005）。

［649］　参见 Booij & van de Kuilen，同前注［647］。

［650］　参见 Wändi Bruine de Bruin，Andrew M. Parker & Baruch Fischhoff，*Explaining Adult Age Differences in Decision-Making Competence*，25 J. Behav. Decision Making 352（2012）。

［651］　参见 Wändi Bruine de Bruin，Andrew M. Parker & Baruch Fischhoff，*Individual Differences in Adult Decisionmaking Competence*，92 J. Personality & Soc. Psychol. 938（2007）。

［652］　出处同上。

［653］　参见 Richard P. Larrick & Daniel C. Feiler，*Expertise in Decision Making*，in 2 Wiley Blackwell Handbook，同前注［2］，第 696 页、第 697 页。

［654］　出处同上，第 698—702 页。

［655］　参见 Daniel Kahneman & Gary Klein，*Conditions for Intuitive Expertise：A Failure to Disagree*，64 Am. Psychologist 515（2009）。

［656］　参见下文 2.8.6 节。

［657］　参见 Larrick & Feiler，前注［653］，第 711 页。

［658］　参见 Erik Dane，*Reconsidering the Trade-Off between Expertise and Flexibility：A Cognitive Entrenchment Perspective*，35 Acad. Mgmt. Rev. 579（2010）。

［659］　参见前注［317］及其对应正文。

［660］　参见 Berner & Graber，前注［318］。

［661］　参见 Murphy & Winkler，前注［316］；另见 Fergus Bolger & George Wright，*As-*

sessing the Quality of Expert Judgment: *Issues and Analysis*，11 Decision Support Sys. 1，14 (1994)。

[662] 参见 Tversky & Kahneman，前注[78]。关于小数定律，参见上文 2.2.4 节。

[663] 参见 Schwitzgebel & Cushman，前注[441]。关于顺序效应，参见上文 2.5.4 节。

[664] 参见 Cuccia & McGill，前注[448]。

[665] 参见 Barbara J. McNeil et al.，*On the Elicitation of Preferences for Alternative Therapies*，306 New England J. Med. 1259 (1982)。相似的结果也在专业投资经理与金融规划师当中发现。参见：Robert A. Olsen，*Prospect Theory as an Explanation of Risky Choice by Professional Investors*：*Some Evidence*，6 Rev. Fin. Econ. 225，228 – 29 (1997)；Michael J. Roszkowski & Glenn E. Snelbecker，*Effects of "Framing" on Measures of Risk Tolerance*：*Financial Planners Are Not Immune*，19 J. Behav. Econ. 237 (1990)。

[666] 参见 Joshua D. Coval & Tyler Shumway，*Do Behavioral Biases Affect Prices?*，60 J. Fin. 1 (2005)。

[667] 参见 Zur Shapira & Itzhak Venezia，*Patterns of Behavior of Professionally Managed and Independent Investors*，25 J. Banking & Fin. 1573 (2001)。

[668] 参见 Lei Feng & Mark S. Seasholes，*Do Investor Sophistication and Trading Experience Eliminate Behavioral Biases in Financial Markets?*，9 Rev. Fin. 305 (2005)。

[669] 参见 Gregory Gurevich, Doron Kliger & Ori Levy，*Decision-Making under Uncertainty—A Field Study of Cumulative Prospect Theory*，33 J. Banking & Fin. 1221 (2009)。

[670] 参见：Ofer H. Azar，*Do People Think about Absolute or Relative Price Differences When Choosing between Substitute Goods?*，32 J. Econ. Psychol. 450 (2011)；Eyal Zamir & Ilana Ritov，*Revisiting the Debate over Attorneys' Contingent Fees*：*A Behavioral Analysis*，39 J. Legal Stud. 245，255 – 59 (2010)。

[671] 参见 Kaye J. Newberry, Philip M.J. Reckers & Robert W. Wyndelts，*An Examination of Tax Practitioner Decisions*：*The Role of Preparer Sanctions and Framing Effects Associated with Client Condition*，14 J. Econ. Psychol. 439 (1993)。

[672] 参见 Alain Cohn, Ernst Fehr & Michel André Maréchal，*Business Culture and Dishonesty in the Banking System*，516 Nature 86 (2014)。

[673] 关于专业决策，参见上文 2.8.2 节。

[674] 参见下文 10.3.3 节、11.2 节、14.5 节。

[675] 参见 Brian J. Zikmund-Fisher et al.，*A Matter of Perspective—Choosing for Others Differs from Choosing for Yourself in Making Treatment Decisions*，21 J. Gen. Internal Med.，618 (2006)。另见 Peter A. Ubel, Andrea M. Angott & Brian J. Zikmund-Fisher，*Physicians Recommend Different Treatments for Patients*

than They Would Choose for Themselves，117 JAMA Internal Med. 630（2011）（流感情境）。

[676] 参见 Jingyi Lu & Xiaofei Xie，*To Change or Not to Change*：*A Matter of Decision Maker's Role*，124 Org. Behav. & Hum. Decision Processes 47（2014）。关于现状偏差与忽略偏差，参见上文 2.3.5 节。

[677] 参见：Evan Polman，*Self-Other Decision Making and Loss Aversion*，119 Org. Behav. & Hum. Decision Processes 141（2012）；Flavia Mengarelli et al.，*Economic Decisions for Others*：*An Exception to Loss Aversion Law*，9 PLoS One e85042（2014）。另见 Jingyi Lu et al.，*Missing the Best Opportunity*；*Who Can Seize the Next One? Agents Show Less Inaction Inertia than Personal Decision Makers*，54 J. Econ. Psychol. 100（2016）（此文发现，在为他人做决定时，人们较不容易受不作为惰性影响——该现象与损失厌恶相关，"因此，错过一个更优的机会，会降低在同一领域对随后出现的机会采取行动的可能性"）。关于损失厌恶，参见上文 2.3 节。

[678] 参见：James D. Marshall，Jack L. Knetsch，& J.A. Sinden，*Agents' Evaluations and the Disparity in Measures of Economic Loss*，7 J. Econ. Behav. & Org. 115（1986）；Jennifer Arlen & Stephan Tontrup，*Does the Endowment Effect Justify Legal Intervention? The Debiasing Effect of Institutions*，44 J. Legal Stud. 143（2015）。不过，也请参见 Russell Korobkin，*The Status Quo Bias and Contract Default Rules*，83 Cornell L. Rev. 608，633–47（1998）（此文发现，当受试者——一年级法学生——被要求想象自己为一位客户提供交易建议时，他们在违约合同规则之下的权利存在禀赋效应）。关于禀赋效应，参见上文 2.3.6 节。

[679] 参见 Ubel，Angott & Zikmund-Fisher，前注[675]。

[680] 参见 Eric Shaban，Roshni Guerry & Timothy E. Quill，*Reconciling Physician Bias and Recommendations*，117 JAMA Internal Med. 634（2011）。一个替代解释是，医生对自己比对他人要更加过度乐观——由此他们在为自己做决定时会大大低估死亡的风险。

[681] 参见 Pavel Atanasov et al.，*Comparing Physicians Personal Prevention Practices and Their Recommendations to Patients*，37 J. Healthcare Quality 189（2015）。关于拖延和自我控制，参见上文 2.5 节。

[682] 参见 Rosmarie Mendel et al.，*"What Would You Do If You Were Me，Doctor?"*：*Randomised Trial of Psychiatrists' Personal v. Professional Perspectives on Treatment Recommendations*，197 Brit. J. Psychiatry 441（2010）。

[683] 参见 Mengarelli et al.，前注[677]，第 4 页。

[684] 参见 Zikmund-Fisher et al.，前注[675]，第 62 页。作者发现，在被要求作为父母做决定时，情感参与最高，次高的是作为医生做决定时，而最低的是在为自己做决定时——如上文所述，忽略偏差在人们为自己做决定时最为强烈。

[685] 参见 Jingyi Lu，Xiaofei Xie & Jingzhe Xu，*Desirability or Feasibility*：*Self-Other*

Decision-Making Differences，39 Personality & Soc. Psychol. Bull. 144（2013）。

[686] 参见：Trope & Liberman，前注[503]；Fujita，Trope & Liberman，前注[503]。另见 Rachel Barkan，Shai Danziger & Yaniv Shani，*Do as I Say*，*Not as I Do*：*Choice-Advice Differences in Decisions to Learn Information*，125 J. Econ. Behav. & Org. 57（2016）。

[687] 参见：Laura Kray & Richard Gonzalez，*Differential Weighting in Choice versus Advice*：*I'll Do This*，*You Do That*，12 J. Behav. Decision Making 207（1999）；Zikmund-Fisher et al.，前注[675]。

[688] 参见：Polman，前注[677]；Evan Polman & Kathleen D. Vohs，*Decision Fatigue*，*Choosing for Others*，*and Self-Construal*，7 Soc. Psychol. & Personality Sci. 471（2016）。

[689] 参见 Eva Jonas，Stefan Schulz-Hardt & Dieter Frey，*Giving Advice or Making Decisions in Someone Else's Place*：*The Influence of Impression*，*Defense*，*and Accuracy Motivation on the Search for New Information*，31 Persp. Soc. Psychol. Bull. 977（2005）。

[690] 这些观察指的是提供建议的情形。关于采纳建议，参见下文 2.8.4 节。

[691] 参见 Christoph Engel，*The Behaviour of Corporate Actors*：*How Much Can We Learn from the Experimental Literature*？，6 J. Institutional Econ. 445（2010）。

[692] 参见 Steven R. Elliot & Michael McKee，*Collective Risk Decision in the Presence of Many Risks*，48 Kyklos 541（1995）。

[693] 出处同上。

[694] 关于判断或偏好的简单加总与最少信息交换的加总，参见 R. Scott Tindale & Katherina Kluwe，*Decision Making in Groups and Organizations*，in 2 Wiley Blackwell Handbook，前注[2]，第 849 页、第 851—854 页。关于在具体法律情境下的群体决策，参见下文 10.3.3 节、10.4.2 节、11.1 节、11.4.2 节、11.5.1 节、15.8 节。

[695] 参见 Patrick R. Laughlin，Group Problem Solving 22 - 44，57 - 108（2011）。

[696] 参见：Group Creativity：Innovation through Collaboration（Paul B. Paulus & Bernard A. Nijstad eds.，2003）；Norbert L. Kerr & R. Scott Tindale，*Group-Based Forecasting*：*A Social Psychological Analysis*，27 Int'l J. Forecasting 14（2011）。

[697] 参见 Norbert L. Kerr，Robert J. MacCoun & Geoffrey P. Kramer，*Bias in Judgment*：*Comparing Individuals and Groups*，103 Psychol. Rev. 687（1996）。

[698] 参见 Tindale & Kluwe，前注[694]，第 864—865 页。

[699] 参见 Laughlin，前注[695]，第 5—6 页。

[700] 参见 Patrick R. Laughlin & Alan L. Ellis，*Demonstrability and Social Combination Processes on Mathematical Intellective Tasks*，22 J. Experimental Soc. Psychol. 177（1986）。

[701] 参见：Garold Stasser & William Titus，*Pooling of Unshared Information in Group Decision Making*：*Biased Information Sampling during Discussion*，48

J. Personality & Soc. Psychol. 1467 (1985); Daniel Gigone & Reid Hastie, *The Common Knowledge Effect*: *Information Sharing and Group Judgment*, 65 J. Personality & Soc. Psychol. 959 (1993)。

[702] 参见:Felix C. Brodbeck et al., *Group Decision Making under Conditions of Distributed Knowledge*: *The Information Asymmetries Model*, 32 Acad. Mgmt. J. 459 (2007); Tindale & Kluwe,前注[694],第859—862页、第864—866页。

[703] 参见:David. J. Myers & Helmut Lamm, *The Group Polarization Phenomenon*, 83 Psychol. Bull. 602 (1976); Daniel J. Isenberg, *Group Polarization*: *A Critical Review and Meta-analysis*, 50 J. Personality & Soc. Psychol. 1141 (1986); Cass R. Sunstein, *Deliberative Trouble? Why Groups Go to the Extreme*, 110 Yale L.J. 71 (2000)。

[704] 参见上文2.1.2节。

[705] 参见 R. Scott Tindale, *Decision Errors Made by Individuals and Groups*, in Individual and Group Decision Making: Current Issues 109 (N. John Castellan, Jr., ed., 1993)。关于合取谬误和基率忽视,参见上文2.2.1节、2.2.2节。

[706] 参见:Timothy W. McGuire, Sara Kiesler & Jane Siegel, *Group and Computer-Mediated Discussion Effects in Risk Decision Making*, 52 J. Personality & Soc. Psychol. 917 (1987); Paul W. Paese, Mary Bieser & Mark E. Tubbs, *Framing Effects and Choice Shifts in Group Decision Making*, 56 Org. Behav. & Hum. Decision Processes 149 (1993); Whyte,前注[253]。

[707] 参见:Tatsuya Kameda & James H. Davis, *The Function of the Reference Point in Individual and Group Risk Decision Making*, 46 Org. Behav. & Hum. Decision Processes 55 (1990); R. Scott Tindale, Susan Sheffey & Leslie A. Scott, *Framing and Group Decision-Making*: *Do Cognitive Changes Parallel Preference Changes?*, 55 Org. Behav. & Hum. Decision Processes 470 (1993)。Tindale 与其合作者发现,群体决策通常与大多数人的框架保持一致,且并不一定会改变大多数人的框架。

[708] 参见:Jeremy A. Blumenthal, *Group Deliberation and the Endowment Effect*: *An Experimental Study*, 50 Hous. L. Rev. 41 (2012); Amira Galin, *Endowment Effect in Negotiations*: *Group versus Individual Decision-Making*, 75 Theory & Decision 389 (2013)。

[709] 参见 Glen Whyte, *Escalating Commitment in Individual and Group Decision Making*: *A Prospect Theory Approach*, 54 Org. Behav. & Hum. Decision Processes 430 (1993)。另见 Max Bazerman, Toni Giuliano & Alan Appelman, *Escalation of Commitment in Individual and Group Decision Making*, 33 Org. Behav. & Hum. Performance 141 (1984)。

[710] 参见 Buehler, Griffin & Peetz,前注[342],第42—46页。关于计划谬误,参见上文2.4.7节。

［711］ 参见 Silvia Bonaccio & Reeshad S. Dalal，*Advice Taking and Decision Making*：*An Integrative Literature Review and Implications for the Organizational Sciences*，101 Org. Behav. & Hum. Decision Processes 127 (2006)。关于建议提供，参见上文 2.8.3 节。

［712］ 参见：Nigel Harvey & Ilan Fischer，*Taking Advice*：*Accepting Help*，*Improving Judgment*，*and Sharing Responsibility*，70 Org. Behav. & Hum. Decision Processes 117 (1997)；Ilan Yaniv，*Receiving Other People's Advice*：*Influence and Benefit*，93 Behav. & Hum. Decision Processes 1 (2004)。

［713］ 参见 Bonaccio & Dalal,前注［711］,第 133—134 页。

［714］ 参见：Yaniv,前注［712］；Bonaccio & Dalal,前注［711］,第 129—132 页。

［715］ 参见 Yaniv,前注［712］。

［716］ 关于此可能性,参见 Harvey & Fischer,前注［712］,第 130 页。关于锚定与调整的一般性讨论,参见上文 2.5.3 节。

［717］ 参见：Nigel Harvey & Clare Harries，*Effects of Judges' Forecasting on Their Later Combination of Forecasts for the Same Outcomes*，20 Int'l J. Forecasting 391 (2004)；Joachim I. Krueger，*Return of the Ego—Self-Referent Information as a Filter for Social Prediction*：*Comment on Karniol*，110 Psychol. Rev. 585 (2003)。关于自我中心主义的一般性讨论,参见上文 2.4 节。

［718］ 参见 Francesca Gino，*Do We Listen to Advice Just Because We Paid for It? The Impact of Advice Cost on Its Use*，107 Org. Behav. & Hum. Decision Processes 234 (2008)。关于沉没成本的一般性讨论,参见上文 2.3.7 节。

［719］ 参见 Paul C. Price & Eric R. Stone，*Intuitive Evaluation of Likelihood Judgment Producers*：*Evidence for a Confidence Heuristic*，17 J. Behav. Decision Making 39 (2004)；Bonaccio & Dalal,前注［711］,第 132—133 页。另见下文 16.2.1 节。

［720］ 参见 Incheol Choi, Jong An Choi & Ara Norenzayan，*Culture and Decisions*，in Blackwell Handbook of Judgment and Decision Making,前注［343］,第 504 页。

［721］ 参见 Krishna Savani et al.，*Culture and Judgment and Decision Making*，in Wiley Blackwell Handbook,前注［2］,第 456 页。关于实验博弈论中的跨文化差异,可参见 Oosterbeek, Sloof & van De Kuilen,前注［569］。

［722］ 参见 Harry C. Triandis，*The Self and Social Behavior in Differing Cultural Contexts*，96 Psychol. Rev. 506 (1989)。

［723］ 参见 Hazel R. Markus & Shinobu Kitayama，*Culture and the Self*：*Implications for Cognition*，*Emotion*，*and Motivation*，98 Psychol. Rev. 224 (1991)。

［724］ 参见 Richard E. Nisbett，The Geography of Thought：How Asians and Westerners Think Differently ... and Why (2003)。

［725］ 参见 Elke U. Weber & Christopher Hsee，*Cross-Cultural Differences in Risk Perception*，*But Cross-Cultural Similarities in Attitudes towards Perceived Risk*，44 Mgmt. Sci. 1205 (1998)；Christopher Hsee & Elke U. Weber，*Cross-*

National Differences in Risk Preference and Lay Predictions，12 J. Behav. Decision Making 165 (1999)。

[726] 参见上文 2.6.2 节。

[727] 关于启动技术，参见上文 2.5.2 节。

[728] 参见 Haipeng (Allan) Chen, Sharon Ng & Akshay R. Rao, *Cultural Differences in Consumer Impatience*，42 J. Marketing Res. 291 (2005)。

[729] 参见 Daniel J. Benjamin, James J. Choi & A. Joshua Strickland, *Social Identity and Preferences*，100 Am. Econ. Rev. 1913 (2010)。

[730] 关于这些现象，分别参见 2.4.3 节、2.4.4 节、2.4.6 节。

[731] 参见 Steven J. Heine & Darrin R. Lehman, *Cultural Variation in Unrealistic Optimism：Does the West Feel More Vulnerable than the East?*，68 J. Personality & Soc. Psychol. 595 (1995)。另见 Savani et al.，前注[721]，第 468—469 页。

[732] 参见 Steven J. Heine & Takeshi Hamamura, *In Search of East Asian Self-Enhancement*，11 Personality & Soc. Psychol. Rev. 4（2007）。另见 Amy H. Mezulis et al., *Is There a Universal Positivity Bias in Attributions? A Meta-analytic Review of Individual, Developmental, and Cultural Differences in the Self-Serving Attributional Bias*，130 Psychol. Bull. 第 711 页、第 714—715 页、第 729—732 页（2004）。

[733] 参见 William W. Maddux et al., *For Whom Is Parting with Possessions More Painful? Cultural Differences in the Endowment Effect*，21 J. Ass'n Psychol. Sci. 1910 (2010)。关于禀赋效应，参见上文 2.3.6 节。

[734] 其他两项研究在与前景理论相关的现象中发现了文化差异，这两个现象也就是参照点调整与承诺升级（关于这些现象，分别参见上文 2.3.3 节和 2.3.7 节）。参见：Hal R. Arkes et al., *A Cross-Cultural Study of Reference Point Adaptation：Evidence from China, Korea and the US*，112 Org. Behav. & Hum. Decision Processes 99 (2010)；David J. Sharp & Stephen B. Salter, *Project Escalation and Sunk Costs：A Test of the International Generalizability of Agency and Prospect Theories*，28 J. Int'l Bus. Stud. 101 (1997)。

[735] 关于对这些研究的评述，参见 J. Frank Yates, *Culture and Probability Judgment*，4 Soc. & Personality Psychol. Compass 174 (2010)。

[736] 参见 Savani et al.，前注[721]，第 467—468 页。

[737] 简短综述，参见出处同上，第 463—465 页。

[738] 参见下文 4.4.3 节、8.7.2 节。

[739] 参见 Daniel Pi, Francesco Parisi & Barbara Luppi, *Biasing, Debiasing, and the Law*，in The Oxford Handbook of Behavioral Economics and the Law，前注[8]，第 143 页、第 149—152 页。

[740] 另见下文 4.5 节。

[741] 分别参见上文 2.8.2 节、2.8.3 节、2.8.4 节。

[742] 另见下文第 4 章。

[743] 参见 Richard P. Larrick, *Debiasing*, in Blackwell Handbook of Judgment and Decision Making,前注[343],第 316 页、第 318 页。

[744] 关于与采用去偏差技术相关的政策与实用问题,参见:Larrick,前注[743],第 331—334 页;Jack B. Soll, Katherine L. Milkman & John W. Payne, *A User's Guide to Debiasing*, in 2 Wiley Blackwell Handbook,前注[2],第 924 页、第 940—944 页。

[745] 参见 Larrick,前注[743]。

[746] 参见 Soll, Milkman & Payne,前注[744],第 933 页。

[747] 参见 Michael Lewis, Moneyball:The Art of Winning an Unfair Game (2003)。

[748] 参见 Larrick,前注[743],第 327—334 页。

[749] 参见 Soll, Milkman & Payne,前注[744],第 941 页。

[750] 参见 Robyn M. Dawes, David Faust & Paul E. Meehl, *Clinical versus Actuarial Judgment*, 243 Sci. 1668 (1989)。

[751] 参见:Robyn M. Dawes, *The Robust Beauty of Improper Linear Models in Decision Making*, 34 Am. Psychologist 571 (1979); Larrick,前注[743],第 327—328 页。

[752] 不同观点请参见 Nisbett & Ross,前注[64],第 276—280 页。

[753] 参见前注[318]及其对应正文。

[754] 参见 Hal R. Arkes, Victoria A. Shaffer & Mitchell A. Medow, *Patients Derogate Physicians Who Use a Computer-Assisted Diagnostic Aid*, 27 Med. Decision Making 189 (2007)。

[755] 参见 Gregory Mitchell, *Why Law and Economics' Perfect Rationality Should Not Be Traded for Behavioral Law and Economics' Equal Incompetence*, 91 Geo. L.J. 67, 114–19 (2002); Eldar Shafir & Robyn A. LeBoeuf, *Rationality*, 53 Ann. Rev. Psychol. 491, 501–02 (2002)。

[756] 参见 Kevin G. Volpp et al., *Financial Incentive-Based Approaches for Weight Loss:A Randomized Trial*, 300 J. Am. Med. Ass'n. 2631 (2008)。

[757] 参见 Kevin G. Volpp et al., *A Randomized, Controlled Trial of Financial Incentives for Smoking Cessation*, 360 New England J. Med. 699 (2009)。

[758] 参见:Gary Charness & Uri Gneezy, *Incentives to Exercise*, 77 Econometrica 909 (2009); Dan Acland & Matthew R. Levy, *Naïveté, Projection Bias, and Habit Formation in Gym Attendance*, 61 Mgmt. Sci. 146 (2015)。

[759] 参见:Kevin G. Volpp et al., *A Randomized Controlled Trial of Financial Incentives for Smoking Cessation*, 15 Cancer Epidemiology, Biomarkers & Prevention 12 (2006)(发现激励在 75 天后提升了戒烟率,但在半年后则没有); Mitesh S. Patel et al., *Premium-Based Financial Incentives Did Not Promote Workplace Weight Loss in a 2013–15 Study*, 35 Health Aff. 71 (2016)。

[760] 关于一般性讨论,参见 Ayres,前注[516]。

[761] 可参见 Dan A. Stone & David A. Ziebart, *A Model of Financial Incentive Effects in Decision Making*, 61 Org. Behav. & Hum. Decision Processes 250 (1995)。

[762] 参见 Colin F. Camerer & Robin M. Hogarth, *The Effects of Financial Incentives in Experiments:A Review and Capital-Labor-Production Framework*, 19 J. Risk & Uncertainty 7, 19-21 (1999)。

[763] 参见:Amos Tversky & Daniel Kahneman, *Rational Choice and the Framing of Decisions*, 59 J. Bus. S251, S274 (1986);Camerer & Hogarth,前注[762],第 21—23 页。

[764] 参见:Tversky & Kahneman,前注[168],第 455 页(相似的框架效应模式,在没有真实收益时也被发现);Wolfgang Hell et al., *Hindsight Bias:An Interaction of Automatic and Motivational Factors?*, 16 Memory & Cognition 533 (1988)(真实收益对事后偏差本身并没有统计上显著的效应,但是的确会与实验中操控的多种变量相互作用)。

[765] 参见:Gretchen B. Chapman & Eric J. Johnson, *Incorporating the Irrelevant:Anchors in Judgments of Belief and Value*, in Heuristics and Biases,前注[14],第 120 页;Nicholas Epley & Thomas Gilovich, *When Effortful Thinking Influences Judgmental Anchoring:Differential Effects of Forewarning and Incentives on Self-Generated and Externally Provided Anchors*, 18 J. Behav. Decision Making 199 (2005)。

[766] 参见 Baruch Fischhoff, Paul Slovic & Sarah Lichtenstein, *Knowing with Certainty:The Appropriateness of Extreme Confidence*, 3 4 J. Experimental Psychol.:Hum. Perception & Performance 552 (1977)。

[767] 参见 Paul W. Paese & Janet A. Sniezek, *Influences on the Appropriateness of Confidence in Judgment:Practice, Effort, Information, and Decision-Making*, 48 Org. Behav. & Hum. Decision Processes 100 (1991)。

[768] 参见 David Grether & Charles Plott, *Economic Theory of Choice and the Preference Reversal Phenomenon*, 69 Am. Econ. Rev. 623, 632 (1979)。

[769] 参见 Arkes, Dawes & Christensen,前注[315]。

[770] 参见 Uri Gneezy, Stephan Meier & Pedro Rey-Biel, *When and Why Incentives (Don't) Work to Modify Behavior*, 25 J. Econ. Persp. 191, 192-94 (2011)。

[771] 参见 Dan Ariely et al., *Large Stakes and Big Mistakes*, 76 Rev. Econ. Stud. 451 (2009)。

[772] 参见 Gneezy, Meier & Rey-Biel,前注[770],第 199—201 页。

[773] 参见 Ann E. Tenbrunsel & David M. Messick, *Sanctioning Systems, Decision Frames, and Cooperation*, 44 Admin. Sci. Q. 684 (1999)。

[774] 参见 Roland G. Fryer, Jr. et al., *Enhancing the Efficacy of Teacher Incentives through Loss Aversion:A Field Experiment*(工作论文,July 2012,网址:

http://www.nber.org/papers/w18237)。另见：Tanjim Hossain & John A. List, *The Behavioralist Visits the Factory：Increased Productivity Using Simple Framing Manipulations*, 58 Mgmt. Sci. 2151（2012）; Fuhai Hong, Tanjim Hossain & John A. List, *Framing Manipulations in Contests：A Natural Field Experiment*, 118 J. Econ. Behav. & Org. 372（2015）。

[775] 全面的评述，参见 Jennifer S. Lerner & Philip E. Tetlock, *Accounting for the Effects of Accountability*, 125 Psychol. Bull. 255（1999）。

[776] 参见 Jennifer S. Lerner & Philip E. Tetlock, *Bridging Individual，Interpersonal，and Institutional Approaches to Judgment and Choice：The Impact of Accountability on Cognitive Bias*, in Emerging Perspectives on Judgment and Decision Research 431, 433 - 34（Sandra L. Schneider & James Shanteau eds., 2003）。

[777] 参见 Lerner & Tetlock，前注[775]，第 269—270 页。

[778] 参见 Philip E. Tetlock & Richard Boettger, *Accountability Amplifies the Status Quo Effect when Change Creates Victims*, 7 J. Behav. Decision Making 1（1994）。

[779] 参见 Lerner & Tetlock，前注[775]，第 257—258 页。关于确认偏差和承诺升级，分别参见 2.4.2 节、2.3.7 节。

[780] 参见 Itamar Simonson & Barry M. Staw, *Deescalation Strategies：A Comparison of Techniques for Reducing Commitment to Losing Courses of Action*, 77 J. Applied Psychol. 419（1992）; Karen Siegel-Jacobs & J. Frank Yates, *Effects of Procedural and Outcome Accountability on Judgment Quality*, 65 Org. Behav. & Hum. Decision Processes 1（1996）。然而，这些特征并不是普遍的。参见 Bart de Langhe, Stijn M.J. van Osselaer & Berend Wierenga, *The Effects of Process and Outcome Accountability on Judgment Process and Performance*, 115 Org. Behav. & Hum. Decision Processes 238（2011）。

[781] 关于从众效应，参见前注[337]和对应的正文。

[782] Lerner & Tetlock，前注[775]，第 266—269 页。

[783] 出处同上。第 256—257 页。

[784] 出处同上。第 259 页。

[785] 出处同上。第 263 页。

[786] 参见 Itamar Simonson & Peter Nye, *The Effect of Accountability on Susceptibility to Decision Errors*, 51 Org. Behav. & Hum. Decision Processes 416, 435 - 37（1992）。关于这些偏差，分别参见上文 2.2.2 节、2.2.4 节。

[787] 参见 Lerner & Tetlock，前注[775]，第 264 页。然而，应注意，问责制会增强折中效应与吸引效应的发现（参见 Simonson，前注[455]）在随后的研究中被质疑。

[788] 参见 Lerner & Tetlock，前注[775]，第 264—265 页。

[789] 参见：Barbara E. Kahn, Mary Frances Luce & Stephen M. Nowlis, *Debiasing Insights from Process Tests*, 33 J. Consumer Res. 131（2006）; Zamir，前注

[151]，第 39 页、第 220 页。

[790] 参见下文 4.4.3 节。

[791] 这种效应指的是，在得到问题的正确答案时，人们倾向于记错他们对这些答案的了解程度，以及倾向于在回答一个假设性问题时夸大他们对这些答案的了解程度。另见上文 2.2.8 节。

[792] 参见 Baruch Fischhoff, *Perceived Informativeness of Facts*, 3 J. Experimental Psychol.: Hum. Perception & Performance 349 (1977).

[793] 参见：Kamin & Rachlinskil，前注[118]（失败的去偏差）；Merrie Jo Stallardl & Debra L. Worthington, *Reducing the Hindsight Bias Utilizing Attorney Closing Arguments*, 22 Law & Hum. Behav. 671 (1998)（有效的去偏差）。

[794] 参见 Joey F. George, Kevin Duffy & Manju Ahuja, *Countering the Anchoring and Adjustment Bias with Decision Support Systems*, 29 Decision Support Sys. 195 (2000). 关于锚定，参见上文 2.5.3 节。

[795] 参见 Fei-Fei Cheng & Chin-Shan Wu, *Debiasing the Framing Effect*: *The Effect of Warning and Involvement*, 49 Decision Support Sys. 328 (2010). 关于框架效应，参见上文 2.3.4 节。

[796] 参见 Charles G. Lord, Mark R. Lepper & Elizabeth Preston, *Considering the Opposite*: *A Corrective Strategy for Social Judgment*, 47 J. Personality & Soc. Psychol. 1231 (1984).

[797] 参见 Arkes et al.，前注[118]。

[798] 参见 Shane Frederick et al., *Opportunity Cost Neglect*, 36 J. Consumer Res. 553 (2009).

[799] 参见 Thomas Mussweiler, Fritz Strack & Tim Pfeiffer, *Overcoming the Inevitable Anchoring Effect*: *Considering the Opposite Compensates for Selective Accessibility*, 26 Personality & Soc. Psychol. Bull. 1142 (2000).

[800] 参见：Asher Koriat, Sarah Lichtenstein & Baruch Fischhoff, *Reasons for Confidence*, 6 J. Experimental Psychol.: Hum. Learning & Memory 107 (1980); Moore, Tenney & Haran，前注[308]，第 195 页。

[801] 参见 Linda Babcock, George Loewenstein & Samuel Issacharoff, *Creating Convergence*: *Debiasing Biased Litigants*, 22 Law & Soc. Inquiry 913 (1997).

[802] 参见 Edward R. Hirt & Keith D. Markman, *Multiple Explanation*: *A Consideran-Alternative Strategy for Debiasing Judgments*, 69 J. Personality & Soc. Psychol. 1069 (1995).

[803] 参见 Buehler, Griffin & Peetz，前注[342]，第 269 页。

[804] 参见 Soll, Milkman & Payne，前注[744]，第 932—933 页。

[805] 参见：Rules of Reasoning (Richard E. Nisbett ed., 1993); Larrick，前注[743]，第 324—325 页。

[806] 参见 Geoffrey T. Fong, David H. Krantz & Richard E. Nisbett, *The Effects of*

Statistical Training on Thinking about Everyday Problems，18 Cognitive Psychol. 253 (1986)。

［807］ 参见 Richard P. Larrick, James N. Morgan & Richard E. Nisbett, *Teaching the Use of Cost-Benefit Reasoning in Everyday Life*，1 Psychol. Sci. 362 (1990)。

［808］ 参见 Geoffrey T. Fong & Richard E. Nisbett, *Immediate and Delayed Transfer of Training Effects in Statistical Reasoning*，120 J. Experimental Psychol.：General 34 (1991)（在两周后，未受过训练的人的表现明显下降，尽管表现仍比未受过训练的人好）。关于一般性的讨论，参见：Rules of Reasoning，前注［805］；Soll, Milkman & Payne，前注［744］，第 930—931 页；Rachlinski，前注［625］，第 219—221 页。

［809］ 参见 Larrick，前注［743］，第 325 页。

［810］ 参见 Peter Sedlmeier & Gerd Gigerenzer, *Teaching Bayesian Reasoning in Less than Two Hours*，130 J. Experimental Psychol.：General 380 (2001)。

［811］ 参见 Cheng & Wu，前注［795］。

［812］ 参见 Sammy Almashat et al., *Framing Effect Debiasing in Medical Decision Making*，71 Patient Educ. & Counseling 102 (2008)。

［813］ 参见 Craig Emby & David Finley, *Debiasing Framing Effects in Auditors' Internal Control Judgments and Testing Decisions*，14(2) Contemp. Accounting Res. 55 (1997)。

［814］ 参见 Arkes & Blumer，前注［243］，第 136 页。类似地，在涉及圣诞礼物的案例中，并没有发现经济学专业学生与其他专业学生的接受意愿-支付意愿差异有统计上显著的差异。参见 Thomas K. Bauer & Christoph M. Schmidt, *WTP vs. WTA：Christmas Presents and the Endowment Effect*，*in* 232 Jahrbücher für Nationalökonomie und Statistik 4 (2012)。

［815］ 参见 Richard P. Larrick, Richard E. Nisbett & James N. Morgan, *Who Uses the Normative Rules of Choice? Implications for the Normative Status of Microeconomic Theory*，56 Org. Behav. & Hum. Decision Processes 331 (1993)。

［816］ 参见：Itamar Simonson & Barry M. Staw, *Deescalation Strategies：A Comparison of Techniques for Reducing Commitment to Losing Courses of Action*，77 J. Applied Psychol. 419 (1992)；Itamar Simonson & Peter Nye, *The Effect of Accountability on Susceptibility to Decision Errors*，51 Org. Behav. & Hum. Decision Processes 416 (1992)。

［817］ 参见 Ward Farnsworth, *The Legal Regulation of Self-Serving Bias*，37 U.C. Davis L. Rev. 567，581-83 (2003)（质疑了 Babcock, Loewenstein & Issacharoff 之发现的外部有效性，前注［801］）。

［818］ 参见下文 4.4.3 节。

第二篇

行为法律经济学：概要

►3

行为法律经济学概述

3.1 绪论

第一篇介绍了经济分析和支撑行为法律经济学(BLE)的行为学发现,以此为本书奠定了基础。在我们开始分析行为法律经济学对特定法律领域的实证与规范分析所作的贡献之前,第二篇将从本章对行为法律经济学的概述开始,讨论该领域的一般方面。

本章分为三个部分——行为法律经济学的历史、方法论及其所面临的挑战。为了尽量减少与其他章节的重复,本章没有深入探讨行为法律经济学的心理和经济根源、其规范性启示,及其对具体法律问题的贡献。

3.2 历史

自 20 世纪 70 年代末以来,经济分析已经成为法律和法学理论中最突出的跨学科方法。[1] 根据标准经济分析,以及理性选择理论(rational choice theory),法律的经济分析在传统上假设人们是自身效用的理性最大化者。自 20 世纪 80 年代以来,基于对判断与决策的研究,这一假设受到了行为学见解的挑战。[2] 尽管有来自经济学正统的巨大阻力,到 21 世纪头十年初期,行为经济学(BE)还是在很大程度上成为主流。[3] 随着行为学洞见被引入经济学,这些见解也被纳入了法律的经济分析。因此,正如经济学家理查德·塞勒敏锐地指出了前景理论[4]对市场行为的重要性,法学家马克·凯尔曼(Mark Kelman)也迅速强调了它对科斯定理这一法律经济学基本原则的重要性。[5]

在 20 世纪 80 年代,一系列开创性的研究探索了行为研究对法律的经济分析的影响,以及对更一般性的法律和法律政策制定的影响。著名的早期贡献包括:迈克尔·萨克斯(Michael Saks)和罗伯特·基德(Robert Kidd)关于直觉推理对证据法的影响的研究[6];约翰·科菲(John Coffee)对体惩的讨论[7];詹姆斯·考克斯(James Cox)和哈里·蒙辛格(Harry Munsinger)对独立董事行为的研究[8];霍华德·拉丁(Howard Latin)对侵权法的分析[9];以及托马斯·H.杰克逊(Thomas H. Jackson)对破产法中"重新开始"政策的批评[10]。随着行为学洞见在法律分析中的应用稳步增加,一些学者更加广泛地研究了启发式与偏差文献,及其对法律政策制定的启示,其中包括:卡斯·桑斯坦对法律和人们偏好之间的相互作用的研究[11];沃德·爱德华兹(Ward Edwards)和德特洛夫·冯·温特费尔特(Detlof von Winterfeldt)对行为研究及其对法律之启示的概述(作为 1986 年关于"人类错误之法律影响"的研讨会的主要文章)[12];以及罗伯特·埃利克森(Robert Ellickson)对进一步将心理学和社会逻辑学洞见融入法律的经济分析的呼吁[13]。

20 世纪 90 年代见证了行为法律研究范围与精细度的进一步增大[14],2000—2019 年亦是如此。有两篇影响卓著的文章提高了行为法律经济学的知名度和对它的普遍兴趣——克里斯蒂娜·乔尔斯(Christine Jolls)、卡斯·桑斯坦和理查德·塞勒在 1998 年的纲领性文章,以及拉塞尔·科罗布金(Russell Korobkin)和托马斯·尤伦(Thomas Ulen)在 2000 年的文章。[15]这两篇论文都是各自发表年份中被引用最多的法学论文。[16]事实上,根据 2012 年的一项引用统计,乔尔斯、桑斯坦和塞勒的文章,是 1990—2009 年间发表的被引用次数最多的法学论文(包括在该文发表之前七年内发表的文章)。[17]

正如下一节将进一步阐述的,近年来,行为法律经济学已经被实证法学研究的出现所推动。虽然行为法律经济学学者最初主要依赖心理学家和行为经济学家的实证数据,但如今,他们中的许多人进行了自己的实证研究,旨在回答明显的法学问题。

尽管法律经济学家最初对行为法律经济学有些怀疑甚至敌意(就像经济学家对行为经济学的反应一样)[18],但随着时间的推移,顺应"若不能打败他们,就加入他们"的古老格言,行为法律经济学已经成为主流法律经济学的一部分。[19]《法学研究期刊》(*Journal of Legal Studies*)等法律经济学研究的重要平台呈现了许多行为学研究,美国和欧洲法律经济学会(American and European Law and Economics Association)的年度会议也有许多关于行为学研究的报告。由此,在 2011 年,拉塞尔·科罗布金宣称取得了"关于法律经济学学科方法论精髓的战斗的胜利"。[20]此外,随着经济分析逐渐成为法学学术话语的重要部分——首先在美国,随后在其他法律体系(包括加拿大、以色列和荷兰)——行为法律经济学也是如此。即便是那些对法律的经济分析或行为分析并不特别感兴趣的学者,也对行为学发现及其对法律的启示表现出相当大的兴趣。[21]

关于法律学人对行为法律经济学兴趣攀升的粗略估计,可以看看法律学术界对丹尼尔·卡尼曼著作——行为法律经济学的支柱之一——的引用数量。根据在线数据库 HeinOnLine 的"法学期刊库"(Law Journal Library,收录了 2 400 多份法学和法学相关的期刊),在 1976—1980 年间,有 20 篇文章提到了卡尼曼。35 年后,在 2011—2015 年间,他被提及了 1 685 次。[22]图 3.1 呈现了对卡尼曼著作的引用呈指数增长的情况。行为法律经济学发展和成熟的其他迹象,包括在 21 世纪头十年间出版的几本文集[23],以及最近出版的一本手册[24]和几本专著[25]。可能是由于该领域复杂的多学科性质所带来的挑战,本书是以教材兼论著的形式整合行为法律经济学的首次尝试。

学术界对行为经济学和行为法律经济学不断上升的兴趣使其最终迈入了政府的政策制定领域。除了普通立法机构与行政机构将行为学洞见纳入考量之外,越来越多的国家和超国家机构已经建立(或正在建立)专门的单位,旨在发起和推进基于证据的、有行为学依据的政策。[26]

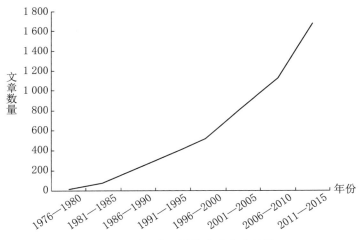

图 3.1　引用卡尼曼的法学文章数量

3.3　方法论

　　早在 20 世纪 20 年代与 30 年代,美国的法律现实主义者就主张将社会科学研究方法引入法学理论和政策制定当中。[27]然而,几十年后,跨学科的革命才真正在法学界发生——首先在美国,随后逐渐进入全球其他地区。如前所述,在各类跨学科运动中,自 20 世纪 70 年代以来,最具影响力的是法律的经济分析。[28]

　　经济学对法律分析的影响,为何比其他学科(如社会学或心理学)更大? 一种回答是,经济学与传统的法律分析之间有一个明显的相似之处:两者都使学者能够"在不进行实证探究的情况下拥抱科学"。[29]惯于理论分析的法学人,对使用人类行为的抽象理论感到尤为自在,因为此类理论无需人们参与混乱的实证调查,也不需要与其行为被研究的人直接互动(社会学和犯罪学则不然)。

　　然而,尽管这种对经济分析的描述在 20 世纪 90 年代初可能是正确的,但在现在已不再准确。在过去的几十年间,实证研究已占据经济学的中心位置,包括在高度理论化的领域,如博弈论。此外法学界在 21 世纪初最引人注目的发展,似乎是实证法学研究(empirical legal studies,ELS)运动的出现。[30]因此,尽管在 1972—2002 年间,在《法学研究期刊》这一同行评审的法律经济学顶尖期刊上发表的文章中,仅有 38.5％的论文以实证研究为基础[31],而在 2015—2016 年,这一比例上升到了 61.8％(55 篇中有 34 篇)。这种趋势愈发影响到行为法律经济学。[32]因此,也许可以将行为法律经济学学术研究分为两种类型,分别部分地对应于两个时期:理论研究,即将心理学家和经济学家产生的实证发现应用于法律问题;以及(主要是最近的)实证研究,即产出专门用于阐明法律问题的新数据。[33]

　　如本书从头到尾所反映的,支撑行为法律经济学的大多数行为学发现,都是由其他学科的研究人员——主要是心理学家和行为及实验经济学家——进行的基础研究的产物。这种情况在未来不太可能改变。在这一点上,行为法律经济学与其他跨学科的法学方法并无二致,比如法律与文学,或者法律与哲学。法学家无法、也无需(重新)产出源于其他学科的大量复杂知识。然而,在进行法律论证时借鉴行为学发现,会受制于所有跨学科方法共同面临的那些问题。在目前的情况下,法学家应该考虑到许多心理学研究结果的不确定性和情境依赖性,注意到人们对认知偏差的敏感度的个体差异,并认识到实验室和现实生活中的决策之间可能存在差异。[34]最重要的是,他们应谨慎借助实证数据来得出规范性结论和政策建议。[35]然而,行为实证法学研究可以克服,或至少减轻其中的一些担忧。

实证法学研究,"包括系统地收集信息('数据'),以及根据一些普遍承认的方法对其进行分析"。[36]大多数与实证法学研究运动相关的研究人员都参与定量(quantitative)研究:他们使用统计学、数学或计算技术来分析数据。但法律的实证研究长期以来也包括质性(qualitative,或译"定性")方法,例如旨在了解人们动机和态度的深入访谈。

以定量研究为重点,实证法学研究可被分为三类:观察性研究、实验室实验研究和现场实验研究,最后一类包括随机的现场实验和自然实验。观察性研究分析的是来自现实世界现象的数据,如诉讼当事人关于和解或辩诉交易的决定。由于收集和编码信息的成本很高,这类研究往往依赖于预先存在的数据库。借助统计工具,研究人员会寻找各种因素之间的相关性(或关联性),例如,程序性和实质性法律规则的特征与诉讼当事人的和解倾向之间的关系。观察性研究的主要优势在于其观察的是真实世界,因此其外部有效性通常较高。这类研究的主要局限性在于,难以确定各因素之间的因果关系,因为现实世界中的行为同时受到多种因素的影响,其中许多因素难以分辨或量化。[37]例如,当比较在法律制度不同的两个不同的时期或两个法域中人们的行为时,法律制度的差异可能与两个时期或两个法域中的任何其他差异相混淆。当两个变量相互关联,往往不清楚是哪个变量导致另一个变量,或是否有第三个变量导致这两者发生。这种限制使从观察性研究中得出政策建议——实证法学研究的一项主要目标——极具挑战性。[38]虽然观察性的实证法学研究普遍存在于在金融市场以及高级法院对宪法事务的决定等领域,但并不常用于研究心理变量对人们的判断与决策的影响。因此,我们不详述其困难之处或减轻这种困难的可能方法。[39]我们只想指出,虽然社会科学中的方法论传统侧重于防止假阳性这种不可靠证据,但根据手头的问题,法律政策制定者可能会同样、甚至更关心假阴性问题——这可能需要在进行实证法学研究、解释实证发现以及从中得出规范性结论时进行调整。[40]

实验室实验通过制造一个人造的决策环境来应对识别因果关系的挑战,实验者在其中控制着相关变量。实验研究通常会将受试者随机分配到两个(或更多)条件下,这些条件在各方面都是相同的,除了被测试的、对判断或决策有影响的那个(些)变量。[41]将足够多的受试者随机分配到每个条件下(并遵守额外的要求),可在一定程度上确保判断或决定的差异并非源自受试者之间的差异,而是源自条件的差异。

行为实验通常使用虚拟情境(vignette),即向受试者展示假设的情境,并询问他们会如何行事,他们期望其他人在这种情况下如何行事,或者他们如何评估这种行为。更常为实验经济学家所用的另一种类型的实验,包含一个互动游戏,该游戏在受试者之间展开,在一个高度程式化、与具体情境无关的环境中进行,受试者的实际回报取决于他们的表现。[42]

与观察性研究一样,实验性研究也面临一系列方法上的挑战,且其结果可能会有不同的解释。此外,实验室实验的两个主要限制,涉及其研究结果的外部有效性和可推广性。外部有效性是指,在实验室环境中产生的研究结果在多大程度上适用于现实世界。可推广性是指研究结果适用的范围。外部有效性和内部有效性之间的一些权衡无法避免。本质上来说,实验室实验抽象化了现实生活的丰富性和复杂性,因此很难排除人们在现实世界中,或者在不同的环境中表现出不同的行为(这是肯定的)的可能性。减轻这些挑战的尝试包括,当研究对象是司法决策时,请拥有相关训练和经验的受试者进行实验,例如,请法官、退休法官、律师或高年级法律学生参与实验,或在研究市场行为时为成功提供金钱激励。

在没有既定的实证法学研究惯例的情况下,研究人员通常遵循例如心理学或经济学等其他学科的惯例。由于行为法律经济学主要受到心理学研究的启发,大多数进行行为实证法学研究的学者都遵循实验心理学的惯例。与实验经济学家不同的是,他们不一定为受试者提供基于表现的金钱激励,且不经常使用可让受试者学习任务的重复实验测试,有时还会误导受试者。根据对货币激励的有限影响的元分析,这种激励通常会在预期其可影响决策时使用。[43] 例如,在研究对他人行为的道德判断时,这种激励并不相关,而当更大的努力无法提升人们的决策时,这种激励还是无效的。至于重复,现实世界中的许多决定并不会被重复做出;因此,要求受试者做出单一的决定,并不会减损结果的外部有效性,而实际上可能还会使其增强。误导可以考察一些用其他方法无法检验的假设。对描述现实生活中的决策任务的虚拟情境的普遍使用,使得行为实证法学研究远比经济学的实验室实验更加真实,从而使它们与实际的法律问题更直接相关。

重要的是,在过去十年左右的时间里,有相当多内部与外部的批评涉及包括实验心理学在内的、社会科学的实验结果,针对的是这些结果有限的可复制性。[44] 近年来,其他学科已经采取了各种措施来应对这一挑战——比如要求研究人员向研究社群公开原始数据,并系统检查已发表研究结果的可复制性。在其他学科中提出的、对实证研究质量的担忧,与法学同样相关,哪怕只是因为几乎所有学生法律评论刊物的编辑都缺乏必要的专业知识来评估行为实验方法的合理性,而美国学生法律评论刊物通常不使用专家评审。[45] 我们应期待实证法学研究社群会采取必要的措施来保证实验法学研究的质量。[46]

不管实证法学研究的质量未来是否会提高,就像依靠基础行为研究一样,实验室实验的局限性——不可避免的和可避免的——要求我们谨慎识别心理现象以及对其普遍性进行假设,特别是在从中得出政策结论时。在学术写作和法律政策制定中,依照由不同研究者在不同环境中进行的多项实验(以及这些实验的元分析)所证实的结果,要比依靠单一或极少数实验安全得多。另一个建议是,将实验室实验与其他类型的实证研究结合起来,包括定量的和质性的观察研究,以及我们现在要讨论的现场实验。

如前所述,观察性研究的主要困难在于从相关性中推断出因果关系,而实验室实验的主要局限在于其外部有效性。为了结合这两种研究的优点,并避免其局限性,学者们越来越多地使用现场实验。这类研究利用自然决策环境中的外部变化来记录这些变化如何影响人们的行为。在随机的现场实验中,实验人员在现实中发起一项人为的干预,然后人们会被随机分配到不同的处理中,就像在实验室实验中一样。[47] 这种干预通常需要与进行实验的组织紧密合作,而这并不总是可行的。另一种类型的现场实验是自然实验,它建立在决策环境的单一外生变化之上,并且会比较不同条件下的决策和结果。[48]虽然有可能优于观察性实验和实验室实验,但现场实验也会引起类似的困难。例如,若发现被认为是随机分配的东西实际上并不随机,自然实验的结果可能就会受到质疑。[49]

由于行为实证法学研究的数量有限,这类研究的结果应与其他学科的行为研究者的基础研究相结合。[50]若有可能,实验室实验的结果应该与观察性实验和现场实验,包括质性实证研究相辅相成。[51]最后,法学家在从描述性论证转向规范性论证时应该非常谨慎,因为即使对现实有很好的把握,也很少能得出直接的规范性或政策性结论。

最终,法律政策制定者——包括立法者、法官和其他公职人员——往往被迫根据不完善的、甚至是薄弱的科学实证数据来进行决策。我们认为,即使在这种情况下,如一些学者所言,考量不完美的实证数据,几乎总是比完全忽视它并坚持理性选择理论的假设更加可取。[52]

3.4　挑战

如前所述,在过去的几十年里,行为学洞见对法律的经济分析和一般的法律分析产生了巨大影响,这些洞见对其他学科的影响亦同样显见。[53]然而,如同任何跨学科的尝试,行为法律经济学面临着相当大的挑战。[54]

即使是在跨越学科界限之前,构成行为法律经济学基础的心理学研究也并未免遭批评。其中,有顾虑涉及实验室内基于虚拟情境的实验的外部(或生态)有效性[55],还有顾虑涉及过于消极地将人类决策描述为系统性地非理性的做法[56]。好在,越来越多的观察性研究和现场实验研究逐渐减轻了前一种顾虑[57],而对理性模型和实际决策之间关系的更细致描述则解决了后者[58]。

另一个困难是,尽管行为学研究取得了巨大的进展,但我们对人类判断和决策的了解仍然存在着巨大的空白,特别是关于不同文化之间的差异,以及任何特定文化中的个体之间的差异。[59]事实上,用人们的判断与决策会无一例外地、以相同的方式偏离经济理性的笼统假设,来替换经济理性的通用假设,是不可接受的,因为它违背了关于个体差异和文化差异的实证数据。[60]幸运的是,关于行为法律经济学普遍犯有这种"罪"的指控被夸大了。[61]然而,承认人们在认知和行为上的异质性,对实证研究和法律政策的制定都构成了巨大的挑战。[62]

可以肯定的是,我们对人们的判断和选择的了解,存在相当大的空白,这些空白在较新的研究领域,如行为伦理学中尤为凸显。[63]但新的研究正在填补这些空白,并逐渐推进我们的知识。实验性和观察性的法学研究,则是在法律所关注的议题上填补空白。总的来说,社会心理学与认知心理学,以及支撑行为法律经济学的其他子学科(如实验经济学和实验哲学),都是动态的领域,它们的共识在不断地发展。虽然,行为经济学和行为法律经济学的反对者倾向于夸大这些困难,但支持者则决不能低估它们。相反,我们都应该认识到一些行为现象在实验室内外的坚实实证基础,以及其他一些发现的不完整性和初步性,并据此往前推进。然而,遗憾的是,大量的认知现象,例如动机性推理和确认偏差,可能会扭曲学者们对行为学研究在这两个方向的成就和局限性的评估(而且,仅仅意识到偏差的存在,并不一定就能消除它们)。[64]

一旦行为学洞见被整合进经济分析,包括法律的经济分析,行为学本身所面临的挑战就会被这种整合所补足。跨越学科边界往往是棘手的,因为各学科在其默认的假设、范式、语词,甚至意识形态的倾向上都有所不同。[65]在目前的情况下,若使用行为学洞见来丰富法律的经济分析(而非法律分析本身),该问题则会愈加严重,因为法律、经济学和心理学之间存在着巨大差异。鉴于从一个以上的学科中获得真正的专业知识所需要的高投入,跨学科的工作有可能出现误解和流于表面。与其说反映"对社会科学文献细致入微的看法",法律学者更有可能会"依赖社科研究的只言片语,而不去回溯源头"。[66]显然,跨学科并不能成为流于表面的理由。正如学者们在参考自己学科的最先进研究时,应该注意到自己学科的细微差别和复杂性一样,他们在借鉴其他学科的动态研究时也应该如此。

将行为学洞见与传统的经济分析(包括法律的经济分析)相结合的一个独特方面在于,理性选择理论的简单性、一般性和优雅性与实证行为研究的复杂性、情境依赖性和混乱性之间的鸿沟——这些特点,使得实证行为研究无法嵌入简单、单一的理论。[67]事实上,虽然人们的选择与理性选择理论模型之间的偏差,并非难以预测,而是系统性的、可预测的,但它们确实因人、因情境和文化而异。事实上,行为学研究的其中一项见解是,人们的判断和决定是情境依赖的。各种启发式同偏差、社会和组织环境,以及人口统计学变量之间,存在着复杂的相互作用。可以说,这样的错综复杂使模型的建构难以进行,或者至少是成本过于高昂。

回应此批评的一种方式,是换一个角度:"关于直觉思维的心理学理论,无法比拟关于信念和选择的正式规范性模型的优雅和精确,但这只是理性模型在心理学上不现实的另一种说法"。[68]另一种回应则指出,对人类判断与决策的理论化已取得相当大的进展。其中包括判断与决策的双加工理论的发展,以及关于系统 1 所使用的启发式如何运作的理论。[69]

此外,当从抽象的模型世界走向现实世界时——法律政策制定是关于现实世界的——坚持不现实的假设并不是一个切实可行的选择。如卡尼曼所说,"生活对于行为经济学家来说,比对于人类理性的忠实信徒而言更加复杂"。[70]在不否认理论之简洁和现实世界之复杂之间存在两相权衡的情况下,法学家和法律政策制定者可能会明智地达成一种更加看重后者的平衡,比起数理经济学家或非实验的博弈理论家。

话虽如此,但仍需谨慎对待行为法律经济学研究这一理论分支。行为经济学的复杂性可以提供很大程度的自由,从而允许法律学者通过在自己的主张中加入科学的魅力来推动政策。一位学者可能会强调某一特定现象的突显性,并认为人们高估了它发生的概率,而另一位学者则可能认为人们过于乐观,并因此低估了同一现象的概率。[71]请注意,这种意见分歧不能通过微调模型来解决,因为这两种假设可能导致相反的政策方案。[72]长期来看,实证行为法律经济学的发展,可以预期会制约法学学者根据行为经济学论点自由地进行猜想的能力。发表向新兴的同行评议渠道的转向,可望会进一步限制该领域的学者们。

关于缺乏统一理论的批评,最后还有一个值得注意的观点:行为经济学、行为法律经济学和法律的非经济行为分析,通常都采用行为学的见解来纠正看待法律和政策问题的经济学视角或其他视角,而非取代这些视角——因此消解了这种批评的要害之处。即使是行为经济学和行为法律经济学的著名支持者,也没有呼吁放弃传统的经济分析工具,而是要求通过采用关于人类行为的更准确的假设,来丰富和改进它们。[73]同样地,即使是行为经济学的严厉批评者,也不反对谨慎使用行为学洞见来纠正和补充标准经济分析。[74]学者和政策制定者都应该承认我们对人类行为理解的局限性,并在铭记这些局限性的前提下谨慎行事。以完美理性为假设的抽象经济模型,成功地阐释了法律相关问题的重要方面,并促使人们重新思考古老的真理。然而,在假设经济理性的模型之外,构建松动这一假设的模型亦有助益,而实际的政策制定不能建立在不切实际的假设之上。

正如学术辩论中经常出现的情况,行为经济学和行为法律经济学的反对者,不仅质疑行为学主张的有效性,与此同时还坚持认为传统经济学长期以来已经包容了这些主张。因此,有观点认为,诸多行为经济学(或它的某些版本)视为偏离理性之处,只是一些人的特殊偏好,因此与传统经济分析完全兼容。例如,一个由于害怕飞行而选择地面交通的人,可能会被描述为非理性——鉴于地面交通实际上更危险——但传统经济学可能只是将其视作一种特定的偏好。[75]虽然这种辩护通常有其道理,但它同样有导致偏好的概念变成同义反复的风险:如果一个人作出的任何选择在定义上都是对其独特偏好的反映,那么预测就几乎是无法反驳的。[76]同样,将信息问题(information problems)的概念过度扩展,使之涵盖人们在拥有所有必要信息的情况下做出轻率决定的情形,也很难有助于思考的明晰。

更重要的是,无论是"我们早就知道"的论点,还是声称行为学洞见可以被整合到传统模型中的主张,都不会威胁到行为学研究。如果经济学家在行为经济学出现之前就知道人们不是理性的效用最大化者(在某种程度上他们肯定知道),那便顺其自然;只要行为学洞见被整合入经济模型以更准确地捕捉人类行为,建模技术的选择就基本上是一个方法上的便利问题。[77]再举一例,有人认为,短视和有限意志力(甚至成瘾行为)的问题,未必与理性选择理论不相容,反而可以通过将人们视为不同的自我,而纳入理性选择的框架。[78]同样,只要经济分析不对这些记录在案的现象视而不见,这样的分析就与行为经济学和行为法律经济学兼容。

对经济学中的行为学转向和法律的经济分析的许多批评——它对实验室实验的过度依赖、统一理论的缺乏、不完整、复杂性等等——是出于对行为经济学和行为法律经济学的潜在规范含义的不认同。如下一章所阐述,行为学发现经常被用来倡导政府在市场内外进行更多的干预(无论是为了保护人们免遭他人利用,还是帮助人们避免犯错误),以及倡导采用受行为学启发的监管(所谓的助推)。[79]事实上,围绕行为经济学和行为法律经济学的一些方法上和方法论上的争议,似乎是对规范和意识形态争论的一层薄薄的掩饰。为了使思路更为清晰,我们建议将实证和方法论问题与规范性问题区分开来(同时牢记它们之间重要的相互关系)。事实上,从实证发现中不能必然得出任何规范性结论——有时,行为学洞见会为规范性政策辩论的双方都提供支持。[80]行为法律经济学的支持者应该小心,不要从行为学发现跳到规范性结论,而反对者则不应该对行为学发现的所谓规范性结论视而不见。规范性问题将在第4章讨论。

从好的方面看,整合经济学、心理学和法学的见解,有助于将方法论与意识形态脱钩。不同的跨学科法律研究方法在概念和方法论上的分歧,往往与意识形态的倾向相伴相生:共享特定的跨学科视角的学者,也通常共享相同的规范世界观。具体来说,法律的经济分析往往与"芝加哥学派"的右派经济哲学有关。[81]因此,利用行为学研究来质疑理性选择理论的假设,可以促使人们重新审视意识形态的倾向——首先是"福利最大化的目标与反对监管的偏见之间一脉相承的逻辑关系"。[82]

最后,将行为学洞见纳入法律和法律的经济分析,面临着切实的挑战。虽然这些挑战都不是不可克服的,但它们确实要求我们更为谨慎和老练地生产更多更好的经验数据,解释这些数据,或在法律分析中利用这些数据。正如本书第三篇至第五篇所展示的,尽管行为法律经济学已经对许多法学领域产生了实质性的影响,但这种影响的程度在不同的领域之间有很大的差异,而在某些领域,大部分的工作还没有完成。另一个必要的扩展,是将行为学的见解应用于非美国的法律规范和制度,因为目前的许多文献过于以美国为中心。

3.5　结语

行为学研究对经济学、法律的经济分析与法学理论都产生了巨大影响,且这种影响正持续扩大。近年来,法学研究中一个颇受欢迎的发展趋势,一直是法律实证研究的涌现,而这又进一步推进了行为法律经济学。一如跨学科尝试的常态——尤其是那些试图从三个学科中整合见解的努力——行为法律经济学面临着诸多挑战。但这些挑战中没有任何一项是无法逾越的,而行为法律经济学向法学领域和政策制定作出的巨大贡献亦表明,这样的努力是值得的。

注　释

[1]　参见:Richard A. Posner, Economic Analysis of Law (9th ed. 2014);上文 1.1 节、1.2 节、1.3 节。

[2]　许多人认为,Rhichard Thaler 的重要论文 *Toward a Positive Theory of Consumer Choice* [1 J. Econ. Behav. & Org. 39 (1980)] 是对现代行为经济学的第一项重大贡献。Herbert Simon 早期对有限理性的研究,是现代发展的重要先驱。参见:Herbert A. Simon, *A Behavioral Model of Rational Choice*, 69 Q.J. Econ. 99 (1955); Herbert A. Simon, Models of Man (1957)。

[3]　参见 Advances in Behavioral Economics (Colin F. Camerer, George Loewenstein & Matthew Rabin eds., 2003)。

[4]　参见 Daniel Kahneman & Amos Tversky, *Prospect Theory: An Analysis of Decision under Risk*, 47 Econometrica 263 (1979)。另见上文 2.3 节。

〔 5 〕 参见：Thaler，前注[2]；Mark Kelman，*Consumption Theory，Production Theory，and Ideology in the Coase Theorem*，52 S. Cal. L. Rev. 669 (1979)。令人惊讶的是，塞勒与凯尔曼都参考了卡尼曼与特沃斯基的文章，甚至在它还未被发表之时——远在万维网出现之前。

〔 6 〕 参见 Michael J. Saks & Robert F. Kidd，*Human Information Processing and Adjudication：Trial by Heuristics*，15 Law & Soc'y Rev. 123 (1980)。另见下文 16.2.2 节、16.2.4 节。

〔 7 〕 参见 John C. Coffee, Jr.，*"No Soul to Damn：No Body to Kick"：An Unscandalized Inquiry into the Problem of Corporate Punishment*，79 Mich. L. Rev. 386 (1981)。

〔 8 〕 参见 James D. Cox & Harry L. Munsinger，*Bias in the Boardroom：Psychological Foundations and Legal Implications of Corporate Cohesion*，48 Law & Contemp. Probs. 83 (1985)。

〔 9 〕 参见 Howard A. Latin，*Problem-Solving Behavior and Theories of Tort Liability*，73 Cal. L. Rev. 677 (1985)。

〔10〕 参见 Thomas H. Jackson，*The Fresh-Start Policy in Bankruptcy Law*，98 Harv. L. Rev. 1393 (1985)。

〔11〕 参见 Cass R. Sunstein，*Legal Interference with Private Preferences*，53 U. Chi. L. Rev. 1129 (1986)。

〔12〕 参见 Ward Edwards & Detlof von Winterfeldt，*Cognitive Illusions and Their Implications for the Law*，59 S. Cal. L. Rev. 225 (1986)。

〔13〕 参见 Robert C. Ellickson，*Bringing Culture and Human Frailty to Rational Actors：A Critique of Classical Law and Economics*，65 Chi.-Kent L. Rev. 23 (1989)。另见：Thomas S. Ulen，*Cognitive Imperfections and the Economic Analysis of Law*，12 Hamline L. Rev. 385 (1989)；Hal R. Arkes，*Principles of Judgment/Decisionmaking Research Pertinent to Legal Proceedings*，7 Behav. Sci. & L. 429 (1989)。

〔14〕 截至 1998 年的系统性文献综述，参见 Donald C. Langevoort，*Behavioral Theories of Judgment and Decision Making in Legal Scholarship：A Literature Review*，51 Vand. L. Rev. 1499 (1998)。

〔15〕 参见：Christine Jolls, Cass R. Sunstein & Richard Thaler，*A Behavioral Approach to Law and Economics*，50 Stan. L. Rev. 1471 (1998)；Russell B. Korobin & Thomas S. Ulen，*Law and Behavioral Science：Removing the Rationality Assumption from Law and Economics*，88 Cal. L. Rev. 1051 (2000)。

〔16〕 Fred R. Shapiro & Michelle Pearse，*The Most-Cited Law Review Articles of All Time*，110 Mich. L. Rev. 1483 (2012)。

〔17〕 出处同上，第 1507 页。

〔18〕 参见：Robert E. Scott，*Error and Rationality in Individual Decision-Making：*

An Essay on the Relationship between Cognitive Illusions and the Management of Choices，59 S. Cal. L. Rev. 329 (1986)；Richard A. Posner，*Rational Choice*，*Behavioral Economics and the Law*，50 Stan. L. Rev. 1551 (1998)。

[19]　在理查德•塞勒发表对行为法律经济学严厉批评(Posner，同前注[18])的 16 年之后，他在其著作最新版的序言中承认，该著作"更加能够接受对'理性选择'法学方法的批评——这些批评说服了我去使用心理学洞见对该方法进行补充"。Posner，前注[1]，第 xxii 页。诚然，有一些律师经济学家始终对行为法律经济学持怀疑态度。参见 Alan Schwartz，*Regulating for Rationality*，67 Stan. L. Rev. 1373 (2015)。关于对行为法律经济学的批评，参见下文 3.4 节。

[20]　参见 Russell Korobkin，*What Comes after Victory for Behavioral Law and Economics*，2011 U. Ill. L. Rev. 1653，1656。

[21]　参见：Melvin Aron Eisenberg，*The Limits of Cognition and the Limits of Contract*，47 Stan. L. Rev. 211 (1995)；Russell Covey, Reconsidering the Relationship between Cognitive Psychology and Plea Bargaining，91 Marq. L. Rev. 213 (2007)。

[22]　参见 http://heinonline. org/HOL/Index? collection ＝ journals（上次访问日期：2017 年 8 月 1 日）。

[23]　参见：Behavioral Law and Economics (Cass R. Sunstein eds.，2000)；The Law and Economics of Irrational Behavior (Francesco Parisi & Vernon Smith eds.，2005)；Behavioral Law and Economics (Jeffrey Rachlinski eds.，2009)。

[24]　参见 The Oxford Handbook of Behavioral Economics and the Law (Eyal Zamir & Doron Teichman eds.，2014)。

[25]　可参见：Oren Bar-Gill, Seduction by Contract：Law，Economics，and Psychology in Consumer Markets 2 (2012)；Eyal Zamir，Law，Psychology，and Morality：The Role of Loss Aversion (2015)。

[26]　相关综述，参见：The Behavioral Foundations of Public Policy (Eldar Shafir ed.，2013)；Raj Chetty，*Behavioral Economics and Public Policy*：*A Pragmatic Perspective*，105 Am. Econ. Rev. 1 (2015)。另见下文 4.4.3 节。

[27]　参见：Karl N. Llewellyn，*A Realistic Jurisprudence—The Next Step*，30 Colum. L. Rev. 431，444 (1930)；Roscoe Pound，*The Call for a Realist Jurisprudence*，44 Harv. L. Rev. 697，703 (1931)。类似的呼吁也在欧洲被提出。参见 Guido Tedeschi，*Su lo Studio dell'applicazione del Diritto civile*，7 Ann. dir. Comparato Studi Legisl. 89 (1933) (It.)。

[28]　在某些时候，有必要区别学科间(interdisciplinary)与跨学科(cross-disciplinary)研究。跨学科(有时或被称为弱学科间)指的是，使用某一学科之洞见、概念、视角，以及研究方法论，来丰富与推动另一学科的研究。学科间(或强学科间)指的是合成与整合两个(或更多)学科，以创造一个新的知识体系(例如犯罪学或生物化学)。参见 Arabella Lyon，*Interdisciplinarity*：*Giving Up Territory*，54 College English 681 (1992)。根据此分类，大多数学科间法学研究——包括行为法律经济

学——实际上是跨学科研究,尽管法律的经济分析可能最接近于形成独立的知识体系。

[29] 参见 Mark Cooney, *Why Is Economic Analysis So Appealing to Law Professors*?, 45 Stan. L. Rev. 2211, 2229 (1993)[对 Robert C. Ellickson, Order without Law: How Neighbors Settle Disputes (1991)的评论]。

[30] 参见 Jeffrey J. Rachlinski, *Evidence-Based Law*, 96 Cornell L. Rev. 901 (2011); *Symposium*: *Empirical and Experimental Methods in Law*, 2002 U. Ill. L. Rev. 791 – 1176; Jonah B. Gelbach & Jonathan Klick, *Empirical Law and Economics*, in The Oxford Handbook of Law and Economics 29 (Francesco Parisi eds., 2017)。另见 The Oxford Handbook of Empirical Legal Research (Peter Cane & Herbert M. Kritzer eds., 2010); Robert M. Lawless, Jennifer K. Robbennolt & Thomas S. Ulen, Empirical Methods in Law (2010)。

[31] 参见 William M. Landes, *The Empirical Side of Law and Economics*, 70 U. Chi. L. Rev. 167, 170 (2003)。

[32] 关于实证法学研究与行为法律经济学,参见:Avishalom Tor, *The Methodology of the Behavioral Analysis of Law*, 4 Din U'Dvarim (Haifa L. Rev.) 237, 272 – 91 (2008); Christoph Engel, *Behavioral Law and Economics*: *Empirical Methods*, in The Oxford Handbook of Behavioral Economics and the Law,前注[24],第 125 页。

[33] 参见:Tor,前注[32],第 272—291 页;Daphna Lewinsohn-Zamir, *Behavioral Law and Economics of Property Law*: *Achievements and Challenges*, in The Oxford Handbook of Behavioral Economics and the Law,前注[24],第 377 页、第 378—379 页。

[34] 参见:Tor,前注[32],第 272—281 页;下文 3.4 节。

[35] 参见:Jeffery J. Rachlinski, *The Uncertain Psychological Case for Paternalism*, 97 Nw. U. L. Rev. 1165 (2003);下文第 4 章。

[36] 参见 Peter Cane & Hebert M. Kritzer, *Introduction*, in The Oxford Handbook of Empirical Legal Research,前注[30],第 1 页、第 4 页。

[37] Gelbach & Klick,前注[30]。

[38] 参见 Jeffrey J. Rachlinski, *Does Empirical Legal Studies Shed More Heat than Light? The Case of Civil Damage Awards*, 29 Ratio Juris 556 (2016)。

[39] 参见 Richard Blundell & Monica Costa Dias, *Alternative Approaches to Evaluation in Empirical Microeconomics*, 44 J. Human Resources 565 (2009)。

[40] 参见 Christoph Engel, *Empirical Methods for the Law*, J. Institutional & Theoretical Econ. (forthcoming 2018)(工作论文, May 2017,网址:https://ssrn.com/abstract=2966095)。

[41] 实验设计可以是在受试者之间(受试者会受到不同的处理),或在受试者内部(同一个受试者在不同情境下作出判断与决策)。一项实验可能同时使用受试者之间与

受试者内部的元素。

[42] 关于实验心理学与实验经济学之间的区别,参见:Ralph Hertwig & Andreas Ortmann, *Experimental Practices in Economics*:*A Methodological Challenge for Psychologists?*, 24 Behav. & Brain Sci. 383 (2001);Engel,前注[32],第 134—136 页。

[43] 参见上文 2.8.6 节。

[44] 参见:Open Letter from Daniel Kahneman, Nature (Sept. 26, 2012,网址:http://www. nature. com/polopoly_fs/7. 6716. 1349271308!/suppinfoFile/Kahneman%20Letter.pdf);Kathryn Zeiler, *The Future of Empirical Legal Scholarship*:*Where Might We Go from Here?*, 66 J. Legal Educ. 78, 81–84 (2016);Open Science Collaboration, *Estimating the Reproducibility of Psychological Science*, 349 Sci. aac4716-1 (2015)。

[45] 参见 Zeiler,前注[44]。的确,一次试图复制三项行为实证法学研究的发现的初步尝试,产生了让人喜忧参半的结果。参见 Kristin Firth, David A. Hoffman & Tess Wilkinson-Ryan, *Law and Psychology Grows Up*, *Goes Online*, *and Replicates*(工作论文,Aug. 2017,网址:http://ssrn.com/abstract=3020401)。

[46] 在该方向迈出的开创性一步,是于 2018 年 4 月 1 日在加利福尼亚州克莱蒙特市举办的实证法学研究可复制性会议(Empirical Legal Studies Replication Conference)。

[47] 参见:Barak Ariel, *Deterrence and Moral Persuasion Effects on Corporate Tax Compliance*:*Findings from a Randomized Controlled Trial*, 50 Criminology 27 (2012);Eyal Zamir, Daphna Lewinsohn-Zamir & Ilana Ritov, *It's Now or Never*!*Using Deadlines as Nudges*, 42 Law & Soc. Inquiry 769, 780–84 (2017)。

[48] 参见:David S. Abrams & Albert H. Yoon, *The Luck of the Draw*:*Using Random Case Assignment to Investigate Attorney Ability*, 74 U. Chi. L. Rev. 1145 (2007);Zamir, Lewinsohn-Zamir & Ritov,前注[47],第 784—787 页。

[49] 参见 Keren Weinshall-Margel & John Shapard, *Overlooked Factors in the Analysis of Parole Decisions*, 108 Proc. Nat'l Acad. Sci. USA E833 (2011)[对 Shai Danziger, Jonathan Levav & Liora Avniam-Pesso, *Extraneous Factors in Judicial Decisions*, 108 Proc. Nat'l Acad. Sci. USA 6889 (2011)的批评]。

[50] 参考 Tor,前注[32],第 290—291 页。

[51] 在单一出版物中尝试这样的结合的研究,参见:Eric J. Johnson et al., *Framing*, *Probability Distortions*, *and Insurance Decisions*, 7 J. Risk & Uncertainty 35, 46–48 (1993);Zamir, Lewinsohn-Zamir & Ritov,前注[47]。关于这些研究的详情,分别可见下文 7.3.2 节与 4.4.3 节。

[52] 参见 Schwartz,前注[18]。

[53] 参见上文 2.1.1 节、3.2 节。

[54] 参见:Gregory Mitchell, *Alternative Behavioral Law and Economics*, in The Oxford Handbook of Behavioral Economics and the Law,前注[24],第 167 页;Thomas

S. Ulen, *The Importance of Behavioral Law*, in The Oxford Handbook of Behavioral Economics and the Law,前注[24],第 93 页、第 110—120 页。

[55] 参见：Gregory Mitchell, *Taking Behavioralism Too Seriously*?：*The Unwarranted Pessimism of the New Behavioral Analysis of Law*, 43 Wm. & Mary L. Rev. 1907 (2002);上文 2.1.4 节。

[56] 参见上文 2.1.4 节。

[57] 参见：Colin F. Camerer, *Prospect Theory in the Wild*：*Evidence from the Field*, in Choices, Values, and Frames 288 (Daniel Kahneman & Amos Tversky eds., 2000); Stefano DellaVigna, *Psychology and Economics*：*Evidence from the Field*, 47 J. Econ. Lit. 315 (2009)。

[58] 参见 Jonathan Baron, *Heuristics and Biases*, in The Oxford Handbook of Behavioral Economics and the Law,前注[24],第 3 页、第 12—14 页。

[59] 分别参见上文 2.8.5 节、2.8.1 节。

[60] 参见 Gregory Mitchell, *Why Law and Economics' Perfect Rationality Should Not Be Traded for Behavioral Law and Economics' Equal Incompetence*, 91 Geo. L.J. 67 (2003)。另见 Jeffrey J. Rachlinski, *Heuristics, Biases, and Philosophy*, 43 Tulsa L. Rev. 865, 870‑75 (2008)。

[61] 参见 Robert A. Prentice, *Chicago Man, K‑T Man, and the Future of Behavioral Law and Economics*, 56 Vanderbilt L. Rev. 1663, 1722‑65 (2003)。

[62] 参见 Korobkin,前注[20],第 1668—1673 页。

[63] 参见：上文 2.4.9 节;下文 12.5 节。

[64] 参见上文 2.4.2 节、2.8.6 节。

[65] 在此举一个琐碎但却有力的例子,在文本中被使用的"范式"(paradigm)一词,在行为科学(在此语境下,它指的是一种被特定标准所定义的实验设置)与其他学科中的含义有相当大的不同,后者例如法学(在此语境下,它指代一系列思考模式,包括理论、研究方法、普遍假设,以及关于什么是对该领域的合法贡献的惯例)。

[66] Max Minzner, *Detecting Lies Using Demeanor, Bias, and Context*, 29 Cardozo L. Rev. 2557, 2558 (2008)(涉及对情态证据价值的研究;另见下文 16.2.1 节)。

[67] 参见：Posner,前注[18],第 1552 页、第 1558—1561 页(把行为经济学描述为"反理论的");Ulen,前注[54],第 111—112 页。

[68] 参见 Daniel Kahneman, *Maps of Bounded Rationality*：*Psychology for Behavioral Economists*, 93 Am. Econ. Rev. 1449, 1449 (2003)。另见 Richard H. Thaler, The Winner's Curse：Paradoxes and Anomalies of Economic Life 198 (1992)("你想要简洁而精确的错误,还是混乱而模糊的正确?")。

[69] 参见上文 2.1.2 节、2.1.3 节。

[70] 参见 Daniel Kahneman, Thinking, Fast and Slow 412 (2011)。

[71] 比较下面两篇论文:Jolls, Sustein & Thaler,前注[15],第 1525 页(讨论了人们对侵权责任概率的估计,并且指出"在被认定需负责任的威胁十分突显的情况下,个

体也许会倾向于高估被制裁的可能性");以及 Christine Jolls，*Behavioral Economic Analysis of Redistributive Legal Rules*，51 Vand. L. Rev. 1653，1663 (1998)[在强调过度乐观的同时,讨论了同一个问题,并得出结论认为,"很难想出这样的例子,即引发个人责任的事件,其发生的概率更可能被高估,而不是(如上所述)被低估"]。

[72]　参见 Doron Teichman，*The Optimism Bias of the Behavioral Analysis of Criminal Law*，2011 U. Ill. L. Rev 1697，1704。

[73]　可参见：Daniel Kahneman，*A Psychological Perspective on Economics*，93 Am. Econ. Rev. 162，165–66 (2003)；Jolls, Sunstein & Thaler，前注[15]，第 1474 页、第 1545 页。

[74]　可参见 David K. Levine, Is Behavioral Economics Doomed? The Ordinary versus the Extraordinary (2012)。

[75]　参见 Posner,前注[18]，第 1554 页。同样,由于投票可能会被看作是非理性的,因为某人的投票能实际影响选举结果的可能性极小,因此投票也有可能被看作是一种特定的偏好。(出处同上,第 1554—1555 页)。

[76]　参见 Korobin & Ulen,前注[15]第 1061—1062 页。

[77]　关于将行为学洞见整合至经济学建模的前景,参见 Chetty,前注[26]。

[78]　参见 Matthew Rabin，*Psychology and Economics*，36 J. Econ. Literature 11，39–40 (1998)；Posner,前注[18]，第 1555—1557 页。关于短视与有限意志力,参见上文 2.6.2 节。

[79]　参见下文 4.4 节。

[80]　参见下文 6.4.3 节、6.5 节。

[81]　参见 Gary Minda，*The Jurisprudential Movements of the 1980s*，50 Ohio St. L.J. 599，602 (1989)。

[82]　参见 Korobkin,前注[20]，第 1658 页。另见下文 4.2 节。换言之,奉行自由至上价值观的经济学家,可能会这样来应对行为学研究的发现:重新表述规范经济分析的基本前提,减少福利的权重,增加自主性的权重。参见 Péter Cserne，*Behavioural Law and Economics as Litmus Test*，7 Œconomia—Hist.，Methodology，Phil. 305 (2017)。

▶4

规范性含义

4.1　绪论

前几章介绍了行为法律经济学的经济学背景与心理学基础,以及对此跨学科视角的概述。本章将讨论心理学研究发现的规范性含义。当我们从描述性转向规范性,心理现象的复杂之处会在当前范围广泛的规范性理论中变得更为错综复杂。因此,本章并不试图涵盖认知心理学、规范性理论和法律之间的所有互动,而是专注于那些贯穿不同领域的基本问题。具体认知现象的规范性含义,将在专门讨论特定法律领域的章节中进行探讨。

我们的讨论并不假定人们可以直接从"实然"中推导出"应然"。[1]相反,我们认为,心理学发现至少可以通过三种方式贡献于法律政策的制定。首先,人类心理与任何规范性理论的建构都相关。任何规范性理论的基本要素——包括其关于人类福祉的底层观念,及其关注焦点,例如行为或规则——都是基于对人类心理的假设。其次,一旦一项规范性理论被建构出来,旨在实现特定目标的法律政策制定者——无论目标是促进经济平等,还是阻止反社会行为——就会面临在实现该目标的不同手段之间的实际选择。我们可能会看到,关于人类心理的实证理论对做出这些选择至关重要。[2]最后,法律政策制定者应该考虑到那些执行法律的人(如法官、陪审团和行政人员)的启发式和偏见。理想情况下,政策制定者应该意识到他们自身的启发式和偏见,并努力应对它们——评估法律和法律机构的学者也应如此。

4.2 节首先将概述幸福研究以及启发式和偏差研究对人类福利理论的贡献。随后将探讨后者的研究会如何影响对规范性理论的关注点(行为、规则等)的选择。4.3 节聚焦普遍道德判断的规范重要性,道德心理学家已对这些判断进行了系统的研究。该节认为,法律应该考虑到这些判断,无论是出于原则性的原因(民主价值),还是出于工具性的原因(确保法律的可接受性和有效性)。4.4 节从伦理学和法学理论转向更为实际的法律政策制定问题。该节将首先讨论行为研究对设定法律规范目标的两个主要影响:防止人们利用他人的认知偏见,以及保护人们不受自己的失误影响。从目标转向手段,4.4 节接着强调行为研究对披露义务设计和受行为学启发的监管的贡献。

4.2　行为学发现与规范性理论

规范性法律分析借鉴了规范伦理学。尽管规范伦理学理论的图景十分复杂,但有一个因素,在几乎所有规范性理论中,在判断任何行为、规则或其他东西的道德性时,都被认为至关重要:其结果。[3] 此外,尽管各种规范性理论在其认为相关的结果的范围上各有不同,但有一种类型的结果是所有理论都会考虑到的——一个行为、一项规则,或任何其他东西对人类福利的影响。如第 1 章所解释的,福利经济学将人类福利视作最终决定任何行为或规则之道德性的唯一因素。[4]

虽然所有的规范性理论都承认人类福利的重要性,但它们采用了不同的关于人类福利的观念。从图式上看,人类福利理论有三种主要类型:(1)享乐主义的心理状态理论;(2)基于偏好的理论;以及(3)客观清单理论。[5] 根据心理状态理论,人类福祉是由快乐的存在和痛苦的缺失决定的。基于偏好的理论认为,人们的福祉的提高与其欲望得到满足的程度相匹配。根据实际偏好理论,一个人福祉的提升与其实际偏好被满足的程度相符。与之形成对比的理想偏好理论则认为,一个人的福祉与其理想偏好得到满足的程度相匹配。理想偏好是指,当一个人冷静和理性地考虑任何问题时会具有的偏好,这种考虑涵盖了所有相关信息,排除了无关信息,等等。最后,客观清单理论认为,人类福祉包括拥有某些东西,如健康、自主权和成就感。虽然客观清单看似含括自由(因而重视人们满足其欲望的能力)与幸福(因而欣赏积极的精神状态),但无论是偏好满足还是精神状态,都不能作为客观理论下人类福祉的最终衡量标准。

对人类福利理论的选择,对法律政策制定有重大影响。由于近几十年来标准经济分析在法学理论中地位突出,许多法律分析都隐含或明确地假定人类福祉包括(实际)偏好的满足。然而,关于人类福祉的其他理论,可能实质上更胜一筹,且可能会更好地解释和论证现有或拟议的法律规范。例如,坚持福利的实际偏好理论,可能会防止法律上的家长主义;而享乐主义、理想偏好和客观清单理论,则更容易接受充斥在法律中的家长主义政策。[6] 较不显见的是,就再分配的法律政策而言,实际偏好理论倾向于认可金钱的再分配——接受者可如己所愿地花钱——而客观清单和理想偏好理论则更有可能认可实物的再分配,也就是说,给人们一些客观定义上能提高他们福祉的东西,如体面的住所和尊重。[7]

心理学研究对这些辩论的一个贡献,来自对主观感受的研究。一些研究表明,尽管发生了(某些类型的)重大的积极或消极事件,人们仍能保持相对稳定的幸福水平(所谓的享乐适应,hedonic adaptation)。[8] 其他研究表明,人们对某一经历的判断,很大程度上是基于它在巅峰时和结束时的情况(巅峰-结束效应,peak-end effect),而非基于该经历的每一时刻的总和,由此可看出,在人们的实际经历和回溯时对它的评估之间,是存在差距的。[9] 福利的精神状态理论倾向于强调实际的经历,后者会成为衡量福利的终极指标。相比之下,偏好满足理论可能更重视人们对某一特定经历的事前预期和事后评估,因为这些预期或评估很有可能会塑造他们的偏好。在任何事件当中,由于人们通常偏好积极而非消极的精神状态,并且由于积极的精神状态(以及对消极精神状态的避免)也是任何可信的客观清单的一部分,幸福研究与所有规范性理论都相关。

在法律领域,这些研究的发现,在法律试图对人们的痛苦进行补偿,或者试图惩罚不法分子(出于威慑或应得赏罚的目的)等情况下,尤为相关。[10]然而,尽管这些发现在精神状态理论下是决定性的,但在基于偏好或客观清单的人类福利理论下,其重要性则要小得多。

对人类福利相关争论的另一个贡献,来自对判断与决策的研究,这些研究证明了人们在感知和处理信息、形成判断和做出选择时的系统性错误。无论这些错误是令人遗憾的缺陷,还是生态适应性的特征,它们的存在是反对把人们实际偏好的满足作为人类福利的最终衡量标准的主要论据。[11]不仅外部观察者经常把人们的选择判断为自我伤害——有时这些人自己在事后也会意识到,他们对某些选择对其福利之影响的预测,是错误的。可以肯定的是,可能会有强有力的论点反对剥夺人们自己做决定的自由,即便无论是在理想的还是客观的福利定义下,这些决定都不太可能提升他们的福利。然而,此类论点与认为满足人们的实际欲望会在事实上提高他们的福利大有不同。事实上,即使是基于偏好的福利主义规范性理论的热心倡导者,如路易斯·卡普洛(Louis Kaplow)和史蒂文·沙韦尔(Steven Shavell),也承认,"如果个人不了解情境会如何影响他们的福祉",那么这两位作者的分析"可能就可以应用于个人的实际福祉——在正确了解自己会如何被影响时的偏好——而非反映在他们错误的偏好中的个人福祉"。[12]

行为研究可能启发规范性理论的另一个方面,是选择合适的分析焦点:例如行动、规则、动机、美德等。[13]因此,比如说,行为后果主义认为,行为人应该始终努力产生最好的结果;相比之下,规则后果主义则认为,行为人应遵守一套规则,遵守这些规则就可以产生最好的结果,即便有时遵守这些规则会导致次优的结果。[14]我们依旧无法在此深入研究关于关注焦点的哲学辩论。然而,值得指出的是,将规则而非行为作为相关焦点的一个关键论点,根植于这样一种担忧:人们在判断每一个可得选项的可取性时,都有可能犯错。要求人们遵循更简单、更普遍的规则可能会产生更好的整体结果。[15]

举一个法律领域的例子:如果所有人都是完美的决策者,我们也许就可以采用司机不能闯红灯这一规则,除非在通盘考虑后发现,闯红灯的总收益超过了成本。然而,若意识到司机可能会误判其他物体的速度和距离,由于可得性启发式和其他启发式而误判概率,以及以自利的方式处理信息(在此仅提及几个相关的心理现象),采取绝对禁止闯红灯的做法似乎更可取。虽然这种禁止有时会导致时间浪费和额外的空气污染,但考虑到让司机在每次接近路口时都进行成本收益分析的风险,这些成本是值得承担的。

4.3 普遍道德判断与法律

在过去几十年里,尤其是在最近几年,大量的实验研究考察了人们在多种道德困境中的判断。如第2章所详述,许多此类研究使用了不同版本的电车难题,来激发人们去判断是否可以允许主动或故意伤害一些人以拯救其他人。[16]实验研究还考察了人们对不同法律问题的规范性判断,例如:刑事制裁的强度,是否应该取决于被发现和被逮捕的概率[17];被告对安全措施的成本效益分析,对惩罚性赔偿的裁定金额的影响[18];社会角色和人际关系,在确定合同前主动欺骗和不披露的道德性时的重要性[19];在不同情况下违约的道德维度,包括违约者的动机[20];律师及其客户之间的胜诉收费安排的公正性[21];以及根据单纯的统计证据或更普遍的间接证据来施加民事和刑事责任的做法[22]。

大多数、甚至绝大多数受访者——无论是非专业人士还是专家——都持有某些规范性判断这一发现,并不能证明这些判断是合理的。然而,这种判断对法律具有规范含义。

在一个民主国家,民众的意愿是政治权力和合法性的来源,法律通常应该与普遍道德信念相关联。哈罗德·伯尔曼(Harold Berman)指出:"正如英国的普通法(common law)应反映英国人民的常识,德国的共同法(*jus commune*)也应反映德意志民族在发展中的共同意识。"[23]根据自然法理论,这种关联性至关重要。自然法理论认为法律与道德密切相关,且不道德的法律是无效的。[24]这也符合法律实证主义。虽然反对法律的有效性取决于其优点的观念,但法律实证主义者并不否认法律和道德之间的联系。例如,H.L.A.哈特(H. L. A. Hart)欣然承认:"每个现代国家的法律,都在无数个议题上反映了公认的社会道德和更广泛的道德理想的影响。"[25]

法律政策制定者应考虑到普遍的规范性判断,这不仅是出于原则性的原因,亦是出于实用性的考量。大量研究已经证明刑事司法系统的感知公平性对其有效性的重要性。[26]近来,学者们扩展了这一论点并提出,感知公平性对促进民事语境下的合作也可能扮演着重要角色。[27]为了实现合法性与合规性,法律规则应该与普遍道德直觉相一致。

4.4　受行为学启发的法律制定

4.4.1　概述

本节从伦理学和法学理论转向法律政策制定。本节将讨论两个基本问题:法律应寻求实现什么目标,以及它应采取何种手段来实现目标。我们并不试图对这些重大问题提供全面的答案,而是重点强调行为学见解对这些问题的关键贡献。

行为学洞见在两个主要方面与法律政策制定相关。首先,由于认知偏差阻碍了人们实现其目标,法律可尝试帮助人们克服这些偏差,或者消解其影响。它至少应该寻求最大限度地减少他人对这些偏差的利用。其次,无论人们未能达致最优行为的原因为何——无论是传统的市场失灵、行为市场失灵,还是其他原因——心理学洞见都可以对法律如何改善人们的选择和行为有所启发。以下几个小节将依次讨论这两个问题。认知心理学对法律政策制定的第三种贡献,是揭示出法律决策者自身的启发式和偏差会如何影响法律制定。我们将在此触及这一问题,并在关于公法和司法决策的章节对其进行更全面的探讨。[28]

4.4.2　目的

引言

在一个完美的竞争性市场中,完全理性的人们可以提高自身的福利,而供求规则则在人们在逐求自身利益时,确保整体社会效用的最大化。在这样的环境中,法律体系也许会满足于仅仅定义和保护产权,以及执行自由的交易。然而,在现实世界中,公共品往往由非市场机制提供;如垄断、外部性和信息问题等市场失灵,会阻碍整体社会福利的最大化;而有限理性会阻碍人们自身福利的提高。除了最大化整体社会福利和(更具争议的)保护人们不受自身错误的影响,法律还可能努力促进或保护其他各种价值——从人类尊严、平等和公平,到保护生态系统和非人类物种,不一而足。

行为学洞见虽可能与任何法律问题相关,但它们似乎在两种情境下对设定法律目标尤为重要:防止他人利用人们的认知偏差,以及保护人们免受自己的错误影响。[29]

防止不公正利用

无论是有意还是无意,我们都偶尔会利用他人的认知偏差来实现我们的目标:我们把希望他人选择的选项呈现为默认选项,或将其描述为两个极端选项之间的折中选项;我们会提及戏剧性的事件,来说服人们采取某些预防措施,等等。通常,这种情况下的利害程度不足以成为法律干预的理由,也不足以引起严肃的法律考量。然而,当屡犯者系统性地操纵人们的偏差时——如企业使用可疑营销方法——则基于效率、公正或分配的理由,就可能会需要进行监管。

营销人员会用许多方式利用顾客的启发式和偏差,包括奇数定价(例如 99.99 美元);将价格描述为包含折扣(例如现金支付享受优惠),而非附加费用(如信用卡购买需额外付费);向顾客赠送礼品(被单独框定为赠品),而非小幅降价;人为限制产品可得性,使其看起来更有吸引力;将负面信息(如单方面的合同条款)的提供,推迟到合同签订过程的最后阶段,以此利用消费者的承诺升级;制定长期合同(例如健身房会员),利用人们的过度乐观和短视来变现;采用自动续约设置,利用人们的忽略偏差;以及使用极其复杂的定价公式,使消费者无法理解。[30]

诚然,并非所有利用人们启发式和偏差的营销(或其他)方法都应受法律监管。例如,把价格描述为折扣后而不是算上附加费用后的数字,似乎不需要法律干预(或者至少不是明显需要)。举个更具体的例子,有证据表明,胜诉收费安排——根据此协议,律师费的收取取决于索赔是否成功,并按收回金额的百分比计算,在收回时支付——导致平均费用远高于固定收费或计时收费。[31]只要能够证明客户会由于信息不对称或其他市场失灵而在胜诉收费安排下支付更高的费用,就可能有理由对这类合同进行监管。然而,有证据表明,客户愿意在这种协议下支付更高预期费用的一个主要原因是,胜诉收费安排可以保护客户免于索赔失败而仍需支付费用的风险。与固定收费或计时收费不同,胜诉收费安排将一种混合的赌博——客户可能有收益或损失——变成一种完全积极的赌博,其中客户可能获得收益也可能不赚不赔,这对厌恶损失的客户来说是一个非常有吸引力的特点。[32]律师通过迎合客户的损失厌恶来收取更高的预期费用(这种现象本身并不是非理性的)[33],似乎并不是不合法的利用行为。因此,监管并非必要。

区分合法的和不合法的利用行为,以及区分应受监管的和不应受监管的不合法利用行为,需要密切关注特定情境所处的环境,以及相关的自由、效率、再分配、公平和制度考量。在此,我们暂不承担如此艰巨的任务,而只是举几个可以说是合理的、基于行为的监管实例。[34]其中一个例子来自欧盟《关于不公平商业行为的指令》(Directive on Unfair

Commercial Practices)，该指令把谎称产品仅在极有限的时间内供应，以诱发即时行动，让消费者没有充分的机会或时间做出知情选择的做法，定义为不公正与误导行为。[35]此规则旨在防止不公正地利用人们的损失厌恶和决策压力。另一个例子，是以色列2014年对1981年《消费者保护法》(Consumer Protection Law)的修正案，该修正案规定顾客有不可剥夺的、单方面取消健身房会员资格的权利。[36]这一规则旨在让那些对预期的健身房参与表现出过度乐观，但随后由于缺乏自律而无法达到自身期望的人，免受场馆方的利用。[37]

虽然反对利用的规则设计需要仔细考察社会现实和每个特定背景下的相关政策考量，但有一点是明确的：一旦理解了对完全理性的偏离是普遍的、系统性的，那么与假设所有人都是理性最大化者时相比，我们需要对他人利用这种偏离的做法进行更多的监管。

法律家长主义

家长主义是指，对一个人旨在促成其自身利益的自由进行干预。家长式的干预在私人和公共生活中都很普遍，在法律领域亦然。法律家长主义的例子包括：对未成年人和精神残障人士的法律行为能力的限制；强制在高风险环境中驾驶或工作时使用各种安全措施；禁止使用某些药物；禁止在没有救生员的情况下游泳；在特定刑事犯罪中，排除将受害者的同意作为辩护理由；某些基本自由的不可剥夺性；强制性社会保障、养老金安排和健康保险；义务小学教育；对烟草和其他不健康产品征收"罪恶税"；通过向穷人提供食品券而非现金来帮助他们；针对上门销售的冷静期；以及没收条款和违约赔偿金的有限可执行性。

尽管非常普遍，但法律家长主义受到了激烈争论。[38]合理化家长主义的核心理由是福利主义：家长主义干预的目的，是促进自由受到限制之人的福祉。对家长主义的主要反对意见是：它侵犯了人们的自主权和自由。福祉和自决之间的冲突，呼应了后果主义与道义论之间的基本冲突：道义论将自由和自主置于促进福利之前；而后果主义只将自由看作福利的一个组成部分（或作为实现福利的一种手段）。因此，可能有人会认为，道义论者会拒绝家长主义，而后果主义者则会拥护它。然而，在现实中，有许多根据道义论来为家长主义辩护的尝试，而许多后果主义者——包括大多数经济学家——则对此强烈反对。

关于家长主义的后果主义立场，依赖于其关于人类福利的底层理论。限制人们的选择可能会引起不快和沮丧，且有可能出现预先排除的选择实际上比行为人的余下选择更优的风险。然而，如果依据精神状态、客观清单或人类福利的理想偏好理论，则很可能出现这样的情况：限制一个人的选择，会使他长期看来更加快乐，提高他客观定义的福祉，还可以满足他的理想偏好。[39]

将家长主义与一种后果主义理论相调和要更为困难，如果后者的底层福利定义是实际偏好满足的话。显然，若一个人福祉的提高与其实际欲望得到满足的程度一致——如标准的生态学分析所假设——那么使这些欲望受挫将永远不会提高一个人的福祉。然而，这一结论可能是没有根据的。[40]首先，人们不仅对不同的商品束有偏好，而且对自己的偏好也有偏好。例如，一个人可能经常吃垃圾食品，同时又希望他的饮食偏好能有所不同。[41]在一阶偏好和二阶偏好之间不协调的典型案例中，一阶偏好会被此人认为是自我伤害的。在这种情况下，通过挫败一阶偏好来满足二阶偏好，可能是有效率的。

法律家长主义与福利的实际偏好理论并不矛盾的第二个原因是,人们的偏好会受到法律规范的影响。对人们的选择和行为的干预,往往导致他们会调适自己的偏好来符合规范。这些人在事后可能会对最初的家长式对待表示感激。因此,在这种情况下,可能没有任何后果主义的理由,来对事前实际偏好给予比事后实际偏好更大的重视。

最后,即使人们的实际偏好不受法律规范的影响,它们也会随时间发生改变。例如,人们可能会对过去关于养老金储蓄的决定感到后悔。根据福祉的实际偏好理论,一个人福祉的提高与其实际欲望在其生命过程中得到满足的程度相当。因此,不仅当下的欲望至关重要,未来的欲望亦然。人们并不十分善于精确预测他们未来的欲望(即使他们善于预测,他们当前的偏好也不一定符合他们一生中欲望的总体平衡)。当下的实际偏好和一生中实际偏好的总体平衡之间的差异,为家长式干预留下了空间,例如强迫人们为退休进行储蓄。

基于所有上述原因,基于福祉的实际偏好理论的后果主义理论,与家长主义并非不相容。根据这样的理论,在任何既定的情况下,家长式干预的成本和收益都应该被仔细考量。此外,标准的经济分析本身是否建立在一个纯粹的实际偏好理论之上,这一点并不是一清二楚的。经济分析假设人们是理性的,并据此提出政策建议。在一个既定理论中,对理性的定义要求越高,它就越接近于一种理想偏好理论——如前所述,只要一个人的实际偏好偏离了其理想偏好,此人就会赞同法律家长主义。因此,作为一种后果主义的规范性理论,福利经济学并未排除家长主义。事实上,只要家长主义的收益超过其成本,无论多么微小,福利经济学都可以为家长主义辩护。[42]

显然,基于原则的反家长主义,与道义论道德更相符。在道义论道德下,人类福祉的最大化受到限制,包括禁止干涉人们的自主权或自由的限制。具体来说,对家长主义有三种可能的道义论立场。道义论者也许:(1)会排除任何情况下的家长主义;(2)会认可家长主义措施,只要能证明这些措施事实上没有违反道义论的约束;或者(3)会合理化家长主义,只要有充分的好处(或坏处)来推翻约束。

第一种立场反映了绝对主义的道义论[43],它在内部是自洽的,但导致了极端的、反直觉的、与普遍道德判断不一致的结论,而正是这些普遍道德判断使私人和公共领域中的大量家长主义合法化。第二种立场(它可以为某些家长主义的例子辩护,其理由是,与表面情形相反,它们并没有违反道义论约束)在哲学文献中很常见。在这个方面有几种论点。最主要的论点是,很多时候,表面上对一个人自由的限制,实际上并非如此,因为没被满足的那个选择实际上并不是真正的自由(由于无知、醉酒等),而表面上的限制实际上符合这个人默示的、事先的、预期的、随后的或假想的同意。[44]第三种立场(并不排斥第二种立场)反映了阈值道义论(threshold deontology)。它认为,有一种道德约束限制人们的自由,但如果预期净利益足够丰厚,这种约束就可以被合理地违反。埃亚勒·扎米尔(Eyal Zamir)和巴拉克·梅迪纳(Barak Medina)都支持最后这个立场。[45]

在思考对预期效用理论的偏离是否能证明法律家长主义的合理性时,福利主义理论和道义论都指向了在浅层的认知理性和深层的动机理性之间做出区分的重要性。[46]偏离认知理性的例子包括:由于交易的复杂性而错误计算交易的真实成本;误判概率(由于可得性启发式);以及低估未来成本(由于短视)。对动机理性的偏离,包括因利他主义和对某些理想的承诺,而产生的非自私动机,但也包括源自嫉妒或报复的动机。在极端情况下,为了拯救他人的生命或实现其他目标,人们可能会十分清醒地将自己的生命与身体置于危险当中。

从福利主义的视角来看,限制由于偏离浅层理性而做出的自伤选择更可接受,因为这对自由被限制之人造成的不悦和沮丧通常更少。从道义论的视角来看,由于行为者的认知错误所引起的干预,不一定会侵犯其自主权,或至少其程度较轻。无论人们有何种偏差和认知错误,这种干预都会帮助人们完成自己的目标。相反,阻止基于行为人的"动机性非理性"的选择,则是对人们的自主权更公然的攻击,因为它涉及目的,而不仅仅是手段。话虽如此,目的和手段之间的区别(或者说,认知理性和动机理性之间的区别)有时是模糊的。[47]

显然,行为学研究对法律家长主义问题最重要的贡献,在于认识到这样一点:即使在没有信息问题或其他外部障碍的情况下做出理性选择,人们有时也会因为各种认知限制和偏差而无法使自己的效用最大化。对预期效用理论假设的偏离并非随机的,而是系统性的、可预测的。这些发现当然不会给政策制定者无限的权力来以家长主义的方式限制人们的自由。在为了人们自身的利益而限制其自由之前,必须在每一个具体情境下仔细考察事实情况和进行规范性考量。然而,行为学研究在很大程度上驳斥了反对家长主义的认识论观点——个人总是最清楚什么会使他们的生活变得更好(或者,政策制定者犯错的风险之大,足以消解任何家长主义的监管)。[48]

近年来,一些反家长主义者对证实有限理性之普遍性的实证研究的有效性提出了质疑,理由是,看似错误的判断实际上并非错误,或者说,这些错误会在金钱激励下消失,又或者说,市场会驱除不良判断。[49]然而,这些说法与数以千计的实证与实验研究结果相悖,而且我们也不清楚,进一步的动机或更强的激励是如何"施展魔法"来消除根深蒂固的认知偏差的。[50]当认知偏差主要是由于努力不足造成时,激励有所助益,但在其他情况下,激励的效果则会大打折扣,甚至适得其反。[51]其他反家长主义的论点,强调了家长主义对人们刻意行动的动机,以及对"有效的决策技能和策略的发展"长期、间接的不利影响。[52]然而,这些论点忽略了一个事实,即家长主义干预实际上可以推动学习。[53]通过拥有某种权利,人们会学会欣赏它的真正价值,并对它发展出更强烈的偏好。此外,有些决定并非会频繁做出的决定,因此在这些情况下,通过试错来学习会非常昂贵和低效。[54]即使是常规作出的决定,如签署标准格式的合同,也可能不会带来关于其谨慎性的有意义反馈,因为它们涉及低概率风险,而这些风险很少真正发生。[55]有一些决定(如是否使用安全带或进行抵押贷款)可能会有毁灭性的后果;还有一些决定(如为退休储蓄多少钱)的结果只有在很长时间后才会显现。在所有这些情况下,从自己的错误中学习可能为时已晚。

阻碍学习的因素还包括人们的过度自信;不愿意承认自己犯了错误;倾向于将自身成功归功于自己的决定,而将自己的失败归因于外部事件;以及通常不可能非常确定地知道若做出了不同的选择会发生什么。[56]诚然,许多研究表明,即使在经验丰富的专业人士当中,认知偏差也很普遍。[57]此外,有研究表明,学习会导致风险厌恶在收益域明显大于损失域[58]——但后者却是法律家长主义的典型目标领域。

另一种反家长主义的观点强调了错误和滥用的风险,特别是当家长主义由国家官员实施时。[59]这些观点被夸大了。[60]在制定旨在保护人们免受其短视、计算的局限性、过度乐观等影响的家长主义规则时，政策制定者可以依靠专业上、技术上和统计上的数据，而这些数据往往是个人无法获得的。虽然专业知识的确不是解决认知偏差的万能药[61]，但决策者可以根据客观的一般数据，更为超脱、冷静地权衡各种选择，而个人却往往被要求匆忙地，或在情绪的控制下做决定。类似地，政策制定者也更不容易受到自利偏差的影响，而这些偏差会不利地影响人们关于自己的决定。立法、行政和司法程序的各种投入，加上决策者的累积经验，很可能会带来对相关因素的合理评估。

这些观点得到了心理距离解释水平理论（construal-level theory of psychological distance）的支持。[62]根据这项已被许多研究证实的理论，与自己相关的、与此时此地相关的，或与实际事件相关的决定，不同于与其他人相关的、与时空上遥远的事件相关的，或与假设的事件相关的决定。更大的心理距离产生了更多的抽象思维，以及对更多基本目标的优先考虑。它加强了对未来的规划、对过去的学习，以及对替代方案的考量。由于政策制定者有可能在更高的解释水平上处理问题，他们的决定更有可能与人们更基本、更长期的目标保持一致。

至于滥用风险，在目前西方民主国家的公共话语中，政策制定者很少把他们的隐秘动机隐藏在家长主义的修辞背后，因为家长主义修辞有负面含义。允许政策制定者仰仗谈判能力不平等或市场失灵等理由，反而有更大的滥用风险。

家长主义立法（事实上，可以说任何建立在人们对启发式和偏差的易感性之上的立法，以及某种程度上的任何立法）面临的一项重要挑战，是人们的异质性。[63]人们在使用启发式和显现认知偏差方面各有不同，而对这些个体差异的了解并不充分。[64]这意味着，对家长主义干预的需求及其实际效果因人而异。[65]如下一小节所指出，某些形式的受行为学启发的监管——所谓的不对称（asymmetric）或自由至上（libertarian）家长主义——可以说是回应了这一挑战。无论如何，这是一个合理的担忧。在考虑任何特定情况下的法律家长主义的利弊时，都必须考虑到这一点。

4.4.3　手段

引言

法律为实现其目标所使用的手段类型十分广泛，无论需要实现的是怎样的目标。它规定披露义务，设定正式要求，制定默认的和强制性的规则，并对某些交易规定了冷静期。法律规定某些合同条款无效，并剥夺人们实施某些行为的能力。它同时使用预防性的和事后的措施，包括刑事、民事和行政制裁。它施与各种补救措施：金钱和非金钱的，私人或公共执行的，等等。在本节中，我们将重点讨论行为学研究对设计披露义务和助推的贡献。[66]以上绝不是行为学研究能为影响人们行为的法律和其他工具的设计做出贡献的唯一情境。例如，行为学见解可以用来提高货币和非货币激励的效果[67]，以及塑造或改变人们的偏好[68]。在接下来的章节中，我们还将研究各种法律手段的行为面向。[69]

披露义务

信息问题——尤其是议价时的信息不对称——是一种为人所熟知且被广泛研究的市

场失灵类型。标准经济分析很早就开始处理这个问题[70],相关的法学-经济文献也很丰富。[71]披露义务(禁止欺骗更是如此)也可能是以道义论为理论基础。[72]

行为学洞见对披露义务至关重要。首先,行为学洞见可以用于改进披露义务,确定哪些信息应被披露,并强调其应该如何披露。其次,行为学研究指出,在某些情况下,披露义务的有效性(有人会说无效性)有限。这些研究结果可能要求采取其他更有效的监管手段,而不是试图改进披露技术。[73]我们将依次讨论这两个问题。

对披露义务的传统分析,聚焦于一方持有的私人信息。[74]在典范例子中,卖方有关于其所销售商品之质量的信息优势。如果这种信息是负面的(即会导致价格降低的),卖家就有强烈的动机不泄露此类信息。竞争的力量可能会通过一个动态的过程减轻这种影响,在该过程中,拥有优质产品的供应商自愿透露他们的私人信息以确保更高的价格,致使沉默被等同于低质量。[75]然而,行为分析表明,这种市场机制的有效性可能是有限的。这类模型的底层认知假设是,人们对信息的缺乏很敏感,并能从中进行恰当的推断。鉴于信息缺失的微妙和不具有突显性的特点,个体在这种情况下往往不能得出正确的结论(尤其是当对方通过广告和类似工具把他们淹没在额外的、不相关信息中时)。[76]

行为分析进一步表明,披露的范围应大于传统经济分析所规定的范围。鉴于人们对认知偏差的易感性,信息披露应包括与人们无法做出最优选择有关的决策维度,而不仅仅涉及他们无法区分高质量和低质量的产品这一方面。[77]例如,披露应旨在通过强调某一特定选择的长期后果来解决自我控制问题。为了达到这一目标,当价格是多维的或包括递延成本时,甚至需要对产品的价格进行披露。此外,行为学研究表明,供应商拥有的信息优势不仅与其产品的性质有关,还与他们所面向的个体的未来行为预测有关。[78]

大量的行为学研究致力于考察促进前文提及的、广泛披露议程的恰当手段。[79]回顾所有这些研究超出了本章的范围,但这些研究的关键讯息在于简化。鉴于人们掌握大量复杂信息的能力有限,披露应该是及时、简洁、突显和形象的(如果可能的话)。另一方面,披露的信息不应包含复杂语言的冗长措辞(如法律术语),或以无法吸引注意力的方式呈现(如使用小字)。许多对照现场实验表明,简化信息披露给人们的行为带来了巨大的变化,例如在使用税收减免和退休储蓄方面。[80]

目前为止,我们已提到向信息最终用户的披露。第二类信息披露与复杂的参与人有关。[81]这些参与人可能是能够为终端用户优化选择的市场中介,或者是希望突出自己相对优势的竞争者。针对这些参与人的信息披露,不需要简单或简洁。相反,它们应全面与标准化,以促进竞争过程,利用市场力量来帮助有限理性行为者做出更好的选择。

然而,虽然行为分析被用来证明披露的合理性以及指导披露的使用,但它也揭示了披露的局限性和潜在的危害。首先,虽然披露的支持者支持简化,但现实往往是复杂的,不能以简单的方式披露。没有办法可将复杂的金融工具压缩为简单易懂的信息披露,或以一种易懂的方式解释与某种药物有关的潜在风险。披露对象之间的个体差异更加剧了这一困难,导致可能需要纳入与某些人相关,但与另一些人无关的信息。[82]

即使我们假设能够设计出清晰简单的披露方式,这些披露的有效性也可能受到一个更基本问题的阻碍——所谓的不阅读问题(no-reading problem)。[83]披露对象阅读不足的原因可能是信息过载,因为人们不断地被暴露在无休止的披露之下。当每购买一个新产品、每次在餐馆吃一顿饭、每访问一个网站、每进行一次医疗治疗都需要进行冗长的披露时,结果会是这些披露都没有被阅读。此外,即使在披露的海洋中,某一给定信息披露被阅读(因为它简单而突显),这也不能保证它将对行为产生持久的影响。正如托德·罗杰斯(Todd Rogers)和埃琳·弗雷(Erin Frey)所指出:"一个人对第一次刺激的行为反应,往往比他或她对第 N 次重复同一刺激的行为反应更明显。"[84]因此,设计精良的披露的效果可能会随时间的推移而减弱,除非付出专门的努力来不断改变披露,以避免习惯化。[85]

此外,即使我们(不切实际地)假设披露对象愿意阅读他们接触到的所有披露信息,不识字与不识数往往也会成为阻碍。在现实中,许多人缺乏能让他们利用被披露信息的基本技能。[86]虽然本书的读者肯定知道,硬币抛 1 000 次会有多少次出现有头像的一面,能计算出 1 000 的 1% 是多少,并能将 1∶1 000 这样的比例转换成百分比,但相当一部分人却不能。[87]更具体来说,一项研究发现,在识字量高于平均水平的人中,30%的人"得出了0 个正确答案,28%的人得出 1 个正确答案,26%的人得出 2 个正确答案,16%的人得出3 个正确答案"。[88]

最后,虽然信息披露的倡导者强调披露必须"及时"[89],但在现实中,信息披露往往在较晚阶段才提交给决策者。这可能是由于策略上的原因(例如,一个网站故意将信息披露推迟到交易的最后阶段),也可能是出于实际的原因(如抵押贷款的披露,作为大型复杂交易的一部分,是在成交时处理)。当信息披露出现得较晚时,人们不太可能根据新的信息而改变他们的选择,这是因为确认偏差(人们倾向于以验证自己先前信念和期望的方式,来寻求和处理信息)[90],和沉没成本效应(一旦人们在一个项目上投入了时间、精力或金钱,就会倾向于继续进行下去)[91]。人类决策的这两个特点均表明,如果人们在披露之前投入了大量的时间、精力或金钱——如他们经常会做的那样——并且形成了对某种选择的倾向,那么尽管有信息披露,他们仍会坚持他们最初的选择。在这种情况下,人们倾向于无视或淡化那些不利于他们先前选择的信息的相关性和重要性。

到目前为止,大量的研究已经证明了披露对行为的有限影响。[92]研究表明,绝大多数人并不阅读向他们轰炸的许多披露[93],即使阅读了披露,这些披露也常常被误解[94]。例如,许多消费者(甚至是那些在法学院上房地产交易课的人)无法区分可调整利率和固定利率的贷款。[95]在美国伊利诺伊州进行的一项研究发现,绝大多数获得可调整利率贷款的借款人,认为他们获得的是固定利率贷款。[96]

有更进一步的一系列研究已经证明,披露对实际行为的影响有限。例如,在餐馆的卡路里标签案例中,大多数研究发现,由披露产生的影响很小,甚至没有。[97]一项对这些研究的综述得出的结论是:"总的来说,那些设计最优的研究(真实世界的研究,没有一个对照组)显示,卡路里标签在降低总体人口订购的总热量方面没达到预期效果。"[98]这不是一个孤立的结论,在诸如信用卡借贷和能源成本标签的情境下,也观察到了类似的披露无效性。[99]

尽管证据似乎表明披露的价值有限,但它在学术界和政治界仍然是一个非常受欢迎的政策工具。[100]这种受欢迎似乎源于这样一种信念,即披露是一种廉价的政策工具,或至少是无害的。毕竟,谁会反对诸如提升透明度这样的事呢? 此外,由于披露依然将最终决定权交给披露对象,它回避了与更具侵入性的、限制个人选择的监管有关的棘手问题。然而,这种对披露的看法,忽略了与此类政策相关的陷阱。

即使在传统的经济分析领域,认为披露没有成本的观点也是毫无根据的。[101]披露政策虽然可能只会给政府带来有限度的预算成本,但给披露者和披露对象带来的成本却是巨大的。对披露者而言,收集和公布有不同授权要求的信息,往往会涉及大量的成本,如雇佣律师与合规官员等。同样,披露对象也需要投入时间和认知努力,在他们所面临的披露网络中进行选择。一项研究估计,美国家庭每年理论上需要花去等值于 7 810 亿美元的时间,才能读完他们访问的网站的隐私政策(但这完全是没有必要的担忧,因为没有人会真的去阅读这些公告)。[102]

除了这些明显的成本外,行为学研究还发现,披露可能对披露者和披露对象的行为产生不当影响。就披露者而言,实验研究表明,披露的引入可能会挤出掉披露者在利益冲突情况下公正行事的内在动机,因为他们可能觉得,鉴于自己已经做到了信息透明,他们有权推进自己的利益。[103]在这些研究中,实验受试者要么是作为评估者,要么是作为顾问。顾问的动机是否与评估者一致是随机决定的——当动机不一致时,这种冲突要么被披露,要么不被披露。这类研究的重要发现是,当冲突被披露时,顾问会向评估者提供更多有偏向性的建议。此外,评估者没有考虑到这种影响,并且因此,披露导致顾问的报酬增加,而评估者的报酬下降。

此外,虽然行为学研究表明,利益冲突的披露带来了这样一种预期的效果,即降低了披露对象对他们收到的建议的信任,但它也给披露对象造成了接受有偏向性的建议的压力。[104]这种压力进而又导致受控实验中的披露对象遵守他们知道有偏向性的建议,并减少了他们的回报。因此,有理由相信,在涉及人际关系的现实世界环境中(如医患环境),披露所产生的压力对披露对象的选择会产生更大的影响。这种影响可能可以通过二阶披露(secondary disclosure)来缓解,即要求当事人披露其法定披露义务[105],不过,与披露有关的担忧也适用于这种二阶义务。

披露政策最令人不安的面向,或许是它们对监管政策的影响,以及在披露和其他形式的政府干预之间的选择。[106]监管改革往往发生在强调需要某种法律干预的重大事件之后(2008 年的金融风暴就是一个明显的例子)。鉴于其低预算成本和高普及度,披露政策可以作为快速解决公共话语内出现的任何紧迫问题的方法。这使得政客们可以通过在表面上处理一个迫切的需求而收割政治利益,而无需深入到必然会引起利益集团激烈政治反对的、复杂的侵入性监管之中(如从市场上清除危险产品,或对某些职业施加许可要求)。其结果是监管替代效应,即受欢迎但无效的披露驱逐了不太受欢迎但迫切需要的其他监管模式。

需要明确的是,我们并不主张放弃将披露作为一种监管工具。明智的披露是一种可行的政策工具,可以在某些情况下帮助一部分人。此外,有观点认为,对于那些(无论多么错误地)认为披露会影响披露对象的选择的披露者而言,他们的行为或可被披露改善。[107]尽管如此,目前对披露的依赖程度是没有道理的,特别是在美国。即使在最乐观的假设下,披露政策也无法为它们要解决的许多监管问题提供有效的解决方案。此外,对信息披露的严重依赖,破坏了整个监管制度。随着信息披露变得越来越普遍,并涵盖了我们生活的方方面面,它们的价值也被削弱了,因为它们对决策者来说不过是背景噪音。[108]在这方面,监管者面临的最大挑战,是找到方法来大大限制目前强制披露的范围,而不是发现可以实施披露的新领域。

助推与强推

近年来,在公众和法律讨论中,许多提及行为法律经济学内容的讨论,都围绕着助推——作为一种"低成本、保留了选择权、受行为学启发的解决监管问题的方法"——的合法性和有效性展开。[109]首先要指出的是,这种讨论有时会混淆两个相关但独立的问题:法律家长主义和受行为学启发的监管。这两个问题是相关的,因为行为学启发的监管最大限度地减少了对人们自由的限制,从而使家长主义的政策不那么具有侵扰性,更容易被接受。然而,这两个问题截然不同,因为人们的认知局限性可以证明强硬的家长主义的合理性(例如,对不系安全带的行为进行刑事惩罚),而助推则可以用来鼓励亲社会行为,而非自利行为,例如通过将推定同意设定为默认同意来鼓励遗体器官捐赠,又或者告知人们其邻居的一些在社交上受欢迎的做法。后一种助推的使用与家长主义毫无关系。相应地,前文 4.4.2 节讨论了家长主义,而这里讨论受到行为学启发的监管。

与此相关的是,虽然助推和去偏差之间有大量重叠,但它们是有区别的。[110]一方面,"去偏差"(debiasing)一词通常包括人们自己可能采用的策略,如在分心或激动时推迟决策,或使用决策支持系统,而非做出直觉的决定;而助推则意味着外部(通常是政府)干预。另一方面,助推包括受行为学启发的、对完全理性决策的干预(通常是为了推进社会福祉),并可能会涵盖使用行为学洞见,通过使信息更容易获得或更生动来改善披露义务,而去偏差通常不包括这些情况。

助推的倡导者声称,受行为学启发的监管,可以引发自我受益且合乎社会要求的行为,也可以阻止自我伤害和不符合社会要求的行为,并且对自主权的侵犯非常有限。[111]大西洋两岸的法律政策制定者都拥抱了行为学的见解。[112]2009 年,卡斯·桑斯坦教授被任命为白宫信息和监管事务办公室(OIRA)主任,也被称为"监管沙皇"。在桑斯坦的领导下,白宫信息和监管事务办公室采取了许多可以被称为助推的举措。[113]将行为学洞见整合入立法和监管政策的设计(包括但不限于对披露的设计),通常是由普通政府机构完成的。[114]此外,各国政府和超国家组织已经建立(或正在建立)专门的单位,其主要作用是推进以证据为基础的、有行为学依据的政策。因此,在英国,成立于 2010 年的"行为洞察小组"(BIT,或"助推分队",Nudge Unit),正积极地追求这些目标。[115]类似的倡议正在其他国家和国际组织中扎根,如世界银行和欧盟委员会。[116]受行为学启发的监管者一直在使用下面这样的措施:通过使其成为默认安排来促使人们做正确的事情;迫使人们做出决定;向人们提供关于其他人行为的信息。我们将描述其中的一些措施,以及它们的优点和局限性。[117]

默认效应(The Default Effect) 标准经济分析将默认规则视作一种通过降低交易成本和诱导信息共享来提高效率的手段。默认规则反映了所适用人群的普遍偏好,为这些人节省了积极采用这些安排的成本。同时,当人们选择退出默认规则时,他们会将信息传递给不知情的各方。[118]例如,一个规定供应商除非明确且显著地免除自己的责任,否则就对某些产品缺陷负有责任的默认条款,会向客户传递有价值的信息,因为选择退出会澄清供应商的责任范围。虽然这种分析很有启发性,但人们早就意识到,它并不能完全解释观察到的、默认规则的"黏性"。如果协商合同的直接成本,或者登记选择退出死后器官移植的默认规则的直接成本,是涉及的唯一障碍,那么我们应该已经看到比现实中更多的选择退出行为。[119]

对默认规则的黏性或默认效应的一种主要解释,在于忽略偏差——人们避免在涉及优势和劣势、前景和风险的选项中进行主动选择的倾向。[120]研究证明,默认规则设定了一个人们往往不愿偏离的参照点,从而以合意的方式引导行为。例如,由于短视和双曲贴现,人们往往没为退休储蓄足够的资金。[121]一项研究考察了一家大型美国公司的员工在默认情况改变之前和之后参与退休储蓄计划的比率。在改变之前,员工被要求肯定地选择参与;改变之后,新员工被自动加入该计划,除非他们选择退出。默认情况的改变,导致了退休计划参与度的大幅提升。[122]重要的是,这种影响在此前安排下参与率最低的群体中最为显著:黑人和拉丁裔,以及年轻的低薪工人。[123]同样,理查德·塞勒和什洛莫·本纳齐(Shlomo Benartzi)提出了一个储蓄计划,雇员事先承诺将他们未来工资增长的一部分分配给退休计划,他们可以在任何时候选择退出。[124]这个建议利用了现状偏差(并克服了损失厌恶,因为它不涉及减少目前的消费),来克服人们的短视和有限意志力。

如第 2 章所提到,死后器官捐赠这一领域,也显示出一种强大的默认效应。在欧盟的一些国家,人们被默认为器官捐献者,除非他们登记不捐赠;而在其他国家,除非自愿登记,否则没有人是器官捐献者。在大多数推定同意的国家,捐赠率接近 100%,而在明确同意的国家,捐赠率从 4% 到 27% 不等。[125]实验研究表明,这种差异很可能是忽略偏差的产物。[126]由于登记选择的成本在这些实验中可以忽略不计,所以选择退出默认设定所耗的精力不能解释人们在两种默认规则下选择的巨大差异;而且由于受试者是被随机分配到其中一种条件之下,因此他们之前的偏好也不能作为解释。

默认效应在器官捐献的语境下似乎尤为凸显,因为这方面的决定要求人们面对自己的死亡,这是大多数人不愿想到的问题。同样的现象可能解释了为什么许多人不愿意写遗嘱,从而让管理其遗产分配的默认规则有用武之地。[127]在试图与人们的普遍偏好保持一致的同时,无遗嘱继承规则也反映了政策制定者对社会理想规范的看法。[128]

默认规则也可能有助于环境保护。例如,可以让电力消费者默认签署参与可再生能源发展基金。[129]在更为普遍的层面上,卡斯·桑斯坦和露西娅·赖施(Lucia Reisch)则主张使用默认规则来引导消费者选择环境友好的产品和服务。[130]

在制定默认规则时,法律政策制定者应该考虑到分配问题。其中,选择退出默认规则的成本,可能因人而异,这取决于他们老练的程度和社会经济地位。为了使选择退出的总成本最小化,或达到理想的再分配结果,设置默认规则,使选择退出的成本由那些更有能力承担这些成本的人来承担,可能是合理的。

事实上,行为学研究表明,由于禀赋效应,默认安排可能具有更直接的分配效果。[131]如果默认拥有某项权利的人,比需要购买它的人更重视这项权利,那么这种权利的分配本身就会使这些人受益。在一项实验研究中,学生们参加了一个工会和雇主之间的模拟谈判。结果发现,当默认规则有利于其中一方(无论是雇主还是工会)时,这一方的表现明显比默认规则有利于另一方时更好。[132]有趣的是,即使是合同中的默认规则——可以说并没有赋予人们任何权利,除非他们能找到一个愿意与之签订合同而不偏离默认规则的伙伴——也会造成默认效应。[133]

如任何规则一样,只要当人们的异质性使得不同的安排适合不同的人,默认规则就会面临一个重大挑战。因此,举例来说,自动将员工纳入一个退休储蓄计划,很可能会使那些本来不会储蓄的员工受益。然而,这对其他员工产生了不利影响:这些员工在没有默认规则的情况下,可能会以高于默认规则的比率进行储蓄;但一旦有了默认规则,就会因为忽略偏差而不会更多地储蓄。[134]一项安排被设定为默认而非强制性规则这一事实,可以说减少了政策制定者对它的关注。[135]解决这一挑战的一个可能的方法,至少在某种程度上,就是使用个性化的默认规则。[136]按照现有的营销实践,有人建议通过数据挖掘来识别人们的特殊需求和偏好,由此可以相应地量身定制默认规则。这种建议引起了各种忧虑,其讨论超出了我们的分析范围。另一种可能性,是用鼓励更适合退出的人退出的机制,来补充默认规则。

因为大多数人由于忽略偏差,不太可能退出对自己或社会有益的默认安排,采用这种精心设计的安排可能会使人们和社会受益。同时,由于人们被允许退出默认规则,默认规则几乎不会削减他们的自由和自主权。因此,即使是出于家长主义的动机,默认规则的使用也被描述为不对称、甚至是自由至上的家长主义。[137]然而,使用默认规则作为一种监管手段,特别是当目的为帮助人们促进其自身的利益时,受到了很多批评。我们将在下面回到这个问题。

强制选择(forced choices) 另一个可能对个人和整体社会产生不利影响的人性弱点,是拖延——对一个人打算进行的行为或决定进行有害的推迟,这可能导致延迟,甚至不执行或不作出决定。[138]帮助人们克服忽略偏差和拖延倾向的一个方法,是迫使他们做出决定。[139]例如,申请驾照的人,可能被要求表明他们是否同意在身后捐献器官。一项自然实验显示,在不改变默认规则的情况下要求新员工主动决定是否参与养老金计划,会使参与率提高 28 个百分点。[140]随机的实验室研究和现场研究也表明,当需要进行主动选择时,接种疫苗的意愿会提升。[141]

强制决定在下述情况尤为适合:当人们之间的异质性较大,而法律政策制定者缺乏关于每个人在任何情况下的最佳选择的信息时。这也可能有一个附带的好处,那就是会促使做出决定的人对这个问题有更多的了解。可以说,强制决定比默认规则侵入性更小,因为政策制定者并没有把自己关于正确决定的观念强加于人——甚至没有将其作为默认规则。然而,这种方法的批评者指出,有一些选择是人们强烈倾向于不去做的,如因为这种选择令人不愉快,或因为害怕后悔。因此,强迫人们做出这样的决定,可能会对他们的福祉和自主权产生不利影响。[142]当决策任务对非专业人士来说过于复杂或成本过高时,强制决定也不是一个合适的解决方案。

截止日期(deadlines) 另一种方法——在市场营销中被广泛使用[143],但目前很少被用作一种助推方法——是为人们的决定和行动设定截止日期。例如,为了引导员工加入养老金计划,可以为加入该计划,或者为在特别有利的条件下加入该计划,设定一个截止日期。有别于对默认规则的使用,设定截止日期并不能用别人的决定取代行为者的决定:个人不会自动进入政策制定者认为理想的特定默认位置,比如为退休而储蓄。与强制决策不同,截止日期允许个人避免做出任何主动选择。有一些实验证据表明,截止日期作为引发自利且合乎社会期望行为的手段,具有潜在有效性,而取消截至日期对于劝阻不理想行为,也具有有效性。[144]

社会规范(social norms)　还有一种方法是激发人们的从众性,也就是使自己的行为适应他人行为的倾向。调查和现场实验表明,人们的行为会不自觉地受到他们认为其他人正在做的事情的强烈影响——这比其他因素影响更大,比如人们对某一行为的可取性的看法。[145]因此,向人们提供有关其他人行为的信息,很可能比试图说服他们这种行为可取的更有效。

然而,这种做法也可能适得其反。人们如果发现自己的表现优于他人——例如,当他们的能源消耗特别低时——可能会降低自己的行为水平来适应平均水平。这种"回旋镖效应"可以通过把他人行为表述为社会认可或不认可的描述性信息,而被消除或减轻。[146]因此,两项大规模的、随机的现场实验表明,通过向人们提供关于他们的能源消耗与邻居的消耗相比较的表情图示,家庭电力消耗可能会减少。[147]

另一种回旋镖效应在一项研究信息对同龄人退休储蓄的影响的现场实验中被发现。此案例中的默认规则是不参加养老金计划。与预期一致,已经参加了此类计划的人,在被告知他们的同龄人的储蓄比他们多时,会增加他们的储蓄。然而,同样的信息减少了那些没有加入养老金计划、且收入相对较低的受试者的储蓄,因为他们被提醒了自身较低的经济地位,因而感到受挫。[148]

批评(critique)　尽管它们本质无害,但助推,特别是使用令自我受益的默认规则,已经受到了来自两个相反方向的大量批评。具体来说,有人声称这些方法在"暗中"运用时效果最好,因而操纵了人们的认知局限。可以说,利用人类判断和决策中的不完善之处,如忽略偏差,侵蚀了人们对自己选择的控制,因此比公开的强迫对他们的自主权更具威胁性。[149]对这一反对意见的一个可能的回应是,助推的使用可以而且常常是透明的。另一个回应是,普通的选择往往是在没有有意识思考的情况下做出的,试图强迫人们去对它们进行审慎思考很可能是徒劳的。在这种情况下,一些选择架构无法避免,而且似乎没有很好的理由不采用更有可能产生对自己有利的选择的架构。[150]

根本上来说,旨在帮助人们做出有益于自己的决定的助推,在某种程度上确实是家长主义的。试图说服极端的自由至上主义者拥抱助推,可能没有什么意义。然而,由于极端的反家长主义——无论是基于道义论还是后果主义——并没有说服力(而且与几乎所有法律体系中的现有规则极其不兼容)[151],因此在我们看来,政策制定者不应该被阻止使用助推技术。对这一结论的支持可以在一些公众调查中找到,这些调查发现,人们确实赞同政府使用助推。[152]然而,这种认可对不同类型的助推以及在不同的社会中各有差异;而且无论如何,公众调查并不能解决规范性问题。

一种更强有力的批评,是从相反的方向提出的。为了使他们的建议在政治上更有吸引力(特别是在美国的话语中),自由至上家长主义的支持者们,经常无视那些要求对人们的选择进行更严格限制的行为学发现——因此未能充分探索行为学发现的全部含义。[153]因此,例如在交易的情境下,只要有动机的供应商试图让消费者脱离默认选项,那么默认规则就基本上是无效的。[154]更为普遍的是,私人公司和利益集团很可能比政府更擅于利用心理学洞察来为自己谋利和反助推,因为他们受到的制度约束较少,可以更快地改变策略,并能更熟练地使用视觉形象等强大工具。[155]同样,当个人缺乏必要的专业知识或信息来做出理性和知情的决定,而获得这种专业知识或信息的成本又过高时,强迫他们做出决定(或通过设定做出决定的截止日期来催促他们做出决定)是没有意义的。类似地,当错误的决定可能会带来毁灭性的后果时——比如因为没有戴头盔而在摩托车车祸中丧生,或者一些人因为没有为晚年储蓄而生活在极端贫困中——唯一明智的法律回应,可能是完全彻底地排除这种决定。

4.5　结语

　　上述分析重点讨论了一些规范性的影响,或者更准确地说,讨论的是,围绕行为学研究结果对法律的规范含义而产生的争议。这些含义既包括一般的道德法律理论的表述,也包括旨在提升人们的判断与决策——为了个体自身的利益以及公众的利益——的具体规则的设计。上述分析不是为了解决各种问题,甚至也不是为了完整地提出这些问题,而是为了在接下来的章节中提供研究具体问题的背景。如果说从行为学的研究结果中可以学到一个普遍的教训,那就是法律政策的制定不能再满足于抽象经济学模型中的经济理性假设。然而,很遗憾,即使是这个保守的结论,也并不被所有人认同。

注　　释

[1]　参见 Adrian Vermeule, *Connecting Positive and Normative Legal Theory*, 10 U. Pa. J. Const. L. 387 (2008)。

[2]　出处同上,第390—391页。

[3]　可参见 John Rawls, A Theory of Justice 26 (rev. ed. 1999)("道义论被定义为非目的论的,且并不被看作是将制度与行动的正当性与其结果剥离开来的理论。所有值得我们关注的伦理学说,都会在判断正当性时考虑到结果。")。

[4]　参见上文 1.3 节。

[5]　参见上文 1.3 节。

[6]　参见 Eyal Zamir, *The Efficiency of Paternalism*, 84 Va. L. Rev. 229, 237‐40 (1998)。

[7]　参见:Daphna Lewinsohn-Zamir, *The Objectivity of Well-Being and the Objectives of Property Law*, 78 N.Y.U. L. Rev. 1669 (2003);下文 13.4.5 节。

[8]　参见下文 9.4.2 节、12.4.3 节。

[9]　参见下文 12.4.3 节。

[10]　一般性的讨论,参见 John Bronsteen, Christopher Buccafusco & Jonathan S. Masur, Happiness and the Law (2015)。另见下文 9.4.2 节、12.4.3 节、14.3.6 节。

[11] 可参见：James Griffin, Well-Being：Its Meaning, Measurement and Moral Impor-tance 10 (1986)；Lewinsohn-Zamir，前注［7］，第 1677—1680 页；Zamir，前注［6］，第 238 页、第 267—271 页；Péter Cserne, *Behavioural Law and Economics as Lit-mus Test*，7 Œconomia—Hist., Methodology, Phil. 305 (2017)。

[12] 参见 Louis Kaplow & Steven Shavell, Fairness versus Welfare 23 (2002)。另见：出处同上，第 410—413 页；Lewinsohn-Zamir，前注［7］，第 1690—1700 页。

[13] 参见：Morality, Rules, and Consequences：A Critical Reader (Brad Hooker et al. eds., 2000)；Shelly Kagan, *The Structure of Normative Ethics*，6 Phil. Persp. 223，236 - 42 (1992)；Shelly Kagan, Normative Ethics 204 - 39 (1998)。

[14] 一般性的讨论，参见 Brad Hooker, *Rule Consequentialism*，in Stanford Encyclope-dia of Philosophy (2003，2015 年更新)，网址：http://plato. stanford. edu/entries/consequentialism-rule。

[15] 更为简单的规则（例如"不要杀戮"），很可能符合常识（也就是温和道义论）道德。因此，即便一个人并不认为追求好的结果应该受道德限制，他也可能会支持作为一种工具施加此类限制，以预防人类在进行复杂的成本收益分析时的不可靠。另见 Eyal Zamir & Barak Medina, Law, Economics, and Morality 24 - 27 (2010)。关于后果主义与道义论，参见：上文 1.3 节、2.7.2 节；下文 5.4 节。

[16] 参见上文 2.7.2 节。

[17] 可参见：Kevin M. Carlsmith et al., *Why Do We Punish？ Deterrence and Just Des-erts as Motives for Punishment*，83 J. Personality & Soc. Psychol. 284 (2002)；下文 12.3.1 节。

[18] 可参见：W. Kip Viscusi, *Corporate Risk Analysis：A Reckless Act？*，52 Stan. L. Rev. 547 (2000)；下文 15.5 节。

[19] 参见 Jonathan Haidt & Jonathan Baron, *Social Roles and the Moral Judgement of Acts and Omissions*，26 Eur. J. Soc. Psychol. 201 (1996)。

[20] 参见：Tess Wilkinson-Ryan & Jonathan Baron, *Moral Judgment and Moral Heu-ristics in Breach of Contract*，6 J. Empirical Legal Stud. 405 (2009)；下文 7.7.5 节。

[21] 参见：Eyal Zamir & Ilana Ritov, *Notions of Fairness and Contingent Fees*，74 Law & Contemp. Probs. 1 (2011)；下文 14.6.3 节。

[22] 可参见：Gary L. Wells, *Naked Statistical Evidence of Liability：Is Subjective Probability Enough？*，62 J. Personality & Soc. Psychol. 739 (1992)；Eyal Zamir, Ilana Ritov & Doron Teichman, *Seeing Is Believing：The Anti-Inference Bias*，89 Ind. L.J. 195 (2014)；下文 16.2.2 节、16.2.3 节。

[23] 参见 Harold J. Berman, *Toward an Integrative Jurisprudence：Politics, Moral-ity, History*，76 Cal. L. Rev. 779，791 (1988)。另见 Robert A. Prentice & Jona-than J. Koehler, *A Normality Bias in Legal Decision Making*，88 Cornell L. Rev. 583，592. (2003)。

[24] 参见 David O. Brink, *Legal Positivism and Natural Law Reconsidered*，68

Monist 364，365 (1985)。

[25] 参见 H. L. A. Hart，The Concept of Law 203－04 (2d ed. 1994)。另见：John Gardner，*Legal Positivism*：*5½ Myths*，46 Am. J. Juris. 199，222－23 (2001)；Neil MacCormick，*Natural Law and the Separation of Law and Morals*，in Natural Law Theory：Contemporary Essays 105，107 (Robert P. George ed.，1992)。

[26] 参见：Paul H. Robinson & John M. Darley，*The Utility of Desert*，91 Nw. U. L. Rev. 453，454 (1997)；下文 12.3 节。

[27] 参见 Yuval Feldman & Doron Teichman，*Are All Contractual Obligations Created Equal?*，100 Geo. L. J. 5，36 (2011)（指出了到感知公平性与合同遵守之间的联系）。此观点同关于程序正义对职场行为的影响的广泛文献相关。相关评述，参见 Jason A. *Colquitt，Justice at the Millennium*：*A Meta-Analytic Review of 25 Years of Organizational Justice Research*，86 J. App. Psychol. 425 (2001)。

[28] 分别参见下文 11.1 节、11.2 节、11.4 节、11.5 节、11.6 节，以及第 15 章。

[29] 除非我们极为狭窄地定义"家长主义"，在反不公正利用的法律规范与家长主义的法律规范之间有诸多重合，因为一个人的认知局限往往会被他人利用。然而，对我们而言，并不必划清这两种规范之间的确切界限。

[30] 关于这些以及其他方法，参见下文 8.1 节至 8.5 节。

[31] 参见 Herbert M. Kritzer，*Seven Dogged Myths concerning Contingency Fees*，80 Wash. U. L. Q. 739，761－72 (2002)。

[32] Eyal Zamir & Ilana Ritov，*Revisiting the Debate over Attorneys' Contingent Fees*：*A Behavioral Analysis*，39 J. Legal Stud. 245 (2010)；下文 14.5.2 节。

[33] 参见 Eyal Zamir，Law，Psychology，and Morality：The Role of Loss Aversion 205－07 (2015)。

[34] 更多例子，参见下文 7.3.1 节、7.4 节、7.5 节、7.7.1 节、7.8 节、第 8 章、9.3.1 节、9.5.2 节、10.4 节、10.5.1 节、10.5.2 节、11.3.3 节、13.5 节。

[35] 参见 Item 7 of Annex I of Directive 2005/29/EC of 11 May 2005 concerning Unfair Business-to-Consumer Commercial Practices in the Internal Market。另见下文 8.2.3 节。

[36] 参见 Consumer Protection Law，1981，Section 13A1 & Fourth Supplement (Amendment no. 37)。

[37] 可参见 Jean-Denis Garona，Alix Massea & Pierre-Carl Michauda，*Health Club Attendance，Expectations and Self-Control*，119 J. Econ. Behav. & Org. 364 (2015)。

[38] 要分析、甚至提及这场论证中的所有观点，是不可能的。关于近期的讨论专著，以及广泛的参考文献，参见：Ricardo Rebonato，Taking Liberties：A Critical Examination of Libertarian Paternalism (2012)；Sarah Conly，Against Autonomy：Justifying Coercive Paternalism (2013)；Cass R. Sunstein，Why Nudge? The Politics of Libertarian Paternalism (2014)。

[39]　参见 Zamir,前注[6],第 237—240 页。

[40]　出处同上,第 240—246 页。

[41]　关于拖延、短视与有限意志力,参见上文 2.6 节。

[42]　参见 Zamir,前注[6],第 246—252 页;另见 Zamir & Medina,前注[15],第 318—332 页。

[43]　关于绝对主义道义论与温和道义论的区别,参见:Kagan,前注[13],第 78—84 页;上文 2.7.2 节。

[44]　可参见:Joel Feinberg, The Moral Limits of the Criminal Law:Harm to Self 12 - 16, 98 - 343 (1986); Donald VanDeVeer, Paternalistic Intervention:The Moral Bounds of Benevolence 45 - 94 (1986); Donald H. Regan, *Paternalism*, *Freedom*, *Identity*, *and Commitment*, in Paternalism 113 (Rolf Sartorius, ed., 1983); Dan W. Brock, *Paternalism and Autonomy*, 98 Ethics 550 (1988)。

[45]　参见 Zamir & Medina,前注[15],第 335—347 页。

[46]　一般性的讨论,参见上文 1.2 节。

[47]　参见 Sunstein,前注[38],第 61—71 页。

[48]　这个著名论点由约翰・斯图尔特・密尔(John Stuart Mill)提出。参见 John Stuart Mill, On Liberty (1859), reprinted in On Liberty and Other Essays 14, 84 - 85, 92 - 93 (Oxford Univ. Press, 1991)。对此观点的批判性回应,可参见:Richard J. Arneson, *Mill versus Paternalism*, 90 Ethics 470 (1980);Conly,前注[38]。

[49]　可参见:Richard A. Posner, *Rational Choice*, *Behavioral Economics*, *and the Law*, 50 Stan. L. Rev. 1551 (1998); Gregory Mitchell, *Why Law and Economics' Perfect Rationality Should Not Be Traded for Behavioral Law and Economics' Equal Incompetence*, 91 Geo. L. J. 67 (2002); Steven Winter, A Clearing in the Forest:Law, Life, and Mind 92 - 96 (2001)。

[50]　参见 Jeffery J. Rachlinski, *The Uncertain Psychological Case for Paternalism*, 97 Nw. U. L. Rev. 1165, 1167 - 8 (2003)。

[51]　参见上文 2.8.6 节。

[52]　参见 Jonathan Klick & Gregory Mitchell, *Government Regulation of Irrationality:Moral and Cognitive Hazards*, 90 Minn. L. Rev. 1620, 1626 (2006)。类似的观点参见 Mill,前注[48],第 62—82 页。

[53]　关于除了家长主义干预之外难以实现的各种促进学习方法,参见 Colin F. Camerer, *Wanting*, *Liking*, *and Learning*:*Neuroscience and Paternalism*, 73 U. Chi. L. Rev. 87, 96 - 97, 99 - 102, 104 - 6 (2006)。

[54]　参见 Rachlinski,前注[50],第 1223 页。

[55]　另见上文 2.8.2 节。

[56]　关于这些现象的一般性讨论,分别参见上文 2.4.4 节、2.4.2 节、2.8.2 节。

[57]　参见上文 2.8.2 节。

[58]　参见 James G. March, *Learning to Be Risk Averse*, 103 Psychol. Rev. 309 (1996)。

[59] 参见：Edward L. Glaeser，*Paternalism and Psychology*，73. U. Chi. L. Rev. 133 (2006)；Niclas Berggren，*Time for Behavioral Political Economy? An Analysis of Articles in Behavioral Economics*，25 Rev. Austrian Econ. 199 (2012)；W. Kip Viscusi & Ted Gayer，*Behavioral Public Choice：The Behavioral Paradox of Government Policy*，28 Harv. J. L. & Pub. Pol'y 973 (2015)。

[60] 参见 Jeremy A. Blumenthal，*Expert Paternalism*，64 Fla. L. Rev. 721，732 - 56 (2012)。

[61] 参见上文 2.8.2 节。另见下文 11.2.1 节。

[62] 可参见：Yaacov Trope & Nira Liberman，*Construal-Level Theory of Psychological Distance*，117 Psychol. Rev. 440 (2010)；Kentaro Fujita, Yaacov Trope & Nira Liberman，*On the Psychology of Near and Far*，in 1 The Wiley Blackwell Handbook of Judgment and Decision Making 404 (Gideon Keren & George Wu eds.，2015)。

[63] 参见 Jeffrey J. Rachlinski，*Cognitive Errors，Individual Differences，and Paternalism*，73 U. Chi. L. Rev. 207 (2006)。另见 Robert A. Prentice，*Chicago Man，K-T Man，and the Future of Behavioral Law and Economics*，56 Vanderbilt L. Rev. 1663，1722 - 44 (2003)。

[64] 参见上文 2.8.1 节。

[65] 对该论点的批判性考察，参见 Conly，前注[38]，第 63—66 页。

[66] "助推"(nudge)一词有时被自由地使用，使其同时涵盖了受到行为学启发的、对披露义务的改进。我们区分出两种类型的措施，但我们认为，术语选择实际上并不影响实质性的内容。

[67] 参见 Brigitte C. Madrian，*Applying Insights from Behavioral Economics to Policy Design*，6 Ann. Rev. Econ. 663，679 - 81 (2014)。

[68] 参见 Daphna Lewinsohn-Zamir，*The Importance of Being Ernst：Two Notions of Internalization*，65 U. Toronto L. J. 37 (2015)。

[69] 参见下文 8.2.5 节(关于消费者交易中的冷却期)。

[70] 参见 George A. Akerlof，*The Market for "Lemons"：Quality Uncertainty and the Market Mechanism*，84 Q. J. Econ. 488 (1970)。

[71] 相关概述，参见：Steven Shavell，Foundations of Economic Analysis of Law 331 - 35 (2004)；Zamir & Medina，前注[15]，第 269—274 页。

[72] 相关概述，参见 Zamir & Medina，前注[15]，第 274—277 页。对于合同关系中披露义务的受到道义论限制的经济分析，参见出处同上，第 277—291 页。

[73] 披露的无效性，源自对人们的认知局限与偏差的不公平利用，因此当前讨论与不公平利用问题相关，参见上文 4.4.2 节。

[74] 参见 Akerlof，前注[70]。

[75] 参见 Sanford J. Grossman，*The Informational Role of Warranties and Private Disclosure about Product Quality*，24 J. L. & Econ 461 (1981)。

[76] 参见 Lyle A. Brenner，Derek J. Koehler & Amos Tversky，*On the Evaluation of One-Sided Evidence*，9 J. Behav. Decision Making 59（1996）。另见：上文 2.1.3 节；下文 8.2.2 节。

[77] 参见 George Loewenstein，Cass R. Sunstein & Russell Golman，*Disclosure：Psychology Changes Everything*，6 Ann. Rev. Econ. 391，394（2014）。

[78] 参见 Oren Bar-Gill & Oliver Board，*Product Use Information and the Limits of Voluntary Disclosure*，14 Am. L. & Econ. Rev. 235（2014）。

[79] 参见：Cass Sunstein，*Nudges.Gov：Behaviorally Informed Regulation*，in The Oxford Handbook of Behavioral Economics and the Law 719，727 - 33（Eyal Zamir & Doron Teichman eds.，2014）；Oren Bar-Gill，Seduction by Contract 32 - 46（2012）；Richard Craswell，*Taking Information Seriously：Misrepresentation and Nondisclosure in Contract Law and Elsewhere*，92 Va. L. Rev. 565，581 - 93（2006）；Loewenstein，Sunstein & Golman，前注[77]，第 405—411 页。

[80] 参见：Saurabh Bhargava & Day Manoli，*Why Are Benefits Left on the Table？Assessing the Role of Information，Complexity，and Stigma on Take-Up with an IRS Field Experiment*，in 40 Advances in Consumer Research 298（Zeynep Gürhan-Canli，Cele Otnes & Rui（Juliet）Zhu eds.，2012）；Robert L. Clark，Jennifer A. Maki & Melinda Sandler Morrill，*Can Simple Informational Nudges Increase Employee Participation in a 401（k）Plan？*，80 S. Econ. J. 677（2014）。

[81] 参见 Bar-Gill，前注[79]，第 5 页、第 40—41 页、第 43 页、第 244—245 页。

[82] 某种程度上，该问题可以通过采取基于个性化信息的披露而得到改善。然而，此类披露可引起一系列操作问题。参见 Loewenstein，Sunstein & Golman，前注[77]第 409—410 页。关于该目标可以如何通过驾驭大量收集到的个人数据而实现的分析，参见 Ariel Porat & Lior Jacob Strahilevitz，*Personalized Default Rules and Disclosure with Big Data*，112 Mich. L. Rev. 1417，1470 - 76（2014）。

[83] 供比较的观点，请参见 Ian Ayres & Alan Schwartz，*The No-Reading Problem in Consumer Contract Law*，66 Stan. L. Rev. 545（2014）。

[84] 参见 Todd Roger & Erin Frey，*Changing Behavior beyond the Here and Now*，in Wiley Blackwell Handbook，前注[62]，第 725 页、第 734 页。

[85] 出处同上，第 734—736 页。

[86] 参见 Omri Ben-Shahar & Carl Schneider，More than You Wanted to Know：The Failure of Mandated Disclosure 79 - 93（2014）。

[87] 参见 Lisa M. Schwartz et al.，*The Role of Numeracy in Understanding the Benefit of Screening Mammography*，127 Annals Internal Med. 966，969（1997）。

[88] 出处同上。关于在教育程度更高的受试者中的类似发现，参见 Isaac M. Lipkus et al.，*General Performance on a Numeracy Scale among Highly Educated Samples*，21 Med. Decision Making 37，39（2001）。

[89] 参见 Cass Sunstein，*Empirically Informed Regulation*，78 U. Chi. L. Rev. 1349，

1369 (2011)。

［90］ 参见上文 2.4.2 节。

［91］ 参见上文 2.3.7 节。

［92］ 关于研究结果的综述,参见 Ben-Shahar & Schneider,前注［86］,第 33—54 页。

［93］ 参见 Yannis Bakos, Florencia Marotta-Wurgler & David R. Trossen , *Does Anyone Read the Fine Print? Consumer Attention to Standard Form Contracts* , 43 J. Legal Stud. 1 (2014)。

［94］ 参见:Jeff Sovern et al., *"Whimsy Little Contracts" with Unexpected Consequences*: *An Empirical Analysis of Consumer Understanding of Arbitration Agreements* , 75 Md. L. Rev. 1 (2015); Kirsten Martin, *Privacy Notices as Tabula Rasa*: *An Empirical Investigation into How Complying with a Privacy Notice Is Related to Meeting Privacy Expectations Online* , 34 J. Pub. Pol'y & Marketing 210 (2015)。

［95］ 参见 Debra Pogrund Stark & Jessica M. Choplin, *A Cognitive and Social Psychological Analysis of Disclosure Laws and Call for Mortgage Counseling to Prevent Predatory Lending* , 16 Psychol. Pub. Pol. & L. 85, 101 (2010)。

［96］ 参见 Ill. Dep't Fin. and Prof'l Regulation, *Findings from the HB 4050 Predatory Lending Database Pilot Program* 1, 3 – 4 (2007),网址: http://nlihc. org/ library/sirr/IL-2007。

［97］ 参见:Lisa J. Harnack et al., *Effects of Calorie Labeling and Value Size Pricing on Fast Food Meal Choices*: *Results from an Experimental Trial* , 5 Int'l. J. Behav. Nutrition & Physical Activity 63 (2008); Maya K. Vadiveloo, L. Beth Dixon & Brian Elbel, *Consumer Purchasing Patterns in Response to Calorie Labeling Legislation in New York City* , 8 Int'l. J. Behav. Nutrition & Physical Activity 51 (2011). 但是,另见 Bryan Bollinger, Philip Leslie & Alan Sorensen, *Calorie Posting in Chain Restaurants* , 3 Am. Econ. J. Econ. Pol'y 91 (2011)。

［98］ 参见 Kamila M. Kiszko, *The Influence of Calorie Labeling on Food Orders and Consumption*: *A Review of the Literature* , 39 J. Community Health 1248 (2014)。

［99］ 参见:Enrique Seira, Alan Elizondo & Eduardo Laguna-Muggenburg, *Are Information Disclosures Effective? Evidence from the Credit Card Market* , 9 Am. Econ. J.: Econ. Pol'y 277 (2017); James Carroll, Eleanor Denny & Seán Lyons, *The Effects of Energy Cost Labelling on Appliance Purchasing Decisions*: *Trial Results from Ireland* , 39 J. Consumer Pol'y 23 (2016)。

［100］ 参见 Cass R. Sunstein, *Informational Regulation and Informational Standing*: *Akins and Beyond* , 147 U. Pa. L. Rev. 613, 618 – 33 (1999)。

［101］ 参见 Omri Ben-Shahar & Carl E. Schneider, *The Futility of Cost Benefit Analysis in Financial Disclosure Regulation* , 43 J. Legal Stud. S253 (2014)。

[102] 参见 Alecia M. McDonald & Lorrie Faith Cranor, *Cost of Reading Privacy Policies*, 4 I/S: J. Law & Pol'y Info. Soc. 540, 562 (2008)。

[103] 参见: Daylian M. Cain, George Loewenstein & Don A. Moore, *The Dirt on Coming Clean: Perverse Effects of Disclosing Conflicts of Interest*, 34 J. Legal Stud. 1 (2005); Daylian M. Cain, George Loewenstein & Don A. Moore, *When Sunlight Fails to Disinfect: Understanding the Perverse Effects of Disclosing Conflicts of Interest*, 37 J. Consumer Res. 836 (2011)。

[104] 参见 Sunita Sah, George Loewenstein & Daylian M. Cain, *The Burden of Disclosure: Increased Compliance with Distrusted Advice*, 104 J. Personality & Soc. Psychol. 289 (2013)。

[105] 参见 Ahmed E. Taha & John V. Petrocelli, *Disclosures about Disclosures: Can Conflict of Interest Warnings Be Made More Effective?*, 12 J. Empirical L. Stud. 236 (2015)。

[106] 参见: Doron Teichman, *Too Little, Too Much, Not Just Right: Behavioral Analysis and the Desirable Regulation of Consumer Contracts*, 9 Jerusalem Rev. Legal Stud. 52, 58 - 60 (2014); Ben-Shahar & Schneider, 前注[86], 第 170—174 页。

[107] 参见 Loewenstein, Sunstein & Golman, 前注[77], 第 403—404 页。虽然我们认可这种可能性, 但我们对其长期有效性多少保持怀疑, 因为老练的披露者随时间推移很可能会发现披露对选择的影响有限。

[108] 参见 Ben-Shahar & Schneider, 前注[86]。

[109] 参见 Sunstein, 前注[79], 第 719 页。

[110] 关于去偏差, 参见上文 2.8.6 节。

[111] 参见 Cass R. Sunstein & Richard H. Thaler, *Libertarian Paternalism Is Not an Oxymoron*, 70 U. Chi. L. Rev. 1159 (2003)（下文简称为 Sunstein & Thaler, *Libertarian Paternalism*）; Colin F. Camerer et al., *Regulation for Conservatives: Behavioral Economics and the Case for "Asymmetric Paternalism,"* 151 U. Pa. L. Rev. 1211 (2003); Richard H. Thaler & Cass R. Sunstein, Nudge: Improving Decisions about Health, Wealth, and Happiness (rev. ed. 2009)（下文简称为 Thaler & Sunstein, Nudge）。

[112] 参见: Rebonato, 前注[38], 第 1 页（"可以毫不夸张地说,［自由至上家长主义］已经在政治和文化领域掀起了一场风暴。"）; Robert Baldwin, *From Regulation to Behaviour Change: Giving Nudge the Third Degree*, 77 Mod. L. Rev. 831, 831 (2014)。相关综述, 参见: The Behavioral Foundations of Public Policy (Eldar Shafir ed., 2013); Raj Chetty, *Behavioral Economics and Public Policy: A Pragmatic Perspective*, 105 Am. Econ. Rev. 1 (2015); David Halpern & Michael Sanders, *Nudging by Government: Progress, Impact, and Lessons Learned*, 2 Behav. Sci. & Pol'y 53 (2016)。

[113]　参见 Sunstein,前注[109]。

[114]　参见 Michael S. Barr, Sendhil Mullainathan & Eldar Shafir, *Behaviorally Informed Regulation*, in The Behavioral Foundations of Public Policy,前注[112],第 440 页、第 447—457 页(描述了行为经济学对金融监管的影响)。

[115]　参见 Baldwin,前注[112],第 831—834 页。关于行为洞察小组的目标、活动与出版物,参见其官网:http://www.behaviouralinsights.co.uk。对主要在美国与英国的、行为经济学在政策制定中的应用的批判性评述,参见 Peter D. Lunn, *Behavioural Economics and Policymaking*: *Learning from the Early Adopters*, 43 Econ. & Soc. Rev. 423 (2012)。

[116]　参见:European Commission—Joint Research Centre, Applying Behavioural Sciences to EU Policy-Making (2013); Nudge and the Law: A European Perspective (Alberto Alemanno & Anne-Lise Sibony eds., 2015); Halpern & Sanders,前注[112]。另见 Nudging—Possibilities, Limitations and Applications in European Law and Economics (Klaus Mathis & Avishalom Tor eds., 2016)。

[117]　以下清单并非全部。对公共或私人实体采用的额外措施的理论与实证研究,参见:Thaler & Sunstein, Nudge,前注[111];Anne N. Thorndike et al., *A 2-Phase Labeling and Choice Architecture Intervention to Improve Healthy Food and Beverage Choices*, 102 Am. J. Pub. Health 527 (2012)。

[118]　参见 Ian Ayres & Robert Gertner, *Filling Gaps in Incomplete Contracts*: *An Economic Theory of Default Rules*, 99 Yale L. J. 87 (1989)。

[119]　参见 Karen Eggleston, Eric A. Posner & Richard Zeckhauser, *The Design and Interpretation of Contracts*: *Why Complexity Matters*, 95 Nw. U. L. Rev. 91, 107 - 08 (2000)。

[120]　参见上文 2.3.5 节。默认规则的黏性也与人们的模糊厌恶相关(参见上文 2.2.9 节。参见 Omri Ben-Shahar & John A.E. Pottow, *On the Stickiness of Default Rules*, 33 Fla. St. UL Rev. 651, 665 - 66 (2005)。但另一种解释,是默认规则的表达效果:由一个法律政策制定者设定的默认规则,也许会被认为是在认可和推荐某种特定的安排——由此形塑人们的偏好。参见:Eyal Zamir, *The Inverted Hierarchy of Contract Interpretation and Supplementation*, 97 Colum. L. Rev. 1710, 1758 - 59 (1997); N. Craig Smith, Daniel G. Goldstein & Eric J. Johnson, *Choice without Awareness*: *Ethical and Policy Implications of Defaults*, 32 J. Pub. Pol'y & Marketing 159, 161 (2013)。

[121]　参见 Hersh Shefrin, Beyond Greed and Fear: Understanding Behavioral Finance and the Psychology of Investing 139 - 56 (2002)。

[122]　参见 Brigitte Madrian & Dennis Shea, *The Power of Suggestion*: *Inertia in 401 (k) Participation and Savings Behavior*, 66 Q. J. Econ. 1149 (2001)。

[123]　出处同上,第 1161 页。

[124]　参见 Richard H. Thaler & Shlomo Benartzi, *Save More Tomorrow*™: *Using*

Behavioral Economics to Increase Employee Saving，112 J. Pol. Econ. S164，S170 – S179 (2004)。

[125]　参见 Eric J. Johnson & Daniel G. Goldstein, *Do Defaults Save Lives?*，302 Sci. 1338 (2003)。另见上文 2.3.5 节。

[126]　参见 Shai Davidai, Thomas Gilovich & Lee D. Ross, *The Meaning of Default Options for Potential Organ Donors*，109 Proc. Nat'l Acad. Sci. USA 15201 (2012)。

[127]　参见 Adam J. Hirsch, *Default Rules in Inheritance Law：A Problem in Search of Its Context*，73 Fordham L. Rev. 1031，1047 – 50 (2004)。

[128]　出处同上，第 1042—1058 页。

[129]　参见 Adrian Kuenzler & Douglas A. Kyser, *Environmental Law*，in The Oxford Handbook of Behavioral Economics and the Law，前注[109]，第 748 页、第 757 页。

[130]　参见 Cass R. Sunstein & Lucia A. Reisch, *Automatically Green：Behavioral Economics and Environmental Protection*，38 Harv. Envtl. L. Rev. 127 (2014)。

[131]　关于禀赋效应，参见上文 2.3.6 节。

[132]　参见 Stewart Schwab, *A Coasean Experiment on Contract Presumptions*，17 J. Legal Stud. 237 (1988)。对此研究的更详细的描述，参见下文 7.3.2 节。

[133]　参见：Zamir，前注[120]，第 1782—1784 页 (1997)；Russell Korobkin, *The Status Quo Bias and Contract Default Rules*，83 Cornell L. Rev. 608 (1998)；下文 7.3.2 节。

[134]　参见：Madrian，前注[67]，第 668—669 页；Ryan Bubb & Richard H. Pildes, *How Behavioral Economics Trims Its Sails and Why*，127 Harv. L. Rev. 1593，1616 – 25 (2014)。

[135]　Bubb & Pildes，前注[134]，第 1616—1625 页。

[136]　参见：Cass R. Sunstein, *Deciding by Default*，162 U. Pa. L. Rev. 1，48 – 56 (2013)；Smith, Goldstein & Johnson，前注[120]，第 166—168 页；Porat & Strahilevitz 同前注[82]，第 1433—1453 页。

[137]　参见：Colin F. Camerer et al., *Regulation for Conservatives：Behavioral Economics and the Case for "Asymmetric Paternalism"*，151 U. Pa. L. Rev. 1211 (2003)；Sunstein & Thaler, *Libertarian Paternalism*，同前注[111]；Thaler & Sunstein, Nudge，同前注[111]，第 4—6 页、第 85—89 页。

[138]　参见上文 2.6.1 节。

[139]　参见 Gabriel D. Carroll et al., *Optimal Defaults and Active Decisions*，124 Q. J. Econ. 1639 (2009)。

[140]　出处同上，第 1643—1658 页。

[141]　参见 Punam Anand Keller et al., *Enhanced Active Choice：A New Method to Motivate Behavior Change*，21 J. Consumer Psychol. 376 (2011)。

[142]　参见 Cass R. Sunstein, *Choosing Not to Choose*，64 Duke L. J. 1 (2014)。

[143]　参见 Praveen Aggarwal & Rajiv Vaidyanathan, *Use It or Lose It：Purchase Ac-*

celeration Effects of Time-Limited Promotions，2 J. Consumer Behav. 393 (2003)。

[144] 参见 Eyal Zamir，Daphna Lewinsohn-Zamir & Ilana Ritov，*It's Now or Never*！*Using Deadlines as Nudges*，42 Law & Soc. Inquiry 769 (2017)。

[145] 参见：Jessica M. Nolan et al.，*Normative Social Influence Is Underdetected*，34 Personality & Soc. Psychol. Bull. 913 (2008)；Noah Goldstein，Robert B. Cialdini & Vladas Griskevicius，*A Room with a Viewpoint*：*Using Social Norms to Motivate Environmental Conservation in Hotels*，35 J. Consumer Res. 472 (2008)。

[146] 参见 P. Wesley Schultz et al.，*The Constructive*，*Destructive*，*and Reconstructive Power of Social Norms*，18 Psychol. Sci. 429 (2007)。

[147] 参见 Ian Ayres，Sophie Raseman & Alice Shih，*Evidence from Two Large Field Experiments That Peer Comparison Feedback Can Reduce Residential Energy Usage*，29 J. L. Econ. & Org. 992 (2013)。

[148] 参见 John Beshears et al.，*The Effect of Providing Peer Information on Retirement Savings Decisions*，70 J. Fin. 1161 (2015)。

[149] 参见：Luc Bovens，*The Ethics of Nudge*，in Preference Change：Approaches from Philosophy，Economics and Psychology 207，216 – 17 (Till Grüne-Yanoff & Sven Ove Hansson eds.，2009)；Daniel M. Hausman & Brynn Welch，*Debate*：*To Nudge or Not to Nudge*，18 J. Pol. Phil. 123，128 – 32 (2010)；Evan Selinger & Kyle Whyte，*Is There a Right Way to Nudge? The Practice and Ethics of Choice Architecture*，5 Soc. Compass 923，928 – 30 (2011)；Till Grüne-Yanoff，*Old Wine in New Casks*：*Libertarian Paternalism Still Violates Liberal Principles*，38 Soc. Choice & Welfare 635 (2012)。

[150] 参见 Sunstein，前注[38]，第 144—151 页。

[151] 参见上文 4.4.2 节。

[152] 参见：William Hagman et al.，*Public Views on Policies Involving Nudges*，6 Rev. Phil. & Psychol. 439 (2015)；Janice Y. Jung & Barbara A. Mellers，*American Attitudes toward Nudges*，11 Judgment & Decision Making 62 (2016)；Lucia A. Reisch & Cass R. Sunstein，*Do Europeans Like Nudges?*，11 Judgment & Decision Making 310 (2016)；Cass R. Sunstein，*Do People Like Nudges?*，Admin. L. Rev. (forthcoming 2018,网址：https://ssrn.com/abstract＝2604084)。

[153] 参见 Bubb & Pildes，前注[135]。另见上文 4.4.2 节、4.4.3 节。

[154] Lauren E. Willis，*When Nudges Fail*：*Slippery Defaults*，80 U. Chi. L. Rev. 1155 (2013)。

[155] 参见 Stephanie Stern，*Outpsyched*：*The Battle of Expertise in Psychology-Informed Law*，57 Jurimetrics 45 (2016)。

▶5

行为学洞见与法律的基本特征

5.1 绪论

第 2 章中描述的那些普遍的道德判断——实现好的结果要受到道德的约束；人们对自己主动引起（而非允许它们发生）的结果和他们想要发生（而不是仅仅预见到会发生）的结果负有更大的责任；以及关于实质性公正和程序性公正的普遍观念[1]——都在法律中有所反映。事实上，普遍的道德信念（通常被称为"常识道德"）和法律之间的相关性，早已被法学理论家们指出，而且从自然法到法律实证主义的几乎所有主要的法律哲学理论都具有这种相关性。[2]

因此，例如，刑事责任更多的是针对行为造成的伤害，而不是不作为造成的伤害。[3]基于内容的言论自由限制受到的审查，其严格程度远超与内容无关、旨在防止住宅区噪音过大或交通拥堵的关于表达的时间和地点的限制，从而反映了故意与预见之间的区别。[4]陪审团对后果主义推理的反感，体现在下面这一点上：当公司对其安全措施进行成本收益分析时，陪审团倾向于让惩罚性赔偿的金额更高一些。[5]程序性公正的概念反映在，比如根据行政法的要求举行听证会，让那些可能受到某项决定不利影响的人能够表达他们的担忧。[6]在上述和其他许多语境下，对道德判断的行为研究可以为法律学说带来启示，包括在纯粹的后果主义或经济学视角下，该学说可能的令人困惑之处。

我们将在 5.4 节中回到这一观察，但本章的大部分内容，都集中在法律与人类心理的某些基本特征之间的另一种不太明显的相容性上。具体来说，这些心理特征是参照依赖和损失厌恶。[7]

参照依赖是实证和规范经济分析的一个基本特征。人们被认为是自身效用的理性最大化者。在所有可选方案中，他们选择能在绝对意义上使其预期效用最大化的方案。损失相当于被放弃的收益，而收益则相当于被避免的损失。从规范上讲，人们应该使社会总体福利最大化，同样，被放弃的收益被认为等同于损失，而被避免的损失则被视为收益。

然而，在现实中，人类的感知、偏好、判断和选择的一个基本特征，是参照依赖。人们对温度、亮度和大小的判断是相对的。他们不把结果看作财富或福利的最终状态，而是看作相对于某个参照点的收益或损失。相比获得收益，人们通常更倾向于避免损失，因此表现出损失厌恶。他们认为伤害他人比不使他人受益更应受到谴责。[8]

参照依赖和损失厌恶是在法律所关注的领域内更好地理解人类行为的关键,例如消费者行为。[9]这些概念对于理解法律如何塑造人们的行为也至关重要,特别是通过设定默认安排,从而框定人们的选择。[10]本章聚焦损失厌恶和法律之间的另一个联系:本章认为参照依赖和损失厌恶可以解释——并可能合理化——法律本身的基本特征。[11]5.2节展示这些心理学概念如何渗透到法律中,并阐明法律体系的基本特征。随后,5.3节将思考对损失厌恶和法律之间一致性的一种演化解释。鉴于这一演化假设的某些局限性,5.4节提出另一种解释,基于损失厌恶、普遍的道德判断和法律之间的对应关系。最后,5.5节认为,参照依赖和损失厌恶不仅可以解释法律的基本特征,而且还可以证明它们的合理性。

5.2 法律、参照依赖和损失厌恶

本节将使用两个主要的例子——在所有法律体系中侵权法和不当得利法发挥的不同作用,以及公民和政治权利相比社会和经济权利得到的更大保护——来证明损失厌恶和法律之间的一致性。其他的例子将被简要提及。

5.2.1 私法:侵权 vs.不当得利

几乎所有法律体系都有一个共同特征,即侵权法的中心地位同恢复原状法和不当得利法的相对边缘地位之间的明显对比。[12]相比一个人从另一个人的行为中获得较大利益的互动,一个人因另一个人的行为而遭受伤害或损失的互动更常导致法律权利和补救措施。[13]与此相关的是,当同一互动同时导致一方受到伤害,而另一方获得利益时,受害方的救济权利通常是基于其损失,而非基于另一方的收益。[14]

无论如何定义正负外部性,从经济学视角来看,行为人应该将两种类型的外部性都内部化,以引发有效的行为。[15]然而,事实上,侵权法要求伤害者为其负外部性付出代价的情形,远远多于不当得利法允许施惠者收回给予他人之利益的情形。对于这种令人困惑的差异,有各种解释被提出。经济学的解释主要集中在这样的因素上,比如,就当事各方之间议价的可行性而言,在非自愿伤害和利益之间的差异[16],又如,向受到相关(伤害性或利益性)活动影响的人提供否决权会带来的预期结果[17]。其他的解释指向这样一点:若广泛的利益恢复权被承认,则法院将面临评估上的困难。[18]

在不否认上述解释的情况下,参照依赖和损失厌恶似乎为这种差异提供了一种尤为有力的解释。如果损失对人们的影响比收益更大,且如果当事人在遭受损失或给予利益之前的位置是自然的参照点,那么遭受损失的人比其行为给他人带来非主动索要的利益的人更有可能向伤害者寻求补偿。在前一种情况下,补救被视为对损失的补偿,而在后一种情况下,它更有可能被视为一种获得利益的尝试。从一个无利害关系的仲裁者(如法官或立法者)的角度来看,为受伤害者强烈感受到的损失提供赔偿,被认为远远更迫切于让非主动索要之利益的提供者有权追回那些并未强烈感受到的、未经偿付的利益。[19]

5.2.2　人权：公民和政治权利 vs.社会和经济权利

人权是所有人类作为人都有权享有的基本权利。[20]在这个广泛的类别中，公民权利和政治权利（civil and political rights，CPR）与社会和经济权利（social and economic rights，SER）之间有一个基本区别。民事和政治权利包括权利和自由，如生命权、身体完整性、言论和宗教自由，以及参与政治进程的权利。社会和经济权利包括获得适当生活水平的权利，包括足够的营养、衣服和住房，还包括获得医疗服务和教育的权利、工作的权利，以及财产权。

在许多法域，对社会和经济权利的宪法保护范围比对民事和政治权利的宪法保护范围要窄得多，如果前者真的存在的话。[21]对于这种差异，有各种解释被提出。最常见的是将其与消极权利和积极权利之间的差异联系在一起。民事和政治权利被认为只是要求国家避免某些行为，而社会和经济权利则被认为是对国家施加了积极的义务，并且需要大量的公共开支。[22]道义论道德将禁止主动或故意伤害他人置于促进人类福利的责任之上。[23]然而，与此观点相悖的是，保护民事和政治权利往往需要积极的措施和较高的成本。[24]例如，为保证集会自由，警察可能不得不分配大量资源来保护示威者免受反对者的攻击。

在制度上，对人权的有效保护通常需要对立法和行政行为进行司法审查。虽然法院拥有专业的能力，并享有识别和防止民事和政治权利被侵犯的必要合法性，但它们缺乏宏观经济数据、技能和必要的合法性来界定社会和经济权利的范围并加以执行。[25]对此，有观点认为，司法的可执行性并不是承认人权的前提条件，而划定人权的范围不可避免地会涉及价值判断，并影响到公共资源的分配，无论它涉及民事和政治权利还是社会和经济权利。[26]

对社会和经济权利保护较少的一个强有力的替代性或补充性解释——尽管不一定合理——是基于损失和收益之间的区别。当国家避免压制人们的声音或夺取他们的土地，以及当国家采取积极措施保护言论自由不受他人压制或保护私人财产不受侵犯时，都是在防止发言者或土地所有者受到损失或伤害。反之，言论自由并不一定要求政府为有语言障碍的人提供治疗，或为触及传播媒体提供便利。在社会和经济权利领域，提供住房或健康服务更有可能被认为是施与人们他们没有的利益，因此属于收益的范畴。

这一猜想与一些案例是一致的，在这些案例中，一般不保护社会权利的法律制度却对政府施加了某些积极的义务。因此，在"戈德堡诉凯利案"（Goldberg v. Kelly）中，美国最高法院裁定，正当程序禁止在没有公平听证的情况下终止（termination）福利待遇。[27]类似地，参照点的概念也可以帮助解释为什么虽然宪法没有强制要求提供经济福利，但一旦这种福利被提供给社会的某些部分，就必须不加歧视地被扩大到处境相似的人。[28]某些福利被提供给某些人的这一事实，可能会改变处境类似的人的参照点，从而使那些没有得到这些福利的人认为这是一种损失。

5.2.3　其他例子

法律和损失厌恶的一致性体现在许多其他领域，我们将只提及其中的几个。一个是对违反合同的补救措施。虽然法律通常会补偿受害方的损失（以期望或信赖损害赔偿的形式），但它通常不会让其有权获得违约方从违约中获得的收益（所谓的**违约获益补救**，disgorgement remedy）。[29]另一个领域是平权行动。虽然平权计划极具争议性，但似乎有一个普遍的共识：即使它们在雇佣程序中（通常被认为涉及收益）是合理的，在解雇程序中（被认为是造成损失）也难以被合理化。[30]如果我们从私法和公民权利转向刑法，行为人认为为避免伤害或邪恶而必要采取的行为，在某些情况下可能被认为是正当的，但这种正当性不会延伸到被认为是为了产生利益或好处的必要行为。[31]根据国际和美国国内的难民法，实际身处一个国家内的寻求庇护者，享有各种实质性和程序性权利。然而，更具争议的是，国家是否可以，以及可以在何种程度上，合法地阻止寻求庇护者进入其领土。驱逐身处该国的人，很可能被认为是造成了损失；而拒绝签发签证和其他入境前的手段，则被认为是没有提供助益。[32]

前文介绍了损失厌恶和法律之间的相容性的几个例子，下面的几节将对这种相容性提出两种可能的解释。

5.3　演化理论

法律经济学家长期以来一直认为，总的来说，普通法是高效的。对此观察的其中一种解释是演化。从保罗·鲁宾（Paul Rubin）和乔治·普里斯特（George Priest）的开创性论文开始[33]，大量文献研究了这样一种猜想：即使法官不关心效率，诉讼当事人的自利行为也会生成一个过程，在此过程中，低效的规则会逐渐被消灭，而高效的规则则会留存下来。[34]尽管这一猜想的所有版本都受到了尖锐的批评，但这方面的文献含有有价值的洞见，这些洞见可能揭示了损失厌恶和法律的基本特征之间的对应关系。其中一个见解是，法律的演化方向不仅是由法院的合理决定而确立，而且也是由诉讼当事人的行为确立的。[35]另一个见解是，纠纷的存在是法官制定的法律演化的前提条件，无论该法律是否高效。[36]在没有法律纠纷的情况下，没有法官制定的规则可实现演化。

经济学文献假设，只要存在法律纠纷，当事人就会根据每种选择的预期成本和收益，来决定是发起诉讼还是庭外和解。然而，如果人们认为损失远比未获得收益要痛苦，那么相比为损失起诉，潜在的原告将更不愿意为未获得的收益起诉。由于未获得的收益导致的负效用较不可能大到足以证明法律行动的合理性（法律行动通常会带来高成本——直接和间接的，金钱和非金钱的），因未获得收益而产生的纠纷预计会少得多。由于法律规范是自纠纷中发展而来，因此，不当得利和违约获益的补救措施——在此仅举两例——的发展程度，大大不及侵权法和信赖或期望补救措施。虽然这一假说主要关注一次性参与诉讼的原告如何影响法官制定的法律的发展，但对于重复参与诉讼的原告（但仍然具有损失厌恶倾向）来说，这一假说在先例的"供给侧"（即法院之间的竞争）以及对于成文法（还受制于对法律规范的需求）而言，仍然很大程度上是正确的。[37]

演化理论会在几个方面受到指责。首先，即使损失者比无收益者更有可能提起诉讼，我们也应该预期，只有当收益相对较小时，诉讼发生率才有明显差异。因此，虽然演化理论可以解释为什么围绕损失的法律规范比围绕未得利益的规范发展得更快，但它不一定能解释 5.2 节中观察到的巨大的不对称性。然而,如果法律和生物演化之间的类比是合理的,并且考虑到诉讼人、说客和法律政策制定者的资源有限,则可以预期,更多资源用于发展旨在保护人们免受损失的学说,将会导致围绕未得利益的学说被"挤出"。同时,尽管与损失有关的规范比与未获得的收益有关的规范更健全,但后者的确存在。

演化理论也可能因此受到批评:从原告的角度来看,法律救济可能总是被看作属于收益的范畴。[38]然而,千真万确的是,与那些未能获得收益的人相比,遭受损失的人寻求法律救济的动机更强烈。

上述与其他批评要求我们谨慎和谦虚。关于法律和损失厌恶之间相容性的演化理论,并不意图解释任何特定法律领域的复杂性,而是要解释法律的一般基本特征。它也是克制的,因为它不是作为这种相容性的唯一甚至是主要的解释而被提出。它只是意图对关注法律政策制定者心态的那种解释做出补充,接下来我们讨论这种解释。

5.4　认知心理学、常识性道德和法律

虽然演化假说有其道理,但也许可以在一个中间因素中找到一个更强有力的、对法律同心理学上的参照依赖和损失厌恶概念之间相关性的解释:普遍的道德信念。这种解释认为,总的来说,法律符合普遍的道德信念,而且由于后者与参照点和损失厌恶的概念密切相关,这些概念也塑造了法律。

如第 2 章所解释[39],普遍的道德信念是道义论的。人们相信推进好的结果是可取的,但也认为这应该受到道德的约束。这些约束包括禁止故意或主动伤害他人。例如,杀死一个人并摘取其器官来拯救另外三个人的生命是不道德的,即使这种行为的收益(拯救三个人)高于成本(杀死一个人)。

道义论道德在伤害一个人和不使其收益之间进行了区分。如果促进善和消除恶同样令人信服,那么作为与允许以及故意与预见之间的区别就会瓦解,而这些区别对于反对伤害人的道义论道德约束而言必不可少(或者至少这两者中有一个必不可少)。根据这些区别,故意或主动地伤害他人是被禁止的,但对于仅仅预见对某人的伤害,或允许它发生,禁止的力度却远没有那么大。禁止为了拯救其他三个人的生命而杀死一个人,这必然意味着,故意或主动地杀死一个人,比仅仅预见或允许其他三个人死亡更糟糕。否则,就会既有对杀死此人的禁止,也会有对不杀死此人的禁止(从而预见或允许三个人的死亡)。

现在,每当一个行为人遵守禁止故意或主动施加伤害的禁令(例如,不杀一个人),此人就同时避免了对那个人的故意伤害,也避免了对另外三个人的故意行善。故意和仅仅预见之间的区别,以及作为和仅仅允许之间的区别,则不可避免地导致了故意行善与故意行恶之间的区别,以及行善与行恶之间的区别。扬善在道德上不如除恶有说服力。[40]

扬善和除恶之间的道德区别与参照点和损失厌恶的心理学概念直接对应。损失、不快乐、负效用和伤害,要比收益、快乐、效用和利益的影响更大。[41]事实上,大多数心理学研究都聚焦于人们对自身收益和损失的看法和选择,而道德则主要关注一个人的行为对其他人的影响。然而,正如多项研究所表明,损失厌恶不仅体现在人们对自己的健康、财富或福祉的看法和选择上,而且体现在一个人的决定对其他人的健康、财富或福祉的影

响上。[42]因此,即使抛开基于原告行为的演化解释,法律政策制定者——立法者、法官和行政人员——的普遍道德直觉,也能解释心理学和法律之间的明显相关性,正如 5.2 节所述。

除了心理学和道德之间的紧密对应关系外,这一论点还假设了道德和法律之间的关联性。在法律的不同理论流派中确有一个广泛的共识,即这种关联性确实存在。[43]事实上,5.2 节所讨论的法律的基本特征,与作恶(造成损失)和行善(给予收益)之间的区别相对应,这是由道义论在作为与允许以及在故意与预见之间所做的区分所预设的。

5.5 规范性视角

5.2 节中描述的法律与损失厌恶之间的一致性,也有规范性的面向。损失厌恶不仅解释了法律和特定法律规范的基本特征,而且可以说也证明了这些特征的合理性。

所有的规范性理论都考虑到了结果,无论是将结果作为最终决定一个行为、规则或其他东西之道德性的唯一因素(后果主义),还是将其作为其中一个因素(道义论)。此外,所有的规范性理论都认为,任何行为、规则或其他东西对人类福利的影响,在道德上是重要的。在其他条件相同的情况下,法律应该努力最大化人类福利。那么,如果损失对人类福利的不利影响超过了未获得的收益,则可以说,法律应该在阻止造成损失(和补救已经发生的损失)方面,付出比在激励施与利益(和纠正未获得的收益)方面,更大的努力。[44]

这一规范性结论可能会引起两种反对意见。首先,可能会有观点认为,参照依赖和损失厌恶本质上是不理性的,因此法律不应该考虑它们。然而,这种反对意见并不合理。即使是在理性的狭窄定义之下(即最大化自己的效用),参照依赖和损失厌恶本身也不是非理性的。预期效用理论中没有任何内容一定需要一个与参照无关的效用函数才能成立。正如一个效用函数可能反映出风险厌恶、风险中立或风险逐求,它也可能反映出参照无关性或参照依赖性。[45]

对这一规范性主张的另一反对意见是,它假定参照点是相对稳定的。如果法律规范可以改变参照点,那么,与其说法律以不同的方式对待损失和未获得的收益,不如说法律可以简单地重塑人们的认知。在此先不谈细节[46],一项对数百项实验研究的元分析发现,虽然框架效应确实存在,但其程度只是微弱到温和。[47]在实验室外,虽然一些研究,特别是那些在特定背景下处理默认规则的研究,指向了强有力的框架效应[48],但其他研究却没有发现这种效应[49]。因此,很难评估现实世界中这种效应的强度和普遍性。感知的参照点是由心理、社会和法律因素共同决定的,法律的作用不应该被夸大。例如,法律规范不太可能将政府对私有财产的占有,或人们在道路事故中的痛苦,分别重新框定为财产所有者或事故受害者"放弃的收益"。同样地,法律也不可能将一个其行为使另一人受益而不涉及任何自身成本的人的不当得利主张,重新框定成属于损失域的主张。[50]

事实上,只要法律能够重新框定人们的参照点,以消解收益和损失对其福利的不同影响,采取这样的措施就可以作为 5.2 节中所阐述的法律基本特征的替代。然而,由于法律规范的参照点的延展性取决于情境且相对受限,损失厌恶似乎至少为法律的这些特征提供了表面上的理由。

5.6 结语

本章强调了法律与人类心理学的基本要素之间的对应关系,包括普遍的道德判断、参照依赖和损失厌恶。本章认为这种对应关系并非偶然。具体来说,损失厌恶和法律之间的相关性,可能是司法和成文法演化的产物,因为原告(和利益集团)为损失寻求补偿的动机比为未获得的收益寻求补偿的动机更强烈。然而,总的来说,法律反映了法律政策制定者的思维方式,他们的道德直觉与常识性道德一致。常识性道德是道义论的:它区分了行为和忽视,区分了故意的和仅仅是预见的结果,区分了伤害和利益——法律也进行了这些区分。

本章是本书第二篇的结尾。第二篇提供了行为法律经济学的概述——它的过去、现状和发展前景;它的规范性含义;以及它解释法律基本特征的能力。本书其余各篇将讨论行为研究对特定法律领域的贡献,首先是私法和商法。

注 释

[1] 参见上文 2.7.1 节至 2.7.3 节。

[2] 参见 Eyal Zamir, Law, Psychology, and Morality: The Role of Loss Aversion 193 - 95 (2015)。

[3] 可参见:Wayne R. Lafave, Criminal Law § 6-2, at 329 - 41 (5th ed. 2010); Jacobo Dopico Gómez-Aller, *Criminal Omissions: A European Perspective*, 11 New Crim. L. Rev. 419 (2008)。

[4] 参见下文 11.4.1 节。

[5] 参见:上文 2.8.2 节;下文 9.5.1 节、15.6 节。

[6] 参见:Vicki Lens, *Seeking Justice: Citizens' Use of Fair Hearings to Correct Errors in Public Welfare Bureaucracies*, 19 J. Pub. Admin. Res. & Theory 817 (2009); Paul Craig, Administrative Law 339 - 84 (7th ed. 2012)。

[7] 参见上文 2.3 节。

[8] 参见上文 2.3 节、2.5 节、2.7.2 节。

[9] 参见下文 8.1 节至 8.5 节。

[10] 参见:上文 4.4.3 节;下文 7.3.2 节。

[11] 本章参考了 Zamir,前注[2],第 119—199 页、第 212—215 页(2015)。

[12] 参见:Wendy J. Gordon, *Of Harms and Benefits: Torts, Restitution, and Intellectual Property*, 21 J. Legal Stud. 449, 450 (1992); Richard A. Epstein, *The Ubiquity of the Benefit Principle*, 67 S. Cal. L. Rev. 1369, 1369 - 71 (1994); Brice Dickson, *Unjust Enrichment Claims: A Comparative Overview*, 54 Cam-

bridge L. J. 100 (1995)。

[13] 参见 Saul Levmore, *Explaining Restitution*, 71 Va. L. Rev. 65, 71 (1985)。

[14] 参见 Ofer Grosskopf, *Protection of Competition Rules via the Law of Restitution*, 79 Tex. L. Rev. 1981, 1994 - 95 (2001)。

[15] 另见 Lisa Grow Sun & Brigham Daniels, *Mirrored Externalities*, 90 Notre Dame L. Rev. 135 (2013)。

[16] 参见 Levmore,前注[13],第 79—82 页。

[17] 参见 Ariel Porat, *Private Production of Public Goods*: *Liability for Unrequested Benefits*, 108 Mich. L. Rev. 189 (2009)。

[18] 参见:Levmore,前注[13],第 69—72 页;Gordon,前注[12],第 456—457 页。

[19] 关于损失厌恶与不当得利法的其他方面,参见 Zamir,前注[2],第 124—125 页。

[20] 参见 Jack Donnelly, Universal Human Rights in Theory and Practice 7 - 21 (2d ed. 2003)。

[21] 参见:Cass R. Sunstein, *Why Does the American Constitution Lack Social and Economic Guarantees*?, in American Exceptionalism and Human Rights 90 (Michael Ignatieff ed., 2005); Stephen Gardbaum, *The Myth and the Reality of American Constitutional Exceptionalism*, 107 Mich. L. Rev. 391, 446 - 53 (2008) (从广泛的比较视角分析美国法律); Ruth Gavison, *On the Relationships between Civil and Political Rights*, *and Social and Economic Rights*, in The Globalization of Human Rights 23 (Jean-Marc Coicaud et al. eds., 2003)。

[22] 参见:Maurice W. Cranston, What Are Human Rights? (1973); Frank B. Cross, *The Error of Positive Rights*, 48 UCLA L. Rev. 857 (2001)。

[23] 不同意见请参见 Eyal Zamir & Barak Medina, Law, Economics, and Morality 41 - 48, 57 - 78 (2010)。

[24] 参见:Stephen Holmes & Cass R. Sunstein, The Cost of Rights: Why Liberty Depends on Taxes (1999); Gavison,前注[21],第 33—35 页;Gardbaum,前注[21],第 444—446 页、第 453—461 页。

[25] 参见 Cross,前注[22]。

[26] 参见 Gavison,前注[21]。

[27] 参见 *Goldberg v. Kelly*, 397 U.S. 254 (1970)。

[28] 参见 David Currie, *Positive and Negative Constitutional Rights*, 53 U. Chi. L. Rev. 864, 881 - 82 (1986)。

[29] 参见 Zamir,前注[2],第 125—133 页。

[30] 参见下文 11.4.3 节。

[31] 参见 Zamir,前注[2],第 137—139 页。

[32] 参见:Zamir,前注[2],第 149—153 页;下文 11.5.2 节。其他例子请参见 Zamir,前注[2],第 133—137 页(宪法中的财产法规定的征收与给予)、第 139—140 页(刑法中的"坏撒玛利亚人法")、第 153—157 页(免税和预扣税款)、第 157—161 页(民事

诉讼中的举证责任），以及第 162—165 页（初步禁令）。另见下文 6.3.1 节、13.2.4 节、16.3.4 节。

[33] 参见：Paul H. Rubin, *Why Is the Common Law Efficient？* 6 J. Legal Stud. 51 (1977)；George L. Priest, *The Common Law Process and the Selection of Efficient Rules*, 6 J. Legal Stud. 65 (1977)。

[34] 参见：Paul H. Rubin, *Micro and Macro Legal Efficiency：Supply and Demand*, 13 Sup. Ct. Econ. Rev. 19 (2005)；Francesco Parisi, *The Efficiency of the Common Law Hypothesis*, in 2 The Encyclopedia of Public Choice 195 - 98 (Charles K. Rowley & Friedrich Schneider eds., 2004)。

[35] 参见：Priest，前注[33]；John C. Goodman, *An Economic Theory of the Evolution of the Common Law*, 7 J. Legal Stud. 393 (1978)。

[36] 参见 Jeffrey Evans Stake, *Status and Incentive Aspects of Judicial Decisions*, 79 Geo. L.J. 1447, 1492 (1991)。

[37] 参见 Zamir，前注[2]，第 173—174 页。另见 Caroline Freund & Çağlar Özden, *Trade Policy and Loss Aversion*, 98 Am. Econ. Rev. 1675 (2008)。

[38] 参见下文 14.3.6 节。

[39] 参见下文 2.7.2 节。

[40] 关于此区分，参见：Shelly Kagan, The Limits of Morality 121 - 25 (1989)（一份批判）；Frances M. Kamm, *Non-consequentialism, the Person as an End-in-Itself, and the Significance of Status*, 21 Phil. & Pub. Aff. 354, 381 - 82 (1992)（一份辩护）。

[41] 也许有人也会观察到，道德上作为与允许的区分（与行善与作恶的区分联系紧密），与心理学上的忽略偏差（与现状偏差和损失厌恶相关）相对应。关于忽略偏差与损失厌恶之间的联系，参见上文 2.3.5 节。

[42] 可参见：Ilana Ritov & Jonathan Baron, *Reluctance to Vaccinate：Omission Bias and Ambiguity*, 3 J. Behav. Decision Making 263 (1990)；Fredrick E. Vars, *Attitudes toward Affirmative Action：Paradox or Paradigm？*, in Race versus Class：The New Affirmative Action Debate 73 (Carol M. Swain eds., 1996)；Avital Moshinsky & Maya Bar-Hillel, *Loss Aversion and Status Quo Label Bias*, 28 Soc. Cognition 191 (2010)。

[43] 参见 Zamir，前注[2]，第 193—195 页。另见上文 4.3 节。

[44] 更详细的讨论，参见 Zamir，前注[2]，第 212—215 页。

[45] 参见：Ariel Rubinstein, Lecture Notes in Microeconomic Theory 107 - 11 (2006)；Christine Jolls & Cass R. Sunstein, *Debiasing through Law*, 35 J. Legal Stud. 199, 220 (2006)（讨论了禀赋效应）；Zamir，前注[2]，第 205—207 页。

[46] 参见上文 2.3.4 节。

[47] 参见 Anton Kühberger, *The Influence of Framing on Risky Decisions：A Meta-analysis*, 75 Org. Behav. & Hum. Decision Processes 23, 35 - 36, 42 (1998)。其

他框架效应的综述文献也得出了类似的结论，参见 Irwin P. Levin，Sandra L. Schneider & Gary J. Gaeth，*All Frames Are Not Created Equal：A Typology and Critical Analysis of Framing Effects*，76 Org. Behav. & Hum. Decision Processes 149，153，174（1998）。另见 Zamir，前注[2]，第 207—212 页。

[48]　参见上文 4.4.3 节。

[49]　参见：Laura A. Siminoff & John H. Fetting，*Effects of Outcome Framing on Treatment Decisions in the Real World：Impact of Framing on Adjuvant Breast Cancer Decisions*，9 Med. Decision Making 262（1989）；Annette M. O'Connor，Ross A. Penne & Robert E. Dales，*Framing Effects on Expectations，Decisions，and Side Effects Experienced：The Case of Influenza Immunization*，49 J. Clinical Epidemiology 1271（1996）。

[50]　关于将免税重新框定为支出的失败尝试，参见下文 13.2.4 节。

第三篇

私法与商法

▶6

财产法

6.1　绪论

　　产权在任何社会中都是一种基本的社会和法律制度。道义论和后果主义的规范性理论均已证实其合理性。从以权利为基础的视角来看,私有财产与人们对自己的人身和劳动产品的权利有关,与实现自己的自主权和发展自身个性的需要有关,也与人们的生存权等有关。[1]从经济学视角来看,产权对激励人们投资有形和无形资产,以及通过市场交易促进资源的有效配置至关重要。[2]

　　虽然合同权利和义务通常是被承诺人和承诺人之间自愿协议的产物,并不直接影响其他人,但产权持有人相对于整个世界——或者更准确地说,相对于一组未确定的人,包括未同意的人——是受到保护的。财产法决定了财产权如何产生、转让和取消;解决对资产的竞争性主张之间的冲突;并塑造了对同一对象同时拥有权利的人们之间的关系,无论这些权利是相似的(如共同所有权的情况),还是不同的(如房东和房客)。

　　除了管理个人和私人实体之间的关系外,财产法还涉及保护产权不受政府征用的问题。宪法中的财产法(constitutional property law)涉及政府有关部门为公共目的征用私有财产(例如,修建道路或学校)和规范私有财产使用(例如,通过限制建筑物的高度)的权力,还包括当局为这种物理征用或管制性征用对业主进行补偿的责任。

　　广义上来说,财产法不仅涉及有形的——可移动和不可移动的——资产,而且还涉及人们对智力创作的权利。知识产权法(intellectual property law)授予发明者、作者,以及艺术作品与商业名称和图像的创造者一定的垄断权。它奖励人们和组织的才能和努力,并激励他们进行创造。

　　当然,私人财产法和宪法中的财产法之间(后者也包括合同权利的取得),以及有形资产法和知识产权法之间存在着根本的区别。将这三大主题集中在一章,并不是为了淡化这些差异;这只是反映了这样一个事实,即现有的行为学研究不足以为每个主题提供单独的章节。

　　出于类似的原因,本章将讨论第四个问题,它超越了财产法的常规界限(例如,它也适用于合同法)。这个问题即财产规则(property rules)和责任规则(liability rules)之间的选择。前者指的是通过禁止令来保护法定权利——这意味着在没有得到所有者的自愿同意之前，人们不能侵占一项权利；后者涉及通过金钱救济来实施保护，从而允许在司法规定的补偿下进行强制转移。

一般来说，财产法领域的行为学研究"处于检验或应用基本洞察和理论的早期阶段，且目前涵盖的问题相当有限或分散"。[3]然而，如本章所阐明，行为学的见解，无论是基于对判断和决策的一般研究，还是基于专门设计的实证法律研究，已对财产法的分析做出了宝贵的贡献。[4]本章将批判性地从四个方面检验这种贡献，即所有权与占有、宪法中的财产法、知识产权，以及财产规则和责任规则之间的区别。

6.2　所有权和占有

本节讨论行为学研究对理解、评估和实施财产法的两个最基本构成部分的贡献：所有权和占有。本节首先简要介绍心理所有权（psychological ownership）的概念，然后将回顾关于人们如何确定特定物品之所有权的心理学研究。随后，本节将并置两种引起学者们广泛关注的所有权观念——作为"物"的财产与作为"一束权利"的财产。最后研究禀赋效应对管理所有权和占有的规范有何影响，其中包括逆权占有和自助等学说。为避免重复，心理所有权和禀赋效应概念的一些影响，将在其涉及政府征用法和知识产权法[5]等具体问题时，在本章其他地方讨论。

6.2.1　心理所有权

几千年来，法律系统一直在与财产、所有者和占有的概念缠斗。然而，拥有物品和尊重他人所有权的心理和社会态度，肯定早于我们所知的法律。对领地动物的研究显示，领地的保卫者几乎无一例外地击败了试图占领领地的同一物种的入侵者。[6]从演化博弈论的角度来看，此现象可被解释为协调问题的稳定解——它优于总是逃跑或总是战斗的替代战略。[7]幼儿也有所有权的概念，他们会反抗别人拿走"他们的"玩具的尝试。[8]社会科学家，包括人类学家和心理学家，长期以来一直在研究心理所有权——其意义、起源、功能，以及它出现的条件。[9]

所有权的态度对于人类的效能、自我认识和拥有一席之地至关重要。为了满足自身需求和实现自己的目标，人们必须与环境互动并获得对环境中某些元素的控制。这种控制对于个人效能和能力的感觉至关重要。除了其工具性作用，财产也是一种象征性的表达。它们构成了一个人延伸的自我或自我认识的一部分。自我认识的形成，部分是通过反思他人对我们的看法，而这又一定程度上是由我们的财产决定的。一些所有物也会贡献于自我的延续感，因为它们将我们与我们的过去连接起来，并成为记忆的储存库。最后，和其他动物一样，人类也有领地意识。他们需要拥有一个特定的空间，一个固定的参照点，一个家。我们的家为我们提供了身体和心理上的安全。[10]因此，人们投入相当多的精力和资源来获得、个性化和保护他们的家园。

心理所有权通常是通过以下方式出现的：(1)控制一个物体；(2) 密切地了解它；和/或

（3）把自己投入其中。一般来说，一个人对一个物体的控制力越大，控制的排他性越强，他对这个物体的心理所有权感就越强。通常情况下，控制表现为使用一个物体并将排除他人进行使用。一个人与物品的互动时间越长、越密切——互动指的是拥有、使用或改变一件物品——就越熟悉它，也越有可能把它视为自己的延伸。最后，除了对物品的控制和熟悉之外，心理所有权也会随着一个人对该物品的投入而被加强。最显而易见的投入形式是物体的实际创造：无论法律所有权如何，物品的创造者倾向于将他们的创造物视为自己的，而且其他人也是如此看待的。一个创造物越是个人化、独特和花费精力，这种态度就会越强烈。然而，投入也可能采取其他形式。一个人在挑选、议价和购买一个物品时投入的时间、精力和专业知识越多，他对它的投入感就越强。在竞争中赢得的物品，或作为对个人成就的认可的物品，也同样是如此。

正如此处对大量文献的简要概述所表明的，法律所有权既不是心理所有权存在的必要条件，也不是充分条件，反之亦然。然而，只要法律力图影响人们的行为，它就不能忽视财产、所有权和占有的普遍心理面向和社会面向。

6.2.2 确定所有权

对所有权的广泛认可和尊重（动物、幼儿和成年人都以某种形式所共有），提出了谁拥有什么这一问题。虽然法律不需要反映这方面的普遍直觉，但这些直觉是法律政策制定者所关心的，因为法律和普遍信念之间的不一致，可能会因为原则性的、民主的和工具性的原因而造成困扰。心理学家已经对这些信念进行了广泛的研究，包括对儿童和成人的研究。这些心理学研究集中在三种获得所有权的模式上：先占、创造和转让。先占借鉴了关于财产的占有理论（occupation theory）。该理论指出，发现并占有无主物品的人应被视为其所有者，因此，有权占有、使用以及向他人转让该物品。获得所有权的第二种模式——创造——借鉴了约翰·洛克（John Locke）关于财产的劳动理论（labor theory）。该理论认为，由于个体拥有其自身，他们有权获得自己的劳动果实。这两种理论都认为财产权是自然权利，应受到国家的尊重和保护。[11]

一项对幼儿（12—24 个月大）和学龄前儿童（40—48 个月大）的早期观察研究发现，在较年幼的群体中，通过所涉及的儿童的相对体型大小，能够最准确地预测出持有物品的儿童抗拒其他儿童试图从他们那里拿走物品的倾向。相反，在年龄较大的群体中，通过谁以前拥有该物品的信息来预测这种倾向性最为准确。[12]这些发现表明，与关于财产的占有理论相一致的"先前占有规则"（prior possession rule），在幼年时期就已经形成。随后的实验研究证实，人们普遍遵循这一规则，即使它与性别刻板印象背道而驰：虽然受访者认为女孩比男孩更喜欢泰迪熊，男孩比女孩更喜欢球，但他们不是根据这种喜好来判断所有权，而是根据先占原则。[13]即使另一个孩子玩一个玩具的时间更久，玩具的第一个拥有者仍被认为是主人。[14]

如实际纠纷早已证明的那样，当两个或以上的人参与获得对一个无主物品的占有，或者当某人在另一个人的房屋内发现一个丢失的物品时，事情就会变得更加复杂（如多位猎人同时追捕一只动物，其中一个人杀死或打伤了它，而另一个人则获得了对它的实际占

197

有）。[15]对人们在这种情况下的判断的研究——使用基于真实法庭案例的情境描述——表明这些判断类似于法庭裁决，因为它们不遵循简单的规则，而似乎受到不同情境之间微妙差异的影响。正如法院对这些问题的裁决有时并不一致，非专业人士的判断也可能不同，即使是对同一案例。[16]遗憾的是，这些研究并没有大大推进我们对相关问题的理解，也没有告诉我们关于下一个案例可能如何出现的信息。

第二组研究考察了创造性工作对感知所有权的影响。在一项研究中，受试者被要求解决一个冲突，该冲突是围绕两个男孩在地上发现的一根树枝。这根树枝要么是自然形成了飞机的形状，要么是被第一个男孩雕刻成这个形状的，他在放下树枝之前，要么是玩了一段时间，要么是没有玩。第二个男孩发现了这根树枝并开始把玩它，这时第一个男孩回来了，并要求得到它。受试者认为，当第一个男孩雕刻树枝时，他对树枝的所有权更大。[17]第一个男孩离开树枝并打算以后再回来时的所有权，被认为要比他不打算再玩树枝时更大。[18]

另一项研究描述的是，一个拥有一块木头（在一块空地上找到的）的人，和一个借走木头并把它雕刻成一个美丽雕像的人之间的纠纷。绝大多数儿童和成年人都认为，先前的拥有者是雕像的主人。然而，当被问及如何分配将雕像卖给艺术品经销商而获得的收益（100 美元）时，大多数受试者认为创造者，而非所有者，应获得一半以上的收益。[19]

第三项研究考察了当一个人把另一个人的材料变成艺术品时，人们对所有权的判断（情境描述没有说明这是不是在征得所有者同意的情况下进行的）。当材料便宜，创造者为创作付出更多努力时，以及当创作提升了材料的价值时，受访者更倾向于将创造者视为物品的主人。[20]另一组实验的结果表明，人们倾向于把用无主材料创造物品的人视为物品的主人，即使此人没有与物品发生任何物理接触（例如，向罐子扔石头来创造一个烟灰缸），或创造不涉及真正的努力，又或新创造物的价值低于制造它的材料价值时。[21]

除了先占和创造之外，所有权的第三种模式——也是目前最常见的模式——是由以前的主人转让。一项研究发现，虽然四岁以下的儿童往往难以区分自愿转让和偷窃，但到了五岁，他们就能区分合法和非合法转让的效果。[22]总的来说，人们对有形物体所有权转让的直觉，似乎与法律规范相一致，而且这些直觉在儿童时期就已经形成。[23]

根据上述研究，影响人们对所有权判断的因素，在很大程度上与法律所使用的标准相一致。[24]然而，这一领域的大多数研究既没有借鉴法律文献，也没有着眼于丰富法律理论。有些站在法律的角度来看似乎很重要的因素——例如，改造他人物品的人是否误以为这是自己的物品，或者原所有者是否同意其被拿走——在一些实验中甚至没有被提及。显然，法学家和心理学家之间在其他语境下成果卓著的对话，才刚刚开始在财产法领域出现。

尽管如此，关于人们对产权的普遍判断的研究结果，对法律理论和政策制定具有相当大的意义。这些看法和信念并不能决定规范性问题，但仍然值得思考。因此，人们应该期盼这一领域的未来研究能够更直接地回应法学家关切的议题。

6.2.3　界定所有权

不同的法律体系在如何定义产权方面存在差异。对这些定义进行系统性考察，超出了这里的讨论范围。然而,对两种财产观念——或者更确切地说,所有权观念——的强烈兴趣,引起了大量学术关注,尤其是在美国法学家之中:作为物(thing)的观念与作为一束权利(bundle of sticks)的观念。从图式上讲,前者关注的是一个人和一个特定物体之间的关系。它倾向于将所有权视为对该物的绝对控制,以及将他人排除在该物之外的无限权力。"一束权利"的方法将所有权描绘成人们之间的一系列关系。所有权尤其包括占有、使用、排除他人使用、转让和销毁有关物品的权利,并可能意味着对他人的某些义务。[25] "财产即物"的方法,被习惯性地描述为对所有权的非专业理解;而"一束权利"的范式,则被认为是精密的、分析上更优越的理解。[26]正如下文进一步讨论的那样,这两个概念也被认为具有规范性含义。[27] "一束权利"的方法,被认为更符合对所有者权利的法律限制(例如,根据土地使用条例),因此也符合所有者的社会责任。相反,根据"物"的方法,任何对所有者排他性权利的限制,都可能被认为是对私有财产的侵犯。

从行为学的角度来看,财产的"一束权利"概念是系统 2 的,深思熟虑的,分析性思维的产物,而"物"的方法似乎反映了一种更自发和直觉的思维。尽管如此,乔纳森·纳什(Jonathan Nash)和斯蒂芬妮·斯特恩(Stephanie Stern)认为,人们对财产权的框架可以相对容易地被操纵,而且不需要经过法律培训就可以将财产重塑为一束权利。[28]具体来说,他们进行了多次实验,在实验中,新入学的法学生被告知法学院正在考虑采用一项新的笔记本电脑政策,即所有学生都要使用同一类型的笔记本电脑。在离散资产(discrete asset,或译"独立资产")条件下,受试者会收到一份"笔记本购买通知",据此他们将被要求"购买一台笔记本电脑"。[29]在一束权利条件下,受试者会收到"笔记本电脑使用权购买通知",通知说明他们将被要求"购买笔记本电脑的使用权"或"购买使用笔记本电脑的权利"。[30]与假设相一致的是,一束权利的表述被发现降低了受试者对其财产权强度的预期,使他们更容易接受后续的权利限制,例如要求事先允许上传大文件,并强制他们不时地允许他人使用他们的笔记本电脑。[31]

然而,正如达芙娜·莱温松-扎米尔(Daphna Lewinsohn-Zamir)所贴切地指出的那样,我们有理由怀疑这些实验实际上抓住了同一事物的两个框架。[32]可以说,在一束权利的条件下,受试者并没有感觉到自己是一台笔记本电脑的主人,因为他们只是购买了一套权利,而不是"一台笔记本电脑"。这种感知可能由于以下事实而被加强:笔记本电脑(或使用它的权利)是从法学院(或根据法学院的政策从校园电脑商店)购买的,而不是从第三方独立购买的——因此可能使这种情况成为一种"有限的给予"而不是"获取"。在一束权利的条件下,学生们愿意为电脑的一系列权利支付的费用,比在离散资产条件下的学生愿意支付的费用要少得多,这一发现加强了这种担忧。[33]最后,如作者所承认,目前尚不清楚在现实生活中,在长期实际拥有和使用笔记本电脑之后,由实验引起的一束权利框架是否会消失。[34]

打个比方,我们两个人经常用我们的研究预算来购买笔记本电脑。虽然我们知道"我们的"电脑正式地来说是大学的财产,但我们确实对购买新电脑后必须交出旧电脑的(新执行的)这一要求感到不满。再举一个范围更大的例子,以色列的大多数土地都属于国家,个人通常只得到他们的住宅或商业财产的长期租约(通常是 49 年的期限,此后可以相似的期限续约)。然而,大多数"租户"将自己视为其财产的所有者,而市场价格几乎没有区分所有权和这种长期租赁的区别。以色列政府认识了到这种普遍的认知,并且知道要求"租户"在租期结束时腾出土地会导致强烈的公众抗议,因此正逐渐将租户的权利等同于所有者的权利,甚至将全部所有权转让给长期租户。[35]以色列的经验具有普遍性,它表明,即使人们只被授予不完整的一束财产权利,他们仍然倾向于将其视为一种离散的资产,而法律政策制定者不能忽视这一现实。在这种情况下,可以说法律已经与心理学上的所有权相适应。当然,这并不意味着私人和商业土地所有者一定会以与以色列政府相同的方式对待他们的长期租客。租户的心理所有权只是决定他们自己行为和土地所有者行为的几个因素之一。

6.2.4 所有权、占有和禀赋效应

有形资产(以及引申开来,在无形资产中)所有权的典型组成部分之一是占有(possession)。占有包括对资产具有控制(体素,*corpus*)这一物理要素和控制的意图(心素,*animus*)这一心理要素。通常情况下,动产或不动产的所有者也是其占有者,但有时——如房东和租户、寄存人和保管人、出质人和质押人的情况——所有权和占有会有分歧。占有可以作为所有权的证据,且在没有相反证据的情况下,通常会假定资产的占有者也是其所有者。[36]财产法保护合法占有者的占有——有时也保护非法占有者——免遭他人侵犯。[37]

迄今为止,与理解和评估所有权和占有的法律处理最相关的行为现象,似乎是禀赋效应:与其不拥有的物品和权利相比,一个人对已经拥有的物品和权利给予更高的价值。[38]然而,绝大部分对禀赋效应的心理学研究,仍未区分所有权与占有。禀赋效应主要是在人们同时被赋予相关物品的所有权和占有权——或者两者均不具备——的情况下被证明的。这并不令人惊讶。只要系统 1 思维所使用的启发式——包括相关的损失厌恶和禀赋效应现象——在演化上有适应性,它们一定是远在所有权和占有权之间的法律区别相对较新的发展(从生物演化的角度来看)之前就已经演化出来了。[39]因此,对法律问题没有特别兴趣的心理学家和行为经济学家,明智地使用了"禀赋"这个模糊的概念,而没有对所有权和占有进行区分。[40]然而,这使得从心理学研究中吸取教训,并将其应用于财产法,变得相当困难。[41]

尽管如此,我们还是可以从禀赋效应的心理学研究中得到一些启示。首先,禀赋效应已被证明不仅在涉及有形的物品时存在,而且在涉及无形的权利时亦然,例如工作时间、狩猎权、学术杂务、健康风险的暴露,以及默认规则下的合同权利。[42]因此,有理由认为,它同样适用于不包括实物占有的所有权(甚至是合同权)。如对参照依赖的研究表明,当人们把变化看作是收益或损失时,对未来结果的预期甚至也可以作为一个参照点。[43]

其次,一些研究专门考察了所有权和占有对禀赋效应的影响。在杰克•尼奇(Jack Knetsch)和王维康(Wei-Kang Wong,音)的一项研究中,受试者被分配到三种处理方法中的一个——其中两个与本问题特别相关。[44]在一种处理方法中,受试者被告知,他们因参加实验而获得了一个马克杯或一支笔,他们拥有它,并且他们能够在实验结束时领取并带走它。他们也有机会查看该物品,但在完成问卷调查之前必须将其交还给实验者。在实

验结束时,他们被要求表明他们是否愿意用他们获得的物品(马克杯或笔)换取另一个。在另一种处理方法中,受试者在整个实验过程中都持有物品,但被明确地告知他们还没有拥有它,而如果他们完成问卷调查就会获得它。在实验结束时,他们可查看另一个物品,并可以选择获得并保留他们最初收到的那个物品,或者放弃获得它而选择另一个物品。在第一种情况下,即有所有权而不占有,50%最初拥有杯子的人选择了保留,只有31%拥有钢笔的人用钢笔换了杯子。在第二种情况下,即没有所有权的占有,67%的马克杯持有者选择保留它们,只有 14% 的钢笔持有者用它们换取马克杯。

这些结果表明,占有和所有权可以分别造成禀赋效应,而占有产生的效应更强。然而,后一种推论并不是结论性的,因为这项研究的主要目的不是为了比较所有权和占有,所以这两种情况之间的其他轻微差异可能会起作用。另一项研究表明,所有权会产生禀赋效应,触摸物品的机会会增加其在所有者(卖家)和非所有者(买家)眼中的价值。[45]研究还发现,将受试者查看一件物品的时间从 10 秒延长到 30 秒,会提升他们为其付费的意愿。[46]

在与所有权和占有之间的区别最相关的一项研究中,约亨·雷布(Jochen Reb)和特里·康诺利(Terry Connolly)直接比较了所有权和占有对禀赋效应的影响。[47]他们借鉴心理所有权的理论[48],假设占有会比单纯的所有权引起更强的禀赋效应。他们的两个实验在使用的物品(巧克力棒 vs.大学咖啡杯)和其他细节方面有所不同,但都采用了类似的 2(所有权 vs.无所有权)×2(占有 vs.不占有)的主体间因子设计。在马克杯实验中,受试者要么被告知他们拥有马克杯,要么被告知不拥有;虽然他们都看到了马克杯的样品,但他们要么被给予马克杯,要么没有。随后很快,他们对杯子的估值被激发出来。在巧克力和马克杯的实验中,禀赋效应均被复现,即在所有权加占有条件下的受试者的估值,比无所有权且无占有条件下的受试者要高得多(在统计学上也很显著)。然而,在对两个独立变量进行研究后发现,虽然占有产生了显著的禀赋效应,但所有权却没有。

我们无法从这些结果中推断出没有占有的所有权不会产生禀赋效应——事实上,其他研究已经表明了这一点。[49]然而,这些结果确实表明,法律上的所有权本身,并不足以产生禀赋效应:心理所有权是转移参照点的必要条件。[50]其他研究也同样表明心理所有权是禀赋效应的基础。[51]

鉴于我们对心理所有权的了解,单纯的占有往往会产生比单纯的所有权更强的禀赋效应,这一发现并不令人惊讶:一个人对一个物的控制越多,且对其熟悉程度越高,心理所有权就越强。虽然法定所有权很可能会产生禀赋效应,但只要它在本质上是抽象的,且不涉及对物品的实际控制和熟悉,那么它预期只会产生较弱的禀赋感。

在从行为学洞察中得出规范性结论时必须谨慎,尤其是在这些洞察的实证基础有限时。然而,上述发现看起来仍可以促进我们对财产法的理解和评估。一个相关的学说是逆权占有(adverse possession)。根据这一学说,如果一个人在法定时效内占有土地,并且其占有是实际的、开放与公开的、排他性的、持续的、违背所有者利益的(也就是说,不是凭借所有者的权利,也没有得到其许可)——并且,基于某些说法,占有人还真诚地相信自己有权拥有该财产——那么此人就可以获得土地的所有权(或者至少对其合法所有者提出的逐出诉讼具有豁免权)。[52]逆权占有理论与私有财产的基本解释相悖。然而,其合理性可以基于几个相互关联的理由而被证明,包括证明过期所有权的举证困难;提高财产的可销售性;激励所有者对其土地进行生产性使用,或至少及时主张其权利(以及他们不这样做的过错);保护占有者对其长期占有的依赖,以及由此而产生的对其的依恋。[53]

具有行为学思维的学者,通过指出长期逆权占有所引起的参照点变化,来补充这些传统的理论依据。[54]可以合理地认为,逆权占有的时间越长,越公开,越排他,真正所有者的心理所有权就越弱。到了某个时刻,后者就更有可能把恢复其产权和占有视为一种收益,而不是一种被规避的损失。同时(也可能更快,因为相比向下,人们倾向于更快速地向上更新参照点)[55],逆权占有者的心理所有权会逐渐加强,即使没有合法的所有权。占有者对土地的使用越广泛、越排他,在认为土地为其所有的情况下对土地的投资越多,其参照点就越有可能发生变化,这样此人就会把被逐出土地看作是一种损失,而不是一种被放弃的收益。占有须是逆权的这一要求也与这种解释一致,因为如果占有者在所有者的同意下持有财产,所有者和占有者的参照点就不太可能发生变化。

诚然,假设的参照点转移和随之而来的心理所有权和禀赋效应,并没有为法律提供一个结论性的规范性解释,甚至是解释性说明。一如既往,还有其他相互竞争的考量(在此语境下,特别是保护真正所有者的财产权的一般理由),而且如通常的情况一样,更直接的实证研究可以进一步阐明行为论点。[56]

有关心理所有权的洞察与其他财产法学说有关,例如自助。自助学说允许合法的占有者(而非未占有财产的所有者)使用正当武力来避免对其土地的侵入企图,或驱逐最近的入侵者。[57]该理论传统上被解释为是对财产持有者面对剥夺时的自发和本能反应的认可。[58]考虑到这一理由和引起心理所有权的因素,有人建议将自助原则扩大至涵盖非法占有者,至少是在与后来入侵者有关的情况下。[59]

6.3　宪法中的财产法

除双方同意的财产交易和保护财产不受他人侵犯外,财产法广义来说还涉及相对于政府的私有财产保护。政府行为——包括为公共目的征用财产和限制私人财产所有者开发和使用私人财产——直接和间接地影响人们的所有权。本节讨论行为学研究揭示的、在宪法中的财产法中的四个基本问题:对政府征用和"给予"的不同处理;实体和非实体征用之间的区别;补偿的范围和方式;以及对住宅的特殊处理。

6.3.1　征用 vs.给予

世界各地的法律体系都禁止在没有公正补偿的情况下征用私有财产用于公共用途,但它们并不限制政府将财产赋予(confer)私人或实体的权力,也不要求为这种利益而向接受者收费。普遍的观念是,政府赋予的(即使是比例不均的)特殊利益,并不像征用那样令人反感或有问题。[60]事实上,有多种机制被用来向产权利益和监管利益的私人接受者收取这种给予的费用(如通过区划条例扩大建筑权)。[61]然而,在几乎所有的法律体系中,防止不正当或无偿征用的保障措施比防止不正当或无偿给予的保障措施更有力;对征用的司法审查比对给予的司法审查更严格;关于征用的学术研究也比有关政府给予的研究要详细得多。[62]

这种不对称似乎既没有效率也不公平。从效率的角度来看,政府应该内化其活动的成本和收益,以避免与消极和积极的外部性相关的低效。[63]从公平的角度来看,让少数人以牺牲大众利益为代价而致富是不公平的,正如让少数人承担公共负担是不公平的。[64]因此,亚伯拉罕·贝尔(Abraham Bell)和吉迪恩·帕尔乔莫夫斯基(Gideon Parchomovsky)有力地论证了应放弃这种对政府征用和给予迥异的法律和学术处理。[65]其他研究也同样批评了在征用与给予之间的区别,并呼吁对政府给予实施收费制度。[66]

对现有的这种区别,有几种解释(若非正当理由的话)被提出。最显而易见的一条是:"失败者会哭着要求赔偿,而胜利者从不会哭着要求征税。"[67]然而,就任何政府行为中有所损失或收益的人数而言,或这种损失或收益的大小而言,征用和给予之间通常没有区别。在这两种情况下,政府行为的影响均可能是集中的或分散的,大的或小的。[68]因此,人们可能会预期那些没有得到益处的人,会要求对赢家征税或收取某种其他费用。此外,对给予收费,可能是为政府活动筹集收入的一种有效和公平的手段。事实上,如果受益者很少,众多非受益者在组织起来向受益者收费时,可能会遇到困难。然而,这个集体行动问题并不能解释为何法律政策制定者,包括宪法的制定者,会如此不同地对待征用和给予,也不一定能解释为什么政府不能至少在受益者不是其盟友时,有效地向其收费。

损失厌恶现象可能为征用与给予之间的区别提供了一个更有说服力的解释(和部分的合理理由)。[69]假设人们通常将现状视为恰当的基准,当政府征用他们的财产或以其他方式对其价值产生不利影响时,这种征用是痛苦的,并会引起极大的反感。相反,当政府使其他人受益时,这更有可能被视为一种未获得的收益而非损失,或者会被完全忽略。因此,这造成的痛苦与反感都明显要小许多。

如在其他情况下一样,这种区别并非铁板一块。如果除了我以外的所有人都得到了某种东西,我可能会把其他人的位置视为参照点,并把我的无所得视为一种损失。得到某项利益的他人数量越少,行为者和接受者之间的距离和差异越大,这种参照点的转移预计就会越少。在不太可能(尽管在逻辑上仍有可能)的、被征用之物以前是由政府给予的情形下,被征用之物可以被看作是属于(放弃的)收益域。[70]有趣的是,相关基准的问题,在征用和给予的争论中是一个反复出现的主题。[71]尽管如此,现状作为自然参照点的突显性,似乎为征用与给予之间的不对称性提供了最佳解释。

当然,解释不一定是合理的。尽管征用和给予对人们福利的不同影响,为目前的这种区别提供了一个一定程度上合理的理由[72],但其他考量要求对政府的给予进行更严格的监管和审查。

6.3.2 实体征用 vs.非实体征用

规划和建筑法规范了土地的使用并限制了其开发。这样做是为了提高社区的福利、健康和安全,并促进各种公共品的发展。区划条例的变化,可以极大地降低或提升土地的价值。虽然对一块土地或其中一部分的实体征用,通常以支付足够的补偿为条件,但法律制度对非实体征用(如取消或减少开发权),以及对于因适用于临近地块的区划条例而造成的间接伤害,补偿范围存在明显差异。从比较的视角来看,各种法律体系的补偿范围差异极大,下至监管性征用不给予任何补偿(极端情况除外),上至在广泛的情况下均给予这种补偿,不一而足。[73]在许多法域,由于对土地的直接或间接监管伤害而造成的经济损失是不可赔偿的,即使它所带来的损失相当于甚至大于实体征用。有趣的是,在各国宪法对私有财产保护的存在和措辞,与监管性征用的赔偿权范围之间,并没有明确的关联。[74]

区分实体和非实体征用是否合理? 一些反对赔偿的效率观点——例如对土地过度投资的担忧(如若保证全额赔偿,所有者就会无视被征用的风险)[75],以及所谓的私人保险应对征用的优越性[76]——是相当可疑的[77];而且无论如何,都不能证明在实体征用和监管性征用之间做出区分是合理的。[78]反对对监管性征用进行补偿的另一个观点是,这会消除这种行为的再分配效应。此观点也不是很有说服力:与税收和补贴不同,规划条例造成的损失,通常是指定特定地块的土地用途的规划考虑所附带的——若不给予补偿,就会产生武断且不公平的分配结果。[79]然而,其他考虑因素可能会妨碍对某些直接和间接的监管性征用进行全额(或任何金额的)补偿。这些因素包括:土地价值损失的大小;土地所有者承担的公共负担的分配;管理补偿体系的成本;土地所有者获得的非金钱利益;以及基于道德原因不承认某些伤害。[80]

这只是对一场主要发生在美国、已持续几十年的热烈讨论的一个非常粗略的描述。行为学视角是否能充实这场辩论? 一些学者认为,行为学洞察确实为目前在实体与非实体的征用之间的区分,提供了一些合理理由,或至少是一种解释,甚至可能还为这方面的改进指明了方向。

一个相对温和的说法是,土地所有者通常将现状作为参照点,因此他们很可能将实体征用视为一种损失。相反,未实现的开发权的损失,更有可能被视为未获得的收益,即使由此导致的土地市场价值下降,比实体征用的情况更大。[81]然而,一旦土地所有者获得了建筑许可证或实际开始建造,其参照点就可能发生变化;因此,他将有权获得补偿,因为这不再是未获得的收益,而是一种损失。[82]

然而,即使损失厌恶可以解释在实体和非实体征用之间做出区分的直觉吸引力,它也很难证明拒绝对非实体征用进行补偿是合理的,因为这种征用很可能非常巨大。[83]此外,并非不言自明的是,土地所有者不认为其开发权的减少是一种损失,特别是如果这些权利反映在他们为土地支付的购买价格中的话。[84]

行为学视角对关于非实体征用补偿之争论的另一潜在的、更深远的贡献,是基于将财产作为一个"物"与作为一"束权利"之间的区别,以及据称可以在这方面重新框定人们的感知的可能性。[85]有观点认为,一束权利的视角使对土地使用的监管限制更加合法和可接受,因此,诱导出这种框架可能有助于减少对这种监管的敌意,例如,在保护濒危物种的语境下。[86]然而,即使我们抛开通过法律手段或其他方式的重新框定是否可行的问题[87],我们也不清楚在这两种框架之间的选择会如何影响对赔偿的争论。一方面,对土地使用的监管限制更进一步的合法化,可能会减少对这种限制的补偿需求——从而间接地加强了在实体和非实体征用之间的区别。另一方面,一再被指出的是,拒绝对监管性征用进行补偿的倾向,并不是源于对财产的"一束权利"式理解,而是源于将财产视作一种物的非专业的理解：从这种理解中可以看出，只要土地所有者没有被剥夺所有权和占有权，就不存在对其财产的真正"征用"。[88]因此，强调关于财产的"一束权利"式的观念，实际上可能会增强对赔偿的要求，即使只是从所有者的权利束中拿走其中"一根"。[89]

6.3.3　赔偿的范围和方式

征用法的一个主要问题是如何计算对征用的现金补偿。效率和公平的考量一般均会要求按照财产所有者对财产的主观估值给予充分的赔偿，但由于（几乎）不可能可靠地确定这一价值，所以通常的衡量标准是财产的公平市场价格。[90]在其他情况下，例如对违约的补救措施而言，这种考量不利于通过责任规则（损害赔偿）来保护权利，也不利于通过财产规则（具体履行）来执行权利。[91]这对政府征用似乎并不是一个可行的解决方案，因为典型的市场失灵——主要是抵抗（holdout）和聚合（assembly）问题——可能会阻碍自愿交易。[92]下一小节将在住宅的语境下讨论此问题。在此我们讨论的是普通的（"可替代"）财产。

虽然市场价值和主观价值之间可能存在的差异早已被标准的经济分析所承认（事实上，它是竞争性市场模型的重要部分），但近来有观点认为，政府征用的非自愿性质，带来了进一步的困难。实验结果表明，当财产被政府征用时，即便支付了全额市场价值，也会被认为是比在自愿交易中支付全额市场价值更糟糕的结果。[93]值得注意的是，当财产被描述为一块未开发的土地（而非独特的或个人的财产），所有者被描述为一家房地产公司（而非个人），并且特别指出该地块对公司的价值与其市值相符时，这种对结果的不同评估依然会出现。[94]此外，这些结果在与有经验的商人，而非普通人进行的实验中得到了复现。[95]这些初步研究结果意味着，即使当土地所有者的主观估值不超过市场价值，并且财产既非独特也不个人化时，按照市场价值补偿土地所有者也会系统性地补偿不足。

行为学研究也阐明了赔偿的模式。与侵权法和合同法等其他法律领域一样，政府征用的默认赔偿方式是金钱赔偿。然而，这并不是唯一可以想象的模式：对土地所有者的赔偿，有时会通过提高他们对地块其余部分（或他们拥有的另一块地）的开发权，或通过获得替代土地（主要用于征用属于土地调整过程的一部分的情况）来进行。虽然这种实物赔偿并不总是可行，但实验结果表明，当实物赔偿可行时，它更有可能为土地所有者提供有效赔偿，以弥补实体或监管性征用所造成的伤害。[96]已有记载的人们对实物赔偿的偏好，合理地呼应了一种普遍的观点，即正向和负向的互惠应该用同类资源来进行。[97]

6.3.4　住宅 vs.其他财产

有一个可以居住的地方是人类基本的生理和心理需求。[98]住宅为人们提供住所和安全，促进自由、亲密关系和隐私，并改善家庭生活。的确，心理学研究表明，住宅（而不是其他住所）与"连续性、隐私、自我表达和个人身份、社会关系、温暖，以及适合的物理结构"等品质有关。[99]因此，获得适足住房的权利，被认为是一项基本人权。[100]房屋所有权既是一项重要的投资（通常是家庭最大的投资），也是一项重要的消费项目。[101]人们通常对他们的房子有感情。在从可替代资产到不可替代的独特资产的光谱上,房屋代表了光谱中个人化的、不可替代的一端。

相应的,住宅在各种法律语境下享有特殊地位,包括搜查和扣押法、房东和租户法(在一些法律体系中,有别于住宅和商业租赁),以及债务人和债权人关系。[102]同样,有人认为住宅应该得到特别的保护,以防止政府征用。例如玛格丽特·雷丁(Margaret Radin)——影响甚广的关于财产的人格理论(personhood theory)的倡导者——认为,鉴于住宅在促进人们人格发展方面的关键作用,政府应该完全禁止对住宅的征用,或者至少要对其有明显更为严格的限制。[103]

然而,对房屋所有权的特殊保护及其背后的心理学辩护已经受到了挑战。史蒂芬妮·斯特恩认为,支持住宅保护主义的理由被夸大了。社会和人际关系,而非房屋所有权,才是人类繁荣和心理充实的关键。流离失所通常不会损害人们的心理健康,因为更换住所的人通常会适应他们的新环境。[104]因此,她主张将法律保护的范围限制在住宅上。[105]其他人则认为,对房屋的特别保护有倒退效应,因为它过度保护昂贵房屋的所有者。[106]无论如何,人们普遍认为完全禁止征用房屋过于极端。一个不那么激进的措施——实际上已在一些法律体系中被采用,也在一些法律体系中被推荐——是将对征用房屋的赔偿设定在高于其市场价值的水平上。[107]

根据人格理论及其心理基础(以及传统的经济学分析,认为一个人如果不主动出售其财产,则很可能认为其财产价值高于市场价值),珍妮丝·纳德勒(Janice Nadler)和沙里·戴蒙德(Shari Diamond)的一项实验研究表明,在按市场价格强制征用的威胁下,绝大多数(80.7%)受访者都不愿意以其房屋的市场价值达成和解——体现为他们拒绝接受任何报价(9.4%的受试者),或要求更高赔偿。在那些愿意搬迁以换取金钱赔偿的人中,平均赔偿要求约比市场价格高出30%(对价值20万美元的房产而言,平均为6 1942美元)。[108]在家族已拥有房屋长达一个世纪的受访者中,拒绝率和要求的额外赔偿要显著高于那些只拥有房屋两年的受访者。[109]并不意外的是,人们认为征用房屋建造儿童医院要比建造商场更容易接受。较不显而易见的是,当没有指明征用的公共目的时,其可接受性与征用以建造商场的情况相当。[110]

纳德勒和戴蒙德对其研究结果的解释是,在判断一项征用的感知正义性时,"对财产的主观依恋之影响远远大于"征用的目的。[111]然而,这种解释站不住脚,因为这两个变量的相对影响可能来自该研究中使用的特定变量。事实上,洛根·斯特罗瑟(Logan Strother)随后进行的一项同时使用调查和实验方法的研究发现,人们强烈反对征用,他们对"经济发展"或商业用途(商场)的征用,比对出于"重要公共目的"或为建造道路的征用更反感。[112]在实验研究中,受访者的态度受到征用目的——道路或商场——的强烈影响,但不受财产类型(家庭住宅或空地)的影响。无论受试者是被要求把自己想象成财产所有者还是外部观察者,都能得到这些结果。然而,与之前的研究一样,不可能从斯特罗瑟的研究中得出关于财产类型和征用目的的相对影响的一般性结论,因为这些结果可能是由两方面操控的相对强度所驱动的。因此,有理由认为,个人对财产的依恋和征用的目的都会影响人们的态度。人们对征用的态度可能受到其他各种因素的影响,包括这一事实,即虽然征用的未来受益者尚且是匿名和未确定的,但那些承受负担的人是确定的。[113]

到目前为止,我们重点关注了住宅(在斯特罗瑟的研究中,将其与一块空地相比较)。但是,由于给予住宅特殊保护的理由在于,它们在人格发展中的特殊作用,以及人们对它们的特殊依恋,而这些特点也可能适用于商业财产,如家庭企业。因此,尚不清楚是否只有住宅值得特别保护。[114]总之,虽然近年来取得了相当大的进展,但还需要更多的行为学研究来确认或反驳住宅和其他财产之间在直观上的区别[115],在政府征用的其他方面也是如此。

6.4 知识产权

6.4.1 概述

信息——包括发明、文学和其他形式的艺术,以及商标——通常是一种公共品。它是非竞争性的(non-rivalrous,可以由一个以上的人同时使用),也是非排他性的(non-excludable,很难排除他人的使用)。因此,知识产权(intellectual property,IP)法的基本经济理由是,如果没有这样的法律,市场力量将无法为信息的生产提供足够的激励,因为投资创造信息的人将因为其他人搭便车而无法收获他们的投资成果。更具体来说,知识产权法激励人们去创造和发明,去分享他们本来想保密的信息,并把想法变成可销售的产品。从这个角度来看,主要的挑战是,如何在知识产权法的积极激励作用与对敲竹杠成本和潜在垄断危害的担忧之间取得平衡。知识产权法的其他辩护理由,是非工具性的:艺术家和发明家应对其作品拥有权利,因为他们创造了这些作品,他们的作品是其个性的体现,还因为让人们去收割他人才能和努力的成果是不公平的——不管创作者在没有外部激励的情况下是否会从事这种创造性活动。[116]

有趣的是,知识产权从业者和理论家对知识产权法及其目标的普遍看法,与广大公众的看法之间,似乎存在分歧——后者关注的是防止剽窃。[117]虽然这种分歧的存在并不意味着规范性的结论,但它可能具有规范性的启示,可以解释一些重要的现象,如广泛的侵犯知识产权的行为(如复制一本书的一部分或从互联网上下载音乐,并认为这是被允许的,因为没有把这些冒充为自己的作品)。事实上,知识产权法和社会规范之间的分歧,已经引起了广泛的关注。[118]除了普遍认为的对知识产权法的辩白外,对知识产权侵犯行为普遍存在的可能解释包括:知识产权的无形性,这导致人们认为侵权是一种不侵害他人的犯罪[119];互联网是一个自由领域的概念[120];以及认为版权法不过是对贪婪的唱片公司的保护[121]。面对于知识产权法和社会规范之间的差异,一种可能的回应是使法律适应这些规范。[122]无论这样的提议有什么好处,在可预见的未来,由于明显的政治经济原因,它都不太可能被接受。其他的选择包括更严格地执行法律和重塑人们对知识产权法的态度。然而,这些举措似乎已经失败了[123],对可能改变人们相关信念的技术的实验研究也没有得出确切的结论[124]。

无论知识产权法的基础是什么,对人类动机和行为的洞察都与之相关,并且这些洞察对于以知识产权法对人类行为的影响为理由来证明其合理性的工具性理论来说——至少在美国,这是目前的主导理论——尤为重要。将行为学洞察引入知识产权法和政策的过程相当缓慢,但最近人们对这种方法的兴趣越来越浓厚。[125]如同在其他领域一样,学者们首先借鉴现有的行为学研究中的洞察[126],然后转而进行专门的定制实验[127]。值得注意的是,除了判断和决策之外,知识产权学者们还借鉴了关于创造力和协作的心理学研究。[128]这种趋势与更广泛的、对现行知识产权法的成本收益分析是否可取的怀疑态度有关。[129]

文献中的一条主线强调了参与创造性活动并分享信息的动机的复杂性——这些动机可能是内部或外部的,也可能是金钱和名誉上的——以及参与这些活动的内在价值,无论它们是否会产生有价值的产品。有观点认为,鉴于内部和外部动机之间的微妙关系,以及对哪些创作会变得有利可图的巨大不确定性,版权和其他知识产权法不仅可能无法创造足够的激励,甚至可能产生抑制效应。[130]至少,人类动机的复杂性、社会规范的作用,以及个体和大型组织在这方面可能存在的差异,使人们对注重金钱奖励的简单经济模型的外部有效性产生了怀疑。[131]已经有经验表明,创作者高度重视他们作品的归属,甚至愿意放弃大量的报酬来换取这种归属。[132]然而,与其他情况一样,创作者对归属的估值,被发现受到默认法律制度的强烈影响。[133]由于各法律体系对归属权的认可程度不同,这一发现可能具有实用意义。

6.4.2 创新彩票

更多具体的行为学洞察也被应用到知识产权法上。由此,着手进行发明的尝试也被类比为买彩票。尽管二者之间有诸多不同,创造一个会让发明者致富的、新的、可获专利权的发明——尤其是当发明者为个人或小公司时——与彩票的相似之处在于:成功的回报也许非常高,但成功的概率通常极其低。[134]许多研发项目都没有造就可获得专利权的创新,即使有,大多数专利实际上也毫无价值,因为它们从未被许可、执行或以其他方式商业化。[135]完全理性的行为人会权衡创新的预期成本和专利成功的预期收益,即成功的概率乘以预期收益,同时可能还会考虑到他们自己的风险厌恶。然而,一个不完全理性的行为人可能会受到一些启发式和偏差的影响。根据前景理论,虽然人们在收益领域通常是厌恶风险的,但当涉及低概率收益时,他们往往是逐求风险的。[136]此外,媒体报道和口碑可能会夸大成功的创新举措,并由于可得性启发式,使它们看起来比实际上可能性更大。[137]最后,过度乐观、控制幻觉和其他自利偏差,可能会导致人们高估成功的前景。[138]所有这些现象的结果很可能是,人们在研发项目上以及随后在专利商业化上的投资,超过了他们理性范围。

但是,这并不意味着,发明者和其他创造者参与这些活动的程度超过了社会的需要,因为研究、创造活动和商业化尝试可能存在积极的外部性,即使这些活动并没有给创造者带来净利润。在这种情况下,法律不仅不应试图抵消上述的偏差和启发式,实际上可能还会利用它们。[139]具体来说,虽然对专利法的一些修改可能会使发明者更有可能获得有利可图的专利,但另一些修改(如更严格地执行专利权)可能会使这种专利更有价值。如果政策制定者希望鼓励逐求风险的发明者从事产生积极外部性的研发,那么他们应该选择后一种行动方式,而非前一种,就像彩票组织者一样。[140]显然,如创新的内在动机的存在等其他考量,可能会影响到这一论点。

另一个已被指出的、法律可以而且确实在利用人们偏差的情境,是在设定版权保护期限时,如根据创作者的寿命加上一定的年限来确定版权保护期限。过度乐观的作者容易受到优于常人效应的影响,他们可能会高估自己的寿命,从而高估保护期限。[141]此外,将保护期限描述为由两部分组成——作者的寿命加上额外的期限——可能会因为次可加性和部分-整体偏差,而导致作者以为它比预期长度近似的固定期限要长。[142]然而,基于我们对人们的短视和对时间上较远的(成本与)收益的双曲折现率的了解[143],人们可能会质疑这些规则的实际效果。

6.4.3　禀赋和创造效应

对知识产权法的标准经济分析认为,一旦知识产权被授予,自愿的市场交易就会促进将其分配给那些能够最大限度地利用它们的人,从而使社会总效用最大化。然而,正如禀赋效应被认为阻碍了有形商品的有效交易[144],它也可能阻碍了知识产权的交易。事实上,有证据表明,当涉及如绘画等个人创作时,情感依恋和自利偏差(包括过度乐观)的结合会产生"创造效应",这比普通的禀赋效应要强得多。

克里斯托弗·布卡富斯科(Christopher Buccafusco)和克里斯托弗·斯普里格曼(Christopher Sprigman)进行的一项实验清楚地说明了这一点,在这项实验中,可能交易的对象,是一幅画在10幅画的竞赛中赢得100美元奖金的机会。受试者分为三组:作画者、所有者和购买者。作画者是创作这些画作的艺术生。他们被要求说出他们愿意接受的最低价格(接受意愿),以换取他们的获奖机会。所有者是被随机分配到其中一幅画的法律系学生,他们被要求说明他们对同样的获奖机会的接受意愿。最后,购买者是被随机分配到其中一幅画的法律系学生,他们被要求说明他们愿意为同样的获奖机会支付的最高价格(支付意愿)。

购买者的平均支付意愿为17.88美元;所有者的平均接受意愿为40.67美元;而作画者的平均接受意愿为74.53美元。[145]因此,虽然这三组都表现出显著的过度乐观或风险逐求(因为10幅画的获胜机会的平均值只有10美元),但所有者的接受意愿(40.67美元)是购买者的支付意愿(17.88美元)的2倍多,而作画者的接受意愿(74.53美元)则高达4倍多。[146]

布卡富斯科和斯普里格曼认为,他们的研究结果表明,禀赋效应会延伸到非竞争性商品上:正如知识产权一般情况下那样,在他们的研究中,创作者保留了实物(画作)以及(对画作或诗歌的)知识产权。[147]在规范层面上,由于禀赋效应——创造效应更是如此——阻碍了其他有效的交易,布卡富斯科和斯普里格曼建议对知识产权法进行若干改革,包括:从财产规则转向责任规则[148];扩大合理使用原则[149];以及将知识产权赋予创作者以外的实体[150]。

然而,对这些结果的解释和它们的政策含义都受到了大量的批评。关于所谓的非竞争性商品的禀赋效应,奥弗·图尔·西奈(Ofer Tur-Sinai)恰如其分地指出,布卡富斯科和斯普里格曼实验中的交易对象,实际上并不是非竞争性的。该对象是为作品赢得特定金钱奖励的机会,这与赢得任何数额金钱的机会一样,是竞争性的。[151]至于政策含义,即使布卡富斯科和斯普里格曼的发现抓住了知识产权的一个真实特征——我们认为的确如此——也并不意味着一般性的禀赋效应(或尤其是创造效应)在本质上是非理性或无效率的。[152]如前所述,同样尚不清楚创造者的过度乐观、风险逐求或对其创造物的情感依恋从社会的角度是否不可取(即使过度乐观和风险逐求对创造者本人不利)。要解决这个大问题,以及分析布卡富斯科和斯普里格曼所倡导的具体政策建议,更多的实证数据和额外的规范性考量是必不可少的。[153]

6.4.4 序贯创新

到目前为止的分析,不切实际地忽略了这样一个事实,即创造和发明几乎无一例外地会借鉴以前的想法。在现实中,知识产权法既希望激励最初的创造者,也希望激励后来者。因此,一个完全理性的创造者,会根据每种选择的预期成本和收益,来决定是依靠现有的知识产权,为其使用权付费,还是围绕它进行创新。[154]

然而,实验结果表明,人们往往不会在理性的成本收益分析基础上做出这一决定——鉴于所涉及的风险和不确定性,这一决定可能相当复杂——而是会使用一种简单的启发式,即他们对创新难度的主观评估。[155]这种启发式系统性地引导人们在创新更可取时为使用现有的知识产权付费(当他们高估了创新的难度,而不考虑其高预期回报时),或者(更常见的情况)在利用现有知识产权是最佳选择时试图进行创新(当他们低估了创新的难度时)。由此而产生的均衡很可能是次优的,特别是当过于乐观的后续创新者与初始创造者互动时,其中初始创造者的要价会反映我们前面提到的创造效应。[156]

6.4.5 事后偏差

行为学洞察不仅解释了发明者和创造者的决定,还解释了执行知识产权法的专利审查员和法院的决定。这方面的一个关键例子,是专利法中对非显而易见性(non-obviousness)的要求。为获得专利,一项发明必须是非显而易见的。显而易见的科学和技术进步,通常是在没有专利保护的情况下进行的。它们并不值得花费,专利垄断带来的社会成本。这一原则带来的困难是,专利审查员和法院被要求在事后确定一项发明在事前是否是显而易见的。遗憾的是,对司法和其他决策的大量实验研究表明,这种判断受到后见之明偏差的影响:人们大多无法忽视事后的结果信息。[157]他们倾向于认为,实际已经发生的事情是本可以预见,甚至是不可避免的;在这种情况下,去偏差化的尝试基本上是不成功的。虽然事后偏差往往与概率判断有关,但在目前这一语境中,该问题是质性的。根据美国法律,问题在于:"所主张的发明与现有技术之间的差异,是否能让一个[具有相关领域]普通技能的人,在所主张发明的有效申请日之前,认为该发明整体上是显而易见的。"[158]对非专业人士的实验研究呈现了极大的后见之明偏差。在两个情境案例中,受试者在事前预测时判断一项发明是显而易见的比例分别为24%和23%;而在事后条件下,这一比例分别为 71％ 和 54％。[159]告知受试者后见之明偏差的存在,警告他们这一点,并指示他们在判断发明的显而易见性时不要用到后见之明,对他们的回答没有统计学上显著的影响。[160]可能最小化该偏差唯一可行的方法——这一方法在专利审批阶段和陪审团审判中可能是可行的,但在法官审理中显然不可行——就是将决策过程分为两个阶段,这样就可以使决策者在不接触发明的情况下判断非显而易见性的问题。[161]

6.5 保护财产权利:财产规则 vs.责任规则

近几十年来,关于私法救济的许多理论讨论,尤其是经济学视角的讨论,都是由吉多·卡拉布雷西(Guido Calabresi)和道格拉斯·梅拉梅德(Douglas Melamed)在其 1972 年的开创性文章中对财产规则和责任规则的区分所塑造的。[162]根据这种区分,一项法律权利可以通过财产规则(property rule,即通过强制补救,即法院命令某人执行或不执行某种行为)或责任规则(liability rule,即命令侵犯他人权利的人为这一侵权行为而对后者进行赔偿)来保护。根据卡拉布雷西和梅拉梅德的说法,这两种方法的关键区别在于:在财产规则下,任何人"如果想从其持有人那里拿走权利,必须通过自愿交易从他那里购买,而权利的价值是由卖方确定的";而在责任规则下,任何人"如果愿意为其支付一个客观确定的价值[即由国家的某个机关确定],就可以销毁最初的权利"。[163]

与一般的经济分析类似,这种区分抽象掉了不同法律领域——财产法、侵权法、合同法等等——的特殊性。此外,为了与福利经济学的后果主义基础保持一致,它回避了侵权行为合法性这一规范性问题:因他人鲁莽驾驶毁坏汽车而对车主进行赔偿,以及因政府有关部门为满足重要的公共需求征用其财产而对土地所有者进行赔偿,都是"责任规则"的实例。这种区分已经成为法律的经济分析的基石,并催生了大量更加复杂和抽象的学术研究。[164]

本节将讨论行为学洞察对该领域学术研究的贡献,但我们在讨论时是带有保留的态度的。虽然这方面文献中的许多分析都巧妙且发人深省,但它们往往脱离了复杂的规范性和实用性考量,而正是这些考量形塑了任何法律领域中补救规则的法律和实践。[165]为了使讨论更加具体,我们在这里重点讨论保护财产权的补救措施,对合同法和侵权法补救措施的研究则留待各自的章节中讨论。[166]

卡拉布雷西和梅拉梅德为选择财产规则还是责任规则提供了一个简单的标准,即交易成本。当交易成本较低,当事人可以相互议价时,应采用财产规则。反之,当交易成本过高时,应采用责任规则。当涉及财产权,例如一个人对土地或动产的所有权时,这一标准意味着它们通常应该由财产规则来执行(而对由陌生人造成的伤害的侵权补救措施通常应该设计成责任规则,合同领域的情况则相当复杂)。

然而,伊恩·艾尔斯(Ian Ayres)和埃里克·塔利(Eric Talley)等人对这种公认的观点提出了挑战,认为即使交易成本很低,责任规则也可能优于财产规则。[167]该论点的核心是,财产规则和责任规则之间的选择,不一定等同于议价和诉讼之间的选择。相反,在财产规则和责任规则下都有可能发生议价,而在一些情况下责任规则实际上可能会促成成功的议价,而财产规则也许却不能。"稀薄"(thin)市场中就会出现这种情况,其中,单边或双边垄断(例如,由于物品的独特性)和有关各方对物品真实评价的信息问题,可能导致谈判僵局。法院在确定所有者的估值时可能会出现错误,但这并不一定会使财产规则在这方面具有优势。有观点认为,责任规则会促进下述两种交易中的一种:或者非所有者从所有者那里购买物品,或者所有者"贿赂"非所有者不要单方面占有该物品。在一种可能的交易中,所有者是收款人,而在另一种交易中他是付款人(非所有者则反之),可以说这一事实会迫使各方透露他们的真实估值。

行为学发现为辩论双方均提供了额外的论据。与理性选择理论相一致,认为责任规则比财产规则更有利于成功议价的论断假设,在一个稀薄市场中,当人们在财产规则的阴影下议价时,每一方都会试图夺得交易的全部剩余,从而可能导致议价失败。然而,正如莱温松-扎米尔所指出的,这种假设过于简化。[168]它不符合许多实验博弈论研究的结果,这些研究表明公平问题是对利润最大化的一种限制。[169]对最后通牒博弈[170]的研究一再证明,即使在完全匿名的条件下,大多数提议者都为回应者提供了慷慨的份额(平均为40%),而回应者拒绝了非常低的提议。[171]产权转让的谈判类似于最后通牒博弈,其中,买方是提议者,所有者/卖方是回应者——没有他们的同意,就无法达成交易。潜在的买方知道,即使低报价比不议价更能改善卖方的地位,也不会被接受,因此他们倾向于提出公平的报价。最后通牒研究表明,即使是在完全陌生的人之间匿名互动的单期博弈中,也通常会产生一个协议,在各方之间公平分配蛋糕。在现实生活中,房产所有者和潜在买家之间的谈判,更有可能取得这样的成功。他们可以讨论和解决他们的分歧,且有可能受到声誉、社会和道德考量的影响。此外,对议价的实验研究表明,卖家倾向于规避风险(似乎是因为他们把现状作为参照点,并认为交易的可能利润属于收益域)。[172]既然如此,规避风险的卖家就不可能坚持试图占有交易盈余的绝大部分,特别是在他们不确定买方的保留价格是多少的情况下。[173]

在责任规则下,资产的自愿转让也很可能对双方都有利,因为它为双方节省了诉讼费用。然而,有观点认为,在这种方法下,成功议价的希望实际上比较渺茫。[174]对独裁者博弈[175]的实验研究表明,有相当一部分人(36%)将所有的钱据为己有,但大多数人会与那位被动的参与者分享为数不少的一部分所得(平均为28%)。[176]最后通牒博弈和独裁者博弈结果之间的差异表明,人们的动机并不完全是出于对公平的考虑(如果是这样的话,这两个游戏的结果就不会有差异)。显然,最后通牒博弈中的提议者向回应者提供了更大的份额,因为他们预测,不这样做的话就无法达成交易。那么,在财产规则和责任规则下谈判的主要区别在于,只有在后者之下,提议者才知道,即使其提议被拒绝,自己也可以不经回应者的同意而单方面拿走其资产。因此,潜在的买家在责任规则下可能会提出较低的报价,这反过来可能会导致更少的交易。

即使所有者在强制征用的威胁下接受了出售资产的报价,这种交易是否对双方都有利也尚不明晰。责任规则下赔偿的标准衡量的是市场价值。由于知道自己不可能得到比这更多的赔偿,所有者可能会同意以此金额放弃其资产,但这种交易完全可能会使其境况更糟。如果她对资产的主观估价高于其市场价值,就会出现这种情况,这通常发生在不可替代的独特财产,或者为其使用价值(而非交换价值)而持有的财产的情况下。[177]此外,如一项调查研究所巧妙展示的那样,非专业人士和有经验的商人都非常反对用金钱补偿来替代实物权利——即使该权利是关于可替代的、容易替换的资产,其市场价值很容易确定,且是为商业目的而持有的。[178]

目前为止,我们已经描述了一些行为学洞察,这些洞察指出了财产规则相对责任规则的优越性。然而,行为学洞察也被用于支持相反的立场。具体而言,有人认为,由于禀赋效应,在财产规则下可能会出现较少的互利交易。根据科斯定理——标准经济分析的一项假定——在一个交易成本为零,且对贸易没有限制的世界里,无论最初分配如何,都会出现权利的有效分配。[179]然而,如果一项权利的分配产生了禀赋效应,那么权利就可能留在最初被分配到的人手中。[180]可以说,通过责任规则而非财产规则来保护权利,会削弱心理所有权和禀赋效应,从而促进更有效的交易。[181]

杰弗里·拉克林斯基(Jeffrey Rachlinski)和福雷斯特·乔登(Forest Jourden)为这一主张提供了实验性支持。[182]他们使用了两个关于环境权利的情境实验,为简洁起见,我们只描述其中一个。受试者被要求想象他们是一个环境保护信托公司的董事,该公司购买了一块湿地来保护筑巢的鸟和候鸟。然而,这些鸟类受到了附近一家商业公司开始运营的直升机场的严重干扰。在三个版本的出售(Sell)条件中,受试者被要求对自己的意愿打分,即让出信托公司防止直升机公司运营的权利,以换取一笔钱使信托公司能够在其他地方购买一个岛屿来保护海豹。在强制(Injunction)条件下,受试者被告知,根据法律,信托公司可以获得法院命令,要求直升机公司停止运营。在高额赔偿(High Damages)条件下,受试者被告知,信托公司可以获得高额的金钱赔偿,从而有效地致使直升机公司停止运营。在低额赔偿(Low Damages)条件下,预期的损害赔偿之低使直升机公司可能愿意将其作为经营成本来吸收,并继续经营。在三个购买(Buy)条件下,信托公司对直升机公司没有权利,但后者提出向信托公司出售其在当前地点的经营权,并将其业务转移到其他地方。如果这种出售发生了,取决于具体条件,信托公司的权利可以通过上述三种补救措施中的一种来执行。为了购买这些权利,信托公司将不得不使用指定用于购买海豹岛的资金。在所有六个条件下,受试者被要求在五分制上,从坚决购买/出售权利到坚决不购买/出售权利,表明他们的出售/购买权利的倾向。禀赋效应的强度是通过比较买方的购买意愿和卖方的出售意愿来衡量的。

与预期相一致,在两个实验中,只有在强制条件下,受试者出售权利的倾向和购买权利的倾向之间存在明显差异。然而,令人惊讶的是,在高额赔偿条件下,在两个情境实验(被描述为实际上等同于强制)都没有出现禀赋效应,这是因为在一个情境中确实存在禀赋效应(尽管较小),而在另一个情境中则出现了相反的(较小的)禀赋效应。[183]

虽然这些发现很有趣也很重要,但人们可能会质疑它们的普遍性,因为它们是通过处理环境权利的情境实验获得的,而非典型的涉及动产或不动产的财产权[184],并且涉及在两个竞争性的、有价值的资金用途之间的选择。[185]其他研究则表明,在通常受责任规则保护的权利方面,如健康风险暴露,明显存在禀赋效应。[186]鉴于他们研究的局限性,包括可能混淆补救措施的类型及其确定性,拉克林斯基和乔登建议像其他禀赋效应研究的常规做法那样,用实际的商品进行类似的实验,比如一个马克杯或一支笔。[187]遗憾的是,我们并不知道有任何这样的研究可以复现、反驳或完善他们的发现。[188]

将拉克林斯基和乔登研究结果的可推广性和外部有效性问题放在一边,并假设强制补救措施确实会比标准的金钱补救措施产生更强的禀赋效应,这一发现也很难为涉及剥夺财产规则对财产权的保护的重大改革提供理由。鼓励权利的交易(包括通过减少禀赋效应的方式),只是补救规则的其中一个目标。从经济和自然权利的角度来看,私有财产还为其他目标服务,如激励人们有效地投资于有形和无形资产,并推进个人实现其自主性和发展其个性的需要。[189]用责任规则来保护产权,可能会破坏非专业人士和法学家共同设想的私有财产的概念,使其效率降低(例如,由于担心对产权伤害的补偿不足),并削弱其道德基础。[190]用财产规则来保护产权亦有其道理,因为它可以节省信息成本,阻止潜在索取者的机会主义,并阻止所有者进行浪费性的自助。[191]

6.6 结语

本章回顾了行为学研究对财产法的经济和非经济分析的主要贡献。[192]有三点一般性的观察从这一概述中浮现。

首先,行为学研究为理解财产和财产法提供了宝贵的洞察。两个明显的例子是禀赋效应对科斯定理的怀疑,以及法律所有权和心理所有权之间可能存在的差异所具有的含义。[193]

其次,与其他法律领域,如证据和消费者保护(甚至合同和税法)相比,财产法的行为研究仍然处于相对早期的发展阶段。有关基本问题(如补救规则对禀赋效应的影响,或商业财产的人格强化性质)的实证数据仍然很少。其他问题在法律背景下根本没有进行过实证研究,所以学者们仍然依赖于一般的行为学结论,而这些结论的表现形式往往取决于语境。虽然关于典型的个人财产,即住宅,已经有了相当多的研究,但是对非个人财产,包括商业不动产和动产,关注还较少。[194]关于具体的财产法概念和学说(如原始所有者和善意购买者之间的冲突、房东与租户法、财产中的担保权益,以及地役权),未来还有相当大的、开展行为研究的空间,更不用说知识产权的广阔领域了。[195]

近年来有一个成果卓著的方向取得了相当大的进展,但仍有更多发展空间,即对产权和规则的一般感知的研究。我们提到了对人们如何确定所有权、塑造所有权、判断政府征用的道德性,以及对知识产权法的看法的研究[196],但对现行财产法与任何其他问题上的普遍看法和判断(这些看法和判断可能因社会不同而不同)之间的兼容性却知之甚少。例如,在税法和合同法领域,这类研究已经取得了丰硕的成果。[197]只要法律和普遍的规范性判断之间存在明显差异,那么无论是从民主的角度还是从务实的角度来看,这都应该是一个值得关注的问题。[198]在这种情况下,我们不妨考虑是否应该对法律进行改革,使其更贴近普遍的信念,或者尝试改变公众的看法。[199]

从上述讨论中得出的第三个观察是,与其他法律领域一样,即使行为学的研究结论很明确,人们从这些研究结果中得出规范性结论时也必须非常谨慎。规范性图景通常过于复杂,难以得出这样的直接结论。

注　　释

[1] 参见:Jeremy Waldron，The Right to Private Property (1988)；Margaret J. Radin，*Property and Personhood*，34 Stan. L. Rev. 957 (1982)。

[2] 参见 Steven Shavell，Foundations of Economic Analysis of Law 9 – 23 (2004)。

[3] 参见 Daphna Lewinsohn-Zamir，*Behavioral Law and Economics of Property Law：Achievements and Challenges*，in The Oxford Handbook of Behavioral Economics and the Law 377，377 (Eyal Zamir & Doron Teichman eds.，2014)。另见 Jeremy A. Blumenthal，*Property Law：A Cognitive Turn*，17 Psychonomic Bull. & Rev. 186 (2010)。

[4] 关于对财产法行为学分析的批判性综述,参见:Lewinsohn-Zamir,前注[3]；Jeremy A. Blumenthal，*"To Be Human:" A Psychological Perspective on Property Law*，83 Tul. L. Rev. 609 (2009)。

[5] 参见下文 6.3.1 节、6.3.2 节、6.4.3 节。

[6] 参见:John Alcock，Animal Behavior：An Evolutionary Approach 146 – 52 (10th ed. 2013) (讨论对此现象的多种经过理论与实验检验的解释)；Jack W. Bradbury & Sandra L. Vehrencamp，Principles of Animal Communication 711 – 30 (1998) (使用博弈论模型检验对此现象的多种解释)。

[7] 参见 Hanna Kokko，Andrés López-Sepulcre & Lesley J. Morrell，*From Hawks and Doves to Self-Consistent Games of Territorial Behavior*，167 Am. Naturalist 901 (2006)。

[8] 参见 Federico Rossano，Hannes Rakoczy & Michael Tomasello，*Young Children's Understanding of Violations of Property Rights*，121 Cognition 219 (2011)。

[9] 以下这篇总结大量借鉴了这方面的诸多文献中的综述与整合:Jon L. Pierce，Tatiana Kostova & Kurt T. Dirks，*The State of Psychological Ownership：Integrating and Extending a Century of Research*，7 Rev. Gen. Psychol. 84 (2003)。另见 Helga Dittmar，The Social Psychology of Material Possessions：To Have Is to Be (1992)。

[10] 另见下文 6.3.4 节。

[11] 参见 Jeremy Waldron，*Property and Ownership*，in Stanford Encyclopedia of Philosophy (2004),参见链接:https://plato.stanford.edu/entries/property。

[12] 参见 Roger Bakeman & John R. Brownlee，*Social Rules Governing Object Conflicts in Toddlers and Preschoolers*，in Peer Relations 99 (Kenneth H. Rubin & Hildy S. Ross eds.，1982)。

[13] 参见 Ori Friedman，*First Possession：An Assumption Guiding Inferences about Who Owns What*，15 Psychonomic Bull. & Rev. 290，291 – 92 (2008)。另见 Ori Friedman & Keren R. Neary，*Determining Who Owns What：Do Children Infer*

Ownership from First Possession?，107 Cognition 829 (2008)。

[14]　参见 Friedman，前注[13]，第 292—293 页。

[15]　参见：Christopher Serkin, The Law of Property 27‐54 (2d ed. 2016)；Joseph William Singer, Property 820‐29 (5th ed. 2017)；Carol M. Rose, *Possession as the Source of Property*, 52 U. Chi. L. Rev. 73 (1985)。

[16]　参见：Peter DeScioli & Rachel Karpoff, *People's Judgments about Classic Property Law Cases*, 26 Hum. Nature 184 (2015)；Peter DeScioli, Rachel Karpoff & Julian De Freitas, *Ownership Dilemmas：The Case of Finders versus Landowners*, 41 Cognitive Sci. 502 (2017)；Ori Friedman, *Necessary for Possession：How People Reason about the Acquisition of Ownership*, 36 Personality & Soc. Psychol. Bull. 1161 (2010)；Friedman，前注[13]，第 293—294 页。

[17]　参见 James K. Beggan & Ellen M. Brown, *Association as a Psychological Justification of Ownership*, 128 J. Psychol. 365, 369‐73 (1993)。

[18]　同上，第 373—376 页。另一项研究发现，儿童比成年人更倾向于相信，在获得对方同意的前提下，通过创造性地改变他人物品的形态，做出改变的人就成为物品的主人。参见 Patricia Kanngiesser, Nathalia Gjersoe & Bruce M. Hood, *The Effect of Creative Labor on Property-Ownership Transfer by Preschool Children and Adults*, 21 Psychol. Sci. 1236 (2010)。

[19]　参见 Jay Hook, *Judgments about the Right to Property from Preschool to Adulthood*, 17 Law & Hum. Behav. 135, 143‐44 (1993)。

[20]　参见 Patricia Kanngiesser & Bruce Hood, *Not by Labor Alone：Considerations for Value Influence Use of the Labor Rule in Ownership Transfers*, 38 Cognitive Sci. 353 (2014)。

[21]　参见 Merrick Levene, Christina Starmans & Ori Friedman, *Creation in Judgments about the Establishment of Ownership*, 60 J. Experimental Soc. Psychol. 103 (2015)。

[22]　Peter R. Blake & Paul L. Harris, *Children's Understanding of Ownership Transfers*, 24 Cognitive Dev. 133 (2009)。

[23]　可参见 Sunae Kim & Charles W. Kalish, *Children's Ascriptions of Property Rights with Changes of Ownership*, 24 Cognitive Dev. 322 (2009)。

[24]　可参见 Serkin，前注[15]，第 34—41 页（讨论通过创造与接触而实现的获得）；Singer，前注[15]，第 820—832 页（讨论通过发现与礼物来获得野生动物）；Lars Van Vilet, *Transfer of Property Inter Vivos*, in Comparative Property Law：Global Perspectives 150 (Michele Graziadei & Lionel Smith eds., 2017)（为财产转移提供了一份比较性概述）。

[25]　一般性的讨论，参见：J. E. Penner, *The "Bundle of Rights" Picture of Property*, 43 UCLA L. Rev. 711 (1996)；Jonathan Remy Nash, *Packaging Property：The Effects of Paradigmatic Framing of Property Rights*, 83 Tulane L. Rev. 691,

694 – 707 (2009)。

[26] 另见 Bruce A. Ackerman, Private Property and the Constitution (1977)。无论采用哪种所有权概念,都应试图分辨出对"所有权"类目至关重要的权利或"束"——也就是说,若没有这些元素,则某人不再是一个物的所有者。要做到这一点,也许参考关于图式、原型和心理表征的丰富的心理学研究会有所帮助。参见Blumenthal,前注[3],第 187 页。

[27] 参见下文 6.3.2 节。

[28] 参见:Nash,前注[25];Jonathan Remy Nash & Stephanie Stern, *Property Frames*, 87 Wash. U. L. Rev. 449 (2010)。

[29] 参见:Nash,前注[25],第 712 页;Nash & Stern,前注[28],第 467 页。

[30] 参见:Nash,前注[25],第 712—713 页;Nash & Stern,前注[28],第 467 页。

[31] 参见:Nash,前注[25],第 715—720 页;Nash & Stern,前注[28],第 470—478 页。在一个 2×2 的因子设计中,这两项研究将离散资产/一束权利操纵与预先警告/无预先警告操纵交叉进行,其中前者包括对学生使用计算机将受到法学院限制的方式的描述。预先警告受试者未来的限制与一束权利操纵有类似的效果,两者的结合使受试者对其财产权的期望值下降最多。

[32] Lewinsohn-Zamir,前注[3],第 381—382 页。

[33] Nash & Stern,前注[28],第 478—479 页。

[34] 出处同上,第 491—492 页。

[35] 参见 Lewinsohn-Zamir,前注[3],第 387—388 页。

[36] 如 6.2.2 节所描述,儿童与成人均倾向于从先占推断出所有权。还有研究发现,儿童会从一个人对他人使用物品的控制推断出所有权。参见 Keren R. Neary, Ori Friedman & Corinna L. Burnstein, *Preschoolers Infer Ownership from "Control of Permission,"* 45 Dev. Psychol. 873 (2009)。

[37] 关于占有的法律概念,参见 Yaëll Emerich, *Possession*, *in* Comparative Property Law,前注[24],第 171 页。

[38] 参见上文 2.3.6 节。

[39] 关于损失厌恶及相关现象的演化根源与神经基础,参见 Eyal Zamir, Law, Psychology, and Morality 42 – 46 (2015)。

[40] 其他社会科学家也是如此,他们倾向于互换着使用"所有权的感受"和"占有的感受"的概念。参见 Pierce, Kostova & Dirks,前注[9],第 85 页脚注 1。

[41] 参见 Daphna Lewinsohn-Zamir, *What Behavioral Studies Can Teach Jurists about Possession and Vice Versa*, in Law and Economics of Possession 128,136 – 38 (Yun-chien Chang ed., 2015)。

[42] 参见 Lewinsohn-Zamir,前注[41],第 131—133 页;上文 2.3.6 节;下文 7.3.2 节。

[43] 参见上文 2.3.3 节。

[44] 参见 Jack L. Knetsch & Wei-Kang Wong, *The Endowment Effect and the Reference State:Evidence and Manipulations*, 71 J. Econ. Behav. & Org. 407 (2009)。

后文的描述指的是被报告的第二种和第三种处理方法。

[45] 参见 Joann Peck & Suzanne B. Shu, *The Effect of Mere Touch on Perceived Ownership*, 36 J. Consumer Res. 434 (2009)。

[46] 参见 James R. Wolf, Hal R. Arkes & Waleed A. Muhanna, *The Power of Touch: An Examination of the Effect of Duration of Physical Contact on the Valuation of Objects*, 3 Judgment & Decision Making 476 (2008)。

[47] 参见 Jochen Reb & Terry Connolly, *Possession, Feelings of Ownership and the Endowment Effect*, 2 Judgment & Decision Making 107 (2007)。

[48] 参见上文 6.2.1 节。

[49] Knetsch & Wong,前注[44]。

[50] 事实上,Reb 和 Connolly 向受试者提出了一些问题,这些问题的设计旨在引发受试者的所有权感受。他们发现,对这些感受的评分——因占有此物而增强——完全影响到了他们的金钱估值(出处同上,第110页,第112页)。然而该发现应被谨慎解读,因为受试者们仅仅是在提供了金钱估值后回答他们的主观感受问题,因此后者有可能被前者影响(出处同上,第112页)。

[51] 参见 Suzanne B. Shu & Koann Peck, *Psychological Ownership and Affective Reaction: Emotional Attachment Process Variables and the Endowment Effect*, 21 J. Consumer Psychol. 439 (2011)。

[52] 参见 Thomas W. Merrill, *Property Rules, Liability Rules, and Adverse Possession*, 79 Nw. U. L. Rev. 1122 (1985) (分析美国法律)。

[53] 出处同上,第1126—1137页。

[54] 参见:Robert C. Ellickson, *Bringing Culture and Human Frailty to Rational Actors: A Critique of Classical Law and Economics*, 65 Chi.-Kent L. Rev. 23, 38 - 39 (1989); David Cohen & Jack L. Knetsch, *Judicial Choice and Disparities between Measures of Economic Values*, 30 Osgoode Hall L.J. 737, 751 - 52 (1992); Jeffrey Evans Stake, *The Uneasy Case for Adverse Possession*, 89 Geo. L.J. 2419, 2459 - 71 (2001)。

[55] 参见上文 2.3.3 节。

[56] 参见 Lewinsohn-Zamir,前注[41],第137—138页。

[57] 可参见 Restatement (Second) of Torts § § 77 - 99 (Am. Law Inst. 1965)。

[58] 参见 Oliver Wendell Holmes, The Common Law 143 - 44 (American Bar Association ed. 2009) (1881)。

[59] 参见 Lewinsohn-Zamir,前注[41],第141页。基于类似的理由,Lewinsohn-Zamir 建议禁止以合同形式放弃租户诉诸司法驱逐程序的权利,并给予租户特别是长期租户一些目前可用于业主的权利和保护。(出处同上,第141—142页)。

[60] 参见 Thomas W. Merrill & Henry E. Smith, *The Morality of Property*, 48 Wm. & Mary L. Rev. 1849, 1884 & n.151 (2007)。

[61] 对这些机制的比较研究,参见 Windfalls for Wipeouts: Land Value Capture and

Compensation 311－488 (Donald G. Hagman & Dean J. Misczynski eds., 1978).

[62] 参见：Louis Kaplow, *An Economic Analysis of Legal Transitions*, 99 Harv. L. Rev. 509, 554 (1986); Abraham Bell & Gideon Parchomovsky, *Givings*, 111 Yale L.J. 547, 549 (2001).

[63] 参见 Bell & Parchomovsky,前注[62],第 580—584 页。

[64] 出处同上,第 554 页。

[65] 出处同上。一种最广义的对政府征用与给予的对称经济分析,在更早的时候由 Louis Kaplow 提出。参见 Kaplow,前注[62]。虽然 Bell 和 Parchomovsky 总结道,对给予的收费应等同于对征用的补偿,但 Kaplow 认为政府在这两种情况下,既不应补偿,也不应收费。

[66] 参见：Lindsay Warren Bowen, Jr., Note, *Givings and the Next Copyright Deferment*, 77 Fordham L. Rev. 809 (2008); Daniel D. Barnhizer, *Givings Recapture: Funding Public Acquisition of Private Property Interests on the Coasts*, 27 Harv. Envtl. L. Rev. 295 (2003).

[67] 参见 Kaplow,前注[62],第 555 页。

[68] 参见 Lee Anne Fennell, *Taking Eminent Domain Apart*, 2004 Mich. St. L. Rev. 957, 967－71.

[69] 参见上文 2.3 节。

[70] 这个可能性较小,因为研究表明,人们会在收益之后(而非在损失之后)快速更新其参照点。参见上文 2.3.3 节。

[71] 参见：Bell & Parchomovsky,前注[62],第 552 页,第 612—614 页;Cass R. Sunstein, *Lochner's Legacy*, 87 Colum. L. Rev. 873 (1987); Richard E. Levy, *Escaping Lochner's Shadow: Toward a Coherent Jurisprudence of Economic Rights*, 73 N.C. L. Rev. 329, 390－442 (1995).

[72] 另见上文 5.5 节。

[73] 一般性的讨论,参见 Takings International: A Comparative Perspective on Land Use Regulations and Compensation Rights (Rachelle Alterman ed., 2010) [下文简称 Takings International]。

[74] 参见 Rachelle Alterman, *Comparative Analysis: A Platform for Cross-National Learning*, in Takings International,出处同上,第 21 页,第 23—35 页。另见 Gregory S. Alexander, The Global Debate over Constitutional Property: Lessons for American Takings Jurisprudence 24－30 (2006).

[75] 参见 Kaplow,前注[62],第 529—531 页。

[76] 出处同上,第 537—541 页。

[77] 这部分是因为,他们并没有充分重视,在赔偿义务缺失的情况下,政府当局对财政幻觉的恐惧。参见 Lawrence Blume & Daniel L. Rubinfeld, *Compensation for Takings: An Economic Analysis*, 72 Cal. L. Rev 569, 620－22 (1984).

[78] 参见 Daphna Lewinsohn-Zamir, *Compensation for Injuries to Land Caused by*

Planning Authorities：*Towards a Comprehensive Theory*，46 U. Toronto L.J. 47，61 – 69 (1996)。

[79] 出处同上，第53—60页。事实上，无赔偿规则也许会让较为弱势、无游说力量来影响政府决策的当事方境况更差。

[80] 出处同上，第76—113页。

[81] 参见：Ellickson，前注[54]，第37—38页；Christopher Serkin, *Existing Uses and the Limits of Land Use Regulations*，84 N.Y.U. L. Rev. 1222，1267 – 70 (2009)。

[82] 参见 Ellickson，前注[54]，第38页。

[83] 参见 Serkin，前注[81]，第1267—1270页。

[84] Lewinsohn-Zamir，前注[3]，第384—385页。

[85] 参见上文6.2.3节。

[86] Nash，前注[25]，第724—726页；Nash & Stern，前注[28]，第451—455页，第457—459页，第462—465页，第492—494页。另见 Joseph William Singer, Entitlement：The Paradoxes of Property (2010)。

[87] 参见上文6.2.3节。另见上文2.3.4节、5.5节。

[88] 参见 Ackerman，前注[26]，第113—167页。

[89] 参见 Nash，前注[25]，第726页；Lewinsohn-Zamir，前注[3]，第380—382页。

[90] 参见 Abraham Bell & Gideon Parchomovsky, *Taking Compensation Private*，59 Stan. L. Rev. 871 (2007)。

[91] 参见 Anthony T. Kronman, *Specific Performance*，45 U. Chi. L. Rev. 351 (1978)。

[92] 当一个项目（例如建造新路或一个大型购物中心）需要从多个所有者处聚合土地时，每个所有者实际上具有垄断力，因为没有其许可，整个项目就无法实现。此类情况下的理性策略是抵抗，以获取项目剩余中可能的最大比例——这可能会使计划泡汤，尤其是当土地所有者高估剩余时。参见：Lloyd Cohen, *Holdouts and Free Riders*，20 J. Legal. Stud. 351 (1991)；Thomas J. Miceli & C. F. Sirmans, *The Holdout Problem*，*Urban Sprawl*，*and Eminent Domain*，16 J. Housing Econ. 309 (2007)。

[93] 参见 Daphna Lewinsohn-Zamir, *Taking Outcomes Seriously*，2012 Utah L. Rev. 861，869 – 72，876。

[94] 出处同上。第876页。

[95] 出处同上。第879—884页。

[96] 参见 Daphna Lewinsohn-Zamir, *Can't Buy Me Love*：*Monetary versus In-Kind Remedies*，2013 U. Ill. L. Rev. 151，157 – 77（实验结果），186 – 88（对征用法的规范性启示）。

[97] 参见 Uriel G. Foa, *Interpersonal and Economic Resources*，171 Sci. 345 (1971)；Edna B. Foa et al., *Response Generalization in Aggression*，25 Hum. Rel. 337 (1972)。另见下文13.2.2节。

[98] 本小节中讨论的一些行为学洞察与规范性观点，可能与关于可替代与不可替代资产之间区别的更广泛议题相关，还可能与其他法律领域对住宅的法律处理相关。关于这些更广泛的议题，参见 Lewinsohn-Zamir，前注[3]，第 382—387 页。

[99] 参见 Sandy G. Smith, *The Essential Qualities of a Home*, 14 J. Envtl. Psychol. 31, 31 (1994). 另见 Karin Zingmark, Astrid Norberg, & Per-Olof Sandman, *The Experience of Being at Home throughout the Life Span*; *Investigation of Persons Aged from 2 to 102*, 41 Int'l J. Aging & Hum. Dev. 47 (1995).

[100] 可参见 Art. 11 (1) of the International Covenant on Economic, Social and Cultural Rights, adopted by G.A. Res. 2200A (XXI) (Dec. 16, 1966).

[101] 多项研究认为，家庭作出的房地产投资决定（特别是购买房屋的决定）往往不是理性的成本收益分析的产物，而是由于系统性的认知偏差，包括过度乐观、非理性的概率评估、羊群效应、避免后悔、心理账户、损失厌恶，以及未能准确理解通货膨胀的影响。参见 Diego Salzman & Remco C.J. Zwinkels, *Behavioral Real Estate*, 25 J. Real Estate Literature 77, 83 - 88 (2017). 然而，在评估拥有住房的合理性时，我们不仅要考虑其财务层面，还要考虑其消费层面。实证研究已经记录了拥有住房所带来的一系列非经济利益。关于这些研究的批判性考察，参见 Robert D. Dietz & Donald R. Haurin, *The Social and Private Micro-level Consequences of Homeownership*, 54 J. Urban Econ. 401 (2003). 另见：Luis Diaz-Serrano, *Disentangling the Housing Satisfaction Puzzle*: *Does Homeownership Really Matter?*, J. Econ. Psychol. 745 (2009); N. Edward Coulson & Herman Li, *Measuring the External Benefits of Homeownership*, 77 J. Urban Econ. 57 (2013). 无论如何，2007—2009 年的次贷危机确实表明，至少可以说购买房屋的决定不一定是理性的或知情的。

[102] 可参见：D. Benjamin Barros, *Home as a Legal Concept*, 46 Santa Clara L. Rev. 255 (2006); Stephanie M. Stern, *Residential Protectionism and the Legal Mythology of Home*, 107 Mich. L. Rev. 1093, 1100 - 05 (2009).

[103] 参见 Radin，前注[1]，第 988—991 页，第 1005—1006 页。另见 Margaret Jane Radin, *The Liberal Conception of Property*: *Cross Currents in the Jurisprudence of Takings*, 88 Colum. L. Rev. 1667 (1988).

[104] 参见 Stern，前注[102]，第 1109—1120 页。另见 D. Benjamin Barros, *Legal Questions for the Psychology of Home*, 83 Tul. L. Rev. 645, 654 - 59 (2009).

[105] 参见 Stern，前注[102]，第 1139—1144 页。另见 Stephanie M. Stern, *Reassessing the Citizen Virtues of Homeownership*, 111 Colum. L. Rev. 890 (2011).

[106] 参见：Lewinsohn-Zamir，前注[3]，第 382 页；Daphna Lewinsohn-Zamir, *The Objectivity of Well-Being and the Objects of Property Law*, 78 N.Y.L. L. Rev. 1669, 1721, 1725 - 30 (2003). 对 Radin 分析的保守性质的进一步批评，参见 Stephen J. Schnably, *Property and Pragmatism*: *A Critique of Radin's Theory of Property and Personhood*, 45 Stan. L. Rev. 347 (1993).

［107］　参见：Mich. Const. art. X，§2（125％的公平市场价值）；Ind. Code §32-24-4.5-8(2) (2006)（150％的公平市场价值）；John Fee，*Eminent Domain and the Sanctity of Home*，81 Notre Dame L. Rev. 783，803－17（2006）。

［108］　参见 Janice Nadler & Shari Seidman Diamond，*Eminent Domain and the Psychology of Property Rights：Proposed Use，Subjective Attachment，and Taker Identity*，5 J. Empirical Legal Stud. 713，731（2008）。另见 Cherie Metcalf，*Property Law Culture：Public Law，Private Preferences and the Psychology of Expropriation*，39(2) Queen's L. J. 685（2014）（基本复现了 Nadler 与 Shari 跟加拿大学生进行的实验之结果）。这两项研究是由美国高等法院的如下争议决策所驱动：*Kelo v. City of New London*，545 U.S. 469（2005），该决策支持为私人再开发的理由征收一个居民区，由此引发了公众抗议。另见：Ilya Somin，The Grasping Hand：*Kelo v. City of New London* and the Limits of Eminent Domain（2015）；Janice Nadler，Shari Seidman Diamond & Mathew M. Patton，*Government Takings of Private Property*，in Public Opinion and Constitutional Controversy（Nathaniel Persily，Jack Citrin & Patrick J. Egan eds.，2008）。

［109］　Nadler & Diamond，前注［108］，第 731—734 页。

［110］　出处同上，第 731—737 页。

［111］　出处同上，第 713 页。

［112］　参见 Logan Strother，*Beyond Kelo：An Experimental Study of Public Opposition to Eminent Domain*，4 J. Law & Courts 339（2016）。

［113］　关于可识别性效应及其与法律问题的相关性，参见 Daphna Lewinsohn-Zamir，Ilana Ritov & Tehila Kogut，*Law and Identifiability*，92 Ind. L.J. 505（2017）。

［114］　参见：Mary L. Clark，*Reconstructing the World Trade Center：An Argument for the Applicability of Personhood Theory to Commercial Property Ownership and Use*，109 Penn St. L. Rev. 815（2005）；Lewinsohn-Zamir，前注［3］，第 383—384 页。

［115］　参见 Barros，前注［104］。

［116］　一般性的讨论，参见 William Fisher，*Theories of Intellectual Property*，in New Essays in the Legal and Political Theory of Property 168（Stephen R. Munzer ed.，2001）。

［117］　Gregory N. Mandel，Anne A. Fast & Kristina R. Olson，*Intellectual Property Law's Plagiarism Fallacy*，2015 BYU L. Rev. 913.

［118］　参见：Christopher Jensen，*The More Things Change，the More They Stay the Same：Copyright，Digital Technology，and Social Norms*，56 Stan. L. Rev. 531（2003）；Steven Lysonski & Srinivas Durvasula，*Digital Piracy of MP3s：Consumer and Ethical Predispositions*，25 J. Consumer Marketing 167（2008）；Yuval Feldman & Janice Nadler，*The Law and Norms of File Sharing*，47 San Diego L. Rev. 577（2006）；Yuval Feldman，*The Behavioral Foundations of*

Trade Secrets：Tangibility，Authorship and Legality，3 J. Empirical Legal Stud. 197（2006）。

[119]　参见 Jensen，前注[118]，第 540 页。

[120]　参见 Feldman & Nadler，前注[118]，第 585 页。

[121]　出处同上，第 587—588 页。

[122]　可参见 Mark F. Schultz，*Reconciling Social Norms and Copyright Law：Strategies for Persuading People to Pay for Recorded Music*，17 J. Intell. Prop. L. 59，59 – 70（2009）。

[123]　可参见 Lee Edwards et al.，*Framing the Consumer：Copyright Regulation and the Public*，19 Convergence：J. Res. New Media Tech. 9（2013）。

[124]　可参见 Anne A. Fast，Kristina R. Olson & Gregory N. Mandel，*Experimental Investigations on the Basis for Intellectual Property Rights*，40 Law & Hum. Behav. 458（2016）。

[125]　可参见：Stephanie P. Bair，*The Psychology of Patent Protection*，48 Conn. L. Rev. 297（2015）；Stefan Bechtold，Christopher Buccafusco & Christopher J. Sprigman，*Innovation Heuristics：Experiments on Sequential Creativity in Intellectual Property*，91 Indiana L.J. 1251（2016）。

[126]　可参见：Dennis D. Crouch，*The Patent Lottery：Exploiting Behavioral Economics for the Common Good*，16 Geo. Mason L. Rev. 141（2008）。

[127]　可参见：Christopher Buccafusco & Christopher Sprigman，*Valuing Intellectual Property：An Experiment*，96 Cornell L. Rev. 1（2010）（下文简称为 Buccafusco & Sprigman，*Valuing IP*）；Christopher Buccafusco & Christopher Jon Sprigman，*The Creativity Effect*，78 U. Chi. L. Rev. 31（2011）（下文简称为 Buccafusco & Sprigman，*Creativity*）；Bechtold，Buccafusco & Sprigman，前注[125]。

[128]　可参见：Jeanne C. Fromer，*A Psychology of Intellectual Property*，104 Nw. U. L. Rev. 1441（2010）；Gregory N. Mandel，*To Promote the Creative Process：Intellectual Property Law and the Psychology of Creativity*，86 Notre Dame L. Rev. 1999（2011）。

[129]　可参见：Adam B. Jaffe & Josh Lerner，Innovation and Its Discontents：How Our Broken Patent System Is Endangering Innovation and Progress，and What to Do about It（2004）；Dan L. Burk，*Law and Economics of Intellectual Property：In Search of First Principles*，8 Ann. Rev. L. & Soc. Sci. 397（2012）；Mark A. Lemley，*Faith-Based Intellectual Property*，62 UCLA L. Rev. 1328（2015）。

[130]　可参见：Rebecca Tushnet，*Economies of Desire：Fair Use and Marketplace Assumptions*，51 Wm. & Mary L. Rev. 513（2009）；Mandel，前注[128]；Eric E. Johnson，*Intellectual Property and the Incentive Fallacy*，39 Fla. St. U. L. Rev. 623（2012）。

[131]　参见 Bair，前注[125]，第 312—337 页。不同意见请参见 Christopher Buccafusco

et al., *Experimental Tests of Intellectual Property Laws' Creativity Thresholds*, 93 Tex. L. Rev. 1921 (2014).

[132]　参见 Christopher Jon Sprigman, Christopher Buccafusco & Zachary Burns, *What's a Name Worth?*: *Experimental Tests of the Value of Attribution in Intellectual Property*, 93 B.U. L. Rev. 1389 (2013).

[133]　出处同上，第1417—1424页。关于法律规范的默认效应的一般性讨论，参见上文4.4.3节。

[134]　参见 Crouch，前注[126]。

[135]　F.M. Scherer, *The Innovation Lottery*: *The Empirical Case for Copyright and Patents*, in Expanding the Boundaries of Intellectual Property: Innovation Policy for the Knowledge Society 3 (Rochelle Cooper Dreyfuss, Diane L. Zimmerman & Harry First eds., 2001).

[136]　参见上文2.3.1节。

[137]　参见上文2.2.6节。

[138]　参见上文2.4节、下文10.5.3节。

[139]　参见 Ofer M. Tur-Sinai, *The Endowment Effect in IP Transactions*: *The Case against Debiasing*, 18 Mich. Telecomm. & Tech. L. Rev. 117, 153 - 56 (2011).

[140]　参见 Crouch，前注[126]。

[141]　参见 Avishalom Tor & Dotan Oliar, *Incentives to Create under a "Lifetime-Plus-Years" Copyright Duration*: *Lessons from a Behavioral Economic Analysis of* Eldred v. Ashcroft, 36 Loy. L.A. L. Rev. 437, 459 - 62 (2002)。关于过度乐观与优于常人效应，参见上文第61—64页。

[142]　出处同上，第462—481页。关于次可加性和部分-整体偏差，参见上文2.2.7节。

[143]　参见上文2.6.2节。

[144]　参见下文6.5节。

[145]　参见 Buccafusco & Sprigman, *Creativity*，前注[127]，第39—40页。

[146]　尽管如此，由相同研究人员进行的另一组实验并没有发现创作者与所有者的接受意愿在统计学上的差异——两者均明显高于购买者的支付意愿（Buccafusco & Sprigman, *Valuing IP*，前注[127]）。这可能是因为随后的实验中，创作（写一首短诗）动机完全是外部的，而所涉及的努力相对不重要。（出处同上，第29页）。

[147]　出处同上，第4页，第17—21页，第26—27页，第30页；Buccafusco & Sprigman, *Creativity*, s 前注[127]，第32页，第35页，第37页。

[148]　参见 Buccafusco & Sprigman, *Valuing IP*，前注[127]，第33—35页；Buccafusco & Sprigman, *Creativity*，前注[127]，第51—52页。另见下文6.5节。

[149]　参见 Buccafusco & Sprigman, *Valuing IP*，前注[127]，第42—44页。根据合理使用原则，为批评、教学或研究的目的，有限度地使用受版权保护的材料是被允许的。一个对该原则的主要辩护是，为此种使用而获得授权的交易成本可能非常高昂。

[150] 参见 Buccafusco & Sprigman, *Creativity*,前注[127],第 48—50 页。

[151] 参见 Tur-Sinai,前注[139],第 128—131 页。Tur-Sinai 进一步认为,其他因素,包括知识产权所有者通知只会对其产权的使用进行授权这一事实,可能会在知识产权的真实世界里调节禀赋效应与创造效应。(出处同上,第 132—137 页)。

[152] 出处同上,第 137—156 页。另见 Zamir,前注[39],第 205—207 页。

[153] 出处同上,第 156—168 页。

[154] 为了进行当前的讨论,我们排除了在没有所有者同意的情况下非法使用受保护知识产权的可能性,而所有者的同意是理性最大化者应该也会考虑到的。

[155] 参见 Bechtold, Buccafusco & Sprigman,前注[125]。另见 Christopher Buccafusco, Stefan Bechtold & Christopher Jon Sprigman, *Innovate or Borrow?: A Model for Regulating Sequential Innovation*(工作论文,2017,网址:https://ssrn.com/abstract=2902937)。

[156] 参见 Bechtold, Buccafusco & Sprigman,前注[125],第 1291—1296 页。另见 Julia Brüggemann et al., *Intellectual Property Rights Hinder Sequential Innovation. Experimental Evidence*, 45 Res. Pol'y 2054 (2016)。

[157] 参见上文 2.2.8 节、下文 15.3.2 节。

[158] 参见 35 U.S.C. § 103 (2011)。

[159] 参见 Gregory N. Mandel, *Patently Non-obvious: Empirical Demonstration That the Hindsight Bias Renders Patent Decisions Irrational*, 67 Ohio St. L. J. 1391, 1409 (2006)。

[160] 出处同上。第 1410 页。

[161] 参考:出处同上,第 1447—1450 页;Gregory Mandel, *Patently Non-Obvious II: Experimental Study on the Hindsight Issue before the Supreme Court in* KSR v. Teleflex, 9 Yale J.L. & Tech. 1 (2007)。

[162] 参见 Guido Calabresi & Douglas Melamed, *Property Rules, Liability Rules, and Inalienability: One View of the Cathedral*, 85 Harv. L. Rev. 1089 (1972)。

[163] 出处同上。第 1092 页。

[164] 参见:Ian Ayres & Eric Talley, *Solomonic Bargaining: Dividing a Legal Entitlement to Facilitate Coasean Trade*, 104 Yale L. J. 1027 (1995); Symposium: *Property Rules, Liability Rules, and Inalienability: A Twenty-Five Year Retrospective*, 106 Yale L. J. 2081 (1997); Lee Anne Fennel, *Revealing Options*, 118 Harv. L. Rev. 1399 (2005); Richard R.W. Brooks, *The Efficient Performance Hypothesis*, 116 Yale L. J. 568 (2006); Ian Ayres, Optional Law: The Structure of Legal Entitlements (2010)。

[165] 在此只提两个看似普通的考量,而它们对法律现实的影响可能比在财产规则与责任规则的学术研究中讨论的许多考量更大。首先,强制令在一个能够在几周或几个月内发布和执行这种命令的法律体系中,要比在一个需要几年时间才能发布和执行的体系中更具吸引力。第二,当执行一个行为需要已经开始相互厌恶和不信

任的人之间密切合作时,执行命令远不如金钱救济适当。

[166]　参见下文 7.7 节、9.4 节。

[167]　参见 Ayres & Tally,前注[164];另见 Louis Kaplow & Steven Shavell, *Property Rules versus Liability Rules*：*An Economic Analysis*,109 Harv. L. Rev. 713, 717 - 18, 732 - 37 (1996)。

[168]　参见 Daphna Lewinsohn-Zamir, *The Choice between Property Rules and Liability Rules Revisited*：*Critical Observations from Behavioral Studies*,80 Texas L. Rev. 219 (2001)。

[169]　参见上文 2.7.3 节。

[170]　独裁者博弈中,一个参与人(提议者)被要求把一笔钱在自己与另一个参与人中进行分配。另一个参与人(回应者)可能会接受所提议的分配(则分配被执行),也有可能会拒绝它(则两个参与人都无所获)。

[171]　参见：Hessel Oosterbeek, Randolph Sloof & Gijs van De Kuilen, *Cultural Differences in Ultimatum Game Experiments*：*Evidence from a Meta-analysis*, 7 Experimental Econ. 171 (2004);上文 2.7.3 节。

[172]　参见 Margaret A. Neale & Max H. Bazerman, Cognition and Rationality in Negotiation 156 - 57 (1991)。

[173]　参见 Lewinsohn-Zamir,前注[168],第 235—239 页。一个反对论点可能是,议价可能会失败,因为买方承担风险的意愿相对较大。然而,这一担忧会被公平性约束所缓解。

[174]　参见 Lewinsohn-Zamir,前注[168],第 239—250 页。

[175]　独裁者博弈中,一方单方面地决定如何在自己与另一人之间分配一笔钱。

[176]　参见 Christoph Engel, *Dictator Games*：*A Meta Study*, 14 Experimental Econ. 583 (2011)。

[177]　另见上文 6.3.3 节、6.3.4 节。

[178]　参见 Lewinsohn-Zamir,前注[96]。

[179]　参见 Ronald H. Coase, *The Problem of Social Cost*, 3 J.L. & Econ. 1 (1960)。

[180]　参见：Mark Kelman, *Consumption Theory*, *Production Theory*, *and Ideology in the Coase Theorem*, 52 S. Cal. L. Rev. 669 (1979); Jeffrey J. Rachlinski & Forest Jourden, *Remedies and the Psychology of Ownership*, 51 Vand. L. Rev. 1541, 1553 - 56 (1998)。

[181]　参见 Ian Ayres, *Protecting Property with Puts*, 32 Val. U. L. Rev. 793, 809 - 13 (1998); Buccafusco & Sprigman, *Valuing IP*,前注[127],第 33—35 页;Buccafusco & Sprigman, *Creativity*,前注[127],第 51—52 页。

[182]　参见 Rachlinski & Jourden,前注[180],第 1559—1574 页。

[183]　出处同上,第 1566—1569 页。

[184]　参见 Russell B. Korobkin, *The Endowment Effect and Legal Analysis*, 97 Nw. U. L. Rev. 1227, 1284 - 85 (2003)。(解释称,"驱动结果的,可能是由补救措施选

择所表明的社会对环境的承诺,而不是由选择造成的所有权感觉的差异"。)

[185] 参见 Lewinsohn-Zamir,前注[3],第 392—393 页;Lewinsohn-Zamir,前注[168],第 254 页脚注 121。

[186] 参见 W. Kip Viscusi, Wesley A. Magat & Joel Huber, *An Investigation of the Rationality of Consumer Valuations of Multiple Health Risks*, 18 Rand J. Econ. 465 (1987)。

[187] Rachlinski & Jourden,前注[180],第 1573 页。

[188] 最为接近的研究是 Oren Bar-Gill & Chistoph Engel 的 *How to Protect Entitlements: An Experiment*(工作论文,April 2017,网址:https://ssrn.com/abstract=2949851)。然而,当比较多种补救规则[损害赔偿(从零到高于征用者对权利的估值),以及财产规则]对所有者为了让潜在征用者不征用其权利的支付意愿,以及征用者接受此类付款的意愿的影响时,本研究中的实验设计基本上排除了禀赋效应的出现(因为权利物品是一个代表着对特定金额金钱的权利的代币)。相反,该实验重点关注的是,不同的公平性判断对这些支付意愿(WTP)和接受意愿(WTA)金额大小的影响。

[189] 需注意,与表面现象相反,对所有者权利被征用的补救措施的削弱,并不一定有利于征用者的利益,因为他们也可能在未来成为其他人的这种征用的受害者。不同意见请参见 Barak Medina, *Augmenting the Value of Ownership by Protecting It only Partially: The "Market-Overt" Rule Revisited*, 19 J.L. Econ. & Org. 343 (2003)。

[190] 参见 Merrill & Smith,前注[60];Lewinsohn-Zamir,前注[3],第 392 页,第 394 页。

[191] 参见 Henry E. Smith, *Property and Property Rules*, 79 N.Y.U. L. Rev. 1719 (2004)。

[192] 本章的综述并不试图面面俱到。其他对财产法的行为学分析的贡献包括:Lee Anne Fennell, *Death, Taxes, and Cognition*, 81 N.C. L. Rev. 567, 581 - 93 (2003)(基于过度乐观、拖延、损失厌恶与后悔规避,以及心理账户等现象,解释为什么人们不愿通过生前转让其财产的方式规避房产税);Daphna Lewinsohn-Zamir, *More Is Not Better than Less: An Exploration in Property Law*, 92 Minn. L. Rev. 634, 661 - 65, 681 - 87 (2008)(将后悔规避作为解释,说明为何法律有时并不限制所有者自由地毁坏其财产的自由——但又激励他们不疏于使用它);Stephanie Stern, *Encouraging Conservation of Private Lands: A Behavioral Analysis of Financial Incentives*, 48 Ariz. L. Rev. 541(讨论对私人土地环境保护的财政激励措施可能会因挤出效应而适得其反的担忧,并提供有行为学依据的建议,以设计财政激励措施,提高其有效性,并减少其不利影响);Daphna Lewinsohn-Zamir, *Do the Right Thing: Indirect Remedies in Private Law*, 94 B.U. L. Rev. 55, 81 - 85 (2014)(指出"间接补救措施"的优势,如通过占有式留置权引发债务的偿付,部分是基于认知失调概念)。

[193] 参见上文 6.5 节(科斯定理)与 6.2.4 节(心理所有权)。

［194］　参见 Lewinsohn-Zamir，前注［3］，第 378—379 页。

［195］　Blumenthal（前注［4］）和 Barros（前注［104］）等人也指出了类似的观察。

［196］　分别参见上文 6.2.2 节、6.2.3 节、6.3.4 节、6.4.1 节。

［197］　参见下文 7.2.1 节、7.3.1 节、7.4 节、7.7.5 节、13.1 节、13.2.2 节。

［198］　参见上文 4.3 节。

［199］　参见 Blumenthal，前注［4］，第 623—625 页。

▶ 7

合同法

7.1　绪论

经济分析是在对市场的思考中产生的。在一个竞争性市场中，自愿交易允许人们交换商品和服务，从而使每一方都能得到相比其放弃之物自己更为珍视的东西。自愿交易促进了劳动分工和专业化，这是提高生产质量和数量的关键，从而促进了人类福利。因此，可以说，通过合同进行的自愿交易既是卡尔多-希克斯效率，也是帕累托效率。合同法致力于促进自愿交易，降低其成本，并克服各种对有效合同订立和履行的障碍。

并不意外的是，合同法是一个学者长期以来使用经济学框架进行研究，并在应用其见解时感到特别得心应手的领域。鉴于合同关系的诺诚性（consensual nature，或译"合意性"），将合同法建立在人们的实际偏好之上似乎非常自然。若某人承认实现合同当事人的目标是合同法的首要目标，那么合同理论就应该涉及这些目标，并涉及法律监管可能帮助当事人实现这些目标的方式。此外，即使某人希望通过合同法推进其他目标，如公平交换或权力和财富的再分配[1]，合同当事人围绕指向这些目标的条款签订合同的能力，也应被纳入分析之中。[2]因此，即使是采用非工具主义的合同和合同法的观念（如自由主义的、基于承诺的观念）的人，也应考虑到合同法的实证经济分析。[3]

一般来说，合同法的经济分析侧重于合同盈余最大化的目标，同时假定人们的偏好与理性选择理论的原则相一致。[4]这种规范性和实证性的结合使法律经济学者对合同法采取了自由放任的态度。[5]这种分析中的默认立场是，对于缔约各方设计最适合其需求的合同条款的自由，合同法应该避免施加限制。只有在市场失灵，如信息不完善或负外部性出现的情况下，法律介入才是合理的。[6]然而，实际上，合同法理论反映了相互竞争的价值观，一些法律经济学家也对经济分析解释现有法律的能力表示了怀疑，或对合同理论的最佳设计提出了可行的建议。[7]

本章并不探讨合同法和理论的全部内容，而是着重于行为学洞察和最近的实证（包括实验）发现对我们理解一些关键问题的贡献。[8]本章首先将阐述合同的行为理论，强调诸如信守承诺和信任等因素的作用，并研究这些因素如何受到所使用的合同模式——是个别协商合同，还是标准格式合同——的影响。随后，本章将通过行为学的视角，探讨合同

229

法的具体领域。具体来说,本章概述的领域包括:合同前谈判,特别关注默认规则及其他参照点的作用(7.3 节);合同构成(7.4 节);解释和补充(7.5 节);履行(7.6 节);以及对违约的补救措施,包括约定的补救措施(7.7 节和 7.8 节)。如分析所表明的,一旦放宽深层理性和浅层理性的假设,合同法经济分析的一些关键结论就会受到质疑(而且,一如既往,那些不认同标准经济分析的方法论和规范性前景的人,也应会对行为学洞察感兴趣)。

应对本章的范围进行一些初步说明。首先,本章将只简短地提及大量关于行为合同理论的文献。[9]关于行为合同理论的文献主要集中在合同订立,而非合同法方面,并且强调了行为学发现对合同设计问题的启示。相应地,这部分研究阐明了一些问题,如合同执行的理想水平[10]、不完备合同与通过详细条款进行控制的比较[11]、应对道德风险的补偿计划[12],以及拍卖的最佳设计[13]。

其次,行为经济学对我们了解消费者合同并对其进行适当的法律反应做出了巨大的贡献。考虑到这一主题的范围和重要性,下一章将完全聚焦在这一主题上。某些与消费者合同特别相关的问题,将在这里讨论,尽管它们也与非消费者合同有关。例如,已经证明几乎没有人阅读标准格式的合同,无论是消费者合同还是商业合同。[14]同样,研究表明,无论是经验还是专业培训,都不一定能消除,甚至未必能减轻各种认知偏差[15],因此需要考虑它们对专业和非专业缔约方的影响。然而,为了避免重复,本章不会系统地讨论标准格式合同、披露义务或合同内容的监管,这些问题将在下一章中讨论。由于下一章提供的大部分分析经过适当调整也适用于非消费者合同,建议读者同时阅读这两章,以免对合同法(的行为分析)产生扭曲的印象。

7.2 信任、承诺和合同

7.2.1 概述

合同法的经济分析的核心在于这样一个观念:合同是一种工具,帮助当事人实现互利合作,以促进他们的福利,而合同法应该帮助他们实现这一目标。[16]法律经济学文献通常将缔约方等同于信任(或代理)博弈中的参与人。[17]这种博弈涉及两个参与人之间关于有效投资的策略互动。在经典的信任博弈中,参与人 1 被赋予了一项资产(如 10 美元),并需要决定是否将该资产的控制权或部分资产转让给参与人 2。如果参与人 1 选择不转让资产,博弈则以资产在参与人 1 手中作结。如果参与人 1 决定将资产或部分资产转让给参与人 2,那么所转让资产的价值将自动乘以一个给定的系数(例如,乘数为 3,则参与人 2 得到 30 美元)。此时,参与人 2 可以自由决定是否将其现在控制的这笔更大资产中的一部分或全部还给参与人 1。

虽然信任博弈有效率的结果是合作(即参与人 1 将全部权利转让给参与人 2),但博弈论表明,这个博弈中的参与人将被驱使到一个非合作均衡中。如果参与人 2 被委托管理资产,他被期望会将所有的资产留给自己。在事先知道这一点的情况下,参与人 1 被期望不会首先向参与人 2 转让任何东西。就前面的例子而言,双方不会达到 30 美元的总资产,而是会以原来的 10 美元告终。然而,在一个有合法执行的合同的世界里,双方可以克服这个问题。通过预先承诺分享合作成果,参与人2可以引导参与人1将资产转让给他,双方都可以收获信任的益处。

然而,实验研究表明,人们在信任博弈中的行为,明显偏离了理性选择理论的预测。在一项经典的早期研究中——其中含有一个与上述相同的实验设置——乔伊斯·伯格(Joyce Berg)、约翰·迪克豪特(John Dickhaut)和凯文·麦凯布(Kevin McCabe)同时记录下了信任(以参与人1的积极贡献的形式)和可信度(以参与人2的互惠付款的形式)。[18]在他们的研究中,绝大多数的先行者都选择至少转让一些钱给另一方,而选择转让的人中有三分之一最终拥有的钱比最初拥有的更多。这一结果后来在几十项研究中得到了复现,虽然这些研究中的差异很大,但是在没有合同的情形下,信任的总体情况是一致的。[19]

此外,信任博弈的范式已被用于展示不具有法律效力的承诺会如何影响合作。加里·查内斯(Gary Charness)和马丁·杜夫温伯格(Martin Dufwenberg)允许信任博弈的参与人在做出选择之前进行书面沟通。[20]随后,他们度量了沟通如何影响参与人对博弈的期望,以及合作的水平。结果显示,参与人2做出的不可强制执行的承诺——用博弈论术语来说,即"廉价磋商"(cheap talk)——带来了合作率的显著提高。当交流缺失时,双方只在20%的配对中进行了合作,而在引入参与人2向参与人1发送的一条匿名书面信息后,这个数字增加到50%。查内斯和杜夫温伯格认为,这一结果源于承诺所产生的期望,以及使这些期望受挫会产生的内疚感,而这是人们希望避免的。

然而,需注意,这种实验设计不能排除另一种解释,即承诺的内在力量是各方沟通时能够加强合作的驱动力。克里斯托弗·范伯格(Christoph Vanberg)在一项研究中把这一假说与期望假说对立起来,该研究提出了一个有细微差别的独裁者博弈版本。[21]在这项研究中,受试者可以在抽签前进行交流,而抽签会确定他们在独裁者博弈中的角色。大多数受试者使用沟通选项来表明,如果他们成为独裁者,他们会选择对双方都有利的盈余最大化策略,而非选择使自己的个人回报最大化的选项。[22]然而,重要的是,在参与人的角色被确定后,一半的配对被调换并重新配对。独裁者知晓这种调换,但另一参与人则并不知道。与新伙伴配对的独裁者,可以查看他们的新伙伴与其原伙伴在调换前的交流。

这种有点复杂的设计,使研究者能够随机地操纵下面这件事:独裁者是否会面对其曾做出过承诺的一方(即在无调换条件下),同时保持另一方的预期不变。结果显示,调换条件下的合作率明显低于受试者未被调换的那组:在后一组中做出承诺的独裁者中有73%履行了承诺;而在前一组中做出承诺的独裁者只有54%履行了承诺。这种差异并不是由独裁者如何看待另一方的期望所造成的,因为各组之间在这方面没有差异。因此,可以从该实验中得出结论:承诺本身会影响行为。[23]需注意,基于期望和基于承诺的说法,都与内疚厌恶的理论相一致:人们会因为挫败了他人的期望而感到内疚,或者因为他们违反了遵守承诺的规范本身而感到内疚。

虽然关于信守承诺和信任的行为经济学文献集中在抽象的博弈上,但关于这一主题的法律文献却试图将这一问题置于合同领域的语境中。它表明,人们并不是从纯粹的工具性角度来看待他们的合同义务。相反,合同选择是在丰富的决策环境中做出的,而这并不完全是由自我利益所驱动。尽管将这一领域的所有行为学发现联系起来是一项复杂的任务,但从这些发现中得出的总体图景是:"合同是要履行的承诺,违反合同在道德上是错误的,就像违背承诺在道德上是错误的一样。"[24]

范伯格的上述独裁者博弈的版本,有点类似于合同的转让。在后者这种情况下,原来的缔约方之一将合同所产生的权利和义务转让给第三方。虽然这样的转让并没有改变合同中设定的基本激励结构,但研究表明,它确实会改变人们的行为。[25]具体来说,当承诺人对受让人而非对原被承诺人实施违约行为时,他们认为违约行为在道德上应受到的谴责较少,且在这种情况下,他们确实会被引诱去为了更少的金钱而违约。与范伯格的结果类似——在那里,履行承诺的道德义务,与承诺人和被承诺人之间的关系有关——这些结果表明,与合同相关的道德义务与各缔约方的关系有关。

在更普遍的层面上,研究人员已经证明,违约决定并不只是受到法律体系向不履行合同的行为添加的预期价格标签的影响。[26]为探索这一点,在一项研究中,受试者被要求思考自己在面对涉及履约质量的违约困境时的行为。随后,受试者被告知他们的法律责任是不确定的,但不确定性的来源是随机分配的(同时保持违约的预期成本不变)。在"执行不确定性"组中,受试者了解到不良履约显然构成了违约,但由于检测问题,法律执行是不确定的。相反,在"法律不确定性"组中,受试者被告知,法律执行是确定的,但不良履约有可能会被视为合法。结果显示,尽管回报结构相同,但不确定性的来源影响了人们的决定:具体来说,相比执法上的不确定性,当他们的义务内容存在法律上的不确定性时,人们会有更强的违约意愿。当不确定性的来源来自于执行问题时,人们要面对遵守承诺的规范,并相对不愿意违约。然而,当问题是关于合同内容的法律不确定性时,人们可能试图将自私的选择,合理化为一种合法的、解释上的决定,而非故意违背承诺。这些发现与更普遍的行为伦理学洞察相一致。[27]

记录信任和信守承诺规范的研究文献,并没有否认合同的经济合理性。虽然这些规范有助于促进人们之间的合作,但它们并不总能让人们收获合作的全部潜在回报。在没有强制执行手段的情况下,一些人会理性地违反这些规范,而另一些人则由于害怕另一方不合作而只会进行部分合作。虽然伯格、迪克豪特和麦凯布对信任博弈的经典研究记录了相当程度的非理性合作,但实验中的平均总回报只有 15.48 美元,大约是双方本可以获得的一半。[28]然而,关于信任、信守承诺和合作的研究结果的确表明,关于合同的心理学要比财富最大化更复杂。即使没有具有法律约束力的义务和对声誉的关注,各方通常也会受到道德义务的约束,以避免违背承诺,并对合作行为进行互惠。如本章的其余部分所示,这种洞察可以启发合同法中的一些学说。

7.2.2 标准格式合同

信任和信守承诺的规范,是否同等地适用于所有合同? 具体来说,个别协商的合同和标准格式合同在这方面是否存在差异? 由于现在极大部分的书面合同是由一方单方面起草,此问题至关重要。[29]

人类行为理论表明,人们对标准格式合同的承诺可能要弱于谈判商定的合同,而且,在标准格式的情境下,人们的履约决策将倾向于偏向他们的自我利益。首先,标准格式合同在内容上通常涉及不对称的信息,因为客户几乎从不阅读这些合同。[30]客户不了解某一特定合同中的内容,可能会导致他们低估自己在合同中的义务。例如,他们可能会通过一个动机性推理的过程来说服自己,违反合同并不违反禁止违背承诺的规则,因为他们从未真正同意过合同的相关条款。[31]

其次,签署标准格式合同的程序可能被一些人视作不公平。标准格式合同通常是在"要么接受,要么放弃"的基础上提出的。有别于协商的合同,它们不允许客户提出意见(除了同意)。程序性公正的相关文献显示,当人们感到流程允许他们的声音被听到时,服从性会增强。[32]因此,标准格式合同构成的单边性质,可能会减少对程序性公正的感受,从而降低人们尊重合同中所规定的风险分配的倾向。

另一个可能会支持对经过协商的合同条款更多地遵守的心理机制,是认知失调的现象。当合同订立是自由选择和商议的结果时,可以导致对合同条款更深的承诺,因为人们会调整其态度以适应自己的合同选择。与此相反,由于在标准格式合同中,人们没法对合同条款进行选择,因此不太可能产生失调。

最后,标准格式合同经常被认为反映了一种不平衡的权力划分,甚至被描述为"命令式的"。[33]起草者通常被认为是强大和精明的,而另一方则被认为是软弱和易受伤害的。[34]因此,在标准格式合同的情境下,客户可能更倾向于更为自私地行事,因为他们认为这是一种将财富从有权势的人向无权势的人转移的手段。

在上述关于人们对执行不确定性和合同不确定性的态度的研究中,研究人员发现了合同的订立方式和人们对违约的道德判断之间的相互影响[35]:当不确定性仅来自执行问题时,受试者对标准格式合同和经协商的合同的违约判断几乎没有区别。然而,当不确定性的来源是合同的语言时,人们会认为非起草方违反标准格式合同的不道德性,明显低于违反经协商的合同的不道德性。这证实了当涉及标准格式合同时,人们愿意采用更有利于自己的解释。

这一发现与后来一项记录人们实际行为的研究结果一致。[36]在这项研究中,受试者同意完成一项线上调查以换取一张免费的DVD。在"常规模板"条件下,受试者只需点击"我同意"就可以得到一份标准格式合同。在"边际选择"和"选择加通知"条件下,受试者被要求在两个条款中做出选择,这两个条款将"成为[他们]与进行这项调查的研究人员之间的合同的一部分"。在"边际选择"中,这两项条款并不重要。在"选择加通知"条件下,两项条款中的一项包括一项这样的承诺:完整地完成调查,并尽己所能认真、诚实、完整地回答所有问题,以换取选择将收到的DVD的权利(在此条件下,选择了备选条款的少数受试者会从研究中剔除)。[37]

受试者在签约时并不知道,他们被要求完成的调查包括480个问题,并被故意设计成难以快速回答(例如,每个问题之间有四秒钟的延迟)。虽然绝大多数受试者没有完成调查就放弃了[38],但他们放弃的速度取决于他们的同意方式。与预期相一致,在"选择加通知"条件下的受试者,在放弃前回答的问题明显多于在"常规模板"条件下的受试者。然而,这一结果在多大程度上是由实验处理中的选择或通知因素所驱动,还有待观察(在"常规模板"和"边际选择"条件之间,没有统计上显著的差异)。

另一方面,一些实验性和观察性的研究表明,标准格式的合同仍然享有合同的吸引力,因此人们倾向于推定他们在法律上和道德上对模板的文本——一个他们从未读过的文本——负有义务。[39]显然,许多缔约方都遵循一种形式主义的启发式,根据这种启发式,那些不阅读合同的人会自食其果。精明的、意识到了这种启发式的起草人,在他们的合同中加入了苛刻的、有时甚至是不可执行的条款,因为他们知道,仅仅将这些条款纳入合同,就会导致一些缔约方事后遵守这些条款。

除了有助于解释观察到的缔约方的行为之外,关于人们对标准格式合同的态度的研究发现,也可以对合同法理提供启示。一个例子是下面讨论的不利解释(contra profe-retem)规则。[40]

7.3 合同前协商

7.3.1 概述

大量的行为学研究对协商进行了研究,并特别关注导致谈判僵局的心理原因。研究发现,大量的启发式和偏差可能会阻碍互利的协议,或导致次优的协议。其中包括:自利偏差,这种偏差使谈判者倾向于拒绝他们认为不公平的提议[41];框架效应(引导那些将谈判定位为与收益有关的人表现出风险厌恶,而那些将谈判定位为与损失有关的人则表现为逐求风险)[42];锚定和调整(致使第一个报价或上市价格影响力过大)[43];固定馅饼错误(导致那些错误地认为谈判是一个零和游戏的缔约方错过了理想的、多维的和综合的解决方案)[44];可得性效应(导致谈判者认为一些事件比其他事件更有可能发生,反之亦然)[45];以及反应性贬低(相对于中立方或盟友,贬低一个人的对手提出的建议)[46]。

多少令人惊讶的是,这些发现对诉讼人和解谈判分析[47]的影响,似乎比对一般合同法的影响更大。对这一差别的一个合理解释是,与民法相比,美国的合同法——作为许多行为法律分析的理论背景——对合同前过程的关注相对较少,特别是在协商没有结果的情况下。

如果我们抛开理论问题,诉讼肯定不是行为学见解可以丰富议价和协商分析的唯一领域。虽然现有的对合同前决策的行为法律分析,主要集中在消费者决策和营销人员的操纵上(因此将在下一章讨论)[48],但在分析非消费者交易中的合同前过程方面也有很大的空间——在这个方向上已经开始了初步研究。

因此,尽管考虑议价的理性最大化者可能会考虑所有可用选项的所有方面,但有限理性的人们可能会遭受信息过载。[49]他们无法处理大量的信息,尤其是在交易行为复杂的情况下,所以他们会使用简化的决策策略(鉴于他们认知能力的限制,这很可能是理性的做法)。其中一种首先由阿莫斯·特沃斯基所描述、随后得到了实证支持的策略,是逐次排除法(elimination-by-aspect)。[50]在使用这种方法时,每个选项都被看作是一组属性。决策者首先应用一个单一的标准(如购买卡车时的最高价格,或寻找租房时的某个地点),然后排除所有不符合这个标准的选项。在剩下的选项中,决策者再排除那些不符合另一个标准的选项,以此类推。虽然不是那么严格,但这样的过程可能会导致次优选择,且无论如何,它与理性选择理论所设想的决策过程有明显的不同,理性选择理论假设所有的选择都是全面考虑的,而且所有的属性都是可以衡量的。例如,在几个卡车之间进行选择时,如果 X 卡车的价格超过了购买者为自己设定的上限,他可能根本不会考虑它,即使事实上它是一个由于其优越的安全性和低油耗而使她的效用最大化的选择。由于逐次排除法更好地捕捉到合同决策的实际情况,一方可以通过影响另一方考虑各属性的顺序来塑造其选择。在上面的例子中,如果卖方说服买方以后可以就价格进行协商,那么买方最终可能会以高于其最初上限的价格购买卡车 X。[51]承诺升级可能会加强这种倾向。[52]

如我们将在下文所见,古典合同法所设想的合同前阶段和合同后阶段之间的明确界限,并不一定能反映出在合同订立时刻前后双方承诺的逐步发展——当人们确实对这两个阶段有不同的认识时,他们往往会错误识别合同形成的时刻。[53]这些现象进一步支持了这样一种观点,即合同法和行为学研究应该更多地关注合同前的过程。[54]

7.3.2 默认规则和其他参照点的作用

合同谈判已经引起诸多关注的一个方面,是默认规则和其他参照点的作用,比如一般的贸易惯例,以及相同当事人之间的交易过程。虽然理性选择理论假设人们的偏好、判断和选择与参照物无关,但行为学研究表明,它们都有很强的参照依赖性。[55]这种现象是法律政策制定者特别感兴趣的,因为法律可以潜在地改变相关的参照点。[56]

有别于科斯式世界中的零交易成本和完全指定的合同,现实世界中的合同总是不完备的。缔约方的明确条款通常由基于他们以前的交易、一般贸易惯例和法律默认规则的隐含条款和理解来补充。默认规则通常是通过法院判决(然后可能被编入立法)发展起来的,反映了普遍的使用习惯和普遍的合理性和公平性的概念。在缔约方之间没有明确或暗示的共识的情况下,即使是重大问题,如履行的时间和地点、销售对象的质量,甚至价格[57],都可能由默认规则决定。

虽然实现合同双方的意图和期望绝不是默认规则的唯一目标[58],但在许多情况下,它肯定是主要的,也许是唯一主要的目标。[59]这通常有一个双向的过程:普遍的社会和商业规范塑造了法律,也被法律所塑造。例如,在过去一个世纪左右的时间里,许多西方国家从"买方自慎"(*caveat emptor*,让买家当心)逐渐转变为"卖方负责"(*caveat venditor*,让卖家当心)。这既发生在法律领域,也发生在社会商业领域,两个过程相互强化。法律规则对人们的偏好和判断有重大的表达性或教育性影响,这一观念是有争议的[60],并且这种观念在某些情境下肯定比在其他情境下更强大。[61]然而,只要法律的默认规则与人们的共同期望相一致——因为法律遵循了这些期望,或者塑造了这些期望,或者两者皆有——可以预期大多数人在大多数时候都不会选择退出法律默认规则。[62]

近几十年来,大量的法律和经济学文献研究了合同默认规则的作用。据称,默认规则可以通过降低交易成本和引导信息共享来提高效率。反映缔约各方普遍偏好的默认规则,使他们不必考虑可能影响合同履行的各种意外情况,也不必就管理这些意外情况的安排进行谈判,更不必制定约定的条款。[63]

其偏好与默认规则不同的缔约方,可以自由地协商一个更准确反映其特定需求和偏好的替代安排。虽然选择退出默认涉及成本,但为了满足相关要求与传达关键信息,这些成本是值得承担的。因此,举例来说,当被承诺人预计会因为承诺人的违约行为而遭受巨大损失时,他可以绕过合同损害赔偿的默认规则,坚持高额的违约赔偿条款。承诺人可能会要求更高的价格作为回报,但双方都有望从该条款中获益。高额的违约金使承诺人注意到她违约的预期成本,从而为履约创造了更适当的激励——反过来,被承诺人也应该愿意支付额外的价格。由此可见,在普遍存在严重的信息不对称的情况下,考虑到信息问题,引导大多数缔约方围绕默认规则签订合同——从而分享重要信息——的惩罚性默认规则(penalty default rule),可能比仅仅呼应大多数缔约方的显性偏好的规则更高效。[64]

虽然这种经济分析很有启发性,但它没有充分解释默认规则的"黏性"。如果协议合同的直接成本是唯一的障碍,我们应该看到比现实中更多的退出行为。[65]对默认规则的黏性,也许一定程度上可以被退出的各种间接成本所解释。对不太可能发生的情况进行详细而漫长的谈判,可能会对合同目标的成功所必需的信任和合作精神产生不利影响。[66]一个缔约方选择退出默认规则的提议本身,即使对另一缔约方有利,也可能引起人们对提议者的性格和动机的怀疑。[67]事实上,对这种不利推论的担心,可能会妨碍更知情的一方提出也许对双方都有利的合同条款[68],从而使默认规则得以保留。当人们不希望分享信息时,围绕默认规则签订合同的信息披露效应,也可能阻止合同订立。[69]

并非所有对不愿围绕默认规则(和贸易惯例)签订合同的解释,都同样令人信服。[70]无论如何,故事的一个重要元素似乎在于,默认规则通常会设置一个参照点。它们会触发人们的现状偏差和忽略偏差(与后悔的代价有关),并可能造成禀赋效应。[71]诚然,就合同默认规则而言,它们是否会产生这些效应并不是显而易见的。一项资产的所有权,或者一个人死后他的器官不被摘取用于捐献的权利,只要个人不将其出让,就会一直存在。相反,买方没有权利获得质量合格的货物,也没有权利不为他在签订合同时无法合理预见的损失支付赔偿金,除非他找到一个同意与他签订合同而不偏离这些默认规则的卖家。可以说,同意围绕默认规则(或贸易惯例)签订合同,并不会剥夺缔约方已经拥有的权利;因此,人们不应预期默认规则(或贸易惯例)会产生禀赋效应。[72]

然而,关于合同默认规则是否会产生禀赋效应的问题,不是分析性或逻辑性的,而是心理性的。[73]人们不是在法律、社会或经济真空中谈判,而是在普遍的法律和社会规范的背景下谈判。事实上,一些研究表明,合同默认规则的确会生成禀赋效应。由此,斯图尔特·施瓦布(Stewart Schwab)的研究模拟了工会和雇主之间的谈判。[74]参加实验的人从三个维度来协商劳动合同:工资、带薪休假,以及将工作向一个无工会工厂的转移。前两个维度的协商在没有默认规则的背景下进行,最后一个维度上的协商则有一个随机确定的默认规则:或者雇主有权利转移工作,或者工会有权利阻止这种转移。对于这三个问题中的每一个,受试者都收到了预先确定的各种谈判结果对他们所代表一方的价值说明,并被指示要努力为该方取得最佳的整体结果。研究发现,虽然默认规则对是否达成最有效的协议没有影响,但它确实影响了合同盈余的分配:当默认规则有利于一方(无论是雇主还是工会)时,该方的表现明显好于默认规则有利于另一方的情况。无论默认规则是高效还是低效,即无论它是否将权利分配给了更看重它的一方,均如此。

其他研究表明,默认规则不仅影响合同盈余的分配,而且还影响相关权利的约定分配。埃里克·约翰逊(Eric Johnson)和他的同事要求受试者想象他们刚刚搬到一个新的州,并且必须在两个标准的保险政策之间做出选择:一个提供对任何与汽车有关的伤害的起诉权;另一个是对起诉权加以限制的、更为便宜的保险政策。在不同的受试者之间,作为默认呈现的政策各不相同。当被告知更昂贵的政策是默认保单时,53%的受试者选择了该保单;而当他们被告知有限保险范围是默认保单时,只有23%的人选择了该保单。此外,在回答一个额外的问题时,默认全额保险条件下的受试者表示,他们愿意为全额保险平均多支付32%的费用;而默认有限保险条件下的受试者只愿意为更广的保险范围支付平均8%的费用。[75]对新泽西和宾夕法尼亚车主的保险政策选择的比较——默认保险在两地间是不同的——证实了这些实验结果。[76]拉塞尔·科罗布金也对合同默认规则的违约效应提供了类似的实验支持。科罗布金要求法学学生扮演律师的角色,就三个不同的合同条款向客户提供建议。结果发现,当根据默认规则提供权利时,他们对权利的估值更高。[77]同样,卡斯·桑斯坦探索了法学学生购买或出售两周假期的意愿,这被作为他们与一家律师事务所签订雇佣合同的谈判的一部分。[78]他发现,被默认规则"赋予"了两周额外假期的学生,对放弃这一权利所要求的金额要远远高于未被赋予的学生为获得这一权利而愿意支付的金额。

默认规则在公平交易情境下的力量也被记录了下来,在此情境中,各方会积极协商交易的条款。以色列的房地产合同就是一个很好的例子。[79]由于 20 世纪 70 年代和 80 年代初的恶性通货膨胀,以色列的房地产市场转向了以美元计价的定价体系。当时,这一举措是完全理性的,因为它提供了一个方便的指数来保留交易的基本金融价值。然而,到了20 世纪 90 年代末,当恶性通货膨胀消退,以色列对外汇市场管制的放松切断了当地通货膨胀与美元价格之间的联系,在房地产合同中加入这一条款就变得越来越没有必要了。因此,将房地产合同与美元挂钩给这些高风险的合同带来了巨大的波动。事实上,为了应对这种风险,买方和卖方在签订房地产合同时往往都会购买昂贵的美元看跌和看涨期权。然而,尽管美元指数化的相关效率低下,而且各方也在积极协商合同中的价格条款,市场仍然又花了十年时间才确立了基于当地货币的新规范。这是在美国于 2008 年进入严重的经济衰退后不久发生的,这场衰退引发了急剧和空前的美元贬值。只有在那时——当任何有权将价格与美元挂钩的感觉消失后——买家和卖家才觉得他们可以安全地选择有效的条款。

合同默认条款的黏性带来了一些规范性的启示。首先,它强调了设定初始默认规则的重要性。由于当默认机制不适合自己需要时当事人会简单地选择退出这一假设不再成立,默认规则可能会变得更接近于强制性规则。这表明,法律可以通过默认规则实现其目标,而不会被当事人规避。如我们所见,一个希望鼓励人们购买更多或更少保险的监管者(以效率、分配或公平为由),可以通过设计默认规则来实现这一目标。[80]然而,这种主张有其局限性。当相关利益足够大时,控制合同内容的精明的当事人会利用这种权力来绕过默认规则。[81]这种控制可能会抵消并消除上述默认规则的分配效应。[82]这种现象在消费者合同领域最为普遍,我们将在下一章进一步讨论。

最后,当黏性默认条款的来源是非法律性的(如以色列房地产合同的情况),法律可能要考虑是否需要监管这种合同规范。这就提出了一个困难的问题,即当缔约行为不能适应不断变化的环境,法律是否有能力去改变那些缔约行为。例如,在以色列的案例中,旨在软性地将市场从美元指数化中转移的温和监管,被证明是不成功的。[83]

7.4 合同订立

人们做出的大多数承诺和协议都没有法律约束力,也就是说,违反这些承诺和协议可能会引起社会或经济制裁,但不会引起法律制裁。因此,合同法的一项基本任务,是在可依法执行的协议和承诺与不可依法执行的协议和承诺之间划清界限。用于划定这一界限的标准,在不同的法律体系之间有一定程度的差异。通常,除了缔约方之间的沟通[通常被描述为要约和承诺(offer and acceptance)],合同订立可能需要有受到法律约束的意图(可以从沟通的社会和经济背景中推断出来)、缔约方在合同下权利和义务足够的充分具体性,以及诸如形式(例如,房地产交易中的书面文件)、对价(在普通法系中)和事由(causa,在一些民法法系中)等要求。[84]19 世纪的合同法倾向于以主观的、意见一致的合同订立观念为基础,而现代法律制度则倾向于更加强调缔约方意愿的外部表达(尽管主观和客观因素在所有法律制度中都发挥着作用)。[85]在 20 世纪的大部分时间里,合同法和理论的趋势,特别是在普通法体系中,是模糊合同责任和合同前责任或非合同责任之间的界限,从而模糊合同法和其他私法领域的界限,特别是侵权行为和不当得利。[86]近几十年来,特别是在美国,对合同法的新形式主义态度有了一定程度的复兴,这主要是由法律经济学学者引领的。[87]

鉴于当事人的心理状态与合同订立法的相关性,法律学术界经常非正式地提及合同订立实践与人们的心理状态之间的相互影响,这并不令人惊讶。在经典论文《对价与形式》中,朗·富勒(Lon Fuller)认为,使用印章或书写等正式程序具有警示作用,因为它们会引发"一个人对未来做出承诺时的慎重心态"。[88]沿此思路,有人认为,对价的原则和它所要求的交换也可以实现这种功能。[89]

最近,学者们已经开始从实证上研究人们如何实际感知合同订立行为。由于这些研究是在美国进行的,它们自然对对价的要求给予了相当的关注。[90]按照传统的理解,对价的一个主要作用(作为法定形式,如书面形式的替代)是起到警示的作用。其假设是,有价值之物的交换将吸引人们了解自己正在进入合同的领域。一些法域认为,为发挥这一警示作用,缔约方仅声明对价已易手(例如,"良好和有价值的对价在此交换")就足够了。[91]为研究这一假设,在一个基于网络的实验中,受试者被要求在两个慈善机构之间分配一笔钱。[92]在做出最初的分配后,他们被随机分配到几个实验条件中的一个。第一种条件包括对价的说明,以及他们获得的、以巩固对慈善机构之间最初分配承诺的实际额外付款。第二种条件包括对价的说明("你也承认这样做是为了换取良好和有效的对价"),但没有实际对价。第三种条件,作为对照,不包括任何上述内容。[93]实验处理后,所有受试者均被给予机会退出最初给慈善机构的分配,并将全部或部分钱分配给自己。

该研究的关键结果是,对价说明组和对照组的退出率没有明显差异。对照组和含有0.05 美元的名义对价的说明条件组之间也没有差异(所有受试者都因参与实验而获得1 美元的报酬)。只有当说明伴随有实际对价——从 0.25 美元到 1 美元不等(在 1 美元的参与费之外）——才能够加强最初承诺的力量,并在统计学上显著减少退出的比率。虽然说明组(和名义对价组)与控制组之间没有差异可能是由于实验设计的原因,但实际对价组和控制组之间存在差异的事实表明,实验确实以一种有意义的方式捕捉到了受试者选择的某些要素。

从一个单一的实验研究要为美国的合同法和理论(更遑论其他国家的法律)得出坚实的理论或政策结论,是十分牵强的,但这些发现非常有趣。如果得到进一步的实验和观察研究的证实,它们可能表明,在现代西方社会中,单纯的说明并不能起到警示作用。承诺感需要(法律的正式程序或)真正的对价,而名义上的对价是不够的。[94] 这一结果可能呼应了实验博弈论的发现,后者证明了互惠规范的根深蒂固。[95] 在合同理论中,可以说它对那些强调恢复原状(和信赖,这在本研究中没有检验),而非当事人意愿或承诺,作为合同责任基础的理论提供了支持。[96]

另一项关于合同订立的研究,比较了关于合同订立节点的普遍看法和现有的理论。[97] 结果表明,这些看法基于不一定反映法律规则的启发式。人们倾向于将合同订立与突显的时刻联系起来,如签署文件或支付款项的时刻。与普遍的法律规则相反,大多数受试者不认为承诺的传达是决定性的时刻。与之前的理论和观察研究一致,研究结果表明,人们对一笔交易的承诺是连续的(即取决于同意的程度),而非二分的(只取决于合同的存在)。[98] 当当事人面临是否在购买二手车的合同中使用宽松退货政策的选择时,他们的决定受到了他们在交易中的进展程度的影响。当他们只提出了购买汽车的书面要约时,80.8% 的人愿意取消合同;而一旦要约被接受,这个数字就会下降到 60.8%;只有 42.8% 的人愿意在他们实际为汽车付款后取消合同。[99]

可以说,这些发现具有规范性含义,例如,对于这样的情况:客户只有在实施了他们认为会产生具有法律约束力的合同的行为之后,才可以获得合同条款。这种安排——有时被称为"先支付,后签约"(pay now, terms later, PNTL)——很常见,例如,在电话交易中,客户在收到货物的同时也得到了书面的合同条款,而在网上购买软件时,只有当软件被下载或安装到个人电脑上时才能获得条款["点击生效"(clickwrap)或"拆封许可"(shrink-wrap)协议]。精明的缔约方可能会将合同条款的订立,推迟到另一方点击"我同意"或签署文件之后,因为他们知道这种行为将被视为交易的结束,并将减少任何后续条款的影响,以及它们被阅读的机会。[100] 因此,目前的研究发现与"ProCD Inc. 诉 Zeidenberg 案"[101]和"Hill 诉 Gateway 案"[102]的裁决相抵触,根据这些裁决,客户一旦收到合同条款就有权退出交易,这种退出的权利足以使这些条款具有执行力。[103]

最后,值得注意的是,在虚线上签字的概念,对年轻人来说可能越来越陌生,因为他们已经习惯了在线签约和表示同意的数字手段。事实上,最初的研究结果表明,年轻人更有可能将网上订立的合同视为具有约束力,而不太可能将口头合同视为具有约束力。[104] 由于这部分文献仍处于起步阶段,我们不在这方面做过多的猜测,而只是把这个问题标记为未来研究的一个重要领域。

7.5　解释和补充

由于谈判的成本、人类想象力的局限性,以及语言不可避免的模糊性,合同从来没有完全和明确地解决可能出现的、关于合同履行或不履行的每个问题。因此，很大比例的合同纠纷涉及解释问题。[105]合同解释和补充的过程，通常被描述为包含几个阶段。它从合同的明确措辞开始；然后根据外部来源（如合同的履行过程、缔约方间以前的交易，以及贸易惯例）解释合同条款，并填补其中的空白；随后是对法律默认规则的应用；最后是采用合理性（reasonableness）和诚信（good faith，或译"善意"）的一般标准。[106]这个过程是分层次的，因为裁决者一旦在这些来源中找到了问题的答案，应该就不会再进一步探寻。它被认为符合尊重缔约方自主权和促进社会福利的原则，因为自由主义和经济学的合同法理论都认为，法律应该首先实现缔约方的意愿。另一种与之相左的说法，则强调合理性和诚信的标准、法律默认规则和贸易惯例的首要地位。有观点认为，这种倒置的模型能更好地捕捉到法院的实践，更准确地实现缔约方的实际期望，并更有效地推进合同法的多重目标。[107]大量文献讨论了以上及相关的学说和规范性问题。相关的辩论涉及规范性、实用性和制度性问题：合同解释和补充的目标应是什么；如何最好地实现这些目标；以及法院在追求这些目标方面的能力如何。[108]在此，我们重点讨论行为学研究对该辩论的贡献。

在非常普遍的层面上，人们对合同缔约方的认知能力和动机的假设，与人们对法院在确定合同内容方面的恰当角色的看法之间存在关联。假设缔约方——或者至少是商业缔约方——是其效用的理性最大化者的学者们，倾向于倡导一种形式主义的方法，即法院在确定合同内容时应采取被动的立场。这意味着法院不应对合同中的隐含条款进行解释，不应该试图识别和应用贸易惯例，也不应该在合同关系中引入合理性和诚信的标准。[109]与此相反，意识到缔约方不一定会像理性的最大化者那样行事——既因为他们的认知能力有限，也因为他们除了自身利益之外还有其他动机——的评论者们，倾向于认为法院应该发挥更大的作用，在合同解释和补充中更明确地应用公平性和合理性的价值观。[110]如果对默认规则和贸易惯例的偏离，并不反映缔约方的独特偏好（而是认知上的偏差，如对风险的过度乐观评估和对交易的非显著方面的忽视），那么关于合同解释和补充的倒置模型，可以说是减轻这些偏差影响的一种温和手段。

另一个行为学贡献与负责确定合同内容的仲裁者的思维过程有关。学者们早已注意到，法院经常从实现（它们所认为的）公正、公平和合理结果的角度来解读合同。[111]很多时候，法官解释说，他们对合同的解释同时满足：符合合同文本的明显意思；满足当事人的实际意图（事实上，法官有时会声称没有其他意思可以合理地归因于缔约方）；符合相关贸易的既定规范；并且是出于效率、公平和等价交换的考量。即使法官们对合同的正确解释存在分歧，他们通常会权威地指出，他们的解释是唯一符合合同措辞、周围环境、当事人的合理预期、一般惯例以及公平交易和诚信规范的解释。这种内部融贯性图景的产生背后的认知过程已在司法语境中被广泛研究，这些研究在故事模型（story model）和基于融贯性的推理（coherence-based reasoning）（本书后文讨论）两个主题下展开[112]，并与动机性推理和确认偏差（前文讨论过）的一般现象密切相关[113]。

这些过程解释了形式主义的司法修辞和积极实践之间似乎存在的差距。例如，即使法官依靠明显意思规则（plain meaning rule，如果合同的语言明确且无歧义的，要么就没有任何司法解释的空间，要么合同的含义就应该在不参考外在事实的情况下确定），他们往往也力求对合同做出最公平和最合理的解释。[114]同样的道理也适用于这样一句常见的格言,即"法院不会为缔约方制定新的合同",这往往听起来是在掩饰积极的司法解释。[115]在这些情况下——与表象相反——法官可能真诚地相信自己是在根据合同的明显意思进行解释,而不是在为缔约方制定一个新的合同。

最后,行为学研究还解释了更具体的合同解释规则,如存在已久的"不利起草方"(contra proferentem)解释规则,这一规则模棱两可的条款按照不利于起草者的方式进行解释。虽然这一规则适用于所有类型的合同,但它在标准格式合同的情况之下被应用得最多。[116]支持这一规则合理性的理由主要有:过错(起草方对模糊性负有责任)、效率(激励起草者使用更明确的条款)和分配正义(平衡双方地位)。[117]此外,关于标准格式合同中的义务履行的行为学研究发现[118],不利解释原则与人们的道德直觉和行动相一致。人们认为由另一方规定的合同义务具有较弱的道德价值,因此更倾向于以自利的方式来解释这些义务。人们的道德直觉和法律学说之间的这种一致性,可能表明法官也会具有这些直觉,并因此将其纳入他们的决定中(未回答该原则是否可取的问题)。这种一致性也可能来自法官刻意使法律文件与人们的期望相一致的努力(从这个意义上讲,该原则也至少潜在地是有效率的)。[119]

7.6　履约

一旦签订了合同,各缔约方就面临着履行义务和行使权利的各种决定。本节重点讨论合同没有明确划定缔约方权利和义务的范围和内容的情况。

虽然一些合同条款留给缔约方的自由裁量权很少或几乎没有,但另一些条款则允许不同程度的灵活性。当合同故意使用"情况发生重大变化""尽最大努力"或"在合理时间内"等短语时,显然就是如此。较大的回旋余地也可能来自无意的含糊不清。例如,一个著名的美国案例讨论了这样一个问题:一只只适合炖煮而不适合烤制或油炸的鸡,是否构成特定销售合同中的"鸡"。[120]在所有这些案例中,一方需要即时决定是否以及如何履行其合同义务或行使其权利,而法院可能需在回顾时判定缔约方的行为是否符合他们的权利和义务。需要注意的是,虽然缔约方的行为通常会影响双方的利益,但一个人行为的某些方面可能是无法观察到的,而即使另一方可以观察到,如果随后发生诉讼,这些行为可能仍然无法核实。此外,即使一个缔约方的行为可以观察和核实,但由于法律措施的成本过高,很多时候也不会有真正的法律制裁威胁。然而,在这些情况下,非法律制裁可能仍有意义。

合同履行研究的一个常见主题是合同作为一个参照点的作用。根据此前对利他主义、互惠和报复的行为学研究,奥利弗·哈特(Oliver Hart)和约翰·穆尔(John Moore)构建了一个有关合同履行的缔约方行为模型。[121]他们的模型区分了"按照合同文字的履行和按照合同精神的履行",并假设只有前者可以被司法强制执行。该模型还指出,当一个缔约方的合同期望得到满足时,他会很乐意以合作行为在履行的这两个维度进行回报。然而,当一方的期望落空时,他就会打折履行(shade),即遵守合同的文字,但不遵守其精神,这就减少了合同盈余。该模型的一个启示是,在选择刚性和柔性的合同条款时有一个权衡。刚性的合同精确地定义预期,从而限制了履行打折的发生,但代价是限制了双方在不可预见的突发事件发生时从其关系中收获全部潜在利益的能力。灵活的合同使双方能够根据变化的情境调整其行为,但代价是在人们的期望受挫时会诱发履行打折。

这些预测随后在一个实验中得到了实证确认,该实验允许买家以能使自己提取合同盈余的方式对卖方行使议价权。[122]结果发现,当这种权力在合同订立之前被使用时,卖家愿意接受合同所带来的低利润,并且不会对买家进行报复。然而,当这种权力在合同订立之后被使用,作为合同中包含的调整机制的一部分时,卖家对这种结果的接受度较低,并会表现出惩罚使用议价权的买家的倾向。换句话说,一旦合同订立并确定了预期,双方就会根据这些预期来评判结果。这些发现表明,在合同订立前后,各方的预期和决策存在重大差异。

另一项关于签约后行为的研究,考察了一个梨子包装厂中的工人的努力程度。[123]研究人员利用了这样一个事实:工厂里的工人定期(即每 15 分钟)在不同的工作岗位上轮换,而其有效工资在各岗位上有很大的不同。具体来说,在一些岗位上,工人被要求包装小梨;而在另一些岗位上,他们被要求包装大梨。由于箱子的大小是恒定的,因此将大梨装满箱子所需付出的努力更少。然而,工人的报酬在不同的岗位是相同的,也就是说,他们的报酬统一按箱计费。

根据理性选择模型,工人们应该会在包装大梨时更加努力,以此最大化其收入,因为此时的梨均工资是最高的。然而,研究记录下了相反的情况:在回报低的岗位上工作时,工人们实际上会加快节奏。研究人员将此发现解释为,工人们会设定特定的每小时目标,然后调整其努力程度,以避免产出低于目标,低于目标的产出会被视作损失。这些发现及其阐释,与前述的非合同行为研究一致。[124]

实证发现表明,由中立第三方作出的决定也反映了参照点的作用。当受试者被要求判断"合理努力"意味着什么时,回报环境的框架会影响他们的判断。[125]该实验关注了一系列 20 个元音的数数任务,难度各有不同,体现在句子中的单词数量上,但所有任务均提供相同的回报。努力程度的衡量标准是受试者期望他人完成的困难任务的最低数量,这一标准能使其遵守"合理努力"的要求并规避惩罚。结果显示,当回报被描述为损失(因错误而扣钱)而非收益(因正确回答而获得金钱奖励)时,最低阈值下降了。更具体来说,在收益框架中,受试者把合理努力的最低阈值设在了 8.4 个(在 20 个中)困难任务,而在损失框架下,此阈值仅为 5.75 个。

这些结果强调了关于模糊合同条款的两点。首先,普遍的观点反映了一个较为温和的视角,即拒绝完全自私的行为,但不期待完全的利他。参与者并不把不做任何困难任务的理性选项看作是完全合法的,但是他们也不期望受试者会完全忽视自己的利益,去完成 10 个困难任务来满足另一方的要求。相较之下,这条界限被划在在两个极端之间的某处。其次,也许更为有趣的是,这条界限划在哪里是被决策环境系统性地影响的,并且与被阐释的文本无关。具体来说,当额外努力的决定涉及更少的利润时,受试者对"合理努力"要求的解释,要比涉及更大的损失时更为严格。

前文介绍的发现表明,人们认为,合同涉及履行承诺的道德责任,以及人们的信任和可信度[126],这些发现,对合同的履行产生了影响。泰斯·威尔金森-瑞安(Tess Wilkinson-Ryan)和戴维·霍夫曼(David Hoffman)认为,信守承诺和信任的规范,可以使谈判阶段谨慎和怀疑的对抗态度,在履约阶段被合作态度所取代。[127]不再通过成本收益分析的视角来看待自身义务的缔约方,可能会认为另一方也持这种观点。动机因素可能会进一步推进人们在合同订立后对其伙伴采取合作态度的倾向。认知失调加上确认偏差,可能会促使人们将他们对签约伙伴的选择合理化。[128]人们在签约前阶段可能会表现出很强的警惕性,并寻找最好的选择,但一旦签订了合同,他们就会把自己的决定视为"成交的买卖"。他们可能会选择性地回忆那些表明合同是有利的证据,而避免寻找相反的证据。其结果就是合同的惰性,即双方不互相监督,也不评估履约的质量。

合同订立与信任之间的联系表明,一旦各方签订了合同,他们就会倾向于降低警惕,并对他们的对手采取较少的预防措施。例如,研究发现,销售合同的缔约方在交易完成后立即购买补充担保的可能性,大大低于那些在交易完成前被提供相同担保的人。[129]同样地,一旦缔约方处于包含取消选项的合同关系中,与还没有受到合同约束时相比,他们较不可能寻找替代缔约方。[130]显然,当履约阶段开始时,遵守承诺的道德规范开始影响人们的决定。

这些发现可能会影响到法律是否以及在多大程度上应该在合同履行中规定诚信义务的问题。这种义务在大陆法系中被广泛认可。[131]即使在诚信原则相对发展不充分的美国合同法中,人们也普遍认为,"每份合同在履行和执行中都对每一方当事人规定了诚信和公平交易的义务"。[132]众所周知,要确定诚信要求的确切范围和含义是很困难的。通常情况下,对"诚信"(good faith)概念的描述所使用的术语与所描述的概念一样模糊不清。例如,人们经常说,诚信的要求意味着有责任遵守"关于体面、公平或合理的社会标准"。[133]

除理论上的细节之外,行为学发现似乎支持施加诚信履行合同的法律义务。这种义务至少可以部分地被看作是指导合同行为的承诺和信任规范的调节器。虽然行为学研究表明,这些规范已被许多人内化,但总有一些人偏离这些规范,并试图滥用规范产生的信任,以牺牲他人的利益来促进自己的回报。诚信原则可以防止这种行为,并阻止以反社会的方式行使合同权利的企图。[134]

正如从实证性分析转向规范性分析时经常出现的那样,一些评论者并不赞同这一结论。相反,他们认为信任和合作的社会规范和道德规范的存在,实际上不利于施加诚信的法律义务。他们主张在合同法和非法律(经济、社会和道德)的规范体系之间进行分工。他们认为,合同法应该是形式主义的,而推进信任和合作的工作应该留给其他社会体系。[135]

7.7　违反合同的法律补救措施

7.7.1　分析和学说背景

几十年来,对合同补救措施的分析,一直由朗·富勒和威廉·珀杜(William Perdue)对违约补救措施所保护的"利益"的如下分类所主导:期望、信赖和恢复原状。[136]按照通常的设想,期望利益(expectation interest)侧重于受伤害的一方,并且是前瞻性的,因为其目的是使该方处于与合同完全履行时相同的地位。信赖利益（reliance interest）也关注受害方，但它是向后看的，即努力使其处于如果当初没有签订合同就会处于的地位。这是通过补偿其对合同的信赖所造成的损失来实现的。另一方面，恢复原状利益（restitution interest）集中在违约方身上。它是向后看的，因为其目的是使违约方处于类似于没有签订合同时的状态。迫使违约方归还从受害方那里获得的利益，就达到了这个目的。

这种分类在分析上是不完整的，因为它忽略一种可能性，即补救措施被设计成旨在使违约方处于他若履行合同则本应所处的位置。这一目标通常可以通过剥夺违约方通过违约获得的任何利益来实现，即使这种利益不是来自他从受害方获得的任何东西。因此，它传统上被称为"违约获益利益"（disgorgement interest）。

合同法和理论中的普遍惯例是，法律主要保护受害方的期望利益。[137]这有时是通过裁定具体的履约来实现的，但更多的是通过损害赔偿来实现。[138]当受害方的期望利益无法核实时，损害赔偿的信赖指标，有时被用作受害方期望利益的最小近似值。在某些情况下，受害方可以选择保护其恢复原状利益的补救措施。[139]与此相反，违约获益补救通常不能用于违反合同的情况。[140]

在规范层面上，对于哪些利益最值得法律保护的问题，一直存在着争论。争论的焦点在于，有些人认为合同补救措施应该主要甚至完全保护被承诺人的期望利益[141]，而有些人则主张法律应该（而且确实）满足于保护信赖利益和恢复原状利益[142]。有趣的是，在合同法的主要理论中——例如意志理论、经济效率和矫正性正义——没有一种理论是明确支持上述四种利益类型的。相反，在几乎所有的理论框架中，都有支持和反对保护其中任何一种利益的相互冲突的论点。[143]

本节将探讨行为学的见解对这些争议的贡献。首先将讨论学说的结构和围绕上述利益的规范性争论，然后集中讨论两个持续的争论：违约的默认补救措施在期望损害赔偿和具体履行之间的选择，以及违约获益补救措施的适当范围。对协议补救措施的法律处理，特别是违约金，将在另一节中讨论。

7.7.2　作为参照点的四种利益

在一篇引人深思的文章中[144]，理查德·克拉斯韦尔（Richard Craswell）有力地论证了富勒和珀杜的三分法分类（以及由此延伸的上述的四分法分类）应被抛弃。无论人们对合同救济的看法是工具性的（如经济方法），还是非工具性的（如合同作为承诺的自由主义理论），都"没有理由认为，最有利于所选择的实质性目标的救济措施，一定会与富勒和珀杜的三种'利益'之一相一致"[145]。事实上，克拉斯韦尔认为，工具性理论和非工具性理论都可以认可一种可位于实数轴上任何位置的损害赔偿措施。[146]他还提出，普通的分类甚至在作为一个描述性的框架时也没有帮助。在某些情况下，法院判决的补救措施并不完全适合任何一种公认的利益[147]，而那些声称旨在保护同一利益的判决往往给予受害方明显不同的补救措施，因此将它们归入同一类别几乎毫无意义。[148]

虽然克拉斯韦尔的分析受到了质疑[149]，但他的观点言之有理。尽管如此，法院、学者和法学教育工作者仍然将这三种（或四种）利益作为合同补救措施的有用的组织原则。

如克拉斯韦尔所承认,如果没有参照点,法律推理就无法发挥作用。无论是在没有组织原则的情况下列出所有可以想象的补救措施,还是授权法院根据所有相关的政策考虑在每一个案件中选择最合适的损害赔偿措施,对法律来说都不是一个可行的选择。[150]有意义的参照点对人们的认知和决定至关重要[151],法律决定也不例外。克拉斯韦尔也许正确的是,他认为,从效率或其他一些规范性角度来看,总的来说,最佳的损害赔偿措施可能是,例如,"期望利益的 63％"。[152]然而,至少从心理学的角度来看,他认为以期望(或任何其他)衡量标准的 100％为目标,并不比以期望损害衡量标准的 63％为目标"更没有依据"的说法,是错误的。有别于任何利益的 63％,100％是一个自然的焦点。[153]因此,它更有可能作为一个参照点。

在第 5 章中,我们提出,虽然法律有时会保护人们获得收益的期望,但更多时候,也更有力地,法律是保护人们不遭受损失。[154]在设计合同补救措施时,什么是,或者什么应该是相关的参照点?富勒和珀杜认为,基准在于缔约方在签订合同之前的立场,因此,保护信赖利益和恢复原状利益的理由,具有"不言自明的性质"。[155]矫正性正义要求保护这些利益,而保护期望利益则超越了矫正性正义。对期望损害赔偿的裁决,会给受害方一些其从未拥有的东西。这是一种分配性正义的形式,因此,它的合理性大大降低。[156]

然而,从心理学和规范的角度来看,富勒和珀杜的假设远非不言自明。阿莫斯·特沃斯基和丹尼尔·卡尼曼假定,"参考状态通常与决策者的当前位置相对应",但"它可能受到愿望、期望、规范和社会比较的影响"。[157]最近,博通德·克塞吉(Botond Köszegi)和马修·拉宾(Matthew Rabin)提出了一个源自人们的期望的、正式的参照点模型。[158]根据这个模型,参照点是由人们基于不远的过去的理性预期决定的。这使他们能够解释当各方的期望与现状不同时的行为。在签订合同的语境下,这意味着合同的订立可以改变各方的参照点,导致他们将自己的期望利润视为评价结果的基准。[159]例如,当卖方交付有缺陷的货物,或没有及时交付货物时,参照点很可能是买方在及时收到符合要求的货物时的位置。富勒和珀杜的确认识到了这一点,他们声称,法律保护期望利益的原因,有一个"心理学上"的解释:"无论他是否因为承诺而实际改变了他的位置,被承诺人已经形成了一种期望的态度,以至于违反承诺使他感到他被'剥夺'了属于他的东西。"他们进一步将"这种情绪"描述为"一种相对一致的情绪"。[160]

由此可见,正如富勒和珀杜依靠矫正性正义来证明损害赔偿的信赖指标的合理性,矫正性正义也可以证明对期望利益的保护是合理的。[161]诚然,无论是矫正性正义的概念(基本上是结构性的),还是对参照点的普遍看法,都没有解决合同法应该保护哪些利益的规范性问题。因此,从行为学研究中吸取的教训不多,但很重要。其中包括这样的认识:(1)对于一个可行的违约补救体系来说,有意义的参照点必不可少;(2)缔约方在签订合同之前的位置,以及他们在合同完全履行之后的位置,都是可以想象的参照点。与此相关的一点是,法律补救措施不仅反映了对参照点的普遍看法,而且——如下文所示——还可能形塑这些看法。[162]

7.7.3　期望损害赔偿 vs.具体履行

除了上述的一般观察,行为学洞察也揭示了补救规则中更具体的争议,例如在期望损害赔偿和具体履行之间的选择。在普通法中，损害赔偿是对违约的普通补救措施，而具体履行是例外。相反，在大陆法系，如德国法，强制履行是违约的标准补救措施，只有在特殊情况下，对受害方的补偿才会仅限于金钱赔偿。在现实中，不同法律体系之间的术语差异、规则的重要例外的存在（在一个体系中规则的发生率和另一个体系中例外的发生率之间有相当强的对应关系）、实质规则和程序规则之间的相互作用，以及法律修辞和司法实践之间的差异——都导致不同法律体系之间的差异比人们通常认为的要小得多。[163]同时，对于理想的补救措施也存在着持续的激烈争论。[164]

效率违约（efficient breach）的基本理论——最著名的（也是最有争议的）合同补救措施的经济理论——指出了期望损害赔偿相比具体履约的优势。从经济学的角度来看，补救措施的作用是为履约和违约创造最佳激励，从而使合同盈余最大化。[165]根据效率违约假说，当承诺人从违约中获得的利益大于被承诺人的损失时，履约就会变得低效，也就是说，承诺人应该违约。如果一个买家为其后院购买了一个定制的喷泉，并期望从中获得1 000美元的利益，而由于意大利大理石的短缺，生产该喷泉的成本上升到2 000美元，那么生产该喷泉就变得不合意了。如果第三人为同一个喷泉向承诺人提供2 000美元，而由于某种原因，承诺人不能生产两个喷泉，情况也是如此。在这种情况下，违反合同会增加合同盈余，因为买方可以通过期望损害赔偿金来充分补偿其损失，而卖方则可以避免与合同履行相关的高成本（包括机会成本）。此外，由于在合同设置中，事后行为是事先定价的，因此，授予承诺人违约选择权的相关利益被纳入合同价格中，从而使双方受益。相反，如果默认补救措施是具体的履行，卖方将被迫生产具有消极社会价值的物品。这种浪费反过来又会减少双方的福利。

从这个角度来看，合同关系代表了一种选择，要么履约，要么支付期望的损害赔偿。[166]然而，这一结论受到了来自经济学和非经济学角度的一系列批评。从经济学角度来看，简化版的效率违约理论是有缺陷的，因为它不切实际地假设，期望损害赔偿会使受害方处于其在合同得到完全履行的情况下所处的相同位置。在现实中，无法核实的损失、超过可预见性要求的损失、减轻损失的要求，以及诉讼费用，往往使期望损害赔偿低于补偿性（infra-compensatory）[167]——从而对有效履约产生的激励不足。此外，具体的履约行为的可得性也未必会阻止有效率的不履约行为。在卖方可以将物品卖给比被承诺人更看重物品的第三方的典型案例中，即使第三方不太可能接近买方，卖方仍然可以与买方谈判解除原始合同，从而促成其有效率的不履约。诚然，由于双边垄断的情况，这样的谈判可能成本很高[168]，但解决因违约而产生的纠纷的成本，以及通过司法途径确定违约损失的成本，可能更高。[169]其他因素，如缔约方的风险态度[170]，当合同涉及独特的物品（如不动产）时确定和量化受害方期望利益的困难，以及法律补救措施对被承诺人对合同的信赖程度的影响[171]，都要求对违反合同的补救措施进行更细致的经济分析。[172]事实上，如今几乎没有人再为简单的效率违约理论辩护。[173]

尽管有这些分歧，但法律经济学家们有一个共识，即效率违约并不存在任何本质上的不道德。相反，经济学家们倾向于将合同视为一种要么履约要么支付损害赔偿的选择，而违约则是对这种选择的实践。[174]然而，这种观念似乎与有关合同的基本直觉相悖。两方握手达成销售协议，然后卖方说："我去找一个更高价的买家，但不用担心——如果我找到,你的期望损害赔偿支票已经躺在信箱里了。"这样的场景对我们大多数人来说听起来多少有些荒谬。对于那些将合同法建立在遵守承诺的道义论道德义务基础上的理论家来说,这必然令人困扰。[175]

效率违约假设和大多数人对合同的看法之间的不匹配,并非建立在一个假设性的思想实验之上。对缔约方实际行为的实证研究一再表明,违约并赔偿不被认为是一种可接受的行为。在其对制造业合同行为的开创性研究中,斯图尔特·麦考利(Stewart Macaulay)记录了一个被广泛接受的规范,即"承诺几乎在所有情况下都应当被履行"。[176]同样地,莉萨·伯恩斯坦(Lisa Bernstein)引用了一名棉花行业的交易员的话,他直言不讳地指出:"你不能只是违约然后赔偿。这是不可能的。"[177]

实验研究在一个更精细的环境中证实了这些观察。达芙娜·莱温松-扎米尔的研究表明,当面临具体的履约行为和完全补偿性的期望损害赔偿之间的选择时,绝大多数受试者都选择了具体的履约。[178]虽然这一发现本身可能并不令人惊讶,因为具体履约为被承诺人提供了一个事后从承诺人那里获取价值的机会,但受试者也表现出不愿选择损害赔偿来换取价格折扣。一大群受试者断然拒绝接受反映"违约并赔偿"规范的合同条款;而那些接受的受试者中,有许多人要求获得非常大的折扣,这相当于事实上的拒绝。在样本人群由有经验的商业人士组成时,也得到了类似的结果。[179]

从这一系列的研究中得出的规范性结论是,只要法律力求反映人们在补救措施方面的实际偏好,合同法中的具体履约范畴就应该被扩大。[180]在这方面,英美法律可以借鉴大陆法系的做法,更慷慨地奖励具体的履约。另外,也许更现实的是——鉴于反对全面扩大具体履约权利的众多原则性、实践性和制度性的考量[181]——这部分研究表明,为了真正补偿违约的受害方,应该增加赔偿的总额。[182]如果人们对实际履约有独立的偏好——即使合同涉及可替换的商品——光是这一点就足以支持提高损害赔偿的理由。

此外——仿佛事情还不够复杂似的——我们应该承认,法律有可能对人们在这一点上的看法具有内生性。也就是说,一旦法律对履约提供了更有力的保护,这本身就可能促使人们更重视履约。[183]这表明,由于强有力的补救措施所产生的权利感,为解除具体的履约而进行议价的可能性较低。如果人们认为这种偏好的产生是事与愿违的,这将不利于将具体履约作为合同法中的默认补救措施。

7.7.4　违约获益

期望损害赔偿和具体履约有一个共同的基本目标,即将受害方置于其在合同得到履行的情况下本应处于的位置。近年来,另一个引起广泛关注的问题是,法律是否应该(以及在多大程度上已经)保护违约获益利益,即努力将违约者置于其履行合同时本应处于的位置。[184]违约获益补救使受害方有权从承诺人那里剥夺其从违约中获得的利益。事实上,在几乎所有的法律体系中,违约获益赔偿作为对违约的补救,其可用性和使用都相当有限。[185]即使在以色列,受害方在这里原则上有权收回违约方因违约而获得的所有利润[186],但也很少有人寻求或被裁定进行违约获益补救。[187]

从经济学视角来看,违约获益补救可以说是消除了效率违约的激励,因此是低效的。[188]但是,与具体履行的情况一样[189],反对违约获益的经济理由并不是结论性的。一方面,承诺人可以通过谈判解除其合同义务,这可能比单方违约的成本要低。另一方面,让受害方获得违约获益补救,并不需要排除效率违约。如理查德·布鲁克斯(Richard Brooks)所指出的,激励承诺人有效履约或违约的一种方式,是让被承诺人(the promisee)在履约和违约获益之间做出选择。也就是说,一旦卖方有效率违约的机会,就必须向被承诺人支付一笔相当于违约所带来的额外收益的款项,即使其没有违反原始合同。[190]

道义论道德理论更有可能赞同违约获益,以从表达上和实际上加强承诺人必须信守承诺的观念。[191]然而,这一主张也可能受到挑战。如果(如上一小节所指出的,这是一个不太会出现的"如果")在这种情况下,缔约双方通常倾向于让卖方在支付预期损害赔偿的情况下自由地违反合同,那么,即使是道义论理论也不需要反对否认买方有权获得违约获益的默认规则。[192]其他考量涉及与保护其他利益的补救措施相比,执行违约获益补救的实际困难。[193]

这段关于相关争论的简短概要足以表明,迄今为止,人们对违约获益补救的边缘性所提出的解释和理由是可以有争议的。梅尔文·艾森伯格(Melvin Eisenberg)主张更广泛地认可违约获益补救,他思考了实际寻求和裁定这种补救措施的案件之少的几种解释。[194]其一是受害方的损失往往大于违约方的收益,因此期望赔偿更有吸引力。在其他情况下,受害方有权获得具体履约,从而防止承诺人通过违约获得收益。然而,这些论点并不能完全解释现存的法律。违约者的可观察和可核实收益大于受害方的可核实损失的违约行为,可能比判例法中所反映的要普遍得多。同样地,具体履约往往无法实现,即使是在可以实现的情况下,违约获益补救也可能更有优势。例如,如果只有承诺人有机会获得额外的利润,而且重新谈判的成本很高,就会出现这种情况。

重新将辩论集中于损失厌恶和参照点的概念,可以为现有的法律规范和实践提供重要的洞见。如果被承诺人通常并不将违约方从违约中获得的利润视为自己所失去的东西(这是完全可能的),那么未能获得这些利润的痛苦,要远小于未能收回给予违约方的东西(恢复原状利益)以及履行合同所产生的成本(信赖利益)所造成的痛苦。此外,未能获得违约方利润的痛苦,也要小于因对方违约而未能获得期望合同利润(期望利益)的痛苦。当人们的期望与现状不同时,这些期望很可能成为参照点。[195]如我们所见,合同可以调整期望和改变参照点。[196]由此,被承诺人很可能将未获得的利润视为令人痛苦的损失,而非被错过的收益。因此,寻求违约获益补救的可能性相对较小,而法律决策者也不太可能如此裁定。这一推测与第5章中讨论的关于法律理论与损失厌恶之间的对应关系及其可能原因的一般理论相一致。[197]

7.7.5 意图和动机

虽然意图在刑法领域是至高无上的[198],但根据英美合同法,违约的意图和违约方的过错一般被认为是不相关的[199]。对于合同法中的严格责任规范的合理性,有若干种解释被提出,尽管它们远非结论性的分析。[200]无论如何,与目前的理论一致,上述关于违约补救的讨论绕开了违约方的过错问题。讨论考虑到了一些实证和实验研究的发现,这些发现表明人们将违约视为一种类似于违背承诺的道德上的错误[201]，但没有讨论违约者的意图和动机。

一些研究表明，在这方面，常识性的道德和普通法之间存在差距。当被要求评估两个造成相同金钱伤害的案例时——一个是由故意违约造成的，另一个是由非故意侵权造成的——人们认为故意违约明显更不道德，并愿意判给受害方明显更多的赔偿。[202]类似的结果也被记录在一项比较故意违约和意外违约的实验中。[203]

违约的动机也被证明会影响人们对违约决定的评判。承诺人可能会违反合同，以避免因履约成本增加而造成的损失，或谋求因标的物的市场价格变化而产生的更大利润。从经济学的角度来看，损失和放弃的收益之间，或者收益和避免的损失之间，并没有区别。然而，前景理论提出了相反的观点。[204]事实上，一项关于违约决策判断的实验研究表明，人们认为，致力于减少损失的违约行为，比旨在提高承诺人收益的违约行为更可被接受。[205]在该研究中，受试者被要求评估一个受雇进行厨房装修的承包商的违约行为。一半受试者被告知违约的动机是"橱柜和台面的价格暴涨"；另一半受试者则被告知动机来自其他更有利可图的项目。结果显示，受试者认为，以收益为动机的违约行为，应得到更严厉、赔偿明显更高的法律回应。[206]

在陪审员和法官认同这些直觉的情况下，它们可能会渗透到他们的决定中。即使这些文献所强调的变量不是合同理论的正式组成部分，它们也可能影响司法自由裁量权的应用。例如，哪些损失是"可预见的"，以及受害方是否本可以合理地减轻其损失，在这些问题上的决定可能会被违约背后的动机所左右。这是否是一件好事则是另一个问题。人们的道德直觉可能与规范上正确的决定不一致。例如，当人们不完全理解他们事后判断的事前影响时，就可能出现这种情况。在本小节所述的所有实验中，定价并不是实验设置的一部分。如果说关注承诺人的动机会减少合同盈余，那么是否应该让这种关注在合同法中发挥作用，还并不清楚。

7.8 商定的补救措施：违约赔偿金

7.8.1 一项令人困惑的信条

目前为止，我们已经讨论了法律规定的对违约的补救措施。在某种程度上，缔约方可以围绕通常的补救措施规则签订合同。例如，他们可以规定违约的赔偿，并通过将某些义务定义为美国法律中的"明示条款"[207]，或（根据以色列法律）将某些违约行为定义为"重大违约"来确定违约的结果[208]。然而，这种合同条款要接受司法审查。与合同内容和履行的其他方面相比，合同自由在补救措施方面会受到更多限制。[209]

例如，虽然大陆法系和英美法系都允许各缔约方规定违约时应支付的赔偿金额，但它们都限制了这种自由。根据美国法律，超出"根据违约和损失证明的困难所造成的、预期损失或实际损失的合理数额"的违约金，被认为是无效的"惩罚"。[210]大陆法系的法域，在这方面采取了相对更宽松的态度：不是在完全执行此类条款和宣布其无效之间进行二分的选择，而是允许法院在某些情况下减少判定的金额。[211]

初看之下,这些限制在经济上是合理的,因为高于补偿性的(supra-compensatory)违约金可能会妨碍有效率的不履约。[212]然而,细看之下,这些限制令人费解。从经济角度来看,合同的内容和违约补救在原则上没有区别。两者都是为了分配风险和前景,为缔约方的行为创造最佳激励。因此,正如各缔约方可以自由设定其义务内容一样,他们也应自由设定违约的补救措施。如果缔约过程没有缺陷,如欺骗或胁迫,那么理性的缔约方不会设定高于或低于补偿性的赔偿,因为这种规定会造成低效的激励,从而减少合同盈余。承诺人和被承诺人都不会事先从这种条款中获益。当违约金相对于损害赔偿的法律规则来说是高于补偿性的或低于补偿性的,那一定是因为这些规则没有充分反映被承诺人因违约而产生的真正预期损失。例如,履约的主观价值可能会高于其市场价值,而市场价值是法律损害赔偿的常用标准。因此,对违约金的限制和其他偏离法律补救规则的做法,应该被废除。[213]

然而,另一个难题是对违约金和奖金的不同法律处理。假设一个承包商承诺在日期 X 前,以价格 P 完成一个项目。合同规定,每延迟一天完成,客户有权获得1 000美元的违约金。现在假设有一份类似的合同,其中约定的完工日期是$(X+100)$,价格是$(P-100 000)$美元。在这份合同中,有一个违约金条款,即每延迟一天就有1 000美元的违约金,但同时也有一个条款,即承包商每提前一天完工就有1 000美元的奖金,最多不超过100天。

在这两份合同中,双方的报酬以及他们由此的激励机制应该是相同的。然而,这两份合同的法律处理是非常不同的。例如,假设项目在日期$(X+50)$完成。根据第一份合同,承包商违反了在日期 X 之前完成合同的义务。违约金条款不一定会剥夺客户针对这一违约行为寻求替代的或额外的补救措施的权利。[214]即使合同意在排除这种补救措施,这种排除也会受到审查。[215]同时,如果法院认为违约金过高,在英美法系中,法院可能会判定该条款无效,或在其他法系中把违约金降低到可接受的水平。[216]最后,如果延迟是由于意外和不可避免的情况导致按时完成不可能或不现实,承包商可能根本不需要支付任何违约金,因为在这些情况下,延迟不被认为是违约。[217]

相反,根据第二份合同,在日期$(X+50)$完成并不构成违约,而是加快了履约。因此,客户无权要求对违约进行任何补救。此外,客户不太可能以奖金过高为由质疑奖金条款的有效性,或质疑承包商的奖金过低。最后,客户不可能通过声称提前完工是由于承包商意外的有利条件而避免支付奖金。由于罚款和奖金之间的区别似乎只是"语义上的",有观点认为,它们之间截然不同的法律地位是毫无道理的。[218]事实上,违约金法似乎是徒劳的,因为它可以轻易地被一个简单的合同手法所规避。[219]只要适用于违约金和罚款的规则是合理的,法院就应该可以拓宽这些规则并对奖金进行监管,就像它们监管罚款一样。[220]

这些难题引起了学者们的注意,他们从不同的规范性角度提出了各种解决方法。[221]在不减损上述论证的前提下,行为学视角在该语境中似乎特别有成效,详见下文。

7.8.2 行为学洞见

为拒绝执行高于补偿性的违约金条款辩护的一个强有力的理由是,这种条款——相比其他条款更可能——是认知偏差的产物,因此是低效和不公平的。[222]至少有两种认知力量可能会驱使各缔约方以一种有偏差的方式来商定违约金。[223]首先,由于合同通常是被履行而不是被违反的,人们可能会在估计违反合同的客观概率时出现错误。正如在处理低概率事件时经常会发生的那样,缔约方可能会从最近交易的小样本中得出结论,认为违约的概率为零。因此,在假设违约行为极不可能发生的前提下,他们可能会同意过度赔偿。[224]事实上,实证研究表明,在合同订立阶段,商业当事人对其主要义务的关注,远远多于对可能影响履约的各种意外情况或违约结果的关注。[225]

即使人们注意到了可能的违约行为并正确地衡量其客观概率,也并不确定他们是否能够正确地估计自己的个案中的违约概率。相反,过度乐观可能会出现,并导致他们低估违约的概率。在订立合同时,人们倾向于认为,即使有正的违约概率,他们自身的具体特质也将阻止他们违约。毕竟,他们工作很出色,这也是他们被选中做这份工作的原因。对完成项目的预期时间和成本过于乐观的预测,在各行业中屡见不鲜,也被心理学家在"计划谬误"(planning fallacy)这一领域中专门研究过。[226]就像即将结婚的人一样,缔约方可能会低估"离婚"的概率,并过度相信对方的善意和体贴。[227]因此,承诺人很容易同意苛刻而低效的违约金条款。

涉及违约金的合同订立出现偏差的可能性表明,监管可能是合理的。[228]在违约金条款发挥作用的一小部分案件中,法院可以对这些条款进行事后的"二次审查"。如果二次审查表明过高的违约金是由合同订立阶段的认知偏差造成的,那么司法监督可能会引导各方实现自己真正的基本目标。当然,司法监督也有其自身的问题,包括这样的担忧,即在评估违约金条款的合理性时,法官可能会表现出事后偏差。[229]

行为学视角也可以揭示法律对低于补偿性的违约金的敌视态度。[230]首先,一些导致承诺人对高于补偿性的违约金关注不足的偏差,如低估违约的可能性,或过度信任对方,也可能导致被承诺人对低于补偿性的违约金关注不足。此外,对低于补偿性的违约金的敌视态度以及对惩罚和奖金的不同处理都可能反映了缔约方和法院对合同义务的意义所持的道德情感。如前所述,普遍认知是,合同不是在履约和支付赔偿金之间的选择。低于补偿性的违约金和类似条款,可能被视为破坏了合同和合同法的道德基础。同样,违约赔偿金(对违反承诺的道德禁令的侵犯)的规范意义,也与奖金的规范意义有根本不同。[231]

尤瓦尔·费尔德曼(Yuval Feldman)、阿莫斯·舒尔(Amos Schurr)和多伦·泰希曼(Doron Teichman),对惩罚与奖金的区别进行了另一种受行为学启发的解读。[232]他们认为违约金原则不应被看作一种强制性规则,而应是一种默认规则。从这个角度看,对奖金和罚金的区别对待,使缔约方能够选择退出对补救措施的监管,并设计出最符合其利益的报酬结构。该理论鼓励那些希望选择退出其补救机制的缔约方,通过奖金而不是罚金的方式来退出。这种框架有利于缔约方之间更多的合作,因为如前所述,当合同缔约方对其合同义务的内容不确定,他们倾向于在自己的报酬被框定为损失而非收益时,采取更有利于自己的解释。[233]此外,即使对义务的内容没有任何不确定之处,将支付的款项描述为奖金,也意味着它属于收益的范畴,而放弃的收益比损失更不可能引发诉讼。[234]然而,这种框架的缺点是,不能获得额外收益的预期,可能会比对损失的恐惧产生更弱的激励。[235]

7.8.3　违约金和违约决定

除了与违约金条款的法律地位相关的规范性问题外,行为学洞见也可以为违约金如何影响违约决定这一实证问题提供启示。如前所述,尽管法律经济学家们认为合同是一种可以违约并支付赔偿金的选项,但大多数人的主要看法是,合同代表了一种履约的承诺。然而,在合同中插入违约金条款可能会改变这种看法。由于违约金被认为是对违约行为的一种约定价格标签,它可能会增加违约的可能性。因此,承诺人可能会以更"理性"的眼光来看待他们可能遇到的"履约还是违约"的两难困境,并通过成本收益分析的视角来分析这些困境。

这本质上是挤出效应(crowding out effect)的另一种表现形式。大量的文献指出,正式的监管和市场制度可能会破坏其他社会机制和利他主义动机。[236]例如,在献血的情境下,金钱激励的引入可能会挤掉帮助他人的内在动机。因此,这种激励实际上可能会降低献血的总水平。[237]在一个更接近于违约补救措施的情境下,有研究表明,在以色列,在日托中心引入接人迟到罚款的做法,导致了迟到行为的增加,而非减少。[238]这些发现与理性选择分析背道而驰,理性选择分析认为,增加金钱激励只能加强动机。显然,当明确的、事先的定价机制被引入时,隐性的非法律机制(如内疚和羞耻)就会被挤出。

在这些发现的基础上,泰斯·威尔金森-瑞安研究了违约金条款和履约激励之间的关系。[239]在一系列实验中,她要求受试者扮演承诺人的角色,该承诺人在愿意支付更高价格的第三方到来之后,面临违约的困境。一半受试者启用了违约金条款来处理这种困境,该条款指出他们在违约的情况下需要向被承诺人支付 1 000 美元;而另一半受试者则被告知"合同法将要求你向他们支付 1 000 美元作为补偿"。尽管报酬结构相同,但在违约金条件下,第三方为引发违约所需支付的最低金额要低得多。[240]因此,一些缔约方可能意识到了驱动违约决定的道德感知,并利用违约金条款通过消除违约的负面道德暗示来促进有效率的不履约。[241]同时,希望维持这种暗示的各方可能会规定,支付违约金的责任"不影响被承诺人可能拥有的其他补救措施"(或类似的措辞)。未来的研究应该探索各种表述的可能效果。总的来说,已证明当法律要求对产生危害的活动进行事先支付(如手续费)时,人们可能会认为这种支付是参与这些活动的代价。相反,当法律使用事后支付(如罚款)时,人们可能会认为这种支付是一种惩罚的形式,同时也意味着一种道德判断。因此,当法律希望鼓励基于成本收益分析的决策时,例如当活动同时会产生积极和消极的外部性时,明确而简单的事前支付可能是更优的选择。[242]

7.9　结语

从合同订立和合同法的行为分析中浮现的整体图景是,生活是复杂的。缔约各方显然关心从合同中获得最大的回报,但他们也关心其他的事情,比如遵守承诺和不背叛他人对自己的信任。法律政策的制定者和决策者也是如此,他们不仅关心帮助当事人实现报酬最大化,也关心其他价值。厘清这些力量如何相互作用,并对它们在不同领域的合同中的作用进行概括，似乎是该领域目前面临的主要挑战。特别值得关注的是消费者合同，这是下一章的主题。

注　释

[1] 关于交换的公平性，参见 Eyal Zamir, *The Inverted Hierarchy of Contract Interpretation and Supplementation*, 97 Colum. L. Rev. 1710, 1778 – 82 (1997)。关于通过合同法的再分配，参见：出处同上，第 1782—1784 页；Anthony T. Kronman, *Contract Law and Distributive Justice*, 89 Yale L.J. 472 (1980)。

[2] 参见：Richard Craswell, *Passing on the Costs of Legal Rules：Efficiency and Distribution in Buyer-Seller Relationships*, 43 Stan. L. Rev. 361 (1991)；Louis Kaplow & Steven Shavell, Fairness versus Welfare 213 – 15 (2002)。

[3] Charles Fried 的确在其影响甚广的 1981 年著作中这样做了。参见 Charles Fried, Contract as Promise：A Theory of Contractual Obligation 133 – 61 (2d ed. 2015)。

[4] 参见 Eric A. Posner, *Economic Analysis of Contract Law after Three Decades：Success or Failure?*, 112 Yale L.J. 829, 832 – 34 (2003)。

[5] 出处同上，第 842 页。

[6] 参见：Alan Schwartz & Robert E. Scott, *Contract Theory and the Limits of Contract Law*, 113 Yale L.J. 541, 609 – 10 (2003)；Steven Shavell, Foundations of Economic Analysis of Law 320 – 22 (2004)。

[7] 参见 Posner，前注[4]。

[8] 该领域中的其他贡献，参见：Melvin A. Eisenberg, *Behavioral Economics and Contract Law*, in The Oxford Handbook of Behavioral Economics and the Law 438 (Eyal Zamir & Doron Teichman eds., 2014)；Ann-Sophie Vandenberghe, *Behavioral Approaches to Contract Law*, in Contract Law and Economics 401 (Gerrit De Geest ed., 2011)。

[9] 相关评述，参见 Botond Köszegi, *Behavioral Contract Theory*, 52 J. Econ. Literature 1075 (2014)。

[10] 参见 Iris Bohnet, Bruno S. Frey & Steffen Huck, *More Order with Less Law：On Contract Enforcement, Trust, and Crowding*, 95 Am. Pol. Sci. Rev. 131 (2001)。

[11] 参见 Armin Falk & Michael Kosfeld, *The Hidden Costs of Control*, 96 Am. Econ. Rev. 1611, 1614 (2006)。

[12] 参见 Fabian Herweg, Daniel Muller & Philipp Weinschenk, *Binary Payment Schemes：Moral Hazard and Loss Aversion*, 100 Am. Econ. Rev. 2451 (2010)。

[13] 参见 Emel Filiz-Ozbay & Erkut Y. Ozbay, *Auctions with Anticipated Regret：Theory and Experiment*, 97 Am. Econ. Rev. 1407 (2007)。

［14］　参见：Yannis Bakos，Florencia Marotta-Wurgler & David R. Trossen，*Does Anyone Read the Fine Print? Consumer Attention to Standard Form Contracts*，43 J. Legal Stud. 1 (2014)；下文 8.4 节。

［15］　参见上文 2.8.2 节。

［16］　参见 Kaplow & Shavell，前注［2］，第 155 页。

［17］　参见 Robert Cooter & Thomas Ulen，Law and Economics 283 – 86 (6th ed. 2012)。

［18］　参见 Joyce Berg，John Dickhaut & Kevin McCabe，*Trust*，*Reciprocity*，*and Social History*，10 Games & Econ. Behav. 122，130 – 32 (1995)。

［19］　参见 Noel D. Johnson & Alexandra A. Mislin，*Trust Games*：*A Meta-analysis*，32 J. Econ. Psychol. 865 (2011)。

［20］　参见 Gary Charness & Martin Dufwenberg，*Promise and Partnership*，74 Econometrica 1579 (2006)。

［21］　参见 Christoph Vanberg，*Why Do People Keep Their Promises*：*An Experimental Test of Two Explanations*，76 Econometrica 1467 (2008)。关于独裁者博弈，参见上文 2.7.3 节。

［22］　有别于标准的独裁者博弈，在该版本中，独裁者可以在两个选项中进行选择：或者让独裁者收到 14 欧元，而接受者一无所获；或者让独裁者收到 10 欧元，而接受者有 5/6 的概率收到 12 欧元或有 1/6 的概率一无所获。须记住，沟通是在不知道自己会成为独裁者还是接受者之前进行的。

［23］　出处同上，第 1476 页。

［24］　参见 Tess Wilkinson-Ryan，*Legal Promise and Psychological Contract*，47 Wake Forest L. Rev. 843，845 (2012)。有趣的是，在一项研究中，美国受试者对个人做出的投机违约行为比对公司行为的评判更为严厉。个人的违约行为被视为道德上的越轨，而组织的同样行为则被视为合法的商业决定。研究还发现，使用"承诺"的术语可以消除这种差异。参见 Uriel Haran，*A Person-Organization Discontinuity in Contract Perception*：*Why Corporations Can Get away with Breaking Contracts but Individuals Cannot*，59 Mgmt. Sci. 2837 (2013)。有必要进行更多的研究，以确定这些发现的普遍性和外部有效性，并研究在这方面存在跨文化差异的可能性。

［25］　参见 Tess Wilkinson-Ryan，*Transferring Trust*：*Reciprocity Norms and Assignment of Contract*，9 J. Empirical Legal Stud. 511，529 – 31 (2012)。

［26］　参见 Yuval Feldman & Doron Teichman，*Are All Contractual Obligations Created Equal?*，100 Geo. L.J. 5 (2011)。

［27］　参见上文 2.4.9 节。

［28］　参见 Berg，Dickhaut & McCabe，前注［18］，第 130 页。

［29］　标准格式合同的其他方面将在下一章讨论。参见下文 8.4 节。

［30］　参见：Bakos，Marotta-Wurgler & Trossen，前注［14］；下文 8.4 节。

[31]　关于动机性推理，参见上文 2.4.2 节。

[32]　关于程序性公正，参见上文 2.7.3 节。

[33]　参见 Friedrich Kessler, *Contracts of Adhesion—Some Thoughts about Freedom of Contract*, 43 Colum. L. Rev. 629, 640 (1943)。

[34]　参见 Warren Mueller, *Residential Tenants and Their Leases：An Empirical Study*, 69 Mich. L. Rev. 247, 247 (1970)。与之相关的是，社会心理学研究发现了一种叫"罗宾汉效应"的现象——将财富从富人向穷人转移的倾向——由对富人的美慕与对弱势者的同情所驱动。另见 Francesca Gino & Lamar Pierce, *Robin Hood under the Hood：Wealth-Based Discrimination in Illicit Customer Help*, 21 Org. Sci. 1176 (2010)。

[35]　参见 Feldman & Teichman, 前注[26]，第 29—30 页。

[36]　参见 Zev Eigen, *When and Why Individuals Obey Contracts：Experimental Evidence of Consent, Compliance, Promise, and Performance*, 41 J. Legal Stud. 67 (2012)。

[37]　在第四个控制条件下，受试者被直接带去做调查。该实验同时也考察了不同的要求对继续完成任务的有效性，但此变量超出了本讨论的范围。

[38]　大约有 3% 的受试者完成了整个调查并没有尝试退出。显然，有些人真的很想要一个免费的 DVD。

[39]　参见：Meirav Furth-Matzkin, *On the Unexpected Use of Unenforceable Contract Terms：Evidence from the Residential Rental Market*, 9 J. Legal Analysis 1 (2017)；Tess Wilkinson-Ryan, *The Perverse Consequences of Disclosing Standard Terms*, 103 Cornell L. Rev. 117 (2017)。

[40]　参见上文 2.4.1 节。

[41]　可参见 Linda Babcock & George Loewenstein, *Explaining Bargaining Impasse：The Role of Self-Serving Biases*, 11 J. Econ. Persp. 109 (1997)。关于自利偏差，参见上文 2.4 节。

[42]　可另见 Margaret A. Neale & Max H. Bazerman, *The Effects of Framing and Negotiator Overconfidence on Bargaining Behaviors and Outcomes*, 28 Acad. Mgmt. J. 34 (1985)。关于框架效应，参见上文 2.3.4 节。

[43]　可参见 Gregory B. Northcraft & Margaret A. Neale, *Experts, Amateurs, and Real Estate：An Anchoring-and-Adjustment Perspective on Property Pricing Decisions*, 39 Org. Behav. & Hum. Decision Processes 84 (1987)。关于锚定，参见上文 2.5.3 节。

[44]　可参见 Max H. Bazerman & Margaret A. Neale, *Heuristics in Negotiation：Limitations to Effective Dispute Resolution*, in Negotiating in Organizations 51, 62 - 63 (Max H. Bazerman & Roy J. Lewicki eds., 1983)。

[45]　可参见 Margaret A. Neale, *The Effects of Negotiation, Arbitration and Cost Salience on Bargainer Behavior：The Role of the Arbitrator and Constituency on*

Negotiator Judgment，34 Org. Behav. & Hum. Decision Processes 97（1984）。关于可得性，参见上文 2.2.6 节。

[46] 可参见 Constance Stillinger et al.，The Reactive Devaluation Barrier to Conflict Resolution（unpublished manuscript，1990，described in Lee Ross & Constance Stillinger，*Barriers to Conflict Resolution*，7 Negotiation J. 389，394（1991））。

[47] 参见下文 14.3 节。

[48] 参见下文 8.2 节、8.3 节、8.4 节。

[49] 参见下文 8.2.2 节。

[50] 参见：Amos Tversky，*Elimination by Aspect：A Theory of Choice*，79 Psychol. Rev. 281（1972）；Peter S. Fader & Leigh McAlister，*An Elimination by Aspects Model of Consumer Response to Promotion Calibrated on UPC Scanner Data*，27 J. Marketing Res. 322（1990）。逐次排除法并不是消费者使用的唯一启发式。关于其他简化决策方法的综述，参见 John R. Hauser，Min Ding & Steven P. Gaskin，*Non-compensatory（and Compensatory）Models of Consideration-Set Decisions*，in 2009 Sawtooth Software Conference Proceedings 207（2009）。关于整合了逐次排除法与其他非补偿性决策过程模型（即不会在所有选项的成本与收益之间进行的过程）的消费者选择理论，参见 James R. Bettman，Mary Frances Luce & John W. Payne，*Constructive Consumer Choice Processes*，25 J. Consumer Res. 187（1998）。

[51] 逐次排除法可能在标准格式消费者合同中影响尤为强烈。参见：Russell Korobkin，*Bounded Rationality，Standard Form Contracts，and Unconscionability*，70 U. Chi. L. Rev. 1203，1222 – 25（2003）；下文 8.2.3 节、8.4 节。

[52] 参见下文 8.2.3 节、8.2.4 节、8.4 节、8.7.2 节。关于一般的承诺升级，参见上文 2.3.7 节。

[53] 参见下文 7.4 节。

[54] 在此方向的初步研究，参见：Tess Wilkinson-Ryan & David A. Hoffman，*Breach Is for Suckers*，63 Vand. L. Rev. 1003，1039 – 41（2010）[下文简称 Wilkinson-Ryan & Hoffman，*Breach*]（认为，关于允诺禁反言原则的一些混淆，源于法律原则和人们的认知之间的不匹配）；David A. Hoffman & Tess Wilkinson-Ryan，*The Psychology of Contract Precautions*，80 U. Chi. L. Rev. 395，429 – 30（2013）[下文简称 Hoffman & Wilkinson-Ryan，*Precautions*]（认为，与履约阶段相比，人们在合同前的谈判中会采取更多的预防措施，这可能证明法律规范在该阶段的作用较小）。

[55] 参见上文 2.3 节、2.5 节。

[56] 请注意，尽管我们是在合同前谈判的背景下讨论默认规则和其他参照点的作用，但它们与合同的形成、解释、补充和执行同样相关。事实上，默认规则的概念与合同法中受此类规则支配的任何方面都相关，包括补救规则。

[57] 可分别参见 U.C.C. §§ 2 – 308，2 – 314(2)(b)，以及 2 – 305（Am. Law Inst. &

Unif. Law Comm'n，2002)。

[58] 关于可能由默认规则实现的多种目标，参见 Zamir，前注[1]，第 1768—1802 页。

[59] 参见：Randy E. Barnett，*The Sound of Silence：Default Rules and Contractual Consent*，78 Va. L. Rev. 821，880 (1992)；Jody S. Kraus，*The Correspondence of Contract and Promise*，109 Colum. L. Rev. 1603，1631 - 34 (2009)。

[60] 参见：Cass R. Sunstein，*On the Expressive Function of Law*，144 U. Pa. L. Rev. 2021 (1996)；Matthew D. Adler，*Expressive Theories of Law：A Skeptical Overview*，148 U. Pa. L. Rev. 1363 (2000)；Elizabeth S. Anderson & Richard H. Pildes，*Expressive Theories of Law：A General Restatement*，148 U. Pa. L. Rev. 1503 (2000)。

[61] 参见 Adam J. Hirsch，*Default Rules in Inheritance Law：A Problem in Search of Its Context*，73，Fordham L. Rev. 1031，1053-58 (2004)(驳斥了继承法的表达性效果)。

[62] Zamir，前注[1]，第 1753—1755 页。

[63] 参见 Cooter & Ulen，前注[17]，第 292—294 页。被法院使用以填补合同空白的贸易规则，担负着类似功能。

[64] 参见 Ian Ayres & Robert Gertner，*Filling Gaps in Incomplete Contracts：An Economic Theory of Default Rules*，99 Yale L.J. 87 (1989)。

[65] 参见 Karen Eggleston，Eric A. Posner & Richard Zeckhauser，*The Design and Interpretation of Contracts：Why Complexity Matters*，95 Nw. U. L. Rev. 91，107 - 08 (2000)。

[66] 参见：Stewart Macaulay，*Non-contractual Relations in Business：A Preliminary Study*，28 Am. Soc. Rev. 55，64 (1963)；Zamir，前注[1]，第 1756—1757 页；Lisa Bernstein，*Social Norms and Default Rules Analysis*，3 S. Cal. Interdisc. L.J. 59，70 - 72 (1993)。

[67] 参见：Omri Ben-Shahar & John A. E. Pottow，*On the Stickiness of Default Rules*，33 Fla. St. U. L. Rev. 651 (2006)；Zamir，前注[1]，第 1757 页。另见下文 14.3.5 节。

[68] 参见 Kathryn E. Spier，*Incomplete Contracts and Signaling*，23 Rand J. Econ. 432 (1992)。

[69] 参见 Jason Scott Johnston，*Strategic Bargaining and the Economic Theory of Contract Default Rules*，100 Yale L.J. 615 (1990)。另见 Ian Ayres & Robert Gertner，*Strategic Contractual Inefficiency and the Optimal Choice of Legal Rules*，101 Yale L.J. 729 (1992)。

[70] 关于对上述提到以及其他的对默认规则黏性的经济学解释之批评，参见 Russell Korobkin，*The Status Quo Bias and Contract Default Rules*，83 Cornell L. Rev. 608，613 - 25 (1998) [hereinafter Korobkin，*Status Quo Bias*]；Russell Korobkin，*Inertia and Preference in Contract Negotiation：The Psychological Power of Default Rules and Form Terms*，51 Vand. L. Rev. 1583，1592 - 603 (1998)。

[71] 关于这些相互联系的现象,参见上文 2.3.5 节、2.3.6 节。关于默认效应,另见上文 4.4.3 节。

[72] 参见:Craswell,前注[2],第 387—390 页;Robert A. Hillman, *The Limits of Behavioral Decision Theory in Legal Analysis:The Case of Liquidated Damages*, 85 Cornell L. Rev. 717, 730 (2000)。

[73] 参见:Zamir,前注[1],第 1760—1762 页;David Millon, *Default Rules, Wealth Distribution, and Corporate Law Reform:Employment at Will versus Job Security*, 146 U. Pa. L. Rev. 975, 1011 (1998)。

[74] 参见 Stewart Schwab, *A Coasean Experiment on Contract Presumptions*, 17 J. Legal Stud. 237 (1988)。

[75] 参见 Eric J. Johnson et al., *Framing, Probability Distortions, and Insurance Decisions*, 7 J. Risk & Uncertainty 35, 46 – 48 (1993)。

[76] 出处同上,第 468 页。

[77] 参见 Korobkin, *Status Quo Bias*,前注[70],第 633—647 页。

[78] 参见 Cass R. Sunstein, *Switching the Default Rule*, 77 N.Y.U. L. Rev. 106, 113 – 14 (2002)。

[79] 参见 Doron Teichman, *Old Habits Are Hard to Change:A Case Study of Israeli Real Estate Contracts*, 44 Law & Soc'y Rev. 299 (2010)。

[80] 参见前注[75]及其相关正文。

[81] 参见 Lauren E. Willis, *When Nudges Fail:Slippery Defaults*, 80 U. Chi. L. Rev. 1157 (2013)。

[82] 参见前注[74]及其相关正文。大多数标准格式合同的单边性与合同价格之间是缺乏相关性的,参见下文 8.4 节。

[83] 参见 Teichman,前注[79],第 322—324 页。

[84] 关于一般性的介绍,参见:Arthur T. von Mehren, *The Formation of Contracts*, in 7 International Encyclopedia of Comparative Law, ch. 9 (Arthur T. von Mehren ed., 2008); Arthur T. von Mehren, *Formal Requirements*, in 7 International Encyclopedia of Comparative Law, ch. 10 (Arthur T. von Mehren ed., 2008); Konard Zweigert & Hein Kötz, Introduction to Comparative Law 356 – 79, 388 – 99 (Tony Weir Trans., 3d ed. 1998)。

[85] 可参见 Melvin Aron Eisenberg, *Expression Rules in Contact Law and Problems of Offer and Acceptance*, 82 Cal. L. Rev. 1127, 1130 – 35 (1994)。

[86] 参见:Lon L. Fuller & William R. Perdue, *The Reliance Interest in Contract Damages*, 46 Yale L.J. 52, 373 (two parts), at 54 (1936 – 37); Grant Gilmore, The Death of Contract (1974); Patrick S. Atiyah, Promises, Morals, and Law (1981); Israel Gilead, *Non-consensual Liability of a Contracting Party—Contract, Negligence, Both, or In-Between?*, in Classification of Private Law:Bases of Liability and Remedies 35 (Celia Wasserstein Fassberg & Israel Gilead eds., 2003)。

［87］ 参见 *Symposium*, *Formalism Revisited*：*Formalism in Commercial Law*，66 U. Chi. L. Rev. 710 - 857 (1999)。

［88］ 参见 Lon L. Fuller, *Consideration and Form*，41 Colum. L. Rev. 799，800 (1941)。

［89］ 出处同上，第814—824页。

［90］ 关于此要求，参见 Restatement (Second) of Contracts §§71 - 94 (Am. Law Inst. 1981)；1 E. Allan Farnsworth，Farnsworth on Contracts 75 - 198 (3d ed. 2004)。

［91］ 参见 David A. Hoffman & Zev J. Eigen, *Contract Consideration and Behavior*，85 Geo. Wash. L. Rev. 351 (2017)。

［92］ 出处同上，第368—383页。

［93］ 第四个条件包括一项明显的合同免责声明，说明最初的分配无约束力。

［94］ 另一项研究通过独裁者博弈的多个版本检验了对价要求的有效性。研究发现，以反承诺为交换条件的承诺（根据普通法，反承诺被认为是充分的对价），并不比没有反承诺的承诺更值得遵守。Christoph Engel & André Schmelzer, *Committing the English and the Continental Way*：*An Experiment*（工作论文，June 2017，网址：https://ssrn.com/abstract=3024525）。

［95］ 参见上文 2.7.4 节。

［96］ 参见 Atiyah，前注［86］，第177—215页。这些结果也可能呼应了古老的传统，例如犹太法要求通过收购行为(Ma'aseh Kinyan)来最终完成法律交易。参见 Ron S. Kleinman, *Delivery of Keys (Traditio Clavium) as a Mode of Acquisition*：*Between Jewish and Roman Law*，16 Jewish L. Ass'n Stud. 123 (2007)。

［97］ 参见 Tess Wilkinson-Ryan & David H. Hoffman, *The Common Sense of Contract Formation*，67 Stan. L. Rev. 1269 (2015)。

［98］ 参见 Macaulay，前注［66］，第56—60页。（实证证据表明，商人对其交易的法律可执行性和违约的补救措施最不关心。）

［99］ 参见 Wilkinson-Ryan & Hoffman，前注［97］，第1290—1293页。

［100］ 关于不阅读的问题，参见下文 8.4 节。

［101］ 参见 86 F.3d 1447 (7th Cir 1996)（在证书中执行"点击生效"条款）。

［102］ 参见 105 F3d 1147 (7th Cir 1997)（在电话交易中执行只在交货时才向买方披露的条款）。

［103］ 对这些裁决的批评，另见：Roger C. Bern, *"Terms Later" Contracting*：*Bad Economics*，*Bad Morals*，*and a Bad Idea for a Uniform Law*，*Judge Easterbrook Notwithstanding*，12 J.L. & Pol'y 641 (2004)；Nancy S. Kim, Wrap Contracts：Foundations and Ramifications (2013)；Joseph M. Perillo, Calamari and Perillo on Contracts 64 - 65 (6th ed. 2009)。

［104］ 参见 David H. Hoffman, *From Promise to Form*：*How Contracting Online Changes Consumers*，91 N.Y.U. L. Rev. 1595 (2016)。

［105］ 参见 Alan Schwartz & Robert E. Scott, *Contract Interpretation Redux*，119

Yale L.J. 926，928 n.3 (2010)。对合同不确定性的不同来源的综述，参见 2 E. Allan Farnsworth, Farnsworth on Contracts 269 – 74 (3d ed. 2004)。

[106]　参见 Zamir,前注[1],第 1715—1719 页。

[107]　参加 Zamir,前注[1]。

[108]　参见：Lisa Bernstein, *Merchant Law in a Merchant Court：Rethinking the Code's Search for Immanent Business Norms*, 144 U. Pa. L. Rev. 1765 (1996)；Zamir, 前注[1]；Eric A. Posner, *Parol Evidence Rule, the Plain Meaning Rule, and the Principles of Contractual Interpretation*, 146 U. Pa. L. Rev. 533 (1998)；Schwartz & Scott,前注[6]；Schwartz & Scott 前注[105]；Kent Greenawalt, *A Pluralist Approach to Interpretation：Wills and Contracts*, 42 San Diego L. Rev. 533 (2005)。

[109]　参见：Bernstein,前注[108]；Schwartz & Scott,前注[6]；Schwartz & Scott,前注[105]。

[110]　参见 Zamir,前注[1],第 1793—1800 页。

[111]　参见：Lawrence M. Friedman, Contract Law in America：A Social and Economic Case Study 105 – 07 (1965)；P.S. Atiyah, *Contract and Fair Exchange*, in Essays on Contract 329, 337 – 41 (1990)。

[112]　参见下文 15.2 节。

[113]　参见上文 2.4.2 节。

[114]　参见 Zamir,前注[1],第 1728 – 1731 页。

[115]　参见 Clarence D. Ashley, *Should There Be Freedom of Contract*, 4 Colum. L. Rev. 423, 424 (1904)。

[116]　参见 Farnsworth,前注[105],第 302—303 页。

[117]　参见 Zamir,前注[1],第 1724—1725 页。

[118]　参见上文 7.2.2 节。

[119]　关于法律与人们道德直觉的一致,参见上文 4.3 节。

[120]　参见 *Frigaliment Importing Co. v. B.N.S. Int'l Sales Corp.*, 190 F. Supp. 116 (S.D.N.Y. 1960)。

[121]　参见 Oliver Hart & John Moore, *Contracts as Reference Points*, 123 Q.J. Econ 1, 5 – 13 (2008)。

[122]　参见 Ernst Fehr, Oliver Hart & Christian Zehnder, *Contracts as Reference Points—Experimental Evidence*, 101 Am. Econ. Rev. 493 (2011)。

[123]　参见 Tom Chang & Tal Gross, *How Many Pears Would a Pear Packer Pack If a Pear Packer Could Pack Pears at Quasi-Exogenously Varying Piece Rates?*, 99 J. Econ. Behav. & Org. 1 (2013)。

[124]　参见 Colin Camerer et al, *Labor Supply of New York Cabdrivers：One Day at a Time*, 112 Q.J. Econ 407 (1997)。另一个关于期望作为影响努力程度的参照点的作用的研究,参见 Johannes Abeler et al., *Reference Points and Effort Pro-*

vision，101 Am. Econ. Rev. 470 (2011)。关于期望可以作为违约补救设计的参照点的洞察所带来的启示，参见下文 7.7.2 节。

[125]　参见 Yuval Feldman, Amos Schurr & Doron Teichman, *Reference Points and Contractual Choices*：*An Experimental Examination*，10 J. Empirical Legal Stud. 512，530 – 32 (2013)。

[126]　参见上文 7.2 节。

[127]　参见 Hoffman & Wilkinson-Ryan, *Precautions*，前注[54]，第 423—424 页。

[128]　出处同上。第 425—426 页。关于确认偏差，参见上文 2.4.2 节。

[129]　出处同上。第 412—415 页。

[130]　出处同上。第 416—418 页。

[131]　可参见 Martijn W. Hesselink, *The Concept of Good Faith*，in Towards a European Civil Code 619 (Arthur S. Hartkamp et al. eds.，4th ed. 2010)。

[132]　参见 Restatement (Second) of Contracts § 205 (1981)。另见 U.C.C. § 1-304 (Am. Law Inst. & Unif. Law Comm'n, 2001)。

[133]　参见 Restatement (Second) of Contracts § 205 cmt. a (Am. Law Inst. 1981)。相关综述，参见：Robert S. Summers, *The General Duty of Good Faith—Its Recognition and Conceptualization*，67 Cornell L. Rev. 810 (1982)；Simon Whittaker & Reinhard Zimmermann, *Good Faith in European Contract Law*：*Surveying the Legal Landscape*，in Good Faith in European Contract Law (Reinhard Zimmermann & Simon Whittaker eds.，2000)。

[134]　参见 Wilkinson-Ryan & Hoffman, *Precautions*，前注[54]，第 429—433 页。

[135]　可参见：Kidwell, *A Caveat*，1985 Wis. L. Rev. 615；Bernstein，前注[108]；Robert E. Scott, *The Death of Contract Law*，54 U. Toronto L.J. 369 (2004)。

[136]　参见 Fuller & Perdue，前注[86]。另见：Restatement (Second) of Contracts § 344 (Am. Law Inst. 1981)；24 Samuel Williston, A Treatise on the Law of Contracts 20 – 44 (Richard A. Lord ed.，Thomas West 4th ed. 2002)。

[137]　参见：3 E. Allan Farnsworth, Farnsworth on Contracts, 149 – 50, 190 (3d ed. 2004)；Williston，前注[136]，第 20—30 页；G.H. Treitel, Remedies for Breach of Contract：A Comparative Account 82 – 83 (1988)；Solène Rowan, Remedies for Breach of Contract 17，109 (2012)。

[138]　参见下文 7.7.3 节。

[139]　参见：Farnsworth，前注[137]，第 323—338 页；3 Dan B. Dobbs, Dobbs Law of Remedies 159 – 70, 178 – 89 (1993)；Eyal Zamir, *The Missing Interest*：*Restoration of the Contractual Equivalence*，93 Va. L. Rev. 59，79 – 85 (2007)。

[140]　参见下文 7.7.4 节。

[141]　可参见：Fried，前注[3]，第 17—27 页 (2015)（该索赔以"合同即承诺"理论为基础）；Steven Shavell, *Damages Measures for Breach of Contract*，11 Bell J. Econ. 466 (1980)（在效率视角下，偏好期望损害赔偿）。

[142] 参见：Fuller & Perdue，前注[86]，第 53—66 页；Atiyah，前注[86]。

[143] 参见 Richard Craswell，*Against Fuller and Perdue*，67 U. Chi. L. Rev. 99，106 - 36 (2000)。另见 Eyal Zamir & Barak Medina，Law，Economics，and Morality 294 -301，305 - 10 (2010)。

[144] 参见 Craswell，前注[143]。

[145] 出处同上，第 107 页。

[146] 出处同上，第 110 页、第 114 页、第 116 页。

[147] 出处同上，第 136—154 页。另见 Zamir，前注[139]（把恢复合同的等同性视作合同补救的第五个目标）。

[148] 参见 Craswell，前注[143]，第 136—154 页。

[149] 反派观点，参见：Dori Kimel，From Promise to Contract：Towards a Liberal Theory of Contract 89 - 100 (2003)；Daniel Markovits，*Contract and Collaboration*，113 Yale L.J. 1417，1491 - 514 (2004)。

[150] 参见 Craswell，前注[143]，第 155 页。

[151] 参见上文 2.3 节、2.5 节。

[152] 参见 Craswell，前注[143]，第 111 页、第 117 页。

[153] 焦点的概念是由 Thomas C. Schelling 提出的，参见 The Strategy of Conflict (1960)。虽然 Schelling 主要关注的是没有沟通的协调，但他也讨论了焦点在明确议价中的作用（出处同上，第 67—74 页）。关于焦点的博弈论研究的简要总结，参见 Maarten C.W. Janssen，*Focal Points*，in 2 The New Palgrave Dictionary of Economicsand the Law 150 (Peter Newman ed.，1998)。

[154] 参见上文 5.2 节。

[155] 参见 Fuller & Perdue，前注[86]，第 56—57 页。

[156] Cohen 和 Knetsch 更近期的下述分析也做出了同样的假设：David Cohen & Jack L. Knetsch，*Judicial Choice and Disparities between Measures of Economic Values*，30 Osgoode Hall L.J. 737，755 - 56 (1992)。

[157] 参见 Amos Tversky & Daniel Kahneman，*Loss Aversion in Riskless Choice*：*A Reference-Dependent Model*，106 Q.J. Econ. 1039，1046 - 47 (1991)。

[158] 参见 Botond Köszegi & Matthew Rabin，*A Model of Reference-Dependent Preferences*，121 Q.J. Econ. 1133 (2006)。另见：Botond Köszegi & Matthew Rabin，*Reference-Dependent Risk Attitude*，97 Am. Econ. Rev. 1047 (2007)；Johannes Abeler et al.，*Reference Points and Effort Provision*，101 Am. Econ. Rev. 470 (2011)。

[159] 参见：Craswell，前注[143]，第 125—127 页；Zamir，前注[139]，第 108—110 页。

[160] 参见 Fuller & Perdue，前注[86]，第 57 页。

[161] 参见：Peter Benson，*The Unity of Contract Law*，in The Theory of Contract Law：New Essays 118，127 - 38 (Peter Benson ed.，2001)；Daniel Friedmann，*The Efficient Breach Fallacy*，18 J. Legal Stud. 1，13 - 18 (1989)；Ernst J.

Weinrib, *Punishment and Disgorgement as Contract Remedies*，78 Chi.-Kent L. Rev. 55，62 – 70 (2003)。

[162]　参见下文 7.7.3 节。

[163]　参见：Louis J. Romero, *Specific Performance of Contracts in Comparative Law: Some Preliminary Observations*，27 Les Cahiers de droit 785 (1986)；Henrik Lando & Caspar Rose, *On the Enforcement of Specific Performance in Civil Law Countries*，24 Int'l Rev. L. & Econ. 473 (2004)。不同意见请参见，Rowan，前注[137]，第 18—69 页（认为法国和英国的法律在这方面的差异在理论和实践上都很重要）。《法国民法典》第 1221 条在 2016 年进行了修订。受害方的具体履行权被削减，且当"债务人的成本和债权人的利益之间明显不相称"时，不再有具体履行权——从而进一步缩小了大陆法系和普通法系之间的差距。参见 Yves-Marie Laithier, *Exécution Forcée en Nature*，in The Code Napoléon Rewritten: French Contract Law after the 2016 Reforms 257 (John Cartwright & Simon Whittaker eds., 2017)。

[164]　涉及广泛文献的一篇出色的综述，参见 Gregory Klass, *Efficient Breach*，in Philosophical Foundations of Contract Law 362 (Gregory Klass, George Letsas & Prince Saprai eds., 2014)。

[165]　参见：Kaplow & Shavell，前注[2]，第 189 页；Richard A. Posner, Economic Analysis of Law 130 (9th ed. 2014)。

[166]　参见 Richard A. Posner, *Let Us Never Blame a Contract Breaker*，107 Mich. L. Rev. 1349，1349 – 61 (2009)。

[167]　参见：Treitel，前注[137]，第 143—207 页(1988)；William S. Dodge, *The Case for Punitive Damages in Contracts*，48 Duke L.J. 629，664 – 65 (1999)；Melvin A. Eisenberg, *Actual and Virtual Specific Performance, the Theory of Efficient Breach, and the Indifference Principle in Contract Law*，93 Cal. L. Rev. 975，989 – 97 (2005)。

[168]　出处同上。第 744—745 页。

[169]　参见：Alan Schwartz, *The Case for Specific Performance*，89 Yale L.J. 271，284 – 91 (1979)；Friedmann，前注[161]，第 6—7 页。

[170]　参见 A. Mitchell Polinsky, *Risk Sharing through Breach of Contract Remedies*，12 J. Legal Stud. 427 (1983)（对风险的态度）。

[171]　参见 Robert Cooter, *Unity in Tort, Contract and Property: The Model of Precaution*，73 Cal. L. Rev. 1，11 – 19 (1985)。

[172]　可参见 Richard Craswell, *Instrumental Theories of Compensation: A Survey*，40 San Diego L. Rev. 1135 (2003)。

[173]　参见：Posner，前注[4]，第 834 – 839 页、第 880 页；Klass，前注[164]，第 362 页。

[174]　参见：Steven Shavell, *Is Breach of Contract Immoral?*，56 Emory L.J. 439 (2006)；Posner，前注[165]，第 152—153 页；Daniel Markovits & Alan Schwartz, *The*

Expectation Remedy and the Promissory Basis of Contract，45 Suffolk U. L. Rev. 799，808 - 12（2012）。

[175] 参见 Seana Valentine Shiffrin, *Must I Mean What You Think I Should Have Said?*，98 Va. L. Rev. 159（2012）。另见 Gregory Klass, *To Perform or Pay Damages*，98 Va. L. Rev. 143（2012）。

[176] 参见 Macaulay,前注[66],第 63 页。

[177] 参见 Lisa Bernstein, *Private Commercial Law in the Cotton Industry*：*Creating Cooperation through Rules*，*Norms*，*and Institutions*，99 Mich. L. Rev. 1724，1755（2001）。

[178] 参见 Daphna Lewinsohn-Zamir, *Can't Buy Me Love*：*Monetary versus In-Kind Remedies*，2013 U. Ill. L. Rev. 151，159 - 63。

[179] 另见 Christoph Engel & Lars Freund, *Behaviorally Efficient Remedies—An Experiment*（工作论文,Sep. 2017,网址：https://ssrn. com/abstract＝2988653）（在一个典型的实验中,当受试者可以购买"保险"以确保资金到达目的地时,他们更愿意为某一目标贡献金钱,而不是仅仅购买对其期望利益或信赖利益的货币保护权。）

[180] 参见 Lewinsohn-Zamir,前注[178],第 182 页。

[181] 这些考量包括违约方的自主性（参见 Kimel,前注[149],第 95—109 页）、具体履约可能会对违约方带来的困难,以及具体履约通常比执行金钱补偿成本更高这一事实。

[182] 参见 Lewinsohn-Zamir,前注[178],第 182—83 页。

[183] 关于这些方面的实验发现,参见 Ben Depoorter & Stephan Tontrup, *How Law Frames Moral Intuitions*：*The Expressive Effect of Specific Performance*，54 Ariz. L. Rev. 673（2012）。关于通过财产规则（例如具体履约）而非责任规则（例如损害赔偿）保护权利会增强禀赋效应的更普遍的观点,参见上文 6.5 节。

[184] 参见：E. Allan Farnsworth, *Your Loss or My Gain? The Dilemma of the Disgorgement Principle in Breach of Contract*，94 Yale L.J. 1339（1985）；Cooter & Ulen,前注[17],第 319—320 页；James Edelman, Gain-Based Damages：Contract，Tort，Equity and Intellectual Property 149 - 89（2002）；Melvin A. Eisenberg, *The Disgorgement Interest in Contract Law*，105 Mich. L. Rev. 559（2006）。

[185] 参见 Farnsworth,前注[137],第 338—383 页；Dobbs,前注[139],第 1170—1178 页；Edelman,前注[184]；Katy Barnett, Accounting for Profit for Breach of Contact：Theory and Practice 8 - 9（2012）。另见：Restatement（Third）of Restitution and Unjust Enrichment § 39（Am. Law Inst. 2011）（认识到可将违约获益作为对机会主义违约行为的补救措施）；Eisenberg,前注[184],第 565 - 566 页、第 578—598 页（认为违约获益利益实际上比通常实现的受到更多保护）。

[186] 参见 F.H. 20/82 Adras Ltd. v. Harlow & Jones GmbH，42(1) P.D. 221（1988），

译文见 3 Restitution L. Rev. 235 (1995)。

[187] 参见 Eyal Zamir, *Loss Aversion and the Marginality of the Disgorgement Interest*, in Shlomo Levin Book 323，329 - 37 (Asher Grunis, Eliezer Rivlin & Michael Karayanni eds.，2013，in Hebrew)。

[188] 参见 Sidney W. DeLong, *The Efficiency of Disgorgement as a Remedy for Breach of Contract*, 22 Ind. L. Rev. 737，742 - 45 (1989)。

[189] 参见上文 7.7.3 节。

[190] 参见 Richard R.W. Brooks, *The Efficient Performance Hypothesis*，116 Yale L. J. 568 (2006)。

[191] 参见：Adras (trans.)，前注[186]，第 241 页(S. Levin J. 解释道，在以色列法律中将违反合同视为不法行为的观念，与法律的经济分析不相容)，272 (Barak J. 反驳有效违约的概念，并宣称："作为一个社会与一个国家，信守承诺是我们生活的基础")；Daniel Friedmann, *Restitution of Benefits Obtained through the Appropriation of Property or the Commission of a Wrong*, 80 Colum. L. Rev. 504，515 (1980)；Eisenberg，前注[184]，第 578—580 页。另见 Seana Valentine Shiffrin, *The Divergence of Contract and Promise*, 120 Harv. L. Rev. 708 (2007)。

[192] 对于将违约获益作为违约标准补救措施的道义论反驳，参见 Weinrib，前注[161]，第 70—84 页。另见 Hanoch Dagan, *Restitutionary Damages for Breach of Contract: An Exercise in Private Law Theory*, 1 Theoretical Inq. L. 115，118 - 25 (2000)(认为信守承诺的固有价值对违约获益赔偿的合意性来说是中性的)。

[193] 参见 Eyal Zamir, Law, Psychology, and Morality: The Role of Loss Aversion 131 (2015)。

[194] 参见 Eisenberg，前注[184]，第 597—599 页。

[195] 参见 Köszegi & Rabin，前注[158]。

[196] 参见 Hart & Moore，前注[121]。

[197] 参见上文第 5 章。损失与收益的区分也许可以帮助解释为何违约获益补救——通常在违约情况下不适用——却可以在受托人违反信托义务时使用。参见：Restatement (Third) of Trusts § 100(b) (Am. Law Inst. 2012)；J. C. Shepherd, The Law of Fiduciaries 116 - 19 (1981)；Tamar Frankel, *Fiduciary Law*, 71 Cal. L. Rev. 795，829 (1983)。由于信托财产在法律上与传统上被视作受益方已有的东西(即使仅限于衡平法中的权益)，而非某样受益方有权从受托人那里接受的东西，受益方与法律决策者均更有可能把受托人产生的非法利润视作处于受益人的损失的范畴内，而非属于受益人未获得的收益的范畴内。

[198] 参见 Paul H. Robinson, Criminal Law: Case Studies and Controversies 131 (rev. ed. 2005)。

[199] 参见：Omri Ben Shahar & Ariel Porat, *Forward: Fault in American Contract Law*, 107 Mich. L. Rev. 1341，1341 (2009)；Seana Shiffrin, *Enhancing Moral Relationships through Strict Liability*, 66 U. Toronto L.J. 353 (2016)。这当然

是一种过度简化。可参见 George M. Cohen, *The Fault Lines in Contract Damages*, 80 Va. L. Rev. 1225 (1994); Fault in American Contract Law (Omri Ben Shahar & Ariel Porat eds., 2010)。该状况在其他法律体系中还要复杂得多,比如在法国体系中,案情是根据侵权法裁定的,而在英美传统下则是根据合同法裁定,并且取决于过错责任。参见 Solène Rowan, *Fault and Breach of Contract in France and England: Some Comparisons*, 22 Eur. Bus. L. Rev. 467 (2011)。

[200] 可参见 Shiffrin,前注[19]。对严格责任相对于过错责任的经济分析,大多围绕侵权展开。但是当涉及多方合同关系的情境时,经济分析也适用于合同责任。参见 Steven Shavell, Economic Analysis of Accident Law 51-64 (1987)。

[201] 参见 Wilkinson-Ryan,前注[24]。

[202] 参见 Tess Wilkinson-Ryan & Jonathan Baron, *Moral Judgment and Moral Heuristics in Breach of Contract*, 6 J. Empirical Legal Stud. 405, 417-20 (2009)。

[203] 参见 Wilkinson-Ryan & Hoffman, *Breach*,前注[54],第 1030—1032 页。

[204] 参见上文 2.3 节。

[205] 参见 Wilkinson-Ryan & Baron,前注[202],第 413—414 页。

[206] 另见 Maria Bigoni et al., *Unbundling Efficient Breach: An Experiment*, 14 J. Empirical Legal Stud. 527 (2017)。

[207] 参见 Restatement (Second) of Contracts § 203 (Am. Law. Inst. 1981)。

[208] 参见 1970 年以色列《合同法》的第六条与第七条(关于违约的补救措施)。当违约是重大违约,违约方无权要求延长履行时间作为解除合同的前提条件,而且解除合同也不会因为"不公正"而遭到反对。第六条规定,"合同中不加区分地将违约行为视为重大违约行为的一刀切的规定是无效的,除非它在订立合同时是合理的。"

[209] 可参见 Dan B. Dobbs, Dobbs Law of Remedies 245-73 (1993); Farnsworth,前注[137],第 300 页(认为缔约方"对其补救权利的议价权惊人地有限")。

[210] 参见 Restatement (Second) of Contracts § 356 (Am. Law. Inst. 1981)。参见 Larry A. DiMatteo, *A Theory of Efficient Penalty: Eliminating the Law of Liquidated Damages*, 38 Am. Bus. L. J. 633, 668-75 (2001)。

[211] 比较性的回顾,参见 Ugo Mattei, *The Comparative Law and Economics of Penalty Clauses in Contracts*, 43 Am. J. Comp. L. 427, 434-38 (1995)。

[212] 另见: Philippe Aghion & Benjamin Hermalin, *Legal Restrictions on Private Contracts Can Enhance Efficiency*, 6 J.L. Econ. & Org. 381 (1990)(讨论对合同条款的法律限制,以规避这些条款产生扭曲的信号效应); Eric L. Talley, *Contract Renegotiation, Mechanism Design, and the Liquidated Damages Rule*, 46 Stan. L. Rev. 1195 (1995)(认为罚款条款的无效会阻碍缔约方的策略性行为)。

[213] 参见 Alan Schwartz, *The Myth That Promisees Prefer Supracompensatory*

Remedies：*An Analysis of Contracting for Damage Measures*，100 Yale L. J. 369 (1990)。

[214] 参见 Treitel，前注[137]，第 212—213 页、第 214—219 页；Principles of European Contract Law，Parts I and II，Combined and Revised 453 – 56 (Ole Lando & Hugh Beale eds.，2000)；U. C. C. § 2-719 (Am. Law Inst. & Unif. Law Comm'n. 2002)。

[215] 参见 Treitel，前注[137]，第 216—217 页；Code civil [Civil Code] art. 1152 para. 2 (Fr.)；U.C.C. § 2 – 718，Comment 3(据 2003 年的修订)("一项为极小的伤害提供违约金的条款，也同样无法执行")。另见 U.C.C. § 2-719 (Am. Law Inst. & Unif. Law Comm'n. 2002)。

[216] 参见 Treitel，前注[137]，第 219—233 页。

[217] 可参见 U. C. C. § 2-615 (Am. Law Inst. & Unif. Law Comm'n. 2002)。

[218] 可参见 Larry A. DiMatteo，*Penalties as Rational Response to Bargaining Irrationality*，2006 Mich. St. L. Rev. 883，908 (2006)。

[219] 参见 Cooter & Ulen，前注[17]，第 322—323 页。

[220] 参见 James P. George，*Reimposable Discounts and Medieval Contract Remedies*，20 Loy. Consumer L. Rev. 50，68 – 79 (2007)。

[221] 可参见：Seana Shiffrin，*Remedial Clauses*：*The Overprivatization of Private Law*，67 Hastings L. J. 407 (2016)；Nathan B. Oman，*Consent to Retaliation*：*A Civil Recourse Theory of Contractual Liability*，96 Iowa L. Rev. 529，553 – 57 (2011)。

[222] 类似的分析可适用于有关不履约的结果和其他意外情况的其他条款，如英美法系的"明示条件"和其他合同条款之间的区别。参见 Melvin Aron Eisenberg，*The Limits of Cognition and the Limits of Contract*，47 Stan. L. Rev. 211，236 – 40 (1995)。

[223] 参见出处同上，第 225—227 页。

[224] 关于概率估计的常见错误，参见上文 2.2 节。

[225] 参见 Macaulay，前注[66]，第 56—60 页。

[226] 关于此现象的一般性介绍，参见上文 2.4.7 节。关于过度乐观相关现象的一般性介绍，参见上文 2.4 节。

[227] 参见 Lynn A. Baker & Robert E. Emery，*When Every Relationship Is above Average*：*Perceptions and Expectations of Divorce at the Time of Marriage*，17 Law & Hum. Behav. 439 (1993)。

[228] 参见 Eisenberg，前注[222]，第 234—235 页。参照：Hillman，前注[72]；Jeffrey J. Rachlinski，*New Law and Psychology*：*A Reply to Critics*，*Skeptics*，*and Cautious Supporters*，85 Cornell L. Rev. 739 (1999)。

[229] 参见：上文 2.2.8 节；下文 15.3.2 节。

[230] 参见前注[215]及其对应正文。

[231] 另见 Zamir & Medina,前注[143],第 301—303 页。

[232] 参见 Feldman, Schurr & Teichman,前注[125],第 536—537 页。

[233] 参见前注[125]及其对应正文。

[234] 参见上文 5.3 节。

[235] 参见：Richard R. Brooks, Alexander Stremitzer & Stephan Tontrup, *Framing Contracts：Why Loss Framing Increases Effort*, 168 J. Inst. & Theo. Econ. 62 (2012)；Tanjim Hoassain & John A. List, *The Behavioralist Factory：Increasing Productivity Using Simple Framing Manipulations*, 58 Mgmt. Sci. 2151 (2012)。关于由奖金和罚金制造的可比较的激励更一般性的论述,参见上文 2.8. 6 节。

[236] 参见 Richard M. Titmuss, The Gift of Relationship：From Human Blood to Social Policy (1971)。另见 Axel Ostman, *External Control May Destroy the Commons*, 10 Rationality & Soc'y 103 (1998)。

[237] 关于部分证实该假说的一项实验研究,参见 Carl Mellström & Magnus Johannesson, *Crowding Out in Blood Donation：Was Titmuss Right?*, 6 J. Euro. Econ. Ass. 845 (2008)。

[238] 参见 Uri Gneezy & Aldo Rustichini, *A Fine Is a Price*, 29 J. Legal Stud. 1 (2000)。

[239] 参见 Tess Wilkinson-Ryan, *Do Liquidated Damages Encourage Efficient Breach? A Psychological Experiment*, 108 Mich. L. Rev. 633, 655 - 64 (2010)。

[240] 然而,由于违约金条款可能会引发缔约各方以自身利益的理性最大化者的方式行事,它们可能会对互信的出现有不利影响。参见 Ben Depoorter, Sven Hoeppner & Lars Freund, *The Moral-Hazard Effect of Liquidated Damages：An Experiment on Contract Remedies*, 173 J. Inst. & Theoretical Econ. 84 (2017)。

[241] 参见 Wilkinson-Ryan,前注[239],第 665—667 页。

[242] 参见 Yuval Feldman & Doron Teichman, *Are All Legal Dollars Created Equal?*, 102 Nw. U. L. Rev. 223 (2008)。

8

消费者合同

8.1　绪论

　　传统上,合同被分为三个主要类别。从图式上看,公司之间签订商业合同(commercial contracts),作为其业务或专业活动的一部分;个体之间签订其专业活动之外的私人合同(private contracts);消费者合同(consumer contracts)是公司在其业务活动中与个人订立的合同,这些个人为了个人或家庭的需要而购买商品和服务(包括金融服务)。[1]其中,消费者合同是大多数人最常签订的合同。每当人们乘坐公交车、为家庭汽车购买汽油、购买食品、在智能手机下载应用程序、看电影、度假、订购互联网服务、开设银行账户或购买人寿保险时,他们都在订立消费者合同。虽然日常消费合同所涉风险通常较低,但有些合同,例如购买新公寓并为此贷款,是复杂的,且涉及高风险。

　　当消费者合同以书面形式订立时,它们几乎无一例外都是通过预先制定的标准格式进行的,而消费者几乎没有阅读过这些合同。[2]事实上,有些标准格式合同甚至在消费者做出购买决定时都无法获得。[3]因此,消费者合同与古典合同法和大部分现代合同法所设想的、由两个确定的人或组织之间单独协商的合同范式大有不同。

　　诚然,绝大多数商业合同和一些私人合同也不是单独协商的,如今在大多数商业交易和一些私人交易中,各方也使用标准格式(例如,个人可以使用他们从互联网上下载的模板)。然而,消费者合同通常有别于商业合同和私人合同之处在于,消费者合同中各方的权力、精明程度、知识以及单个消费者影响协议内容(甚至知道协议内容)的能力,严重不对称。因此,人们普遍认为政府有必要进行干预,以减轻这些不对称可能导致的不公平和低效率。

　　从假设消费者是理性最大化者的标准经济分析角度来看,只有传统的市场失灵,如垄断、信息问题和外部性,才可能需要法律干预来提高社会福利。然而,一旦理性假设被放宽,并考虑到行为学洞察,这一立场就会受到质疑。行为学的研究结果表明,即使存在竞争性市场的客观属性(如许多卖家和买家、充分的信息和无外部性),消费者的认知局限和偏差以及企业对它们的利用,也可能带来低效(和不公平)的结果,当然,认知偏差也可能会加剧传统市场失灵的不利影响。例如,如果由于短视、过度乐观和金融知识不足,借款人被怂恿以最初的低利率获得大笔贷款,而随后利率上升(要么是自动上升,要么是根据出借人控制的变量),他们很可能发现自己无法偿还这些贷款,从而导致个人危机,在极端情况下甚至导致社会危机或全球危机。[4]因此,行为经济学倡议拓宽市场失灵的概念,将行为市场失灵(behavioral market failures)也包括在内。[5]

重要的是,认识到消费者的决定往往反映了认知偏差,并且供应商系统地利用这些偏差来最大化其利润,这本身并不会产生任何规范性结论或政策结论。虽然更好地了解消费者市场的现实对政策制定至关重要,但政策决定不可避免地涉及权衡相互冲突的规范性观点。

本章并不提供关于消费者心理学大量文献的全面考察,因为这过于冗长,而且对于我们的目的来说也并不必要。[6]相反,本章重点关注消费者的判断和决策中使他们特别容易受到供应商利用,并因此可能值得法律关注的方面。[7]本章首先将说明行为学洞见对理解消费者交易的重要性,包括营销技巧(8.2 节)、定价(8.3 节)、非价格合同条款的设计(8.4节)和签约后的行为(8.5 节)。中间会提到行为学洞见的一些政策含义,但 8.6 节和 8.7 节会对这些含义进行更全面和系统的讨论。8.6 节描述包括竞争和声誉在内的市场力量可以如何减轻消费者有限理性的影响。随后,8.7 节将回顾法律可以用来提高消费者交易的公平性和效率的一些措施,如施加披露义务和规范合同内容。这一思考借鉴了第 4 章中关于行为研究结果的规范性含义的一般性讨论。[8]

值得注意的是,本章所讨论的一些问题,如某些营销和定价技巧的使用,以及客户不阅读标准格式合同的现象,并不是消费者交易所特有的。当客户是商业实体时,同样的营销技巧也会被使用;在日常交易中,商人和消费者一样不太可能阅读标准格式合同。[9]因此,本章中的大部分讨论也与非消费者合同有关。

8.2　营销技术

8.2.1　概述

在我们的日常生活中,我们经常试图说服其他人做或不做某些事情(并且经常成为其他人此类尝试的目标)。这样做时,我们不一定诉诸人们的反思和审慎能力。相反,我们经常自觉或不自觉地以一种直观和业余的方式使用各种认知和情感策略。正如埃尔达尔·沙菲尔所说,"被操纵是人类境况的一个组成部分"。[10]专业营销人员通过影响其他人的决定来谋生。因此,他们可以尝试不同的策略,并从他们的经验(和他人的经验)中了解到什么策略在什么情况下有效。使用有效的营销技术对企业在竞争性市场中的生存至关重要,对非竞争性市场中的利润最大化亦是如此。因此,企业将相当多的资源分配给营销,而包括行为学视角在内的、对营销的多学科学术研究,正在蓬勃发展。[11]

由于篇幅所限,本节并不对营销的行为学层面进行全面的考察,而是集中在一些可能与法律政策制定有关的主题上。本节不涉及一些重要的(有时是有争议的)议题,如启动和潜意识广告[12]、互惠(免费给予一些东西以创造一种负债感)[13]、对感官(视觉、听觉、嗅觉)或其他非语言刺激的使用[14],或情感品牌[15]。为了保持讨论的可控性,本节重点关注信息呈现、有限可得性、低球法(low-ball)和诱导转向法(bait-and-switch),以及宽松的退货政策。虽然定价是营销的一部分,但它值得特别关注,因此将在下一节单独讨论。

8.2.2 信息呈现

许多消费产品和服务,以及提供这些产品和服务的合同,都是相当复杂的;而消费者通常缺乏必要的知识来准确评估它们的利益、成本和风险。因此,在消费者做出购买决定之前,向他们提供真实的信息——例如在广告中——的重要性,长期以来都是消费者保护政策的基石。由于在标准的经济分析当中,合理地充分和准确的信息,是竞争性市场正常运作的关键,所以没有必要进行行为研究来确认这一点。然而,行为学研究在这方面也做出了重大贡献。具体来说,通过质疑标准经济分析中关于市场信息的假设,即消费者会从卖家未披露信息的行为中得出合乎逻辑的推断(换言之,他们认为沉默意味着低质量),并质疑由此得出的结论,即卖家有足够的动机去披露信息,行为研究对这一领域做出了贡献。[16]看来,人们普遍倾向于根据立即可得的信息来做决定,而忽略了缺失的信息[17],这也是消费者决策的特点[18]。此外,即使在关键信息不被披露的这一事实变得突显情况下,人们也可能对未被披露的信息不够怀疑(从而降低了披露信息的动机)。[19]除了这些重要的洞察之外,行为学研究的关键贡献在于,证明仅仅向消费者提供必要的信息是不够的。这些研究显示,信息的数量、披露的时间和披露的方式也同样重要——营销人员都很清楚这一点。

因此,人们认知局限的其中一个直接推论是信息过载(information overload),这意味着在任何给定的单位时间内,人们能够感知和处理的信息量是有限的,一旦超过这个限度,决策的质量就会下降。[20]人类对信息过载的常见反应,是专注于决策的几个突出方面,而忽视其他方面。因此,通过提高或降低特定信息的突显性,营销人员可以影响消费者考量的产品或交易的各个方面。某些信息更强的突显性不仅会增加它们对决策的影响,同时也会减少其他信息的影响,因为人们无法同时考虑多个方面。[21]被强调的信息,甚至不一定是真正重要或有用的。通过使在规范上不相关或不重要的属性变得突显,营销人员既吸引了人们对这些属性的注意,又转移了对更重要属性的注意力。[22]

人类感知和决策的另一个共同特征,是参照依赖。人们的感知和评估受到情境的强烈影响,而且通常是比较性的,而并非与环境无关或反映绝对的衡量标准。[23]了解到这一点,企业有时会通过以比较的方式来展示信息,从而影响消费者的决策。例如,一个香烟制造商的香烟含有相对较少的焦油,或者一个蛋黄酱制造商的产品含有较少的脂肪,那么他们可能会强调这些事实,而不是他们产品中焦油或脂肪的绝对含量——后者可能仍然相当高。[24]此外,当一个企业在其特定产品和竞争对手的产品之间进行有利的比较时,消费者可能会对该公司的其他产品产生错误的光环效应,认为它们也相对优越。[25]

同一信息的不同框架可能会使消费者产生不同的反应。[26]例如,在几项实验中,欧文·莱文和他的合作者给受试者提供了相同信息的正面和负面框架。他们发现,正面描述一个产品的属性(例如,将碎牛肉标为"75%瘦肉"),相比从负面描述("25%脂肪"),增加了购买的可能性,尽管这两种描述在实质上是相同的。[27]有趣的是,积极的描述不

271

仅增加了购买的可能性,而且在实际消费时也提升了对产品品质的事后评价(尽管程度较低)。[28]

再举个例子,说一辆汽车的油耗是 8 公里/升(KPL),相当于说其油耗是每 100 公里 12.5 升。然而,这两个框架可能会导致不同的选择。比较以下两个选择任务。在第一个任务中,消费者可以在两辆非常相似的汽车中做出选择,唯一的区别是,更贵的汽车油耗是 12 公里/升,而更便宜的汽车的油耗是 8 公里/升。在第二个任务中,唯一的区别是贵的汽车的油耗是 40 公里/升,而便宜汽车的油耗是 20 公里/升。哪一个任务中的差别更大,并会因此对购买决定产生更大的影响呢?直观但错误的答案是,在第二项选择任务中差异较大。正确的答案是第一个任务中的差异更大。在第一个选择任务中,选择便宜的汽车意味着每行驶 100 公里可以节省 4 升以上的汽油(12.5 升减去 8.33 升),而在第二个选择中,每 100 公里只节省 2.5 升汽油(5 升减去 2.5 升)。错误的来源是人们倾向于把两种计量方法——KPL 和每 100 公里的升数——都视作与油耗成线性关系,而 KPL 和油耗之间的关系实际上是曲线型的。[29]因此,要求汽车制造商以每 100 公里的油耗升数而不是 KPL 来表示油耗,可以改善消费者的决策。

最后,收到各种信息的时机(timing)也可能影响消费者的决策。一般来说,一个信息越早传达给消费者,就越有可能影响其选择。随着决策过程的推进,消费者倾向于缩小他们所考虑的选择范围(使用逐次排除法,作为一种简化技术)[30];因此,他们很可能无视与他们已经拒绝的选项有关的信息。同理,随着对某一特定选项的倾向性的增强,消费者倾向于更多地关注支持该选项的信息,而拒绝或较少关注反对该选项的信息。确认偏差、承诺升级和避免认知失调的愿望,都强化了这种现象。[31]

所有这些发现都对政策制定者和营销人员至关重要的。然而,尽管企业一直有强烈的动机去思考这些行为学洞见,以使他们的利润最大化,但监管机构在内化这些洞见方面却要缓慢很多。一些信息披露义务——在过去较多,但目前相当程度上也是如此——要求供应商向客户提供大量的信息,却没有确保信息是以一种可理解、简洁、易于比较和及时的方式提供的。近年来,行为学洞见在信息披露义务的设计中发挥着越来越大的作用,但相对于其他监管手段,许多人对其有效性仍持怀疑态度。[32]

8.2.3　限量供应

打折促销的一个共同特点是,它们只限于某个时期(通常是相当短的时期),以及一定数量的商品,诸如"售完即止"等等。[33]由此,一项研究报告指出,超过 99% 的优惠券都有有效期。[34]这些限制有各种目的,比如限制卖家的财务责任、考虑库存计划,以及促使价格歧视(在销售期向对价格敏感的顾客出售产品,而在其他时间向其他顾客收取更高的价格)。

对这些限制的其他解释植根于消费者心理学。一类解释涉及更广泛的稀缺性或不可得性现象,及其对物品合意性的影响。这些解释认为,促销的时间和数量限制,与其他通过增加物品的稀缺性来提高其主观价值的手段类似,比如对生产数量的限制("限量版")、延迟供应、声望定价,以及最大购买量限制。[35]一些与稀缺性相关的解释,例如不可得性与质量或声望之间的相互关系[36]，并不一定与打折促销相关。其他解释，例如因难以得到某样东西而产生的生理上的兴奋，在某些情况下是相关的。[37]

对促销活动中的时间和数量限制的另一种解释是损失厌恶：虽然顾客有理由认为降价是一种收益，但错过获得这种收益的机会很可能被视为一种损失。[38]一个消费者——不打折时原本可能不会购买有关的商品或服务——可能会决定购买，或购买更多，这既是因为折扣使它们更具吸引力，也是因为他害怕错过优惠。错过这样的机会，预期会引起后悔。[39]

相应地，一项对报纸零售广告的大规模研究发现，限量供应的暗示比参考定价被更频繁地使用，而且与参考定价的使用密切相关。[40]同样，一项实验研究发现，相比无时间限制的促销活动，有时间限制的促销活动在劝阻受试者继续寻找更划算的折扣上更加有效，同时也增强了他们的购买意愿，并使他们对交易的看法更加积极。[41]另一项实验研究发现，稀缺性信号明显增强了价格折扣和质量赞美对购买可能性的影响。[42]实证上也已证明，有别于无时间限制的促销，有时间限制的促销会加速购买决定。[43]对失去机会之担忧的重要性，也已经在一项关于兑换优惠券的时间模式的实证研究中得到证实。在没有有效期的情况下，兑换率会随着时间的推移稳步下降[44]，而当优惠券有有效期时，兑换率会在有效期之前大幅上升[45]。

限量供应也是时尚界常见的一种营销策略。一些时尚公司——它们只在自己的商店里销售其自有品牌——故意通过使用非常短的更新周期和限量的供应来限制产品的可得性，以期在几周内将其库存完全卖光。[46]一旦商品售罄，就不能在其他地方或其他时间购买。了解到这一点的购物者会迅速做出购买决定。他们还倾向于在购物时占有商品并随身携带，即使他们不确定最终是否会购买这些商品——这种现象被称为"店内囤积"。[47]一项现场实验发现，此类店内囤积的主要动机在于商品的感知稀缺性。[48]一旦购物者占有一件商品，他们购买它的可能性就会增加，这不仅是因为他们担心将来会失去购买的机会，也是因为禀赋效应。[49]

限量供应可能是普通营销的副产品，但也可能是被战略性地操纵的。为了引发消费者的损失厌恶和预期后悔，供应商经常制造这样的假象，即如果不尽快购买某种商品，供货将会停止，或不再会有同样优惠的条件[50]，或供应商即将停业。上述的一些营销技巧，如很短的更新周期，在市场经济中似乎是合法的，甚至为消费者创造了价值，例如满足了他们对独特性的渴望。[51]然而，其他技术，特别是涉及错误信息的技术，则不太合法。因此，欧盟《不公平商业行为指令》(Directive on Unfair Commercial Practices)将以下做法定性为不公平和误导："虚假声称一种产品只在非常有限的时间内供应，或者只在非常有限的时间内以特定的条件供应，以引导消费者立即作出决定，剥夺了消费者作出知情选择的充分机会或时间。"[52]

8.2.4 低球法和诱导转向法

预期效用理论认为，在不同的行动方案之间进行选择时，只应考虑未来的成本和收益。而与此相反，大量的研究表明，很多时候，人们在做决定时并不会忽视沉没成本（sunk costs)。相反,他们倾向于在已经投入的资源、时间或努力越多的情况下坚持下去。[53]利用这一现象的一个著名的营销实践,是所谓的低球法(low-ball)。为说服客户购买某物,销售人员一开始会把价格往低说。一旦客户同意交易,真实的、更高的价格就会被揭示。例如,可以通过解释原来的价格不包括交易的某些内容,或者通过"未能"获得主管对特殊价格的批准,来实现这一目的。[54]一个相关的营销策略,是诱导转向法(bait-and-switch):通过宣传某种产品特别诱人的报价来吸引顾客,然后劝说他们购买另一种更昂贵的产品。[55]这些技巧故意操纵消费者的决策,并经常涉及虚假陈述。因此,它们需要得到监管部门的关注。例如,美国《联邦法规汇编》(Code of Federal Regulation)和《欧盟不公平商业行为指令》都禁止诱导转向法。[56]

8.2.5　宽松的退货政策

消费者往往缺乏关于他们购买的产品、合同条款,甚至他们自身需求的信息。对于这种信息问题(以及其他困难,如证明所购买的物品与销售人员的口头介绍不一致),一个看似有吸引力的解决方案,是试用期(trial period)或冷却期(cooling-off period)——在这段时间内,消费者可以撤回交易并拿回款项,或至少是商店的积分,而不必证明合同过程中的缺陷或供应商的违约。在许多国家,包括美国,这种宽松的退货政策是标准的商业惯例。[57]冷却期让消费者有机会仔细阅读合同,冷静地考虑交易的合意性。他们可以获得关于产品的第一手经验,了解产品的功能是否符合预期,是否适合他们的需要。他们甚至可以研究其他报价。冷却期允许消费者在后续事件(如收到别人赠送的类似物品)使交易变得不必要或不合意时取消交易。知道自己可以改变主意,就可以减少购买决定的压力。自愿冷却期也表明卖方对其产品的质量有信心。[58]鉴于这些优势,许多法律体系为某些消费者交易规定了强制性的冷却期,或者至少将其作为默认规则,除非供应商明确提出替代的退货政策。[59]

然而,宽松的退货政策也有明显的缺点,即客户在事前对退货政策的看法和事后对政策的利用程度之间的差距。在合同订立阶段,退货并获得退款的权利,使购买决定变得相当容易,因为它似乎可以抵消任何可能的后悔。因此,宽松的退货政策可能会使购买产品的天平倾向于购入一个本来可能不会购买的产品。它甚至可能会被认为使当前的决策变得不必要,因为它将决策推迟到了顾客决定是保留产品还是退货的时间点。

然而,一旦交易完成,消费者获得了产品的所有权和占有权,其退回产品的可能性就会急剧下降。这其中的一个原因是实操上的。有时,行使这一权利会比预期更加繁琐,因为需要保留收据和原始包装,并将产品寄回商店(这些要求通常在标准格式合同中规定,而顾客几乎不会阅读)。[60]

不行使退货权的其他重要原因,包括现状偏差和忽略偏差,以及尤为突出的禀赋效应。[61]交易前,禀赋效应并不相关,因为对于货币或为交换而持有的商品(如商业股票)而言,不存在禀赋效应。[62]一旦消费者购买商品供自己使用,禀赋效应就很可能随之产生,导致消费者对该商品的评价更高,以及视退货为一种损失。[63]事实上,将商品送到顾客手中是一种基本的营销技巧。禀赋效应大大降低了物品被退回的可能性,即使退货成本微不足道。同样,一旦消费者购买了一个产品,且在犹豫是退货还是保留它,他很可能认为退货是主动改变现状,而保留产品是被动的决定,甚至是完全避免了决定。重要的是,在购买一件商品之前,人们会低估购买后自己对商品的重视程度,以及忽略偏差之强大。[64]因此,商贩在充分了解实际上的退货选项很少会被执行的情况下,可提供免费试用、退款保证和类似的安排来促进销量。涉及服务的交易也基本上是这种情况,比如酒店预订。如什穆埃尔·贝歇尔(Shmuel Becher)和塔尔·扎尔斯基(Tal Zarsky)所指出的,宽松的退货和取消政策看似开放,但实际可能是陷阱。[65]

这些观察引起了人们对宽松的退货政策和(强制或默认)法定冷却期之可取性的怀疑。然而,这些观察结果的规范性意义还远未明确。一方面,知道消费者可能会取消交易,可能会阻止卖家使用不恰当的营销手段;另一方面,当消费者知道他们可以重新考虑自己的购买决定,同时低估惯性的力量和自身的忽略偏差,他们在购买时可能会不那么谨慎,且尽管对产品不满意也会保留产品。[66]至少,不合理地提高行使退货选择权成本的合同条款,应该受到监管。[67]

8.3 定价

8.3.1 概述

消费者感兴趣的其中一个、往往也是唯一一个问题——也因此是消费者心理学家和行为经济学家感兴趣的问题——就是价格。根据标准经济分析,价格受市场竞争的影响很大。[68]根据理性选择理论,消费者是根据他们支付的实际价格来做决定的。然而,许多研究表明,消费者做出决定所依据的感知价格,除了实际价格之外,还取决于各种变量。感知价格受到营销技巧的影响,包括折扣和多重折扣的框架[69]、优惠券和回扣的使用、多种货币组合的支付(如现金和奖励积分或航空里程)、价格的时间性措辞(如"每天只需 60 美分")、支付方式(现金或信用卡)、商品的捆绑、价格属性的多重性和复杂性,以及支付的时机。价格感知不仅会影响是否购买某一产品或服务的决定,也会影响购买后的使用(例如,商品捆绑对沉没成本效应的调节作用),以及未来的购买决定。[70]

有时,购买一个产品的决定不仅取决于从它获得的预期享受(它的获取价值,acquisition value),还取决于从一个划算的交易中得到的满足感,或从一个无利可图的交易中得到的不满足感(交易价值,transaction value)。[71]交易价值部分取决于对价格公平性的感知,而价格公平性又取决于卖方从交易中获得的利润(只要买方知道)。[72]

标准经济分析和行为学发现之间的另一差异,涉及价格对购买决定的影响。这种差异源于这样一个事实,即人们有时会使用产品价格与质量正相关的启发式——像其他启发式方法一样,这通常是、但并非一直是合理的。更富裕和知识较少的消费者,往往比更贫穷和知识较多的消费者更依赖这种启发式。因此,对于前者来说,价格的可接受性并不是随着价格的上涨而单调递减,而是呈现为倒 U 形。也就是说,当高于某个(高)阈值或低于某个(低)阈值时,价格就是不可接受的。[73]

更为普遍的是,虽然很明显心理变量会影响价格感知和随之而来的购买决定,但确切的影响远非如此简单或直接。实验研究有时会产生矛盾的结果，甚至广泛使用的策略——如奇数定价（如 9.99 美元）和新产品的低推介价格（introductory price）——对顾客的决定也有不同的短期和长期影响，这取决于多种因素。[74]

本节并没有系统地考察这一丰富的研究体系。以下几个小节将重点讨论法律视角下特别感兴趣的几种定价策略：价格框架、多维定价、奇数定价，以及延迟的支付。

8.3.2　价格框架

标准经济分析认为，人们是根据他们期望从某种商品中获得的效用，来决定他们对金钱的支付意愿的（WTP），而且他们的估价至少是相对固定且与参照物无关的。然而，实验结果表明，情况并非如此。在一系列参考了以往锚定效应研究的实验中[75]，丹·阿里利、乔治·洛温斯坦和德拉岑·普雷莱茨（Drazen Prelec）证明，受试者对各种商品的估价受到随机锚点的强烈影响。[76]在一项实验中，受试者首先被问及是否愿意以等同于其社会安全号最后两位数的美元数额购买几种产品（例如，一瓶葡萄酒和一个无线键盘），然后被要求设定他们对产品的支付意愿（他们被告知，在某种概率下，交易将以此金额进行）。结果发现，处于社会保障号码最高五分位数的受试者愿意支付的金额，是处于最低五分位数的受试者愿意支付的金额的 2 倍以上，有时甚至是 3 倍以上。[77]

虽然这些实验中的锚点显然是随机的，但在现实生活中，消费者在评估价格和确定其支付意愿时依赖于更有意义的参照点。通常会有一个以上的可能参照点。消费者通常对一个或一类产品的普通价格有一个大致的概念（内部参考价格，internal reference price），但他们也会受到一些刺激因素的影响，如商店里展示的可比产品的价格、制造商的建议零售价（MSRP，或目录价格），以及促销活动中宣称的"正常价格"。实证研究发现，两种类型的参照点即内部和外部参照上，都会影响购买决策。[78]因此，营销人员可以通过提供（准确或不准确的）关于正常价格的信息，来影响消费者的决定。当消费者评估产品真实质量的能力有限时，这种策略尤其有效，所以消费者很可能会把较高的"正常"价格视作高质量的标志。[79]与此相关的是，营销人员可以通过提供额外的更便宜和更昂贵的产品，触发折中和吸引效应，从而影响购买决定。[80]

一项对几十项研究的综合分析发现，通过宣传参考价格，营销人员可以提高消费者对普通价格的估计，提升他们购买产品的倾向，并降低他们继续寻找其他优惠价格的倾向。[81]根据另一项大规模的元分析，在其他条件相同的情况下，优惠价格越是可信，对消费者的决策影响就越大。[82]然而，后一项元分析发现，"非常大的价格优惠，即使不可信，仍然可能会比相对较低的优惠金额对感知到的节省有更大影响。例如，如果优惠价格通过夸大的正常价格提供了难以置信的、80％的节省，那么感知到的节省就比在可信的正常价格基础上提供的 20％的节省要高。"[83]事实上，前一项元分析发现，广告中的正常价格水平与其可信度之间没有关系[84]，这使得在正常价格上做文章进行欺骗的可能性变得更加诱人。为回应这些担忧，美国联邦法规制定了反对采用价格比较手法的欺骗性广告的指南，其他国家的法规和良好做法的指南亦有此规定。[85]然而，美国的指南相当模糊，且几十年来并没有被联邦贸易委员会执行。[86]

供应商的定价行为也利用了其他的行为学洞见。除了人们对价格的感知是相对而非绝对的这一现象之外,前景理论还表明,消费者对折扣和附加费用有不同的处理。虽然这两个框架在经济上是等价的,但给予现金折扣似乎比对信用卡支付加收附加费用更有吸引力,因为前者将使用信用卡框定为一种放弃的收益,而不是一种损失。[87]由此,现金价格和信用卡价格之间的差异,通常被表述为现金折扣,而不是信用卡附加费。[88]餐厅和酒吧中常见的午餐与晚餐价格以及"欢乐时光"价格的框架也是如此。通过将晚餐和非"欢乐时光"的价格作为参照点,餐厅和酒吧引导顾客认为自己是受益者(如果他们在"欢乐时光"吃午餐或买饮料)或非受益者(如果他们在一天的其他时间吃晚餐或买饮料),但绝不会是损失者。

小幅降价(如 5%)并不会明显影响消费者的购买决定。[89]这一发现与对绝对收益增加的敏感性递减相一致。[90]一些卖家不是提供更大的折扣,而是向买家提供礼物:例如与其对公寓售价给予 1% 的折扣,卖家可能会向购买者提供按照市场价格与折扣相当的昂贵电视机。礼物相比小折扣的优越性,似乎源于它们的不同框架:因为礼物是分开估值的,所以接受它是与不接受它相比较,而非被视作一个大损失的轻微减少。这也可能是返利的基本原理之一:由于返利是在购买后的一段时间内支付给顾客的,所以它们更有可能被分开框定,而非仅被作为一个小小的价格减少。[91]更普遍的是,虽然预期效用理论认为只有金钱数额会影响交易的吸引力,但实证研究表明,优惠百分比对感知到的节省的影响,比绝对数额更大。[92]

一旦人们意识到在不同的商店购买不同的商品往往是不切实际的,事情就会变得更加复杂,因此,在哪里购物成了一个重要的决定。大多数消费者不会在商店之间进行全面的价格比较,而是使用更简单的启发式。多项研究比较了两种可能的定价策略:频繁但力度较小的折扣(例如,店内一半的商品有 20% 的折扣,或者一半时间内所有商品都有折扣),以及力度较大但不频繁的折扣(例如,五分之一的商品有 50% 的折扣,或者五分之一的时间内所有商品都有折扣)。简而言之,结论似乎是这样:因为相关信息很复杂,比较难以进行时,频率要更具影响力;而折扣的深度则在信息较为简单时更具影响力。[93]无论如何,这种启发式都可能导致消费者做出次优的决定。

从这组研究中浮现的整体图景,对传统的福利经济学来说是个坏消息。正如阿里利、洛温斯坦和普雷莱茨所指出的,如果消费者的支付意愿是高度可操纵的,甚至是任意的,那么"使消费者主权最大化的市场制度,就不一定会使消费者福利最大化"。[94]然而,如下文进一步讨论的那样,设计一个应对这种挑战的法律对策,是一项棘手的任务。[95]

8.3.3 多维且复杂的定价

许多产品、服务和合同难免是复杂的:理解它们需要专业知识,或至少需要大量的时间和精力——这些均是消费者通常缺乏的。由此产生的信息问题,可能需要政府的干预,例如,要求供应商以清晰、简明、易于比较的形式向消费者提供关键信息,或者规定最低的质量和安全标准。我们将在下文讨论这些问题。[96]在本节,我们聚焦这样一种情况:复杂性并非固有和不可避免,而是至少在某种程度上可以避免的情况——然而,供应商选择引入超出必要的复杂性，以利用消费者的认知局限和偏差（当然，在不可避免的复杂性和被操纵的复杂性之间，可能界限模糊）。这种利用消费者弱点的做法的典型表现，是多维且复杂的价格公式，但也可能涉及交易的其他方面，如金融产品的设计[97]和死抠法律条文的合同条款[98]。因此，以下讨论参照适用于其他类型的复杂性。

奥伦·巴尔-吉尔（Oren Bar-Gill）研究了美国三种常见的、在社会范围具有重要性的合同类型中的普遍定价方案：信用卡、抵押贷款和手机。[99]他发现这些定价方案非常复杂，包括许多费用、收费和罚款，其中一些是通过复杂的公式计算出来的。例如，抵押贷款和信用卡定价的一个组成部分（在众多组成部分中）是可调整利率（Adjustable Interest Rate），即利率可能由于各种触发因素而改变——有些是外部因素，有些则完全或部分由出借人控制。为了计算信贷的预期成本，借款人或持卡人应该估计这些变化的概率和幅度，以及所有其他费用、收费和罚款。然而，准确的计算需要的计算技能大多数人都缺乏。"不完全理性的借款人通过忽略复杂性来应对复杂性。他通过忽略并非突显的价格维度，来简化决策问题。而且，他对那些无法忽视的、突显的维度的影响进行近似估计，而不是精确计算。"[100]因此，借款人和其他消费者往往无法得出一个单一的总预期价格，使他们能够在市场上的金融产品和其他产品之间进行比较，并做出理性的选择。[101]意识到这一困难后，消费者通常甚至不会尝试去寻找最佳价格。[102]

对于这些观察，还可补充的是，在估计贷款的有效成本时，借款人很容易受到认知偏差的影响，例如过度乐观（关于他们按时偿还贷款的能力），以及对出借人的过度信任。[103]此外，虽然消费者在他们定期进行的交易中获得了经验和专业知识，但他们不太可能在不经常进行的大额交易中获得这样的经验，如购买房屋或购买人寿保险。最后，关于如发薪日贷款等一些交易的决定是在有压力的状态下做出的，或者受到了消费者的贫困和稀缺的不利影响，这些因素使得准确计算交易成本变得更加不可能。[104]

在一定程度上，多维且可调整的价格是有效率的，因为它们使供应商能够根据每个顾客的特殊需求、能力和风险来定制最初的交易，并根据新的、签约后的信息进行调整。这种定制可以减少顾客之间的交叉补贴。尽管如此，这些考虑似乎并不能完全解释消费者所面临的"惊人的复杂性"。[105]价格的复杂性有利于供应商的利益，因为它向顾客隐藏了交易的真实成本。不出所料，世界各地的监管机构已对这种行为市场失灵做出了反应，规定了（有时是受行为学启发的）披露义务，要求供应商简化其定价方案，或完全禁止某些定价方案。[106]

例如，直到 2008 年，在以色列，银行曾经为其服务收取数百种不同的费用，其中许多费用实际上是隐藏的。然后，在一次全面的改革中，以色列银行监督局（Israeli Supervisor of Banks）指示银行通过统一多项费用和取消几十项费用来大幅减少费用的数量。这项改革适用于为家庭和小企业提供的服务。一项实证研究发现，由于这项改革，基本活期账户服务的总费用平均以 10％的名义比率下降（实际下降比率为 15％左右）。[107]

8.3.4　延迟的或有支付

另一种旨在降低感知价格、且常与复杂定价结合使用的常见营销技巧，是延迟的或有收费。一个常见的例子,涉及这样一类资本产品(比如打印机和汽车),它们或者需要与消耗品(如墨盒)一同使用,或者可能需要定期维修和使用替换零件(如汽车的情况)。只要资本产品的制造商能够在技术上和法律上迫使购买者从他们那里购买消耗品或替换品(由于存在竞争者和反搭售规则,情况并非总是如此),它们就可以通过以生产成本或低于生产成本的价格销售资本产品,并对消耗品和替换品多收费来提高利润。[108]进一步的例子可以在信用卡合同(如延迟付款费和国外交易费)和航空公司合同(如取消费用)中找到。

在这种情况下,为了估计交易的总成本,消费者必须对即时的确定支付与延迟的或有支付的预期成本进行加总。然而,虽然人们可准确地感知即时的确定费用,但他们往往会低估延迟的或有费用。延迟的或有支付突显性较低,对它们的估计往往因短视(对未来成本的双曲贴现)和过度乐观(关于引发延迟支付的事件的可能性,如汽车故障和逾期付款)而出现偏差。[109]

与复杂性一样——复杂性既是交易价格的特征,也是交易其他方面的特征——延迟的或有成本不仅可能涉及付款,也可能涉及其他方面。例如,管辖权条款只有在合同被违反,双方诉诸法律行动时才会生效——消费者可能会低估或完全无视这种意外情况。[110]因此,这些条款会引起类似的担忧。

8.3.5　奇数定价

肯尼思·曼宁(Kenneth Manning)和戴维·斯普罗特(David Sprott)做了一个实验,向受试者展示了两支钢笔,其中一支比另一支好一些,并要求他们选择购买哪一支。[111]受试者被随机分配到四个条件中的一个,其中,这两支笔的价格分别如下:A. 2.00 美元与2.99 美元;B. 1.99 美元与 3.00 美元;C. 1.99 美元与 2.99 美元;以及 D. 2.00 美元与 3.00 美元。[112]请注意,所有条件下的价格差异几乎是相同的,从 0.99 美元到 1.01 美元不等。然而,如果把注意力放在最左边的数字上,差异就会很大,从完全没有差异(条件 A)到高出 3倍(条件 B)。与预期一致,选择较低价笔的受试者比例在条件 A 中最小(56%),在条件 B中最大(82%),条件 C 和条件 D 之间没有统计学上的显著差异(分别为 70% 和 69%)。

这些结果极大地证明了将价格设定在略低于一个整数,如 199 美元或 9.98 欧元时的效果。[113]其他受控实验,包括现场实验,都表明这种定价确能增加销量。[114]营销人员从未等待这样的证明:他们从 19 世纪开始就一直在使用这种营销技术——有点奇怪,这种营销技术被称为奇数定价(odd pricing,或译"非整数定价")。[115]根据在新西兰进行的一项抽样调查显示,大约 61% 的广告价格以数字 9 结尾,29% 以 5 结尾,8% 以 0 结尾,其余七位数字约占 3%。[116]

虽然电子收银机和信用卡的盛行降低了奇数定价的管理成本,但以整数定价在过去肯定更简单、更便宜,在消费者以现金支付时依然如此。卖家愿意承担这些成本,意味着奇数定价确实传达了一种营销优势。有人认为,当人们评估数字的意义时,他们会自发地将它们映射到一个内在的大小尺度上。鉴于十进制数字系统的逻辑,处理过程是从左到右进行的,人们理智地对最左边的数字给予更多关注。因此,99 和 100 之间的感知差异要比 98 和 99 之间大,因为后两个数字有相同的左边数字。[117]

有时,营销人员设定的价格,是以不再被使用或从未使用过的支付单位结尾。例如,在美国的加油站,每加仑的价格通常以 9/10 美分结束,尽管整美分是最小的面额。在以色列,直到最近,供应商都是以 9(*agorot*)来定价(1 新谢克尔＝100 阿高洛),尽管 1 阿高洛和 5 阿高洛的硬币早在几年前已停止生产——因此现在使用的最小的硬币是 10 阿高洛。这意味着,在买家支付现金时,价格通常会被四舍五入(如果是购买四件或更少的物品,则是向上取整的)。

只要奇数定价会诱导消费增加,它就可以说是违背了消费者的长期利益,因为它减少了储蓄。[118]然而,禁止这种营销做法会引起棘手的政策问题,而且无论如何,由于预期供应商的强烈反对,在政治上似乎并不可行。在消费品方面,禁止使用以非现行单位计价的价格——而不是完全禁止奇数定价——可能不太合理,但也许在政治上更加可行。[119]然而,这种立法不可能完全消除奇数定价,而只会促使使用流通中的最小单位来进行奇数定价。[120]

8.4 不突显的合同条款

虽然近年来包括定价在内的营销技术引起了法律学者的大量关注,但长期以来,法学家们明显更为关注消费者合同的另一个方面,即标准格式合同中的“细则”或“隐形条款”的内容和有效性。[121]法律规范通常在纠纷发生而当事人未能友好解决的情况下发挥作用。当这种情况发生时,各方会依仗他们的法律权利。具体来说,供应商往往依赖他们单方面列入标准格式合同的单方条款。法律体系的一项核心任务,是明确这些条款的含义和可执行性。

关于标准格式合同中的细则条款之有效性的持续争论,也就是现在绝大多数书面合同中的大部分条款,与事实、目标和手段有关。其中一种基本的关于事实的分歧,围绕着消费者(和其他客户)是否阅读标准格式合同展开。虽然没有人认为所有或大多数客户都会阅读标准格式合同,但一种卓有影响的法律经济理论是依赖于有知情少数(informed minority)客户会阅读的这一假设。根据知情少数理论——它曾是标准格式合同经济分析的基石——即使大多数客户不阅读细则,但只要有少数人阅读,卖家就可以向所有客户提供有效反映卖家和买家真实偏好的条款。[122]由于供应商无法区分读者和非读者,则迎合前者偏好的做法对后者也有利——由此,少数人创造了一种积极的外部性。

然而,与大多数人听闻的印象一致,最近的几项实证研究表明——首先是间接表明,然后是直接表明——几乎没有人会阅读标准格式合同,即使是在阅读轻而易举的情况下(即在线上购物时,或在自己的家里或办公室里)。一个间接的证据来自对最终用户许可协议(end-user licensing agreement, EULA)的大规模实证研究。研究发现,虽然各种最终用户许可协议在其偏向卖方的程度上明显不同,但这种偏向性和产品价格之间没有关联(在竞争性市场中,如果买方的支付意愿受到合同内容的影响,我们本应该看到这种关联)。[123]此外,亦没有发现最终用户许可协议的偏向性和该协议在购买前的可得性之间的相关性:客户在下订单前可以阅读的最终用户许可协议与无法阅读的最终用户许可协议一样,均支持卖方(这表明在这两种情况下均无知情少数)。[124]最后,对一个巨大数据集的分析提供了直接证据,该数据集追踪了数万个家庭一个月内对几十个软件零售商网站的访问。扬尼斯·巴科斯(Yannis Bakos)、弗洛伦西亚·马罗塔-武尔格勒(Florencia Marotta-Wurgler)和戴维·特罗森(David Trossen)发现,每一千名购物者中只有不到两个人(0.2%)访问了最终用户许可协议页面;如果把个人用户在该月的所有访问汇总起来,每一千人中只有大约六个人(0.6%)访问了最终用户许可协议。[125]访问了最终用户许可协议页面的极少数购物者平均访问了约 1 分钟,中位数为 32 秒,这意味着他们阅读的仅占协议篇幅的极小一部分。[126]因此,甚至是在法律经济学家当中,目前的普遍看法也似乎是,消费者不会阅读细则。[127]

一些不阅读标准格式合同的理由是完全合理的。如果所有合同都是一样的,没有供应商愿意让预先制定的条款开放协商,且合同的内容也不可能影响一个人的购买决定(例如,因为涉及的利害太低,或者因为客户知道,无论合同上说什么,供应商都会善待她),那么阅读细则就没有必要。[128]这些均是事实性假设,其有效性可能因市场不同而变化。我们不知道它们的真实性如何,因为关于这些问题的实证数据相当有限。[129]一个理性的消费者,若缺乏关于合同的多样性、可谈判性或重要性的可靠信息,就会权衡收集这些信息的成本(时间和精力)及收益(可能会影响其签约决定)。通常,明智的结论是,获取可靠信息的成本超过了其预期收益,因此,理性的做法是在理性无知的条件下进行交易。[130]标准格式合同越长、越复杂、越需要法律或其他专业知识来理解,试图解读其含义的成本就越高,完全忽略它的决定就越理性。[131]

然而,对不阅读现象还有一些并非从理性出发的解释。如果消费者由于认知能力有限,从而使用一种选择性的、字典顺序的、非补偿性的决策策略,比如说逐次排除法[132],他们很可能会关注产品的关键特征、制造商的声誉和价格等属性,而忽略诸如违约补救措施或仲裁条款等问题。如果合同的条款不太可能影响一个人的决定,那么无论阅读成本如何,为什么要费力地阅读它们?[133]当从经验中学习时,人们倾向于降低罕见事件的权重,仅仅是因为它们罕见。如果不阅读标准格式合同在以前的情况下没有产生不利后果,他们就不会阅读下一个标准格式合同,即便考虑到剥削性条款的预期成本,阅读合同才是理性的。[134]不阅读标准格式合同的其他原因,还有不耐烦和乏味。例如,当客户将一个应用程序下载到智能手机上,想立即使用,而阅读许可协议会延迟使用时,不耐烦就会有影响。[135]乏味指的是兴趣和重要性之间的常见权衡:人们可能会推荐他人阅读无聊但重要的内容,但自己却不太可能听从这个建议。[136]

此外,供应商通常在购物过程的最后才呈现他们的标准格式合同。那时,消费者可能已经在寻找和选择产品上花费了大量的时间和精力。根据理性选择理论,消费者应该无视这些沉没成本,而根据所有相关因素,包括合同条款,来决定是否完成交易。然而,一个厌恶损失的消费者,不愿看到自己已经花费的时间和精力被浪费掉,因此可能会避免阅读合同,以免自己发现合同是不可接受的。[137]由于确认偏差,人们倾向于寻求支持其决定的信息,而回避可能与之相冲突的信息,包括令人不安的合同条款。[138]最后,当一个消费者看到所有其他的消费者都没有阅读就签署了标准格式合同时,从众偏差和羊群效应则会加强其做同样事情的倾向。[139]事实上,实证证据支持这一猜想,即消费者不太可能注意他们在合同订立的最后阶段收到的信息,或即使他们注意到了,也不会受到它的影响。[140]

此外,即使消费者以某种方式觉察到了标准格式合同中不利条款的内容,这种觉察也不太可能影响他们的决定。[141]标准格式合同中的许多"隐形"条款,涉及不确定的突发事件,如突发情况、违约补救措施和争议解决。类似于延迟的不确定支付的情况,消费者很可能会因为过度乐观和短视,而低估时间上较远的和低概率的风险。[142]此外,即使在现实中发生意外事件的概率相当高,如果他们从来没有遇到过这种情况,消费者也可能因为可得性启发式,而错误地认为概率是低的。[143]

如前所述,对于标准格式合同中偏向性条款的恰当法律处理,一直存在着激烈的争论,世界各地的法律体系对此的确存在差异。我们将在下文的 8.7 节中回到此问题。

8.5　合同后行为

供应商对消费者认知偏差的利用,并没有在合同签订阶段结束。一旦合同签订——甚至在消费者收到购买的物品或开始接受合同规定的服务后更甚——现状偏差、遗漏偏差以及其他认知现象就会启动,并对消费者的行为产生强烈影响。

一个可能利用消费者的忽略偏差和拖延倾向的例子是返利。[144]返利通常不是简单的降价,而是要求顾客填写一份表格,附上购买证明,然后寄给制造商。将返利框定为一种潜在的收益(而非将不接受返利框定为一种损失),以及人们的忽略偏差和拖延倾向,共同导致了返利申请的低比例(尽管估计的比例也各有明显不同)。[145]为进一步降低该比例,一些制造商会故意让申请流程变得更加繁琐。[146]就像宽松的退货政策一样,对返利的事前评估和事后对这一权利的有限行使之间的差距——以及消费者最初对这一差距的认识不足——使卖家能够利用消费者的偏差,以相对较低的成本增加其利润。

另一个例子是在定期订阅和长期服务协议中使用续约条款,根据这些条款,除非客户通知供应商其对续约不感兴趣,否则合同会自动续约。由于强大的忽略偏差,与选择加入时的设置相比,这种设置使供应商能够大大提升合同的续约率。供应商通常会通过故意提高退出默认的成本来增强默认效应。这可能是通过设置繁琐的形式和时间要求来实现的。相应地,一些监管机构已经禁止了长期合同的自动续约,而要求消费者积极同意合同的继续执行。[147]

最后,许多长期合同授权供应商单方面改变交易条款,如提高价格或改变有线电视频道套餐。消费者为何会同意这些条款先按下不表[148],人们不禁要问,为何当供应商对合同条款做出不利的改变时,消费者往往不会终止合同并转而选择另一家供应商,即使他们有这样做的自由。有时,答案在于这种转换的成本高于其收益。

然而,在某些情况下,直接成本相当低,而且在新条款下,消费者显然不会签订合同。可以说,在这种情况下,消费者没有转到另一个供应商的一个关键原因,是他们的现状偏差和忽略偏差。[149]这种策略类似于前文讨论的低球诱导技术。标准格式合同中隐形条款造成的普遍问题、消费者的现状偏差和忽略偏差带来的具体影响,以及许多其他现象(如短视和可能过度信任供应商的正直),可能需要法律上的回应。这可能包括对单边修改条款的事前监管[150]，以及通过一般原则（如诚信履行合同的义务）或具体规则对这些条款的实际使用进行事后监督[151]。

8.6 市场解决方案

8.6.1 概述

市场失灵本身的存在——无论是传统上的（如信息问题和外部性），还是行为上的（如容易受到框架效应和确认偏差的影响）——并不是法律干预的理由。政府监管会引起原则性的反对意见，并且其收益应始终与其成本相权衡，成本包括设计和实施监管的成本、政策制定者的错误，以及监管俘获（regulation capture）的危险。因此，对监管需求的评估，应考虑到替代的解决方案，特别是基于市场的各种解决方案。

例如，在考虑如何处理信息问题时，必须记得，近年来，互联网，特别是那些提供专家和客户对产品和供应商做法的打分和评论的网站和博客，已经成为一个主要的信息来源。[152]互联网"促进了社区的建设，身处其中的用户既可以寻求知识，也可以提供回应，同时最大限度地减少时间和注意力的限制。它还允许快速检索以前在这些圈子里传递的信息"。[153]最近一项对 26 项实证研究的元分析，考察了几个变量在这方面的相对重要性。分析发现，当在线产品评论是由专家（与消费者相比）所写，并且出现在非卖家网站上时，对销售弹性的影响明显更大；评价的内容（正面或负面）比其数量的影响更大（尽管有证据表明有时数量的影响更大）。[154]

然而，在线评价并非万能。它们提供了关于产品质量和供应商如何对待客户的宝贵信息，但不一定能解决其他问题，如消费者不阅读标准格式合同（这可以说消除了供应商在起草标准格式合同时迎合消费者偏好的动机）的问题。从理论上讲，即使消费者不阅读标准格式合同，他们也有可能从其他渠道获得有关合同条款的信息。但仅有理论上的可能性是不够的。在这方面，潜在的困难包括：写评论的动力不足；过多信息以非用户友好的方式呈现——导致信息过载；消费者博客被利益相关方污染；客户不访问这些网站，或无法熟练地使用他们提供的信息。例如，巴科斯、马罗塔-武尔格勒和特罗森研究了提供软件产品信息的网站，并发现很少有购买者访问这些网站。[155]另一项研究对两个网站（Epinions 和亚马逊）的线上产品打分与合同偏向性之间的相关性进行了实证研究。[156]虽然 Epinions 上的打分与合同偏向性之间没有统计学意义上的相关性，但研究发现亚马逊上的打分与合同偏向性之间在统计上负相关：具有更偏向卖方的合同的产品，往往会吸引更高的产品打分。因此，客户的产品打分似乎并没有传达关于合同的有用信息。

除了现有的基于市场的机制，学者们还提出了新的机制来克服消费者市场失灵。一个旨在解决供应商单方面修改合同问题的提议是，把所谓的变更审批委员会（Change Approval Boards）添加为消费者合同的合同方。这些委员会将根据预先确定的政策，监督单方面的修改，而这些政策将由合同各方事先选定。[157]这样的提议对任何反对政府干预市场的人都有吸引力。然而，它们的可行性和有效性存疑。它们至今尚不存在这一事实，可能表明对它们的需求太少，或者设计和操作它们的内在困难难以解决。

尽管如此,在这一节中,我们将聚焦于更为普遍和基础的机制,可以说,下面这些机制能够免除对消费者的有限理性做出法律回应:市场竞争,特别是声誉的力量。

8.6.2 竞争

一些评论者认为,即使人们容易受到广泛和系统性的认知偏差的影响,也没有必要进行监管,因为在一个正常运作的市场中,竞争会挤出非理性行为。[158]基本论点如下:认知偏差可能导致消费者低估或高估产品。在前一种情况下,供应商有强烈的动机来纠正消费者的错误,以免他们的产品被逐出市场。即使这种纠正可能有利于销售类似商品的竞争者,企业也往往可以通过将其产品个性化来克服这一困难;而知情的消费者也可能会向他们的朋友传播这一消息。无论如何,这种错误应该不会导致供应商对消费者的剥削,而是可能会导致这些产品的市场被关闭。因认知偏差而高估产品价值,也不会转化为供应商对消费者的剥削。这是因为:(1)达尔文式的"适者生存"过程,会迫使人们从错误中学习;(2)有知识的消费者会与其他消费者分享信息;(3)竞争对手会让消费者注意到他们高估了竞品;以及(4)由于消费者受认知偏差的影响程度不同——他们为任何特定产品超额支付的意愿也因此不同——竞争会将价格推低至竞争均衡(即使一些消费者愿意为这些产品支付更多的费用)。

事实上,真正的挑战是由消费者对产品价值的系统性高估,而非低估,所带来的。然而,当我们专注于前者时,上述的论点似乎都不具说服力。至于演化论点,与企业不同——其错误可能会把它们逐出市场——有限理性的消费者不太可能会消失(而且产生人类启发式和偏差的漫长进化过程,也不太可能在短期内被逆转)。

对有知识的消费者的依赖,也同样存疑。迄今为止,实证数据并不支持至少在交易的某些方面存在知情少数的假设。[159]即便有,知情少数也可能人数过少,或其成员可能缺乏足够的激励来与其他人可靠地分享知识。此外,即使在交易的某些方面存在着知情和完全理性的多数人,营销人员要么可以针对不知情、认知受限的少数人(例如,他们会通过人口统计学变量来识别这些人),要么可以通过低成本营销机制(如垃圾邮件)来针对一般大众,或者与那些受认知偏差影响的人进行交易。[160]

同理,虽然企业偶尔会揭露竞争对手产品的缺点,或其标准格式合同的片面性[161],但它们在大多数情况下不会这样做。贬损竞争对手、它们的产品或它们的合同条款,可能风险过高,甚至适得其反。通过将消费者的注意力导向他们此前没有注意过的产品瑕疵或风险,此类策略也有可能会降低对攻击者自身产品的需求。[162]消费者可能会怀疑这种批评,认为竞争者并不真正关心他们的福祉,而只是想增加自身的销售额,甚至可能认为这种做法是不公平的。[163]此外,批评竞争对手可能会引发它们伤害性的报复。[164]最后,批评自己的竞争对手可能是一种浪费,因为消费者可能不会对新的信息作出反应,即使他们作出反应,批评的收益也可能会被其他企业共享,从而造成正外部性的搭便车(free-rider)问题。[165]

事实上,关于不突显的合同条款,现有的实证数据显示——至少在最终用户许可协议的背景下——合同偏向性和产品价格之间没有关联,合同偏向性和市场竞争性之间也没有关联。[166]更普遍来说,尽管消费者有不可否认的异质性,但只要消费者的错误大多在同一方向,他们产生的均衡,就可能有别于没有认知偏差的充分竞争市场中的预期均衡。

市场竞争不仅不太可能减少对消费者偏差的利用,而且更可能会加剧这种利用。完全理性的消费者根据交易的预期收益和预期价格(两者都可能是多维的)做出购买决定。在此假设下,竞争促使供应商通过提供最具吸引力的利益和价格组合,来迎合消费者的偏好。相比之下,有限理性的消费者根据感知到的预期利益和感知到的预期价格来做决定,而根据前文所述的研究,这两者可能都与实际有系统性的差异。根据这一假设,理性的供应商被激励提供最具吸引力的感知利益和价格组合,否则,它们就会失去业务、收入和利润。当一些企业成功地利用了消费者的系统性偏差时,不这样做的企业就会被逐出市场。[167]此外,即使企业没有刻意剥削消费者,而是碰巧使用了营销和其他技术,但由于消费者的偏差增加了它们的利润,我们可以预期,竞争会促使所有企业都使用这些技术,以免自己被赶出市场。

事实上,标准经济分析承认,由于信息问题,消费者有时会做出次优的决定。然而,传统经济分析和行为经济分析之间有两个重要区别。首先,在传统模型中,信息问题既可能导致对交易的净收益估计过高,也可能导致估计过低;其次,在传统模型中,消费者知道他们拥有的信息不完整,并会在其购买决定中考虑到这一点。相反,当认知偏差驱动决策时,它们的影响往往是系统性的、可预测的,而且消费者通常对自己的偏差一无所知,因此不太可能采取措施来对抗它们。[168]

归根结底,要判断相互冲突的分析中哪种能更准确地反映消费者市场的现实,最好方法是观察企业如何进行自我管理。根据"乐观"的分析,我们不会预期企业不断采取利用消费者偏差的做法,因为这些偏差从长远来看是不可持续的,所以试图利用它们是徒劳的;相反,"悲观"的分析预测,企业将广泛地采用这种做法。现有的实证数据显然支持悲观的分析。[169]

8.6.3 声誉

卢西恩·别布丘克(Lucian Bebchuk)和理查德·波斯纳(Richard Posner)等人认为,即使供应商在它们的标准格式合同中加入了偏向性的、不突显的条款,这也不应造成过多的担忧,因为在纸面交易和真实交易之间通常存在着差距。[170]简而言之,此观点认为供应商和消费者之间通常存在不对称性。虽然供应商是在意自己声誉的重复参与人,但消费者却不受声誉因素的限制(至少在没有机制让他们在任何特定交易中的机会主义行为在整个市场中广为人知的情况下)。由于合同语言难免是不确定的,且各方行为往往不可观察或不可核实,平衡的条款可能会让机会主义消费者获得他们没有争取的好处。而不平衡的条款使供应商能够避开这种机会主义。相反,供应商希望保持他们的声誉,所以它们会公平对待讲道理的消费者,即使合同条款允许它们不这样做。可以说,由于信息在网络上——特别是让客户对供应商的产品和做法进行评价和打分的网站和博客——的快速流动,供应商对其声誉的关注比以往任何时候都要多。[171]

这一重要论点对于理解消费者市场如何能合理良好地运作是非常关键,尽管偏向性、剥削性的标准形式合同普遍存在。[172]首先,即使在我们的信息时代,消费者市场上的信息流也远非完美,客户对信息的使用也是如此。例如,一家保险公司可能因为经常拒绝合理的保险索赔而将保费定得特别低。潜在客户可能会更关注明确且突显的低保费,而不是保险公司对索赔的处理,这是因为关于后者的信息较少且不那么明确,也是因为他们相比未来的利益更关心眼前的成本(由于他们的短视),还是因为他们低估了自己会提出保险索赔的可能性(由于过度乐观)。在供应商的声誉涉及产品诸多方面的情况下,正确评估声誉信息的能力,可能会被进一步阻碍。例如,一个航空公司的乘客关心的是及时到达,行李处理,取消政策,超额预订的风险,以及许多其他因素。在这种情况下,供应商可以强调他们擅长的方面,以试图诱导消费者高估它们的产品价值。

由于其他更多的原则性原因,声誉并非万能。其中一个原因与法律规范的作用有关。虽然对大多数人来说,在大多数时候,经济激励、社会规范和道德信念比法律制裁的威胁更加重要[173],但这并不意味着经济、社会和道德体系就不需要法律。在其他系统无法产生令人满意的结果的"病态"情况下,法律规范必不可少。例如,即使供应商在声誉和其他力量的作用下对大多数客户的投诉进行了令人满意的处理,并且即使它们不经常依赖合同中的法院选择条款,法律仍然必须决定是否要在供应商依赖这些条款而损害消费者利益的相对罕见的情况下执行这些条款。此外,经济、社会和道德规范并没有完全脱离法律体系。适当的背景法律规范有助于灌输贸易惯例和商业规范,而随后这些惯例和规范会由于声誉的力量而自行对行为人产生约束。

过度依赖声誉会带来的另一个问题是,它更可能有利于大的、长期存在的、成熟的客户——它们的商誉受到供应商的高度重视——而不利于弱的、偶然的、不成熟的客户,因为它们的商誉不受重视。[174]对于任何关心私法中分配正义的人来说,声誉的力量中的这一面向是令人不安的。[175]

最后,即使我们忽略所有上述考量,并假设企业在单方条款允许他们不如此行事的情况下仍会无差别地公平对待客户,问题仍然存在。一个给予供应商任意对待客户的无限许可的制度,对客户的自由有害。当客户"只不过是乞求者"[176],而供应商只在自行决定如此的情况下(而不是因为它们在法律上必须这样做)才会尊重客户的合法要求时,客户作为自主、自由的主体的地位,就会受到损害。[177]从福利的角度来看,无论从主观还是客观上衡量,作为一种权利而接受某种东西,比作为一种恩惠而接受同样的东西更有利于自己的福祉。[178]

8.6.4 结语

8.2节至8.5节指出了各种认知偏差的普遍性和重要性,这些偏差导致消费者做出次优决定,可能带来低效和不公平的结果。然而,识别消费者的认知偏差以及供应商对其的利用,只是法律政策制定的第一步。就像传统的市场失灵一样,行为市场失灵的存在本身,并不意味着就有必要采取法律对策。可能还有其他因素可以调节认知偏差的不利结果,而且考虑到监管的各种缺陷,监管的净收益可能比其他选择(包括什么都不做)的收益要小。考虑到这一点,本节检视这样一个问题:市场竞争,包括声誉的力量,以及其他非法律机制,是否使面对行为市场失灵时的法律回应变得没有必要? 虽然浮现出的图景很复杂,但核心结论是,我们不能依靠市场来纠正行为市场失灵。下一节将根据这一结论,简要地考虑几种行动方案。

8.7 法律解决方案

8.7.1 概述

前文描述了供应商利用消费者的认知局限与偏差的多种方式,并提出并不能期待市场本身去纠正这一点——如果市场本身真能改变什么的话,它反而可能会让情况更糟。然而,如在第 4 章中所强调的,法律不必然应该介入。[179]并非所有利用认知局限或偏差的形式都是不正当的,且并非所有不正当的利用形式都需要法律回应。划清界限是一项困难的任务,需要密切关注事实细节,以及相关的自由权、效率、再分配、公平与制度考量。[180]

政策制定者可能会使用的一种方法是建立强制冷却期,让消费者能够重新考量其最初签订合同的决定,并检验购买的产品在何种程度上符合供应商的呈现以及自身的需要。[181]我们在前文讨论了冷却期的优点与缺点。[182]

另一个不时被用于监管消费者交易的方法是默认规则。例如,根据 2009 年的《美国信用卡问责、责任与披露法案》[亦被称作《信用卡法案》(Credit CARD Act)],持卡人不能超过信用额度(即发卡方会拒绝导致持卡人超出其额度的款项),除非各方达成同意。[183]然而,尽管默认规则被证明是其他情境下强有力的监管方法,例如同意死后器官捐献的情境,以及提升员工对退休金计划参与度的情境[184],它们在当前这个情境下总体上是一个较差的方法。每当消费者与供应商的利益出现分歧,供应商能轻而易举地通过向标准格式合同植入必要条款来订立默认规则,而消费者基本上从不会阅读。[185]此外,即便消费者被要求积极且明确地同意退出,常见的认知偏差,例如过度乐观与预见自身自控问题的有限能力,几乎必然会诱导他们同意。

一个可能的默认规则种类是安全港(safe habors)。此概念是指立法机构设定了一个模糊的标准,而监管机构随后定义了一种行动方案,后者被推定为满足立法标准。不遵循该行动方案会触发更严格的审查,从而将默认规则转变为半强制形式。[186]例如,美国消费者金融保护局为出借人发布了指南,若遵守指南,则可推定出借人符合法律要求,即对借款人偿还住房抵押贷款的能力做出了合理、诚信的评判。[187]

也许对消费者的认知局限和偏差(通常伴随着传统的市场失灵和其他社会和道德问题)最激进的回应,是完全禁止某些类型的交易。例如,一项欧洲指令禁止金字塔式促销计划,即消费者"为获得报酬的机会支付费用,而这种报酬主要来自介绍其他消费者进入该计划,而不是来自产品的销售或消费"。[188]另一个例子是美国多个州颁布的发薪日贷款禁令。[189]应注意,在完全禁止某些交易与监管其内容之间的界限有时是模糊的。例如,如果限定发薪日贷款的利率使这些无担保贷款无利可图,那么限定发薪日贷款的利率则可能等同于禁止发薪日贷款。[190]无论如何,完全禁止某种类型的交易是一种严厉的措施,不适用于普通的消费者交易。

因此,在本节中,我们将重点讨论政策制定者所掌握的两类工具:披露义务和对合同内容(和执行情况)的强制性监管。我们将从前者开始讨论。

8.7.2　披露

披露义务在消费者合同领域被广泛使用。[191]设计得当的披露可以突出合同的重要属性,并帮助消费者做出最符合其利益的知情选择。披露可以避免许多更具侵入性的监管会带来的问题,因为它不限制消费者所面临的选择,并将最终决定权交给他们。因此,披露往往被视为唯一政治上可行的监管选择[192],但应强调的是,这并不是支持披露的一个基于原则的论点,其有效性取决于所讨论社会的政治格局。

对信息披露的行为学分析可以从两个方面指导政策制定者。首先,它可以识别消费者出错的地方,并准确指出可能改善他们选择的信息。消费者的有限理性和有限意志力均可能要求在签约过程中强调某些问题。其次,行为分析可以建议如何向消费者提供信息以促进更好的决策。在这方面,行为学分析促进了"智能"披露的设计,解决了诸如在何处、何时以及如何向消费者重新提供信息,以对他们的选择产生有意义的影响等问题。

关于第一点,行为学洞见对于确定要披露的信息的范围非常重要。关于产品本身的属性,应关注消费者在做出选择时可能没有完全考虑到的非突显的特征。例如,可以要求供应商以突显的方式披露产品的保修单,或者合同可能被单方面终止或改变的情形。同样,披露信息可能有助于减轻消费者在试图理解复杂的多维定价方案时所面临的困难。一种做法是,要求供应商提出一个涵盖了不同价格维度的标准化衡量标准。在美国,《真实贷款法》(Truth in Lending Act)规定的年化百分比利率(annual percentage rate,APR)试图在借贷领域实现这一目标[193],即通过向消费者提供一个显示贷款的有效成本的单一数字,促进复杂金融产品之间的比较。[194]

披露义务不需要局限于产品的属性,它们也可以与消费者有关。[195]精明的供应商往往比消费者本身更能评估消费者的未来行为。因此,金融机构可能比有限理性的消费者本人更善于预测消费者在整个合同期间的行为方式(例如,关于逾期付款和再融资);航空公司可能比乘客能更成功地评估预订是否可能发生变化;健身房可能比它们的顾客更了解他们自身实际参加的频率。为了促进消费者的有效签约选择,披露义务应在可行的情况下含括此类信息。

关于第二点,智能的信息披露应该是突显的、简单的、及时的。[196]此处的突显性是指信息披露相对于消费者所接触到的其他信息的突显性。如果披露被印在产品包装的底部,那么它可能意义不大。简洁性是指披露应该只包含必要信息,以尽量减少信息过载和复杂造成的麻木效应。有时,披露可能会被缩略为一个简单的、涵盖了产品多个方面的打分系统。[197]最后,考虑到沉没成本效应和确认偏差等现象,披露应在消费者做出购买决定之前的早期阶段提供。在合同签订过程晚期提出的披露,有可能被视为应被忽视的一种技术上的麻烦。[198]

如前所述[199],披露通常不会对选择产生有意义的影响。这种普遍观点适用于消费者合同。[200]许多披露义务要求提供非常详细和复杂的信息——结果是几乎没有人阅读这些信息。[201]此外,消费者每天都要面对的披露信息之多可能会造成麻木效应。即使消费者阅读了向他们轰炸的披露信息,由于其认知局限,他们也不可能理解这些信息并得出恰当的结论。一份明确、清晰的披露,告知消费者他同意将与供应商的所有争议诉诸仲裁,不太可能影响到消费者是否同意合同的决定,因为这个问题出现的概率很低(无论是客观上,还是在消费者主观上有偏差的分析中),而且许多消费者可能甚至不知道"仲裁"的含义。这对于那些表现出有限意志力的消费者来说尤其如此:仅仅优化提供给他们的信息,往往不足以引导他们做出能够增进其长期福祉的决定。[202]

就消费者合同而言,在披露的拼图中,还有至关重要的一块,可能会致使此类政策无效,即供应商策略性地破坏强制披露的尝试。[203]供应商可能会增加其产品的复杂性,从而导致信息披露更加复杂(假设它考虑到了所有方面),或限制其相关性(如果它没有考虑到所有方面)。[204]此外,供应商可能会尽可能推迟信息披露,以确保消费者获得信息之前已从交易中得到足够多的利益。最后,供应商可能会雇佣代理人来解释信息披露的不必要性,并将其说成是"繁文缛节"或"文书工作"。

食品标签是一个很好的例子,说明披露义务作为一种监管工具,在改变消费者选择上的局限性。传统的营养标签通常包含大量的信息,并以复杂的方式呈现(例如,100毫克的钠到底意味着什么?我吃掉的薯片到底是制造商建议单次食用量的多少倍?)。此外,这些信息往往是以不突显的方式呈现的(例如,小字号,印在盒子的侧面)。因此,有人认为这种标签对消费者行为影响不大。[205]英国和澳大利亚等国家采取的、行为驱动的标签政策,试图通过限制信息量和使用直观的颜色代码(红色=坏;琥珀色=中;绿色=好)来简化标签,并通过将标签放在包装的正面来使其更加突显。[206]虽然这种做法在理论上有其道理,但对这种标签的实证研究表明,在其对消费者决策的影响方面呈现出不一致的结果。[207]显然,产品设计、广告和促销等技术的力量,再加上即时满足的冲动,往往会盖过设计巧妙的披露的影响。[208]

很遗憾,食品标签不是一个孤例。近年来,人们在开发智能信息披露方面也做出了类似的努力,向有认知偏差的消费者告知家用电器的长期能源成本,以鼓励他们克服购买廉价但低能效产品的倾向,因为从长远来看,这些产品的成本更高。在大多数情况下,这种披露并没有成功带来预期的行为变化。[209]

当然,披露政策未必无用,也并不必然会失败。它们在持续发展,且应该用最优的可得方法来严谨地研究,以提升它们的有效性。[210]然而,就目前的情况来看,将智能信息披露视为对抗消费者认知局限的唯一、甚至主要的手段,似乎并不现实。更有效的方法,是提供进一步的助推,与披露相结合(例如,使不健康的选择不那么容易获得)[211],以及不服务于维持现有消费者选择的、更具侵入性的监管(例如禁止反式脂肪)[212]。下一小节将更详细地研究这一选项。

8.7.3 强制监管

考虑到披露义务和其他保护自由的监管手段(如默认规则)的局限性,有时对消费市场的行为(和其他)市场失灵最明智的回应,是对合同内容及其履行的强制监管。有些人将这种监管描述为"强硬家长主义"[213],但另一些人可能会认为,防止一方(消费者)被另一方(供应商)剥削,最多只是"不纯粹的家长主义",其合理性可以基于自由主义的"伤害原则"。[214]此外,它可能被描述为侵入性最小的家长主义形式——即避免积极帮助他人伤害他们自己:"不执行偏离强制性(或半强制性)规则的合同条款,只不过是国家拒绝通过执行人们的伤害性协议来帮助他们伤害自己。"[215]

从效率的视角来看,由于合同条款的无效性剥夺了各方原本可得的、可能使他们中的某些人互惠的选择,因此带来了社会成本。[216]这一论点要求在使用这一措施时小心谨慎,但并不构成原则性的反对,因为任何可以想象的管制都会产生利益和成本。[217]

其他担忧涉及监管对消费者从错误中学习的潜在不利影响,但这一观点的分量因情况不同而改变。当涉及难以去偏差化的认知错误[218],或当交易非常复杂,非专业人士几乎不可能获得必要的专业知识来处理所有相关信息,又或当错误的后果可能是破坏性的或不可逆转时,这种担忧就显得尤为无力。[219]更有说服力的担忧,涉及监管者自身的信息问题(尤其是考虑到消费者的异质性)、认知偏差,以及由于监管俘获而可能产生的别有用心。同样,这些都是适用于任何类型监管的实际关切,因此需要监管过程中的谨慎行事、专业知识的运用,以及政府制衡。[220]无论如何,鉴于大量的行为学研究指出了人们的系统性认知错误,认为每个个体一定比其他人更了解什么是自身最佳利益的说法,是站不住脚的。

为处理顾客有限的专业知识和信息处理能力,以及他们易受认知偏差影响这一点,大多数法律体系为汽车、药品、玩具和类似产品的安全制定了强制性标准,而不是要求向顾客提供相关信息供其考虑。如次贷危机所表明的,不安全的合同对个人和社会的危害,不亚于不安全的药品和玩具的危害。虽然这种考量在一些情况下要比另一些情况下更重要,但它与标准格式合同所涵盖的许多问题都有关。即使所涉及的风险和相关问题的复杂性相对较小,成本收益分析也可能表明,对合同内容的监管优于提供更好的信息和其他非强制性工具——而且这种监管对自由的限制也相当有限。[221]

事实上,公共讨论和政策制定者对市场交易强制监管的倾向,在不同的社会中有很大不同。但即使是在美国等对强制监管合同条款尤其受到争议的国家,人们对披露义务的效力也越来越失望[222];而且长期以来,这样的监管也有很多实例[223]。

直接针对行为市场失灵的监管的一个例子,可在对以色列1981年《消费者保护法》2014年的修正案中找到。该修正案规定顾客有单方面取消健身房会员资格的不可剥夺的权利,并规定了取消的条件和后果。[224]该规则认识到,在签订合同时,人们往往对预期的健身房参与表现得过于乐观,但随后由于自我控制问题而未能达到预期——这是健身俱乐部非常了解的现象。[225]

许多强制性限制,涉及在标准格式合同中消费者极其难以注意到的非突显条款,因为它们提到的是低概率事件或模糊的法律问题。事实上,这种过于笼统的无效条款,给那些对双方都有利的条款的当事人带来了成本。然而,如果在绝大多数情况下,消费者都不注意这些条款——或者即使他们注意到了,也很难理解这些条款或评估其重要性——那么这种无效性可能是合理的。因此,《德国民法典》(German Civil Code)规定,标准格式合同中的下述条款无效：否认消费者抵消无争议债务的权利；将卖方对新产品缺陷的责任条件设定为需事先对第三方提起诉讼；修改举证责任使之不利于顾客。[226]《德国民法典》与世界上其他法律体系均采用的一个较不激烈的措施是，对标准格式合同中的非突显条款进行逐案司法审查，这可能是在假定这些条款无效的背景下进行的。[227]

至于金融市场中的住房贷款方面，据估计，"近三分之一的美国家庭买不起他们的住所，超过十分之一的家庭的住所严重超出其承受能力。"[228]若确然如此，过度借贷的问题则不能通过对抵押贷款披露表格的小修小补来解决，唯一真正的解决方案可能是限制获得信贷的强制性规则。[229]例如，在以色列，消费者可以用他们的住宅抵押贷款的最高限额，是其价值的 75%。[230]

类似地，将低入门利率与高得多的长期利率相结合的贷款，对例如二年级法学专业学生（甚至他们都可能会对自己的未来收入过度乐观）等极少数消费者而言，是可以提高福利的。而更通常的情况是，它们会利用借款人的短视和金融知识的缺乏，[231]这一点任何披露都不可能完全弥补。虽然这种贷款剥夺了一小部分借款人的获利机会，但完全禁止这种贷款很可能是保护许多人的唯一有效手段，使他们不至于签订可能给他们和整个社会带来破坏性结果的合同。[232]

一个争议较小但同时也效力较低的方法，是基于一般的法律原则——如避免显失公平（unconscionability）[233]、诚信，以及创造性地使用"不利起草方解释"规则（而非特别制定的规范，例如像在德国和以色列那样，列出在标准格式合同中假定无效的条款清单，并受司法自由裁量）——对标准格式合同中的非突显条款进行司法审查。[234]

如这些例子所显示，一个重要的选择是在事前通过立法（无论是由主要立法机构还是行政机构的）使某些条款无效，还是在事后基于多多少少较广泛的标准进行司法无效化。虽然对规则（事前监管）相较于标准（事后监管）的经济分析假设人们是理性最大化者[235]，但行为分析却松动了这一假设[236]。其中，自利偏差可能会扭曲法律规范所创造的激励：相比违反明确的规则，人们更容易在标准模糊时说服自己相信自己已经合规，即便实际上并非如此（这与风险厌恶会导致过度遵守标准的预测相悖）。[237]由于各方对自己所处立场的合理性过度乐观，自利偏差也有可能会导致更多的诉讼。[238]若其法定权利是由一条简单明确的规则所定义，人们更有可能会有更强的权利感，从而由于禀赋效应更为看重其权利。[239]最后，由于人们的行为受到社会规范、教育效果和从众效应影响——而非仅受到自我利益的影响——简单的规则由于其明确性，比一般的标准更有可能形塑社会规范，从而影响行为。[240]

无论是在一般情况下还是在消费者合同监管的语境下，上面这些都并非仅有的、会影响规则和标准之间选择的考量。其他考量包括：设计和实施规范的相对成本；立法机构、行政机构和法院的相关机构能力；以及可预测性和灵活性之间可能的权衡。然而，行为学视角似乎的确会增强支持事前立法监管的理由，而非事后司法监管。[241]供应商的自利偏差可能会导致对消费者更多的剥削，并导致在一个模糊的标准体系下比在一个规则体系下更倾向于提起诉讼。同时，较低的权利感和知晓自身法律地位的困难，可能会削弱消费者维护自己权利的意愿。这些担忧加剧了消费者法中执法不力的其他原因——既有理性的原因（如供应商违规造成的损失通常较小，而诉讼成本较高），也有并非出于理性的原因

（如忽略偏差）。[242]

　　重要的是，上述分析是指在模糊的标准和简单明确的规则之间做出选择。在模糊的标准和复杂的规则系统之间做选择时，结论很可能是不同的，因为——也许与表面情况相反——复杂的规则系统与简单、一般的规则对人们行为和司法决策的影响大有不同。[243]

　　行为学视角揭示了另一种政策选择，即是满足于使某些条款无法执行，还是从一开始就禁止将其纳入消费者合同（除使其无效之外）。这种禁止也许会得到行政或刑事制裁的支持，且可以采取定义被禁止的条款或对消费者合同内容做出正向规定的形式。这种选择可能有显著的实操意义，因为供应商已经习惯性地会使用一些明知无法执行的非突显条款。[244]对此做法的解释非常直接：供应商认为许多消费者可能会错误地假设这些条款是有效的，并因此不会主张自己的权利。考虑到消费者的信息问题和有限理性，这种想法似乎有其道理。事实上，实证研究表明，许多消费者（包括相对有知识的消费者，如本科生）都会错误地认为，不可执行的免责条款是可执行的。[245]这些发现为更严厉的措施提供了支持。

　　事实上，《关于消费者合同中不公平条款的欧洲指令》呼吁成员国"为了消费者和竞争者的利益，确保有充分和有效的手段来防止卖家或供应商在与消费者签订的合同中继续使用不公平条款"。[246]针对住宅租赁等消费者合同中故意包含不可执行条款的禁令，在欧盟之外是很少见的。[247]

8.8　结语

　　与人类活动的其他领域相比，营销技术和消费者行为引起了认知心理学家和社会心理学家（包括判断和决策研究者）尤为强烈的关注。这些丰富的发现为消费者合同领域法律政策的制定提供了合理坚实的基础。当然，仍有诸多内容有待学习。例如，大多数关于消费者决策的研究都与小规模的日常交易有关。[248]这些交易固然重要，但是对于可能对消费者福利产生深远影响的大型、不经常发生的交易，法律政策制定者也同样感兴趣，例如买房、为买房而贷款，或购买人寿保险。未来的研究应该努力涵盖这种涉及重大利害的消费者决策。此外，新技术给消费市场带来的现实变化，给政策制定者带来了一系列挑战。例如，大数据的兴起可能使生产者能够根据消费者的心理特征对其进行分类，并设计产品、定价方案和营销策略，以利用每个消费者的认知弱点。[249]

　　虽有其局限性，但关于消费者心理学的现有研究结果，足以使这一领域的研究成为法律政策制定不可或缺的一环。鉴于我们对人类心理学的已有了解，完全基于消费者是理性最大化者这一假设的法律政策制定，已经不再可行。事实上，甚至在严格的行为学研究出现之前，相当部分的（尽管肯定不是全部）消费者法都拒绝了理性选择理论这一前提，而是依赖于更现实的关于消费者行为的假设（即使只是以一种直观和初级的方式）。这意味着在许多（尽管同样也不是全部）法律体系中，行为学洞察并不呼吁一场革命，而是可以启发对现有规范的解释和应用[250]，并激发必要的改革。[251]然而，在某些领域中的某些法律体系，可以说是需要更加深刻的变革。

注　　释

[1]　这种传统的三分法并非全部。最近一个有趣的发展是"共享经济"(sharing economy)的兴起,在这种经济中,个人通过互联网平台和应用程序签约,从而形成了三方关系,这种关系结合了私人合同和消费者合同的要素,给法学和行为法律分析带来了新的挑战。参见 Cait Lamberton, *Consumer Sharing: Collaborative Consumption, from Theoretical Roots to New Opportunities*, in The Cambridge Handbook of Consumer Psychology 693 (Michael I. Norton, Derek D. Rucker & Cait Lamberton eds., 2015)。

[2]　参见下文 8.4 节。

[3]　关于"先支付,后签约"(PNTL)安排,参见:Robert A. Hillman, *Rolling Contracts*, 71 Fordham L. Rev. 743 (2002); Roger C. Bern, *Terms Later Contracting: Bad Economics, Bad Morals, and a Bad Idea for a Uniform Law, Judge Easterbrook Notwithstanding*, 12 J. L. & Pol'y 641 (2003); Stewart Macaulay, *Freedom of Contract: Solutions in Search for a Problem?*, 2004 Wis. L. Rev. 777, 802‒19; Florencia Marotta-Wurgler, *Are "Pay Now, Terms Later" Contracts Worse for Buyers? Evidence from Software License Agreements*, 38 J. Legal Stud. 309 (2009);上文 7.4 节。

[4]　顺便提一下,由于这种危机预期会对借款人和出借人都产生极端不利的影响(就像 2007—2009 年美国的次贷危机那样),它很可能是交易双方都存在认知偏差的情况下产生的。

[5]　参见 Oren Bar-Gill, Seduction by Contract: Law, Economics, and Psychology in Consumer Markets 2 (2012)。

[6]　对消费者心理学广阔领域的批判性考察,包括对产品与服务的认知、情感与行为回应,参见:The Cambridge Handbook of Consumer Psychology,前注[1];Handbook of Consumer Psychology (Curtis P. Haugtvedt, Paul M. Herr & Frank R. Kardes eds., 2008)。

[7]　即便是在此相对窄的语境下,我们的讨论也相当一般化,排除了具体议题,比如供应商会利用消费者在购买象征着爱的产品与服务(例如丧葬服务)时不愿比价与议价这一点。关于此议题,参见 A. Peter McGraw et al., *The Price of Not Putting a Price on Love*, 11 Judgment & Decision Making 40 (2016)。

[8]　参见上文 4.4.3 节。

[9]　参见 Stewart Macaulay, *Non-contractual Relations in Business: A Preliminary Study*, 28 Am. Soc. Rev. 55, 57‒58 (1963)。

[10]　参见 Eldar Shafir, *Manipulated as a Way of Life*, 1 J. Marketing Behav. 245, 245 (2015)。

[11]　可参见 Handbook of Marketing (Barton Weitz & Robin Wensley eds., 2002)。营

销心理学从属于态度改变与说服的更广泛领域。参见 Zakary L. Tormala & Pablo Briñol，*Attitude Change and Persuasion*，in The Cambridge Handbook of Consumer Psychology，前注[1]，第 29 页。

[12] 可参见 Patrick T. Vargas，*Implicit Consumer Cognition*，in Handbook of Consumer Psychology，前注[6]，第 477 页。

[13] 可参见 Robert B. Cialdini，Influence：Science and Practice 18 – 50 (5th ed. 2009)。

[14] 可参见：Shmuel I. Becher & Yuval Feldman，*Manipulating*，*Fast and Slow*：*The Law of Non-verbal Market Manipulations*，38 Cardozo L. Rev. 459 (2016)；Jonathan E. Schroeder，Visual Consumption (2002)；Joann Peck & Terry L. Childres，*Effects of Sensory Factors on Consumer Behavior*：*If It Tastes*，*Smells*，*Sounds*，*and Feels Like a Duck*，*Then It Must Be …*，in Handbook of Consumer Psychology，前注[6]，第 193 页。

[15] 可参见：Marc Gobé，Emotional Branding (rev. ed. 2009)；Jill Avery & Anat Keinan，*Consuming Brands*，in The Cambridge Handbook of Consumer Psychology，前注[1]，第 180 页；Chris T. Allen，Susan Fournier & Felicia Miller，*Brands and Their Meaning Makers*，in Handbook of Consumer Psychology，前注[6]，第 781 页。

[16] 经典贡献，参见：Sanford J. Grossman，*The Informational Role of Warranties and Private Disclosure of Product Quality*，24 J.L. & Econ. 461 (1981)；Paul R. Milgrom，*Good News and Bad News*：*Representation Theorems and Applications*，12 Bell J. Econ. 380 (1981)。文献综述，参见 David Dranove & Ginger Zhe Jin，*Quality Disclosure and Certification*：*Theory and Practice*，48 J. Econ. Lit. 935 (2010)。

[17] 参见：上文 2.1.3 节、2.8.6 节、4.4.3 节；下文 13.2.3 节、13.3.1 节。

[18] 对文献与新实证证据的考察，参见 Nikolos Gurney & George Loewenstein，*Filling in the Blanks*：*What Customers Assume about Potentially Valuable but Missing Information*（工作论文，Oct. 2017，网址：https://ssrn.com/abstract＝3050641)。

[19] 参见 Ginger Zhe Jin，Michael Luca & Daniel Martin，*Is No News (Perceived as) Bad News? An Experimental Investigation of Information Disclosure*（工作论文，Aug. 2016，网址：https://ssrn.com/abstract＝2591450)

[20] 参见：Jacob Jacoby，Donald E. Speller & Carol Kohn Berning，*Brand Choice Behavior as a Function of Information Load*：*Replication and Extension*，1 J. Consumer Res. 33 (1974)；Kevin Lane Keller & Richard Staelin，*Effects of Quality and Quantity of Information on Decision Effectiveness*，14 J. Consumer Res. 200 (1987)；Ellen Peters et al.，*Less Is More in Presenting Quality Information to Consumers*，64 Med. Care Res. & Rev. 169 (2007)；Russell Korobkin，*Bounded Rationality*，*Standard Form Contracts*，*and Unconscionability*，70 U. Chi. L.

Rev. 1203，1222－25 (2003)；Lauren E. Willis，*Decisionmaking and the Limits of Disclosure：The Problem of Predatory Lending：Price*，65 Md. L. Rev. 707，767－68 (2006)。

[21] 参见 Richard Craswell，*Taking Information Seriously：Misrepresentation and Nondisclosure in Contract Law and Elsewhere*，92 Va. L. Rev. 565，583－86 (2006)(在披露义务的语境下讨论此议题)。

[22] 关于不相关信息对消费者决策的各种影响，参见 Barbara Loken，*Consumer Psychology：Categorization，Inferences，Affect，and Persuasion*，57 Ann. Rev. Psychol. 453，461 (2006)。

[23] 参见上文 2.3 节、2.5 节。

[24] 参照 Craswell，前注[21]，第 588—589 页。

[25] 参见 Cornelia Penchmann，*Do Consumers Overgeneralize One-Sided Comparative Price Claims，and Are More Stringent Regulations Needed?*，33 J. Marketing Res. 150 (1996)。

[26] 在此，我们关注非价格信息的框架。关于价格框架，参见下文 8.3.2 节。关于一般的框架效应，参见上文 2.3.4 节。

[27] 参见 Irwin P. Levin et al.，*Framing Effects in Judgment Tasks with Varying Amounts of Information*，36 Org. Behav. & Hum. Decision Processes 362 (1985)。

[28] 参见 Irwin P. Levin & Gary J. Gaeth，*How Consumers are Affected by the Framing of Attribute Information Before and After Consuming the Product*，15 J. Consumer Res. 374 (1988)。另见 Irwin P. Levin，Sandra L. Schneider & Gary J. Gaeth，*All Frames Are Not Created Equal：A Typology and Critical Analysis of Framing Effects*，76 Org. Behav. & Hum. Decision Processes 149，158－67 (1998)(回顾了关于属性框架的文献)。

[29] 参见 T.M. Schouten，J. W. Bolderdijk & L. Steg，*Framing Car Fuel Efficiency：Linearity Heuristic for Fuel Consumption and Fuel-Efficiency Ratings*，7 Energy Efficiency 891 (2014)。

[30] 参见上文 7.3.1 节。

[31] 关于此现象，参见上文 2.4.2 节、2.3.7 节。关于其他利用此现象的营销技术，参见下文 8.2.5 节、8.4 节。

[32] 参见：上文 4.4.3 节；下文 8.7.2 节。

[33] 对打折促销更广泛的经济学与行为学分析，参见 Scott A. Neslin，*Sales Promotion*，in Handbook of Marketing，前注[11]，第 310 页。

[34] 参见 J. Jeffrey Inman & Leigh McAlister，*Do Coupon Expiration Dates Affect Human Behavior?* 31 J. Marketing Res. 423，423 (1994)。另见 Daniel J. Howard，Suzanne B. Shu & Roger A. Kerin，*Reference Price and Scarcity Appeals and the Use of Multiple Influence Strategies in Retail Newspaper Advertising*，2 Soc. Influence 18 (2007)。打折促销可能会更精确或更不精确地描述这

样的限制或其他方面,且可能直白或隐晦地将其归为卖家的自由解释权。关于不同的描述对消费者认知的影响,参见 Soo-Jiuan Tan & Seow Hwang Chua, *"While Stocks Last！" Impact of Framing on Consumers' Perception of Sales Promotions*, 21 J. Consumer Marketing 343 (2004)。

[35]　参见 Michael Lynn, *Scarcity Effects on Value：A Quantitative Review of the Commodity Theory Literature*, 8 Psychol. & Marketing 45 (1991)；Michael Lynn, *The Psychology of Unavailability：Explaining Scarcity and Cost Effects on Value*, 13 Basic & Applied Soc. Psychol. 3 (1992)(下文简称为 Lynn, *Unavailability*)；Heribert Gierl, Michael Plantsch & Janine Schweidler, *Scarcity Effects on Sales Volume in Retail*, 18 Int'l Rev. Retail, Distribution & Consumer Res. 45 (2008)；Cialdini,前注[13],第 198—226 页。

[36]　参见 Michael Lynn, *Scarcity's Enhancement of Desirability：The Role of Naive Economic Theories*, 13 Basic & Applied Soc. Psychol. 67 (1992)。

[37]　参见：Jack W. Brehm & Rex A. Wright, *Perceived Difficulty, Energization, and the Magnitude of Goal Valence*, 19 J. Experimental Soc. Psychol. 21 (1983)；Lynn, *Unavailability*,前注[35],第 4 页。

[38]　参见 Howard, Shu & Kerin,前注[34]。

[39]　参见 Inman & McAlister,前注[34]。关于后悔,另见下文 14.4 节。

[40]　参见 Howard, Shu & Kerin,前注[34]。

[41]　参见 Praveen Aggarwal & Rajiv Vaidyanathan, *Use It or Lose It：Purchase Acceleration Effects of Time-Limited Promotions*, 2 J. Consumer Behav. 393, 397-99 (2003)。

[42]　参见 Gierl, Plantsch & Schweidler,前注[35],第 57—58 页。

[43]　参见 Aggarwal & Vaidyanathan,前注[41],第 394—397 页。

[44]　参见 Ronald Ward & James Davis, *Coupon Redemption*, 18(4) J. Advertising Res. 51 (1978)。

[45]　参见 Inman & McAlister,前注[34]。

[46]　参见 Sang-Eun Byun & Brenda Sternquist, *Here Today, Gone Tomorrow：Consumer Reactions to Perceived Limited Availability*, 20 J. Marketing Theory & Practice 223 (2012)。

[47]　参见 Sang-Eun Byun & Brenda Sternquist, *The Antecedents of In-Store Hoarding：Measurement and Application in the Fast Fashion Retail Environment*, 18 Int'l Rev. Retail, Distribution & Consumer Res. 133, 133 (2008)。

[48]　出处同上,第 140—144 页。

[49]　参见 Byun & Sternquist,前注[46]。关于禀赋效应,参见上文 2.3.6 节、6.2.4 节。

[50]　参见 Cialdini,前注[13],第 198—204 页；另见 Donald C. Langevoort, *Selling Hope, Selling Risk：Some Lessons for Law from Behavioral Economics about Stockbrokers and Sophisticated Customers*, 84 Cal. L. Rev. 627, 652-53 (1996)

（讨论投资经纪人的技术）。

[51]　参见 C.R. Snyder，*Product Scarcity by Need for Uniqueness Interaction*：*A Consumer Catch-22 Carousel?*，13 Basic & Applied Soc. Psychol. 9 (1992)。

[52]　参见 Item 7 of Annex I of Directive 2005/29/EC on Unfair Business-to-Consumer Commercial Practices in the Internal Market (2005)。另见 Item 15 of Annex I，涉及交易商谎称其即将倒闭，而实际上并非如此。

[53]　参见上文 2.3.7 节。

[54]　参见：Robert B. Cialdini et al.，*Low-Ball Procedure for Producing Compliance*：*Commitment then Cost*，36 J. Personality & Soc. Psychol. 463 (1978)；Shmuel I. Becher，*Behavioral Science and Consumer Standard Form Contracts*，68 La. L. Rev. 117，133 – 35 (2007)。

[55]　参见：Edward P. Lazear，*Bait and Switch*，103 J. Pol. Econ. 813 (1995)；William L. Wilkie，Carl F. Mela & Gregory T. Gundlach，*Does "Bait and Switch" Really Benefit Consumers?*，17 Marketing Sci. 273 (1998)。

[56]　参见：16 C.F.R. §238 (2016)；Item 6 of Annex I of the European Directive on Unfair Commercial Practices，前注[52]。

[57]　参见：Omri Ben-Shahar & Eric Posner，*The Right to Withdraw in Contract Law*，40 J. Legal Stud. 115，120 – 21 (2011)；Shmuel Becher & Tal Z. Zarsky，*Open Doors*，*Trap Doors and the Law*，74 Law & Contemp. Probs. 63，73 (2011)。

[58]　Becher & Zarsky，前注[57]，第 65—70 页。

[59]　出处同上，第 70—73 页。

[60]　另见下文 8.4 节。

[61]　关于这些现象，参见上文 2.3.5 节、2.3.6 节。

[62]　参见上文 2.3.6 节。

[63]　参见 Richard H. Thaler，*Toward a Positive Theory of Consumer Choice*，1 J. Econ. Behav. & Org. 39，45，46 (1980)；Smith & Nagel，前注[87]，第 101 页；Jon D. Hanson & Douglas A. Kysar，*Taking Behavioralism Seriously*：*The Problem of Market Manipulation*，74 N.Y.U. L. Rev. 630，733 – 34 (1999)；Becher & Zarsky，前注[57]，第 77—80 页。

[64]　参见 George Loewenstein & Daniel Adler，*A Bias in the Prediction of Tastes*，105 Econ. J. 929 (1995)。

[65]　参见 Becher & Zarsky，前注[57]。下文会进一步讨论（下文 8.5 节），退款会引起类似的担忧。

[66]　强制冷却期看起来也许是可取的，因为消除了（可能是误导性的）自愿冷却期之下卖家对产品质量有信心的信号（参见前注[58]与对应正文）。然而，卖家仍然可以通过提供比法律规定更为宽松的退货政策，来创造这种信号。

[67]　另见 Jeff Sovern，*Toward a New Model of Consumer Protection*：*The Problem of Inflated Transaction Costs*，47 Wm. & Mary L. Rev. 1635 (2006)。

[68] 另见 Florencia Marotta-Wurgler, *Competition and the Quality of Standard Form Contracts: A Test Using Software License Agreements*, 5 J. Empirical Legal Stud. 447, 473 (2008)。

[69] 另见 Sunil Gupta & Lee G. Cooper, *The Discounting of Discounts and Promotion Thresholds*, 19 J. Consumer Res. 401 (1992)。

[70] 相关概述,参见 Maggie Wenjing Liu & Dilip Soman, *Behavioral Pricing*, in Handbook of Consumer Psychology,前注[6],第 659 页。关于回扣,另见下文 8.5 节。

[71] 参见 Dhruv Grewal, Kent B. Monroe & R. Krishnan, *The Effects of Price-Comparison Advertising on Buyers' Perceptions of Acquisition Value, Transaction Value, and Behavioral Intentions*, 62 J. Marketing 46 (1998)。

[72] 参见 Richard H. Thaler, *Mental Accounting and Consumer Choice*, 4 Marketing Sci. 199, 205 – 07 (1985)。

[73] 相关概述,参见 Chezy Ofir & Russell S. Winer, *Pricing: Economic and Behavioral Models*, in Handbook of Marketing,前注[11],第 267, 268—270 页。价格与质量相关这一启发式亦表明,促销要么会提升品牌偏好,要么则会降低,这取决于促销的性质,以及被推销的产品。参见 Devon DelVecchio, David H. Henard & Traci H. Freling, *The Effect of Sales Promotion on Post-promotion Brand Preference: A Meta-analysis*, 82 J. Retailing 203, 203 (2006)。

[74] 参见 Kent B. Monroe, Pricing: Making Profitable Decisions 101 – 251 (3d ed. 2003)。关于奇数定价,参见下文 8.3.5 节。关于推介价格,参见 Anthony Doob et al., *Effect of Initial Selling Price on Subsequent Sales*, 11 J. Personality & Soc. Psychol. 345 (1969)(描述了多项现场实验,它们显示低推介价格在促销结束时会极大地降低销售量,并且对长期销量有不利影响)。

[75] 参见上文 2.5.3 节。

[76] 参见 Dan Ariely, George Loewenstein & Drazen Prelec, "*Coherent Arbitrariness*": *Stable Demand Curves without Stable Preferences*, 118 Q.J. Econ. 73 (2003)。

[77] 出处同上,第 75—77 页。

[78] 参见 Glenn E. Mayhew & Russell S. Winer, *An Empirical Analysis of Internal and External Reference Prices Using Scanner Data*, 19 J. Consumer Res. 62 (1992)。

[79] 参见 Tibor Scitovszky, *Some Consequences of the Habit of Judging Quality by Price*, 12 Rev. Econ. Stud. 100 (1944)。

[80] 出处同上;Liu & Soman,前注[70],第 670—672 页。关于折中效应和吸引效应,参见上文 2.5.5 节。

[81] 参见 Larry D. Compeau & Dhruv Grewal, *Comparative Price Advertising: An Integrative Review*, 17 J. Pub. Pol'y & Marketing 257 (1998)。

[82] 参见 Aradhna Krishna et al., *A Meta-analysis of the Impact of Price Presentation on Perceived Savings*, 78 J. Retailing 101 (2002)。

［83］　出处同上，第 114 页。

［84］　Compeau & Grewal，前注［81］，第 26 页。

［85］　参见：16 C.F.R. § 233（2016）（美国）；Competition Act，1985 § 74.1（3）（加拿大）。

［86］　参见 David Adam Friedman，*Reconsidering Fictitious Prices*，100 Minn. L. Rev. 921（2016）。

［87］　参见：Thaler，前注［63］，第 45 页；Robin Hogarth，Judgement and Choice 104（2d ed. 1987）；Gerald E. Smith & Thomas T. Nagle，*Frames of Reference and Buyers' Perceptions of Price and Value*，38 Cal. Mgmt. Rev. 98，99 – 101（1995）。

［88］　参见 Thaler，前注［63］，第 45 页。

［89］　参见：Albert J. Della Bitta & Kent B. Monroe，*A Multivariate Analysis of the Perception of Value from Retail Price Advertisements*，*in* 8 Advances in Consumer Res. 161 – 65（Kent B. Monroe ed.，1980）；Sunil Gupta & Lee G. Cooper，*The Discounting of Discounts and Promotion Thresholds*，19 J. Consumer Res. 401（1992）。

［90］　参见上文 2.5.6 节。

［91］　参见 Richard Thaler，*Mental Accounting Matters*，12 J. Behav. Decision Making 183，187（1999）。关于返利，另见下文 8.5 节。对绝对收益增加的敏感性递减，也揭示了为什么——与标准经济学分析相反——消费者会做出某些努力来以 20 美元而非 40 美元来购买一个产品（由此节省 20 美元），但却不会为以 2 910 美元而非 2 940 美元（由此节省 30 美元）来购买某产品而付出同样的努力。

［92］　参见 Krishna et al.，前注［82］，第 106—109 页。

［93］　可参见 Joseph W. Alba et al.，*The Effect of Discount Frequency and Depth on Consumer Price Judgments*，26 J. Consumer Res. 99（1999）。

［94］　参见 Ariely，Loewenstein & Prelec，前注［76］，第 102 页。

［95］　参见下文 8.7 节。

［96］　参见下文 8.7 节。

［97］　参见 Claire Célérier & Boris Vallée，*Catering to Investors through Security Design：Headline Rate and Complexity*，132 Q.J. Econ. 1469（2017）（讨论发放给零售投资者的复杂证券——这些产品的事后绩效较差，但会为发行的银行创造更多利润）。

［98］　参见 Florencia Marotta-Wurgler & Robert Taylor，*Set in Stone：Change and Innovation in Consumer Standard-Form Contracts*，88 N.Y.U. L. Rev. 240，253（2013）。这项对最终用户许可协议（EULA）的大规模实证研究发现，从 2003 年至 2010 年，它们的平均长度平均每年增长了 27%，且根据对于文本难度的一般衡量，它们的可读性接近于科学期刊文章。

[99] 参见 Bar-Gill,前注[5]。对于 Bar-Gill 对信用卡市场的分析的评论,参见 Joshua D. Wright, *Behavioral Law and Economics*, *Paternalism*, *and Consumer Contracts*: *An Empirical Perspective*, 2 N.Y.U. J.L. & Liberty 470 (2007)。关于类似研究的考察,参见 Michael D. Grubb, *Failing to Choose the Best Price*: *Theory*, *Evidence*, *and Policy*, 47 Rev. Indus. Org. 303 (2015)。

[100] 参见 Oren Bar-Gill, *Consumer Transactions*, in The Oxford Handbook of Behavioral Economics and the Law 465, 472 (Eyal Zamir & Doron Teichman eds., 2014)。另见 Bar-Gill,前注[5],第 18—21 页。

[101] 参见 Ronald J. Mann & Jim Hawkins, *Just until Payday*, 54 UCLA L. Rev. 855, 881-83 (2007)(讨论发薪日贷款与其他的消费信贷来源)。

[102] Grubb,前注[99],第 305—308 页。

[103] 关于此现象,参见上文 2.4.3 节、7.8.2 节。对于自身按时还款能力的过度乐观,及其负面的社会影响,同样也体现在较为简单的贷款合同中。参见 Paige Marta Skiba, *Regulation of Payday Loans*: *Misguided*?, 69 Wash. & Lee L. Rev. 1023 (2012)。

[104] 关于发薪日贷款消费者的人口学特点,参见 Edward C. Lawrence & Gregory Elliehausen, *A Comparative Analysis of Payday Loan Customers*, 26 Contemp. Econ. Pol'y 299 (2008)。关于稀缺对决策的影响,参见下文 13.4.3 节。

[105] 参见 Bar-Gill,前注[100],第 472 页。

[106] 另见下文 8.7.2 节、8.7.3 节。

[107] 参见 Amir Bachar, Bank Services Contracts—Regulation of Information and Content 91-119, 222-32(未发表的博士论文,Hebrew University of Jerusalem, 2012,希伯来语)。另见 Ruth Plato-Shinar, Banking Regulation in Israel: Prudential Regulation versus Consumer Protection 143-46 (2016)。

[108] 另见下文 10.5.2 节。

[109] 参见 Bar-Gill,前注[5],第 21—23 页、第 81—91 页、第 156—158 页。关于短视与过度乐观,可分别参见上文 2.6.2 节,以及 2.4.3 节。

[110] 另见下文 8.4 节。

[111] 参见 Kenneth C. Manning & David E. Sprott, *Price Endings*, *Left-Digit Effects*, *and Choice*, 36 J. Consumer Res. 328 (2009)。

[112] 为与惯常做法保持一致,价格中美分的部分应以上标形式显示。

[113] 关于奇数定价的丰富文献,参见 E.S. Asamoah & M. Chovancová, *The Influence of Price Endings on Consumer Behavior*: *An Application of the Psychology of Perception*, 39 Acta Universitatis Agriculturae et Silviculturae Mendelianae Brunensis 29 (2011)。

[114] 参见:Robert M. Schindler & Thomas M. Kibarian, *Increased Consumer Sales Response Though Use of 99-Ending Prices*, 72 J. Retailing 187 (1996); Eric Anderson & Duncan Simester, *Effects of $9 Price Endings on Retail Sales*:

Evidence from Field Experiments，1 Quantitative Marketing & Econ. 93。

[115] 参见 Robert M. Schindler & Alan R. Wiman，*Effects of Odd Pricing on Price Recall*，19 J. Bus. Res. 165，165 (1989)。

[116] 参见 Judith Holdershaw，Philip Gendall & Ron Garland，*The Widespread Use of Odd Pricing in the Retail Sector*，8 Marketing Bull. 53 (1997). For comparable findings elsewhere，see Monroe，前注[74]，第 106—107 页。

[117] 参见 Manoj Thomas & Vicki Morwitz，*Penny Wise and Pound Foolish：The Left-Digit Effect in Price Cognition*，32 J. Consumer Res. 55 (2005)。进一步的解释，可参见，Robert M. Schindler & Patrick N. Kirby，*Patterns of Rightmost Digits Used in Advertised Prices：Implications for Nine-Ending Effects.* 24 J. Consumer Res. 192 (1997)。

[118] 参见关于对晚年储蓄不足的问题，参见：上文 2.6.2 节、4.4.3 节；下文 13.5 节。

[119] 此禁令于 2013 年引入以色列。对此的批评，参见 Shmuel Becher，*We Demand the Penny by Hook or by Crook：Penny Wise，Dollar Foolish and Consumer Protection Legislation*，Online Isr. J. Legis (2015，希伯来语)。

[120] 对上文提到的规定对以色列定价实践的影响的实证研究，参见 Avichai Snir，Daniel Levy & Haipeng (Allan) Chen，*End of 9-Endings，Price Recall，and Price Perceptions*，155 Econ. Letters 157 (2017)。

[121] 这一庞大文献中的重要贡献包括：Friedrich Kessler，*Contracts of Adhesion—Some Thoughts about Freedom of Contract*，43 Colum. L. Rev. 629 (1943)；W. David Slawson，*Standard Form Contracts and Democratic Control of Lawmaking Power*，84 Harv. L. Rev. 529 (1971)；Alan Schwartz & Louis L. Wilde，*Intervening in Markets on the Basis of Imperfect Information：A Legal and Economic Analysis*，127 U. Pa. L. Rev. 630 (1979)；Todd D. Rakoff，*Contracts of Adhesion：An Essay in Reconstruction*，96 Harv. L. Rev. 1174 (1983)；Margaret Jane Radin，Boilerplate：The Fine Print，Vanishing Rights，and the Rule of Law (2013)。

[122] 参见 Schwartz & Wilde，前注[121]。

[123] 参见 Florencia Marotta-Wurgler，*What's in a Standard Form Contract? An Empirical Analysis of Software License Agreements*，4 J. Empirical Legal Stud. 677，708，711–12 (2007)。

[124] 参见 Marotta-Wurgler，前注[3]。

[125] 参见 Yannis Bakos，Florencia Marotta-Wurgler & David R. Trossen，*Does Anyone Read the Fine Print? Consumer Attention to Standard-Form Contracts*，43 J. Legal Stud. 1，3，16–17，19–22 (2014)。另见 Victoria C. Plaut & Robert P. Bartlett，III，*Blind Consent? A Social Psychological Investigation of Non-readership of Click-through Agreements*，36 Law & Hum. Behav. 293，295–298 (2012)(描述了主要是白人的大学生自我陈述的、关于阅读线上标准格式合同

的习惯)。

[126] 关于对上述以及相关研究的批判性综述,参见 Eyal Zamir & Yuval Farkash, *Standard Form Contracts*:*Empirical Studies*,*Normative Implications*,*and the Fragmentation of Legal Scholarship*,12 Jerusalem Rev. Legal Stud. 137, 138 - 55 (2015)。

[127] 可参见 Omri Ben-Shahar & Carl E. Schneider, More than You Wanted to Know:The Failure of Mandated Disclosure (2014);Ian Ayres & Alan Schwartz, *The No-Reading Problem in Consumer Contract Law*,66 Stan. L. Rev. 545 (2014)。

[128] 参见 Plaut & Bartlett,前注[125],第 295—299 页(描述学生自我陈述的、对不阅读线上合同的解释)。

[129] Marotta-Wurgler 的研究表明,在终端用户软件市场中,尽管不同的合同之间在某些方面存在极高的相似性,它们之间的差异性远超许多评论者的假设。参见 Marotta-Wurgler,前注[123],第 702—703 页。

[130] 参见 Robert A. Prentice, *Contract-Based Defenses in Securities Fraud Litigation*:*A Behavioral Analysis*,2003 U. Ill. L. Rev. 337,358 - 62。

[131] 这是另一个复杂性可以如何服务于供应商利益的体现。参见上文 8.3.3 节(具体来说,参见前注[98]及其对应正文)。

[132] 参见上文 7.3.1 节。

[133] 参见 Korobkin,前注[20],第 1233—1234 页。

[134] 参见 Yefim Roth, Michaela Wänke & Ido Erev, *Click or Skip*:*The Role of Experience in Easy-Click Checking Decisions*,43 J. Consumer Res. 583 (2016)。

[135] 一般性的讨论,参见 Stephen J. Hoch & George F. Loewenstein, *Time-Inconsistent Preferences and Consumer Self-Control*,17 J. Consumer Res. 492 (1991)。

[136] 参见 Rachel Barkan, Shai Danziger & Yaniv Shani, *Do as I Say*,*Not as I Do*:*Choice-Advice Differences in Decisions to Learn Information*,125 J. Econ. Behav. & Org. 57 (2016)。

[137] 参见:Becher,前注[54],第 125—131 页;Doron Teichman, *Too Little*,*Too Much*,*Not Just Right*:*Behavioral Analysis and the Desirable Regulation of Consumer Contracts*,9 Jerusalem Rev. Legal Stud. 52,54 - 57 (2014)。关于承诺升级,参见上文 2.3.7 节。

[138] 参见 Teichman,前注[137],第 55 页。关于确认偏差,参见上文 2.4.2 节。

[139] 另见:Becher,前注[54],第 132—133 页;Abhijit V. Banerjee, *A Simple Model of Herd Behavior*,107 Q. J. Econ. 797 (1992);Yi-Fen Chen, *Herd Behavior in Purchasing Books Online*,24 Computers Hum. Behav. 1977 (2008);上文 2.4.6 节。

[140] 参见 Jeff Sovern, *Preventing Future Economic Crises through Consumer Protection Law or How the Truth in Lending Act Failed the Subprime Borrowers*,71 Ohio State L.J. 761,779 - 86 (2010)。

[141] 参见 Korobkin,前注[20],第 1234 页。

［142］ 参见 Becher，前注［54］，第 147—150 页。另见上文 2.4.3 节、2.6.2 节、8.3.4 节。

［143］ 参见：Becher，前注［54］，第 144—147 页；Korobkin，前注［20］，第 1232—1233 页。关于可得性，参见上文 2.2.6 节。关于为什么人们不阅读标准格式合同（即使阅读也不太注意其内容）的进一步行为解释清单，参见 Prentice，前注［130］，第 362—378 页。

［144］ 关于忽略偏差与拖延，分别参见上文 2.3.5 节与 2.6.1 节。虽然我们是在合同后行为的语境下讨论返利，但这也是一种营销技术与定价方法——这些议题分别在上文 8.2 节与 8.3 节有所讨论。

［145］ 参见 Sovern，前注［67］，第 1638 页。

［146］ 出处同上。第 1640—1641 页。

［147］ 可参见 Sec. 13A of the Israeli Consumer Protection Law，1981（as added in 2008）。对自动续约的一种更宽松的监管，参见 item（h）in the Annex to the European Directive 93/13/EEC on Unfair Terms in Consumer Contracts（1993）。

［148］ 关于此问题，参见上文 8.4 节。

［149］ 参见 Becher，前注［54］，第 138—140 页。在此，供应商也可以通过提高终止关系的成本来使问题恶化。

［150］ 参见 Sec. 308（4）of the German Civil Code；Sec. 4（4）of the Israeli Standard Contracts Law，1982。

［151］ 参见 Oren Bar-Gill & Kevin Davis，*Empty Promises*，84 S. Cal. L. Rev. 1（2010）。

［152］ 参见 Adam Thierer et al.，*How the Internet，the Sharing Economy，and Reputational Feedback Mechanisms Solve the "Lemons Problem"*，70 U. Miami L. Rev. 830（2016）。

［153］ 参见 Shmuel I. Becher & Tal Z. Zarsky，*E-contract Doctrine 2.0：Standard Form Contracting in the Age of Online User Participation*，14 Mich. Telecom & Tech. L. Rev. 303，320，327（2008）。另见 Omri Ben-Shahar，*The Myth of the "Opportunity to Read" in Contract Law*，5 Eur. Rev. Cont. Law 1，33（2009）。

［154］ 参见 Kristopher Floyd et al.，*How Online Product Reviews Affect Retail Sales：A Meta-analysis*，90 J. Retailing 217（2014）。

［155］ 参见 Bakos，Marotta-Wurgler & Trossen，前注［125］，第 21—22 页（发现"在至少访问了两个页面的 131 729 次操作中，只有 3 个购物者访问了消费者评论网站中带有最终用户许可协议信息的页面"，在每月的汇总水平上，有 16.8% 的访问"至少访问了 25 个消费者网站中的一个，但这一行为没有任何方面是与最终用户许可协议有关"）。

［156］ 参见 Nishanth V. Chari，*Disciplining Standard Form Contract Terms through Online Information Flows：An Empirical Study*，85 N. Y. U. L. Rev. 1618（2010）。

［157］ 参见 Bar-Gill & Davis，前注［151］，第 36—41 页。

［158］ 参见：Richard A. Epstein, *Behavioral Economics*：*Human Errors and Market Corrections*, 73 U. Chi. L. Rev. 111, 118‐32 (2006)；Fred S. McChesney, *Behavioral Economics*：*Old Wine in Irrelevant New Bottles?*, 21 S. Ct. Econ. Rev. 43, 58, 61‐66 (2013)。

［159］ 参见上文 8.4 节。

［160］ 参见 Jeffrey J. Rachlinski, *Cognitive Errors*, *Individual Differences*, *and Paternalism*, 73 U. Chi. L. Rev. 207, 226‐29 (2006)。

［161］ 参见 David Gilo & Ariel Porat, *Viewing Unconscionability through a Market Lens*, 52 Wm. & Mary L. Rev. 133, 163‐67 (2010)。

［162］ 参见：Xavier Gabaix & David Laibson, *Shrouded Attributes*, *Consumer Myopia*, *and Information Suppression in Competitive Markets*, 121 Q. J. Econ. 505 (2006)（分析具有隐性附加价格的产品市场中的均衡状况）；John Y. Campbell, *Household Finance*, 61 J. Fin. 1553, 1585‐89 (2006)（在零售金融市场的语境下讨论此问题）；Gilo & Porat, 前注［161］, 第 170—172 页。

［163］ 参见 Alina B. Sorescu & Betsy D. Gelb, *Negative Comparative Advertising*：*Evidence Favoring Fine-Tuning*, 29 J. Advertising 25 (2000)。

［164］ 参见 Ming-Jer Chen & Danny Miller, *Competitive Attack*, *Retaliation*, *and Performance*：*An Expectancy-Valence Framework*, 15 Strategic Mgmt. J. 85 (1994)（从理论上和实证上研究了影响报复可能性的几个变量）。

［165］ 参见 Gilo & Porat, 前注［161］, 第 174 页。

［166］ 参见 Marotta-Wurgler, 前注［68］。

［167］ 参见 Gabaix & Laibson, 前注［162］；Campbell, 前注［162］, 第 1585—1589 页；Paul Heidhues & Botond Kőszegi, *Exploiting Naïvete about Self-Control in the Credit Market*, 100 Am. Econ. Rev. 2279 (2010)；Bar-Gill, 前注［5］, 第 7—10 页；Jon D. Hanson & Douglas A. Kysar, *Taking Behavioralism Seriously*：*Some Evidence of Market Manipulation*, 112 Harv. L. Rev. 1420, 1551‐53 (1999)；Korobkin, 前注［20］, 第 1234—1244 页；Ran Spiegler, *Choice Complexity and Market Competition*, 8 Ann. Rev. Econ. 1 (2016)。

［168］ 参见 Bar-Gill, 前注［5］, 第 9 页。

［169］ 参见出处同上, 第 51—115 页、第 116—184 页、第 185—247 页（分别从实证角度研究公司在信用卡、抵押贷款和移动电话市场的做法）；Hanson & Kysar, 前注［167］（讨论烟草业操纵消费者的证据）。在本章前几节讨论的许多研究中, 也浮现出了同样的图景。

［170］ 参见 Lucian A. Bebchuk & Richard A. Posner, *One-Sided Contracts in Competitive Consumer Markets*, 104 Mich. L. Rev. 827 (2006)。另见 Jason Scott Johnston, *The Return of Bargain*：*An Economic Theory of How Standard-Form Contracts Enable Cooperative Negotiation between Businesses and Consumers*, 104 Mich. L. Rev. 857 (2006)。

[171]　关于分享消费者信息的方法及其局限性，参见：Nishanth V. Chari，*Disciplining Standard Form Contract Terms through Online Information Flows：An Empirical Study*，85 N.Y.U. L. Rev. 1618 (2010)；Zamir & Farkash，前注[126]，第159—160 页；上文 8.6.1 节。

[172]　参见 Radin，前注[121]，第 190—192 页。

[173]　参见 John Kidwell，*A Caveat*，1985 Wis. L. Rev. 615。

[174]　参见 Margaret Jane Radin，*Boilerplate Today：The Rise of Modularity and the Waning of Consent*，104 Mich. L. Rev. 1223，1228 (2006)；Shmuel I. Becher，*Asymmetric Information in Consumer Contracts：The Challenge That Is Yet to Be Met*，45 Am. Bus. L. J. 723，747 - 48 (2008)。

[175]　该担忧被一个事实加剧，即不老练的客户更有可能错误地假设合同条款是有效的，即便它们实际上无效。参见下文第 322—323 页。

[176]　参见 Todd D. Rakoff，*The Law and Sociology of Boilerplate*，104 Mich. L. Rev. 1235，1236 (2006)。

[177]　参照 Alon Harel，Why Law Matters 147 - 90 (2014)（在对道德与政治权利的宪法保护的语境下提出了类似的观点）。

[178]　参见 Daphna Lewinsohn-Zamir，*In Defense of Redistribution through Private Law*，91 Minn. L. Rev. 326，358 - 60，362 - 65 (2006)。

[179]　参见上文 4.4.2 节。

[180]　参见 Cass R. Sunstein，*Fifty Shades of Manipulation*，1 J. Marketing Behav. 213 (2015)（在市场操控的语境下讨论了这些问题）。文后附有对改论文的七篇评论与一个回应（出处同上，第 245—362 页）。

[181]　可参见：Article 9 of the European Directive 2011/83/EU on Consumer Rights (2011)（规定了 14 天内可以退出远程合同或非现场合同的期限）；Sections 14-14G of the Israeli Consumer Protection Law，1981，and the Consumer Regulations (Cancellation of Transaction)，2010（规定了各种类型的消费者交易的强制冷却期，包括在实体店进行的普通交易）。

[182]　参见上文 8.2.5 节。

[183]　参见 § 102，123 Stat. 1738 - 40。

[184]　参见上文 4.4.3 节。

[185]　参见 Lauren E. Willis，*When Nudges Fail：Slippery Defaults*，80 U. Chi. L. Rev. 1155 (2013)。

[186]　参见 Bar-Gill，前注[100]，第 484 页。许多其他的法律原则倾向于模糊默认规则与强制性规则之间的界限。参见 Eyal Zamir，*The Inverted Hierarchy of Contract Interpretation and Supplementation*，97 Colum. L. Rev. 1710，1738 - 50 (1997)。

[187]　参见 Ability-to-Repay and Qualified Mortgage Standards Under the Truth in Lending Act (Regulation Z)，78 Fed. Reg. 6408 (2013)。

[188]　参见 Item 14 of Annex I of Directive 2005/29/EC on Unfair Business-to-Consumer Commercial Practices in the Internal Market (2005)。

[189]　有一些州完全禁止此类消费信贷,而另一些则只禁止重复的发薪日贷款,这可能会特别严重地损害到出借人的利益。关于这些禁令以及它们的优点与缺点,参见:Mann & Hawkins,前注[101];Skiba,前注[103](批评了这些禁令)。

[190]　参见 John Y. Campbell et al., *Consumer Financial Protection*, 25 J. Econ. Persp. 91, 102, 103 (2011)。

[191]　关于披露政策的一般讨论,参见上文 4.4.3 节。本节以一般讨论为基础,仅强调与消费者领域的信息披露相关的一些独特问题。

[192]　参见 Bar-Gill,前注[5],第 32 页。

[193]　参见 Truth in Lending Act, Pub. L. No. 90-321, § 107, 82 Stat. 146, 149 (1968)(经修订后编纂于 15 U.S.C. § 1606 (2012))(定义年化百分比利率)。

[194]　事实上,由于披露的时机和计算的方式,年化百分比利率并没有完美地实现此目标。参见 Oren Bar Gill, *The Law, Economics, and Psychology of Subprime Mortgage Contracts*, 94 Cornell L. Rev. 1073, 1140-47 (2009)。

[195]　参见 Oren Bar-Gill & Oliver Board, *Product Use Information and the Limits of Voluntary Disclosure*, 14 Am. L. & Econ. Rev. 235 (2012)。

[196]　参见 Cass Sunstein, *Nudges.Gov: Behaviorally Informed Regulation*, in The Oxford Handbook of Behavioral Economics and the Law,前注[100],第 719 页、第 727—733 页。

[197]　参见 Russell Korobkin, *Comparative Effectiveness Research as Choice Architecture: The Behavioral Law and Economics Solution to the Health Care Cost Crisis*, 112 Mich. L. Rev. 523 (2014)。

[198]　另见上文 8.2.3 节。

[199]　另见上文 4.4.3 节。

[200]　关于强制披露的缺陷的详细评述,参见 Ben-Shahar & Schneider,前注[127], 59-118 (2014)。

[201]　例如,根据关于消费者权利的 Article 6(1) of the European Directive 2011/83/EU (2011),在任何远程或非现场销售中,销售商必须向消费者提供关于产品的 20 个(!)不同方面的明确信息。世界各地的许多消费者法律中都有类似的义务。

[202]　参见 Ryan Bubb & Rischard Pildes, *How Behavioral Economics Trims Its Sails and Why*, 127 Harv. L. Rev. 1593, 1649-52 (2014)。

[203]　出处同上,第 1648—1649 页;上文 8.2.2 节。

[204]　例如,年化百分比利率即是如此。随着出借人将成本转移到年化百分比利率之外的价格维度,它就会变得不那么相关。参见 Bar-Gill,前注[194],第 1144 页。

[205]　参见 Gerda I. J. Feunekes et al., *Front-of-Pack Nutrition Labelling: Testing Effectiveness of Different Nutrition Labelling Formats Front-of-Pack in Four European Countries*, 50 Appetite 57, 58 (2008)。

[206] 参见 C. A. Roberto & N. Khandpur，*Improving the Design of Food Labels to Promote Healthier Food Choices and Reasonable Portion Sizes*，38 Int'l J. Obesity S25（2014）。

[207] 参见：Gary Sacks, Mike Rayner & Boyd Swinburn，*Impact of Front-of-Pack "Traffic-Light" Nutrition Labelling on Consumer Food Purchases in the UK*，24 Health Promotion Int'l 344（2009）（对实际选择的前后对比研究中，没有发现影响）；Robert Hamlin & Lisa McNeill，*Does the Australasian "Health Star Rating" Front of Pack Nutritional Label System Work?*，8 Nutrients 327（2016）（实验研究发现，标签并不影响产品的选择）；Pauline Ducrot et al.，*Impact of Different Front-of-Pack Nutrition Labels on Consumers Purchasing Intentions：A Randomized Control Trial*，50 Am. J. Preventative Med. 627（2016）（在一个在线实验设置中，标签影响了决策）；Lillian Sonnenberg et al.，*A Traffic Light Food Labeling Intervention Increases Consumer Awareness of Health and Healthy Choices at the Point-of-Purchase*，57 Preventive Med. 253（2013）（在食堂进行的控制实验，使一些消费者的选择发生了变化）。

[208] 参见 Hamlin & McNeill，前注[207]。

[209] 关于这方面的最新实证结果，以及对以前研究的回顾，参见 James Carroll, Eleanor Denny & Seán Lyons，*The Effects of Energy Cost Labelling on Appliance Purchasing Decisions：Trial Results from Ireland*，39 J. Consumer Pol'y 23（2016）。

[210] 例如，研究人员已经利用眼球追踪来研究如何提高标签的有效性。参见 Gastón Ares et al.，*Influence of Rational and Intuitive Thinking Styles on Food Choice：Preliminary Evidence from an Eye-Tracking Study with Yogurt Labels*，31 Food, Quality & Preferences 28（2014）。

[211] 参见 Paul Rosin et al.，*Nudge to Nobesity I：Minor Changes in Accessibility Decrease Food Intake*，6 Judgment & Decision Making 323（2011）。

[212] 参见 Shauna M. Downs, Anne Marie Thow & Stephen R. Leeder，*The Effectiveness of Policies for Reducing Dietary Trans Fat：A Systematic Review of the Evidence*，91 Bull. World Health Org. 262，262–63（2013）（综述了世界各地的反式脂肪禁令）。

[213] 参见 Bar-Gill，前注[100]，第 477—478 页。

[214] 参见：Gerald Dworkin，*Paternalism*，56 The Monist 64，67–68（1972）；Joel Feinberg, Harm to Self：The Moral Limits of the Criminal Law 9–10（1986）。

[215] 参见 Zamir，前注[186]，第 1787—1788 页。

[216] 关于考虑到这些成本的简单模型及其在合同监管背景下的应用说明，参见 Eyal Zamir，*The Efficiency of Paternalism*，84 Va. L. Rev. 229，256–75（1998）。

[217] 出处同上，第 237—254 页。

[218] 一般性的讨论，参见上文 2.8.6 节。

[219]　参见 Zamir,前注[216],第 276—277 页。

[220]　一般性的讨论,参见:出处同上,第 275 页、第 281—282 页;上文 4.4.2 节;下文第 11 章。

[221]　参见:Zamir,前注[216],第 263 页;Eyal Zamir & Barak Medina, Law, Economics, and Morality 313‑47 (2010)(建议对法律家长制进行成本收益分析,但要遵守反对限制人们自由的最低限度的道义约束)。

[222]　参见 Ben-Shahar & Schneider,前注[127]。

[223]　参见:Korobkin,前注[20],第 1247—1252 页;Oren Bar-Gill & Ryan Bubb, *Credit Card Pricing: The CARD Act and Beyond*, 97 Cornell L. Rev. 967, 986‑92 (2012)(描述了《信用卡法案》下对一些信用卡合同条款的直接监管)。

[224]　参见 Consumer Protection Law, 1981, Section 13A1 & Fourth Supplement (2014 年添加)。

[225]　参见 Jean-Denis Garona, Alix Massea & Pierre-Carl Michauda, *Health Club Attendance, Expectations and Self-Control*, 119 J. Econ. Behav. & Org. 364 (2015)。矛盾的是,降低健身房会员价格,以反映会员对健身房的实际预期使用,可能会在健康方面让事态更糟,因为由于沉没成本效应,会员为办卡支付越多,他们就越有可能去使用。

[226]　分别参见 Subsections 309(3), 309(8)(b)(aa), and 309(12) of the German Civil Code。

[227]　可参见:Sec. 308 of the German Civil Code; The European Directive on Unfair Terms in Consumer Contracts,前注[147]; Secs. 3 and 4 of the Israeli Standard Contracts Law, 1982。

[228]　参见 Sovern 前注[140],第 790 页。

[229]　参见 Samuel Issacharoff, *Disclosure, Agents, and Consumer Protection*, 167 J. Inst. & Theo. Econ. 56, 69 (2011)。

[230]　参见 Bank of Israel, Limitations on Credit for Housing (2012),网址:http://www.boi.org.il/he/BankingSupervision/SupervisorsDirectives/DocLib/329.pdf (希伯来语)。

[231]　关于金融知识,参见:Annamaria Lusardi & Olivia S. Mitchelli, *Financial Literacy and Retirement Preparedness: Evidence and Implications for Financial Education*, 42 Bus. Econ. 35 (2007); Victor Stango & Jonathan Zinman, *Exponential Growth Bias and Household Finance*, 64 J. Fin. 2807 (2009); Annamaria Lusardi, Olivia S. Mitchel & Vilsa Curto, *Financial Literacy among the Young*, 44 J. Consumer Aff. 358 (2010)。

[232]　同样,以色列在这方面也许可以作为一个例子。在 2004 年,次贷危机及其教训尚未发生时,以色列银行已经禁止了在抵押贷款中实行短期引诱利率。对此规范的完整描述以及对其有效性的实证评估,参见 Bachar,前注[107],第 68—88 页、第 208—218 页。欲考量更温和的监管形式(主要是因为不允许引诱利率似乎在美国

是政治上不可行的),参见 Bar-Gill & Bubb,前注[223],第 1005—1010 页。

[233] 参见 Korobkin,前注[20],第 1255—1290 页。

[234] 参见前注[227]及其对应正文。

[235] 参见 Louis Kaplow, *Rules versus Standards*:*An Economic Analysis*,42 Duke L.J. 557 (1992)。

[236] 参见 Russell B. Korobkin, *Behavioral Analysis and Legal Form*:*Rules vs. Standards Revisited*,79 Or. L. Rev. 23 (2000)。

[237] 参见 Yuval Feldman & Alon Harel, *Social Norms, Self-Interest and Ambiguity of Legal Norms*:*An Experimental Analysis of the Rule vs. Standard Dilemma*,4 Rev. L. & Econ. 81, 100–08 (2008)(发现当规范被制定为标准时,自利在更大程度上引发了对法律规范的不遵守)。另见 Laetitia B. Mulder, Jennifer Jordan & Floor Rink, *The Effect of Specific and General Rules on Ethical Decisions*,126 Org. Behav. & Hum. Decision Processes 115 (2015)(表明"特定框架的规则比一般框架的规则能更有力地引起道德决定",因为"人们道德合理化的程度降低")。

[238] 参见 Korobkin,前注[236],第 46—47 页。

[239] 出处同上,第 51—53 页。

[240] 出处同上,第 53—56 页。

[241] 一般性的讨论,参见 Oren Bar-Gill & Elizabeth Warren, *Making Credit Safer*,157 U. Pa. L. Rev. 1, 70–97 (2008)(在消费者信贷领域讨论了事后司法干预相对于事前监管的利弊)。

[242] 参见 Samuel Issacharoff, *Group Litigation of Consumer Claims*:*Lessons from the U.S. Experience*,34 Tex. Int'l L. J. 135 (1999)。

[243] 参见下文 15.7 节。

[244] 参见:Bailey Kuklin, *On the Knowing Inclusion of Unenforceable Contract and Lease Terms*,56 U. Cin. L. Rev. 845 (1988);Charles A. Sullivan, *The Puzzling Persistence of Unenforceable Contract Terms*,70 Ohio St. L.J. 1127 (2009)。

[245] 参见:Warren Mueller, *Residential Tenants and Their Leases*:*An Empirical Study*,69 Mich. L. Rev. 247, 272–74 (1970);Dennis P. Stolle & Andrew J. Slain, *Standard Form Contracts and Contracts Schemas*:*A Preliminary Investigation of the Effects of Exculpatory Clauses on Consumers' Propensity to Sue*,15 Behav. Sci. & L. 83 (1997);Meirav Furth-Matzkin, *On the Unexpected Use of Unenforceable Contract Terms*:*Evidence from the Residential Rental Market*,9 J. Legal. Analysis 1 (2017)。

[246] 参见 Sec. 7(1) of the European Directive on Unfair Terms in Consumer Contracts,前注[147]。

[247] 参见 Kuklin,前注[244],846 & n.4。

［248］ 参见 James R. Bettman，Mary Frances Luce & John W. Pane，*Consumer Decision Making：A Choice Goals Approach*，in Handbook of Consumer Psychology，前注［6］，第 589 页、第 589—590 页、第 601—602 页。

［249］ 参见 Ryan Calo，*Digital Market Manipulation*，82 Geo. Wash. L. Rev. 995 (2014)。

［250］ 参见 Anne-Lise Sibony，*Can EU Consumer Law Benefit from Behavioural Insights？An Analysis of the Unfair Practices Directive*，22 Eur. Rev. Private L. 901 (2014)。

［251］ 参见 Anne-Lise Sibony & Geneviève Helleringer，*EU Consumer Protection and Behavioural Sciences：Revolution or Reform？*，in Nudges and the Law：A European Perspective 209 (Alberto Alemanno & Anne-Lise Sibony eds.，2015)。

侵权法

9.1 绪论

侵权法是处理行为者之间相互造成之伤害的一系列私法。典型的侵权案件包括对他人造成意外伤害,例如,一名司机不小心用他的汽车伤害了一名行人。然而,有些侵权案件涉及故意伤害,例如,一名司机在停车位的争执中殴打另一名司机,这就是殴打罪(battery)这一侵权行为。尽管侵权法既处理意外伤害,也处理故意伤害,但为了简洁起见,也因为迄今为止对侵权法的大部分行为学贡献都是围绕着事故展开的,本章只讨论意外伤害。[1]

根据一些说法,现代法律的经济分析始于侵权法领域。该领域的两篇早期开创性论文——分别由罗纳德・科斯(Ronald Coase)和吉多・卡拉布雷希(Guido Calabresi)撰写——为将经济学洞见应用于整个法律体系这一智识工程奠定了基础。[2]到 20 世纪 80年代早期时,该话题已经被严谨地研究过,且有多本全面的书籍对该领域的主要洞见进行了概述。[3]尽管侵权法的经济分析持续发展与丰富[4],早期研究中的关键结果仍持续适用。

鉴于其在法律的经济分析中的主导地位,侵权法成为试图用行为学视角切入的研究者们最早重新考量的领域之一也就不足为奇了。[5]多年来,这部分研究持续拓展,现已涵盖了侵权领域的大多数内容。[6]在这些文献中,最主要的主题是侵权行为者和裁决者各自的有限理性对侵权法设计的影响(在每种情况下,都假设另一方完全理性)。

本章结构如下:在此简短的绪论后,9.2 节将介绍侵权法的经济分析之基本原理。随后,9.3 节将行为学见解纳入侵权责任制度的分析中,特别关注潜在侵权行为者或裁决者的有限理性对侵权法设计的影响。9.4 节将类似的框架应用于侵权损害分析。9.5 节关注侵权法中已引起法律经济学家极大关注的一个特殊领域即产品责任。最后,9.6 节将提出一些总结性意见。

9.2 侵权法的经济分析:概述

从经济学的角度来看,大多数侵权案件都涉及具有负外部性的行为,即伤害风险。此外,此类案件会导致高昂的交易成本,致使各相关方无法自行解决这些外部性问题。一个典型的例子是汽车与行人之间的事故:驾驶汽车具有对行人安全和福祉的固有风险,因行人不时会被汽车撞倒。在一个无交易成本的世界里,行人和司机也许可以就双方应采取的安全措施的程度起草一份合同,合同将明确规定司机的行为要求(在学校附近缓慢行驶、在夜间开灯,等等)和行人的行为要求(在人行道上行走、只在指定地点过马路,等等)。然而,考虑到所涉及的高交易成本,这种合同是不可行的。因此,法律为司机和行人(或任何其他类别的侵权者和受害者)提供了一套规则,在他们之间分配事故的风险。

法律经济学家提出的关键规范性观点是,侵权者和受害者之间任何假设的合同之目标,并非消除所有事故,而是要将事故的总体社会成本降到最低。[7]这些成本包含两个主要元素:首先是事故造成的伤害,如保险杠上的凹痕、破碎的肢体,或者,不幸死亡;其次是旨在防止此类事故发生的预防措施的成本。这些预防措施的形式可以是对预防措施的金钱投资(如确保自己的刹车系统正常),也可以是无形的(如开得更慢)。此外,经济分析聚焦与事故相关的附加成本——例如考虑到人们普遍的风险厌恶而分散事故风险的成本,以及社会为维护侵权制度而产生的行政成本。[8]

侵权的标准单边经济模型,关注侵权者在从事风险活动时所采取的、与预防措施相关的决定(即注意水平,level of care)。在此模型中,每一个额外单位的注意都会减少伤害发生的概率,但边际比率递减——也就是说,每一个额外单位的预防之效力都会低于前一个预防单位。因此,从经济学视角来看,最优的社会结果永远不可能是无限的注意,而是在注意的成本和收益之间取得平衡后得到的注意水平。为达到最优状态,这种平衡必须在边际上进行,也就是说,要比较与每一单位注意相关的边际收益和该单位的边际成本。当这两个值相等时,则会达到社会最优状态,且事故总成本会被最小化。

表 9.1 呈现了一个预防措施投入与事故概率(为简单起见,假设事故造成的伤害为100)之间联系的数值例子。在该例子中,投入 1 个单位的预防措施是有效的,因为它的成本是 10,而产生的收益是 17(即预期事故成本的降低)。相反,投资 2 个单位的护理是无效的,因为其花费额外 15 单位的成本,但只产生 12 的收益(投入 3 个单位或更多的注意,则会带来更大的社会损失)。因此,从经济学的角度来看,这表明法律应努力激励潜在的侵权者投资 1 个单位的注意。

表 9.1　对注意的投入与事故概率之间联系的数值例子(伤害＝100)

注意水平	注意成本	事故概率	预期事故损失	事故总成本
0	0	42％	42	42
1	10	25％	25	35
2	25	13％	13	38
3	45	2％	2	47

有了这个框架,我们现在可以从经济角度来研究不同的责任制度是如何运作的。更具体来说,有三种法律制度需要考虑:(1)无责任(no liability);(2)严格责任(strict liability);以及(3)过失(negligence)。无责任制度是指侵权者对受害者造成的伤害不承担法律责任。例如,如果法院因为发现被告无需承担"注意义务"而驳回侵权索赔,这表明这种关

系中的治理规则是无责任规则。[9]另一个极端是严格责任——侵权者必须对他们造成的伤害进行赔偿,无论他们采取了何种程度的注意。例如,在司机对他们向行人造成的任何伤害都承担严格责任的法域内即是如此。[10]最后,过失规则将责任分配给侵权者(与无责任规则不同),但只在审查其行为,并确定其没有采取充分的预防措施之后(与严格责任规则不同)。从经济学角度来看,过失被定义为采取的注意程度低于社会最优注意程度的行为,由此,它将成本收益分析纳入了法律。[11]

通过表 9.1 中的数字,现在可以很方便地评估这三种规则所产生的激励结构。在无责任制度下,侵权者可以在自身无任何代价的情况下参与有利可图但有风险的活动。因此,这一规则将激励侵权者采取不充分的注意。具体来说,在这种情况下,潜在的侵权者将只关注"注意成本"一栏,并通过不采取任何注意措施来寻求成本的最小化。实质上,这一结果只是负外部性经济分析的另一种表现形式,这表明会有产生这种外部性的过度行为。

反之,在严格责任制度下,侵权者会将其施加给受害者的风险成本内化,因为只要受害者因其行为而受到伤害,则其必须对受害者进行赔偿。此外,侵权者还会将所有预防措施的成本内化,因其必须自掏腰包支付这些费用。因此,严格责任规则激励侵权者采取最优注意措施,因为他们的成本是他们自己和潜在受害者事故的成本总和。值得注意的是,尽管这种制度具有"严格"的性质,但受制于该制度的侵权者并无采取过度注意的动机,因为这种注意的成本会超过它以减少预期责任的形式所产生的收益。在上面的数值例子中,该制度下的侵权者不会选择 2 单位(或以上)的注意,因为这样做的总成本(就注意成本和预期侵权赔偿而言)会超过选择 1 单位注意的总成本。

最后,过失规则涉及一个独特的不连续成本结构,它也激励潜在的侵权者采取最优注意。在此规则下,采取低于最优注意的侵权者,既要为他们所采取的注意负担成本,也要为他们所造成的伤害付出代价,因为他们对注意的选择被法院认为是有过失的。当侵权者选择采取最优注意(或更高)时,法院会认为他们没有过失,因此不需要对受害者进行赔偿。这给了侵权者很大的激励去站在过失线的"右"边,因为这让他们对自己造成的伤害享有法律豁免权。就上文的数值例子而言,如果侵权者采取了最优的注意措施(即 1 单位),那么其所承担的唯一成本就是预防措施的成本(即 10),因为其不必为受害者的损失进行赔偿。然而,如果侵权者采取的是低于最优的注意(即 0 单位),则会被认为要担责,且必须承担事故的预期成本(即 42)。

总之,这个非常基本的分析表明,严格责任和过失规则都能激励潜在的侵权者采取最优注意,而无责任制度则无法做到这一点。更加复杂的侵权法经济模型,已经得出了更加细致的结果。其中,两个主要问题是双边注意和活动水平。双边注意的情况是指,效率要求侵权者和受害者都采取某些预防措施,以尽量减少注意和伤害的总成本。经济分析表明,过失制度在这种情况下效果更好,因为它激励双方采取最优注意。[12]然而,在现代过失制度下,情况显然复杂许多,因为它允许在双方之间按比例划分责任。[13]活动水平是指某人参与的风险活动的范围。例如,就驾驶而言,活动决策与人们驾驶的经常性有关(与注意决策不同,注意决策与驾驶的谨慎程度有关)。将这一维度纳入分析,则突出了严格责任规则的相对优势,因为它会激励侵权者采取有效的活动水平。[14]这些重要的研究结果大部分超出了本章的范围,因此我们将专注于单边注意的简单案例。

9.3 行为学分析：责任制度

鉴于侵权法涉及对产生风险的活动的监管，将行为学洞察应用于这一法律体系是非常自然的。如果人们希望模拟人们对风险决策的事先选择，就应该将有关人们对风险之反应的最佳可得信息纳入这一模型。此外，许多认知现象会影响裁决者如何应用侵权规则，这表明对侵权诉讼的行为分析也可能解释不同规则之间的选择。本节将先后讨论这两个问题，首先是行为人，然后是裁决者。

9.3.1 有限理性的行为人

将经济学洞见应用于侵权法分析的法律学者早已承认，人们的决策能力与侵权法的设计相关。例如，在其关于严格责任在侵权法中作用的早期研究中，卡拉布雷西和赫斯库夫（Hirschoof）强调，他们的模型并不基于关于人们最优化能力的理论假设。[15]相反，它受人们的实际能力影响，包括可能会驱动人们选择的心理障碍。[16]尽管如此，侵权法的经济分析在现实中的主流，是理性选择分析，而行为学洞见顶多被置于提醒的角色。[17]

然而，多年来在风险选择领域积累的大量知识表明，潜在的侵权者并不会像理性行为人一样行事。相反，在参与一系列风险活动时——从驾驶汽车到进行心脏手术——人们往往会在决策中出现系统性错误。这些错误又会反过来改变从侵权法的经济分析中得出的一些主要政策结论。

人类认知中可能会影响到风险情境下决策的一个主要因素，是过度乐观。[18]大量文献表明，人们倾向于低估不利事件的概率。这种现象很普遍，且覆盖了大多数人（根据最近的一项估计，大约占到 80％）。[19]研究人员将不切实际的乐观主义的普遍性归因于这一特征的适应性[20]，甚至还找出了其神经学基础[21]。

在记录人们的过度乐观的文献中，有相当多的研究考察了人们在侵权情况下做出的决定。例如，许多研究表明，人们倾向于对自己的驾驶安全表现出不切实际的乐观[22]，尤其是对自己造成驾驶事故的概率。而这进而又导致他们对事故采取不充分的注意。[23]基于这些发现，行为研究者认为，旨在鼓励安全驾驶的政策可能是徒劳的，因为大多数人认为他们的驾驶不需要太多改进。[24]更广泛地说，有人认为，乐观主义偏差"可能会严重阻碍促进风险行为减少的努力"。[25]

一个相关但有所不同的现象，是在基于经验的决策中不够重视罕见事件。[26]大量心理学研究表明，当人们被要求用他们的经验来衡量一项重复任务的结果之概率时，他们倾向于基于少量的选择样本来衡量。然而，虽然这样做可能会节省时间[27]，减少记忆负担[28]，并有助于简化复杂的任务[29]，但它也会导致系统性的次优决策。具体来说，它使人们低估甚至忽略了低概率事件，因此做出不能使预期回报最大化的选择。

安全决策往往涉及罕见事件。虽然没有采取充分的预防措施本身，并不足以导致伤害的发生，但如果再加上外部因素（如其他人的行为、机械问题，或恶劣的天气条件），就会出现不好的结果。为了更好地理解，读者可以思考自己的驾驶行为：虽然（希望）大多数读者最近(或曾经)都没有涉及严重的驾驶事故,但他们的驾驶无疑涉及大量的粗心时刻和惊险瞬间。事实上,在美国进行的一项调查发现,21％的人承认在调查前的一周内闯过红灯,16％的人报告说在同一时期内开车超过了限速 10 英里/小时。[30]这些数字显然低估了不安全驾驶的发生率,因为它们是基于自我报告,所以反映了自利偏差。此外,许多安全决定涉及更细微的、可以说是常见的驾驶问题,例如对后视镜的关注不够,或对广告牌和手机的关注太多。

关于工作场所事故的系统数据,为与风险行为有关之有害事件的罕见性提供了更为严谨的证明。例如,在早期对工作场所事故的一项奠基性研究中,赫伯特·威廉·海因里希(Herbert William Heinrich)估计,由于人类倾向于采取不充分的预防措施,发生事故的概率为 1∶300。[31]此后,其他研究拓展了这一发现,并证明了有害事件之罕见。基于对 297 家公司的 170 万起事故的研究,弗兰克·伯德(Frank Bird)得出结论,致命事故与险兆事件的比例为 1∶600。[32]跨国石油天然气企业康科菲利普斯海洋公司(ConcoPhillips Marine)随后进行的一项研究估计,每起致命事件都与大约 30 万起危险行为事件(即违反安全准则或机械操作培训的行为)有关。[33]从这些研究中浮现的整体图景是,做出危险行为的人会反复做出过失决定,而没有产生不良后果。

有几个模型试图将过度乐观整合至责任规则的分析中。例如,埃里克·波斯纳(Eric Posner)将过度乐观与概率不敏感结合起来分析。[34]他的模型框架是,过度乐观导致侵权者高估预防措施的有效性,因此,感知事故概率一旦低于某个阈值,侵权者就会认为它等于零。在这些假设下,波斯纳证明了有限理性会导致一系列不同的结果,尽管他并没有指出严格责任和过失之间在注意决策方面有任何明显的区别。根据其分析,当人们的过度乐观程度较低时,它不会改变人们的选择,他们会继续采取最优注意措施,以避免承担侵权责任。相反,当人们的过度乐观程度很高时,他们可能会被驱使采取过少的注意,因为他们低估了发生事故的概率。然而,有点反直觉的是,波斯纳的模型显示,当乐观主义程度适中时,侵权者可能会被驱使采取过度注意。这一结果的底层直觉在于,适度乐观的侵权者可能会高估边际预防措施的有效性,并错误地认为这些预防措施可以完全消除事故的风险。

虽然该模型的内部具有一致性,但其逻辑基础存在问题。首先,该模型中的过度乐观是与预防措施的有效性联系在一起,而非与事故发生的感知概率联系在一起。尽管这一前提是该模型结果的关键,但其实证基础并不明确。同样不确定的是,模型中的概率阈值如何转化为现实:若事故概率足够低,对各种程度过度乐观的细致分析预计不会发挥作用,因为侵权者会惯常地认为"它绝不会发生在我身上"。[35]

随后将过度乐观与对模糊性的态度进行整合的模型分析,得出了更直观的结果。[36]正如它们所证明的,过度乐观本身与侵权者的注意水平明显下降有关。然而,当过度乐观与模糊性相结合时,基于模型的参数,严格责任与过失的比较中出现了一系列高度特征化且具有微妙差别的结果。例如,当事故造成的伤害是固定的,且只有其概率受到注意水平的影响时,严格责任制度下的侵权者总会注意过少,而在过失规则下,他们会采取过少或最优的注意(取决于模型的参数)。然而,总的来说,这些模型表明,由于与采取适当注意相关的回报的不连续性,过失规则提供了采取最优注意的更好的激励。

考虑到这些复杂的预测,该领域发表的实证研究结果之匮乏有些令人意外。该领域的关键研究是由刘易斯·科恩豪泽(Lewis Kornhauser)和安德鲁·肖特(Andrew Schotter)撰写的。[37]在他们的研究实验中,受试者反复面临在严格责任或过失规则之下做出关于其需采取的注意水平的决定。他们的研究结果,与传统模型过失和严格责任相等同的预测并不一致:在过失规则下,受试者通常在整个实验过程中都选择最优注意水平;而在严格责任规则下的受试者则会随时间推移而改变策略。具体来说,他们倾向于在实验的最初几轮中过度注意,随后在最后几轮中松懈了预防措施,采取了不充分注意。[38]根据这些结果,科恩豪泽和肖特认为,过失规则是有有限理性的正当理由。[38]根据他们的分析,过失规则通过特别强调一个特定的水平,来帮助人们应对选择适当的注意水平这一复杂任务。相比之下,严格责任则将这一决定权留给了潜在的侵权者,这一决定对某些人来说似乎过于艰难。

因此,一般来说,对侵权责任规则的行为分析,似乎更支持采用过失规则。然而,该结论应该被谨慎对待。首先,它来自对其定义参数很敏感的、高度特征化的模型。其次,它建立在非常有限的实证证据之上。最后,在分析中考虑到裁决者的认知局限性,可能会导致相反的结论。[39]在这方面,行为经济分析与主流经济分析没有太大区别,后者也还没有对该问题提供明确的答案。[40]

然而,从行为分析中可以得出一个更激进的规范性结论,即在许多情况下,侵权法并不是对产生风险之活动进行监管的恰当法律手段。侵权法的主要替代方案是将责任分配给风险制造者的、基于风险的法律制度——无论这些风险是否会导致实际伤害。例如,如果在住宅附近燃放烟花会产生1∶100的、造成价值100万美元损失的风险,那么侵权法只有在损害实际发生的极少数情况下才会起作用——此时侵权者被要求对受害者进行全额赔偿。另一方面,基于风险的制度会要求任何制造这种风险的人支付1万美元——无论伤害是否已经发生。

在其他条件相同的情况下,基于伤害的制度和基于风险的制度都能对侵权者产生有效的激励。[41]从事前的角度来看,一个正在考虑燃放危险烟花的人,是面临1%的要支付100万美元的概率,还是100%的要支付1万美元的概率,这并不重要。然而,其他条件并不相同,且法律经济学家已经对强调每种制度的相对优势投入了大量关注。[42]例如,信息问题也许会指向采用其中一种制度。[43]一般来说,当当事人拥有更多信息时,基于伤害的制度是最好的;而当监管者拥有更多的信息时,基于风险的制度可能是最好的。同样,伤害的大小也会影响到制度的选择。[44]当伤害特别小或特别大时,侵权制度可能会有问题。对于小的伤害,高昂的诉讼费用可能会消除受害者提起诉讼的动机,从而否定了侵权制度的威慑作用;对于大的伤害,被告人可能缺乏资源,无法在伤害发生时进行赔偿——从而再次冲淡了谨慎行事的动机。

在某种程度上,该语境下的诸多考量使得法律经济学家得以避免对哪种法律制度更为可取这一问题采取明确的立场。然而,最近,史蒂文·沙韦尔(Steven Shavell)提出,基于伤害的制度有一个"基本的"执行优势[45]——也就是说,与监管(无论伤害是否发生都必须执行)不同,基于伤害的制度只有在伤害实际发生的小部分情况下才会触发执行成本。因此,在基于伤害的制度下,适当的激励可以以较低的成本被制造出来。由此,他认为基于伤害的制度可能是"一种比监管更便宜、更有效的执行社会期望行为的方法"。[46]有趣的是,即使当沙韦尔承认支持监管的模型之外的因素时,他的分析仍然假设完全的理性。所以,他提到的仅有的两个问题,分别是判决无法执行的问题(judgment-proof problem),以及在法庭上证明因果关系的困难。[47]

然而,这种类型的分析忽略了支持安全监管的基本行为论据。鉴于人们倾向于忽视罕见的事件,沙韦尔模型的核心优势——在伤害制度下执法的相对罕见性——就变成了一种劣势。如果人们经常从事有风险的行为而没有任何不良后果,那么随着时间的推移,他们可能不再认为这种行为会带来任何风险。因此,在一个基于伤害的制度中,个人会倾向于承担过度的风险。不幸的是,激励不完全理性的行为人采取足够的谨慎是一项昂贵的努力,需要频繁的执行,不断地提醒人们不谨慎是有代价的。

该领域的证据支持这一观点。许多希望减少员工风险行为的私人实体,采纳了行为学洞察——尤其是一种制裁力度相对较小、基于频繁执行行为的软性监管形式。例如,一家医院引入了温和的提醒政策,鼓励员工在观察到安全规范被违反时提醒同事注意。事实证明,该政策在增加安全行为方面有效:对规范的遵守率从政策出台前的55%上升到政策出台后的90%左右(在此后的几年里一直保持在该水平)。[48]在11家中型工厂(50—700名工人)中,类似的干预措施将安全规范的遵守率从60%左右提高到90%左右(同样在此后的几年里一直保持在该水平上)。[49]在关于工作场所安全的文献中,"风险管理并不等待伤害或损害的发生,而是鼓励培训、流程和系统来解决未来可能出现的风险"[50]是一种常识。只要人们能从实然中推导出应然,如律师-经济学家们所认为的那样,这些发现就会被算作反对高度依赖基于伤害的制度的证据。

当然,风险监管不是万能的。由于风险监管的执行仍不完善,过度乐观可能会导致人们低估承担法律责任的概率。例如,人们倾向于系统地低估他们因危险行为(如超速或闯红灯)而被开罚单的可能性。[51]然而,在基于风险的制度中,承担法律责任的概率通常比基于伤害的制度高得多——这表明问题至少会小一些。此外,在基于风险的制度中,政策制定者改变法律责任概率的能力更强,因为他们可以为法律的执行分配额外的资源。

9.3.2 有限理性的裁决者

在本小节中,我们将研究裁决者的认知偏差与启发式可能会如何影响侵权法的设计。[52]我们将首先根据后见之明偏差与结果偏差,重新考量过失与严格责任制度的比较,随后讨论区分了原告与被告责任的、更为具体的侵权制度实例,并强调锚定现象对该语境之下法律规则之应用可能带来的影响。

过失 vs.严格责任,以及后见之明偏差

后见之明偏差是指人们一旦意识到事件已经发生,则会高估该事件概率的倾向。随着心理学家们在广泛的情境中记录下此现象[53],法学研究者们亦在侵权法领域阐释了此现象对决策的影响[54]。在一篇影响甚广的文章中,金·卡明(Kim Kamin)与杰弗里·拉赫林斯基(Jeffrey Rachlinski)指出,对防范措施的事前评估与事后评估有显著区别。[55]研究中的受试者被要求评估一个城市关于洪涝风险妥善防范措施的决定。所有的受试者都被呈现了相同的、关于可能的措施的成本与有效性事实——然而,他们被置于不同的视角来评估这些防范措施。在预见组的受试者模拟了一个行政听证会,该会议是为了在任何损害实际发生之前决定应采取哪些防范措施;而事后组则模拟了在此类损害发生之后的审理。结果显示,两组之间存在显著差别:事后组的受试者显然更倾向于认为本应采取这些防范措施。类似的结果也在另一研究中被记录下来,其中涉及由心理咨询师对病人暴力行为风险采取的防范措施。[56]其他研究在实际法庭决策的情境下考察了这一议题;其中一项此类研究——考察了 1 004 起被控与麻醉有关的过失案件——发现在超过 40% 的案件中,法庭认为被告医生有责任,即便他或她进行了妥善操作。[57]

另一个与后见之明偏差相关的现象是结果偏差(outcome bias),这是指结果会影响到人们对决策明智程度的判断。[58]后见之明偏差关注的是评估者对概率的事后评估;而结果偏差则关注评估者对决策者所做决定之质量的评估,其中评估者被提供的信息与决策者在事前所掌握的信息完全一致(包括明确的概率)。此部分文献发现结果与判断之间的直接联系:简单来说,对结果不如人意的决定,人们的看法更为严厉。在一项与侵权相关的实验中,乔纳森·巴伦(Johnathan Baron)与约翰·赫希(John Hershey)要求受试者评估一个外科医生进行一项有 8% 的死亡风险,但亦有诸多潜在益处的心脏手术的决定。[59]他们发现,人们对手术决定的评估,极大地取决于手术的结果:当结果是死亡时,人们认为进行手术的决定较不合理,即便他们已被告知涉及的具体风险。

后见之明偏差与结果偏差均显示,回溯性地评估最终被证明有害之决定的裁决者倾向于认定责任,即便侵权者事前做出了合理的决定。然而,如文献所显示,由此得出的规范性结论有些模糊。[60]更具体来说,这些偏差对侵权者行为的影响,取决于它们对司法决定的影响程度:当偏差相对较小,侵权者会被激励去采取过度注意来满足有偏差的裁决者所设定的标准。通过采取进一步的、低效的防范措施,侵权者可以确保他们会被认为是无过失的,并因此免除他们风险行为的成本。

这一点可被前文展示的数值示例所证明。表 9.2 呈现了一个对该例子的修改版,其中,裁决者对侵权案件中一项事故的概率高估了 50%。于是,这些裁决者错误地认为在过失制度之下需要的注意水平是 2,而不是 1。而这又反过来推动侵权者采取 2 的注意水平。欲知为何,需留意侵权者预期注意成本在注意水平为 1 时是 47.5(注意成本加上事故成本,因为他们会被认为需担责)——而他们在注意水平为 2 时的注意成本仅为 25(因为他们被认为无需担责,且不负担事故成本)。

表 9.2 当对事故概率的事后判断高出了 50% 时,对注意的投入与事故概率之间联系的数值例子(伤害=100)

注意水平	注意成本	事故概率	有偏差的概率估计	预期事故损失	有偏差的预期损失	事故总成本	有偏差的总成本
0	0	42%	63%	42	63	42	63
1	10	25%	37.5%	25	37.5	35	47.5
2	25	13%	19.5%	13	19.5	38	44.5
3	45	2%	3%	14	3	47	48

　　然而,当偏差足够大,过失制度会开始接近实际上的严格责任制度。在这些案例中,无论侵权者做什么,他们都总要对自身造成的损害负责,因为他们做的选择在事后被认为是过失的。如我们所见,严格责任制度实际上会激励侵权者采取最优注意,因为这会推动他们内化自身行为的全部成本。表 9.3 说明了这一点,它强调了当裁决者在事后对概率高估 100% 时,激励结构发生的改变。在此例子中,偏差会导致裁决者错误地认为需要的注意水平是 3,而不是 1。然而,在现实中,侵权者并不会采取如此高水平的注意,因为这样做要付出 45 的成本,而采取最优注意只需付出 35 的成本。

表 9.3　当对事故概率的事后判断高出了 100% 时,对注意的投入与事故概率之间联系的数值例子(伤害＝100)

注意水平	注意成本	事故概率	有偏差的概率估计	预期事故损失	有偏差的预期损失	事故总成本	有偏差的总成本
0	0	42%	84%	42	84	42	84
1	10	25%	50%	25	50	35	60
2	25	13%	26%	13	26	48	51
3	45	2%	4%	14	24	47	49

　　虽然此分析显示过失规则并不总会导致低效的结果,但它的确强调了应用时潜在的系统性问题。法官会基于自己偏差的程度来制定区分每个案件的规则,这种可能性看起来微乎其微。要潜在的侵权者在此语境下弄清有偏差的司法决定的不同含义,则更加不能。最后,在这些情境下对决策者进行去偏差化的努力,已被证明多为无效。[61]由此,法律文献设计了多种可能的政策——实质上和程序上的都有——它们可能会改善在过失案件中由有偏差的决策所导致的不当激励。

　　在实质层面,法学学者发现,转向基于事前制定之标准的责任规则,可能存在优势。[62]通过这样调整分析,一些由后见之明偏差造成的问题可被减轻。在这方面可被想到的两个主要工具,分别是由政府机构设定并由刑事或行政制裁支撑的法定规则,以及由相关行业建立的标准做法。任何将遵守这些标准接受为对过失责任的完全抗辩的规则,都可以避免与事后评估有关的问题。

　　然而,实际上,法庭大多拒绝顺从地遵守此类规则或标准做法。在美国,《侵权行为法重述》(Restatement of Torts)规定,遵守“社群习俗”(custom of the community)可以作为无过失的证据,但并不构成完全的抗辩。[63]基于其他考量,例如希望保证法律预防措施的更新和创新[64],或者担心政府机构被利益集团所控制[65],这一法律政策可能是合理的。但最终,这意味着潜在的侵权者不能通过依靠遵守标准做法和规定来避免与事后判断有关的风险。

　　尽管有《侵权法重述》的一般规则,但确有一些具体的、法律在其中遵从事前所设标准的情境。指定的“安全港”使那些采取特定预防措施的侵权者能够避免承担责任。对那些达到法定注意水平的人来说,侵权法的某些部分——从产品责任法的部分内容,到向随后卷入事故的醉酒者出售酒精的责任——会受这种安全港的约束。[66]在医疗事故领域,有很多人呼吁根据基于证据的标准建立类似的安全港。[67]

在应对过失案件中有偏差的决策之陷阱时,法律可采用的另一种路径,在本质上是程序性的:学者们提出对侵权诉讼进行分步审理(bifurcating),以分开处理过失问题。[68]例如,克里斯蒂娜·乔尔斯、卡斯·桑斯坦和理查德·塞勒建议,在涉及在两种风险选择间取得平衡(例如剖腹产 vs.阴道分娩)的医疗事故案件中,陪审员将被告知医生事先知道的事实,但不被告知手术的结果。[69]此观点认为,如果陪审员不知道结果,那么事后判断的问题就可被消除。

尽管分步审理也许在涉及权衡两个风险策略的案件中也许有用,但它在大多数侵权案件中远远没有那么有效。如拉塞尔·科罗布金和托马斯·尤伦所指出的[70],在大多数此类案件中,陪审员被要求考量侵权者之前是否被要求采取额外(有成本)的安全措施。换句话说,侵权者并非是在措施 X 与措施 Y 之间做选择,而是在采取 X 水平的注意与 $(X+A)$ 水平的注意之间做选择。在此范式下,没有办法可以把事实查找与知道损害是否发生隔绝开来,因为诉讼本身就是损害已经发生的证据。

助成过失 vs.比较过失,以及锚定

到目前为止,我们只关注了一方——侵权者。然而,侵权法通常会同时考察侵权者和受害者的行为。这样做可能是出于效率的考虑(需要激励潜在的受害者采取足够的注意)[71],也可能是基于非工具性的原因(比如希望达到对双方都公平的结果)[72]。

侵权法通过诸如"助成过失"(contributory negligence)和"比较过失"(comparative negligence)等原则来关注受害者的行为。[73]前者采用全有或全无的方法,拒绝对有过失行为的受害者进行赔偿,而后者则根据原告和被告的相对过失比例来减少赔偿。近几十年来,普通法法域的明显趋势是朝着比较过失,而非助成过失的方向发展。[74]

鉴于比较过失制度的连续性,决策者在被要求划分责任时有很大的自由裁量权。作为一个实际问题,法律对在这种情况下采用的比例提供的指导有限(例如,20∶80、30∶70、等等)——尽管这可能有实质性的影响。[75]然而,行为分析显示,认知偏差会影响这一规则的应用。

具体来说,负责将人类行为转化为数字化责任量表的司法决策者,可能会受到一系列锚点的影响。[76]这些锚点可能是由诉讼当事人自己引入的,目的是围绕一个符合他们利益的数字来组织讨论。另外,也许更有趣的是,法律本身也可能在比较过失诉讼中引入一个锚点。许多法域采用纯粹的比较过失制度,允许在原告和被告之间的任何责任划分;而其他法域则采用修改后的规则,根据该规则,只有当原告的责任份额低于 50% 时,该原则才会生效。[77]如果原告的过失份额高于 50%,其索赔就会被驳回,且不会得到任何赔偿(即使并不完全是他的责任)。

在美国一所著名大学对法律专业高年级学生进行的一项实验,证实了 50% 规则的锚定效应。[78]受试者阅读了一个简短的小故事,内容是关于一个被汽车撞倒的行人提出的假想侵权案件。该案件旨在反映原告方相对较低的过错。在阅读完案件事实后,无锚点组的受试者被告知该法域采用比较过失规则,并被要求确定分配给受害者的责任程度。锚点组的受试者被告知该法域采用 50% 规则,并被问及同样的问题。两组之间的关键区别在于,锚点组的受试者被要求对被告的律师提出的动议(没有支持性证据或法律论据)做出裁决,该动议为原告的过错超过了 50%,因此该案件应被驳回。尽管该组的受试者几

乎一致认为该动议应该被驳回(回顾一下,按照设计,原告的过错很低),但该动议确实对他们的决定产生了重大影响:当没有被给予锚点时,他们分配给原告的平均过错水平是15.2％,但当被给予 50％这一锚点时,分配给原告的平均过错水平上升到 26.25％。换句话说,一个完全没有根据的、将法律分析锚定于一个突显的大数字的法律主张,成功地将受试者分配给原告的过错水平提高了一倍。这一发现可被补充到反对 50％规则的一系列论点中。[79]

9.4　行为学分析:损害赔偿

本节将考察行为学分析对计算侵权损害赔偿的影响。其重点是侵权法领域所特有的损害赔偿方面。与侵权法领域之外的损害赔偿有关的问题(尽管与侵权法非常相关),将在聚焦司法决策的第 15 章中讨论。[80]这些问题包括启发式和偏差在损害赔偿计算中的作用、群体决策对确定损害赔偿的影响,以及法官和陪审员在这方面的差异等。

9.4.1　框定问题

侵权法处理涉及金钱和非金钱损失的伤害。虽然计算金钱损失的精确价值可能很复杂,但围绕这种损害赔偿的争论相对局限。尽管被要求计算一个年轻的事故受害者的收入损失现值的决策者面临着一项可能具有挑战性的任务,但任务的参数可以在合理的范围内确定。然而,对于非金钱损害的赔偿,计算任务则会变得更具挑战性:可以说没有明确的基准来确定与失去手臂、视力、生殖能力或近亲相关的疼痛和痛苦的恰当美元数额。因此,在这类案件中,行为现象可能在法官和陪审员对此类损害赔偿的确定中发挥重要作用。

认知力量对人们如何计算疼痛和痛苦的损害赔偿的影响,可以从框架对损害赔偿决定的影响程度中得到说明。[81]侵权损害赔偿可以用两种不同的方式框定。一种是以事故发生前的视角为中心,研究人们会去考察人们要求收到多少钱才会同意承担他们所遭受的损失。这属于接受意愿(WTA)的标准。另一个框架是基于事故后的视角,询问需要向受害者支付多少钱才能使他们重新恢复健康。这就是支付意愿(WTP)标准。[82]

虽然这两种观点之间的差异似乎是语义上的,但实证发现表明,这种框架对人们的损害赔偿评估有很大影响。在一项实验研究中,爱德华·麦卡弗里(Edward McCaffery)、丹尼尔·卡尼曼和马修·斯皮策(Matthew Spitzer)要求受试者确定对同一伤害的疼痛和痛苦的损害赔偿,同时对指示进行了操纵[83]:一些受试者被要求从接受意愿的角度分析该案件,而其他受试者则被指示使用支付意愿的角度。[84]被要求使用接受意愿角度的受试者所提出的平均损害赔偿,大约是支付意愿角度的平均赔偿的 2 倍。[85]

这些发现与前景理论的核心观点相呼应。[86]当被要求在接受意愿框架中评估损害赔偿时,参照点的是事故前状态,受试者认为改变此状态变成更糟的情况代价很高。另一方面,在支付意愿框架中,参照点是事故后状态,所以决定涉及收益域。[87]然而,侵权损害赔偿的情境是独特的,且可能有其他力量在发挥作用。例如,虽然支付意愿和接受意愿都涉及货币化(给物品分配货币价值),但接受意愿的视角与商品化(通过市场分配物品)更加相关——当涉及健康和身体器官时,这是大多数人都非常反感的做法。[88]

在积极的层面上,这些发现可能有助于解释疼痛和痛苦赔偿金的至少一些波动性。正如我们所见,指示中细微的变化可以使损害赔偿产生巨大的差异。此外,这些研究发现显然与那些希望增加对其客户的赔偿的原告律师有关。正如一名法官在麦卡弗里、卡尼曼和斯皮策所做的调查问卷中指出的:"这种方法[接受意愿]总是被优秀而有效的原告审判律师所用[……]这种策略在对人的伤害很大,但经济损失可能很小的案件中特别有用(例如面部疤痕)。"[89]

从这一结果中得出的、关于损害赔偿之适当框架的规范性结论并不清晰。如果把损失厌恶看作是一种偏差,那么在接受意愿框架下获得的高额损害评估,可能会被认为高得不合理——所以法律应该努力用支付意愿的表述来框定损害赔偿的裁决。但如前所述,并没有固有的理由将损失规避或随之而来的决定视作非理性。[90]也就是说,在侵权性伤害的独特情境下,人们很可能对事故前的状态给予过高的估值。下一小节将更详细地探讨这一点。

9.4.2 快乐损害赔偿

快乐损害赔偿(hedonic damages)旨在体现由侵权行为所导致的生活享受损失(loss of enjoyment of life)。[91]其目标是赔偿受害者在下述方面受到的限制:"参与并从日常生活的常规活动中获得快乐的能力",以及"无法追求其才能、休闲兴趣、爱好,或副业"[92]——有别于针对直接由伤害导致之不适的疼痛与痛苦损害赔偿(pain and suffering damages)。[93]根据许多法域内的法律,快乐损害都是可被赔偿的,尽管它们具体如何被证明和计算可能有所不同。[94]

法院对快乐损害赔偿的发展,与下述观点接受程度的提高同时发生:残疾是一种悲剧,会极大地损害人们从生活中获得快乐的能力。[95]法院对快乐损害赔偿的裁决通常认为,由于残疾人的身体缺陷,他们无法从生活中获得任何强烈的快乐。根据这一观点,残疾被视为剥夺了人们的尊严和过上有意义的快乐生活的能力——无论是因为失去了这样一种内在能力,还是对某些活动产生了限制所导致的。这种观点在涉及重大伤害(如四肢瘫痪)的情况下尤为普遍,但在相对较轻的伤害(如截断手指)的情况下也是如此。

对快乐损害给予慷慨赔偿的做法,可以说忽视了有据可查的享乐适应(hedonic adaptation)现象——即人们适应新环境的倾向,由此,即使他们生活中有巨大变化,最终造成的他们主观幸福感的变化也相对较小。虽然在短期内人们的幸福感可能会受到积极或消极事件的影响,但从长远看,他们倾向于恢复到他们幸福感的"设定值"——即使面对重大的生活事件。[96]在早期的一项经典研究中,菲利普·布里克曼(Phillip Brickman)、丹·科茨(Dan Coates)和罗尼·贾诺夫·布尔曼(Ronnie Janoff Bulman)比较了三个群体的幸福水平——彩票赢家、事故受害者(截瘫或四肢瘫痪者)和一个控制组。这三个群体报告的幸福指数惊人地相似,并表现出向他们的长期幸福水平靠拢的趋势。[97]自这项研究以来,大量的文献记录了人们在各种环境下应对残疾的能力。对特定残疾的研究表明,人们能够适应不同的身体状况,例如截瘫[98]、四肢瘫痪[99]、截肢[100]和严重烧伤[101]。对大约 10 000 名英国人进行的纵向研究也得出了类似的结论。[102]然而,对这一总体图景有一个警告:患有涉及持续慢性疼痛的残疾的人,往往会表现出长期的幸福水平下降。[103]这也许是由这种疾病的不确定性,以及随之而来的对情况可能恶化的持续恐惧所导致的。[104]

享乐适应反映了"心理免疫系统的功能,该系统检测并中和对人们幸福感形成挑战的事件。"[105]它通过各种应对机制来实现这一目标,包括:学习如何处理新情况;探索新情况中的好处;以及重新调整期望和愿望,使其与新的现实保持一致。[106]通过这一享乐转变(hedonic transformation)过程,人们学会对自己的状况产生新的理解,并关注那些在身体限制下能带给他们快乐的新事物,而不是纠缠于那些不再可能的活动。

前文描述的法律情况,即法院忽视了享乐适应现象,将残疾视为排除了任何幸福机会的悲剧,这与另一种行为现象——情感预测(affective forecasting)有关,即人们无法预测生活事件的情感影响。[107]此领域的一项研究表明,居住在美国中西部和加利福尼亚的受试者都认为加利福尼亚人享有更大的幸福,而事实上,这两组受试者实际自我报告的生活满意度测量值基本一致。[108](正在考虑搬到一个气候更暖的地方,希望以此来生活得更开心的读者们,或许可以从中认识到,此举不太可能为自身的幸福感带来长期的明显改变。)其他研究特别关注残疾的预期情感影响,并发现人们往往会低估自己的应对和适应能力[109],而认为残疾会带来永久性的幸福感丧失[110]。

对这些关于情感预测的实证发现,有几种理论解释被提出。一种解释是,当受试者被要求考量一个使身体衰弱的事件时,他们倾向于关注该事件的狭义后果,而非更广泛的情况。[111]例如,当人们想到双腿被截断而造成的行动不便时,可能很容易忘记自己生活中不受影响的所有层面——例如与亲人共度时光、阅读一本书、看一部电影,或享受一杯红酒。第二种解释是人们缺乏经验[112]:招致残疾(或相反,赢得彩票)等极端事件本质上是罕见的,所以预测一个人对它们的情绪反应,是在对这种事件的后果毫无了解的情况下进行的。最后,免疫忽视(immune neglect)可能是这一现象背后的另一个因素。[113]我们的心理免疫系统的有效性,主要源于其无意识的功能,这使得人们可以进行自我欺骗和启动类似的机制。因此,试图应对失去在公园慢跑能力的腿部截肢者,可能会说服自己,他们实际上从未享受这项活动,但这只能在重新校准自己感知的潜意识过程中才能做到。

总结一下这一实证分析:侵权行为的受害者学会了应对许多残疾,而且他们的幸福水平并没有长期大幅下降,但由于没有认识到人类适应不断变化的环境的能力,法院裁定了相当数额的快乐损害赔偿。

从表面上看,这一分析的规范性结论是,快乐损害赔偿被系统性地夸大了,因此应被减少,甚至消除。[114]本质上来说,司法程序将决策者的注意力集中在原告所遭受的有形损失上,因此法官和陪审员倾向于高估与残疾相关的长期伤害程度。有文献通过考察失去手指和脚趾的案例说明了这一点[115]:可以说,虽然这些案例(以及类似的案例)可能涉及重大的短期痛苦(在某些情况下还有高昂的调整费用),但这些案例中的伤害可能并没有在很大程度上改变原告的长期幸福。

此外,对快乐损害赔偿的裁决过程可能会破坏人类应对系统的功能,并加剧侵权受害者的伤害。[116]要求原告反复思量自身限制的漫长审判,可能会妨碍他们的恢复和适应。

有一种危险是,原告从精神上说服自己和他人自身悲惨且应该得到怜悯(以及金钱赔偿)的认知过程,可能成为一个自我实现的预言。事实上,原告律师可能会加强这一过程,以确保他们的客户在审判或和解谈判中,以足够阴郁和绝望的方式呈现自己。我们的一些读者可能还记得,杰基·奇利斯(Jackie Chiles)在得知他的客户科斯莫·克雷默(Cosmo Kramer)在和解谈判前用药膏治疗了他因热咖啡而造成的烫伤后的愤怒反应。[117]

然而,将享乐适应和情感预测纳入侵权损害赔偿的分析,还需进一步审查。如一些学者所指出,关于享乐适应的研究结果表明,旨在补偿心理或情感伤害(而不是实际发生的金钱支出)的侵权损害赔偿,可能无法提高受害者的福祉。[118]享乐适应文献表明,孤立的负面事件——以及正面事件——对幸福水平的影响是有限的。如前所述,在他们最初对这一主题的经典研究中,布里克曼、科茨和布尔曼发现,随着时间的推移,中彩票对人们的幸福影响很小。[119]后来的研究发现,积极的生活事件——如婚姻或自愿改变工作场所——只带来了幸福水平的暂时飙升,而没有长期影响。[120]事实上,有人认为,与消极事件相比,对积极生活事件的享乐适应更迅速、更彻底(即导致幸福感没有变化)。[121]这些发现表明,法院判决的金钱赔偿对受害者的长期幸福状态影响相对较小。从这些发现中可以得出两个截然相反的结论:一个是侵权行为的非金钱损害赔偿是徒劳的,应该被取消;另一个是法律可能希望通过规定更高的损害赔偿来抵消适应。[122]

然而,需注意,只有当侵权法的重点是在受害者身上,以及使他们得到补偿时,这种困境才是相关的。另一方面,如果侵权法的目标是阻止潜在的侵权者,那么受害者从损害赔偿中获得的享乐利益微乎其微这一事实,就不重要了。从这个角度来看,重要的是侵权损害赔偿对那些需要支付赔偿的人所造成的感知上的负效用。此时,情感预测这一行为现象确实是相关的:因为潜在的侵权者假定(无论多么错误),为非金钱伤害支付侵权损害赔偿会大大降低他们的幸福感,所以他们更有可能被这种前景所阻止。

更为根本的是,上述所有的主张和相反主张,都暗含地假设人类福利是由人们幸福和痛苦的主观精神状态决定的。然而,这种人类福利的享乐主义理论[众所周知,它是杰里米·边沁(Jeremy Bentham)的功利主义的基础],已经受到了严重的挑战,且在标准的经济分析中,包括对法律的经济分析中都不被接受。[123]无论人们是支持人类福利的偏好满足理论(如经济分析的通常做法),还是客观清单理论(如许多哲学家和法学理论家的做法),侵权赔偿应该被大幅削减的观点都会大大失去其说服力。如果人们的效用是由他们的偏好来衡量的,且如果人们对不失去四肢中的某一肢有强烈的偏好(他们愿意为此付出巨大的代价),那么——尽管有享乐适应的现象——给予高额赔偿可能确有其道理。[124]同样,也可以说,适应严重伤害的过程,涉及对一个人的目标和理想的重大调整,这对受害者的自我认同有不利影响。[125]

这并不是说主观感受不重要——无论是在基于偏好还是在基于客观清单的福利理论中。大多数人都偏好快乐和没有痛苦,而主观幸福似乎是每个人客观清单上的一个重要项目。然而,根据这些理论,享乐适应对损害赔偿的影响要有限得多,也微妙得多。

关于享乐适应的心理学发现,在另一个方面对人类福利的偏好-满足理论也很重要,因为它们阐明了上一小节关于以接受意愿或支付意愿为框架的损害赔偿的讨论。[126]情感预测失准可能是人们在接受意愿框架下的损害评估偏高的原因,因为在该框架下考量侵权损害赔偿,需要人们从事前的角度判断伤害将如何影响他们的福祉,而人们倾向于在这种情况下高估他们的损失。因此,法律体系对采纳此观点的不情愿可能是合理的。当然,这一论点并不是决定性的,因为在两个时间上先后的视角之间的选择,并非不会涉及规范性判断,因为它假设有外部的标准来确定一种实际偏好是优于另一种的。

9.5　产品责任

产品责任法是处理缺陷产品对消费者造成的物理伤害的一系列法律。[127] 在 20 世纪,这一领域的法律经历了几次重大变革,从而使消费者能够起诉缺陷产品的生产者,即使他们之间没有合同。[128] 此外,这些变革通过将严格责任引入这些法律的一些组成部分中,改变了起支配作用的责任制度。[129] 围绕产品责任法的理想范围的辩论仍在进行,学术界和政策制定者经常就改革建议进行辩论。[130]

在美国,法律区分了三种类型的产品缺陷。[131] 一种是消费者购买的特定物品的制造缺陷,它不符合生产者自己的标准(例如,一辆汽车因为没有正确装配而爆炸)。第二种类型是制造商对产品的设计存在缺陷(例如,一辆汽车因为油箱容易破裂而爆炸)。第三种类型是产品没有向消费者提供如何安全使用的必要信息(例如,一辆汽车如果使用柴油而不是汽油作为燃料就会爆炸,而车主没有得到关于这种危险的妥善警告)。在本节的余下部分,鉴于行为分析与它们所引起的法律问题的相关性,我们将重点讨论这些类型中的后两个。

9.5.1　有缺陷的设计

对设计缺陷的法律分析是根据合理性(reasonableness)标准进行的。例如,在美国,如果"产品造成的可预见的伤害风险,本可以通过采用合理的替代设计来减少或避免[……],而替代设计的缺失使产品不足够安全"[132],则该产品被认为是有缺陷的。如我们已经在责任制度的语境下所见,使用合理性测试作为事故法的基础,会需要某种成本收益分析。在设计缺陷方面,法院被要求进行风险效用测试(risk-utility test),即平衡与产品相关的风险和消费者可以从产品中获得的效用。[133] 在这类案件中,法院被期待去比较该产品与替代性设计,并判断制造商选择的设计是否合理。[134]

行为学发现告诉我们,任何明确使用风险效用分析的生产者都会自食其果。人们倾向于将人的生命和健康视为一种受保护的价值,它不能像其他商品一样被明确交易。[135] 虽然人们在日常生活中经常在安全和其他考虑因素之间进行隐性权衡(例如,在决定是否乘坐飞机或是在选择汽车型号时),但他们认为给人的生命贴上实际价格标签的观念在道德上是令人反感的。由于道德愤怒是惩罚性赔偿的主要预测变量[136],这意味着企业可能会因为做了经济推理(和法律)要求他们做的事情——即对其产品进行仔细的成本收益分析——而受到惩罚。

关于在产品安全方面进行明确的成本收益分析的企业会发生什么,最有名的例子大概是格里姆肖诉福特汽车公司案(*Grimshaw v. Ford Motor Co.*)[137],该案涉及一辆福特平托(Pinto)汽车的爆炸。此案的证据显示,福特公司的工程师进行了全面的成本收益分析,得出的结论是:修复汽车油箱设计中相关问题的成本(1.375 亿美元),超过了与之相关的潜在收益(0.496 亿美元),因此不值得投入。[138]公众对这一披露反应激烈,且详细描述该成本收益分析的文件被称为"可能是美国诉讼史上最杰出的文件"。[139]审判最终以陪审团判给原告 250 万美元的补偿性赔偿,以及 1.25 亿美元的惩罚性赔偿而结束。[140]

更加严格的实验性研究证实了这一发现。基普·维斯库西(Kip Viscusi)进行的一项大规模调查发现,仅仅是企业对安全措施进行成本收益分析的事实,就会引起陪审团的愤怒,从而导致他们增加惩罚性赔偿。[141]该研究的整体结论是,进行了成本收益分析的企业被评估为应付几何均值为 459 万美元(中位数为 1 000 万美元)的赔偿金;相比之下,在不进行此类分析时,赔偿金几何均值仅为 291 万美元(中位数为 100 万美元)。[142]当企业进行了成本收益分析时,专业法官不太可能采取这种不允许任何成本与安全之间权衡的零风险态度,也不太可能判决惩罚性赔偿。然而——与经济效率的要求相反——许多法官确实裁定了这种损害赔偿,特别是当风险涉及人的生命时。[143]

9.5.2 警告

行为分析可以为产品责任法提供重要洞察的另一个方向,涉及缺陷警告。在美国,"当产品所带来的可预见的伤害风险本可以通过提供合理的说明或警告来减少或避免……而说明或警告的遗漏使产品失去了合理的安全性"[144],则该产品被认为是有缺陷的。这个框架可能可以帮助消费者对其购买的产品做出明智的选择,并鼓励他们采取简单的预防措施,从而大大降低许多产品的相关风险。[145]

在本书的其他部分,我们已经阐述了注重向决策者披露信息的政策所存在的缺陷。[146]总的来说,我们认为,由于人们的认知局限,披露通常无法对人们的选择产生任何有意义的影响。这个一般性的论点同样适用于产品警告,所以我们只简要介绍一下我们在这方面的关注点。[147]

要使产品警告有效,它必须:(1)被注意和阅读;(2)被理解;(3)促使消费者采取必要的预防措施。[148]在现实中,这些条件往往没有得到满足,其结果是警告变得无用。关于第一个条件,由于每天都有大量的信息向消费者投放,他们注意和阅读每条警告的能力被大大削弱了。对消费者来说,即使是寻找和阅读警告,也要付出大量的时间和精力,而这种努力带来的潜在回报是非常微小的。因此,理性的消费者——更不用说短视的消费者——往往不会费心去解读他们刚刚购买的非处方药包装内的 6 页单行距的文字警告(尤其是在他们头痛的时候)。此外,即使消费者注意到并阅读了警告,他们准确理解警告的能力也很有限。不识字和不识数等问题,可能会妨碍人们对警告的理解;过度乐观可能会使人们低估其中的风险;确认偏差可能会使他们完全忽视警告,因为他们已经决定购买该产品了。关于烟盒上的警告对消费者理解吸烟风险的影响的相关研究表明,有相当比例的消费者对这些风险有误解,即使是在他们被迫关注警告的实验环境中。[149]最后,即使人们阅读并理解了警告,他们也经常忽视这些警告:过度自信和控制错觉会使人们相信他们可以成功地避免对自己的伤害。[150]此外,当伤害的概率很低时,根据自己使用产品的经验进行风险评估的消费者,倾向于认为产品没有风险。[151]

　　侵权法似乎已经纳入了行为分析的洞察,并减少了对警告的重视。在过去,制造商可以通过在产品上放置警告来大大限制其责任范围。《侵权法重述》(第二版)明确指出:"在给出警告的情况下,卖方可以合理地认为它将被阅读和注意到;带有这样的警告的产品,若警告被遵守使用起来就是安全的,这样的商品就不应被视为有缺陷,也并不存在不合理的危险。"[152]根据这一推理,法院经常完全依据警告的存在而驳回案件(即使这些警告被埋在标签的背面,或者在冗长的手册中)。例如,在 Skyhook 公司诉贾斯珀案(Skyhook Corp.v. Jasper)中[153],死者因其操作的起重机触及电线而死亡。审判中的证据显示,制造商本可以通过采用成本仅为 300 美元(1968 年的美元)的安全措施来消除这一风险——但新墨西哥州最高法院认为,规定"所有设备的放置、安装或保护,应确保任何部分都不能接近高压线至 10 英尺以内"的警告,足以免除卖方的责任。[154]在其推理中,它认为卖方"可以合理地假设警告会被阅读和注意"。[155]

　　然而,《侵权法重述》(第三版)在该问题上采取了不同的立场,以反映对人类决策更现实的看法。考虑到警告的内在局限性,该法更加强调产品本身的设计。因此,《重述》现在规定:

　　　　当更安全的设计可被合理地实施,并且风险可以合理地通过产品设计消除,就需要采用更安全的设计,而非留下大量风险警告。例如,说明和警告可能是无效的,因为产品的使用者可能没有被充分触及,可能没有注意,或者可能没有足够的动力去遵循说明或注意警告。[156]

　　这种态度在判例法中得到了呼应,特别是导致了上述 Skyhook 案的判决被推翻。[157]

　　剩下的一个大问题是什么构成"合理的警告"。虽然我们对为此问题提供绝对的答案感到犹豫,但一些行为学洞见对我们也许有所启发。[158]首先,警告必须简短,措辞要让语言能力有限的人能够理解。[159]当然,鉴于许多产品的复杂性,并不是所有的警告都可以用如此简单的措辞。在这种情况下,法律应该使用其他监管工具。其次,警告应该醒目,以确保消费者的注意力确实被吸引到警告上——比如放在产品的显眼位置,运用显眼的尺寸、颜色等。[160]这两点都表明在警告中加入图形有助于提高警告的有效性,因为这可以提高容易理解的程度和显眼程度。[161]最后,警告应该强调如何以及为什么应该遵守警告——例如,警告不仅要说明"危险",还要说明产品带来的具体风险,以及如何避免这些风险。[162]

　　行为分析也可以说明什么样的决定可能会受到设计良好的警告的引导。一般来说,警告对于单独的决定会更有效。诸如是否购买某一产品,或如何组装或安装等决定,很可能会引发系统 2 的决策,因此更有可能受到进一步信息的影响。相反,对于有关产品日常操作的常规决定,警告的影响有限,因为这些决定往往是重复性的,而且考虑到其所涉及的小风险,消费者很可能会忽略对警告的遵守,因为他们过去使用产品的经验毫无波澜。

　　为了说明这些问题,可思考婴儿汽车座椅上的警告:消费者更有可能注意到关于安装的警告,而不是关于日常使用的警告。考虑到将孩子扣在座椅上的重复性——即使操作不当,通常也不会有什么影响——随着时间的推移,使用者很可能不会严格遵守关于这一操作的说明。再加上儿童往往是在又踢又叫的情况下被扣到座位上的,不遵守警告的可能性只会增加。至于这种警告的设计,它应该是突出的、图形化的,如果可能的话,应该放在安装锁扣上面,以确保它们被看到。只要有可能,警告还应该说明不遵守警告的影响。例如,在前排乘客座位上安装婴儿座椅是危险的,因为一旦发生事故,安全气囊就会膨胀。把这些后果都指出的警告,就足够具体,可以通过清晰可见的警示来实现。相反,更细微的问题,如带子的正确收紧,或如何调整带子以适应婴儿可能穿的冬季外套,就不能通过警告或淹没在手册中的冗长说明来解决。

9.6　结语

　　本章强调了行为分析对侵权法领域的主要影响。如我们所看到,即使考虑到行为学的见解,这一领域的许多现有法律学者的结论仍然有效。然而,侵权者和裁决者的有限理性,确实引起了对某些关键问题的关注。就侵权者而言,研究表明,激励有限理性的个人安全行事,不能完全依靠低概率责任。关于裁决者,判例法分析表明,决策者在某些情况下的局限性(如事后判断责任,或确定疼痛和痛苦的赔偿),可能需要使用程序性和实质性工具来帮助控制有偏差的决定。

注　　释

[1] 故意伤害将在刑法这一语境下讨论。参见下文第 12 章。

[2] 参见:Ronald Coase, *The Problem of Social Cost*, 3 J. L. & Econ. 1 (1960); Guido Calabresi, *Some Thoughts on Risk Distribution and the Law of Torts*, 70 Yale L.J. 499 (1961)。

[3] 参见:Guido Calabresi, The Costs of Accidents: A Legal and Economic Analysis (1970); Steven Shavell, Economic Analysis of Accident Law (1987); William M. Landes & Richard A. Posner, The Economic Structure of Tort Law (1987)。

[4] 相关评述,参见:Steven Shavell, Foundations of Economic Analysis of Law 175 – 287 (2004); Robert Cooter & Thomas Ulen, Law and Economics 187 – 275 (6th ed. 2012); Richard Posner, Economic Analysis of Law 191 – 251 (9th ed. 2014)。

[5] 参见:Christine Jolls, Cass R. Sunstein & Richard Thaler, *A Behavioral Approach to Law and Economics*, 50 Stan. L. Rev. 1471, 1523 – 32 (1998); Russell B, Korobkin & Thomas S. Ulen, *Law and Behavioral Science: Removing the Rationality Assumption from Law and Economics*, 88 Cal. L. Rev. 1051, 1095 – 100 (2000)。

[6] 参见:Yoed Halbersberg & Ehud Guttel, *The Behavioral Economics of Tort Law*, in The Oxford Handbook of Behavioral Economics and the Law 405 (Eyal Zamir & Doron Teichman eds., 2014); Jennifer K. Robbennolt & Valerie P.

Hans，The Psychology of Tort Law（2016）。

［7］ 参见 Calabresi，前注［3］，第 9—24 页。

［8］ 出处同上。

［9］ 参见 Caparo Industries Plc v. Dickman ［1990］1 All ER 568（HL）。

［10］ 例如，在以色列即是如此。参见 Auto Accident Compensation Act §2（1975）。

［11］ 参见 *United States v. Carroll Towing Co.* 159 F.2d 169（2d Cir. 1947）。在该案中，法院引入了 Learned Hand 公式作为审查过失索赔的工具。根据法院的说法，"如果把概率称为 P，把伤害称为 L，把负担称为 B，则责任取决于 B 是否小于 L 乘以 P，即是否 $B>PL$"。出处同上，第 173 页。

［12］ 参见 Shavell，前注［3］，第 14—15 页。相关重要见解是，在过失制度下，侵权行为者应采取非过失的行为，以避免支付损害赔偿。因此，在这种制度下，受害者生活在一个事实上的无责任制度中，因为他们不会为他们所遭受的任何伤害得到补偿。因此，可以预期受害者也会以非疏忽的方式行事，因为他们希望将未获赔偿的伤害的风险降到最低。另一方面，在严格的责任制度下，受害者总是享有充分的赔偿，因此没有激励他们保持最优注意措施。

［13］ 参见 Oren Bar-Gill & Omri Ben-Shahar，*The Uneasy Case for Comparative Negligence*，5 Am. L. & Econ. Rev. 433（2003）。

［14］ 参见 Shavell，前注［3］，第 21—26 页。这方面的关键洞察是，在严格责任规则下，侵权行为人必须为与其行为相关的所有伤害进行赔偿——即使这些行为是以最优注意进行的。另一方面，在过失责任制度下，当他们表现出最优注意时，他们不需要对受害者进行赔偿。因此，在后一种情况下，侵权行为人可能会受到诱惑做出过多的危险行为，因为他们知道，通过采取最优注意，他们可以将其行为造成的剩余风险外部化。

［15］ 参见 Guido Calabresi & Jon T. Hirschoff，*Toward a Test for Strict Liability in Torts*，81 Yale L.J. 1055, 1059（1972）。

［16］ 出处同上，第 1059 页，n17。

［17］ 参见 Shavell，前注［3］，第 292 页（简短描述了个体的决策能力）。

［18］ 参见上文 2.4.3 节。

［19］ 参见 Tali Sharot，*The Optimism Bias*，21 Current Biology R941（2011）。

［20］ 参见 Daniel Nettle，*Adaptive Illusions：Optimism，Control and Human Rationality*，in Emotion，Evolution and Rationality 193（Dylan Evans & Pierre Cruse eds.，2004）。

［21］ 参见：Tali Sharot et al.，*Neural Mechanisms Mediating Optimism Bias*，450 Nature 102（2007）；Tali Sharot，*How Dopamine Enhances an Optimism Bias in Humans*，22 Current Biology 1477（2012）。

［22］ 参见：Ola Svenson，Baruch Fischhoff & Donald MacGregor，*Perceived Driving Safety and Seatbelt Usage*，17 Accident Analysis & Prevention 119（1985）；Iain A. McCormick，Frank H. Walkey & Dianne E. Green，*Comparative Perceptions of Driver Ability—A Confirmation and Expansion*，18 Accident Analysis & Prevention 205（1986）。关于在职业安全方面的类似发现，参见 Carlo Caponecchia, *It Won't Happen to Me：An Investigation of Optimism Bias in Occupational Health and Safety*，40 J. App. Soc. Psychol. 601（2010）。

[23] 参见 R.F. Soames Job, Virginia Hamer & Michael Walker, *The Effects of Optimism Bias and Fear on Protective Behaviours*，in Australia's Adolescents：A Health Psychology Perspective 151，151–56（Dianna Kenny & R.F. Soames Job eds.，1995）。

[24] 出处同上。

[25] 参见 Neil D. Weinstein, *Optimistic Biases about Personal Risks*，246 Sci. 1232（1989）。

[26] 参见 Ralph Hertwig et al., *Decisions from Experience and the Effect of Rare Events in Risky Choice*，15 Psychol. Sci. 534（2004）。

[27] 参见 Craig R. Fox & Liat Hadar, *"Decisions from Experience" = Sampling Error + Prospect Theory：Reconsidering Hertwig，Barron，Weber，& Erev（2004）*，1 Judgment & Decision Making 159（2006）。

[28] 参见 Yaakov Kareev, *Seven（Indeed，Plus or Minus Two）and the Detection of Correlations*，107 Psychol. Rev. 397（2000）。

[29] 参见 Ralph Hertwig & Timothy J. Pleskac, *Decisions from Experience：Why Small Samples?*，115 Cognition 225（2010）。

[30] 参见 U.S. Dep't of Transp., Nat'l Highway Traffic Safety Admin., National Survey of Speeding and Other Unsafe Driving Actions：Driver Attitudes and Behavior 119–35（1998）。另见 Bryan E. Porter & Thomas D. Berry, *A Nationwide Survey of Self-Reported Red Light Running：Measuring Prevalence，Predictors，and Perceived Consequence*，33 Accident Analysis & Prevention 735，737（2001）（呈现如下调查数据：约有20％的人报告说,在他们过去10次在有信号灯的十字路口过马路时有一次闯了红灯）。

[31] 参见 Herbert William Heinrich, Industrial Accident Prevention：A Scientific Approach 26–28（1931）。

[32] 参见 Frank E. Bird, Jr. Management Guide to Loss Control 17–18（1974）。

[33] 参见出处同上。（描述 ConcoPhillips Marine 的结果, *Safety Pyramid Based on a Study*（April 2003））。

[34] 参见 Eric A. Posner, *Probability Errors：Some Positive and Normative Implications for Tort and Contract Law*，11 Sup. Court Econ. Rev. 125（2004）。

[35] 对 Posner 模型的相似批评,参见 Halbersberg & Guttel,前注[6],第414页。

[36] 参见 Joshua C. Teitelbaum, *A Unilateral Accident Model under Ambiguity*，36 J. Legal Stud. 431（2007）；Surajeet Chakravarty & David Kelsey, *Ambiguity and Accident Law*，19 J. Pub. Econ. Theory 97（2017）。

[37] 参见 Lewis Kornhauser & Andrew Schotter，*An Experimental Study of Single-Actor Accidents*，19 J. Legal Stud. 203（1990）。另见 Vera Angelova，*Relative Performance of Liability Rules：Experimental Evidence*，77 Theory & Decision 531（2014）。

[38] 参见 Kornhauser & Schotter，前注[37]，第 231—232 页。

[39] 参见下文 9.3.2 节。

[40] 参见上文 9.2 节。

[41] 参见 Samuel Issacharoff，*Preclusion，Due Process，and the Right to Opt Out of Class Actions*，77 Notre Dame L. Rev. 1057，1076（2002）。

[42] 参见：Donald Wittman，*Prior Regulation versus Post Liability：The Choice between Input and Output*，26 J. Legal Stud. 145（1977）；Steven Shavell，*A Model of the Optimal Use of Liability and Safety Regulation*，15 Rand J. Econ. 271（1984），Shavell 前注[3]，第 279—282 页。

[43] 参见 Shavell，前注[3]，第 281 页。

[44] 出处同上，第 179—180 页。

[45] 参见 Steven Shavell，*A Fundamental Enforcement Cost Advantage of the Negligence Rule over Regulation*，42 J. Legal Stud. 275（2013）。

[46] 出处同上，第 276 页。

[47] 出处同上，第 297—298 页。

[48] 参见 Ido Erev et al.，*The Value of Gentle Enforcement on Safe Medical Procedures*，19 Quality & Safety in Health Care 1（2010）。

[49] 参见 Amos Schurr，Dotan Rodensky & Ido Erev，*The Effect of Unpleasant Experiences on Evaluation and Behavior*，106 J. Econ. Behav. & Org. 1（2014）。

[50] 参见 Susanne Bahn，*Workplace Hazard Identification and Management：The Case of an Underground Mining Operation*，57 Safety Sci. 129，129（2013）。

[51] 参见 Patricia Delhomme，Jean-François Verlhiac & Cécile Martha，*Are Drivers' Comparative Risk Judgments about Speeding Realistic?*，40 J. Safety Res. 333（2009）。

[52] 关于司法决策的行为学分析，参见下文第 15 章。

[53] 参见上文 2.2.8 节。

[54] 关于不同法律语境下的后见之明偏差的综述，参见 Doron Teichman，*The Hindsight Bias and the Law in Hindsight*，in The Oxford Handbook of Behavioral Economics and the Law，前注[6]，第 354 页。

[55] 参见 Kim A. Kamin & Jeffrey J. Rachlinski，*Ex Post ≠ Ex Ante：Determining Liability in Hindsight*，19 Law & Hum. Behav. 89（1995）。

[56] 参见 Susan J. LaBine & Gary LaBine，*Determinations of Negligence and the Hindsight Bias*，20 Law & Hum. Behav. 501（1996）。

[57] 参见 Frederick W. Cheney，*Standard of Care and Anesthesia Liability*，261 J.

Am. Medical Ass'n 1599 (1989)。另见 Mark I. Taragin et al.，*The Influence of Standard of Care and Severity of Injury on the Resolution of Medical Malpractice Claims*，117 Annals Internal Med. 780 (1992)（发现在 21% 的被研究案件中，涉事医生被认为要对完全合理的操作负责）。

[58]　参见 Jonathan Baron & John C. Hershey，*Outcome Bias in Decision Evaluation*，54 J. Personality & Soc. Psychol. 569 (1988)。

[59]　出处同上，第 571—572 页。

[60]　参见 Jeffery J. Rachlinski，*A Positive Psychological Theory of Judging in Hindsight*，65 U. Chi. L. Rev. 571 (1998)。

[61]　参见 Teichman，前注[54]，第 364—366 页。

[62]　参见 Rachlinski，前注[60]，第 608—613 页。

[63]　参见 Restatement (Third) of Torts: Liability for Physical and Emotional Harm § 13(a) (Am. Law Inst. 2009)。

[64]　参见 Gideon Parchomovsky & Alex Stein，*Torts and Innovation*，107 Mich. L. Rev. 285 (2008)。

[65]　参见 Ernesto Dal Bó，*Regulatory Capture: A Review*，22 Oxford Rev. Econ. Pol'y. 203 (2006)。

[66]　参见：Alexandra B. Klass，*Tort Experiments in the Laboratories of Democracy*，50 Wm & Mary L. Rev. 1501 (2009)（关于产品责任）；Milton Augustus Turner，*Recent Developments in Indiana Tort Law*，43 Ind. L. Rev. 1053 (2009)（关于大型酒吧）。

[67]　参见 James F. Blumstein，*Medical Malpractice Standard-Setting: Developing Malpractice "Safe Harbors" as a New Role for QIOs*，59 Vand. L. Rev. 1017 (2006)。

[68]　参见：Norman G. Poythress，*Negligent Release Litigation: A Proposal for Procedural Reform*，17 J. Psychiatry & L. 595 (1989)；Jolls, Sunstein & Thaler，前注[5]，第 1528—1529 页。

[69]　参见 Jolls, Sunstein & Thaler，前注[5]。

[70]　参见 Russell B. Korobkin & Thomas S. Ulen，*Law and Behavioral Science: Removing the Rationality Assumption from Law and Economics*，88 Cal. L. Rev. 1051，1095 - 100 (2000)。

[71]　参见 Bar-Gill & Ben-Shahar，前注[13]。

[72]　参见 Gary T. Schwartz，*Contributory and Comparative Negligence: A Reappraisal*，87 Yale L. J. 697，721 - 27 (1978)。

[73]　参见 Dan B. Dobbs, Paul T. Hayden & Ellen M. Bublick, Hornbook on Torts 384 - 85 (2d ed., 2000)。

[74]　出处同上。

[75]　可参见 Victor E. Schwartz & Evelyn F. Rowe，Comparative Negligence 356 (4th ed. 2002)。

[76] 关于锚定与调整,参见上文 2.5.3 节。

[77] 参见 Dobbs, Hayden & Bublick,前注[73],第 385 页。

[78] 参见 Yuval Feldman, Amos Schurr & Doron Teichman, *Anchoring Legal Standards*, 13 J. Empirical Legal Stud. 298, 318 – 20 (2016)。

[79] 参见 Eli K. Best & John J. Donohue, III, *Jury Nullification in Modified Comparative Negligence Regimes*, 79 U. Chi. L. Rev. 945 (2012)。

[80] 参见下文 15.3.4 节。

[81] 参见 Edward J. McCaffery, Daniel J. Kahneman & Matthew L. Spitzer, *Framing the Jury：Cognitive Perspectives on Pain and Suffering Awards*, 81 Va. L. Rev. 1341 (1995)。

[82] 关于这些概念以及接受意愿-支付意愿差异,参见上文 1.2 节、2.3.6 节。

[83] 参见 McCaffery, Kahneman & Spitzer,前注[81],第 1354—1373 页。

[84] 该实验也包括一个没有收到任何指示的控制组。出处同上,第 1356 页。

[85] 出处同上,第 1359 页。

[86] 出处同上,第 1372—1373 页。关于前景理论,参见上文 2.3 节。

[87] 另见下文 14.3.6 节、14.6.2 节、16.3.4 节。

[88] 请参照 Russell Korobkin, *The Endowment Effect and Legal Analysis*, 97 Nw. U. L. Rev. 1227, 1288 (2003)。

[89] McCaffery, Kahneman & Spitzer,前注[81],第 1377 页。

[90] 参见上文 5.5 节。

[91] 参见 Tina M. Tabacchi, *Hedonic Damages：A New Trend in Compensation?*, 52 Ohio St. L.J. 331, 331 – 35 (1991)。

[92] 参见 Boan v. Blackwell, 541 S.E.2d 242, 244 (S.C. 2001)。

[93] 对这些类型的损害赔偿之间的细微差别之讨论,参见 Cass R. Sunstein, *Illusory Losses*, 37：S2 J. Legal Stud. S157, S159 – 60 (2008)。

[94] 出处同上。

[95] 对美国判例法的概览,参见 Samuel R. Bagenstos & Margo Schlanger, *Hedonic Damages*, *Hedonic Adaptation*, *and Disability*, 60 Vand. L. Rev. 745, 755 – 60 (2009)。

[96] 相关概述,参见 Sonja Lyubomirsky, *Hedonic Adaption to Positive and Negative Experiences*, in The Oxford Handbook of Stress, Health and Coping 200 (Susan Folkman eds., 2011)。

[97] 参见 Philip Brickman, Dan Coates & Ronnie Janoff Bulman, *Lottery Winners and Accident Victims：Is Happiness Relative?*, 36 J. Personality & Soc. Psychol. 917, 918 – 21 (1978)。

[98] 参见 Richard Schulz & Susan Decker, *Long-Term Adjustment to Physical Disability：The Role of Social Support*, *Perceived Control and Self-Blame*, 48 J. Personality & Soc. Psychol. 1162 (1985)。

[99]　参见 Camille B. Wortman & Roxane C. Silver, *Coping with Irrevocable Loss*, in Cataclysms, Crises, and Catastrophes: Psychology in Action 185 (Gary R. VandenBos & Brenda K. Bryant eds., 1987)。

[100]　参见 Olga Horgan & Malcolm MacLachlan, *Psychosocial Adjustment to Lower-Limb Amputation: A Review*, 26 Disability & Rehabilitation 837 (2004)。

[101]　参见 David R. Patterson et al., *Psychological Effects of Severe Burn Injuries*. 113 Psychol. Bull. 362 (1993)。

[102]　参见 Martin Binder & Alex Coad, *"I'm Afraid I Have Bad News for You ..." Estimating the Impact of Different Health Impairments on Subjective Well-Being*, 87 Soc. Sci. & Med. 155 (2013)。

[103]　对这些发现的概述,参见 Edie Greene, Kristin A. Sturm & Andrew J. Evelo, *Affective Forecasting about Hedonic Loss and Adaptation: Implications for Damage Awards*, 40 Law & Hum. Behav. 244, 246 (2016)。

[104]　参见 Sunstein,前注[93],第 S167 页。

[105]　参见 Timothy D. Wilson & Daniel T. Gilbert, *Affective Forecasting*, 35 Advances Experimental & Soc. Psychol. 345, 380 (2003)。

[106]　对这些不同机制的概览,参见 Bagenstos & Schlanger,前注[95],第 762 页。

[107]　文献概览,参见:Wilson & Gilbert,前注[105]; George Loewenstein & David Schkade, *Wouldn't It Be Nice? Predicting Future Feelings*, in Well-Being: The Foundations of Hedonic Psychology 85 (Daniel Kahneman, Ed Diener & Norbert Schwarz eds., 1999)。

[108]　参见 David A. Schkade & Daniel Kahneman, *Does Living in California Make People Happy?: A Focusing Illusion in Judgments of Life Satisfaction*, 9 Psychol. Sci. 340 (1998)。另见 George Loewenstein & Shane Frederick, *Predicting Reactions to Environmental Change*, in Environment, Ethics, and Behavior: The Psychology of Environmental Valuation and Degradation 52 (Max H. Bazerman et al. eds., 1997)。

[109]　参见 Peter A. Ubel, George Loewenstein & Christopher Jepson, *Disability and Sunshine: Can Hedonic Predictions Be Improved by Drawing Attention to Focusing Illusions or Emotional Adaptation?*, 11 J. Experimental Psychol.: Applied 111, 120 – 22 (2005); Greene, Sturm & Evelo,前注[103]。

[110]　Bagenstos & Schlanger,前注[95],第 771 页。

[111]　参见 Schkade & Kahneman,前注[108]。

[112]　参见 Greene, Sturm & Evelo,前注[103],第 246 页。

[113]　参见 Daniel T. Gilbert et al., *Immune Neglect: A Source of Durability Bias in Affective Forecasting*, 75 J. Personality & Soc. Psychol. 617 (1998)。

[114]　参见:Sunstein,前注[93],第 S173—S175 页;Bagenstos & Schlanger,前注[95],第 773—788 页。诚然,支持限制快乐损害赔偿的观点,只局限于未造成长期享乐

后果的伤害的案件。在的确会造成此类后果的案件中——例如在造成慢性疼痛伤害的案件中（参见前注[103]与对应正文）——行为证据认为快乐损害赔偿应被提高（参见 Sunstein，前注[93]，第 S173—S175 页）。

[115]　参见 Sunstein，前注[93]，第 S174 页（批判性地回顾了 Thornton v. Amtrak802 So. 2d 816 (2001)案件中对一根手指截肢 150 万美元的裁决）；Bagenstos & Schlanger，前注[95]，第 758—759 页（批判性回顾了 Schindler Elevator Corp. v. Anderson, 78 S.W.3d 392 (Tex. App. 2001)一案中陪审团对三个脚趾截肢 1 700 万美元的裁决，该案因和解而撤销，Docket No. 02-0426 (May 22, 2003)）。

[116]　参见 Bagenstos & Schlanger，前注[95]，第 785—787 页。

[117]　参见 *Seinfeld*：*The Maestro*（NBC 电视放送 Oct. 5, 1995）。

[118]　参见 David E. Depianto, *Tort Damages and the（Misunderstood）Money-Happiness Connection*, 44 Ariz. St. L.J. 1385 (2013)；Halbersberg & Guttel，前注[6]，第 423 页。

[119]　参见 Brickman, Coates & Janoff Bulman，前注[97]。

[120]　参见：Richard E. Lucas & Andrew E. Clark, *Do People Really Adapt to Marriage?*, 7 J. Happiness Stud. 405 (2006)（关于婚姻）；Wendy R. Boswell, John W. Boudreau & Jan Tichy, *The Relationship between Employee Job Change and Job Satisfaction：The Honeymoon-Hangover Effect*, 90 J. App. Psychol. 882 (2005)（关于雇佣）。

[121]　参见 Lyubomirsky，前注[96]，第 203 页。

[122]　Halbersberg & Guttel，前注[6]，第 423 页。

[123]　参见上文 1.3 节、4.2 节。另见 Mark Kelman, *Hedonic Psychology and the Ambiguities of "Welfare,"* 33 Phil. & Pub. Aff. 391 (2005)。

[124]　另见：Peter A. Ubel & George Loewenstein, *Pain and Suffering Awards：They Shouldn't Be（Just）about Pain and Suffering*, 37 J. Legal Stud. S195 (2008)；Lucy Wang, *Non-illusory Losses：Why Pain and Suffering Damages Should（Just）Be about Pain and Suffering*（Yale Law School, Student Prize Papers, 2008，网址：http://digitalcommons.law.yale.edu/ylsspps_papers/37）。

[125]　参见 Sean Hannon Williams, *Self-Altering Injury：The Hidden Harms of Hedonic Adaptation*, 96 Cornell L. Rev. 535 (2011)。

[126]　参见：McCaffery, Kahneman & Spitzer，前注[81]，第 1391 页；Sunstein，前注[93]，第 S162 页。

[127]　相关概述，参见：David G. Owen & Mary J. Davis, Product Liability (4th ed. 2014)；Marshall S. Shapo, Shapo on the Law of Product Liability (7th ed. 2017)。

[128]　参见 Marshall S. Shapo, Product Liability and the Search for Justice 19－22 (1993)。

[129]　参见出处同上，第 22—24 页。

［130］　关于美国各州与联邦层级的改革的简述，参见 Joanna M. Shepherd, *Products Liability and Economic Activity：An Empirical Analysis of Tort's Reform Impact on Businesses，Employment，and Production*，66 Vand. L. Rev. 257，267 - 78 (2013)。

［131］　参见 Restatement of the Law，Third，Torts：Products Liability §2 (Am. Law Inst. 1998)。其他法律体系使用不同的法律框架，但在本质上主要是处理类似的情况。比较性的概述，参见 Product Liability in a Comparative Perspective (Duncan Fairgrieve ed.，2005)。

［132］　参见 Restatement (Third) of Torts：Products Liability §2(b) (Am. Law Inst. 1998)。

［133］　参见 Shapo，前注［128］，第 118—120 页。

［134］　出处同上，第 124—126 页。

［135］　关于受保护的价值与禁忌之间的权衡，参见上文 2.7.2 节。另见下文 16.3.5 节。

［136］　参见：Daniel Kahneman，David Schkade & Cass R. Sunstein, *Shared Outrage and Erratic Awards：The Psychology of Punitive Damages*，16 J. Risk & Uncertainty 49，55 - 62 (1998)；下文 15.3.4 节。

［137］　参见 119 Cal. App. 3d 757 (1981)。

［138］　参见 Gary T. Schwartz, *The Myth of the Ford Pinto Case*，43 Rutgers L. Rev. 1013，1020 (1991)。

［139］　参见 Stuart M. Speiser，Lawsuit 357 (1980)。

［140］　参见 Grimshaw，前注［137］，第 771 页。本案中的惩罚性赔偿金后来被审判法官减少到 350 万美元，这一减少得到了上诉法院的批准。参见出处同上，第 823—824 页。

［141］　参见 W. Kip Viscusi, *Corporate Risk Analysis：A Reckless Act?*，52 Stan. L. Rev. 547 (2000)。

［142］　出处同上，第 557 页。

［143］　参见 W. Kip Viscusi, *Jurors，Judges，and the Mistreatment of Risk by the Courts*，30 J. Legal Stud. 107 (2001)。

［144］　参见 Restatement (Third) of Torts：Products Liability §2(c) (Am. Law Inst. 1998)。

［145］　参见 Shapo，前注［128］，第 140 页。

［146］　参见上文 4.4.3 节、8.7.2 节。

［147］　全面的分析参见 Howard Latin, *Good Warnings，Bad Products，and Cognitive Limitations*，41 UCLA L. Rev. 1193 (1994)。

［148］　参见 Robbennolt & Hans，前注［6］，第 173—181 页。

［149］　参见 Christine Jolls, *Product Warnings，Debiasing，and Free Speech：The Case of Tobacco Regulation*，169 J. Institutional & Theo. Econ. 53，61 - 68 (2013)。

［150］　Latin，前注［147］，第 1243—1244 页。

[151]　参见前注[26]—[33]及其对应正文。

[152]　Restatement (Second) of Torts § 402A cmt. j (Am. Law Inst. 1965)。

[153]　560 P.2d 934 (N.M. 1977)。

[154]　出处同上,第 938 页。

[155]　出处同上。

[156]　参见 Restatement (Third) of Torts: Products Liability § 2 cmt. i (Am. Law Inst. 1998)。

[157]　参见 Klopp v. Wackenhut Corp., 824 P.2d 293 (1992)。

[158]　相关心理学研究非常丰富。关于对多项发现的全面概览,参见 Michael S. Wogalter, Kenneth R. Laughery, Sr. & Christopher B. Mayhorn, *Warnings and Hazard Communications*, in Handbook of Human Factors and Ergonomics 868 (Gavriel Salvendy ed., 4th ed. 2012)。

[159]　参见 Michael S. Wogalter & Kenneth R. Laughery, *Warning! Sign and Label Effectiveness*, 5 Current Directions Psychol. Sci. 33 (1996)。

[160]　出处同上。

[161]　参见 Jolls,前注[149](呈现了图形在香烟警告上的有效性的数据)。

[162]　参见 Valerie A. Taylor & Amanda B. Bower, *Improving Product Instruction Compliance: "If You Tell Me Why, I Might Comply"*, 21 Psychol. & Marketing 229 (2004)。

▶ 10

商法:公司法、证券监管,以及反垄断

10.1　绪论

本章重点讨论商法的行为分析——具体来说,就是规范公司、证券和市场内竞争的法律体系。由于经济分析是从对市场的思考中发展起来的,且由于在这一领域,责罚、应得赏罚和分配正义等概念在传统上发挥的作用,比在侵权法和刑法等领域更为有限,法律的经济分析对商法产生了特别强大的影响。[1]鉴于商法经济分析文献的规模,关于这一领域的行为分析的相应文献亦十分广泛。[2]因此,本章将只强调这一部分研究中的几个关键贡献,并侧重于少数应用,以证明行为洞见与商业市场法律处理的相关性。本章首先将研究一个初步问题,即非理性是否会在运作良好、高度竞争的市场中持续存在。正如理论分析和实证证据所显示的,即使在这样的环境中,非理性行为也是存在的。在确立这一总体观点之后,本章将继续讨论行为分析对公司法、证券监管和反垄断法的影响。

10.2　公司、市场与理性选择

10.2.1　效率市场假说

商法经济分析的一个基石是效率市场假说(Efficient Market Hypothesis,EMH,又译"有效市场假说")。根据效率市场假说,市场上的价格充分反映了关于上市公司的所有可得信息。[3]换句话说,任何传播到市场上的新的公共信息都会迅速体现在股票价格上。因此,证券交易所的价格总会反映公司的基本价值,而且在市场里的任何时刻都不可能买到被低估或被高估的股票。在这个框架内,公司的基本价值由两个标准决定:预期收益和不可分散的风险。

效率市场假说对法律和经济学文献产生了深远的影响。一般来说,法学和经济学学者主张对股票市场采取自由放任的态度,因为他们认为股票市场是高效的[4],理由是如果市场是高效的,且价格能准确地反映公司的价值,那么这将通过控制权市场、补偿计划和公司可以设置的其他机制,对管理层产生约束作用。[5]同理,几乎没有必要去监管

公司向投资者提供的信息，因为市场机制为公司向投资者提供准确信息提供了足够的激励。[6]

需注意，效率市场假说并没有假定所有市场参与者都是完全理性的。虽然非理性的决定在个人层面上可能持续存在，但经济学家假设这些决定将相互抵消，市场将呼应任何理性的选择。[7]尽管过度乐观的投资者可能会将一只股票的价格推到不理性的高度，他们过度悲观的对手则会将价格拉低。因此，总的来说，市场将表现为所有参与者都接近于理性。

根据这一观点，在运作良好的市场中，即使是系统性地偏离理性，也不会影响长期的定价，因为存在着套利（arbitrage）的可能性——利用类似资产的价格差距同时进行买卖。欲理解个中缘由，可想象一下连锁超市 X 的股票仅因该公司将其名称改为 X.COM 就非理性地上涨。这并不是因为 X.COM 的商业模式发生了变化（商业模式不变），而仅仅是由于股票市场上的羊群行为。[8]一个发现了这种趋势的成熟投资者，可以通过购买类似公司的股票（称之为连锁超市 Y），并卖空 X.COM 的股票来从中获利。通过持有此头寸，投资者可以隔离并利用 X.COM 的价格和 Y 的价格之间的非理性差距，并在这种差距消失，X.COM 的价格重新与它的基本经济价值重合时获得利润。事实上，由于个人的非理性，市场上存在一定量的噪音对市场的正常运作至关重要，因为当理性与非理性的交易者进行互动时，这些噪音会增加市场的流动性和信息。[9]

10.2.2　行为公司金融

只有在支撑效率市场假说的假设正确的情况下，对理性的偏离才会抵消。在现实中，不断拓展的行为公司金融领域已经记录了对效率市场假说的系统性偏离。这些研究表明，在运作良好的市场中，价格可能偏离公司的基本价值。[10]

一个显然经不起推敲的效率市场假说的底层假设是，当资产定价错误时，市场参与者有通过套利获利的能力。[11]流动性限制，加上交易成本和套利的固有风险，会限制精明的市场行为者利用错误定价获利的能力。一旦套利受到限制，一系列系统性地影响大部分市场参与者的认知现象——如损失厌恶和锚定——就会对资产定价产生重大影响。这可以解释一系列传统的理性选择理论难以解释的市场现象。例如，前景理论和模糊厌恶被用来解释股权溢价之谜——与政府债券相比，投资者投资股票所需溢价之高极不合理。[12]

如果公司经理足够机敏，能够识别市场有效定价的系统性偏离，他们可能会试图设计公司政策来利用这种偏离。举几个通过该视角得到研究的议题：股票发行的时间可以安排在管理层认为股票价值被高估的时期（反之，回购亦然）；收益可以被管理，使其超过预期；红利可以被支付，以迎合投资者的损失厌恶或对能够实现心理会计的工具的渴望。[13]若效率市场假说确为对市场现实的错误描述，那么完全依靠市场力量来实现有效结果可能是错位的，而至少需要对市场运作进行一些法律干预来提高效率。本章的以下小节将详细探讨这种可能性。

10.3　公司法

10.3.1　概述

公司法是界定和规范公司与其股东、经理、债务人和其他相关群体之间关系的法律体系。公司法确定了公司的边界，并划定了哪些资产属于公司，以及谁可以使用这些资产。此外，公司法确立了公司内部权力分配的基本管理规则，并概述了公司存在期间处理不同突发事件的程序。[14]

经济分析对公司法产生了巨大的影响——事实上，在过去的几十年里，它可以说是法学家分析公司问题的主要视角。在这个框架内，合同范式——弗兰克·伊斯特布鲁克（Frank Easterbrook）和丹尼尔·费舍尔（Daniel Fischel）尤为推崇——已经开始在公司领域占据主导地位。[15]伊斯特布鲁克与费舍尔认为，公司法为围绕公司建立起的合意商业关系设定了基础规则。他们提出，考虑到这些关系的自愿性质，公司法的功能应该与合同法很相似，并建立不具约束力的默认规则，以满足大多数当事人的偏好，同时允许当事人根据自己的意愿自由签订合同。

根据大多数现代说法，公司法的核心是代理问题（agency problem）——控制公司的人（即管理层或控股股东）与其他利益相关者（如小股东）之间的利益冲突。[16]在所有权分散的公司中，管理层有效地控制着公司，在这种情况下的主要问题是管理层自利和慷慨的补偿计划。在有控股股东的公司中，主要问题是公司的价值向控股股东的转移。

本节将回顾行为分析对公司法的一些贡献。首先，本节将讨论裁决者会如何容易受到对公司法结构的后见之明偏差的影响。然后，本节将研究公司官员中潜在的、对理性的偏离，并强调其法律后果。

10.3.2　后见之明偏差与商业判断规则

司法决定受到一系列认知现象的影响。[17]在公司法的语境下，一个主要的担忧是，在事后审查商业决策的法官，可能会因后见之明偏差而错误地将决策视为不合理的（人们一旦知道事件已经发生，就会高估其发生的概率）。[18]多个法律情境下均显示了后见之明偏差对司法决定的影响。[19]在公司法这一具体语境下的主要担忧是，若法官或陪审员被要求在事后评估不利事件的概率，他们可能会高估此概率。

梅里·乔·斯塔勒德（Merrie Jo Stallard）和德布拉·沃辛顿（Debra Worthington）在一个受控实验中证明了这一点，实验向受试者呈现了一份基于一个真实案例的资料，该案例涉及董事会成员对公司失败的责任。[20]事后组的受试者被告知了董事会决定的结果，并被要求在事后裁定流程中评估此决定；相反，预见组的受试者没有被告知结果，而是被要求在复审听证会上评估董事会的决定。结果显示，两组之间存在着明显的差异：事后组的成员更有可能认定董事会的行为有过失。

事后判断管理层决策可能会对管理者产生抑制效应，使他们不敢冒有效的风险，因为担心如果这些决策结果不好，他们会被追究法律责任。因此，诸如开发新药或寻找新气田等风险项目可能不会进行，即使它们现值为正。这种抑制效应可能会伤害到股东（和整个社会），因为股东希望经理人能够有效地承担风险，即使这些风险有时会变成有害的。股东通常可以通过审慎的多样化来对冲这些风险，因此不必过分关注与特定公司有关的风险。

这一点的理论含义就是商业判断规则（Business Judgment Rule，BJR）。[21]商业判断规则是法院在审查公司官员被指控的过失行为（即注意义务案件）时适用的审查标准。[22]虽然商业判断规则在司法上有细微差别，但它几乎完全尊重公司官员和董事的决定。本质上，它认为，只要公司高管做出了知情的决定，并且不是利益相关方，他或她就无需为该决定负责，即使该决定在事后被证明是非常不明智的。[23]

商业判断规则反映了法院的这样一种看法，即任何事后对公司决策的审查都将不可避免地带有偏差[24]，而这种有偏差的决策会损害他们旨在保护的人——股东。[25]虽然在一个完美世界里，由一个中立实体来审查管理层所做决策的明智程度可能是有益的，但在一个有偏差的法院的世界里，情况并非如此。因此，公司法已经发展进化，以在一系列广泛的商业决策方面为管理者提供一个安全港。

10.3.3　行为公司治理

纪录片《公司》（*The Corporation*）将公司描绘成经临床诊断的精神变态者。[26]此外，该片还将公司描绘成无法感到内疚或悔恨，对他人感受缺乏关注，并愿意违反法律和社会规范以达到其目的和进行欺骗行为。换句话说，企业被描绘成理性选择模型的代言人——一台简洁而卑鄙的营利机器。虽然行为学研究没有将精神障碍的定义纳入其分析当中，但一些研究结果表明，将活动转移到公司内可能会改变决策，使其更接近于理性选择模型。

珍妮弗·阿伦（Jennifer Arlen）和斯蒂芬·汤特鲁普（Stephan Tontrup）研究了禀赋效应和公司法等法律制度之间的相互作用。[27]他们采用了禀赋效应研究中常用的设置，测试了受试者在受到激励后用一张彩票换取另一张同等价值的彩票的意愿。[28]如阿伦和汤特鲁普所示，当受试者自己决定是否交易时，禀赋效应明显，而当交易决定是由受试者和代理人共同做出，或由几个受试者通过投票做出时，交易量会大大增加。此外，当被给予将决策权委托给代理人或投票的选项时，受试者会选择这样做。这些结果表明，公司——它既包含代理关系，又包含通过投票进行的集体决策——可能成为限制禀赋效应和促进贸易的工具。

肯特·格林菲尔德（Kent Greenfield）和彼得·科斯坦特（Peter Kostant）研究了与理性的动机维度有关的相应问题，即人们只关心其自身利益的假设。[29]为此，他们将一个代理关系引入了最后通牒博弈。具体说来，先行提议者要么是为自己行动，要么是为第三方行动，要么是带着如下指示为第三方行动，即利用他们的判断力"为他们为之工作的一方获得最大的实际收益"。[30]该指示——反映了董事会成员和股东之间的信托关系——改变了受试者的行为，使他们大大减少了他们的报价。格林菲尔德和汤斯坦特将这一结果解释为,董事会成员和股东之间的信托关系可能会驱动前者在追求股东利益时表现得更加理性。[31]

虽然在许多公司和商业环境中的行为可能更接近于理性选择模型的预测,但这并不意味着公司在所有方面都表现出完美的理性。如下面的研究结果所表明的,关键的公司行为者可能会表现出系统性的偏离理性的行为,这很可能会影响公司的决策。在这方面,两个主要的利益相关的公司治理机构,一个是由首席执行官(CEO)领导的公司管理层,另一个是董事会。虽然此关注点绕开了公司领域的重要利益相关者(如控股股东、少数股权持有人和债券持有人),但它涵盖了目前公司治理文献中讨论的主要政策问题。

首先值得注意的是,在公司治理的分析中插入行为学洞见,不仅仅是一种智力练习。关于行为公司治理的学术讨论所产生的结论,已经进入了立法辩论和司法裁决。在他对"关于南方秘鲁铜业公司股东派生诉讼"(In re Southern Peru Copper Corp. Shareholder Derivative Litigation)的评论中,特拉华州时任副州长拉斯特(Laster)将法院的裁决与诸如锚定、损失厌恶与群体思维等认知偏差对董事会决策的影响联系起来。[32]如其所言,"好人总会完全或部分地被认知偏差所蒙蔽……在像南方秘鲁公司这样的控股股东的情况下,认知偏差会导致责任——这里是价值 14 亿美元的判决"。[33]

过度自信的 CEO 们

CEO 通常是公司层级中最高级的官员。[34]虽然 CEO 的确切职能因公司而异,但他们一般负责公司的运作和政策与战略制定。任命 CEO 的权力——以及在必要时终止此人工作的权力——掌握在董事会手中。

CEO 通常是通过高度竞争的程序上任的,该程序会生成一份在相关行业具有丰富经验的高素质人才名单。CEO 的任命通常是基于他们成功的商业决策记录。鉴于他们的成功记录,有理由认为,作为一个群体,CEO 们倾向于做出理性的决定,使公司价值随着时间最大化。

然而,对选择 CEO 的竞争过程的研究表明,即使在这个精英群体中,非理性也可能持续存在。具体来说,在一个竞争环境中,表现出过度自信但又交了好运的人,表现可能会优于理性的竞争者。[35]这样的人可能会选择一些从净现值角度来看比较差的项目,但由于运气好,事后却很成功。这种幸运再加上基本归因谬误[36],结果就是过度自信的人被认为是才华卓著。[37]

此外,CEO 所处的决策环境并不总能让他们从经验中学习。[38]从 CEO 做出决定到其结果实现之间往往有一个时间差,考虑到商业环境的复杂性,推断因果关系可能很麻烦(客观地说是这样,如果有动机因素的影响就更难了)。[39]此外,有许多商业决策是独特的,无法适合横向地学习。[40]因此,管理者可能会在诸如大型并购或大幅增加产能的情况下犯重大错误,而从这些错误中可能永远无法得出正确的结论。

在这一点上,大量的金融研究表明,相当一部分的 CEO(有一种说法是 40%)表现出过度自信。[41]在这一研究思路中,用于识别过度自信的主要方法,是观察 CEO 对作为其报酬方案一部分的股票期权所做的决定。[42]这是基于这样一个假设,即选择不行使价格合适的既得股票期权的 CEO 会表现出过度自信,因为一个理性的投资者此时会行使期权并使自己的投资组合多样化。随后的研究使用了文本分析来识别过度自信的其他代理指标——如使用暗示过度自信的词语（如"自信""乐观"）或相反的词语（如"谨慎""保守"）。[43]最终，有一系列重要的论文通过使用调查数据直接记录下了 CEO 的过度自信。[44]

多项研究将 CEO 的过度自信与公司的决策联系起来，并表明它可能导致糟糕的结果。在一篇早期的颇有影响力的论文当中，乌尔丽克·马尔门迪尔（Ulrike Malmendier）与杰弗里·泰特（Geoffrey Tate）证明了过度自信与公司做的投资决策之间有重大关联。[45]具体来说，他们发现，当公司有充足现金时，过度自信的经理人倾向于过度投资（因为他们高估了投资机会的价值），而当公司流动性不足时，则倾向于投资不足（因为他们高估了公司的价值，不愿意筹集外部资金）。随后的研究发现，CEO 的过度自信与其他现象——如公司股价崩溃的风险、兼并决策和收益管理——之间存在关联。[46]然而，应注意，所有这些研究均只报告了过度自信与某些类型的公司决策之间的相关性，因此应谨慎解读。最近的研究试图利用资本市场的外生冲击来更严谨地研究这一点。[47]

诚然，一定程度的过度自信也许确实可以为股东实现价值最大化：适度的过度自信可以对抗风险厌恶，并促使 CEO 从风险中立的股东角度做出更好的决定。[48]例如，已有研究证明，CEO 的过度自信可以在创新产业中创造价值。[49]从内部管理的角度，过度自信也可以对 CEO 有所帮助。[50]对所选择的行动的确信，可以帮助公司管理围绕一个共同目标凝聚起来。一个优柔寡断、不断质疑自己选择的 CEO，可能会发现很难引导公司实现其目标。在某些情况下，CEO 的过度自信可以带来重要的竞争优势[51]——例如，帮助公司进入一个竞争对手较少的新市场。

消极的董事会

身负监督管理层决策之任务的首要实体是董事会。[52]董事会有权雇佣和解雇公司的管理层（并设定其报酬），并被要求对如兼并等重大决策进行审查。董事会成员对公司负有信托责任，并有义务为公司的最佳利益行事。为了实现这些目标，公司董事会由经验丰富的商人组成，他们通常也在其他公司担任高级职务。

然而，一系列的行为学发现表明，董事会成员可能会遇到重大障碍，阻碍他们有效地监督管理层。其中一个问题是，他们可能会表现出对管理层的尊重，而不去挑战 CEO 提出的观点。[53]在斯坦利·米尔格拉姆（Stanley Milgram）关于该问题的开创性研究之后，大量的心理学文献表明，人类倾向于尊重和服从权威人物。[54]由于 CEO 是公司内主要的权威人物，控制着其行政，并比其他人掌握更多的相关信息，董事会成员也许会认为挑战他或她非常困难。因此，在大多数情况下，董事会成员可能更愿意对公司的领导层表现出忠诚，并与之合作。

其他更细微的力量也可能影响董事会成员。管理层往往在某种程度上参与了董事会成员的提名过程。因此，董事会成员可能会试图避免被贴上麻烦制造者的标签，以维持他们在董事会的地位。即使不担心被免职，他们也仍有可能仅仅出于互惠，而避免与公司的高级管理层发生冲突。[55]因此，董事会成员在监督那些参与给予他们有利可图的职位的人时，往往会网开一面。虽然董事会成员——一群通常是资深的、有经验的人——急于取悦别人这一说法，乍一听可能令人惊讶，但应注意，在其中起作用的心理力量是巨大的。如果美国最高法院的法官——他们是资深的、有经验的、享有终身任期的——会对任命他们的总统表现出一种"忠诚效应",而这与他们的意识形态立场无关[56],那么董事会成员会对他们的 CEO 表现出类似的忠诚就不足为奇了。

另一个可能阻碍董事会对管理层进行有效监督的认知现象是现状偏差。[57]监督意味着挑战现有管理层及其政策,但在设计上,管理层在相关问题上掌握的信息比董事会成员要多得多。在个体层面上,这可能会导致董事会成员避免发声,因为他们担心自己在辩论中的信息劣势会导致自己在被证明错误的时候丢脸。此外,监督往往需要对过去的决定(包括任命 CEO 的决定)进行严格的评估。因此,确认偏差加上沉没成本效应和认知失调,可能会增强董事会成员的这一倾向,即以证明现状和以前的决定正确的方式来寻求和解释信息。[58]最后,忽略偏差也可能使董事会成员倾向于不采取行动。[59]除非出现威胁到公司运行的重大危机,大多数董事会成员可能会选择不干预管理层制定的政策。

所有这些在个体层面上的因素,都可能在集体层面上被放大。社会心理学家长期以来一直在研究群体思维(groupthink)现象。[60]群体思维指的是群体压制反对意见和不同观点,以及促进对群体观点和做法的遵守和认同的倾向。作为这一过程的一部分,群体成员强调建立群体的凝聚力和共识,并刻意回避可能导致分歧的信息。在企业环境下,群体迷思可能会导致短视的董事会无法适应不断变化的情境。[61]

群体从众的过程可能会被羊群效应(herd effect)进一步加强。在信息有限的情况下面对一个复杂的情况时,人们可能会把其他人的行为看作是恰当行为。一个典型例子是一个对公司业务和董事会的治理规范相对不熟悉的新董事会成员。当他在寻找自己应该如何行事的线索时,他会观察到其董事会成员如何不挑战公司的管理层。随着时间的推移,董事会这种顺从的规范就会延续下去。

最后,身为例如董事会这样的团体的成员本身,就可能引发团体内偏差,导致董事会成员偏向于他们的董事会同事,而不是其他人的利益(包括那些他们负有信托责任的人)。[62]除了这些发挥作用的心理学因素之外,社会动态也会驱动董事会对该团体的忠诚。[63]董事会成员经常是从高管的同一社交群体当中选出的,基于朋友关系(如果 CEO 提名自己的朋友进入董事会),或者说基于多种意义上的社群。董事会成员也经常在其他公司担任高级管理人员。作为朋友或同一公司的成员,董事会成员可能倾向于对管理层采取合作态度,并避免不愉快的挑战。

法律回应

从前面两个小节所回顾的文献中浮现出了这样的图景,即有权力的、过度自信的 CEO,被被动的、不太可能进行严格监督的董事会监督。从描述性主张转向规范性论证总是一项棘手的任务,因为它需要在相互竞争的目标之间取得谨慎的平衡,并对所有起作用的力量进行严谨的分析。在公司领域,情况当然也是如此。一方面,虽然确保董事会有效监督管理层是有利益的,但董事会与管理层之间的合作也具有价值,因为董事会需要就战略决策向管理层提供建议。此外,还有一个制度性的问题:尽管市场存在不完善之处,但它可以激励企业采用高效的公司治理结构。因此,虽然研究企业在决策过程中的不完善非常重要,商业界——而不是法律界——可能才更能够得出必要的结论。相应地,我们将规范性讨论限制在检查公司法是否实现了其预期的政策目标上,也就是说,我们默认公司管理层应当由董事会监督以促进理想的结果(这是公司法所预设的),并探讨如何实现这一目标。

为鼓励董事会进行更积极的监督，法律可采取的一个行动方针是加强对董事会决策的事后审查。如前所述，法院通常服从公司的决定（除了涉及明显利益冲突的少数情况）。[64] 考虑到鼓励董事会服从管理层的结构性机制，克莱尔·希尔（Claire Hill）和布雷特·麦克唐奈（Brett McDonnell）提议在注意义务和忠诚义务之间建立一个中间审查标准。[65] 根据这一建议，为了胜诉，原告需证明两点：存在结构性偏差，即存在表明董事会的决定不利于公司最佳利益的因素；以及，由于这种偏差，董事们在案件中表现出严重过失。在这种制度下的有限责任范围，可以减轻许多对公司决策的额外司法审查的相关担忧，同时可以刺激董事会成员扮演更积极的角色。

对董事会决策进行法律监管的一个具体例子，可以在提起股东派生诉讼的程序中找到。股东派生诉讼是在公司拒绝发起诉讼的情况下，由公司的股东代表公司对第三方提起的诉讼。这种诉讼通常涉及公司管理层拒绝追究的、对内部人员（过去或现在）的法律索赔。对这种诉讼是否可取一直存在着激烈的争论[66]，但由于法律显然将其视为监管公司代理问题的重要工具，我们也将把股东派生诉讼的可取性作为一个既定事实，并研究围绕它们的法律框架是否建立在现实的假设之上。

由于单一股东（或者更现实地来说，是外部律师）会控制属于公司的合法诉求，提起股东派生诉讼会带来其自身的代理成本。因此，股东派生诉讼必须经过一个筛选过程，以确定该诉讼能使公司受益。美国公司法规定，董事会对审查诉讼和决定是否起诉起关键作用。[67] 为此，董事会通常会成立一个由无利害关系的独立董事会成员组成的特别诉讼委员会。[68]

然而，前文回顾的行为学发现表明，在现实中，这个特别诉讼委员会的成员，可能缺乏足够的独立性去确保对股东派生诉讼进行无偏差的评估。即使特别诉讼委员会的成员是完全独立和无利益关系的，他们仍难以批准针对董事会中的朋友和同事的诉讼。[69] 此处的法学启示是，在股东派生诉讼的实质程序中应有更多的司法参与。[70] 由此，有建议认为，在审核由委员会做出的决定时，法院应采用一个更为严格的标准。[71] 或者，有建议提出在此类事件中放弃整个董事会审核流程，而采用一个不同的、基于法院的审核机制。[72] 诚然，虽然行为学研究对我们了解董事会评估股东派生诉讼的决策过程做出了巨大的贡献，但关于此类诉讼的妥当法律处理的最终规范性决定，取决于对诉讼效力的整体评估。

另一套旨在加强董事会对高级管理层监督的法律政策是结构性的。这些政策改变了管理公司的制度，以加强董事会的权力。因此，兰德尔·莫克（Randall Morck）认为，为了克服董事会的服从性，必须将董事会主席的角色与CEO的角色分开。[73] 依莫克所言，一个身居高位的主席由此就可以挑战CEO的权威，并在董事会推动批判性的讨论。当然，这些建议也有其自身的缺点。欲使董事会主席成为真正的权威人物，他必须被给予使他能够监督企业管理层运作的有效工具。[74] 除了董事会主席，公司里还有其他人可以帮助推动批判性的讨论——公司官员，如首席风险官、首席伦理官和首席合规官，可以作为内部的"唱反调者"（devil's advocate），他们的工作就是提供另一种观点。[75]

其他建议集中在董事会成员的选择方法上，试图切断管理层和任命之间的联系。过去，对董事会成员独立性的审查重点，是董事会成员在公司中（直接或通过家庭成员）可能拥有的财务利益。[76]然而,最近的监管已经将审查重点转移到了任命过程本身,并尽量减少管理层对新董事会成员选任的参与。例如,纽约证券交易所的上市规则,明确规定了任命董事的程序,该程序由独立董事会成员控制。[77]在一个只有一个控股股东的公司中,切断控制人与独立董事任命之间的联系是一项棘手的任务。由此,卢西恩·别布丘克和阿萨夫·哈姆达尼(Assaf Hamdani)建议,设立对少数的公众投资者负责的、"独立性增强"的董事。[78]

更为激进的建议强调了现代董事会的人口学特点与他们的决策质量之间的联系。至今为止,美国的董事会绝大多数是由在非常少的几所精英学校上过学的富有白人男性组成。[79]该同质性很有可能会增强董事会服从性,因为它会加固团体身份。[80]有从行为学的角度来看,男性在董事会中的主导地位也是特别值得关注的,因为越来越多的研究表明,男性比女性更有可能在投资决策中表现出过度自信。[81]该发现被与睾丸素和其他驱动人类行为的荷尔蒙因素联系在一起。[82]

基于这些发现,研究人员提出了雷曼姐妹假说(Lehman Sisters Hypothesis),即如果有更多的女性进入金融机构的管理委员会,2008年的金融风暴可能就得以避免。[83]然而,对此假说的实证支撑仍不明确[84]:虽然有一些证据支持董事会的性别多样性可以降低金融诈骗风险这一观点[85],亦有证据表明,当女性被任命加入公司董事会时,股价会下跌[86]。考虑到董事会中相对较低的女性代表性以及董事任命的非随机特点,对此问题难以得出统一结论并不令人意外。

即便有人假设增强董事会的多元性是正确的一步,并假设市场对任命女性董事会成员的反应反映的是根深蒂固的刻板印象,而非对一家公司长期前景的坚实评估[87],仍应谨慎采纳基于此类研究的政策。首先,在一些关键问题上还有许多未知数,比如男女之间互动的影响。此外,女性不仅在过度自信方面与男性不同,而且在风险偏好方面也不同,因为她们往往更厌恶风险。[88]在这方面,虽然僵硬的立法配额制度可能无法为公司提供必要的灵活性[89],但监管上的助推——以董事会组成的自愿目标的形式——可以起到很大的作用。例如,在英国,在制定了女性在董事会中占25%的自愿性目标后,富时100指数(FTSE 100)公司董事会中的女性董事人数在五年内翻了一番(25%这一数字,后来又上升到33%)。[90]

对公司的核心组成部分——管理层和董事会——的结构进行监管是一项棘手的任务。公司的失败可能会产生灾难性的经济后果,其影响范围远远超出一家公司的股东。另一方面,企业的风险承担对提高人类福利发挥着关键作用。行为学分析并没有规定公司法应该在哪里划定准确的监管界限。然而,行为学分析的确表明,当监管被颁布时,它应该建立在合理的实证基础上。如果法院和立法机构认为董事会是认真监督管理行为的关键因素,我们应该确保董事会可以胜任这项工作。

10.4 证券监管

10.4.1 概述

证券监管是旨在保护在公共交易市场上购买金融工具的投资者的法律体系。[91]这一法律领域的主要目标，是确保投资者获得有关他们所投资的金融工具的所有重要信息，并保障在公共市场上出售其证券的公司的质量。鉴于证券监管与高效资本市场运作之间的密切联系，在这一领域应用行为学洞察的必要性似乎非常明了。如果目前的监管是建立在资本市场有效运作的前提下，那么这一领域的法律框架可能与市场的现实情况不吻合，也无法实现其目标。

本节将回顾行为学研究结果对这一广泛的法律体系中两个关键领域的影响。[92]本节首先将研究管理层欺诈的心理基础，并强调这些研究结果的法律意义。然后转向投资者行为，并探讨对零售投资者使用的关键工具之一——互惠基金的监管。

10.4.2　证券诈骗

如前所述，证券监管旨在确保市场在真实信息的基础上运作。该立法机构的基石是禁止欺诈。在美国的法律框架内，美国证券交易委员会10b-5规则是禁止与证券销售或购买有关的欺诈行为的主要工具。[93]要在10b-5诉讼中获胜，原告必须证明：(1)被告在重大事实方面操纵投资者；(2)原告对该信息的依赖；以及(3)被告的故意。[94]

与10b-5规则的应用相关的一个关键理论是市场欺诈理论(fraud-on-market doctrine)，它似乎在很大程度上依赖于资本市场的效率。10b-5规则中的依赖性要求，被认为是集体诉讼中不可逾越的障碍，因为个体问题经常会出现。为了克服这个问题，美国最高法院在Basic Inc.诉莱文森一案(Basic Inc. v. Levinson)[95]中建立了一个可反驳的推定："在完善的市场上交易的股票的市场价格，反映了所有公开可得的信息。"[96]因此，根据法院的说法，当投资者"以市场设定的价格购买或出售股票"[97]时，可以假设他或她依赖的是公开的错误陈述。

行为金融学文献的研究结果表明，公司的股票市场价格可能会偏离其基本价值，这似乎让人对这一司法推定产生怀疑。即便如此，如唐纳德·朗格沃特(Donald Langevoort)所指出的[98]，被记录下来的、在稠密金融市场中表现出的错误定价，并没有使有效定价的司法推定失效。相反，我们应该把这一推定看作是赋予了投资者依赖股票价格的权利——即使投资者意识到，由于一系列行为因素，这些价格可能没有反映公司的基本价值。创造这样的权利会促成依赖，并降低资本形成的成本。

对10b-5规则诉讼的行为分析的另一个方面，涉及参与指控欺诈的公司行为者的心理状态。许多欺诈案件涉及的情况是，公司未能在其向市场提供的正式报告中披露有关其业务运营的坏消息(如市场份额的损失，或有关公司主要产品的负面反馈)。由于市场定价至少在某种程度上依赖来自管理层的信息流，隐瞒坏消息会造成定价错误。

从理性选择的角度来看，这种行为有些令人费解，因为管理者没有明确的动机向市场错报信息。[99]一方面，对错报的惩罚很明晰——刑事制裁、民事责任和解雇；另一方面(除了公司濒临破产、管理者没有什么损失的情况外)，这样做的收益并不明确，因为在许多情况下，被隐瞒的信息一定会在某个时刻出现。然而，当理性的假设被放宽时，就更显见欺诈是如何在公司内部由于心理和社会因素而慢慢形成的。[100]此处的关键点在于，公司欺诈往往不是源于欺骗投资者的蓄意决定，而是源于公司决策过程的几个特点。一旦公司确定了一个规划好的商业计划,确认偏差、承诺升级和过度自信等认知因素,就可能会使管理层对任何暗示计划有误的负面信息视而不见。这种个人行为在团体环境中会被放大,当其他团体成员在面对不良信息时保持沉默,会加强人们不必惊慌的看法。[101]

这一分析表明,欺诈诉讼可能面临着对故意要求的严重挑战。在不讨论法律理论细节的情况下,这一要求的实质是,必须有欺骗或操纵投资者的心理意图。[102]然而,如我们所看到,误导投资者的公司经理往往没有这种奸诈的意图。尽管如此,我们不应该夸大这一点:后见之明偏差可能会使裁决者高估经理人正确评估事实的能力,而基本归因谬误可能会使裁决者在毫无根据的情况下认定个人责任。[103]最后,即使承认上述心理因素可能引发了欺诈的苗头,但到了某个时候,现实很可能会被管理层发现,掩盖(这涉及故意)随手就会因此而出现。

无论如何,从这些发现中得出的规范性结论取决于人们对欺诈诉讼效力的评估。如果把这种诉讼视作监管的重要一环,那么放宽对故意的要求也许是合理的。[104]或者,考虑到诈骗的无故意维度,监管者也许会关注加强外部审计师的作用(即便这些行动者自有其代理问题与认知局限)。[105]无论如何,这种干预措施应该考虑到这样一个事实,即虽然上述过程可能对投资者产生不利影响,但对股东而言,遏制公司的过度自信,并不一定能使价值最大化。[106]

10.4.3　散户投资者

当分析的重点转移到资本市场的需求方即散户投资者,行为洞见的应用会更为直接。散户投资者不受市场竞争环境的影响,且由于一系列启发式和认知偏差,以及较差的金融素养,容易做出持续的非理性的投资决定。[107]许多研究表明,散户投资者往往不能掌握复利、多样化和费用等问题——甚或是百分比等简单的数字概念。[108]

大量的行为金融学文献记录了投资者易受到认知偏差和启发式的影响。各项研究阐明了损失厌恶、后悔厌恶、锚定和代表性等现象是如何促使投资者做出次优决策的。[109]考虑到这一主题的研究体量之大,我们将重点讨论与主要由散户投资者使用的关键投资工具即互惠基金有关的一小部分问题。如我们所见,围绕此类基金监管的法律问题,将整个范围的受行为学启发的政策推向了前台——从披露和默认等保留选择权的工具,到明确的立法指令。

互惠基金是一种将金融资产(股票、债券等)集中起来的投资工具。投资者购买这些基金的股份或单位,它们代表着对基金资产按比例的所有权利益。一些互惠基金会积极管理它们所控制的资产池,以期战胜市场(所谓的“聪明钱”),而其他基金则采用被动投资策略,只是跟踪市场指数,如标普 500 指数(S&P 500)或达克斯指数(DAX)。互惠基金经理提供的服务显然不是免费的,投资者在使用这一工具时要被收取一系列费用。

理想情况下,投资者在选择互惠基金时,应关注基金将产生的回报和收取的费用。然而,在现实中,投资者并不善于进行这种成本收益分析,且会让自己的决定受到多种行为现象的影响。[110]投资者在此可能会犯的一个关键错误,是根据过去的业绩推断未来的表现。[111]总的来说,金融学文献表明,随着时间的推移,积极管理资产的互惠基金,未能取得比市场指数更大的回报。[112]事实上，数据表明，管理费高的互惠基金产生的回报较低，即使它们建立在预收费的基础上。[113]投资们错误地关注过去业绩，还伴随着对费用的缺乏关注。总的来说，金融学文献表明，基金成本是未来收益的最佳预测因素，因此，消费者应将资金投向低成本基金。[114]然而，费用的复杂性等问题，加上昂贵的互惠基金比低成本基金更好这一错误（但直观）的假设，导致消费者选择昂贵的产品。[115]一些学者甚至将个人投资者描述为"笨钱"[116]，指出他们"有一种惊人的做错事的能力"。[117]

由金融中介提出的专家建议，似乎并没有改善这些问题，还有可能因为这些代理机构面对的利益冲突而使之加剧。[118]在一项精心设计的审计研究中，森德希尔·穆莱纳坦（Sendhil Mullainathan）、马库斯·诺特（Marcus Nöth）和安托瓦内特·朔尔（Antoinette Schoar）探索了假冒普通客户的训练有素的专业审计员所提供的实际建议，并记录下投资经纪人建议客户选择高成本投资的趋势。[119]根据他们的发现，作者们总结道："建议基本上不能消除客户的偏差，如果有所作用的话，可能还会放大已有的偏差，在某些情况下甚至会使客户的境遇变得更糟。"[120]黛安娜·德尔·圭尔西奥（Diane Del Guercio）和乔纳森·路透（Jonathan Reuter）以观察数据为重点，运用了一些互惠基金是通过经纪人推销给消费者，其他则是直接出售给消费者这一事实。[121]他们发现，通过经纪人推销的主动型（即成本高）互惠基金的表现，系统性地低于直接出售给消费者的互惠基金。

监管部门相应的应对措施多且复杂，而且显然在不同的法域也各有不同。[122]尽管有这些差异，围绕互惠基金的监管框架的一个关键面向，是对披露的依赖。[123]与其他情境一样，披露政策受到监管部门的欢迎，因为它们维持了个人的选择，且不限制市场上的产品。然而，遗憾的是，与其他情境一样，由于投资者的有限理性和有限的认知能力，信息披露可能不足以帮助他们在市场上复杂的投资工具迷宫中行进。[124]有许多例子可以说明，即便有监管体系，投资者仍对他们投资选择存在误解。例如，目标日期互惠基金（target date mutual fund）——这些基金应随投资者计划退休目标日期的临近而逐步降低风险水平——的投资者，在得知目标日期为 2010 年的基金在 2008 年金融危机发生时将高达 79％的资产投资于股票时，感到很惊讶（而且可能很失望）。[125]

在过去的业绩数据中，可以看到更严谨的、对于下面这一点的证明：信息披露指导投资者决策的能力有限。如前所述，投资者经常根据互惠基金过去的业绩作出决定，即使他们不这样做反而更好。深知这一趋势的供应商会在其广告中高调宣传其过去的业绩。在美国，美国证券交易委员会为解决这种广告可能促使消费者做出不谨慎选择的问题，要求广告中包括对潜在投资者的声明，说明过去的回报并不代表未来表现。[126]根据这一规则，互惠基金现会常规性地在强调过去业绩的广告中加上声明，如："所介绍的业绩数据代表过去的业绩，并不保证未来的业绩。投资回报和本金价值会有波动；因此，在出售你的股票时，你可能会有收益或损失。目前的业绩可能高于或低于所引用的业绩数据。"[127]

然而，这种声明被证明无效，这从互惠基金广告中持续使用过去的业绩数据就可以看出。这一点在一项研究中也得到了证实，该研究将受试者在做出投资决定前接触到的广告内容随机排布。[128]与未接触到声明的控制组相比，美国证券交易委员会（SEC）规定的措辞对受试者的决定没有明显影响。只有一条语气更强的免责声明明确警告受试者，未来的表现不能由过去的回报来预测，才对投资决定产生了显著影响。[129]

　　然而,即使是这种强化的免责声明在现实世界中的有效性也很有限。首先,研究中的受试者是 MBA、法学专业学生和商科学生,他们比一般投资者要精明得多,也更懂金融。此外,人们在实验环境中接触到单一广告时,注意到诸如免责声明文本这类细微细节的可能性,要显著高于他们在阅读早晨报纸时的情况。最后,信息披露作为一种监管机制的一般缺陷,如公众不阅读或不理解所披露的信息,以及面对反复出现的枯燥文字时的不敏感,在目前的语境下与其他语境下同样适用。[130]因此,如果监管者希望在这种情况下依靠信息披露,他们必须使免责声明的措辞和形式更加突出。更为根本的是,他们还必须解决这样一个问题:为什么互惠基金被允许继续在其广告中强调那些已知会诱发次优投资的信息。[131]

　　如前所述,投资者在选择互惠基金时应关注的最重要方面是管理费。然而,正确评估这些费用往往非常困难,因为互惠基金的费用是众所周知的复杂。在美国,除管理费外,投资者还会被收取其他费用,如 12b-1 费用(用于支付基金的广告费等),以及只收取一次的销售佣金(load fee)或赎回费——当投资开始或实现时。公布总费用率,即费用占被管理资产的百分比,也许确然可以带来更明智的价格比较,但仍留下了许多复杂问题。例如,如果涉及销售佣金,有效费用可能会随着投资期限的延长而发生很大变化,因为投资时间越长,费用就越少。

　　迄今为止,监管部门对费用问题的主要回应是在披露方面。美国证券交易委员会试图通过创建一种简短的信息披露,即所谓的招股说明书摘要(Summary Prospectus),来简化投资者收到的信息。[132]对这种形式的信息披露的研究表明,其主要成就是减少了投资者在选择投资时花费的时间(以及大幅减少纸张消耗)。[133]然而,招股说明书摘要并没有使投资者的决定产生任何可见的变化。对此,一个明显的罪魁祸首是佣金和赎回费。显然,由于其复杂性或其随投资期限的变化,投资者往往会计算错误或忽视它们。

　　对于互惠基金费用所带来的挑战,有多种多样的、受到行为学启发的回应。吉尔·菲施(Jill Fisch)建议创建所谓的"普通型"(plain vanilla)互惠基金,这种基金在几个方面(包括费用)都符合大多数投资者的偏好,同时要求互惠基金的经理承担强有力的"遵守或解释"的责任。[134]根据这个框架,偏离这种普通型选项的金融产品的提供者,必须向消费者仔细解释其产品的独特方面。在后来的一项研究中,菲施和泰斯·威尔金森-瑞安强调了信息披露在投资决策的动机层面——而非认知方面——的重要性。[135]具体来说,他们的实验结果表明,即使在费用足够简单透明的情况下,投资者也缺乏将其降至最低的动机——也许是因为没能了解其长期影响。[136]作者进一步阐明,向投资者解释费用重要性的信息披露,确实会影响他们的决定,并会引导他们选择更省成本的互惠基金(不过,鉴于实验室和现实生活环境之间的差异,这一结论的外部有效性可能值得商榷)。

　　对过高的互惠基金费用的行为监管,仍处于起步阶段。非侵入性的助推,如设立"普通型"违约金,再加上合理的披露,肯定能使投资者受益。尽管如此,也应认识到它们的局限性。虽然在菲施和威尔金森-瑞安的实验中,受试者在被告知费用的重要性后确实改善了他们的选择,但他们仍继续犯下成本高昂的错误。[137]因此解决投资者的有限理性也许会需要行为工具箱之外的工具。例如,监管机构可以考虑完全禁止多维度的复杂费用,而采用单一的、强制性的统一费用结构。[138]就像所有规定一样,禁止某些金融工具也可能会消除与之相关的效率，所以颁布这样的法规需要细致的、可能因市场而异的成本收益分析。

另一个关于互惠基金费用的问题涉及"低球"费用的做法。互惠基金有时会提供特别低的费用，甚至是零费用政策。当然，这只是在有限的时间内，以后会被更高的费用所取代。这种做法在其他零售领域也很常见，比如贷款的引诱利率，订阅的免费介绍期等等。[139]对这种看似不合理的定价方案的底层行为解释是，消费者的过度乐观、忽略偏差或短视，会促使他们在价格上涨后继续使用产品或服务。此外，一旦交易达成，供应商就会利用客户对他们的信任[140]，这在涉及互惠基金时可能会导致投资者对监督随后的单方修改交易不那么警觉。最后，零价格（即"免费"）已被证明对消费者有特别大的诱惑力。[141]所有这些力量导致的净结果可能会使投资决定在长远来看不是最佳的。

以色列证券管理局（相当于美国证券交易委员会的以色列机构）对低球费用以及在不久后增加收费的做法表示担忧。其应对是要求基金经理自愿承诺只在一年中的某一天——1月1日——进行费用修改。[142]虽然由于它让消费者不用再持续监测投资组合，这样的制度可能有所帮助[143]，但我们对其有效性持怀疑态度。事实上，本书的两位作者都认为自己比普通投资者知道更多信息，但在开启本章的研究之前，我们都不知道这个项目。也许正是因为这个原因，所有的互惠基金经理在该计划推出后不久就自愿加入了该计划。[144]

虽然可以质疑以色列有关部门采取的监管措施的有效性，但在采取任何更具侵入性的监管措施之前，都应该谨慎行事。低价通常是一件好事，并且我们应欢迎而非禁止驱动价格下跌的激烈竞争。复杂的、受到行为学启示的解决方案可能会转向市场力量，并建立机制，使相互竞争的互惠基金在费用抬高时迅速吸引投资者。也就是说——与在其他情况下一样[145]——禁止经济理由极不充分的价格方案（如零费用定价）的规定，不应该从监管体系中移除。

最后，关于互惠基金的一个独特问题，也是美国投资者感兴趣的问题（但在其他地方也有普遍影响），涉及通常被称为401(k)计划的个人退休账户中互惠基金的选择。这种计划是许多美国人为退休储蓄的一个重要渠道。这种计划是作为员工薪酬的一部分提供给他们的，允许他们自己决定如何分配退休投资。然而，这些决定并非没有局限性：这种分配可能是从计划服务提供者提供的、预先确定的"菜单"中选择的。事实证明，这个菜单的结构被发现对投资决定有很大影响。

丰富的行为学文献表明，当投资者在菜单中进行选择时，他们会进行天真的多元化（naïve diversification）。[146]也就是说，他们倾向于遵循一个经验法则，将其投资的 $1/n$ 分别分配给菜单中的每个选项。早期的研究强调了这种投资菜单对投资者分配给股票的投资组合比例的影响，而随后的实验和观察研究发现，天真的多样化可能导致投资者支付过多的费用。[147]具体来说，他们发现，进行天真的多样化的投资者，倾向于将部分储蓄分配给被占优基金（dominated fund）——即那些明显比菜单上至少一个其他项目要差的基金，因为它们会以更高的价格提供大致相同的金融产品。将这些劣质产品列入菜单，可能是因为收入分享机制使然，即计划服务提供者会从参与者支付的费用中获得一定份额。[148]

目前管理401(k)计划的监管框架并没有为被占优基金的问题提供强有力的解决方

案。相反,它注重程序而非实质,给了雇主和计划服务提供者一个免责的安全港,只要他们向雇员提供一个有各种选择的大菜单——即使其中一些选项完全不合理。[149]基于这些关于天真的多样化的发现,伊恩·艾尔斯(Ian Ayres)和奎因·柯蒂斯(Quinn Curtis)建议法院不只要看菜单的长度,且要审查菜单是否包括任何审慎的投资者都绝不会选择的选项。[150]此外,艾尔斯和柯蒂斯建议将低费用的投资工具设为默认值,并为选择不使用这些默认值设置可以逾越的障碍,这样,只有成熟的投资者在知情的基础上才会选择其他成本高的投资工具。[151]

本小节对投资者的有限理性以及对此类行为的监管回应提供了大致的介绍。本小节分析表明,行为洞见可以如何指导政策制定者定义和实现妥当的监管目标和手段。对此还有很多工作要做,在制定适当的法律对策之前,应仔细关注每个金融市场的独特特征。关于新的投资工具,包括加密货币(如比特币)和众筹等,还有更多有趣的问题出现在视野当中。[152]

10.5　反垄断法

10.5.1　概述

反垄断法是处理市场结构的法律体系。[153]概括地说,它涉及监管垄断供应商之行为以及市场行为者之间旨在阻碍竞争的安排。反垄断法的核心是促进竞争性的市场条件,从而实现商品和服务的有效定价。为此,反垄断法建立在一套成熟的经济理论基础之上,如垄断和寡头垄断定价理论。因此,传统经济分析——及其理性假设——主导了关于反垄断的法律论述[154]和法院对这一问题的判例[155]。

然而,在行为反垄断的主题之下,越来越多的文献表明,为了准确地模拟市场行为,我们必须放宽理性假设,并将行为洞见纳入分析之中。[156]基于行为金融学的发现,此类研究表明商业组织所做的关于竞争政策的决策,有时可能会偏离理性。此外,对产业组织行为的研究表明,即使企业理性地行事,不理性的消费者也可能导致公司采用偏离传统市场模型预测的政策。[157]这两方面的研究都表明,应根据行为学洞察重新审视法律政策,以更好地适应市场现实。本节就专门进行这种重新审视,先讨论市场需求方对理性的偏离,随后讨论供应方对理性的偏离。

10.5.2　有限理性的消费者

行为反垄断研究了消费者偏离理性对竞争政策的影响。这方面的研究大多是消费者合同相关的行为学文献的延伸。[158]它强调生产者和消费者之间的互动可能产生的反竞争效果。一般来说,这些研究表明,企业可能会利用消费者的有限理性,来收割高于竞争性的(supra-competitive)利润。

以一个试图利用其售后市场势力来提高利润的公司为例。一个典型的售后市场案例是,供应商要求其客户只从他们那里购买服务(如维修)或商品(如墨盒)。反垄断学者们担心，这些做法可能会使生产商得以限制竞争，并在售后市场上收取高于竞争性的价格。[159]

传统的理性选择理论分析认为，生产者不能在售后市场上霸凌消费者[160]，因为初级市场上的市场力量会对这种行为进行约束。因此，一个要求客户以高价从自己这里购买咖啡的浓缩咖啡机生产商，首先就会发现很难销售这些机器。此外，这种做法的普遍性，可以用在传统分析中发现的、与限制售后市场选择的合同条款有关的诸多效率来解释。例如，在特许经营合同的语境下，特许人可能希望控制受许人的供应链，以此作为一种质量保证。[161]更广地来说，售后市场安排可以作为一个对低频与高频使用者进行价格歧视的工具，从而使后者实际上会支付更多。[162]因此，法律经济学家对此议题表现出一种自由放任的态度，并且呼吁在监管上保持克制。[163]

对售后市场的行为分析并没有为持续进行的相关政策辩论提供一个明确的答案，但通常表明有必要进行更严格的监管审查。如行为学者所指出的，由于短视和类似的现象，有限理性的购买者可能会误解所有权的长期成本。[164]通过采用较低的预付成本加上较高的长期成本的两级定价方案，生产者可能会促使消费者购买不会提高其福利的商品和服务。这种影响的实际程度，取决于市场上理性和非理性购买者的分布情况。[165]

这一分析表明，法院和监管机构应该在个案的基础上仔细审查具体做法。美国最高法院在"柯达公司诉图像技术服务公司案"（*Eastman Kodak Co. v. Image Technical Services, Inc.*）中采用了这一思路[166]，该案涉及柯达公司试图主导其生产的复印机的服务市场。在该案中，法院拒绝了对柯达公司有利的传统理性选择观点，并要求对柯达公司是否真的滥用权力进行详细的事实审查。[167]欧洲竞争法也采纳了类似的视角，同样要求基于具体案件的证据。[168]

行为研究在另一个语境给竞争政策带来了新启示，也就是客户忠诚计划。公司经常通过忠诚返利计划，奖励他们的客户达到一定的购买目标，来鼓励买家购买他们的产品和服务。在理性选择框架内，对这种计划在竞争上的关切，大多局限于占主导地位的在位供应商利用这种计划来巩固其市场支配地位的情况。[169]例如，鉴于其现有的巨大市场份额，回馈计划可能会降低在位公司的单位成本，从而将小型竞争者赶出市场。因此，在某些市场条件下，忠诚计划可能需要进行法律审查。[170]

然而，行为分析表明，在更广泛的情况下，忠诚度计划可以被用来提高转换成本和减少竞争，因为它们可能会改变买家的选择心理。如果供应商成功转移参照点，让未能通过忠诚计划获得返利被认为是一种损失（而将从竞争对手那里购买的低价框定为是一种收益），那么买方可能会表现出比严格符合他们自我利益更大的忠诚度。亚历山大·莫雷尔（Alexander Morell）、安德里亚斯·格勒克纳（Andreas Glöckner）和伊曼纽尔·托菲格（Emanuel Towfigh）在一个设计精良的实验中证明了这一点。[171]受试者做出了一系列购买决定，并面临着他们是否能达到忠诚返利所需门槛的不确定性。实验的回报结构是这样的：一旦这种不确定性得到解决，从该返利计划转向其他选项则是理性的。然而，即使有这样的收益结构，忠诚返利计划也被证明是有黏性的：受试者会选择继续使用该计划，即使这涉及更大的风险和更低的预期回报。这一发现表明，忠诚返利计划可能值得监管机构进行更多审查。[172]

10.5.3 有限理性的公司

虽然将行为学洞见应用于市场需求侧的具体细节可能会引起关于所需政策结论的分歧(主要是围绕非理性的普遍性,以及消费者的学习能力等问题),但这种分析与消费者合同的分析类似。正如我们在消费者合同语境下所论证的那样,为实现高效和公平的结果,有必要将行为学洞见纳入法律分析。[173]将行为学洞见应用于市场的供给侧,引发了更为激烈的、关于反垄断政策是否应吸纳行为洞见的辩论。其中,引起最大关注的两个话题是掠夺性定价和横向兼并。我们将依次考察这两个话题,并强调行为分析的贡献及其局限性。

掠夺性定价是指占主导地位的企业为了将新进入者赶出市场而将价格降到不可持续的低水平,然后再将其提高到高于竞争性水平的策略。将反垄断法应用于涉嫌掠夺性定价的案件是非常有争议的。从表面上看,取缔低价与反垄断法的核心目标——促进竞争以推动价格下降——是相悖的。正如当时的法官斯蒂芬·布雷耶(Stephen Breyer)所说,现有的降价是"手中已有的益鸟",法律应注意不要为了未来价格的降低这种"据推测会有的林中之鸟"而牺牲眼前的利益。[174]

这种方法得到了掠夺性定价很少发生这一主张的支持。拥护理性选择框架的经济学家认为,由于掠夺的高成本和长期无效性,这是一种非理性的定价策略。[175]基于这一前提,弗兰克·伊斯特布鲁克(Frank Easterbrook)提出了一个著名的观点,即掠夺的发生就像确认看到龙一样罕见。[176]美国的判例法也遵循这一思路。美国最高法院对所谓掠夺性定价的索赔设置了极大的障碍,要求原告既要证明被告进行了低于成本的定价,又要证明被告可以合理地期望能收回这样做造成的损失。[177]这一规则的实际后果是,掠夺性定价案件的原告很少胜诉。[178]

然而,这种处理掠夺性定价的传统做法,最近受到了大量审视。理论研究表明,在相当标准的条件下(如信息不对称或生产成本不对称),掠夺性定价可能确实是理性的。[179]此外,大量的实证文献表明,掠夺性定价事实上并不像龙一样罕见,并记录了它在许多情况下发生的实例。[180]例如,一项对航空公司定价操作的研究总结道,"掠夺性定价不仅会出现在航空公司市场中,它一直是生存下来的老牌航空公司维持市场势力的重要工具。"[181]

行为分析通过强调掠夺性定价存在的其他原因,为这一辩论增加了另一个维度。如阿维沙洛姆·托尔(Avishalom Tor)所指出的,在一个在位企业面临一个新进入者的竞争的情况下,两个企业可能会对这种情况有不同的看法。[182]进入者可能认为其市场份额的增加是一种收益,但在位者倾向于认为这是一种损失。于是,后者有可能选择带来负现值的风险逐求策略。[183]此外,过度自信的在位者可能会错误地评估掠夺性定价的潜在好处。[184]如果在位者系统性地高估自己承受掠夺成本的能力(而低估了对手承受成本的能力),那么它们就可能开展掠夺活动,即使从长远来看,这种活动不会获利。

此外,认知上有偏差的在位者可能采取掠夺性策略这一事实本身就表明,掠夺可能通过另一种途径发挥作用。现有的基于理性选择方法的博弈论模型表明,掠夺也可以从掠夺所产生的声誉中出现。[185]当市场上存在有限理性的在位者时就更是如此。如果进入者无法区分理性和非理性的在位者，那么非理性的声誉可能是在位者为阻止新受试者进入而进行的一项有所值的投资。[186]

这一分析表明，美国法律体系对掠夺性定价可能是过度限制的。目前的法理会导致大部分案件在即决审判（summary judgment）阶段就被驳回，即便是有掠夺操作的坚实证据。[187]行为分析表明，这种严格的政策应该有所放宽，法院应该更加开放地审查掠夺性定价的可能性。[188]当然，法院不应该消除对涉嫌掠夺性定价案件设置的所有障碍。虽然低于成本的定价有可能发生，但考虑到与之相关的高成本以及通常更为有效的其他反竞争策略的存在，这种策略是相当罕见的。此外，放宽对诉讼的限制本身，也会带来巨大的成本——既包括直接的诉讼成本，也包括供应商因害怕诉讼而不愿意降低价格。对此情况，行为学视角所建议的是，法院应注意，不要在不现实的实证假设基础上，建立一个相当于事实上使掠夺性定价合法化的规则。

行为分析所启发的另一个相关领域是横向兼并，即两个竞争公司之间的兼并。反垄断法长期以来一直在争论如何处理这种兼并。[189]一方面，横向兼并可以促进规模经济并提高效率；另一方面，它们可能会导致兼并后的公司通过支配市场而阻碍竞争。针对这种兼并制定的法律政策试图在这两个相互冲突的考虑因素之间取得微妙的平衡。因此，虽然反垄断法允许竞争者进行兼并，但这些兼并往往要接受特定类型的监管审查。

传统的法律和经济学对横向兼并持相对宽容的态度，尤其是在没有重大进入壁垒的市场上。[190]潜在的进入是反垄断分析中的一个关键考虑因素，因为仅仅是新受试者进入的可能性就会对在位企业产生竞争压力。根据传统的经济理论，缺乏竞争和高于竞争性利润的市场，往往会以新公司的形式吸引资本。这些企业反过来又会提高产量，推动价格下降，将市场推向竞争均衡。因此，如果处于市场边缘的企业能够轻易进入市场，那么最初可能会伴随兼并而出现的、威胁竞争性定价的重大风险，可能就不会成为现实。

从理性选择的角度来看，当且仅当能产生正的预期价值时，未来的竞争者才会进入一个市场。然而，行为学研究结果表明，进入市场的决定可能会受到认知偏差的影响。具体来说，过度乐观和控制错觉可能会促使企业家进入市场，即使这种选择的净现值为负。[191]这一理论猜想得到了大量实证证据的支持，即新进入者既表现出较高的淘汰率，又对未来盈利能力的基本预测因素（例如现有的竞争水平和进入障碍的存在）不敏感。[192]从反垄断角度看，这种非理性的竞争压力可能为对横向兼并采取更宽容的态度提供了理由。然而，仔细的分析表明，大多数新进入者对在位公司的压力是有限的，而且从长远来看，对其市场份额的减损也很小。[193]

行为分析也可以对兼并分析的另一个维度——兼并所创造的潜在效率——带来启示。有许多关于兼并未能产生预期协同效应，并出了大问题的轶事。摧毁了2 000亿美元股权价值的美国在线（AOL）与时代华纳（Time Warner）的兼并，就是一个典型例子。[194]对收购者从兼并中获得的平均回报的实证研究结果并不一致，但一般来说，这些回报是负的或接近于零。[195]评估兼并对效率的总体长期影响要更为复杂，但大部分证据表明，兼并未能达到预期，也没有创造价值。[196]

这些发现，与理查德·罗尔（Richard Roll）在一篇关于行为公司金融的开创性论文中提出的、关于兼并的自负假说（hubris hypothesis），是一致的。[197]根据罗尔的说法，兼并中的投标人对目标公司的估值会过于自信和过度乐观，因此倾向于出高价。随后对 CEO 过度自信的研究证实了这一假设，并表明了 CEO 的过度自信与破坏价值的兼并之间存在正相关关系。[198]当管理者参与多项兼并时，对估值的过度自信会因归因错误而进一步加剧，因为他们倾向于把成功的交易当作自己才能的标志，而把不成功的交易当作仅仅是运气不好。[199]

如果从行为金融学回到反垄断法我们会发现，对兼并的监管目标，是防止创造市场势力和损害消费者利益的兼并，而不是阻止那些创造协同效应和提高效率的兼并。意料之中的是，兼并公司经常辩称，他们的兼并带来了显著的效率，因此应该得到监管机构的批准。鉴于对过度自信的发现，监管者应该对这种效率自辩保持一定的怀疑。[200]从长远来看，反垄断和维护竞争的政府机构可能会从对兼并的回顾性检视中受益，这样的检视会确定哪些类型的效率会随着时间的推移而实现，而哪些则是过度自信炒作。[201]

最后，对消费者行为的行为学分析，也关系到对兼并的竞争结果的分析。虽然传统模型关注的是进入市场的经济障碍，但试图进入市场的新公司，可能还需要处理建立在纯粹心理基础之上的、消费者对在位公司的忠诚度。[202]只要对此类品牌的忠诚度是重要的，这就有可能会造成竞争的额外阻碍。因此，一个看似没有什么进入障碍的市场，实际上可能会变成一个对竞争威胁免疫的市场。

从这一分析中得出的总体情况尚不明确。虽然行为分析的某些方面表明，对横向兼并应采取更加宽容的态度，但其他维度则要求在许可横向兼并时更加谨慎。进一步的理论和实证研究，也许会使政策制定者得出更明确的结论。

10.5.4　总结与对批评的回应

批评将行为分析用于反垄断法的人，对这方面的研究提出了担忧。他们的主要观点是反复提到的、与偏差的相互抵消相关的论点，即行为分析可能产生矛盾的预测。[203]通常，在反垄断语境下，行为观点的提出会导致矛盾的法律结论。这显然是一个有效的论点，正如我们刚才对横向兼并的分析所表明的那样。行为分析的批评者在反垄断监管方面的另一个主张是，行为分析是"各种情境依赖的偏差的无序组合，这些偏差产生影响的方向和程度各不相同"，并且行为分析存在着"致命问题"。[204]这一结论反映了对行为经济学的一般批评[205]，但它不太站得住脚。

如在其他情况下一样，对偏差会相互抵消的担忧是切实的，但这不是行为分析的致命缺陷。首先，在一些情况下提出的担忧被夸大了。例如，艾伦·德夫林（Alan Devlin）和迈克尔·雅各布斯（Michael Jacobs）认为，现状偏差降低了消费者替换产品的倾向（这是一个合理的结论）[206]，但这也被另一种偏差即损失厌恶所抵消。在他们看来，损失厌恶"可能会刺激购买者付出巨大努力，避免继续从价格上涨的公司购买所产生的成本"。[207]在我们看来，这是一个不合理的结论。损失厌恶和现状偏差并不是相互抵消的现象。人们不能把目前的消费选择视为现状，同时又把因改变这种选择而放弃的利益视为一种损失（相反，它们通常被视为未获得的收益）。因此，损失厌恶极不可能抵消消费者坚持其现有习惯的倾向。从这个例子中得出的更普遍的结论是，启发式和偏差存在于提出系统性预测的一般理论框架中，因此，严格的行为分析确实制约了基于这一框架的法律讨论。

此外，对预测能力的关注在法律环境中并不总是相关的。反垄断诉讼通常是向回看的，其主要目的是了解被告行为的现状，而不是预测他们的未来行为。[208] 在这种情况下，行为分析可能有助于解释过去的行为，从而启发法律讨论。审查一个特定的被告是否进行了掠夺性定价，并不要求法院预测未来的行为。

最后，更根本的是，上述论点的问题在于，它倾向于选择一个简单但错误的模型，而不是一个复杂且更准确的模型。正如本书分析之广所表明的那样，细致的行为分析如果能够与决策环境的特点相适应，就能产生具体的预测，因为它能识别出决策的系统模式。诚然，这种模式可能需要区分细微的差别，而从实证上验证这些差别可能具有挑战性。虽然关于行为反垄断的文献无疑处于早期阶段——事实上，许多作者都公开承认这一点——但这只表明在这个领域还有许多工作要做。

10.6　结语

本章概述了商业法的行为分析，它阐明了在高度竞争性的稠密市场中，偏离理性的现象会持续存在，并影响市场运作。基于这一见解，本章研究了公司法、证券监管和反垄断法领域的多项法律问题，并提出了一些监管建议。在得出结论之前，需注意，在任何特定的法律环境中实施所建议的框架时，都应该谨慎。本章所讨论的法律和经济制度在不同的国家有很大差异。因此，在转向政策制定时，需要仔细分析公司的准确定义和法院的机构权限等法律问题，以及资本市场的结构和经济规模等经济问题。

注　　释

[1]　值得关注的贡献，参见：Henry G. Manne, Insider Trading and the Stock Market (1966); Frank H. Easterbrook & Daniel R. Fischel, The Economic Structure of Corporate Law (1996); Richard A. Posner, Antitrust Law (2d ed. 2001)。

[2]　近期相关概述，参见：Donald C. Langevoort, *Behavioral Approaches to Corporate Law*, in Research Handbook on the Economics of Corporate Law 442 (Claire A. Hill & Brett H. McDonnell eds., 2012); Kent Greenfield, *The End of Contractarianism?*, in The Oxford Handbook of Behavioral Economics and the Law 518 (Eyal Zamir & Doron Teichman eds., 2014); Avishalom Tor, *The Market*, *The Firm*, *and Behavioral Antitrust*, in The Oxford Handbook of Behavioral Economics and the Law 539。

[3]　参见 Ronald J. Gilson & Reinier H. Kraakman, *The Mechanisms of Market Efficiency*, 70 Va. L. Rev. 549, 554 (1984)。

［4］ 参见 Easterbrook & Fischel,前注[1],第35—39页。

［5］ 参见 Ralph K. Winter, Jr., *State Law*, *Shareholder Protection and the Theory of the Corporation*, 6 J. Legal Stud. 251, 255 – 57 (1977)。

［6］ 参见:Stephen J. Choi & Andrew T. Guzman, *Portable Reciprocity*: *Rethinking the International Reach of Securities Regulation*, 71 S. Cal. L. Rev. 903 (1998); Adam C. Pritchard, *Markets as Monitors*: *A Proposal to Replace Class Actions with Exchanges as Securities Fraud Monitors*, 85 Va. L. Rev. 925 (1999)。

［7］ 参见 Richard A. Posner, Frontiers of Legal Theory 260 – 62 (2001)。

［8］ 研究表明,这种表面上的名称变化事实上的确可以影响股票价格。参见:Michael J. Cooper, Orlin Dimitrov & P. Raghavendra Rau, *A Rose. com by Any Other Name*, 56 J. Fin. 2371 (2001); Michael J. Copper et al., *Managerial Actions in Response to a Market Downturn*: *Valuation Effects of Name Changes in the dot.com Decline*, 11 J. Corp. Fin. 319 (2005)。

［9］ 参见 Gregory La Blanc & Jeffrey J. Rachlinski, *In Praise of Investor Irrationality*, in The Law and Economics of Irrational Behavior 542 (Francesco Parisi & Vernon Smith eds., 2005)。

［10］ 相关概述,参见:Nicholas Barberis & Richard Thaler, *A Survey of Behavioral Finance*, in 1A Handbook of the Economics of Finance 1053 (George M. Constantinides, Milton Harris & René M. Stulz eds., 2003); Malcolm Baker & Jeffery Wurgler, *Behavioral Corporate Finance*: *An Updated Survey* (NBER Working Paper Series, Paper No.17333, 2011,网址:http://www.nber.org/papers/w17333); David Hirshleifer, Behavioral Finance, 7 Ann. Rev. Fin. Econ. 133 (2015)。

［11］ 参见:Baker & Wurgler,前注[10],第6—8页;Andrei Shleifer & Robert Vishny, *The Limits of Arbitrage*, 52 J. Fin. 35 (1997)。

［12］ 参见 Barberis & Thaler,前注[10],第1078—1083页;上文2.3.1节。

［13］ 参见 Baker & Wurgler,前注[10],第22—49页。

［14］ 对该领域的概览,参见 Robert Charles Clark, Corporate Law (1986); Franklin Gevurtz, Corporation Law (2010)。

［15］ 参见 Easterbrook & Fischel,前注[1]。

［16］ 参见 Michael C. Jensen & William H. Meckling, *Theory of the Firm*: *Managerial Behavior*, *Agency Costs and Ownership Structure*, 3 J. Fin. Econ. 305 (1976)。 关于代理成本在法律分析中和其他理论中的核心地位,参见 Zohar Goshen & Richard Squire, *Principal Costs*: *A New Theory for Corporate Law and Corporate Governance*, 117 Colum. L. Rev. 767 (2017)。

［17］ 参见下文第15章。

［18］ 关于后见之明偏差,参见上文2.2.8节。

［19］ 参见 Doron Teichman, *The Hindsight Bias and the Law in Hindsight*, in The Oxford Handbook of Behavioral Economics and the Law,前注[2],第354页、第

356—359 页。

[20] 参见 Merrie Jo Stallard & Debra J. Worthington, *Reducing the Hindsight Bias Utilizing Attorney Closing Arguments*, 22 Law & Hum. Behav. 671 (1998)。

[21] 参见 Jeffery Rachlinski, *A Positive Psychological Theory of Judging in Hind-sight*, 65 U. Chi. L. Rev. 571, 619‐23 (1998)。

[22] 一般性的讨论,参见 Arthur R. Pinto & Douglas M. Branson, Corporate Law 229‐31 (4th ed. 2013)。正文中使用的术语指的是美国的公司法体系。虽然商业判断规则并不是一个通用规则,但许多其他法律体系采用了该规则的不同版本。正如比较法研究一贯所需要的那样,应特别注意这些实质规则相关的制度背景,以充分理解其效果。参见:Bruce E. Aronson, *Learning from Comparative Law in Teaching U.S. Corporate Law:Director's Liability in Japan and the U.S.*, 22 Penn St. Int'l L. Rev. 213, 236‐38 (2003);Carlos Andrés Laguado Giraldo, *Factors Governing the Application of the Business Judgment Rule:An Empirical Study of the US, UK, Australia and the EU*, 111 Vniversitas, 115, 125‐46 (2006)。

[23] 参见 Walt Disney Co. Derivative Litig., 906 Del. A.2d 27 (2006)。

[24] 参见 Joy v. North, 692 F.2d 880, 886 (2d Cir. 1982)。

[25] 出处同上。

[26] 参见 The Corporation (Big Picture Media 2003)。

[27] 参见 Jennifer Arlen & Stephan Tontrup, *Does the Endowment Effect Justify Legal Intervention? The Debiasing Effect of Institutions*, 44 J. Legal Stud. 143 (2015)。另见 Jennifer Arlen, Matthew Spitzer & Eric Talley, *Endowment Effects within Corporate Agency Relationships*, 31 J. Legal Stud. 1 (2002)。

[28] 参见 Maya Bar-Hillel & Efrat Neter, *Why Are People Reluctant to Exchange Lottery Tickets?*, 70 J. Personality & Soc. Psychol. 17 (1996)。关于禀赋效应,参见上文 2.3.6 节。

[29] 参见 Kent Greenfield & Peter Kostant, *An Experimental Test of Fairness under Agency and Profit Constraints (With Notes on Implications for Corporate Governance)*, 71 Geo. Wash. L. Rev. 983 (2003)。

[30] 出处同上,第 997—998 页。

[31] 相应地,该领域行为伦理学的研究,显示出人们在推进他人以及自身利益时(而非仅仅推进其自身利益)增加不诚信行为的意愿。参见 Scott S. Wiltermuth, *Cheating More When the Spoils Are Split*, 115 Org. Behav. & Hum. Decision Processes 157 (2011)。

[32] 参见 Travis Laster, *Cognitive Bias in Director Decision-Making*, 20 Corp. Governance Advisor 1 (2012)。

[33] 出处同上,第 8 页。

[34] 参见 Gevurtz,前注[14],第 179—185 页。

［35］ 参见 Anand M. Goel & Anjan V. Thakor, *Overconfidence, CEO Selection, and Corporate Governance*, 63 J. Fin. 2737 (2008)。

［36］ 参见上文 2.4.6 节。

［37］ 虽然我们关注的是过度自信的影响,但其他行为现象也可能影响 CEO 的决策。参见:Malcom Baker, Xin Pan & Jeffrey Wurgler, *The Effect of Reference Point Prices on Mergers and Acquisitions*, 106 J. Fin. Econ. 49 (2012); Olivier Dessaint & Adrien Matray, *Do Managers Overreact to Salient Risks? Evidence from Hurricane Strikes*, 126 J. Fin. Econ. 97 (2017)。

［38］ 参见 Troy A. Paredes, *Too Much Pay, Too Much Deference: Behavioral Corporate Finance, CEOs, and Corporate Governance*, 32 Fla. St. U. L. Rev. 673, 693 - 94 (2005)。关于从经验中学习的进一步讨论,参见上文 2.8.2 节。

［39］ 参见 Edward J. Zajac & Max H. Bazerman, *Blind Spots in Industry and Competitor Analysis: Implications of Interfirm (Mis)Perceptions for Strategic Decisions*, 16 Acad. Mgmt. Rev. 37, 41 - 42 (1991)。

［40］ 出处同上。

［41］ 关于这些发现的概述,参见 Ulrike Malmendier & Geoffrey Tate, *Behavioral CEOs: The Role of Managerial Overconfidence*, 29 J. Econ. Persp. 37 (2015)。

［42］ 对这一实证研究策略的最初贡献,参见 Ulrike Malmendier & Geoffrey Tate, *CEO Overconfidence and Corporate Investment*, 60 J. Fin. 2661 (2005)。

［43］ 参见:David Hirshleifer, Angie Low & Siew Hong Teoh, *Are Overconfident CEOs Better Innovators?*, 67 J. Fin. 1457 (2012)(对新闻报道的文本分析); Thomas J. Boulton & T. Colin Campbell, *Managerial Confidence and Initial Public Offerings*, 37 J. Corp. Fin. 375 (2016)(对注册声明的文本分析)。

［44］ 参见:Itzhak Ben-David, John R. Graham & Campbell R. Harvey, *Managerial Miscalibration*, 128 Q.J. Econ. 1547 (2013); John R. Graham, Campbell R. Harvey & Manju Puri, *Managerial Attitudes and Corporate Actions*, 109 J. Fin. Econ. 103 (2013)。

［45］ 参见 Malmendier & Tate,前注［42］。

［46］ 参见:Ulrike Malmendier & Geoffrey Tate, *Who Makes Acquisition Decisions? CEO Overconfidence and the Market's Reaction*, 89 J. Fin. Econ. 20 (2008); Jeong-Bon Kim, Zheng Wang & Liandong Zhang, *CEO Overconfidence and Stock Price Crash Risk*, 33 Contemp. Acct. Res. 1720 (2016); Tien-Shih Hsieh & Jean C. Bedard, *CEO Overconfidence and Earnings Management during Shifting Regulatory Regimes*, 41 J. Bus. Fin. & Acct. 1243 (2014)。

［47］ 参见 Malmendier & Tate,前注［41］,第 53—55 页。

［48］ 参见 Goel & Thakor,前注［35］,第 2739 页。

［49］ 参见 Hirshleifer, Low & Teoh,前注［43］。

［50］ 参见 Paredes,前注［38］,第 698—700 页。

[51] 出处同上,第 701 页。

[52] Gevurtz,前注[14],第 186—195 页。

[53] 参见 Randall Morck, *Behavioral Finance in Corporate Governance*:*Economics and Ethics of the Devil's Advocate*, 12 J. Mgmt. & Governance 179 (2008)。

[54] 参见 Stanley Milgram, *Behavioral Study of Obedience*, 67 J. Abnormal & Soc. Psychol. 371 (1963)。关于更新的评述,参见:Thomas Blass, *The Milgram Paradigm after 35 Years*:*Some Things We Now about Obedience to Authority*, 29 J. App. Soc. Psychol. 955 (1999); Dominic J. Packer, *Identifying Systematic Disobedience in Milgram's Obedience Experiments*:*A Meta-analytic Review*, 3 Persp. Psychol. Sci. 301 (2008)。

[55] 参见 Donald C. Langevoort, *The Human Nature of Corporate Boards*:*Law, Norms, and the Unintended Consequences of Independence and Accountability*, 89 Geo. L.J. 797, 811 (2001)。

[56] 参见 Lee Epstein & Eric A. Posner, *Supreme Court Justices' Loyalty to the President*, 45 J. Legal Stud. 401 (2016)。

[57] 参见 Donald C. Langevoort, *Resetting the Corporate Thermostat*:*Lessons from the Recent Financial Scandals about Self-Deception, Deceiving Others and the Design of Internal Controls*, 93 Geo. L.J. 285 (2004)。

[58] 关于这些现象,参见上文 2.3.7 节、2.4.2 节。

[59] 参见上文 2.3.5 节。

[60] 对此类研究的早期贡献,参见 Irving L. Janis, Victims of Groupthink:A Psychological Study of Foreign-Policy Decisions and Fiascoes (1972)。更新的贡献,参见:James K. Esser, *Alive and Well after 25 Years*:*A Review of Groupthink Research*, 73 Org. Behav. & Hum. Decision Processes 116 (1998); Roland Benabou, *Groupthink*:*Collective Delusions in Organizations and Markets*, 80 Rev. Econ. Stud. 429 (2013)。关于群体决策,另见上文 2.8.4 节。

[61] 参见 Donald C. Langevoort, *Organized Illusions*:*A Behavioral Theory of Why Corporations Mislead Stock Market Investors (and Cause Other Social Harms)*, 146 U. Pa. L. Rev 101, 138 – 39 (1997)。

[62] 参见:James D. Cox & Harry L. Munsinger, *Bias in the Boardroom*:*Psychological Foundations and Legal Implications of Corporate Cohesion*, 48 L. & Contep. Probs. 83 (1985); Kenneth B. Davis, Jr., *Structural Bias, Special Litigation Committees, and the Vagaries of Director Independence*, 90 Iowa L. Rev. 1305 (2005)。

[63] 参见 Claire A. Hill & Brett H. McDonnell, *Disney, Good Faith, and Structural Bias*, 32 J. Corp. L. 833 (2007)。

[64] 参见上文 10.3.2 节。

[65] 参见 Hill & McDonnell,前注[63],第 855—856 页。另见 Paredes,前注[38],第

747—757 页。

[66]　相关评论,参见 Quinn Curtis & Minor Myers, *Do the Merits Matter? Empirical Evidence on Shareholder Suits from Options Backdating Litigation*, 164 U. Pa. L. Rev. 291, 298 - 306 (2016).

[67]　参见 Clark,前注[14],第 639—641 页。

[68]　出处同上,第 645—649 页。

[69]　参见 Cox & Munsinger,前注[62],第 85—108 页。

[70]　为此,特拉华州法院采用了一个两步测试法,既审查委员会的独立性,又审查其决定的实质。参见 Zapata Corp. v. Maldonado, 430 A.2d 779 (Del. 1981)。

[71]　参见:Davis,前注[61],第 1357—1360 页;Hill & McDonnell,前注[63],第 859 页。

[72]　参见 Cox & Munsinger,前注[62],第 132 页。

[73]　参见 Morck,前注[53],第 190 页。

[74]　参见 Langenvoort,前注[2],第 446—448 页。

[75]　沿着这一思路,Troy Paredes 倡导在公司中任命一个首席反对者。参见 Paredes,前注[38],第 740—747 页。

[76]　参见 *Developments in the Law—Corporations and Society*, 117 Harv. L. Rev. 2169, 2187 - 91 (2004)。

[77]　参见 NYSE, Inc. Listed Company Manual. §303A.04(a) (2017), http://wall-street. cch. com/LCMTools/PlatformViewer. asp? selectednode = chp_1_4_3&manual =%2Flcm%2Fsections%2Flcm-sections%2F (指出"上市公司必须拥有一个完全由独立董事组成的、任命/公司治理委员会")。

[78]　参见 Lucian Bebchuk & Assaf Hamdani, *Independent Directors and Controlling Shareholders*, 165 U. Pa. L. Rev. 1271 (2017)。

[79]　参见 Greenfield,前注[2],第 528—533 页。

[80]　参见 Clark McCauley, *The Nature of Social Influence in Groupthink:Compliance and Internalization*, 57 J. Personality & Soc. Psychol. 250, 252 (1989)(强调社会同质性、凝聚力和群体思维之间的联系)。

[81]　参见 Jiekun Huang & Darren J. Kisgen. *Gender and Corporate Finance:Are Male Executives Overconfident Relative to Female Executives?*, 108 J. Fin. Econ. 822 (2013)。关于研究发现的概述,参见 Rachel Croson & Uri Gneezy, *Gender Differences in Preferences*, 47 J. Econ. Literature 448, 452 - 53 (2009)。

[82]　参见 J. M. Coates & J. Herbert, *Endogenous Steroids and Financial Risk Taking on a London Trading Floor*, 16 Proc. Nat'l Acad. Sci. 6167 (2008)。

[83]　参见 Irene van Staveren, *The Lehman Sisters Hypothesis*, 38 Cambridge J. Econ. 995 (2014)。

[84]　参见 Vathunyoo Sila, Angelica Gonzalez & Jens Hagendorff, *Women on Board:Does Boardroom Gender Diversity Affect Firm Risk?*, 36 J. Corp. Fin. 26 (2016)(没有发现性别多样性与风险承担之间的联系)。

[85]　参见 Douglas Cumming, Tak Yan Leung, & Oliver M. Rui, *Gender Diversity and Securities Fraud*, 58 Acad. Mgmt. J. 1459 (2015)。

[86]　参见：Renée B. Adams & Daniel Ferreira, *Women in the Boardroom and Their Impact on Governance and Performance*, 94 J. Fin. Econ. 291 (2009)；Kenneth R. Ahern & Amy K. Dittmar, *The Changing of the Boards：The Impact on Firm Valuation of Mandated Female Board Representation*, 127 Q. J. Econ. 137 (2012)。

[87]　参见 Frank Dobbin & Jiwook Jung, *Corporate Board Gender Diversity and Stock Performance：The Competence Gap or Institutional Investor Bias?*, 89 N.C. L. Rev. 809 (2011)。

[88]　参见 Croson & Gneezy,前注[81],第449—454页。不同观点请参见 Renée B. Adams & Patricia Funk, *Beyond the Glass Ceiling：Does Gender Matter?*, 58 Mgmt. Sci. 219 (2011)（调查数据表明,女性董事比男性董事更热爱风险）。

[89]　参见 Mara Faccio, Maria-Teresa Marchica & Roberto Mura, *CEO Gender, Corporate Risk-Taking, and the Efficiency of Capital Allocation*, 39 J. Corp. Fin. 193 (2016)。

[90]　参见 Department for Bus., Innovation & Skills, Women on Boards：Five-Year Summary（2015）,网址：https://www.gov.uk/government/publications/women-on-boards-5-year-summary-davies-review。

[91]　参见 Thomas Lee Hazen, The Law of Securities Regulation (7th ed., 2016)。关于该话题的比较视角,参见 Gerard Hertig, Reinier Kraakman & Edward Rock, *Issuers and Investor Protection*, in The Anatomy of Corporate Law：A Comparative and Functional Approach 275 (Reinier Kraakman et al. eds., 2d ed. 2009)。

[92]　关于对证券监管行为学分析的进一步讨论,参见 Donald C. Langevoort, *Taming the Animal Spirits of the Stock Markets：A Behavioral Approach to Securities Regulation*, 97 Nw. U. L. Rev. 135 (2002)。

[93]　这方面的实质性法律规则在许多主要的法域都是相似的,但执行这些规范的程序性规则却有很大的不同。参见 Hertig, Kraakman & Rock,前注[91],第295页。

[94]　关于 10b-5 诉讼要素的更详细分析,参见 3 Thomas Lee Hazen, Treatise on the Law of Securities Regulation, 199-207 (5th ed. 2002)。

[95]　参见 485 U.S. 224 (1988)。

[96]　出处同上,第246页。

[97]　出处同上,第247页。

[98]　参见 Donald C. Langevoort, Basic *at Twenty：Rethinking Fraud on the Market*, 2009 Wis. L. Rev. 151。

[99]　参见 Jennifer H. Arlen & William J. Carney, *Vicarious Liability for Fraud on Securities Markets：Theory and Evidence*, 1992 U. Ill. L. Rev. 691, 702。

[100] 参见 Langevoort,前注[61],第 135—148 页。另见：上文 2.4.9 节；下文 12.5 节。

[101] 参见上文 10.3.3 节。

[102] 相关综述，参见 Allan Horwich，*An Inquiry into the Perception of Materiality as an Element of Scienter under SEC Rule 10b-5*，67 Bus. Lawyer 1，3 - 9 (2011)。

[103] 关于这些现象，分别参见上文 2.2.8 节与 2.4.6 节。

[104] 参见 Langevoort,前注[61],第 158 页。

[105] 出处同上,第 159 页。

[106] 参见上文第 363—364 页。

[107] 在消费者合同语境下的类似观点,参见上文 8.6.2 节。

[108] 相关综述，参见 Justine S. Hastings, Brigitte C. Madrian & William L. Skimmyhorn，*Financial Literacy，Financial Education，and Economic Outcomes*，5 Ann. Rev. Econ. 347（2013）。

[109] 参见：Sudhir Singh，*Investor Irrationality and Self-Defeating Behavior：Insights from Behavioral Finance*，8 J. Global Bus. Mgmt. 116 (2012)；Baker & Wurgler,前注[10],第 5—50 页。

[110] 参见 Warren Bailey, Alok Kumar & David Ng，*Behavioral Biases of Mutual Fund Investors*，102 J. Fin. Econ. 1 (2011)。

[111] 参见：Don A. Moore et al.，*Positive Illusions and Forecasting Errors in Mutual Fund Investment Decisions*，79 Org. Behav. & Hum. Decision Processes 95，105 - 07（1999）；Travis Sapp & Ashish Tiwari，*Does Stock Return Momentum Explain the "Smart Money" Effect?*，59 J. Fin. 2605 (2004)。

[112] 参见：Mark M. Carhart，*On Persistence in Mutual Fund Performance*，52 J. Fin. 57 (1997)；Nicolas P.B. Bollen & Jeffrey A. Busse，*Short-Term Persistence in Mutual Fund Performance*，18 Rev. Fin. Stud. 569 (2004)。

[113] 参见 Javier Gil-Bazo & Pablo Ruiz-Verdú，*The Relation between Price and Performance in the Mutual Fund Industry*，64 J. Fin. 2153 (2009)。

[114] 对这些发现的总结，参见 Jill E. Fisch，*Rethinking the Regulation of Securities Intermediaries*，158 U. Pa. L. Rev. 1961，1993 (2010)。

[115] 参见 Jill E. Fisch & Tess Wilkinson-Ryan，*Why Do Retail Investors Make Costly Mistakes? An Experiment on Mutual Fund Choice*，162 U. Pa. L. Rev. 605，621 - 22 (2014)。

[116] 参见 Andrea Frazzini & Owen A. Lamont，*Dumb Money：Mutual Fund Flows and the Cross-Section of Stock Returns*，88 J. Fin. Econ. 299 (2008)。这再次表明,至少有一些进入互惠基金的资金是愚蠢的,这可以从记录到的无意义的名称变化对流入基金的资金的影响中看出。参见 Michael J. Cooper et al.，*Changing Names with Style：Mutual Fund Name Changes and Their Effects on Fund Flows*，60 J. Fin. 2825 (2005)。

[117]　Frazzini & Lamont,前注[116],第 319 页。

[118]　参见 Fisch,前注[114],第 1998—2010 页。

[119]　参见 Sendhil Mullainathan, Marcus Nöth, & Antoinette Schoar, *The Market for Financial Advice：An Audit Study*（NBER Working Paper No. 17929，Mar. 2012,网址：http://www.nber.org/papers/w17929）。

[120]　出处同上,第 4 页。

[121]　参见 Diane Del Guercio & Jonathan Reuter, *Mutual Fund Performance and the Incentive to Generate Alpha*, 69 J. Fin. 1673 (2014)。

[122]　在这方面,市场条件差异很大,因此,任何分析都需要仔细考虑具体的法律和经济框架。参见 Ajay Khorana, Henri Servaes & Peter Tufano, *Mutual Fund Fees around the World*, 22 Rev. Fin. Stud. 1279 (2008)（记录世界各地在定价和监管方面的显著差异）。

[123]　参见 James D. Cox & John W. Payne, *Mutual Fund Expense Disclosures：A Behavioral Perspective*, 83 Wash. U. L.Q. 907, 908 (2005)。

[124]　关于披露的局限性,参见上文 4.4.3 节、8.7.2 节。

[125]　参见 Leslie Wayne, *Mutual Funds with Targets, and Misfires*, N.Y. TIMES, June 25, 2009, at B1。

[126]　参见 17 C.F.R. § 230.482 (b)(3)(i) (2017)。

[127]　这是美国领先的互惠基金管理公司之一富达公司（Fidelity）在其网站上使用的免责声明。参见 https://fundresearch.fidelity.com/mutual-funds/performance-and-risk/315911701。

[128]　参见 Molly Mercer, Alan R. Palmiter & Ahmed E. Taha, *Worthless Warnings？Testing the Effectiveness of Disclaimers in Mutual Fund Advertisements*, 7 J. Empirical Legal Stud. 429, 459 (2010)。

[129]　使用的措辞是："不要指望基金过去的业绩会在未来继续下去。研究表明,过去表现优于同行的互惠基金,一般不会在未来表现优于同行。过去的强劲表现往往是偶然因素造成的。"出处同上,第 445 页。

[130]　参见上文 4.4.3 节、8.7.2 节。

[131]　限制广告商在广告中包含真实信息的能力,引起了一系列有关商业言论自由的问题,这超出了我们的讨论范围。

[132]　参见 Alan R. Palmiter & Ahmed E. Taha, *Mutual Fund Investors：Divergent Profiles*, 2008 Colum. Bus. L. Rev. 934, 961－64。

[133]　参见 John Beshears et al., *How Does Simplified Disclosure Affect Individuals' Mutual Funds Choices？*, in Explorations in the Economics of Aging 75 (David A. Wise ed., 2011)。

[134]　参见 Fisch,前注[114],第 2028—2035 页。

[135]　参见 Fisch & Wilkinson-Ryan,前注[115]。

[136]　出处同上,第 643—644 页。

[137] 出处同上,第 641—642 页。

[138] 正如以色列的银行监管者在银行费用的语境下所做的那样。参见上文 8.3.3 节。

[139] 参见 Oren Bar-Gill, *Bundling and Consumer Misperception*, 73 U. Chi. L. Rev.33, 46 - 50 (2006)。

[140] 参见上文 7.6 节。

[141] 参见 Kristina Shampanier, Nina Mazar & Dan Ariely, *Zero as a Special Price: The True Value of Free Products*, 26 Marketing Sci. 742 (2007)。

[142] 对该政策的完整描述,参见 http://www.isa.gov.il/％D7％92％D7％95％D7％A4％D7％99％D7％9D％20％D7％9E％D7％A4％D7％95％D7％A7％D7％97％D7％99％D7％9D/Mutual_Funds/Data％20on％20mutual％20funds/Pages/kranot.aspx。

[143] 然而,鉴于在 12 月因税收考虑而做出的投资决定的比例异常高,统一的费用转移日期没有定在 12 月的月初,这是令人惊讶的。

[144] 参见前注[142]。

[145] 参见上文 8.7.3 节(讨论贷款引诱利率情境下的强制规定)。

[146] 参见 Shlomo Benartzi & Richard H. Thaler, *Naive Diversification Strategies in Defined Contribution Saving Plans*, 91 Am. Econ. Rev. 79 (2001)。这是一种被称为多样化启发式(diversification heuristic)的普遍现象的一种表现形式。参见 Daniel Read & George Loewenstein, *Diversification Bias: Explaining the Discrepancy in Variety Seeking between Combined and Separated Choices*, 1 J. Experimental Psychol.: Applied. 34 (1995)。

[147] 参见 Fisch & Wilkinson-Ryan,前注[115](实验数据);Ian Ayres & Quinn Curtis, *Beyond Diversification: The Pervasive Problem of Excessive Fees and "Dominated Funds" in 401(k) Plans*, 124 Yale L.J. 1476 (2015)(观察数据)。

[148] 参见 Ayres & Curtis,前注[147],第 1487 页。

[149] 参见 Mercer Bullard, *The Social Costs of Choice, Free Market Ideology and the Empirical Consequences of the 401(k) Plan Large Menu Defense*, 20 Conn. Ins. L.J. 335, 340 - 50 (2014)(评述了判例法)。

[150] 参见 Ayres & Curtis,前注[147],第 1507—1514 页。

[151] 出处同上,第 1524—1531 页。

[152] 参见 David Groshoff, *Kickstarter My Heart: Extraordinary Popular Delusions and the Madness of Crowdfunding Constraints and Bitcoin Bubbles*, 5 Wm. & Mary Bus. L. Rev. 489 (2014)。

[153] 对该领域的介绍,参见 Herbert Hovenkamp, Federal Antitrust Policy: The Law of Competition and Its Practice (5th ed. 2016); Moritz Lorenz, An Introduction to EU Competition Law (2013)。

[154] 参见: Robert H. Bork, The Antitrust Paradox: A Policy at War with Itself (1978); Antitrust Law and Economics (Keith N. Hylton ed., 2010); Posner,前

注[1]。

[155] 参见 Amanda P. Reeves & Maurice E. Stucke, *Behavioral Antitrust*, 86 Ind. L. J. 1527，1545 - 53 (2011)。

[156] 可参见 Tor，前注[2]。以欧洲为中心的文献综述，参见 Andreas Heinemann, *Behavioral Antitrust—A "More Realistic Approach" to Competition Law*, in European Perspectives on Behavioural Law and Economics 211 (Klaus Mathis ed., 2015)。

[157] 对行为产业组织理论的概览，参见 Ran Spiegler, Bounded Rationality and Industrial Organization (2011)。

[158] 参见上文第 8 章。

[159] 参见 Joseph B. Bauer, *Antitrust Implications of Aftermarkets*, 52 Antitrust Bull. 31，45 (2007)。另见上文 8.3.4 节。

[160] 参见 Posner，前注[1]，第 197—200 页。

[161] 参见 Benjamin Klein & Lester F. Saft, *The Law and Economics of Franchise Tying Contracts*, 28 J.L. & Econ. 345 (1985)。

[162] 参见 Ward S. Bowman, Jr., *Tying Arrangements and the Leverage Problem*, 67 Yale L.J. 19，23 (1957)。

[163] 参见 Posner，前注[1]，第 197—200 页。

[164] 参见 Bar-Gill，前注[139]，第 38—46 页。关于短视，参见上文 2.6.2 节。

[165] 参见 Tor，前注[2]，第 551—552 页。

[166] 参见 504 U.S. 451 (1992)。

[167] 出处同上，第 486 页。

[168] 参见 Heinemann，前注[156]，第 222—223 页。

[169] 参见 Gianluca Faella, *The Antitrust Assessment of Loyalty Discounts and Rebates*, 4 J. Comp. L. & Econ. 375，377 - 81 (2008)。

[170] 在这点上，美国与欧盟的法律政策所有不同。参见出处同上，第 383—409 页。

[171] 参见 Alexander Morell, Andreas Glöckner & Emanuel Towfigh, *Sticky Rebates：Loyalty Rebates Impede Rational Switching of Consumers—Experimental Evidence*, 11 J. Comp. L. & Econ. 431 (2015)。

[172] 参见 Heinemann，前注[156]，第 225—226 页。

[173] 参见上文第 8 章。

[174] 参见 Barry Wright Corp. v. ITT Grinnell Corp., 724 F.2d 227，234 (1st Cir. 1983)。

[175] 相关概述，参见 Bruce Kobayashi, *The Law and Economics of Predatory Pricing*, in Antitrust Law and Economics，前注[154]，第 116 页、第 118—119 页。

[176] 参见 Frank Easterbrook, *Predatory Strategies and Counterstrategies*, 48 U. Chi. L. Rev. 263，264 (1981)。

[177] 参见 Brooke Group Ltd. v. Brown & Williamson Tobacco Corp., 509 U.S. 209 (1993)。

[178] 参见 Derek W. Moore & Joshua D. Wright, *Conditional Discounts and the Law of Exclusive Dealing*, 22 George Mason L. Rev. 1205, 1209 (2015)。在此议题上,欧洲判例对掠夺索赔的态度要更加开放。参见 Eleanor M. Fox, *US and EU Competition Law: A Comparison*, in Global Competition Policy 339, 351 - 52 (Edward M. Graham & J. David Richardson eds., 1997)。

[179] 参见 Aaron Edlin, *Predatory Pricing*, in Research Handbook on the Economics of Antitrust Law 144, 147 - 53 (Einer Elhauge ed., 2012)。

[180] 相关评论,参见 Kobayashi,前注[175],第 124—129 页。

[181] 参见 Christopher Sagers, *"Rarely Tried, and ... Rarely Successful": Theoretically Impossible Price Predation among the Airlines*, 74 J. Air L. & Com. 919, 919 (2009)。

[182] 参见 Avishalom Tor, *Illustrating a Behaviorally Informed Approach to Antitrust Law: The Case of Predatory Pricing*, 18 Antitrust 52, 55 - 56 (2003)。

[183] 参见 Avishalom Tor, *Illustrating a Behaviorally Informed Approach to Antitrust Law: The Case of Predatory Pricing*, 18 Antitrust 52, 55 - 56 (2003)。

[184] 参见 Christopher R. Leslie, *Rationality Analysis in Antitrust*, 158 U. Pa. L. Rev. 261, 307 (2010)。

[185] 参见 Paul Milgrom & John Roberts, *Predation, Reputation, and Entry Deterrence*, 27 J. Econ. Theory 280 (1982)。

[186] 参见 Leslie,前注[184],第 295—305 页。

[187] 参见出处同上,第 319—324 页。

[188] 出处同上,第 344—348 页。

[189] 参见 Hovenkamp,前注[153],第 496—557 页。

[190] 参见 Bork,前注[154],第 217—224 页。

[191] 参见 Avishalom Tor, *The Fable of Entry: Bounded Rationality, Market Discipline, and Legal Policy*, 101 Mich. L. Rev. 482, 514 - 20 (2002)。关于过度乐观与控制错觉,分别参见上文 2.4.3 节与 2.4.8 节。

[192] 关于这些方面的产业组织理论文献的综述,参见出处同上,第 490—494 页。

[193] 参见 Tor,前注[2],第 553—554 页。

[194] 参见 Matthew T. Bodie, *AOL Time Warner and the False God of Shareholder Primacy*, 31 J. Corp. L. 975, 975 (2006)。

[195] 参见:Sara B. Moeller, Frederik P. Schlingemann & René M. Stulz, *Wealth Destruction on a Massive Scale? A Study of Acquiring-Firm Returns in the Recent Merger Wave*, 60 J. Fin. 60, 757 (2005); Ulrike Malmendier, Enrico Moretti & Florian S. Peters, *Winning by Losing: Evidence on the Long-Run Effects of Mergers* (Nat'l Bureau of Econ. Research, Working Paper No. 18024, 2012),网址:http://www.nber.org/papers/w18024。

[196] 相关综述,参见 Marina Martynova & Luc Renneboog, *A Century of Corporate*

Takeovers：*What Have We Learned and Where Do We Stand？*，32 J. Banking & Fin. 2148，2164 - 68 (2008)。如前所述，这方面的研究结果很复杂，研究人员正试图找出区分创造价值和破坏价值的兼并的因素。参见 Gayle DeLong，*Does Long-Term Performance of Mergers Match Market Expectations：Evidence from the US Banking Industry*，32 Fin. Mgmt. 5 (2003)。

[197]　参见 Richard Roll，*The Hubris Hypothesis of Corporate Takeovers*，59 J. Bus. 197 (1986)。

[198]　参见 Malmendier & Tate，前注[46]。

[199]　参见 Matthew T. Billett & Yiming Qian，*Are Overconfident CEOs Born or Made？Evidence of Self-Attribution Bias from Frequent Acquirers*，54 Mgmt. Sci. 1037 (2008)。

[200]　参见 Reeves & Stucke，前注[155]，第 1560—1563 页。

[201]　参见 Maurice E. Stucke，*How Can Competition Agencies Use Behavioral Economics？*，59 Antitrust Bull. 695，711 - 15 (2014)。

[202]　关于品牌忠诚的心理学，参见 Birger Wernerfell，*Brand Loyalty and User Skills*，6 J. Econ. Behav. & Org. 381 (1985)；Thomas A. Burnham，Judy K. Frels & Vijay Mahajan，*Consumer Switching Costs：A Typology，Antecedents，and Consequences*，31 J. Acad. Marketing Sci. 109 (2003)。

[203]　参见：Joshua D. Wright & Judd E. Stone II，*Misbehavioral Economics：The Case against Behavioral Antitrust*，33 Cardozo L. Rev. 1517 (2012)；Alan Devlin & Michael Jacobs，*The Empty Promise of Behavioral Antitrust*，37 Harv. J.L. & Pub. Pol'y 1009 (2014)。

[204]　参见 Devlin & Jacobs，前注[203]，第 1041 页。

[205]　参见上文 3.4 节。

[206]　参见 Devlin & Jacobs，前注[203]，第 1027—1028 页。

[207]　出处同上，第 1030 页。

[208]　参见 Christopher R. Leslie，*Can Antitrust Law Incorporate Insights from Behavioral Economics？*，92 Tex. L. Rev。另见 53，60 - 61 (2014)。

第四篇

公　法

行政法、宪法和国际法

11.1　绪论

在 1998 年发表的一份关于判断与决策对法律学术研究影响的文献综述中,唐纳德·朗格沃尔特(Donald Langevoort)对合同法、侵权法、产权法、税法、公司法和证券法等 11 个法律领域进行了考察。[1]如果抛开司法决策不谈,该综述最接近公法的部分在于描述"社会风险分析和政策制定"的文献,并提到一篇关于征收法是否应该考虑禀赋效应的文章(答案是否定的)。[2]类似的研究在 2014 年出版的《牛津行为法律经济学手册》(*The Oxford Handbook of Behavioral Economics and the Law*)中也有提及。[3]尽管已有一些关于宪法和行政法问题的行为学分析,但相对于其他法律领域的研究,行为学在公法领域的研究,影响相当有限(规制技术是值得一提的例外)。[4]对于国际公法领域就更是如此。[5]与其他法律领域的最新发展相反,就行政法、宪法或国际法的行为分析而言,它几乎完全不是基于实证或实验性的法律研究,而主要是借鉴了在其他领域得到证明的心理学效应。同样地,尽管在国际关系研究中有大量关于行为学洞见的文献,但认知心理学在这个领域的影响,通常比在其他社会科学(如金融学和经济学)中要小。

对行政法、宪法和国际法的行为分析相对缺乏,对此可能有几种解释。从历史上看,启发式和偏差研究在心理学以外领域的扩展,很大程度上是对标准经济学分析的回应。在法学领域也是如此,行为学洞见最初是作为对法律的标准经济学分析的回应而引入的。正如标准经济学分析的影响在私法和商法(以及诉讼与和解等特定领域)中比在公法中更为迅速和显著一样,行为学的回应也是如此。

实质上,判断与决策研究的重点在于个体的决策行为。虽然它也会考察小型群体的决策,但其研究方法在很大程度上不适合研究大型群体决策或在机构背景下的决策,如议会和行政机构的决策。[6]由于公法主要与群体和机构的决策有关,行为学在此领域的影响相当有限也就不足为奇了。

但是,行为分析确实可以并且已经为宪法、行政法以及国际法某些方面的研究提供重要洞察。本章将考察上述领域中的现有文献,以探讨未来潜在的研究发展。11.2 节首先比较公共选择理论(Publiz Choice Theory, PCT)——即理性选择理论在政府行为领域的应用——与政府决策的心理学视角。该节认为,心理学模型不仅可以作为公共选择理论的替代或有益补充,而且可以为公共选择学派的众多预测提供更坚实的基础。接着从行为学的角度讨论了有关政府机构和政策制定的几个问题。该节将对比公共选择视角与心理学视角在一般性的政府权力分配方面的含义。然后强调立法、行政和司法机关在规则制定中的优势和弱点。最后,该节重点介绍"临时立法"这一特殊的立法技术。

11.3 节将重点从政府机关转移到公民个人身上。该节讨论公民的启发式和偏差对其投票行为的影响以及对政治体制的冲击,以及政治人物和公职人员如何利用人们的认知偏差操纵舆论。11.4 节讨论行为学视角对某些人权和公民权利议题(如限制言论自由、打击恐怖主义和平权行动)的贡献。11.5 节综述了国际公法领域的行为分析这一新兴领域。

11.2 机构

11.2.1 公共选择理论与认知心理学

概述

在名为"跨越犬儒主义:关于规制国家的新理论"的主题研讨上,杰弗里·拉克林斯基(Jeffrey Rachlinski)和辛西娅·法里纳(Cynthia Farina)对比了关于政府失灵的两种理论模型:公共选择理论(PCT)和心理学模型。[7]公共选择理论是政治学领域的一个主要理论,其基石与标准经济学分析的基础一致:即所有人都是个人效用的理性最大化者。[8]根据这个理论假设,有组织的利益集团会寻求说服同样具有自利心的政府官员一起制定和实施以牺牲公共利益为代价、有利于制定者利益的政策。由于集体行动的弊端,相对较小且具有共同利益的群体在为推进其特定利益而进行游说时,要比广大公众有效得多。当选的官员通常代表特定的地域或政治选区,他们希望最大限度地提高其连任的概率,因而会将资源重新分配给所在选区,并使帮助其连任的强大利益集团受益。把决策权交给非民选官员并不能确保解决问题,因为他们的决策可能会受到对自己未来在私营部门就业前景的预期的影响。即便是不代表任何特定选区的官员,比如美国总统,也可能因为需要强大利益集团的支持才能连任,因此服务于这些集团的利益。因此,最终克服政府失灵的唯一有效的方法,可能是将政府的权力和角色最小化、放松管制,等等。

当然,公共选择理论有各种各样的版本,并非所有的版本都像上面描述的那样是单一维度和简单化的。[9]但是,这些研究都倾向于对政府持一种犬儒主义的观点。针对这些观点,拉克林斯基和法里纳认为,自利并非政府失灵的唯一原因,甚至可能不是主要原因。相反,"糟糕的决策往往是源自失误(fallibility),而非过错(culpability)"。[10]根据这一理论,政府失灵大多数并非由于政府官员的自利动机,而源于他们自身存在的认知缺陷和偏差,如可得性和代表性启发式以及框架效应,从而无法做出最优决策。如下文详述的,当考虑到不同的政府分支在做各种决策时的相对适宜性,以及对于政府失灵可能的解决方案时,公共选择理论和心理学模型可能会得出截然不同的结论。

对于拉克林斯基和法里纳提出的、将焦点从公职人员的自利动机转移到其认知局限性的看法,塞缪尔·伊萨沙洛夫(Samuel Issacharoff)坚持认为,"'糟糕的[政府]决策往往是源自失误而非过错'的观点……仍然无法反驳公共选择理论所提出的主张,即行政国家中存在因被捕获而产生的错误"。[11]实际上,拉克林斯基和法里纳并没有提出相反的观点。[12]糟糕的政府决策可能源于不良动机、认知偏差,或是两者兼而有之的结果。下面我们将进一步探讨这些相互竞争的理论的含义。

更重要的是,与公法行为分析的支持者和反对者所持的假设相反[13],心理学研究的观点并不必然与公共选择理论的观点对立。行为学研究不仅可以解释为什么善意的公职人员会出于可得性启发式或群体思维等现象而最终做出次优的决策,而且还可以解释在何种情况下,诚实的公职人员可能会做出使自身效用最大化、有利于寻租者利益而非整体利益的决策。有关于自利偏差和更广泛的、关于有限道德性的研究指出,"好人"可能会违背道德和违反社会规范。[14]这些研究可以揭示公职人员在何时以及是如何违背政府机构应当追求公共利益这一规范目标的。这些研究支持这样的观点:公职人员通常也追求他们的个人利益,而无需将他们以犬儒主义的视角进行描绘。与其将行为经济学倡导为公共选择理论的替代方法(或更准确地说,作为补充),人们可以利用行为伦理学、特别是有限道德性的研究,为公共选择理论的预测提供有益的实证补充。[15]可惜的是,心理学洞察对于政治科学和公法领域的许多贡献还有待探索。

政府机构设计

本小节总结了启发式和偏差理论视角下政府机构设计的主要实证主张和政策含义,并与公共选择理论框架下的政府机构设计进行对比。公共选择理论着眼于决策者的动机,指出当选的公职人员所在选区大小的重要性:选区越小,寻求连任的公职人员可能做出有利于其选区、牺牲整体社会利益的决策的风险越高;而选举次数越频繁,上述风险越高。例如,在美国联邦政府中,国会议员(每个议员代表某个特定的州)在做决策时,将比总统(由全民选举产生)更可能服务于其局部利益。考虑到竞选连任需要的巨额资金,总统也具有服务于富人和强者利益的动机。然而,与地方立法者相比,总统的决策通常会受到更严格的审查,以至于他/她很难提出有利于小群体利益的决策。因此在其他条件相同的情况下,公共选择理论要求限制立法机关的决策权,并扩大总统的决策权力。[16]

尽管行政机构的公职人员无需面对竞选连任的问题,但这些机构的负责人是由政客们任命的,他们同时还掌握这些行政机构的预算和权力。因此行政机构也可能竭力为政客及其选民的利益服务。机构官员还倾向于在其职责范围内与各利益集团建立密切的关系,这种关系可能对双方是互利的,但损害广大公众的利益。机构的自由裁量权越大,其被有组织的利益集团捕获的风险就越高。因此保障整体利益的最优方式,是限制机构的管理权和裁量权。

最后,终身制法官,他们的晋升不依赖于政客(或是因为晋升前景渺茫),没有明显的动机促进特定选区的利益。因此从公共选择理论的角度来看,对政府其他分支设计的政策进行司法审查似乎是个好主意。[17]

与公共选择理论关注公职人员的自身利益不同,拉克林斯基和法里纳的模型着眼于公职人员的能力、专业知识和克服常见认知错觉的可能性:"决策的过程应被设计为能够利用专家和非专业人士的独特优势,并弥补相应的明显缺陷。"[18]从这个角度看,总统、议员以及非专业法官更有可能表现出非专业人士的认知偏差和错觉,因为与行政机关的官员相比,他们通常更加缺乏做具体决策所需的专业知识,而行政机关的官员经过专业训练,经验丰富,则不太容易受到这种偏差和错觉的影响。[19]可以说,这意味着应该将更多的决策权移交给行政机关。如果将权力集中于美国总统或其他国家元首身上,使其面对艰巨的决策任务,需要在有限的时间内针对不同领域做复杂的决策,这毫无疑问不是个好主意。[20]

然而现实情况要复杂得多。美国国会和世界各国的其他立法机关通常将其大部分工作委托给各个委员会和小组委员会。这些委员会由专业人士提供协助,委员会的成员通常会重复当选,会随着时间的推移获得专业知识。美国总统和其他国家元首也同样会得到大批专家提供的专业协助。由于专业知识可以改善决策质量,这些观点似乎支持更大程度的权力下放:从国会到其委员会和小组委员会,从总统到政府的专业部门。

然而专业知识和经验并不是治疗认知局限性的灵丹妙药。[21]鉴于专家们知识更加渊博、经验更加丰富,并在决策过程中有更多仔细考虑的机会,因此他们更有可能克服某些认知偏差,如可得性偏差和代表性偏差。然而,即使是专家,也并不总能得到关于其决策质量的有意义的反馈(而这对于经验学习是至关重要的),并且他们还特别容易受到某些偏差的影响,例如过度自信、承诺升级和确认偏差。[22]基于专家所接受的专业训练,他们往往表现出对某些特定因素特别关注以及力求促进某些价值目标实现的倾向(如经济学家关注效率,环境学家关注环境保护等),从而忽略或淡化其他价值目标。专家的决策因此将可能变得狭隘或独断。

为了减轻过度自信和思维狭隘的风险,应该建立一种迫使决策者从不同角度看待问题的机制。"应该把那些看似独特的问题……从错觉遍布的直觉领域,转移到通过演绎推理解决广泛问题的、更严谨规范的领域中去。"[23]内部监督和审核程序、外部政治监督以及司法审查,都对各类特定问题提供了额外的视角,至少可以纠正部分由于机构官员的认知偏差造成的错误。目前的现实情况是,大多数法院,包括定期对政府其他部门实施司法审查的法院,都是由专家组成的,他们是司法程序方面的专家,但不擅长对实质内容做判定,这一事实决定了司法审查的范围和性质。在需要专业知识的事项上,法官通常遵从专家的意见,同时确保决策程序是适当的,并确保在实施过程中对人权等更广泛的问题给予足够关切。

针对政府机构的过度自信和思维狭隘的弊端,部分法律适度采取了另一种措施:公告评论程序(notice-and-comment procedure)。根据这些程序,拟议的规则将被公开,并呼吁公众对其进行评论,这种程序作为规则制定过程的一个环节存在。然而由于认知偏差,该措施的效果可能有限。公告评论程序通常设置在规则制定过程的后期。到那个阶段,政府机构已经花费了大量的时间和精力来准备拟议的规则,并且还可能已经发表了公开声明,承诺将制定和实施这些规则。由于确认偏差和承诺升级等现象,在这种情况下,政府机构对其公示提案的反馈意见的考虑,很可能是次优的。[24]

从更广泛和抽象的层面上看,人类决策的不可靠性,对权力集中于单一机构(更不用说像总统等单一个体)的运行机制会产生不利影响。承认人类存在认知局限和偏差的观点,支持政府的权力分立——复杂的权力制衡机制可以在一定程度上防止出现重大错误。[25]而更为激进的观点可能是：应该大幅度地限制政府的作用和权力，转而发挥自由市场的作用。[26]可惜，对合同法、消费者法和商法的行为分析，却对上述建议提出了严肃的质疑。[27]

11.2.2　规则制定

司法机关的规则制定 vs.立法机关的规则制定

对上述主题的讨论引发了人们对司法造法（judicial law-making）这一具体问题的特别关注。法院并非仅仅参与解决纠纷，这一点现在已经形成了社会共识。与立法机构和行政机构一样，高等法庭也会创建新的法律规范，特别（但不仅限于）在未有先例的司法案件中。这在普通法系中当然如此，但在大陆法系中实际上也是如此。[28]虽然没有人质疑立法机构的立法职能，但人们对于司法造法的利弊与理想范围的争论一直在持续。[29]

从行为学的角度来看，司法立法最显著的特征是它产生于解决实际纠纷的背景下。法院掌握着纠纷双方的第一手信息，但法院因此创建的司法规则也适用于其他同类案件。因此在制定一般法律规范时，法官应考虑到该规则可能适用的各种情况。在规则制定的原则上，法官与立法机关没有差异，后者同样需要设想拟议规则将适用的各种情况。具体而言，法官需要考虑手头的案件在多大程度上能代表同类型的其他案件。[30]但是，与成文立法相比，某些类型的启发式和偏差可能对司法造法的影响更大。首先，大量研究表明，不同的评估模式（对特定案件进行独立评估，还是在一组案件中进行对比评估），将产生不同的判断。[31]这些研究已经证明，特别在涉及公平 vs.偏好[32]、满意度 vs.选择[33]等的多维情境下，孤立的判决将更有可能产生判断和选择的逆转。法庭每次审理一个案件的现实可能会对法官做决策产生不利影响。[34]此外，由于可得性启发式的影响，法官可能会高估与当前案件相类的案件的未来的发生率，因为这些案件对法官而言是如此具体鲜活、印象深刻。[35]即使法官意识到必须调整当前案件的细节以捕获更多的典型案件，这些细节也可能由于锚定效应的影响，而扭曲法官的判断。[36]法庭进行推理时也可能只关注当前案件中最突显的特征，即使相关的其他问题原应得到更多的重视，如果推理是在抽象的场景下进行的话。[37]此外，可识别性效应（指将被识别出的人和未被识别出的人区别对待的倾向，主要原因在于人们容易对识别出的人产生较强的情绪反应），也可能导致法院的判决先例与立法机关制定的抽象规则之间的差异。[38]最后，司法规则的制定还可能受到后见之明偏差的不利影响。[39]诚然，当立法或行政机构只要是针对特定的事件制定通用规则时，无论何时都可能引起类似的担忧。[40]然而，由于法官造法总是在特定案件的背景下审议的产物，因此这种担忧在司法领域显得更为突出。

尽管如此，应当指出，即使在没有任何成文法的情况下，司法决策也不是在真空中进行的。法庭在审理过程中通常强调同类案件的相似性，并遵循先例，从而将视角扩展到特定案件的环境之外。[41]在此过程中，它们发挥了"人类非凡的分类能力"和模式识别的能力。[42]随着时间的推移，专业法官可能会从他们的经验中认识到过度关注个别案件而忽略更广泛的考量的风险。[43]上诉程序的设计，以及对同类法律问题不同的审判小组在不同的事实场景下的应用处理，也可以减轻上述偏差的影响。[44]法官的专业经验，以及他们必须遵从常规司法推理的约束（以书面形式）来证明自己的判断这一现实，也可能有助于抵消某些认知偏差的影响。[45]最重要的是，普通法包含了用于纠正误导性规则或适用范围过广的规则的内在机制，即法院被赋予不断改革和修订法官造法的能力。[46]

当然，法院的法律创制能力应与立法机构的这一能力进行比较，后者在这个方面也面临自身的诸多挑战。除此之外，由于法院经常在不同的案件场景下重复面对相同的法律问题，法院比立法机构拥有更多微调规则的机会，而立法机构通常则很少有处理特定问题的机会。[47]此外，立法的某些特征最初看起来可能是有益的，但最终实际上可能是有害的。因此，尽管法官对案件的情绪反应可能会扭曲他们的判断，但这些影响反过来也可能为做出规范性判断提供有益的线索，而这正是抽象审议的立法过程所缺乏的。[48]最后，立法情境下对特殊事件（例如严重恐怖袭击或环境灾难事件）反应过度的风险要比在司法情境下高得多，因为立法机构可利用的规制手段和法律补救措施要远远多于法院。[49]

公平地说，立法程序（以及行政机构制定规则的程序）的结构设计，确实可以在某些方面减轻认知偏差的不利影响。立法程序的复杂性、许多法律体系中议会的两院制结构、某些体制中国家元首对立法提案的否决权、某些国家的联邦制结构，以及对立法进行司法审查的预期，所有这些设计都减轻了认知偏差对立法的不利影响。[50]立法机构还可以制定临时法律，从而使具争议性的问题能够在更加平静的气氛中得以重新考虑，额外信息也得以补充考虑。[51]

总而言之，司法机构和立法机构的法律创制，都容易受到行为上的以及其他缺陷的影响，两者各有其优缺点。当然，行为学的研究角度仅仅是两者之间比较的其中一个角度。[52]

临时立法

临时立法的现象比人们想象的更为普遍。[53]这种方式在初始阶段可以降低立法成本，因为临时法律仅在有限的时间内生效，且修订法律后可以纠正可能的错误，因此显得风险较低。但是由于更改临时立法需要启动额外的立法程序，因此总成本可能等于或超过永久立法的成本。当法律扩大了行政分支的权力时，"日落条款"（sunset clause）*可以对行政分支施予更强的立法控制，因为后者需要时不时地说服立法机构同意延长其临时立法。[54]临时立法还可以促进新信息的收集和处理，并在到期更新阶段激发公众辩论，从而可能改善立法结果。[55]临时立法尤其适合应对短期争议问题，因为如果使用永久性立法，人们会担心在立法理由的必要性或者正当性消失后，该法律仍将持续生效。

当涉及为应对紧急情况而进行立法时（例如反恐怖主义法），临时立法将提供冷静的反思机会，考虑是否存在由于公众恐慌和政策制定者的可得性启发式导致的、对当前威胁的过度反应。[56]在这方面，临时立法可以帮助纠正认知偏差。[57]更普遍地说，有观点认为临时立法可以减轻承诺升级和现状偏差对政策制定者的影响。[58]立法者知道，不采取行

---

* "日落条款"是指在法律、法规或合同中设定的一个特定的终止日期或条件，一旦达到这个日期或条件，相关的法律条文、法规或合同条款将自动失效或需要重新评估是否继续适用。——编者注

动将导致临时法律到期失效,如果其法条内含的智慧和必要性受到质疑的话(可能一直如此)。再加上立法者对前任立法者所制定法律的承诺感较低,因此与主动废除永久法律相比,立法者更倾向于让不良的临时法律失效。

这一分析假设临时立法颠覆了默认安排,即常规立法在随后被废除前仍然有效,而临时立法如果没有得到延长则会到期失效。[59]这种假设从分析上看是正确的,并且上述对临时立法的许多特征描述都是合理的。然而,在通常情况下,临时立法似乎并非用于改善立法程序、解决信息问题,或克服现状偏差和承诺升级之类的认知偏差,而是作为一种利用认知偏差的策略,来克服对拟议立法的异议。

由于"临时立法在现实中经常被延长,永久立法经常被修订,有时甚至被废除,因此,临时或永久立法的默认规则与立法的实际持续时间之间没有必然的关联"。[60]实际上,虽然某些临时立法会在到期后因默认安排而失效,或在公开辩论后不予延长,但评论者通过长期观察发现,大多数临时立法要么被反复延长,要么被永久立法所取代。[61]

对于有争议的立法议案,设定法律的有效期是应对政治反对和公众舆论的有效方式。然而,设定到期日通常只是"平息立法争议的一点点甜头"。[62]在立法时,反对者可能会对触发立法的情境的临时性质过于乐观[63],并低估了"临时"法律强大的框架效应[64],因为一旦颁布,临时法律就会改变认知参照点。以前被视为是例外和极端的法律措施,例如紧急状态权力,逐渐成为公认的法律规范。[65]这种认知参照点的转变,会促进临时立法的更新,促使永久立法取代临时法律,以及那些曾经被认为是极端的措施转变为其他的永久性法律。[66]同理,享受免税或其他福利政策的人们变得习惯于这些福利,并产生一种权利意识(禀赋效应),即使这些福利是源于"临时"立法。[67]立法惯性与临时法律所产生的禀赋效应(包括赋予政府机构扩张性权力)相叠加,通常确保了临时立法得到延期。一旦延期,其再次延期将被视为默认的选项。

应当指出,这种实证分析并不意味着,使用临时立法作为克服法律改革中的反对意见的做法,必然不可取。极有可能的情况是,既定的改革是可取的,而对改革的反对意见(可能由默认效应引起)反而是不合理的,并且,从所有方面综合来考虑,临时立法产生的框架效应会是推进改革的一种合法手段。

11.2.3　结语

本节展示了行为学洞见对于公法的制度层面的实证和规范分析的贡献。本节是在一般层面上将政府决策的心理学模型与公共选择理论进行对比,并在司法规则制定和临时立法这些更具体的背景下进行讨论。尽管行为学的研究视角并不意味着要取代公共选择理论,但它确实起到了补充作用,正如在11.3.1节所述,它也可以为公共选择理论的某些预测提供行为学基础。撇开公共选择理论不说,由于政府的决策者都是人类,那么更好地理解人的判断和决策行为,必将丰富公法的研究成果。

这种视角看到的是"杯子装满了一半"。正如本节中所述的一些初步和零星的主张所表明的,杯子还空着一半,表明在政府官员的决策心理方面,我们需要了解的还有很多。

11.3　公民

11.3.1　概述

　　公民的判断和决策与行政法和宪法在许多方面相关,其中有四个方面尤为突出。第一,由于政府的作用是保证整体社会福利最大化,而人们的福利是由其偏好得到满足的程度决定(或受影响)的,因此影响人们偏好的因素与政府决策相关。人类福利的偏好满足理论既包括人的实际偏好,也包括理想偏好。由于人们的实际偏好与理想偏好之间的差距由人的有限理性和认知偏差产生,因此,在选择人类福利理论(无论实际偏好或理想偏好)作为政府政策分析基础时,这些现象都是重要的考虑因素。第二,由于法律影响人们的行为,因此法律手段的选择必须考虑受影响者的心理。这一点对于任何法律规范都是适用的,但对于家长主义和自由至上家长主义的法律监管(所谓的"助推")尤其如此。第三,人们的判断与公法相关,是因为在自由民主制国家,人们的投票行为决定了领导人是否当选,而公众舆论影响着政府官员的决策。第四,从上述第三点可以推断,政策制定者可能会试图影响公民的判断,以获得公众对他们本人及其政策的支持。

　　鉴于前两个问题(行为学洞见与人类福利理论以及规制手段设计的相关性)在本书的其他部分进行了讨论[68],本节着重讨论后两个问题,即公民判断对于政府决策者身份及其政策,以及政府对于公民判断的双向影响。

11.3.2　公民的判断与选择

　　公民对公共事务的判断对公法有重大影响,因为它们很可能左右政策的制定。如前所述,关于政策制定者受认知偏差影响的程度大小,当前仍在争论中。[69]然而,即使利用专业培训、获取职业经验、使用复杂决策辅助工具和运用制衡机制能减轻甚至消除决策者认知偏差的影响,他们仍然可能认为,制定和采用反映其选民的启发式和偏差的政策与行动是完全理性的。他们因此得以提高知名度,增强公众对其主张的支持,这对于能否成功实施其主张至关重要。[70]因此,即使是完全理性的决策者,也可能容易受到现状偏差、短视、可得性启发式、基础比率忽视、心理麻木或其选民具有的其他认知偏差的影响。

　　政治心理学家研究的主要问题之一,是公民的政治判断、态度和投票行为的影响因素。在研究这些问题时,政治心理学借鉴了几个分支学科,包括社会心理学、群际关系、人格心理学、神经科学,以及认知心理学和情感心理学的理论和研究发现。[71]与理性选择理论相反,有研究表明,公民的政治判断和选择受到其在获取、回忆和处理信息时的能力局限的重大影响(特别是考虑到,政治在大多数人生活中的优先级相对较低)。公民的决策行为主要取决于他们无意识的内隐态度和自动反应,以及情感和认知的相互作用。通常情况下,政治审议只不过是对前意识态度的事后合理化而已。[72]

　　对政治心理学的众多洞察进行全面描述,将超出本书的讨论范围。因此,本书仅提及证明公民行为易受已知启发式及偏差影响的若干研究就足够了,而这些启发式和偏差反过来又会对立法和行政行为带来影响。

可得性对人们评估各种风险的影响,是备受关注的领域之一。人们倾向于根据他们回忆起事件的难易程度来评估事件的发生频率,因此,与平淡乏味的事件相比,他们倾向于高估那些让人印象更深刻、情感更激烈、更广为人知的事件发生的频率及重要性。[73]因此,与前一种事件相比,公众对后一种事件风险监管的需求更强烈[74],这种需求通过政府监管制度得以满足,而这一监管制度并没有经过针对每一种风险监管的成本和收益的理性审查。[75]尽管关于可得性对风险评估的影响的讨论,一直是围绕着环境保护和产品安全监管在进行[76],但是这些影响在其他领域也同样存在。比如,人们对于侵权案件中产生的巨额伤害补偿及惩罚性赔偿,存在着很大程度上并没有根据的担忧,但这些案件的发生频率会因其被高度宣传而受到高估。[77]

事件经过公开的激烈讨论而产生的可得性,是自我增强的。此外,所谓的"可得性企业家"(availability entrepreneur)(无论是出于公益或是自利的目的),可能会使问题恶化,因为他们会有意将公众的注意力吸引到他们希望促进监管的某项风险上。[78]防止可得性扭曲效应的保障措施包括:更多地使用长期统计数据和其他科学数据、强制使用成本收益分析,以及在政府机构内部和机构之间实施相互制衡机制。[79]

政府政策还受到公民框架效应的影响——在损失域比在收益域承担风险的意愿更强,以及与未获得收益相比,人们对损失的厌恶程度也更高。例如,在一项实验中,受试者获得了关于两位总统候选人经济政策的预期结果以及可比国家的经济前景的可靠信息(作为自然参照点)。当预期自己的国家表现优于其他国家时,大多数受试者明显支持政策风险较低的候选人,而当预期情况比其他国家更糟时,一半的受试者支持政策风险较高的候选人。[80]在另一项实验中,受试者表现出现状偏差:当候选人的竞选政策涉及一项经济参数的预期改善和另一项参数的预期下降时,受试者在候选人之间的选择取决于何者被描述为现状。[81]对于当选的政治家倾向于避免削减福利的现象,"损失厌恶"提供了另一种解释:由于那些将不再获得这些福利的人所经历的损失比其他人所获得的收益更大,福利国家的削减政策通常是不受欢迎的。[82]最后,实证分析已经表明,对美国进行的海外军事干预行动的支持度,取决于干预行动的理由是如何被框定的:采取行动是为了避免丧失地缘政治地位,还是为了确保获得外交政策利益?公众对前者的支持要大于后者,因此,将议题如是框定是取得国会支持的必要条件(尽管还不够)。[83]

应当注意到,利用公众对灾难的情绪反应,及人们易受其他启发式和偏差影响的这一事实来推动新立法,不一定是坏事。由同性恋积极人士主张推动的《纽约工人赔偿法》修正案就是一个很好的例子,该修正案规定同性家庭伴侣与异性已婚工人享有同等补偿权。该修正案得到纽约州议会和参议院的一致通过,以此回应了在2001年9月11日世贸中心的恐怖袭击中被害的同性恋者及其伴侣面临的困境。[84]我们可以合理地推断,恐怖袭击事件产生的情绪冲击,以及人们将受害者及其幸存伴侣框定为美国同胞而非同性恋者的做法,推动了立法的实施。

尽管可得性偏差、参照依赖以及其他启发式和偏差对公民的判断和选择行为带来的影响不可忽略,但其实际作用尚不明确。这并非因为绝大多数或多数公民在审议政治议题时都能克服上述偏差。相反,如某些政治心理学家的观点,这是因为政治判断和选择行为通常根本不是有意识思考后的产物，而属于前意识态度的产物。[85]但是当涉及对特定问题的态度不明确或摇摆的人（这类人群有时候会对整体民意产生决定性影响），他们的观点可能在更大程度上来自有意识思考，且这样的思考可能会受到认知启发式和偏差的影响。[86]

11.3.3　政府对公民启发式和偏差的操纵

政治领导人和公职人员不仅受到公众舆论和判断的影响，他们似乎还会主动塑造这些认知和判断，以获取对自己及其政策的支持。从这个角度看，政府实体及其政治对手与那些追求销售收入和利润增长的商业企业也许没有本质区别。[87]企业家和政治家都同样倾向于滥用人的有限理性。例如，政府可能会利用人们对新近发生的灾难事件的过度反应，来获得其对紧急立法的支持。类似地，监管机构可能会利用人们的可得性启发式，来为某些监管提供理由，这类监管针对的是一些高度可见但极不可能发生的风险，有时候这类监管将以牺牲公共利益为代价，并使特殊利益集团受益。[88]同样，政治领导人可能将国际争端框定为对现有权益的保护，而非试图获得新权益，从而引发人们的损失厌恶情绪，并获得公众支持，以在此类争端中保持稳固的立场。[89]特别是在竞选活动中，候选人将尽一切努力以有利于他们的方式来框定有争议的问题，并通过利用诸如可得性偏差、启动偏差和确认偏差等现象来吸引选民的支持。[90]

不可否认政府能够、并且确实存在操纵公民的启发式和偏差的行为，但这种现象的实际意义和规范含义尚存争议。在绝大多数可以想象的情况下，工具性理由和原则性理由似乎都反对从法律上禁止政府官员（或其他人员）滥用人们的启发式和偏差——这类的禁令无论如何也难以奏效。可以说，在有言论自由、开放、自由的民主制中，针对政府操纵行为最有力的解药，就是一场激烈的公开辩论。政治对手、公法学家和其他人可以揭露受压制的信息和被隐藏的动机，驳斥错误的信息，并为相关论题提供可选择的框架。[91]

此外，尽管在理想世界中，任何操纵舆论的行为都是不受支持的，但是有观点认为，在现实世界中，政府利用人们的启发式来获取对本来无法执行的政策的支持这一事实，综合起来考虑，也不一定是坏事。相应的例子有，利用被高度关注的空难事件的公众情绪反应来提高航空安全监管水平，或者在校园枪击事件后利用公众恐慌来促进枪支管制（否则这些措施可能会因监管捕获而遇阻）。归根结底，自由民主制国家的公共话语并不一定能体现对真相和理性审议的追求。但是，正如温斯顿·丘吉尔（Winston Churchill）曾经的一句名言所说的："在所有那些已被时不时尝试过的政府形式之外，民主是最糟糕的一种政府形式。"

11.4　人权

行为学洞见除了对公法的制度层面以及公民的态度和选择的研究卓有贡献，还被用于阐述实质性宪法议题，如人权和公民权利。在第5章中，我们认为，参照依赖和损失规避可能可以解释以下事实：在许多法域中，宪法对社会和经济领域的人权的保护范围，远小于其对于公民权利和政治领域的人权的保护范围（如果现实中存在后一种人权的话）。[92]在此我们将阐述行为学洞察对言论自由、反恐措施以及平权行动政策研究的贡献及其局限性。

11.4.1　言论自由

理论与学说背景

言论自由被视为一项基本人权,通常享有特殊的地位。大量的学术研究从学理、比较分析、哲学和经济学的角度对言论自由进行讨论。[93]鉴于该主题的复杂性,仅用几个段落进行总结是不可能的。因此,以下内容仅是粗略地对言论自由进行保护的理由及相关学说的内容进行概述,以作为随后行为学讨论的背景。

言论自由的保护有工具性与非工具性的依据。工具性的依据关注言论自由对人类社会繁荣和民主进程的贡献。一个著名的比喻是,言论自由可以确保在"思想市场"中,真实的事实性主张和合理的规范性观点在冲突的观点辩论中胜出。因此,比起压制有害言论的做法,针对错误或有害信息传播的最佳疗法,是让更多的信息共存,因为这有助于理性思考的进行。言论自由产生的社会产品包括发现真相、稳定社会、暴露和震慑滥用职权的行为、促进自由民主,以及提升社会包容。[94]

言论自由的非工具性依据,是对公民自主权的尊重,这要求个体(包括国家机构)避免阻止他人发声或禁止他人听到不同的观点。这种尊重是自由主义国家理论的基础。观点和情感的表达对个体的自我实现至关重要,因此,压制思想和情感的表达会损害人的尊严。同样,将人们视为独立自主的个体也需要允许他们塑造自己的生活,这意味着有权自由访问任何信息、观点或论据。有选择地压制某些观点的做法,也违背了以平等尊重对待人们的要求。

然而,由于言论自由有时会与其他类型的自由和价值发生冲突,因此没有任何法律体系给予这种自由绝对的宪法保护。限制宪法对言论自由的保护,有两种主要方法:将某些类型的言论从宪法保护范围中排除;以及允许必要情况下因保护重大利益而削弱言论自由。例如,规定涉及刑事犯罪的言论信息不受宪法保护。在某些法律体系中,淫秽与煽动种族仇恨的言论也不受宪法保护。第二种方法适用于保护其他相互竞争的利益,如国家安全、隐私权,以及防止即将发生的暴力行为。通常情况下,针对不同类别的言论,例如政治、商业或者艺术,会有不同的平衡这些相互竞争的价值的方法。露骨的色情信息和商业广告通常比其他类型的言论享有较少的保护。

言论自由原则的一个基本区分,是在基于内容的(content-based)限制和内容中立的(content-neutral)限制之间。基于内容的限制对某些表达进行限制,是因为其内容被认定是有害的,或者因为公开讨论这些问题被推断为是危险的。基于内容的限制受到严格的司法审查。内容中立的限制通常会限制言论发表的地点、时间或表达方式,因为其具有非传播性的影响(例如会造成居民区中的噪声过大或交通拥堵的问题)。对这些限制的审查更为宽松。

就基于言论的限制而言,通常会在引起损害的两种方式之间进行区分,即损害是即时产生还是分两步产生。泄露机密或隐私信息属于损害即时产生的例子:泄露的言论表达即使不影响任何人的行为,也已经造成损害。然而常见的损害分两步产生:发言者煽动、说服或提供可利用的信息,然后引起人们做出可能造成损害的行为。典型的例子包括号召推翻政府,或以其他方式提倡非法行为。

各法律体系对基于内容的言论监管所采取的立场有所不同。对煽动暴力或其他非法行为言论的禁止,以及对仇恨言论的压制,可以说明这些差异。许多法律体系禁止任何煽动歧视、暴力或敌视的种族或宗教仇恨言论的传播。根据这个原则,在任何特定情况下都无需评估压制此类言论表达带来的特定后果。而根据美国法律,要确定煽动暴力或仇恨的言论是否符合宪法,需要逐个案件地评估政府的作为或不作为的预期后果。美国最高法院裁定,"提倡使用武力或违反法律的行为"是受宪法保护的,但如果"上述提倡意在煽动或引发即时的违法行为,并且该提倡切实可能煽动或引发上述行为",则不在保护之列。[95]因此,与其他自由民主制国家相比,美国言论自由保护的范围要宽泛得多。

行为分析

行为学洞见让人们从多个角度重新认识了言论自由。首先,它们与宪法保护言论自由的正当性相关,而后者决定了言论自由的保护范围。具体而言,行为学的研究结果可能会引起人们对言论自由的工具性依据的质疑。这些依据的假设是:信息受众能够理性地评估信息的真实性、可信度和完整性;并且言论多优于少。虽然对这两个假设的质疑并不鲜见,行为研究让这些质疑从实证上被证明。[96]如果当信息过多时,无关信息会对人们的决策产生影响或有其他相关现象,即产生了信息量多但不利于决策的情况,那么言论总是多优于少的假设就可能受到质疑。[97]此外,如果公民对公共事务的判断和选择主要是由其内隐态度和自动反应所决定,那么政治审议往往只是对前意识态度的事后合理化而已[98]——从而言论自由对民主进程的贡献程度,就要小于其支持者通常所假定的。

针对广告等商业言论在美国法律中受到的保护与日俱增的情况,也有人提出了类似的批评。尽管其受保护程度尚不及政治言论(例如,保护范围并没有扩展到对误导性信息的保护),但是商业言论亦是经历了从最初的不受保护,到近几十年来得到宪法保护的过程。[99]根据该批评,目前有大量的行为研究表明,在不需要提供严格意义上不准确的信息的情况下(通常是没有提供任何有关产品的真实信息),卖家能够并且确实会操纵客户的决策行为以增加其自身利润。[100]因此,基于消费者可以理性地思考分析任何信息的假设,而禁止对非误导性商业言论进行监管,可以说毫无依据。[101]也有观点认为,尽管有充分的行为学理由支持将提倡违法行为与否的决策权交给法官,但专业机构才更有资格做出限制商业言论的决定。[102]

尽管关于理性受众的质疑被用以批判言论自由的原则,但关于理性政策制定者的质疑却成为歌颂美国现行原则的基础。法庭坚持要求须有确凿的证据证明未经审查的煽动性言论将导致即将发生的违法行为,这被认为是对人类倾向于高估低概率风险的一剂解药。当某类风险(如犯罪或政治暴力)在情感共鸣上高度突显,或近期实际发生了类似风险,又或者对风险的高估产生的结果符合执法机构的利益时,高估低概率风险的倾向尤其明显。[103]

尽管对当前原则的批判和支持都表明了行为学洞见对言论自由的法律分析具有卓有成效的贡献,但它们同时也表明了这种分析的局限性。经验证据为规范性辩论提供了论据,但并没有从根本上解决规范性辩论。[104]当所讨论的问题高度复杂并涉及意识形态时,或当争议的焦点在于结果而非手段时,这一点尤其明显。上述批判和拥护对于保护言论自由的工具性依据(即促进听众的讨论及防止违法行为)非常重要,大部分的辩论都围绕这点展开。然而,辩论的核心问题在于言论自由的非工具性价值。有人可能会承认,受众对可用的信息往往并没有进行理性的思考,但仍坚持认为人们有获得信息的权利,国家不应武断地限制信息的流动。[105]同样,人们可以接受政策制定者倾向于高估种族煽动言论导致违法行为的风险,同时出于对少数群体的尊重而坚持认为,无论种族煽动导致的可能结果如何,种族煽动的言论都应该被禁止。

关于有限理性和认知偏差的研究,在言论自由的辩论中发挥的作用有限(但似乎总是会起作用),这与关于道德判断的行为研究的结果是一致的。比如,在基于内容的限制与内容中立的限制之间根深蒂固的差异。如前所述,宪法保障对政府审查言论内容的限制,要远远强于对政府监管表达行为的限制,后一种监管限制自由是为达到合法目标而产生的一种副作用,例如防止交通拥堵或居民区过度噪声。理查德·波斯纳在其提出的、关于言论自由的经济学分析中,有意忽视了政府压制言论的动机。[106]这种无视与标准经济学分析的后果主义基础完全相容,但却与现有的法律原则完全不相容[107],现有的法律原则反映了故意伤害与单纯预见到伤害在道义论上的区别,而这种区别融入在普遍的道德判断中。[108]言论自由法律的其他特征,同样反映了道义论道德,而非后果主义道德。[109]由于对认知偏差的研究主要与言论自由的工具性依据相关,因此,对于很大程度上依赖于非工具性依据的法律原则,它们的影响是有限的。

11.4.2 反恐斗争

恐怖主义给民主自由制国家带来巨大的挑战。它使决策者陷入艰难的困境中,并要求法律体系在解决这些困境时对合法性的边界进行划分。毫无争议,有效的反恐措施必须对言论自由、隐私和其他人权进行限制,需要使用攻击性审讯技术、行政拘留和定点清除手段,甚至需要为了拯救某些人而伤害一些无辜的人。在2001年的"9·11"以及其他恐怖袭击事件发生之后,许多国家进行了法律改革,以牺牲公民权利为代价扩大了政府权力。已有大量文献对这些挑战进行了讨论。

简单来看,大量的文献观点主要分为两个阵营。一类要求在有效的反恐措施需求与保护人权的需求之间进行务实的平衡,法律经济学家通常在这个阵营之内。[110]另一个阵营反对进行这种临时性的平衡,认为以损害宪法原则来满足暂时的反恐需求违背了自由主义价值观,长远看还将对民主造成威胁。[111]

行为学的视角通过阐述某领域中可能影响决策行为的各种心理现象,为这场辩论做出了贡献。总体的观点认为:"当危机发生时,惊慌、恐惧、仇恨以及类似的情绪盛行……普通大众及其领导人不太可能准确评估国家面临的风险。"因此,任何试图平衡相互竞争的需求和价值的尝试,"即使怀有最美好的愿望,也将遭遇严重偏差"。[112]

强烈的情绪直接或间接地影响决策行为。[113]例如,当愤怒引发攻击时,情绪就产生了直接影响。当情绪影响信息收集和处理的质量时,则会对决策行为产生间接影响。例如,负面情绪往往会缩小注意力范围。诸如愤怒之类的带有确定感的情绪使人们更加依靠启发式,而诸如忧虑之类的不带有确定感的情绪则使人们更加仔细地审查信息。[114]一些与反恐斗争决策相关的行为分析,既提到了情绪对决策行为的直接影响,也提到了间接影响[115],但大多数都将研究焦点集中在后者。

尽管这些研究发现似乎都与恐怖袭击发生后即刻做出的决策直接相关,但其与后来在长期反恐运动中采取的措施之间的相关性尚不明确。无论如何,其他认知现象都可能对整个反恐运动中的决策产生影响。[116]具体而言,由于可得性启发式的影响,重大恐怖袭击带来的强烈情绪影响与其突显性,会导致决策者及广大公众高估该风险发生的概率。[117]公众对此类风险的过度讨论(也许为政府机构所推动,目的在于寻求扩大政府权力与资源),加剧了对风险高估的程度。此外,根据前景理论,人们在做决策时对高度不可能事件的结果(尽管在某些情况下,人们完全不会理会此类事件),通常会赋予过高的权重。这加剧了高估罕见风险概率带来的影响。[118]上述现象的累积效应可能会扭曲人们对恐怖主义威胁风险的感知。

有观点推测,杀伤性恐怖主义袭击发生后做出的决策,会被框定为损失域,而非收益域。[119]由于人在面临损失时倾向于寻求风险[120],因此对恐怖袭击的反应可能过于冒险。与此相关,关于有限道德性的研究表明,人们更有可能为了减少损失而违背道德和违反法律规范,而不是为了获得额外的收益。[121]这一现象也可能引起人们对恐怖袭击后执法和军事官员行为的关注。

恐怖主义袭击造成的后果特别鲜活可感,与此相反,采取紧急措施对人民自由及其他民主价值的负面影响则显得有些抽象和苍白。因此其负面性往往被人们所低估。恐怖主义暴力被认为是直接威胁,相比之下,极端反恐措施的负面影响可能仅被视为一种遥远的可能性。因此,这种短视现象会进一步削弱大众对极端措施的反对情绪。[122]基于上述原因,"自由至上恐慌"的发展——即情绪被激发的公众非理性地相信,合理的安全措施代表着不正当的、限制公民自由的企图[123]——这类事件的发展变化在逻辑上讲是可能的,但在心理学上则是不太可能的。[124]由于群体内偏差、群体外负面态度和偏见等现象,自由至上恐慌发生的可能性极小[125],因为大多数公民和决策者都认为反恐措施主要影响其他群体(外国人和少数族裔)成员的自由,而不是本群体成员的自由。[126]

当前背景下可能扭曲决策的其他启发式和偏差包括:确认偏差(一旦做出严厉打击恐怖主义的决策,决策者会主动寻求能印证这些决策的信息,而忽略或低估与之矛盾的其他信息)[127]、过度自信(以专业型的决策者为代表)[128]、群体极化和群体思维(由相似背景及世界观的人做决策)。[129]

虽然人们在面对风险做决策时最终还是会表现出忽略偏差,但研究表明,行动偏差(action bias)偶尔也会起作用。跟采取行动相比,人们通常更喜欢不行动,因为他们预期,采取行动带来不良结果导致的后悔情绪,会比不行动任由不良结果发生后产生的后悔情绪更强烈。相比不采取行动任由事件被动发生继而产生不利结果,人们还认为应对自己积极行为产生的不利结果承担更大的道德责任。这些现象可能由反事实思维的差异所致:想象不行动会发生什么后果,比想象采取行动产生的后果更容易。[130]然而,当人们因其社会角色所需而被要求采取行动时,情况就不一样了。[131]如同足球场上的守门员一般,即使当最优策略是待在球门中间位置时,他们也几乎总是保持左右跳动[132],而负责国家安全的政府官员容易表现出行动偏差,对恐怖主义威胁做出过度的反应。[133]以是否对一名恐怖主义嫌疑人执行行政拘留的决策为例。如果嫌疑人被拘留,将很难知道他本来是否会犯下违法行为,因此出现后悔(及对该决策的外部批评)的可能性极低。相比之下,如果他没有被拘留,然后又发动了恐怖袭击,那么后悔的成本以及公众对政府不作为的指责预计将很强烈。

这一分析明显与关于下述议题的实质性和制度性辩论相关:可能采取的反恐措施的合法性、行政机关内部决策程序是否适当,以及反恐政策和行动的司法审查范围是否适当。然而,由于上述每个方面(特别是司法审查问题)都涉及一系列复杂的政策问题,我们在此不作深入探讨。这里将只提出一项改善行政机关内部决策程序的建议,并对司法审查问题做一个简要的评述。

有人建议,通过使用人权影响评估(human right impact assessment),可以减轻上述偏差,同时有利于进行更理性、更冷静的审议。[134]人权影响评估的灵感来源于环境影响评估,这是在审批可能对环境造成重大影响的新政策或新项目过程中的一个必要步骤。人权影响评估可能包括反恐措施对人权损害的性质和强度;权利受到限制的人群数量;拟议的措施给不同的社会群体造成区别对待的程度;以及在人权受侵害更少的情况下实现同等结果的替代手段。在考虑采取严厉的反恐措施时,应权衡与较为温和的手段措施相比,其产生的边际收益与对人权的边际损害。[135]这样的评估可能有助于对反恐措施进行更冷静、更理性、甚至可能更透明的审议。

一般而言,对于行政和立法行为的司法审查,当涉及国家安全问题,特别是涉及反恐措施时,法院通常倾向于听取其他部门的意见。[136]主张这种司法约束的拥护者指出,在处理危机时灵活性、快速反应和专业知识具有重要性;而主张更严格执行司法审查的拥护者则在一定程度上强调上述心理现象,因为这些心理现象可能导致决策的扭曲和对自由不必要的限制。[137]可以说,司法审查增加了对执行者的问责,但是这反过来也有助于克服至少某些认知偏差的影响。[138]

虽然上面讨论的行为学洞见增强了危机时期司法审查的重要性,但即使仅从严格的行为角度来看,情况也更为复杂。首先,尽管执法机构和立法机构的决策容易受到认知偏差的影响,但司法决策也同样如此。[139]例如,对政府处理恐怖主义威胁的瑕疵(不足或过度措施)采取事后司法补救,确实可能增强对执行者的问责,但反过来也可能促使决策者改进其决策流程。然而,这种司法监督(以及对其他政府行为外部的事后审查),容易受到认知缺陷,特别是后见之明偏差的影响。[140]力图在司法顺从主义和司法能动主义之间取得适当平衡的法院,因此会陷于进退两难的境地。

其次,存在这样的事实:在面临国家危机时,世界各国的法院均倾向于更顺从政府其他机构的意见,当风险看起来特别高时,这种趋势可能找到其社会心理学及认知科学的影响根源,例如群体内偏差、群体外负面态度,以及法官的忽略偏差。[141]在国家安全受到外部威胁的情况下,这些因素对法院的影响,可能大于任何支持更大的司法能动主义的理性论证。

总而言之,虽然影响反恐斗争决策的认知偏差显然很重要,但其影响却远未明确。从实证和规范的角度来看,所涉及的心理、制度、道德和法律问题的高度复杂性,以及我们对复杂制度环境中决策背后的行为机制理解不够全面,都要求决策谨慎。

11.4.3　平权行动

平权行动(affirmative action)是指采取积极措施,以增加少数族裔及妇女在工作场所、教育及其他历史上他们曾被排斥在外的领域中的代表性。[142]在许多不同的社会形态中,公共和半公共实体(有时也包括私人机构)都采取了这类措施以消除种族及性别歧视。提高某些人群的参与程度,必然会导致其他人群参与程度的降低,而被降低参与的人群的资质可能不低于(甚至更高)被提高参与的人群。因此,平权行动在政治、道德和法律上都存在争议。[143]世界各国实行各不相同的法律制度,有的绝对禁止平权行动,有的在特定领域对妇女和少数族裔实行强制性配额,这些差异反映了平权行动存在的争议。关于平权法案的辩论,是更广泛的、针对反歧视法律的规范性辩论的一部分。[144]

由于篇幅所限,无论是更广泛的、关于种族歧视与性别歧视的社会学、心理学和法学背景,还是围绕反歧视法律的规范性辩论,均无法在此进行深入的讨论。[145]相反,本小节将强调行为学洞见的贡献,证明其在设计更易于接受且更有效的平权行动计划中所起的作用。该过程中关键的两个心理现象是损失厌恶及可识别性效应。

损失厌恶不仅表现在与自身有关的选择上,也表现在会影响到他人的那些决策上。它与禁止对他人造成伤害的道德约束密切相关。比起要求对他人提供帮助的道德义务,禁止对他人造成伤害的道德约束要严格得多。[146]损失厌恶在平权行动中的一种表现是,当平权行动计划剥夺人们已经享有的一项权利时,其引发的反感情绪,比让人们得不到一项新权利时要强烈得多。[147]不给予某项特定的权利(比如在某所大学学习的机会),比剥夺一项已有的权利让人感受到的痛苦要轻不少。事实上,目前几乎所有的平权计划都存在一个共同点,即都涉及了人们尚未享有的权益。在大学里或其他工作场所中实施平权行动时,它们会要求某个特定的人(而不是其他人)被录取或取得工作岗位。而极少(如果有的话)要求已经担任某个职位的雇员,或者已经被录取了的学生,为了其他人而放弃自己的职位或学位。不管从已经享有权利的人群中移除该权利涉及多少交易成本或其他损失(例如对特定工作技能的投入)[148],也无论受到不利影响者的可识别性如何(将在下文讨论),这一观察都是适用的。[149]在一项实验中,当给予受访者的描述强调非少数族裔群体所遭受的损失,而不是少数族裔群体所获得的收益时,对该平权行动计划的支持度会显著降低。[150]认为现有的平权政策不会剥夺其他人既有权利的想法,也可能使这些政策的受益者对政策感到更舒适自在。

损失厌恶对结果的假设,是根据某些参照点进行评估而得出的,因此框架具有其重要性。[151]在当前情况下,某项平权政策涉及的是损失还是仅仅涉及放弃收益,并不总是很明确。因此,虽然实验已证明,相比剥夺既定利益享有者的权益,给某些人与其他人同样的权益的做法较不容易引起反感。然而,在分配利益时将原本承诺给甲的权益转而给予乙,远比分配权益时给某些人优先权的做法更令人反感,这也许是由于承诺的行为改变了受诺人的参照点。[152]因此,当人们对获得一种权益产生合理期望时,即使他们还没有取到该权益,平权计划的实施也可能会被视为遭受损失,继而被认为是不合理的,甚至是非法的。[153]

损益的差异也在补救规则的制定方面起作用。在对歧视性做法或不遵守平权法案的案件提供补救判决时,法庭更不愿意剥夺非少数族裔的个体出于诚实守信获得的权益(例如工作),而是倾向于从一开始就禁止这种不适当的分配。[154]因为前者涉及剥夺权益,而后者仅意味着不给予权益。

最后,损失厌恶和框架效应可以解释平权行动在公众和法律话语中的不同表述。平权行动政策在传统上被视作为少数族裔群体提供权益,并会对非少数族裔群体造成损失。但是,由于这些计划旨在消除之前的歧视性做法长期存在造成的后果,因此这些计划可以被(而且有时确实是)呈现为弥补少数族裔群体成员遭受的损失,并减少多数族裔群体成员通过这些做法取得的不当得利。[155]可以肯定的是,这种主张的提出并不能阻止争论的进行,因为在平权计划中被剥夺权益的人不一定就是过去从歧视做法中受益的一方。但是,将平权行动政策重新框定为仅仅是否定非少数族裔群体的不合理得益,而非对无辜的个人强加损失,可以使这些政策变得不那么令人反感。

可识别性是影响关于平权行动的公众和法律辩论的另一种心理现象,它指的是对已被识别出与未被识别出的个体进行区别对待的倾向。[156]在一系列实验中,伊拉娜·里托夫(Ilana Ritov)和埃亚勒·扎米尔对假想的几组平权行动程序的支持进行了对比,这些程序的总体损益是相等的,但在实施程序后可能遭受损失的人群的可识别性方面存在差异。[157]结果显示,遭受不利影响的人群的可识别性,显著降低了对平权行动(以及涉及不同群体权益权衡的类似程序)的支持。即使当可识别的"受害者"不知道如果没有该计划自己本可能会被选中,甚至当失去的权益不过是被选中的机会而已时,支持该平权计划的人也会减少。

因为可识别性与损失厌恶经常被混淆,因此无论是在实验室内外,都很难将两者区分开。然而,有证据表明,两种现象在这方面都独立起作用,并且都会影响平权行动计划的可接受性。

虽然法律在确定平权行动计划的有效性时并未明确提及可识别性的问题,但该因素在某些法律体系中已得到体现。美国现行的高等教育平权行动计划(旨在达到最高法院制定的司法标准)[158],采用了一套复杂的程序和灵活的标准,使它几乎不可能确定哪些非少数族裔申请人会因为这项计划而未能得到录取。在"费希尔诉得克萨斯大学案"(*Fisher v. University of Texas*)中,法庭在描述得克萨斯大学的选拔程序时指出:"很难评估哪些申请人在录取过程中受到了积极或消极的影响,或者哪些原来不会被录取的申请人最终因为他们的种族而被录取。"[159]

因此,那些受到平权行动计划不利影响人群的不可识别性,有助于提高这些计划的社会接受度。可以认为,受到不利影响人群的可识别性不应影响程序的合法性。即使按照其"受害者"的可识别性对平权计划进行分类似乎也是没有原则的,但是受此类政策影响的人们的可见性似乎是一个有效的考量。[160]

11.4.4　结语

人权的法律和宪法保护涉及激烈的规范性争议。这些相互冲突的规范性立场通常或明确或隐含地建立于某些事实性假设的基础之上，包括有关人类心理和决策的假设。这些假设是关于人权法律管辖范围内的人类行为、影响上述行为的官员的决策，以及公众对这些政策的看法。只要这些假设是不合理的，基于这些假设的规范性主张就也将是如此。从这个意义上看，行为研究的重要性是无可争议的。（决策者和公民）规范判断的心理学，对于法律的实证分析（甚至可能是规范分析）也很重要。然而，即便所有的事实性问题都得到解决，规范性辩论仍将继续，因为大部分争论都与事实无关，而与道德问题有关。[161]因此，行为学洞见在这一领域的重要性不应被夸大。尽管如此，开展更多的行为学研究，以及将现有的行为学研究结果进一步应用于人权问题，目前仍存有很大的空间。

11.5　国际法

11.5.1　挑战

将标准经济学分析应用到国际公法领域属于相对较新的扩展尝试[162]，而行为学洞见在这一领域的应用则尚处于起步阶段。[163]这多少有点令人惊讶，因为国际关系领域的学者应用行为学洞见做研究已经有相当长的时间。[164]例如，国际关系学者利用前景理论（包括损失厌恶以及在损失域的风险逐求）来解释各国为避免产生能察觉到的损失而愿意承担更大的风险[165]，以及"在贸易争端中为了预防性目标（相对于促进性目标）会更加努力和持久地坚持抗争"的趋势。[166]也有观点认为，在发生国际冲突的情况下，某些认知启发式和偏差，如过度自信、基本归因错误和损失厌恶[167]，倾向于产生更强硬的决策。[168]学者们也援引沉没成本和承诺升级来解释各国持续进行徒劳无果的战争的倾向[169]，并研究情绪（如报复情绪）在外交政策中的作用[170]。另一个例子是分析在国际危机中（由于存在可得性偏差和确认偏差等现象），信息的收集和处理如何影响决策。[171]这些分析主要关注国际冲突的局势，而忽视了法律在国际关系中的作用。[172]

对国际公法的行为学分析所面临的挑战，与在国家层面对公法的行为学分析面临的挑战基本相似。最大的挑战来自国际舞台上的大多数参与者，包括国家、国际组织和非政府组织，涉及的人数众多（有时达数百万人）。因此我们尚不清楚个体的心理是如何转化为这些实体的决策的。[173]此外，差异不仅仅存在于群体与个体之间，国际舞台上的各个参与者，其机构设计和决策过程也各不相同，其中往往包括了利益与观点相互冲突的异质子群体。因此，虽然一项新的条约可能给谈判国带来净收益或净损失，但在该国内部，某些派系可能会从条约中获益，而另一些则可能遭受损失。即使行为学洞见可以分别解释每个派系的行为，要理解和预测国家机构及其代表的行为，必须了解更多有关国家内部派系之间的相互作用、国家的宪法设计、非政府实体（例如非政府组织或媒体）等所扮演的角色。机构可以帮助克服个体的认知偏差，但也可能加剧其不利影响。[174]此外，即使机构设计能确保政治领导人和政府官员做出完全理性的决策,只要他们会对公众舆论做出反应,其理性行动路线就可能会受到公众的启发式和偏差的影响。[175]因此,举例说,假设由于精神麻木,公众对大量人群身处其中的困境无动于衷(如处于大屠杀或种族灭绝的情况下),政治领导人就可能无法对这些暴行做出充分的反应。[176]

这些困难不容忽视,但应注意的是,它们并非行为视角所独有的。是把主权国家视为一个黑匣子,还是考虑一个国家内部决策的复杂性,这个问题同样困扰着国际法和国际关系的理性选择分析。的确,加上行为学洞见会使情况变得复杂。在简单模型的简约优雅与复杂模型分析的准确细致之间,存在着不可避免的权衡。虽然这一挑战可以解释为什么国际法领域的行为分析比其他法学领域的行为分析发展得更晚,但这并不意味着国际法的行为分析没有价值。

国际法的行为分析面临的困难是方法论上的。启发式和偏差对人们判断和决策的影响,有时会因情况而异,因文化而异,并取决于决策者的经验。[177]因此,借鉴其他研究背景中的成果并将其应用于国际法,或在单一社会环境下与非专业人士一起开展实验,都不是最理想的。[178]在国家元首、国际法庭法官和其他决策者身上进行实验室实验通常是不可行的,而开展随机现场实验也行不通。然而,这些方法上的障碍并非无法克服。例如,最近一项以学生和美国资深政策制定者为受试者的实验研究,考察了人们的行为特征(耐心及策略推理)如何影响他们在谈判和加入国际协议时的偏好。[179]在两组受试者中发现的相似模式表明,至少在某些情况下,学生构成的便利样本可以成为探索决策者决策过程的一种有效手段。一般而言,国际法中实证研究的挑战并非行为视角所独有,利用现有最好的实证和理论方法可以取得进展。[180]

11.5.2 前景

尽管相对而言,国际法的行为分析还处于研究的早期阶段,但在这一领域人们已经提出了几项关于行为学洞见的卓有成效的应用。一般来说,在国内和国际决策舞台之间的相似度越高,将在国内形成的行为学洞见应用于国际就越简单。主要的例子包括谈判、司法决策,以及在涉及生死的困境中的框架选择。行为研究有助于解释谈判者为什么如此行事,某些谈判为什么比另一些谈判更有可能成功,以及可以采取哪些行动来增加谈判成功的可能性。[181]同样,大量研究也已经揭示了各种启发式和偏差对司法决策的影响程度[182],以及在军事冲突中框架对选择不同风险水平的行动方案的影响。[183]这些研究提供的洞察是对国际法进行可靠行为分析的首选。[184]将这些洞察应用于国际法问题时,必须考虑到国内和国际环境之间可能存在的差异。例如,国际法庭的法官通常是由特定国家选定,或者至少是特定国家认可的法官,这可能会影响其决策(尽管这与国家内部司法体系中的某些法官有相似之处,他们的决策同样可能会受到任命者身份的影响,比如美国最高法院的情况)。

行为学洞见也可能有助于解释与国家内部法律制度相比,国际法具有的一个基本特征,即既没有中央立法机构,又缺乏强有力的执行机制。国际惯例是国际法的一个重要来源,国际惯例通常被定义为,出于法律义务意识(法律必要确信,*opinio juris sive necessitatis*），而遵循的一种普遍的、重复的国家实践。[185]从理性选择理论的角度看，国际惯例规范的出现，以及各国对这些规范的普遍遵守（远谈不上完美），是相当令人困惑的。正如杰克·戈德史密斯（Jack Goldsmith）和埃里克·波斯纳（Eric Posner）完美解释的那样，在两党制博弈中，对规范的习惯性遵守可能是基于以下情况：（1）利益一致；（2）实力较强的政党施加胁迫；（3）利益的趋同有赖于两党协调；以及（4）由于担心在无限重复博弈的囚徒困境中遭到报复而进行合作。[186]然而标准博弈论认为，在缺乏中央执行机制的情况下，稳定的合作不太可能在大型群体中出现，因为没有一个群体成员会认为为惩罚背叛者付出成本是值得的（甚至连维持稳定的协调都会面临相当大的困难）。[187]

无论标准博弈论是否不可避免会带来这些怀疑性的结论[188]，根据实验（主要来自公共品博弈）的发现，行为学洞见似乎对"人是纯粹自私的"前提提出了质疑[189]，因此为国际惯例法描绘了一幅不那么悲观的景象。[190]公共品实验表明，即使在没有语言交流的情况下，也出现了行为趋同，其中前一轮行为中贡献的均值成为一种隐性规范。[191]人们会将利用这种隐性规范的搭便车行为视作不合法的，于是通过分散惩罚可以稳定合作。法律框定[法律确信（*opinio juris*）的实验模拟]和分散制裁的累积效应能够增强合作。[192]

行为洞察对国际法的另一贡献在于，由于强大的默认效应，在多边条约中"选择加入"与"选择退出"这两种安排之间的显著差异。琼·加尔布雷思（Jean Galbraith）对 300 多个多边条约的数据集进行了研究，在这些条约中，缔约国可以选择条约引起的争端是否由国际法庭（International Court of Justice，ICJ）进行裁决。[193]各国对条约选择的框架各不相同。其中一些将争端归属国际法庭管辖，同时含蓄地允许各国对有关规定作出保留；另一些则明确允许各国选择退出国际法庭的管辖；还有一些要求各国明示加入国际法庭的管辖。结果发现，在隐含的保留框架下，很少有国家选择退出国际法庭管辖，导致 95％的国家默认接受国际法庭的管辖。而在采用明示的退出框架时，有 20％的国家选择退出国际法庭的管辖，这意味着有 80％在默认情况下接受了其管辖。最后，在明示的加入框架中，只有 5％的国家选择了国际法庭的管辖。从理性选择理论的角度来看，这些结果似乎令人费解，但它们与人们基于默认效应和突显性所做出的预测完全符合。[194]在明示的加入框架中，很少有国家选择接受国际法庭管辖；而在明示的退出框架中，相对较少的国家选择退出。这一事实与对个人决策行为中默认效应的研究结果是一致的。当退出选项被明示时，有更多的国家选择退出管辖，这一事实与其他情况下的可比研究结果是一致的。[195]

然而，正如加尔布雷思强调的那样，相关性并不意味着因果关系。具体而言，确实存在这样一种可能性：条约的起草者可能试图使默认安排符合缔约国的假定偏好。然而效应的显著程度，以及来自条约谈判记录本身的定性证据，支持了认知因素在这方面发挥了作用的推测。[196]

话虽如此，人们仍应对夸大默认效应作用的做法保持警惕。无论在国内和国际舞台上，利益相关方都可能出于理性的成本收益分析或认知启发式的原因而选择退出默认安排。因此，举例来说，协调国际贸易法律的努力，可能会因为律师不愿意将其不熟悉的规范应用于他们起草的条约而受阻，这会促使他们选择退出适用的公约。[197]

但是，行为研究结果的政策含义是直截了当的：如果正在进行一项特定条约谈判的国家代表希望增加某种安排的采用率，则应努力使其成为默认安排，并使退出默认安排的可能性不那么明显。由于参与条约起草的官员在其专业技能、机构隶属关系和意识形态倾向上，往往与决定是否批准参加条约的官员有所不同，并且由于参与条约起草的国家不一定就是考虑批准加入条约的国家，这些结论具有重大的现实意义。

利用行为学洞见来更好地理解国际条约谈判的例子，是杰弗里·拉克林斯基关于国际社会对全球气候变化威胁的（缓慢而很大程度上不够充分）反应的分析。[198]除了常见的集体行动问题和强大利益集团的影响之外，拉克林斯基还指出了在这一领域实现国际合作的若干行为障碍。除此之外，由于科学家之间尚未完全达成共识（尽管自拉克林斯基的文章发表后，这种共识不断增加），确认偏差会导致人们，包括那些对关于气候变化的巨大危害及其人为原因的科学主张持怀疑态度的人，以确认其先前信念的方式收集和处理新信息。[199]从另一个角度看，全球气候变化的后果以及预防或减轻这些后果的必要措施（例如，大幅度减少对某些能源的使用），普遍被认为属于损失域。尽管气候变化造成的损失是（或被认为是）不确定的，但应对气候变化所需的措施造成的损失却是确定的。由于人们在损失域倾向于寻求风险[200]，他们可能会反对采取必要的措施。此外，相关的权衡是在气候变化的未来成本与减少气候变化所需措施的当前成本之间进行的。因此，人的短视或双曲贴现现象，可能会导致对不同成本的评估产生偏差。[201]其他现象如现状偏差、忽略偏差以及在任何谈判中涉及损失的已知障碍，都会对有效、及时地处理全球气候变化问题造成阻碍。[202]

从行为角度分析国际公法的一个更具体的例子是，各国对待已经进入其领土的难民或寻求庇护者的方式，不同于对待仍在寻求进入其领土的难民或寻求庇护者的方式。近年来，大多数联合国官员和学者认为，根据1951年《难民公约》，当生命或自由受到危及时，禁止驱逐或遣返（refouler）难民和寻求庇护者的规定，其适用对象应该扩展到那些正在寻求进入某国领土的难民和寻求庇护者。[203]然而，有相当多的证据表明，这种解释既未普遍反映在各国的实践中，也没有得到各国法院的认可。[204]在已经进入某国领土的寻求庇护者和没有进入该国领土的寻求庇护者之间的区别对待，似乎与《难民公约》的人道主义目标不一致，并且令人费解的是，该公约实际上为寻求庇护者非法越境创造了动力。

本书一位作者提出，这种存在问题的区别对待（以及支持这种区别对待的尝试性的规范论点）可以部分解释为源自损失厌恶。[205]寻求庇护者进入某国领土后，其参照点可能会改变：他们不再试图寻求进入，而是避免被驱逐出境。由于遭受损失比获得收益的伤害性更大，因此，对寻求庇护者的福利来说，驱逐被视为会比拒绝进入领土造成更大的损害。而与让难民进入本国后再驱逐出境相比，政府官员可能更愿意选择拒绝他们入境。相应地，驱逐已经身处某国的不受欢迎的人，很可能会被视为该国在相对于现状基础上得到的收益；而让不受欢迎的人进入某国领土，则会被视为该国的损失。因此，厌恶损失的政策制定者可能更不愿意允许难民入境，而非驱逐难民。

在已经进入与尚未进入某国领土的难民或寻求庇护者之间的这种令人费解的区别对待，行为学上还有另一种解释，那就是可识别性效应——对已识别者和未识别者的不同反应。[206]由于被识别出的人会引起更强烈的情绪反应，当个体被识别而不是被匿名或被统计的个体时，诸如同情和对他人处于困境的痛苦感等共情的情绪会发挥更大的作用。在目前的情况下，在当局者考虑将已经进入该国领土的人驱逐出境时，总会识别出其身份。

相比之下，当一个国家竖起隔离墙以阻止难民和寻求庇护者进入时，被隔离墙挡住的人往往是身份不明的。事实上，对寻求入境的难民和寻求庇护者采取的一些措施（例如在原籍国拒绝颁发签证）是针对已识别出身份的人，因此，可识别性效应至多是对现有做法的一种补充解释。事实上，可识别性效应和损失厌恶明显只是在这种情况下必须考虑的诸多因素中的两个。

行为分析可能（或已经）使国际法中的其他问题受益，包括：在条约设计中事前承诺的可信度与事后灵活性之间的权衡[207]；在处理不同类型问题（如人权和贸易）的条约之间建立联系的利弊[208]；相对罕见的单方面退出多边条约问题（尽管退出往往是经过明示允许的选项）[209]；社会心理学洞察对人权法律设计和执行的影响[210]；以及在确认偏差和态度极化下国际事实认定报告的利与弊[211]。

总而言之，尽管国际法的行为分析面临各种挑战，但这种分析毫无疑问可能有助于为许多问题提供新的视角，从而为标准经济学分析找到一个互补的视角。行为法学学者在其他法律领域，以及非法律人士在国际关系领域进行的研究，都为国际法的行为分析提供了基础。鉴于情境在人类判断和决策行为研究中的重要性，目前最大的挑战仍然是如何为该领域的行为分析提供实验和实证支持，尽管该挑战并非无法克服。

11.6　结语

本节对行政法、宪法和国际法现有的行为分析，及其对实证和规范问题做出的重大贡献与局限性进行了概述。相比其他大多数法律领域，行为分析在这些领域仍处于早期阶段，但其潜在的发展空间巨大。

公法和国际法行为分析的一个普遍特征是，它们通常利用在其他情境下有充分记录的行为现象做研究。相对而言，很少有研究采用实证方法直接检验在这些领域中启发式和偏差对判断和决策的影响。这种局限可能是由于行为法学研究扩展到行政法、宪法法和公法的时间相对较晚，以及在复杂的机构环境中对决策行为进行实证研究在方法上存在相当大的困难。正如在其他法律领域一样，我们期望今后能够开展此类实证研究。

注　　释

[１]　参见 Donald C. Langevoort, *Behavioral Theories of Judgment and Decision Making in Legal Scholarship：A Literature Review*，51 Vand. L. Rev. 1499 (1998)。

[２]　出处同上，分别在第 1519 页和第 1517 页。

[３]　参见 The Oxford Handbook of Behavioral Economics and the Law (Eyal Zamir & Doron Teichman eds.，2014)。该手册共 29 章，其中一章与规制相关，一章与环境法相关，没有关于宪法、行政法或国际法的章节。

［4］ 一个重要的例外，参见下述会议：*Getting Beyond Cynicism：New Theories of the Regulatory State*，87 Cornell L. Rev. 267 – 696（2002）。

［5］ 参见：Anne van Aaken，*Behavioral International Law and Economics*，55 Harv. Int'l L.J. 421，421（2014）；Tomer Broude，*Behavioral International Law*，163 U. Pa. L. Rev. 1099，1100 – 03（2015）。

［6］ 参见：Samuel Issacharoff，*Behavioral Decision Theory in the Court of Public Law*，87 Cornell L. Rev. 671，671 – 73（2001）；William N. Eskridge，Jr.，& John Ferejohn，*Structuring Lawmaking to Reduce Cognitive Bias：A Critical View*，87 Cornell L. Rev. 616，620 – 21（2002）。

［7］ 参见 Jeffrey J. Rachlinski & Cynthia R. Farina，*Cognitive Psychology and Optimal Government Design*，87 Cornell L. Rev. 549（2002）。

［8］ 参见：Daniel A. Farber & Philip P. Frickey，Law and Public Choice：A Critical Introduction（1991）；Donald P. Green & Ian Shapiro，Pathologies of Rational Choice Theory：A Critique of Applications in Political Science（1994）；Dennis C. Mueller，Public Choice III（2003）；Research Handbook on Public Choice and Public Law（Daniel A. Farber & Anne Joseph O'Connell eds.，2010）；Daniel A. Farber，*Public Choice Theory and Legal Institutions*，in 1 The Oxford Handbook of Law and Economics 181（Francesco Parisi ed.，2017）。

［9］ 更详细的分析，参见 Jerry L. Mashaw，Greed，Chaos，and Governance：Using Public Choice to Improve Public Law（1997）。批判性的概述，参见 Steven Croley，*Interest Groups and Public Choice*，in Research Handbook on Public Choice and Public Law，前注［8］，第 49 页。另见 Jeremy A. Blumenthal，*Expert Paternalism*，64 Fla. L. Rev. 721，730 – 32（2012）。

［10］ 参见 Rachlinski & Farina，前注［7］，第 554 页。另见：Gary M. Lucas，Jr. & Slaviša Tasić，*Behavioral Public Choice and the Law*，118 W. Va. L. Rev. 199（2015）；Jan Schnellenbach & Christian Schubert，*Behavioral Political Economy：A Survey*，40 Eur. J. Pol. Econ. 395（2015）。

［11］ 参见 Issacharoff，前注［6］，第 674 页。

［12］ 参见 Rachlinski & Farina，前注［7］，第 554 页、第 580—581 页。

［13］ 另见 John O. McGinnis & Charles W. Mulaney，*Judging Facts like Law*，25 Const. Comment. 69，94 – 103（2008）（将公共选择理论和行为分析并列用于解释所谓的国会事实调查的不可靠性）。

［14］ 参见上文 2.4.9 节。

［15］ 参见 Eyal Zamir & Raanan Sulitzeanu-Kenan，*Explaining Self-Interested Behavior of Public-Spirited Policy Makers*，Pub. Admin. Rev.（forthcoming 2018），网址：http://onlinelibrary.wiley.com/journal/10.1111/(ISSN)1540-6210/earlyview。

［16］ 参见 Steven G. Calabresi，*Some Normative Arguments for the Unitary Executive*，48 Ark. L. Rev. 23（1995）。

[17] 对这一普遍主张的批判，参见 Einer R. Elhauge，*Does Interest Group Theory Justify More Intrusive Judicial Review*?，101 Yale L.J. 31 (1991)。

[18] 参见 Rachlinski & Farina，前注[7]，第 593 页。

[19] 参见上文 4.4.2 节。

[20] 参见 Cynthia R. Farina，*False Comfort & Impossible Promises：Uncertainty，Information Overload & the Unitary Executive*，12 U. Pa. J. Const. L. 357 (2009)。

[21] 参见上文 2.8.2 节。另见 Lucas & Tasić，前注[10]，第 251—257 页。最近的一项研究表明，专业知识（以学习年限、工作经验和对相关问题的兴趣来衡量）不能使人在决策过程中免受框架效应的影响，参见 Colin R. Kuehnhanss，Bruno Heyndels & Katharina Hilken，*Choice in Politics：Equivalency Framing in Economic Policy Decisions and the Influence of Expertise*，40 Eur. J. Pol. Econ. 360 (2015)。

[22] 参见上文 2.3.7 节、2.4.2 节、2.4.4 节和 2.8.2 节。

[23] 参见 Rachlinski & Farina，前注[7]，第 581 页。

[24] 参见 Stephanie Stern，*Cognitive Consistency：Theory Maintenance and Administrative Rulemaking*，63 U. Pitt. L. Rev. 589 (2002)。

[25] 参见 Eskridge & Ferejohn，前注[6]，第 638—645 页。另见 Jeffrey J. Rachlinski，*Heuristics，Biases，and Governance*，in Blackwell Handbook of Judgment and Decision Making 567，580 - 81 (Derek J. Koehler & Nigel Harveyeds.，2004)。对于官员的自利偏差和动机性推理的另一种可能的纠偏机制，是"使决策者对其决策导致的利益和负担的分配感到不确定"。参见 AdrianVermeule，*Veil of Ignorance Rules in Constitutional Law*，111 Yale L.J. 399，399，403 (2001)。

[26] 可参见 Lucas & Tasić，前注[10]，第 257—265 页。

[27] 分别参见上文第 7 章、第 8 章和第 10 章。

[28] 可参见：Rudolf B. Schlesinger et al.，Comparative Law 667 - 70，690 - 694 (6th ed. 1998)；Helga Dedek & Martin J. Schermaier，*German Law*，in Elgar Encyclopedia of Comparative Law 349，362 - 63 (Jan M. Smits ed.，2d ed. 2012)。

[29] 可参见：Benjamin N. Cardozo，The Nature of the Judicial Process (1921)；Karl N. Llewellyn，The Common Law Tradition：Deciding Appeals (1960)；Jürgen Habermas，Between Facts and Norms：Contributions to a Discourse Theory of Law and Democracy (William H. Rehg trans.，1996) (1992)；Aharon Barak，*Foreword：A Judge on Judging：The Role of Supreme Court in a Democracy*，116 Harv. L. Rev. 19 (2002)。

[30] 参见 Frederick Schauer，*Do Cases Make Bad Law?*，73 U. Chi. L. Rev. 883，894 (2006)。

[31] 参见 Christopher K. Hsee et al.，*Preference Reversals between Joint and Separate Evaluations of Options：A Review and Theoretical Analysis*，125 Psychol. Bull. 576 (1999)。

[32] 参见 David M. Messick & Keith Sentis，*Fairness and Preference*，15 J. Experi-

mental Soc. Psychol. 418 (1979); Max H. Bazerman, George F. Loewenstein & Sally Blount White, *Reversals of Preference in Allocation Decisions*: *Judging an Alternative versus Choosing among Alternatives*, 37 Admin. Sci. Q. 220 (1992)。

[33] 参见 Amos Tversky & Dale Griffin, *Endowment and Contrast in Judgments of Well-Being*, in Subjective Well-Being: An Interdisciplinary Perspective 101, 113 – 15 (Fritz Strack et al. eds., 1991)。

[34] 参见 Jeffrey J. Rachlinski, *Rulemaking versus Adjudication*: *A Psychological Perspective*, 32 Fla. St. U. L. Rev. 529, 539 – 41 (2005)。虽然 Rachlinski 将裁决与立法作为行政机构的两种法律制定模式进行比较,但他的分析同样适用于立法与司法的比较。

[35] 参见 Schauer,前注[30],第 894—896 页。关于可得性,参见上文 2.2.6 节。

[36] 参见 Schauer,前注[30],第 896—897 页。关于锚定效应,参见上文 2.5.3 节。

[37] 参见: Rachlinski,前注[34],第 541—542 页; Schauer,前注[30],第 897—898 页。

[38] 参见 Daphna Lewinsohn-Zamir, Ilana Ritov & Tehila Kogut, *Law and Identifi-ability*, 92 Ind. L.J. 505 (2017)。关于影响司法规则制定的其他偏差,参见: Jeffrey J. Rachlinski, *Bottom-up versus Top-down Lawmaking*, 73 U. Chi. L. Rev. 933, 937 – 51 (2006); Rachlinski,前注[34],第 542—546 页。Rachlinski 讨论了情境依赖、情绪反应、对比效应、基本归因错误(即过度强调个人责任而非情境因素的倾向)等等。

[39] 参见下文 15.3.2 节。

[40] 参见下文 11.2.2 节。

[41] 参见 Emily L. Sherwin, *Judges as Rulemakers*, 73 U. Chi. L. Rev. 933 (2006)。

[42] 参见 Rachlinski,前注[38],第 960—963 页。

[43] 出处同上,第 951 页。

[44] 出处同上,第 952—955 页。另见 Ronald J. Krotoszynski, Jr., *The Unitary Executive and the Plural Judiciary*: *On the Potential Virtues of Decentralized Judicial Power*, 89 Notre Dame L. Rev. 1021, 1066 – 79 (2014)(指出了去中心化的法院系统在纠正群体思维方面的优势)。

[45] 关于个人不得不为其判断提供理由这件事对各种认知偏差效应大小的影响,参见: Jennifer S. Lerner & Philip E. Tetlock, *Accounting for the Effects of Accountability*, 125 Psychol. Bull. 255(1999);上文 2.8.6 节。

[46] 参见 Schauer,前注[30],第 906—908 页。然而,这一过程可能会因裁决和上诉的案件选择而受到影响(出处同上,第 908—911 页)。改进司法决策的一个相当非传统的建议,是采用公告评论程序(见前注[24]及其对应正文),即法官在判决草案起草后、最后定稿前向公众公开征求意见。参见 Michael Abramowicz & Thomas Colby, *Notice-and-Comment Judicial Decisionmaking*, 76 U. Chi. L. Rev. 965 (2009)。

[47] 参见 Rachlinski,前注[34],第 546—547 页。

[48] 出处同上,第 549—550 页。

[49] 参见 Rachlinski,前注[38],第 956—960 页。

[50] 参见 Eskridge & Ferehohn,前注[6],第 638—647 页。

[51] 但是,如下一小节中讨论的,临时立法也会引起其他问题。

[52] 参见:Rachlinski,前注[34];Rachlinski,前注[38]。

[53] 参见:Jacob E. Gersen, *Temporary Legislation*, 74 U. Chi. L. Rev. 247, 249 - 61 (2007); Rebecca M. Kysar, *Lasting Legislation*, 159 U. Pa. L. Rev. 1007, 1010 (2011)。

[54] 参见 Gersen,前注[53],第 279 页。

[55] 参见:出处同上,第 266—268 页、第 271—272 页;John E. Finn, *Sunset Clauses and Democratic Deliberation: Assessing the Significance of Sunset Provisions in Antiterrorism Legislation*, 48 Colum. J. Transnat'l. L. 442, 456 - 59 (2010)。

[56] 参见 Finn,前注[55],第 450—451 页。另见下文 11.4.2 节。

[57] 参见 Gersen,前注[53],第 268—271 页。

[58] 参见 Rachlinski & Farina,前注[7],第 603—605 页。关于承诺升级和现状偏差,分别参见上文 2.3.7 节、2.3.5 节。

[59] 参见:Gersen,前注[53],第 261 页;Rachlinski & Farina,前注[7],第 605 页;Finn,前注[55],第 449 页;Eric A. Posner & Adrian Vermeule, *Accommodating Emergencies*, 56 Stan. L. Rev. 605, 617 (2003)。

[60] 参见 Gersen,前注[53],第 281 页。

[61] 参见:Guido Calabresi, A Common Law for the Age of Statutes 62 (1982); Finn,前注[55];Oren Gross, *Chaos and Rules: Should Responses to Violent Crises Always Be Constitutional?* 112 Yale L. J. 1011, 1073 - 75 (2003); Manoj Viswanathan, *Sunset Provisions in the Tax Code: A Critical Evaluation and Prescriptions forthe Future*, 82 N.Y.U. L. Rev. 656, 658 (2007); Emily Berman, *The Paradox of Counterterrorism Sunset Provisions*, 81 Fordham L. Rev. 1777 (2013)。

[62] 参见 Chris Mooney, *A Short History of Sunsets*, Legal Aff. (Feb. 2004),网址:http://www.legalaffairs.org/issues/January-February-2004/story_ mooney_ janfeb04.msp。另见:Finn,前注[55],第 485 页;Viswanathan,前注[61],第 658 页、第 682 页(认为"税收立法中采用的日落条款……是在表面的到期日的掩盖下,制定永久立法的一种手段")。

[63] 参见 Berman,前注[61],第 1777 页。

[64] 关于框架效应,参见上文 4.4.3 节。

[65] 参见 Finn,前注[55],第 489—490 页。对于在出现国家安全危机时,特别是在非战争情况下对人权进行限制的裁定,人们也表达了类似的担忧。参见 Lee Epsteinet al., *The Supreme Court during Crisis: How War Affects Only Non-war Cases*, 80 N.Y.U. L. Rev. 1, 94 - 98 (2005)。

[66] 参见 Finn,前注[52]。

[67] 参见 Viswanathan,前注[61],第 672—676 页。另见 Kysar,前注[53],第 1026—1035 页（描述临时财政立法延长时基线的变化）。

[68] 分别参见上文 4.2 节、4.4 节。

[69] 参见上文 4.4.2 节、11.2 节。

[70] 参考：Rachlinski,前注[25],第 574 页；下文 12.3.1 节、12.3.3 节、16.2.3 节。

[71] 参见：The Oxford Handbook of Political Psychology (Leonie Huddy, David O. Sears & Jack S. Levy eds., 2d ed. 2013); Citizens and Politics: Perspectives from Political Psychology (James H. Kuklinski ed., 2008)。

[72] 参见 Milton Lodge & Charles S. Taber, The Rationalizing Voter (2013)。

[73] 参见上文 2.2.6 节。同样,与发生在更久远的过去的风险相比,人们倾向于高估最近发生的风险事件的频率。

[74] 参见：Paul Slovic, Baruch Fischhoff & Sarah Lichtenstein, *Facts versus Fears: Understanding Perceived Risk*, in Judgment under Uncertainty: Heuristics and Biases 463 (Daniel Kahneman, Paul Slovic & Amos Tversky eds., 1982)。

[75] 参见：Timur Kuran & Cass R. Sunstein, *Availability Cascades and Risk Regulation*, 51 Stan. L. Rev. 683 (1999); W. Kip Viscusi & Ted Gayer, *Behavioral Public Choice: The Behavioral Paradox of Government Policy*, 28 Harv. J.L. & Pub. Pol'y 973, 988 – 96 (2015)。

[76] 参见 Cass R. Sunstein, *Cognition and Cost-Benefit Analysis*, 29 J. Legal Stud. 1059 (2000)。

[77] 参见 Theodore Eisenberg, *Damage Awards in Perspective: Behind the Headline-Grabbing Awards in* Exxon Valdez *and* Engle, 36 Wake Forest L. Rev. 1129 (2001)。

[78] 参见 Kuran & Sunstein,前注[75]。

[79] 出处同上,第 746—760 页。

[80] 参见 George A. Quattrone & Amos Tversky, *Contrasting Rational and Psychological Analyses of Political Choice*, 82 Am. Pol. Sci. Rev. 719, 721 – 24 (1988)。

[81] 出处同上,第 724—726 页。

[82] 参见 Paul Pierson, *The New Politics of the Welfare State*, 48 World Politics 143, 145 – 47 (1996)。另见下文 13.2.2 节。

[83] 参见 Miroslav Nincic, *Loss Aversion and the Domestic Context of Military Intervention*, 50 Pol. Res. Q. 97 (1997)。

[84] 参见 John O. Enright, *The New York's Post-September 11, 2001 Recognition of Same-Sex Relationships: A Victory Suggestive of Future Change*, 72 Fordham L. Rev. 2823 (2004)。另见 Yvette M. Barksdale, *Cynicism, Phenomenology, and the Problem of Paradox: Dilemmas of Public Law Discourse*, 87 Cornell L. Rev. 384, 390(2002)。

[85] 参见 Lodge & Taber,前注[72]。

［86］ 参见 James N. Druckman & Thomas J. Leeper, *Is Public Opinion Stable? Resolving the Micro/Macro Disconnect in Studies of Public Opinion*, 141 Daedalus 50 (2012)。

［87］ 当然,政府可能会以其他方式利用人们的认知偏差,例如,采用具有高度累退税功能的彩票项目。

［88］ 参见 Jonathan R. Macey, *Cynicism and Trust in Politics and Constitutional Theory*, 87 Cornell L. Rev. 280, 299 – 301 (2002)。

［89］ 参见前注［83］及其对应正文。

［90］ 参见 Molly J. Walker Wilson, *Behavioral Decision Theory and Implications for the Supreme Court's Campaign Finance Jurisprudence*, 31 Cardozo L. Rev. 679, 685 – 710 (2010)。

［91］ 参见:Lawrence B. Solum, *Freedom of Communicative Action: A Theory of the First Amendment Freedom of Speech*, 83 Nw. U. L. Rev. 54, 91 – 93, 107 – 09, 114 – 15, 119 – 26 (1989) (讨论战略行动,而不是沟通行动);Eyal Zamir & Barak Medina, Law, Economics, and Morality 203 – 04 (2010) (基于实用性和原则性的理由,反对压制试图以操纵的方式影响人们行为的言论)。

［92］ 参见上文 5.2.2 节。

［93］ 参见:Laurence H. Tribe, American Constitutional Law 785 – 1061 (2d ed. 1988) (美国的原则);Eric Barendt, Freedom of Speech (2d ed. 2005) (比较视角); Fredrick Schauer, *Freedom of Expression Adjudication in Europe and the United States: A Case Study in Comparative Constitutional Architecture*, in European and US Constitutionalism 49 (Georg Nolte ed., 2005) (同上);Frederick Schauer, Free Speech: A Philosophical Enquiry (1982) (哲学观); Larry Alexander, Is There a Right of Freedom of Expression? (2005) (同上); Freedom of Speech, Vol. 1: Foundations; Vol. 2: Doctrine (Larry Alexander ed., 2000) (论文集); Richard A. Posner, *Pragmatism versus Purposivism in First Amendment Analysis*, 54 Stan. L. Rev. 737 (2002) (标准经济学分析);Zamir & Medina,前注［91］,第 177—224 页(道义论约束下的经济分析)。

［94］ 参见 Kent Greenawalt, *Free Speech Justifications*, 89 Colum. L. Rev. 119, 130 – 47 (1989)。

［95］ 参见 Brandenburg v. Ohio, 395 U.S. 444, 447 (1969)。

［96］ 参见:Paul Horwitz, *Free Speech as Risk Analysis: Heuristics, Biases, and Institutions in the First Amendment*, 76 Temp. L. Rev. 1 (2003); Derek E. Bambauer, *Shopping Badly: Cognitive Biases, Communications, and the Fallacy of the Marketplace of Ideas*, 77 U. Colo. L. Rev. 649 (2006); Lyrissa Barnett Lidsky, *Nobody's Fools: The Rational Audience as First Amendment Ideal*, 2010 U. Ill. L. Rev. 799。

[97]　参见 Bambaur,前注[96],第 696—698 页。另见 Lidsky,前注[96],第 816—819 页。

[98]　参见上文 11.3.2 节。

[99]　参见 Horwitz,前注[96],第 50—53 页。

[100]　参见 Oren Bar-Gill, Seduction by Contract：Law, Economics, and Psychology in Consumer Markets 75 - 77, 79 - 81, 153 - 55, 158 - 60, 208 - 11, 227 - 29 (2012)(描述了消费者合同的复杂性使其难以被理解)。关于利用顾客的启发式的营销技巧,例如通过重新框定价格和其他产品属性,参见上文 8.2.2 节、8.3.2 节。

[101]　参见 Horwitz,前注[96],第 49—61 页。

[102]　出处同上,第 61 页、第 62 页。然而,根据经验发现,由于团体内偏差(或动机性推理),自由派法官倾向于保护自由派言论,而保守派法官倾向于保护保守派言论,这可能会引起对该论断前半部分的某些担忧。参见 Lee Epstein, Christopher M. Parker & Jeffrey Segal, *Do Justices Defend the Speech They Hate? In-Group Bias, Opportunism, and the First Amendment* (working paper, Aug. 2013,网址：http://ssrn.com/abstract=2300572)。

[103]　参见：Horwitz,前注[96],第 26—49 页；Jonathan S. Masur, *Probability Thresholds*, 92 Iowa L. Rev. 1293 (2006)。

[104]　参见 Horwitz,前注[96],第 64—65 页；Lidsky,前注[96]。

[105]　参见 Lidsky,前注[96],第 835—849 页。

[106]　参见 Richard A. Posner, Frontiers of Legal Theory 74 - 75 (2001)。Posner 随后承认,在评估一项法规的后果时,其动机在工具性上可能是重要的。参见 Posner,前注[93],第 745 页。

[107]　参见：Tribe,前注[93],第 789—804 页；Elena Kagan, *Private Speech, Public Purpose：The Role of Governmental Motive in First Amendment Doctrine*, 63 U. Chi. L. Rev. 413 (1996)。

[108]　参见上文 2.7.2 节、5.4 节。

[109]　参见 Zamir & Medina,前注[91],第 187—224 页。

[110]　可参见：Richard A. Posner, Not a Suicide Pact：The Constitution in a Time of National Emergency (2006)；Eric A.Posner & Adrian Vermeule, Terror in the Balance：Security, Liberty, and the Courts 24 (2007)。

[111]　可参见：Jeremy Waldron, Torture, Terror, and Trade-Offs：Philosophy for the White House (2010)；David Luban, Torture, Power, and Law (2014)。另见 Zamir & Medina,前注[91],第 127—176 页。在紧急情况与正常情况之间没有明确界限的情况下,看似临时的人权限制措施很可能产生持久的不利影响。参见：Gross,前注[61],第 1022 页、第 1069—1096 页；上文 11.2.2 节。

[112]　参见 Gross,前注[61],第 1038 页。

[113]　相关概述,参见 George Loewenstein & Jennifer S. Lerner, *The Role of Affect in Decision Making*, in Handbook of Affective Sciences 619, 626 - 30 (Richard J. Davidson, Klaus R. Scherer & H. Hill Goldsmitheds., 2003)。

[114] 参见 Larissa Z. Tiedens & Susan Linton, *Judgment under Emotional Certainty and Uncertainty：The Effects of Specific Emotions on Information Processing*，81 J. Personality & Soc. Psychol. 973 (2001)。

[115] 参见 Jonathan H. Marks, *9/11＋3/11＋7/7＝? What Counts in Counterterrorism*，37 Colum. Hum. Rights L. Rev. 559, 566 – 71 (2006)。

[116] 参见 Berman，前注[61]，第 1801—1807 页（认为与其他突发事件不同，恐怖主义威胁不会随着时间的推移而消退，影响反恐措施决策的认知偏差也不会消失）。

[117] 参见：Gross，前注[61]，第 1039—1041 页；Christina E. Wells, *Questioning Deference*，69 Mo. L. Rev. 903, 922 – 23, 928 – 29 (2004)；Jules Lobel, *The Preventive Paradigm and the Perils of Ad Hoc Balancing*，91 Minn. L. Rev. 1407, 1441 – 44 (2007)。

[118] 参见 Daniel Kahneman & Amos Tversky, *Prospect Theory：An Analysis of Decision under Risk*，47 Econometrica 263, 281 – 83 (1979)。

[119] 参见 Peter Margulies, *Judging Myopia in Hindsight：Bivens Actions，National Security Decisions，and the Rule of Law*，96 Iowa L. Rev. 195, 207 (2010)。

[120] 参见上文 2.3.1 节。

[121] 参见 Eyal Zamir, Law, Psychology, and Morality：The Role of Loss Aversion 31 – 33 (2015)。

[122] 参见：Margulies，前注[119]，第 205—206 页；Gross，前注[61]，第 1041 页。

[123] 参见 Adrian Vermeule, *Libertarian Panics*，36 Rutgers L.J. 871, 871 (2005)。

[124] 参见 Marks，前注[115]，第 583—584 页。

[125] 相关现象，参见：Monica Biernat & Kelly Danaher, *Prejudice*，in Handbook of Psychology, Vol. 5：Personality and Social Psychology 341 (Irving B. Weiner, Howard A. Tennen & Jerry M. Suls eds. 2d ed. 2012)；John F. Dovidio et al., *Social Conflict，Harmony，and Integration*，in Handbook of Psychology，出处同上，第 428 页。

[126] 参见：Marks，前注[115]，第 585—588 页；Gross，前注[61]，第 1037 页。

[127] 参见 Wells，前注[117]，第 923 页。关于确认偏差，参见上文 2.4.2 节。

[128] 出处同上，第 923—924 页、第 929 页。关于过度自信，参见上文 2.4.4 节。

[129] 出处同上，第 927—929 页。关于群体极化与群体思维的一般讨论，参见 2.8.4 节、10.3.3 节。

[130] 关于忽略偏差及其原因，参见上文 2.3.5 节。

[131] 参见：Carmen Tanner & Douglas L. Medin, *Protected Values：No Omission Bias and No Framing Effects*，11 Psychonomic Bull. & Rev. 185, 189 (2004)；Mark Seidenfeld, *Why Agencies Act：A Reassessment of the Ossification Critique of Judicial Review*，70 Ohio St. L.J. 251, 294 – 97 (2009)。

[132] 参见 Michael Bar-Eli et al., *Action Bias among Elite Soccer Goalkeepers：The Case of Penalty Kicks*，28 J. Econ. Psychol. 606 (2007)。

[133] 当然,行动偏差也可能扭曲其他领域的政府决策。参见 Lucas & Tasić,前注[10],第 231—232 页。

[134] 参见 Marks,前注[115],第 603—624 页。

[135] 参见 Zamir & Medina,前注[91],第 140—176 页。

[136] 参见:Wells,前注[115];Gross,前注[61],第 1034—1035 页。但参见 Epstein,前注[65](根据对美国最高法院判决的实证分析,认为在国家安全危机时期,对自由的更大限制只会影响与战争无关的案件)。

[137] 参见 Wells,前注[117]。

[138] 关于问责制,参见上文 2.8.6 节。

[139] 一般性的讨论,参见下文 15.3.1 节、15.9 节。

[140] 参见 Margulies,前注[119]。关于后见之明偏差的一般讨论,参见上文 2.2.8 节;关于这一偏差在司法决策中的表现,参见 9.3.2 节、10.3.2 节、15.3.2 节。

[141] 参见:Christina E. Wells, *Fear and Loathing in Constitutional Decision-Making*, 2005 Wis. L. Rev. 115; Lauryn P. Gouldin, *When Difference Is Dangerous: The Judicial Role in Material-Witness Detentions*, 49 Am. Crim. L. Rev. 1333 (2012).

[142] 可参见:Robert Fullinwider, *Affirmative Action*, in Stanford Encyclopedia of Philosophy (2011, rev. 2013),网址:http://plato.stanford.edu/entries/affirmative-action; Faye J. Crosby & Diana I. Cordova, *Words Worth of Wisdom: Toward an Understanding of Affirmative Action*, in Sex, Race, and Merit: Debating Affirmative Action in Education and Employment 13 (Faye J. Crosby & Cheryl VanDeVeer eds., 2000)。关于美国平权法案的一般性综述,参见 2 Barbara T. Lindemann & Paul Grossman, Employment Discrimination Law 39-1 – 39-151 (5th ed. 2012)。

[143] 参见:Sex, Race, and Merit,前注[142]; Jerry Kang & Mahzarin R. Banaji, *Fair Measures: A Behavioral Realist Revision of "Affirmative Action"*, 94 Calif. L. Rev. 1063 (2006); Randall Kennedy, *Persuasion and Distrust: A Comment on the Affirmative Action Debate*, 99 Harv. L. Rev. 1327 (1986); Jed Rubenfeld, *Affirmative Action*, 107 Yale L.J. 427 (1997); Peter H. Schuck, *Affirmative Action: Past, Present and Future*, 20 Yale L. & Pol'y Rev. 1 (2002)。

[144] 参见 Zamir & Medina,前注[91],第 225—256 页。

[145] 其中影响较大的是对歧视性做法背后的行为因素进行社会心理学分析,参见 Linda Hamilton Krieger, *The Content of Our Categories: A Cognitive Bias Approach to Discrimination and Equal Employment Opportunity*, 47 Stan. L. Rev. 1161 (1995)。在第 15 章中,我们将讨论内隐联想测验(IAT)的使用,以检验对边缘群体的无意识偏差态度及其对司法决策研究的影响。参见下文 15.5 节。有人认为,内隐联想测验中普遍存在的隐性种族偏差证明了平权行动计划的合理性。参见:Christine Jolls & Cass R. Sunstein, *The Law of Implicit Bias*, 94 Cal. L. Rev. 969, 978 – 88 (2006); Kang & Banaji,前注[143]。然而,这一论点

受到了质疑。参见 Gregory Mitchell & Philip E. Tetlock, *Antidiscrimination Law and the Perils of Mindreading*, 67 Ohio St. L.J. 1023 (2006)。

[146] 参见上文 2.7.2 节、5.4 节。

[147] 关于这一观点的实验支持,参见:Fredrick E. Vars, Attitudes toward Affirmative Action：Paradox or Paradigm?, in Race versus Class：The New Affirmative Action Debate 73 (Carol M. Swain ed., 1996)；Zamir, supra note 前注[121],第 146—147 页(对一项调查实验的描述)。

[148] 参见 Vars,前注[147],第 92 页(对证实该主张的一项调查进行了分析)。

[149] 参见 Zamir,前注[121],第 147 页。

[150] 出处同上。

[151] 参见上文 2.3.1 节、2.3.4 节。

[152] 参见 Vars,前注[147],第 82—89 页。

[153] 参见 Zamir,前注[121],第 47—48 页。

[154] 可参见 Lindemann & Grossman,前注[142],第 19—40 页。

[155] 可参见:Fullilove v. Klutznick, 448 U.S. 448, 484-85 (1980) (Burger, C.J.)(多数观点)(国会有权根据以下假设采取行动:在过去,一些非少数族裔群体企业可能因为少数族裔群体企业被排斥在承包机会外而获得实际的竞争利益);Ian Ayres & Fredrick E. Vars, *When Does Private Discrimination Justify Public Affirmative Action?*, 98 Colum. L. Rev. 1577, 1616-19 (1998) (讨论"不当得利原则")。

[156] 一般性的讨论,参见上文 2.7.3 节、11.2.2 节。

[157] 参见 Ilana Ritov & Eyal Zamir, *Affirmative Action and Other Group Tradeoff Policies：Identifiability of the Adversely Affected*, 125 Org. Behav. & Hum. Decision Processes 50 (2014)。

[158] 可参见 Grutter v. Bollinger, 539 U.S. 306 (2003) (认为如果录取程序可能会有利于少数族裔,但也会考虑到其他个体因素,就并不违宪)。

[159] 参见 Fisher v. Univ. of Texas, 631 F.3d 213, 230 (5th Cir. 2011)。

[160] 参见 Richard Primus, *The Future of Disparate Impact*, 108 Mich. L. Rev. 1341, 1369-74 (2010)。

[161] 基于融贯性的推理理论(参见下文 15.2 节)解释了为什么在规范问题上持有相反观点的人也最有可能在事实问题上产生分歧。在目前的语境下,这一点在关于内隐联想测验的结果及其规范含义的辩论中得到了很好的证明。可比较 Kang & Banaji (参见前注[145]) 以及 Mitchell & Tetlock (参见前注[145])。

[162] 一般性的讨论,参见:Eric A. Posner & Alan O. Sykes, Economic Foundations of International Law (2013)；Economic Analysis of International law (Eugene Kontorovich & Francesco Parisi eds., 2016)；Alan Sykes & Andrew Guzman, *Economics of International Law*, in 3 The Oxford Handbook of Law and Economics 439 (Francesco Parisi ed., 2017)。

[163] 一般性的讨论,参见:van Aaken,前注[5],第 439—449 页;Broude, 前注[5]。

[164] 相关概述,参见:Rose McDermott, Political Psychology and International Relations (2004); Jack S. Levy, *Psychology and Foreign Policy Decision-Making*, in The Oxford Handbook of Political Psychology,前注[71],第 301 页。另见:Janice Gross Stein, *Threat Perception in International Relations*, in The Oxford Handbook of Political Psychology,前注[71],第 364 页;*Symposium*, *The Behavioral Revolutionand International Relations*, 71 Int'l Org. S1 – S277 (2017)。

[165] 可参见 Avoiding Losses/Taking Risks: Prospect Theory and International Conflict (Barbara Farnham ed., 1994); Rose McDermott, Risk-Taking in International Politics: Prospect Theory in American Foreign Policy (2001)。

[166] 参见 Jeffrey D. Berejikian & Bryan R. Early, *Loss Aversion and Foreign Policy Resolve*, 34 Pol. Psychol. 649, 649 (2013)(从统计角度分析了由美国官员发起的 100 项贸易争端)。另见 Deborah Kay Elms, *Large Costs*, *Small Benefits*: *Explaining Trade Dispute Outcomes*, 25 Pol. Psychol. 241 (2004) (使用损失厌恶来解释美日之间旷日持久的、可以说不理性的贸易争端)。

[167] 分别参见上文 2.4.4 节、2.4.6 节、2.3 节。

[168] 参见 Daniel Kahneman & Jonathan Renshon, *Hawkish Biases*, in American Foreign Policy and the Threatof Fear: Threat Inflation since 9/11 79 (A. Trevor Thrall & Jane K. Cramer eds., 2009)。

[169] 参见:Robert Jervis, *Political Implications of Loss Aversion*, 13 Pol. Psychol. 187 (1992); Jack S. Levy, *Application of Prospect Theory to Political Science*, 135 Synthese 215, 227 (2003)。

[170] 参见 Oded Löwenheim & Gadi Heiman, *Revenge in International Politics*, 17 Security Stud. 685 (2008)。

[171] 参见 Chaim D. Kaufmann, *Out of the Lab and into the Archives*: *A Method for Testing Psychological Explanations of Political Decision Making*, 38 Int'l Stud. Q. 557 (1994)。另见 Gross,前注[61],第 1038—1042 页。

[172] 参见 van Aaken,前注[5],第 435—437 页。

[173] 参见 Broude,前注[5],第 1121—1130 页。

[174] 参见 van Aaken,前注[5],第 441—449 页。

[175] 参见上文 11.3.2 节。

[176] 参见:David Fetherstonhaugh et al., *Insensitivity to the Value of Human Life*: *A Study of Psychophysical Numbing*, 14 J. Risk & Uncertainty 283 (1997); Paul Slovic, "*If I Look at the Mass I Will Never Act*": *Psychic Numbing and Genocide*, 2 Judgment & Decision Making 79 (2007)。

[177] 参见上文 2.8.2 节、2.8.5 节、3.4 节。

[178] 参见 Broude,前注[5],第 1132—1133 页。

[179] 参见 Emilie M. Hafner-Burton et al., *Decision Maker Preferences for Interna-*

tional Legal Cooperation，68 Int'l Org. 845 (2014)。

[180] 另见 Broude，前注[5]，第 1130—1135 页。

[181] 参见：上文 7.3 节；下文 14.3 节、14.4 节。

[182] 参见下文第 15 章。

[183] 参见上文 11.4.2 节。

[184] 参见：van Aaken，前注[5]，第 457—459 页（条约谈判的行为分析）；Broude，前注[5]，第 1143—1149 页（司法决策），第 74—83 页（定点清除中的框架效应）；Sergio Puig，*Blinding International Justice*，56 Va. J. Int'l L. 647 (2016)[讨论国际仲裁员的隶属偏差(affiliation bias)及其消除途径]；Yahli Shereshevsky & Tom Noah，*Does Exposure to Preparatory Work Affect Treaty Interpretation? An Experimental Study on International Law Students and Experts*，28 Eur. J. Int'l L. 1287 (2017)（通过实验研究国际法专家在解释条约时能否无视所接触到的准备工作）。

[185] 参见 Restatement (Third) of the Foreign Relations Law of the United States §102(2) (Am. Law Inst. 1987)。

[186] 参见 Jack L. Goldsmith & Eric A. Posner, The Limits of International Law 26–35 (2005)。

[187] 出处同上，第 35—38 页。

[188] 关于博弈论内部对怀疑性观点的批评，参见：Mark A. Chinen，*Game Theory and Customary International Law：A Response to Professors Goldsmith and Posner*，23 Mich. J. Int'l L. 143 (2001)；Edward T. Swaine，*Rational Custom*，52 Duke L.J. 559 (2002)。

[189] 参见：Simon Gächter，*Human ProSocial Motivation and the Maintenance of Social Order*，in The Oxford Handbook of Behavioral Economics and the Law，前注[3]，第 28 页；上文 2.7.4 节。

[190] 参见 van Aaken，前注[5]，第 454—456 页。

[191] 参见 Christoph Engel，*The Emergence of a New Rule of Customary Law：An Experimental Contribution*，7 Rev. L. & Econ. 767 (2011)。

[192] 参见 Christoph Engel & Michael Kurschilgen，*The Coevolution of Behavior and Normative Expectations：An Experiment*，15 Am. L. & Econ. Rev. 578 (2013)。

[193] 参见 Jean Galbraith，*Treaty Options：Towards a Behavioral Understanding of Treaty Design*，53 Va. J. Int'l L. 309(2013)。另见 van Aaken，前注[5]，第 463—468 页。

[194] 分别参见上文 2.3.5 节、4.4.3 节、2.1.3 节。

[195] 可参见 Baruch Fischhoff, Paul Slovic & Sarah Lichtenstein，*Fault Trees：Sensitivity of Estimated Failure Probabilities to Problem Presentation*，4 J. Experimental Psychol.：Hum. Perception & Performance 330(1978)（该研究发现，受试

者在很大程度上忽略了他们面前的可能性之外的东西）。参照 Daniel Kahneman, Thinking Fast and Slow 85 - 88 & passim（2011）［讨论了"所见即所有"（WYSIATI）现象］。

[196] 参见 Galbraith，前注[193]，第 336—344 页（在谈判历史上找到支持，表明代表们承认，即使"选择加入"和"选择退出"的安排形式不具有实质性的法律意义，它们也会产生现实影响）。

[197] 参见 Lisa Spagnolo, *Green Eggs and Ham：The CISG，Path Dependence，and the Behavioural Economics of Lawyers' Choices of Law in International Sales Contracts*, 6 J. Private Int'l L. 417（2010）。

[198] 参见 Jeffrey J. Rachlinski, *The Psychology of Global Climate Change*, 2000 U. Ill. L. Rev. 299。

[199] 关于确认偏差，参见上文 2.4.2 节。

[200] 参见上文 2.3.1 节。

[201] 关于这些偏差，参见上文 2.6.2 节。

[202] 关于相关阻碍以及其他可能的、基于行为学的解决方案的进一步讨论，参见前注[198]。有关环境法的行为分析，参见 Adrian Kuenzler & Douglas A. Kysar, *Environmental Law*, in The Oxford Handbook of Behavioral Economics and the Law，前注[3]，第 748 页。

[203] 可参见：联合国难民署在 1951 年《关于难民地位的公约》及其 1967 年议定书下关于不驱逐义务的域外适用的咨询意见，网址：http://www.unhcr.org/refworld/pdfid/45f17a1a4.pdf；James C. Hathaway, The Rights of Refugees under International Law 315 - 16（2005）。

[204] 参见：Patricia Hyndman, *Refugees under International Law with a Reference to the Concept of Asylum*, 60 Australian L.J. 148, 153（1986）；Zamir，前注[121]，第 150 页。一些国家通常禁止被怀疑携带了寻求庇护者的船只进入，并将其遣返。［参见 Stephen H. Legomsky, *Refugees，Asylum and the Rule of Law in the USA*, in Refugees, Asylum Seekers and the Rule of Law：Comparative Perspectives 122, 144 - 47（Susan Kneebone ed., 2009）］。许多国家在出发地对希望进入其领土的旅客进行检查，从而有效阻止了他们在目的地寻求庇护。

[205] 参见 Zamir，前注[121]，第 152—153 页。关于损失厌恶，参见上文 2.3 节。

[206] 参见上文 2.7.3 节、11.2.2 节、11.4.3 节。

[207] 参见 van Aaken，前注[5]，第 459—463 页。

[208] 出处同上，第 548—549 页。

[209] 出处同上，第 557 页。

[210] 参见 Andrew K. Woods, *A Behavioral Approach to Human Rights*, 51 Harv. J. Int'l L. 51（2010）。

[211] 参见 Shiri Krebs, *The Legalization of Truth in International Fact-Finding*, 18 Chi. J. Int'l L. 83（2017）。关于确认偏差以及态度极化，参见上文 2.4.2 节。

▶ 12

刑法与执法

12.1　绪论

　　刑法和执法领域长期以来一直是经济学分析的焦点。1968 年,加里·贝克尔(Gary Becker)就这一主题发表了一篇开创性文章[1],这或许是在非市场环境下将现代经济学的建模工具应用于核心法律问题的第一例。自该文章发表以来,大量的理论文献分析了以犯罪控制为目标的法律政策的各个方面[2],并且越来越多的实证研究检验了这些理论文献所做的预测[3]。

　　本章对犯罪和惩罚的经济学分析与行为经济学发现之间的关系进行考察。我们首先介绍犯罪控制经济学分析的基本见解,并强调这些文献中的主题。然后,我们转而考察人的道德判断是否与该领域经济学分析的要求相一致,并检验相关的规范含义。本章余下的大部分篇幅将集中讨论行为分析对威慑理论的影响。[4]

12.2　有效率的犯罪控制

　　从经济学的分析角度,刑罚具有三个核心目标:消除犯罪能力(incapacitation)、形成特定威慑(specific deterrence),以及形成一般威慑(general deterrence)。消除犯罪能力侧重于将具有危险性的个体从社会中移除,主要(虽然不完全是)通过监禁的方式。形成特定威慑指的是通过"给他上一课",来劝阻被惩罚的个体将来再行犯罪。最后,形成一般威慑是指通过展示特定罪犯因为犯罪行为付出代价并受到惩罚,以阻止整个群体犯罪的过程。

　　在这三个目标中,法律经济学家将其大部分知识与智慧都集中在了一般威慑上。消除犯罪能力虽然明显属于犯罪控制政策辩论中的一个核心问题,但在理论层面上已被证明是一个相当简单的经济学问题。一般而言,在经济学框架内,如果具有危险性的个体造成的预期伤害超过了消除犯罪能力的成本,就应使其丧失犯罪能力,并且只要该条件成立,就应使其继续丧失犯罪能力。[5]在理性选择理论中,特定威慑通常被认为是一种不存在的现象,除非人们假设制裁实施会导致人们调整其对制裁规模或制裁实施概率的看法。[6]例如约翰在周一收到一张违规停车的罚单,如果他周二面临类似的场景,他的行为并不会受到罚单的影响。因为他在周一收到的罚单是沉没成本,而到了周二(或其他任何一天),约翰应该只将注意力集中在未来发生的成本和收益上。因此,与现有文献一致,本节的大部分内容侧重于一般威慑。

刑法与执法在实证经济分析中的核心假设是,罪犯对法律体系创造的收益结构非常敏感。换句话说,法律体系对各种犯罪施加的制裁,起到了定价的作用,影响着潜在犯罪行为人对是否实施这些犯罪的决策。一般而言,犯罪行为人被假定为理性行事,会权衡与犯罪相关的成本与收益。因此,该理论预测,制裁的程度与个体实施不法行为的倾向之间存在反向关系。鉴于犯罪率和监禁率的内生性,以及监禁既能产生威慑作用,也能消除犯罪能力的这一事实,要检验证明上述预测极其困难。[7]因此,有些人认为潜在的罪犯对制裁的变化不敏感[8],而另一些人则提出了不同的观点,认为法律惩罚在某些情况下确实会起到威慑作用[9]。此外,关于这个问题的大多数研究都集中在美国(这样一个对犯罪行为有极高惩罚力度的国家)的政策上[10]——有可能在美国的政策运作空间中,加强制裁力度得到的边际效用很小(甚至不存在),而在其他国家则不然。

对犯罪行为的经济学分析的一个重要方面,是认识到刑事制裁的实施具有概率性:由于在整个执法过程中存在一系列困难,实际上只有一小部分的罪犯真正受到了惩罚。因此,法律体系加诸犯罪的真实价格标签等于预期制裁,即事后实施的制裁按其实际会被实施的概率进行折算后的价值。因此,潜在罪犯对风险的态度成为分析其行为的关键。虽然经济学模型可以涵盖对风险的所有态度类型,但文献通常仅限于承认各种选择及其含义,而没有试图对罪犯的风险偏好进行系统预测。[11]

对刑法及执法进行经济学分析的关键规范性主张是,应调整政策以最大限度地减少犯罪的社会总成本。根据该框架,政策制定者应同时关注犯罪行为对社会造成的直接成本(例如,生命或财产损失),以及为了预防这些犯罪发生的相关成本(例如警察部队和监狱)。社会应该努力将这些成本的总和降至最低。这一框架与经济学家用来分析侵权法的框架非常相似,而执法成本高昂是主要的区别因素。[12]

刑法的执法成本高昂这一事实,推动了该领域经济学分析中许多结论的产生。例如,法律经济学家反复提出的主要政策建议之一是,有效率的犯罪控制政策应该以相对较低的执法率,加上较强力度的制裁为基础。这一观点是基于提高惩罚概率比提高惩罚力度的成本更高这一观察结果而提出的。[13]因此,如果政策制定者减少执法概率,提高制裁力度,就可以保持预期的制裁水平并节省成本。例如,假设根据现行的停车法规,两名交通警察执法时受罚概率为5%,罚款金额为100美元,那么决策者可以通过仅使用一名交通警察执法,并将罚款金额翻倍至200美元,来产生等量威慑。

12.3　人们是否想要有效率的犯罪控制政策?

在开始行为分析时,我们要解决的一个基本问题是:人们对刑事制裁的看法是否与经济学理论的要求一致?这不仅是一个有趣的智力练习,而且具有其现实意义。撇开道德约束不谈,在惩罚的后果主义框架内,保持刑罚政策与人们观念之间的一致性可能很重要。大量研究表明,如果这种联系被切断,刑事司法系统被视为无法反映社会的核心价值,那么许多人守法的动机可能会被削弱。其结果可能是需要在执法方面投入更多资源,因为自觉的守法行为(不产生直接成本)会被削弱。[14]

对本节标题中提出的问题,简洁的回答是否定的:人们对制裁的看法与后果主义惩罚理论的要求有很大的出入。相反,它们通常与反映"罪有应得"(just deserts,或译"公正赏罚")原则的道德标准相一致。虽然尚不清楚这些道德标准是否可以通过人类进化或社会进步,进而在全体人类的思想中形成根深蒂固的信念[15],但其广泛而统一的存在已经在众多研究中通过各种方法工具得到证明[16]。

支撑刑事判决的道德标准集中于两个主要因素:违法性(wrongfulness)和可责性(culpability)。[17]违法性与其行为本身及其偏离预期行为的程度有关。因此,造成他人死亡比袭击他人更严重,而袭击他人又比偷窃他人财物更严重,依此类推。另一方面,可责性指的是可以归因于被告主观心态的责任程度。直接故意造成伤害比间接故意恶性更大,而间接故意又比过失伤害恶性大,依此类推。本节首先将回顾部分主要的研究发现,这些发现表明人们对刑罚政策的看法并不符合后果主义理论[18],然后对上述研究的政策含义进行分析。

12.3.1　刑罚与侦破概率

在侦破概率是否应该影响制裁的问题上,关于刑罚的经济学与非经济学理论存在分歧。虽然从经济学的角度来看,侦破概率是制裁设计的一个重要因素(可能是最重要的因素),但非经济学理论并不认为它非常重要,而是关注行为的违法性以及违法者的可责性。实证结果表明,人们对这个问题的看法大多是非经济学的,他们不认为在侦破概率较低时应该提高制裁。

卡斯·桑斯坦、戴维·施卡德(David Schkade)和丹尼尔·卡尼曼对是否应该调整违反税法行为的制裁措施,以解决美国某些特定地区(犹他 vs.加利福尼亚)的执法问题进行了研究。[19]他们的主要结论是,该研究的受试者(芝加哥大学法学院的学生)并不认为这样的调整可取。然而研究中的某些细节也存在一定的局限性。首先,所讨论的执法赤字是犹他州雇佣了更多的执法人员来形成"实际约束"的结果[20],而不是执法机构无法控制的因素,比如犯罪的性质(例如,在国外取得收入的行为),或违法者努力隐瞒其逃税的行为(例如,故意使用现金)。可以推测,受试者是希望激励美国国税局解决他们面临的约束问题,而不是支持简单地提高制裁。其次,受试者被要求支持的政策结果(即基于不同的居住州对美国公民实施不同的制裁)可能引发对联邦体制独有的政策担忧:允许根据居住地对公民实行差异政策的做法,可能会被联邦政府滥用。

在其他更一般性的背景下,也得到了同样的研究结果。凯文·卡尔史密斯(Kevin Carlsmith)、保罗·罗宾逊(Paul Robinson)和约翰·达利(John Darley)要求受试者来判断各种犯罪场景,并通过将案件简单地描述为非常难以被侦破或非常容易被侦破来操纵案件的威慑方面。[21]研究结果表明,尽管受试者对行为各方面违法性的判断各不相同,但并不受侦破概率的影响。此外,在报告了对案件的主观判断之后,受试者被要求从威慑或违背道德的角度进行重新评估。[22]有趣的是,当被明确要求在决策中考虑威慑因素时,受试者对刑罚是否适当的判断,明显不同于最初的判断。相反,当被要求将违背道德作为刑罚考量的指导原则时,受试者做出的判断与最初的判断并无显著差异。因此,可以认为,人们对刑罚的最初直觉,在本质上往往趋向于是非经济学的。[23]

12.3.2 刑罚与未来犯罪的风险

"罪有应得"理论和经济学理论的另一个差异,在于犯罪行为人的屡犯风险。虽然从经济学角度来看,长期关押高风险个体可能是合理的[24],但这通常不是传统"罪有应得"理论的分析会考虑的。[25]因此,研究犯罪风险是如何改变刑罚观念的,可能有助于衡量人们对制裁的态度背后的驱动力。

为了检验这一点,达利、卡尔史密斯和罗宾逊使用了与上述类似的实验方法。[26]研究中的条件包括各种类型的犯罪和未来犯罪风险的不同水平(通过犯罪历史信息创建)。研究结果表明,人们对刑罚的初步直觉判断是刑罚应该符合"罪有应得"原则,而不应专注于"消除犯罪能力"。正如这几位作者得出的结论,"对于故意犯下已知罪行的行为者来说,作为恰当的惩罚动机,应力求'罪有应得',这一点已成为普遍共识"。[27]

12.3.3 刑罚判决与政策设计

如前所述,以保罗·罗宾逊和约翰·达利为代表的法律学者已经迈出了规范性研究的一步,将研究焦点从描述人们的刑罚判断,转移到主张刑法典应该遵循这些判断。[28]值得注意的是,这一做法是基于实用主义的理由,即维持一种被认为是公正的刑罚制度将有助于促进自觉守法。于是,当法律规定与公众的道德认知保持一致时,法律法规会得到广泛的尊重,并将因此而产生巨大收益(而似乎并无成本)。

有部分研究支持以下观点:如果公众认为刑事司法系统不公正,那么他们守法的意愿会降低。[29]显然,对于刑事司法系统公正性的认知与守法态度之间的简单相关性,我们应该引起警惕,因为这可能是受到未考虑的变量驱动。例如,具有犯罪倾向的人可能会选择将刑事司法系统视为是不公正的,以合理化其自身参与犯罪的决定。近年来,研究人员通过对实验进行精心设计,克服了研究方法上的局限。[30]在一项实验中,珍妮丝·纳德勒首先让参与者观看描述公正或不公正法律的新闻报道,然后要求他们评估这些法律。[31]接着,参与者被要求完成一份调查问卷,在问卷中,他们被要求评估自己参与各种违法活动的可能性。结果表明,首先观看关于不公正法律的新闻报道的参与者,更有可能做出违法行为。

尽管如此,出于以下几个原因,我们还是应该注意,在设计刑罚政策时不应系统性地偏向于判决的公正性,从而夸大这一论点的适用范围。因为首先,对刑法管辖的许多问题,公众可能并不具有明确的道德标准。刑法包含大量的行为禁止,从涉及损害他人人身或财产的核心犯罪,到涉及环境保护、市场诚信等问题的非核心犯罪。虽然公众可能对刑法管辖的核心问题持有鲜明的观点,但对于刑法管辖的其他部分,如洗钱、邮件欺诈等,公众是否还持有如此明确的观点,则并不是那么明确。鉴于公众对刑法典中很大一部分的问题并不具有明确的观点,政策制定者在这些领域进行法律监管时,可以相对不考虑公正性与守法态度两者之间的相关性问题。

其次,公众可能甚至不知道刑法在许多问题上的立场是什么。罗宾逊和达利在他们的主张中强调了这一点,他们认为刑法不会产生威慑[32],但假如忽视这一点,也可能会削弱他们所持的、刑法必须与公众的刑罚态度相一致的论点。如果人们不知道法律对特定问题的立场,那么法律就不能驱使他们去遵守或不遵守。而且,相比对于威慑理论,这一点对罗宾逊和达利的理论来说要远为不利。罗宾逊和达利的理论关注普通大众(而非职业罪犯)的行为,所以该理论确实会被关于普通大众的法律认知的整体数据所影响。另一方面,威慑理论却总是可以把焦点集中在职业罪犯身上,而这部分人群可能更加了解刑事司法系统是如何运作的。

最后,认为不公正(但有效率)的法律可能会促使公众趋向不守法的观点,似乎视公众对刑法的态度为一成不变。虽然一般威慑的概念很复杂,对许多人来说可能也并不直观,但如果解释得当,公众仍然可以理解一般威慑的作用。一旦作出解释,公众对以威慑为中心的制裁措施所持的态度可能就会改变。事实上,乔纳森·巴伦和伊拉娜·里托夫已经发现,向受试者提出一系列探究性问题,突出一般威慑是如何起作用的,会提高他们对基于侦破概率的制裁的认同。[33]也就是说,由于非后果主义判断在人的思维中根深蒂固[34],因此要改变此类判断会面临巨大困难。

总之,采用专制的犯罪控制机制,通过不公正的执法实施不公平的严厉惩罚,很可能会对自觉守法产生不利影响。话虽如此,这并不是一个特别有价值的论点,因为它与现代自由民主制国家的政策制定者所面临的实际困难没有关系(尽管它可能与来自许多我们这里并未提及的国家的读者相关)。更细致的分析,应该特别留意法律在多大程度上偏离了人们的公平态度以及人们观点的强度。可以推测,对于谋杀或强奸这类核心刑事犯罪,人们的意见相对明确。而且,这类违法行为往往会吸引公众的注意力,因此偏离那些已经形成的观点可能会被认为是有问题的。然而,对于刑法的大部分内容,我们怀疑许多人对恰当的刑罚制度应该是怎么样的,根本没有明确的看法。在这些领域,政策制定者很可能会专注于犯罪控制政策的结果。

12.3.4　案例:犯罪未遂的法律

前面的讨论提出了与国民道德直觉及刑罚政策结构相关的一般性问题。本小节将介绍这一框架在犯罪未遂行为中的具体应用。正如以下分析所表明的,将行为学观点纳入这场辩论,可能有助于厘清现有的法律实践。

大多数刑罚体系都包括一系列主要的罪行,以及将企图实施这些罪行定为刑事犯罪的一般犯罪未遂行为。[35]这种未遂可以分为两类:不完整的未遂和完整的未遂。[36]前者是指行为者没有将构成犯罪的所有行为要件完成的情况。[37]因此,犯罪未遂的刑罚要求定义什么是构成未遂的最低限度行为要件。法律体系区分了被视为合法的准备行为(acts of preparation)(例如,被告购买刀的行为),以及被视为犯罪未遂(criminal attempt)的更进一步的行为(例如,被告持刀接近受害人,在刺伤她之前被抓住)。[38]后一类(完整的未遂)指的是犯罪行为人完成了构成犯罪的所有行为,但其计划没有成功。未遂可能是由于犯罪行为人的行为未能产生定义该罪名的后果(例如,被告刺伤了受害人,但未能导致她的死亡),或者因为构成该犯罪的一个基本条件并不存在(例如,被告刺了受害人,但受害人其实在被刺之前已经死亡)。

犯罪未遂学说得到了后果主义和非后果主义的支撑。从后果主义的角度来看,无论犯罪行为人的意图是否实现,犯罪未遂可以通过对行为者进行惩罚来增强威慑,从而提高惩罚的概率以及预期制裁。[39]因为即使犯罪行为人不惧威慑,选择实施非法行为,对未遂的犯罪进行惩罚也有助于防止进一步的伤害。这种预防可以通过警察在犯罪行为实施前进行干预,或通过使具有明显犯罪倾向的个体丧失犯罪能力来实现。[40]从非后果主义的角度来看,对未遂的犯罪进行惩罚是合理的,因为即使这些人的犯罪意图没有实现,他们的行为在道德上也应该受到谴责。[41]

虽然将犯罪未遂认定为犯罪可以实现重要的政策目标,但同时也提出了一个严重的政策问题:对那些意图犯罪(未遂)的行为者,什么才是恰当的刑罚措施? 许多法学家对这一问题的普遍看法是,对犯罪未遂的刑罚应该等同于既遂的犯罪。假如刑罚理论的焦点是犯罪行为人决定违反法律并采取相应行为的那一刻,那么刑罚不应受到犯罪行为人无法控制的外部事件的影响。《美国模范刑法典》(U.S. Model Penal Code)基于"同等惩罚"(equal punishment)框架,对这一问题做出了规定。[42]然而,这一共识似乎与现行的法律政策不一致。大多数法律制度都认为,犯罪未遂应该比既遂的犯罪受到更轻的惩罚。[43]即使某些法律体系在其刑法典中采用了"同等惩罚"政策,在判决实践中对犯罪未遂的刑罚似乎也会降低。[44]

传统的经济学分析为犯罪未遂在实践中的制裁"打折"现象提供了两种解释,但两者都是有问题的。第一种解释强调,在未遂案件中错误定罪的可能性更大[45]:在这种缺乏犯罪客观要件的案件中,误判的可能性更大。例如,在这类案件中,很难确定被告是否真的具有执行犯罪计划所需的决心。为了反映这种证据的不确定性,有观点认为应该在制裁上给予减轻。然而,这一论点隐含地假设降低制裁的严厉程度不会影响法官和陪审员将采用的证据标准,然而有实证证据(尽管并非结论性的)表明事实并非如此:当制裁程度降低时,有效的证据标准也倾向于降低。[46]鉴于以上事实,减轻对犯罪未遂的惩罚可能会在实践中增加出错成本,因为它将增加无根据的定罪数量。[47]

对犯罪未遂处以较轻刑罚的第二种解释,关注"边际威慑"(marginal deterrence)概念。[48]根据这一论点,如果法律对犯罪未遂与犯罪既遂适用同样的刑罚,那么跨越准备界限的犯罪行为人将不再惧怕继续完成犯罪行为,因为实施完整的犯罪也不会受到更严厉的制裁。然而,这一论点忽视了放弃原则(abandonment doctrine)所带来的心理激励,即那些被指控为犯罪未遂的行为者如果自愿终止他们的犯罪计划,就可以完全免于追究刑事责任。[49]此外,这一论点也不能解释这样一个事实,即一旦犯罪完成,被侦破的概率会上升,因为警方往往发现不了被放弃的犯罪计划。

行为学洞见为现有的刑罚实践提供了更直接的解释。其中一个关键解释为结果偏差现象,即人们倾向于根据结果来判断之前的决策正确与否。[50]在许多情况下,个体做出的风险决策可能会产生不同的结果，而这些结果是他们无法控制的。因此在某些情况下，谨慎决策的手术也可能会导致糟糕的结果。正如乔纳森·巴伦和约翰·赫希所证明的那样，即使与做决策相关的概率都是清晰透明的，但在事后，人们往往会对导致不利结果的决策做更严厉的评判，而对带来有利结果的决策则不那么严格。这种现象在许多情况下都有记录到，无论是对于非专业人士还是行内专家。[51]

基本归因错误（也称为对应偏差）是可能在这方面起作用的第二种行为学现象。[52]大量的研究表明，当人们被要求评价另一个人的行为时，他们倾向于将责任归咎于行为者的决策，而不考虑行为者所处的环境。也就是说，人们倾向于将糟糕的结果与某个人（some-one）联系起来，而不是环境（something）。[53]

结果偏差与基本归因错误似乎适用于人们对犯罪未遂的判断。虽然在同等惩罚理论下，一个企图杀人但未遂的枪手，应该受到与杀人既遂的枪手相同的惩罚，但是由于结果偏差的影响，在实践中，杀人既遂的枪手受到的惩罚比未遂的枪手更严厉。同样，基本归因错误也可能会影响人们对于被中止或未完成的未遂犯罪的判断。[54]人们倾向于低估超出行为者控制范围的外部因素的重要性，导致人们把犯罪企图的失败理解为较轻的刑事责任。[55]

罗宾逊和达利通过比较人们对既遂犯罪和未遂犯罪的判断，直接检验了这一点。[56]他们的研究结果表明，人们会对结果赋予规范性权重，并对那些如愿实施伤害的行为者施加更严厉的制裁。正如我们在关于刑罚直觉和政策制定之间对应关系的一般讨论中所提到的那样，我们还不能从这个结果中得出全面的规范性结论。然而，结果偏差与基本归因错误相结合，似乎可以为现有的法律实践提供一个强有力的解释。

12.4 威慑理论与行为学分析

由于威慑理论侧重于刑罚风险如何改变行为，因此要做到准确预测并提出理想的政策建议，考虑人们对风险的偏好和对制裁措施的看法至关重要。在这方面，行为学分析可以提供一个更丰富、更细致的人类选择模型，从而为威慑理论的完善做出贡献。然而，就像在其他领域一样，将抽象的心理学发现应用到具体的法律实践问题时，人们应该保持谨慎。

12.4.1 风险偏好

刑事司法系统产生的风险水平是内生的，可以通过不同的政策选项来改变。在政策执行方面确实如此，因为通过对侦破概率以及实际施加的刑罚做出适当的改变，可以降低或者增加法律体系的风险水平。支配刑法的法律规则结构也是如此。例如，通过限制司法自由裁量权，政策制定者或许能够减少法官之间的差异性，以此降低法律制度产生的风险。给定犯罪行为人风险偏好（暂时假设犯罪行为人具有完全评估与犯罪相关的各种风险的能力），本小节对刑事司法系统应该采用的理想风险水平进行探讨。[57]

在实用主义框架内，政策制定者可以利用犯罪行为人的风险偏好来增强威慑。通过采取与这些偏好相反的刑罚制度,制裁产生的威慑力会由于负效用而被增强。因此,对于风险规避的违法者而言,多数法律经济学家设想的"高制裁-低侦破"制度是可取的,因为强制裁的高风险会进一步增强威慑力(而且通常零成本)。相反,对于风险逐求的违法者,可以通过提高惩罚的确定性,来增强法律的威慑(可能需要以增加执法成本为代价)。

接下来要解决的问题是:犯罪行为人的风险偏好是什么?对于这个问题,我们提出的答案有点令人失望:这得视情况而定,目前还没有一个统一、通用的预测可以适用于所有犯罪行为人以及所有犯罪。在将行为学结论付诸应用时,犯罪行为领域要求与现场数据谨慎结合,才能充分理解人们的决策,但遗憾的是这些数据尚不存在。尽管如此,在这一领域仍有许多理论被提出,现在我们将更仔细地考察这些理论。

让我们从基础的前景理论开始。[58]为了将前景理论的洞见应用到犯罪行为研究中,我们必须确定犯罪行为属于收益域还是在损失域。由于我们正在进行刑罚分析,因此可以合理地设定决策者处于损失域,因此预计其会寻求风险。阿隆·哈雷尔(Alon Harel)和乌齐·西格尔(Uzi Segal)已经采用了这种方法,将制裁与寻求风险的行为联系起来。[59]他们认为,与清晰、统一的判决制度相比,犯罪行为人更偏向于随机的"抽奖式"判决。因此他们认为,为了增强威慑,法律的目标应该是尽量降低判决的不确定性。

虽然哈雷尔和西格尔的框架具有其合理性,但是它仅仅关注于犯罪决策的其中一个方面,即遭受制裁的风险。然而,在现实中,决定是否犯罪还涉及另一个维度,即犯罪预期产生的利益(即收益)。假如犯罪行为人在决定是否参与非法活动时关注于犯罪行为的潜在收益,那么他们可能会表现出规避风险的倾向。[60]事实上,汤姆·贝克(Tom Baker)、阿隆·哈雷尔和塔玛·库格勒(Tamar Kugler)一项晚些时候的研究得出的实验数据,证明了这一点。[61]

我们不表态支持这场辩论中任何一方的观点,有两个原因。首先,在这个问题上收集到的数据不足。没有关于不同背景下的大量(达到临界量)研究数据,很难就犯罪行为人在犯罪决策时的相关参照点得出明确的结论。其次,从理论上讲,不可能将这一点外推到所有的犯罪行为:虽然在一些犯罪行为中,犯罪带来的收益可能会发挥核心作用(涉及有形的即时收益的罪行,如盗窃),但在另一些犯罪行为中,收益可能发挥着相对次要的作用(涉及或有的模糊收益的罪行,如妨碍司法公正)。实际上,每种类型的犯罪行为很可能都涉及不同的框架,从而产生不同的风险偏好,更别说犯罪行为人之间可能还存在的个体差异,以及具体案件存在的特殊情况了。

但情况甚至会更加复杂。收益与风险规避行为以及损失与风险逐求行为的关联,仅在中等至高侦破概率的域值内存在。在低侦破概率的域值内,风险偏好发生了反转——出现了对应于损失的风险规避行为,以及对应于收益的风险逐求行为。[62]刑事司法系统的实际情况表明,对于犯罪行为应该属于上述两类侦破概率域值中的哪一类,无法形成统一的意见。犯罪数据显示,不同的犯罪行为受到刑罚的概率差异很大:袭击、入室盗窃、汽车盗窃的犯罪行为受到刑罚的概率约为 1%,而强奸或杀人的犯罪行为受到刑罚的概率分别为 12% 和 44.7%。[63]因此,为了预测判决的不确定性如何影响行为,必须对不同类型的犯罪(以及不同的法域,因为上述引用的数据仅适用于美国)进行区分。

值得注意的是,我们强调的问题,即不明确的参照点以及含糊不清的侦破概率域值,不能通过微调模型的预测来解决。相反,对参照点或侦破概率域值的不当表述,会使分析的预测完全颠倒。例如,假设犯罪行为人实际上是风险规避型的,这意味着不确定性会增强威慑,因而政策制定者应采取与哈雷尔和西格尔的建议恰恰相反的政策。

12.4.2 刑罚风险认知

到目前为止,我们研究了犯罪行为人对刑罚制裁的风险偏好。与之密切相关的问题是,犯罪行为人对风险评估的准确性。在这方面,需要提出的问题是:犯罪行为人是能准确评估案发被捕的概率(或者至少是平均概率),还是会在这方面犯系统性错误?大量的行为研究结果表明,犯罪行为人对风险的感知是有偏差的,正如我们将看到的,这可能具有规范性含义。由于威慑是建立在感知之上的,因此,相比实际侦破概率的变化,对刑罚风险变化的感知可能会对犯罪行为产生更大的影响。

过度乐观

过度乐观是一种可能影响犯罪行为人风险评估的行为学现象。正如在第 2 章更详细地描述过的那样[64],这种偏差与人们高估其自身的能力和前景的倾向有关。从威慑的角度来看,这个趋势是不利的,因为它表明侦破概率会被犯罪行为人系统性地低估。因此,我们假设犯罪成本低于实际的犯罪成本,因而将会比理性的犯罪行为人实施更多的犯罪行为。由此得出的政策含义是,必须调整制裁强度,以弥补被减轻的威慑效果。[65]

有趣的是,虽然过度乐观会削弱威慑力度,但尚不清楚它是否会在宏观层面对犯罪控制造成阻碍。正如努诺·加罗帕(Nuno Garoupa)指出的那样,乐观的犯罪行为人在实施犯罪时预期采取的预防措施相对会较少,因为他们误判了被抓获的风险。[66]因此,他们对监视摄像头、目击者,以及其他可能增加被侦破风险的因素关注较少。这样一来,实际的侦破概率就会提高,更多的罪犯会因此丧失犯罪能力。[67]而丧失犯罪能力的比例增加带来的影响,是否超过了被减轻的威慑程度的影响,这是一个有待回答的实证问题。

可得性偏差

另一个可能影响风险评估的行为学现象是可得性。大量的研究已经证明,当个人需要对不确定事件进行评估时,他们往往会基于同类事件出现的难易程度进行评估。[68]因此,人们倾向于系统性高估突显且生动鲜活的事件发生的概率。例如,人们可能会夸大对飞机失事概率的估计,仅仅因为这种事件很容易留下印象,也就是说,它们具有"可得性"。

法律学者已经把可得性纳入犯罪控制政策的设计中。在执法方面,他们认为,政府当局应使执法工作高度可见,提高犯罪行为人对案件侦破概率的感知,从而增强威慑。例如,有观点提出,执法部门应使用面积较大、色彩鲜艳的违章停车罚单,而不是小小的、不引人注意的罚单样式。[69]同样地,在制裁选择方面,法律学者认为,独特的刑罚可能会产生额外的威慑。例如,卡斯·桑斯坦和阿德里安·韦尔默勒(Adrian Vermeule)就认为,由于"死刑是高度突显的,并且在认知上是可得的",潜在的犯罪行为人可能会高估死刑的判决率。[70]

虽然这些观点看起来非常合理,然而,由于我们目前对可得性如何影响决策的机制了解不足,我们还是应该谨慎对待。具体点说,我们对产生可得性的条件是什么还不完全清楚。其中可能包括群体动力学、个人倾向、媒体舆论，以及社会规范。[71]如果说"不同的文化取向在决定什么构成可得性的问题上具有重大作用"[72]，那么做出稳健预测的能力是相当有限的。不仅如此，由于"生动鲜活的信息对风险认知的影响取决于个人的文化世界观"[73]，那么从一个法域中得出的结论应用到另一个法域的能力也是有限的。

来思考一下上面提到的例子：在其他条件不变的情况下，将违章停车罚单的颜色从纯白色变更为鲜艳的颜色。这个改变实施后，执法的突显性将被提高。但是，如果大范围地向公众公开暴露更多的、关于若干犯罪的执行情况的信息，在这种突显性的"袭击"之下会产生什么效果？假设公众不会简单地把所有这些新信息都当作令人厌烦的背景噪音滤除[74]，它们的确切影响会是什么，我们并不清楚。我们不知道哪些执法工作将成为公众关注的焦点，哪些则不被注意。当犯罪行为人将其犯罪活动从突显性执法的犯罪类型转移到非突显性执法的犯罪类型时，以突显性为中心的犯罪控制政策可能会产生不稳定的替代效应。因此，根据可得性偏差来设计犯罪控制政策，以期解决范围广泛的各种犯罪活动，这是不可能的。同样地，虽然一次偶尔的死刑可能成为对潜在犯罪行为人关于严重犯罪后果的提醒，但随着时间的推移，这种影响是否能持续尚不清楚。在处理犯罪控制问题时，一项偶尔出现的政策可以很快变成一项随意的政策，也就是说，随着时间的推移，公众可能会习惯于某种类型的刑罚，使其失去影响力。不过这并不是说政策制定者将无法为刑罚制度增添一些有趣的变化，以维持公众对刑罚措施的"生动印象"（例如，从把盗贼放在油锅里炸，变为把盗贼丢去喂饥肠辘辘的食人鱼），尽管我们也不确定自己是否会支持这样的刑罚政策。

此外，可得性分析忽略了其他的行为学现象，后者表明执法工作应该保持为不易察觉。其中一种就是模糊厌恶现象。虽然人们厌恶有风险的情境，但他们更厌恶模糊的情境，即人们对潜在风险的发生概率一无所知的情境。[75]例如，人们系统性地偏好购买中奖率为50%的彩票，而不是中奖率在0%到100%之间是概率均等的彩票。这一发现表明，执法机关应该尽量减少潜在犯罪行为人对关于被捕概率的信息的掌握量。正如哈雷尔和西格尔主张的，"（一个）最理想的法律体系是一个……尽可能掩盖量刑概率的体系"。[76]由于突显的执法会增加潜在犯罪行为人对刑罚风险的信息量，采取这些政策需要谨慎地权衡利弊。

另一些关于执法的行为学研究，涉及他人的守法行为对自身行为的影响。这些研究表明，人们经常遵循一个简单的经验法则：如果其他人这样做，我也这么做。[77]丹尼尔·卡茨（Daniel Katz）和弗洛伊德·奥尔波特（Floyd Allport）在关注学生行为的一项开创性研究中证实，那些相信其他同学在考试中作弊的学生，更有可能在考试中作弊。[78]最近，布鲁诺·弗雷（Bruno Frey）和本诺·托尔格勒（Benno Torgler）证明，对周围人群逃税的感知水平会影响人们遵守税法的意愿。[79]这些研究结果再次表明，让不守法的事件突出可见，可能会适得其反，因为这会创建不守法的社会规范。

事前预测与事后判断

与刑事执法相关的另一个行为学现象，是人们对已经发生事件的不确定性（事后判断，postdiction）与对未来事件的不确定性（事前预测，prediction）之间的区别。心理学研究表明，比起未来的事件，人们更不愿意对过去已发生的事件做判断。[80]比如说，当需要面对同一个骰子下注,而唯一的区别在于投掷骰子的时间不同(在下注之前或之后掷骰子)时,人们更偏向于对未投掷的骰子下注。

有意思的是,做出是否实施犯罪行为的决策,可以被构建为一个涉及事后判断还是事前预测的赌局。[81]举一个纳税人在其年度退税申报单中决定是否欺诈的例子。美国的现行制度是基于事前预测下赌注,因为纳税人在申报时打赌,自己的申报是否会在之后进行的审计抽查中被选中。但是,审计抽查也可以设置在提交年度退税申请之前。由于人们倾向于不喜欢对过去已经发生的事件下注,这一简单举措就可以增强威慑,以很少或者零成本的方式。[82]

概率预测与重复事件

到目前为止,我们的分析集中于把潜在犯罪行为人的决策仅仅视为一次性事件来讨论的情况。例如,在大概了解了违章停车罚款的概率及其金额大小的情况下,就是否违章停车以获取相关的不正当利益做一次决定。实验研究对此类情境进行了考察:在实验中,参与者面对具有给定回报的一组特定彩票,并被要求做出选择。

然而,刑事犯罪行为人的现实情况往往有着各自的差异。假想中的违章停车者,实际上不会面临罚款概率和金额都十分明确的一次性赌局。相反,他每次进城都要面对是否要违章停车的重复决策。此外,他也不知道违章停车被罚款的概率(出于当前讨论目的,我们暂且假设他完全了解罚款的金额),他只有通过经验来学习这一点。

在决策者的世界里,一次违章停车者与重复违章停车者之间的区别,体现在他是根据描述还是经验来做决定。[83]前者指的是决策者在某些风险提示之后做决定的情况,而后者指的是决策者通过主动选择,积极了解潜在的收益结构的情况。在后一种情况下,决策者是通过学习做出决策的,因为犯罪行为人试图根据他过去的选择来决定他的行动方案。

在典型的经验实验中,参与者被要求在两个没有标记的钥匙中做选择,然后被告知每把钥匙设定的回报是什么。然后,他们再次选择,并将他们的选择随着时间的变化记录下来。重要的是,虽然参与者被告知每把钥匙代表着不同的回报,但他们并没有被告知哪个回报实际上对应着哪把钥匙。例如,伊多·埃雷夫(Ido Erev)和埃尔南·哈鲁维(Ernan Haruvy)把这个任务分给两组受试者。[84]第一组的受试者被要求在维持现状的选项(期望值=0),以及回报介于−10(概率为10%)到+1(概率为90%)的选项(期望值=−0.1)之间进行选择。而第二组的受试者被要求在维持现状(期望值=0),以及回报为+10(概率为10%)到−1(概率为90%)的选项(期望值=+0.1)之间做选择。结果表明,两组受试者都偏离了价值最大化选项,但是同时也表现出反向的风险偏好。更具体地说,第一组的受试者倾向于有风险的选择,而第二组的受试者倾向于选择稳定的现状。上述实验以及其他基于实证的决策实验的结果表明,当人们在重复的环境中面对低概率事件时,他们倾向于低估这些事件。正如上述例子所表明的,无论风险性的前景带来的是收益还是损失,上面这一点都成立。一般来说,人们倾向于表现得好像他们相信"这不会发生在他们身上"。[85]

人们更偏好虽然期望值为负、但是往往具有高回报的赌局,这一研究发现对刑事制裁的最优化设计具有重大影响。许多犯罪的执法属于相对不常见的事件。[86]这表明,对刑事制裁的修修补补不会对人们的行为产生什么影响,因为人们倾向于将此类制裁打折至零。因此,更有效的阻止犯罪的方法,是显著(但代价高昂)提高惩罚的概率,同时降低其制裁强度。由于惩罚次数变得更加频繁,预计人们低估其概率的现象将减少。这一结论符合大多数犯罪学文献的观点,这些文献表明,制裁的确定性对行为的影响大于制裁的规模。[87]这一结论与传统的经济学分析相矛盾,因为传统经济学分析通常突出"高制裁-低侦破"制度节约成本的优势。[88]

最后,上述行为学洞见阐明了执法时机的重要性。合规模型表明,在执法过程中,多重均衡是常见的,包括遵守税法和腐败。[89]在一个均衡中,遵守规则即是规范,如果发现行为偏差,执法者可以轻易发现并给予惩罚。因此,一开始没有人有动机去违反规则。在另一个均衡中,违规行为即是规范,执法者无法应对频繁的违规行为。两个极端均衡同时存在的可能性,加上行为者是基于在类似情境中的经验做出小型决策的假说,意味着政策执行的有效性很可能对打击犯罪的初始行动敏感。更具体地说,集中精力于早期的执法,可以促使行为向"良好"均衡收敛,在这种均衡中,遵守规则成为常态。这一观点已经在关于校园考试行为的现场实验中得到证实。[90]该实验发现在考试一开始就提高作弊发现率(通过推迟监考人员监考期间必须执行的其他行政任务),能显著降低参加考试的学生感受到的作弊发生率。请注意,这并没有提高执法的总体强度(即无需成本),而只需通过调整执法的时间分布。

12.4.3　制裁感知

行为学发现影响刑事政策的另一种方式,涉及人们如何感知刑罚。传统的法学理论假定,如果法律制裁的惩罚性变得更强,犯罪行为人对实际制裁的感知也更强。然而,行为学发现表明,情况其实更为复杂。在本小节中,我们首先回顾关于享乐适应及其与刑法理论之间关系的文献,然后探究正式制裁与内在动机之间的潜在相互作用。

刑法的享乐维度

威慑理论与许多报应理论的焦点,都集中在犯罪行为人受惩罚时的主观不满情绪。[91]威慑理论和报应理论中相应的假设是"越多越好"(more is more),也就是说,随着制裁严厉程度越高,他们感知的痛苦越强烈,威慑效果或报应力度会相应提高。当然,这并不意味着制裁的严重程度与痛苦的感知之间的关系必然是线性的。由于随着时间流逝痛苦感会逐渐降低,刑期威慑的边际回报很可能会出现递减。但这一前提确实意味着,增加制裁的严厉程度,至少在一定程度上会增加制裁带来的痛苦感,从而表现出更强的惩罚性反应。

乍一看,增加制裁强度会产生更强不适感的假设似乎完全符合现实。绝大多数人在感知时,可能会认为 1 000 美元的罚款比 100 美元的罚款更糟糕,认为两年刑期不如只在监狱里待一年。然而,某些行为研究组织提出,"越多越好"的前提需要受到更仔细的审视。具体而言,针对享乐适应、情感预测和持续时间忽视(duration neglect)的研究结果表明,结果并非如此直观——相比原来较短的刑期,延长刑期并不会带来更强烈的痛苦感,事后回想起来甚至可能感觉痛苦感更轻。[92]

享乐适应指人们对新情况具有自我调整的趋势,即使生活发生了巨大变化,也只会对人们的主观幸福感发生相对较小的影响。[93] 短期来看,人们的幸福感可能同时受到积极与消极事件的影响,但从长期来看,人们倾向于恢复到原来的幸福感"设定值",即使在面对重大的生活事件时也是如此。[94] 在一项经典的研究中,研究人员对彩票中奖者、意外事件幸存者(截瘫者或四肢瘫痪者),以及实验对照组这三个组别的幸福感水平进行了比较。三个组别报告的幸福指数惊人地相似,反映出三个组别均具有朝着长期幸福水平靠拢的趋势。[95]

享乐适应表明,刑罚可能不能产生法律赋予它们的威慑力。[96] 如果随着时间的推移人们的长期幸福感保持稳定,那么认为政策制定者可以通过延长刑期来加强制裁强度的假设是不现实的。此外,即使我们假设监禁的间接效应(比如说,监禁的判决导致婚姻关系崩溃)会使人们重新设置一个较低的幸福感设定值[97],这将对大多数刑法理论提出一个严峻的挑战,因为它表明,惩罚并不是一个性状良好的连续变量。相反,更有可能的是,在达到某个阈值后,延长刑期将不会产生长期的负效用,并且在超出阈值之后,效用曲线呈现突发的一次性下降。从威慑的角度看,这表明不可能微调制裁的标准,以适应不同的侦破和危害水平。至于关于惩罚的主观报应理论,假如所有超过某个阈值的刑期判决都会导致幸福感或多或少相同的下降,刑事司法系统就不能根据违法性和可责性的适当比例来制定制裁。

正如我们在讨论快乐损害赔偿时进一步阐述的那样,如果采用关于人类福利的偏好满足理论或客观清单理论,而不是享乐主义理论的方法,这些观察将失去大部分有效性,至少从报应理论的角度看是如此。[98] 此外,这些观察不会否定监禁与威慑之间的基本关系。在监狱里度过的时光是不愉快的,而这样的时间越长,随之而来的不快感无疑越多。此外,如情感预测的研究所表明的,人们并不擅长预测自己适应环境变化的能力。[99] 相反,人们认为,如果他们中了彩票,就会更幸福,而如果受到严重伤害,他们的长期幸福感就会急剧减少。在受制裁感知支配的一般威慑范围内,这意味着人们将继续受到威慑的影响,因为他们认为(尽管是误认为)更严厉的制裁将带来更严重的后果。[100]

虽然享乐适应挑战了"越多越好"的假设,但这也并不意味着制裁越严厉,威慑可能还会越少。针对体验记忆模式的研究表明,犯罪行为人可能会认为较长的刑期实际上可能还不如较短的刑期的严厉。刑罚理论隐含的假设是:人们对监禁的感知来自他们在狱中经历的负效用的总和,然而关于持续时间忽视的行为学研究发现表明,人们回忆不愉快经历的方式是不同的。人们的体验感由峰终定律(peak-end rule)决定,也就是说,人们专注于体验中最激烈时刻以及结束时刻的感受。丹尼尔·卡尼曼及其同事在一项精心设计的实验中证实了这一现象,该实验考察了人们忍受痛苦的意愿。[101] 参与者在这项研究中忍受了双臂浸泡在冷水中的不愉快体验。浸泡实验采取了两种形式(交替进行):一是将手臂浸入 14 ℃的冷水中持续 60 秒;而另一种是相同的程序加上额外的 30 秒,在这期间水温稍微升高(尽管仍让人不适),而参与者并不知情。在两次令人不快的经历后,参与者被问及哪一个经历他们愿意再次忍受。由于 90 秒的实验包含了与 60 秒实验相关的所有的不适感,有人可能会认为旨在最小化总体不适感的参与者将更偏好于 60 秒的实验。然而,事实上,实验发现,大多数参与者根据两种体验各自结束时的感受来进行比较,结果是 90 秒实验结束时没有那么痛苦,导致 69% 的参与者选择重复 90 秒的实验。

持续时间忽视对于以长期监禁为基础的惩罚观念提出了严峻的挑战。研究表明,蹲监狱的经历与上述实验中的 90 秒体验极为相似。虽然在狱中的所有时间都属于不愉快的经历,但最糟糕的体验发生在监禁执行的最初阶段。[102]在入狱初始的心理震撼后,囚犯开始适应他们的新环境,因为他们的应对机制开始发挥作用。他们建立了新的社会关系,习惯了生活条件,想象几年后甚至可以睡在梦寐以求的下铺。这意味着人们可能会基于其中最不痛苦的部分来回忆他们在狱中的时光。因此,延长刑期可能会在事实上削弱威慑,因为人们将以不同的眼光来看待监禁。然而,应该再次注意到,这种评论只适用于真正经历过监禁的人,而不是普通大众,因为它抓住的是人们回忆自己经历的方式。没有经历过监狱生活的普通大众仍然会认为较长的刑期比较短的刑期更糟糕。

最后,应该注意到,本小节中的分析是基于现有的监禁实践。当然,大家可以使用此处提出的洞见来推动制度改革,改革的目的在于增加受惩罚所引起的痛苦感。某些学者认为,刑事司法系统克服持续时间忽视的唯一方法,就是使用"酷刑"(torture)作为一种惩罚形式。[103]这可能会产生矫枉过正:为了使罪犯对狱中生活留下不愉快的回忆,许多监禁制度并没有诉诸酷刑,而是通过制定越来越苛刻的条件(如改变狱中食物的质量、探视权限制等)来实现。此外,人们可以通过在相对较短的时间内将因犯在不同的监狱间进行转移,从而剥夺他们适应监狱环境以及获得社交资本的机会。因此,精心设计的刑罚政策可以增强监禁的影响,同时尊重犯人的人格尊严,避免陷入酷刑的深渊。

正式制裁与内在动机

不正当行为往往受到法律的正式制裁以及内在动机的约束。正是这些外部力量和内部力量的共同作用,决定了人们的选择。刑罚理论早就接纳了这一洞察,并研究了在法律与其他机制同时运行的情况下,应如何对正式制裁进行设计。[104]

刑事惩罚"越多越好"的前提是,法律制裁的改变不会对其他动机产生影响。然而,对动机挤出效应的研究表明,正式的激励机制可能会破坏内在动机亲社会的一面。[105]例如,有假说认为,付钱买血的行为可能会降低甚至消除无偿献血的利他动机。[106]同理,正式的惩罚可能会对内在动机产生挤出效应。

尤里·格尼茨(Uri Gneezy)和奥尔多·鲁西齐尼(Aldo Rusichini)在以色列的一家日托中心开展的一项现场实验,证实了这一假设。[107]实验考察了对迟接孩子的家长处以罚金的措施与其准时接孩子的倾向之间的关系。[108]在引入罚金制度后,研究人员观察到迟到的家长数量稳步增加。这一结果与传统的威慑模型背道而驰——传统的威慑模型预测,提高执法成本会降低犯罪发生率("越多越好")。显然,罚金的引入改变了家长对自己与日托中心之间社会动力学的感知。换句话说,家长似乎将罚金视为迟到的价格,只要他们为这种行为支付了价格,他们就不再为此感到内疚。

不可否认,我们需要注意不应过度推广这一发现。现实世界的罚金与尤里·格尼茨和奥尔多·鲁西齐尼的实验设置具有两方面区别。首先,实验中的罚金规则是确定的:所有家长都知道他们每次迟到都会受罚。然而,在现实世界的大多数情况下,罚金是有概率的。其次,在实验中罚金是直接支付给违法行为所损害的实体。而现实中,罚金通常是支付给国家,而不是受害者的。综上所述,这些区别使得该实验中的罚金设计看起来更像是一个合同价格。

实证证据表明,人们对产生货币成本的法律工具的态度很微妙,原因与上述两方面的解释一致。[109]在法定支付机制的光谱一端,是与典型价格的结构相似的工具,这是给另一方的事前支付;而另一端则是与典型惩罚的结构相似的法定支付,这是事后支付给国家的,并且具有一定的发生概率。随着法定支付从价格端向惩罚端移动,人们会开始认为触发支付的行为不那么道德,不太愿意参与其中。

12.5 行为伦理学:预测犯罪行为在什么时候更可能发生

在上一节中,我们讨论了认知心理学洞察如何启发刑事政策的设计,从而增强威慑和报应效果。本节我们转而讨论行为伦理学对犯罪控制的贡献。[110]这类研究的重点在于,大多数人希望自己的行为是道德的、有价值的,而非竭尽所能抓住每个提高个人福利的机会,也就是说,大多数人都希望自己是好人,而不是坏人。因此,当人们觉得可以证明自己(自私)的选择是正当时,反社会行为的倾向就会增加。正如乔治·康斯坦萨(George Costanza)在向杰瑞·宋飞(Jerry Seinfeld)解释怎么样才能通过测谎仪测试时巧妙道出的那样:"杰瑞,只要记住……如果你相信它……它就不是谎言。"[111]

行为经济学家和心理学家已经研究了在何种条件下人们更可能相信自己的谎言并不是真正的谎言——或者更一般地,他们相信其自利的选择是合理的。其中的一个关键点是情境的可塑性。当人们以自利的方式来解释自身行为时,这些行为必须反映出至少一些可以用来为其行为辩解的道德模糊性。虽然一个人可能能够为自己从雇主处盗窃办公用品的行为辩解(如,"我会归还的""我在工作中使用了自己的笔,这是一种补偿"),但是要为自己从雇主的收银机里盗窃现金的行为辩解则困难得多。通过识别出这些条件,可以确定犯错行为发生概率更大的情形。

一旦识别出更有可能发生犯错行为的情形,就会出现两种处理的政策路径。一种方法是针对这些情形采取威慑措施。例如,分配额外资源加强执法,来提高发现违法者的概率。或者,政策制定者也可以试图重新设计决策环境,以降低人们为犯错的选择辩解的能力,或增强他们遵从道德的行为动机。例如,研究人员已经证明,要求人们回忆《摩西十诫》可以降低他们作弊的倾向。[112]这种效果与表现出的记忆水平无关,这表明它是通过唤起人们对道德的关注来实现的,而不是通过激活宗教信仰所驱动的。在下面各小节,我们将更细致地考察行为伦理学领域一些具体的研究成果,并着重关注它们对犯罪控制的潜在影响。

12.5.1 事实性模糊

如上所述,有些模棱两可的情形让人们得以朝着自利的方向去辩解。这意味着决策环境中的微小变化可能会影响犯罪水平。一旦我们不再处于典型的犯罪事实模式(像丹偷了埃里尔的钱包这样的典型案件),上述的心理机制就会发挥作用。

尼娜·马扎尔(Nina Mazar)、翁·阿米尔(On Amir)以及丹·阿里利(Dan Ariely)用一个简单的程式化实验证明了这一点。[113]在这个实验中,参与者被要求完成一项数学任务,并根据他们的表现获得报酬。参与者被随机分配到下面三个组中的其中一组:(1)对照组,该组中由实验人员检查参与者的答案并给以现金奖励;(2)现金作弊组,该组中由参与者自己上报答案然后立即得到现金奖励;(3)与第(2)组类似的代币作弊组,但实验参与者是从实验人员处先收到代币,几秒后再被兑换成现金。在实验中引入代币显著提高了人们夸大成绩及作弊的意愿。正如几位作者指出的,代币的形式使参与者得以"朝自利的方向去辩解他们的不诚实行为,从而减弱了他们本应接收到的负面自我信号"。[114]

从实验室条件到现实犯罪环境,这一发现表明,当犯罪行为与伤害他人这类明显的不道德行为分离时,人们参与其中的意愿可能会增强。以白领犯罪为例。近年来,大量的金融丑闻给许多人造成了巨大的伤害。在某些案件中,涉及将数十亿美元从投资者以及房屋所有权人那里转移到腐败的管理人员手中的犯罪行为。现代金融市场的抽象属性以及其中的证券交易极有可能为这一做法提供了一个合理化的过程,在这个过程中,他们真的相信这种偷窃不算偷窃。[115]

12.5.2 法律上的模糊

有时候模糊性源自其适用的法律。法律本身就具有不确定性。这种不确定性可能来自多个方面,包括捕捉每一个潜在事件的语言带来的局限性。例如,禁止"车辆"进入公园的法律是否适用于自行车、滚轮溜冰鞋,甚至玩具汽车,可能并不清楚。[116]因此,人们在决定是否骑自行车通过公园时,面临着由于法律条文的不确定而带来的法律后果的不确定。不确定性的另一个来源是常用的法律标准,这些标准依赖于事后对情况的评估来确定法律责任,如"疏忽""诚信"和"合理使用"。例如,司机在决定是否以危险的方式驾驶时,往往不知道他的选择是否违反了适用的法律标准。

预期效用理论认为,一个人是否违反规范取决于其预期的制裁,而预期的制裁又取决于违法行为被发现的可能性。行为伦理学不仅预测纯粹的制裁概率,而且还预测制裁的不确定来源。模糊的法律规范有利于进行动机性推理。[117]一旦起支配作用的规范允许一定的回旋空间,人们就可能会利用这种空间做对自己有利的辩解。尤瓦尔·费尔德曼和多伦·泰希曼在一系列考察人们参与侵害行为的意愿的实验中证明了这一点。[118]这些实验保持预期制裁不变,但是对不确定性的来源进行操纵。部分受试者面临执法的不确定性,而另一部分受试者面临法律上的不确定性。结果表明,面对法律上的不确定性的受试者参与侵害行为的意愿更强,表明模糊的法律规范可能会以自利的方式来被解读。

这一发现具有多种规范含义。[119]例如,它从行为学视角阐明了,作为旨在加强合规性的政策工具,在不确定的法律和不确定的执法之间如何进行权衡。这个一般性的问题在关于税务合规的文献中引起了特别的关注。[120]在纯粹理性选择的框架下,辩论的重点在于:法律上的不确定性,仅仅被归结为预期制裁中包含的另一个概率因素,除了削弱制裁外,它不会影响行为。因此,从威慑的角度看,在某些条件下,提高法律上的不确定性可能是有用的。相反,从行为的角度来看,法律上的不确定性从根本上改变了人的决定,因为它为通向反社会行为的心理过程开了一道门。因此,法律上的不确定性可能会破坏自觉守法。[121]

12.5.3 驱动力

迄今为止,我们侧重于行为的合理化,没有关注到驱使人们利用模糊性来追求其个人利益的动机因素。显然,这是一个答案多样的复杂问题,所有的答案都尚待确定。尽管如此,已有文献记载了若干影响这一过程的中间因素。

首先,部分研究已经证实,损失厌恶在道德决策中的作用。[122]一项实验中,受试者被要求完成一个极其艰巨的任务:要么赚取一定数量的钱(收益框架),要么避免同样数量的金钱损失(损失框架)。尽管在这两种情况下作弊都很容易,但参与者倾向于在涉及损失情形下作弊。[123]而在较早前进行的一项针对资深税务从业人员的实验中,受试者明显更倾向于签署利用税法的模糊性来留住现有客户(损失框架)的纳税申报单,而非赢得潜在的新客户(收益框架)的报税单。[124]普遍地说,大量的实证及实验研究表明,相比在预缴不足的情况下需要支付额外金额(损失框架),纳税人在预缴过高的情况下希望获得退税(收益框架)时,纳税合规性更高。[125]研究还表明,未能完成目标(被视为参照点)的人相比那些正在尽力完成的人更有可能从事不道德的行为。[126]与目标设定的相关文献的结论一致[127],当人们感到离达成目标就差一点的时候,采取不道德行为的倾向特别强烈。

在人的动机性推理过程中可能发挥作用的第二个中间因素,是人对自身的相对财务状况的感知。人总是根据经济收入等客观指标以及心理期望等主观指标来衡量自己的财务幸福感。在这个过程中,社会对比发挥着重要作用。如果人们觉得自己的财务状况不如同龄人,他们将会感受到财务剥夺。此外,对财务剥夺感的研究表明,当这种感觉被触发时,人的选择会发生改变。例如,感到财务剥夺的人会增加对其他人没有的稀缺物品的消费,以避免比较。[128]

近来,研究人员发现,财务剥夺感可能会影响不道德行为的倾向。[129]在相关实验中,受试者首先被随机分配到不同的条件下,其中包括一项让一半的人感到财务剥夺的任务。初步任务之后,受试者被要求完成第二项任务,其中包括一个可以提升他们在实验中的收益的作弊机会。在第一项任务中感到被剥夺的受试者在第二项任务中作弊的可能性明显更高。与此相关的是,弗朗切斯卡·吉诺和拉马尔·皮尔斯(Lamar Pierce)证明,只要在进行实验的房间中间放一堆7 000美元的现金,就足以显著增加作弊的发生率。[130]正如他们所指出的,在决策环境中财富的存在可以"推动个体超越道德临界点,将他们腐蚀至欺诈"。[131]

这些发现在微观和宏观层面都具有潜在的政策意义。在微观层面,他们建议潜在的受害者应适应可能产生经济剥夺感的情况。例如,决定削减雇员工资的雇主应该意识到,这种削减可能会增加雇员盗窃的风险。[132]反过来,如果以一种敏感的方式向员工解释导致减薪的原因,这种效应可能会被减弱。[133](当然,除非原因是贪婪,在这种情况下,增加侦查投入可能是一个更好的选择。)在宏观层面上,这些发现表明,日益加剧的不平等与犯罪之间存在潜在联系。根据这一思路,累进税制可能被证明是一种有效的犯罪控制工具。[134]

另一个可能刺激不道德行为产生的中间因素是竞争。在一项精心设计的实验中,阿莫斯·舒尔(Amos Schurr)和伊拉娜·里托夫要求受试者报告两个隐藏的、只有受试者才能观察到的骰子的投掷结果。[135]因为夸大结果会增加自己的收益,而损害其他参与者的利益,所以实验对象报告的投掷结果可以作为衡量受试者道德的指标。有趣的是,在预备阶段的一次竞争性任务中获胜的参与者,表现出了夸大骰子结果的倾向。输家报告的平均投掷结果是 6.35,而赢家报告的平均投掷结果是 8.75,明显高于输家以及平均预期值 7。舒尔和里托夫利用在竞争性任务中获胜所产生的权利意识来解释这一结果。鉴于竞争在市场(在公司内部以及不同公司之间)和政治的权力分配中所起的核心作用,那些掌握权力的人很可能最容易出现不道德的行为。

最后,除了上述的心理因素外,一些新兴的研究已经开始着眼于人的生理状态与不道德行为之间的因果关系。[136]总的来说,这些研究表明,随着人的生理资源耗尽,其自我控制能力会减弱。因此,生理资源被剥夺(饥饿、疲惫等)的人更有可能做出不道德行为。例如,有研究表明,不诚实行为在下午比在上午发生得更为普遍。[137]虽然人们可以从这些研究中得出政策建议(有行为学倾向的警察局长可能会考虑在晚餐前增加巡逻),但在现在这个早期阶段,这样做还为时过早。[138]

12.6 对累犯的惩罚

讨论完针对特定条件下做坏事的"好人"的政策之后,我们转而讨论做了许多坏事的"坏人"——累犯。妥善地处理累犯非常重要,因为这一小部分罪犯制造了与其人数不成比例的违法案件。例如,在瑞典,研究人员发现,1%的人制造了该国 63% 的暴力犯罪。[139]

考虑到对累犯处理的重要性,将犯罪行为人的犯罪史作为决定其刑罚轻重的一个关键因素也就不足为奇了。[140]在所有其他条件相同的情况下,重复犯罪者应比初次犯罪者受到更严厉的惩罚。对累犯加重法定制裁的做法很普遍。例如在整个美国,所有州的量刑指南都针对有犯罪记录的被告上调犯罪级别。[141]此外,有几个州已经通过了对惯犯强制性地加重处罚的具体法规。[142]

虽然这种法律制度似乎很直观合理,但其内在理据却并不完全清晰。如果法律制度侧重于有效威慑,即侧重于社会危害和侦破概率,那么就没有理由认为重复犯罪需要给予更严厉的惩罚。事实上,我们可以提出一个与该观点完全相反的例子:既然具有犯罪记录的犯罪行为人被侦破的概率更高(因为他的 DNA 和指纹都保存在系统中,警方可以立即检查犯罪时他是否在场,等等),这样的犯罪行为人在抓获时应该受到较轻的制裁。[143]主张报应论的学者在这一点上也感到纠结,因为从公正惩罚的角度来看,"一个人用枪指着另一个人抢劫了 20 美元,不应简单地因为其五年前被判入室盗窃而受到更严厉的惩罚"。[144]

尽管如此,理性选择理论还是为现有的法律制度提供了几种解释。其中一种解释侧重于威慑以及调整制裁的必要性,同时考虑到了个别犯罪行为人的犯罪倾向。[145]根据这种解释,多次被定罪的人有可能表现出更大的犯罪倾向。如果约翰在受到惩罚后继续持有大量违禁药物,人们可能会认为,相比他从犯罪行为中得到的效用,他所受的惩罚不足以对他造成威慑。通过保留对这类犯罪行为人的严厉制裁,刑事司法系统可以进行有效的区别定价,仅仅在一小部分案件中使用代价高昂的严厉制裁。另一种解释是基于审判过程以及判决错误的可能性而提出的。[146]根据这个理论,罪犯被定罪的次数越多,这个人被错误定罪的可能性就越小。如果马克多次带着购物车里未付款的商品离开超市,那么第三次发生这种情况时,量刑的法官可能相对会更加确信这并不是一个无心的错误。因此,虽然对于未遂案件而言,可能会出于错误定罪的风险而对制裁打折,但这种打折不应适用于累犯的情况。

行为分析为现有制度提供了另一种解释。埃胡德·古特尔(Ehud Guttel)和阿隆·哈雷尔将当前针对累犯的刑罚政策与概率匹配(probability matching)现象联系起来,即倾向于采用基于收益分布的混合策略,而不是专注于效用最大化的单一策略。换句话说,当面对一个收益始终是70%概率为红色和30%概率为蓝色的重复赌局时,人们不会每次都选择红色,即使这是效用最大化的策略。相反,人们经常选择蓝色,以匹配潜在的收益。正如古特尔和哈雷尔的分析所表明的,需要反复决定是否实施犯罪的犯罪行为人,可能不会被这种旨在带来完全的守法预期、经过了最优化设计的制裁措施所威慑。不同于会理性分析情况、并会克制犯罪(始终押注红色)的单次犯罪者,重复犯罪者可能会采取基于概率匹配的混合策略,间歇性地实施犯罪(偶尔押注蓝色)。一旦法律识别出这些人的身份,有效的途径就是加重对他们的惩罚,以增强对其行为的威慑。

上述分析仅针对犯罪行为人的行为。然而,如前所述[147],专注于普遍感知的正义观念的研究表明,人们不愿基于感知到的、某个违法者对社会的危险,而加重对其的惩罚。这种差异可以表明,对刑法及其执行的行为学分析具有复杂性。

12.7　结语

行为学分析涵盖了刑法和执法领域的重要方面。它拓宽了我们对预期制裁与潜在罪犯人群之间的相互作用,以及刑法与普遍持有的正义观念之间的相互影响的理解。最终,行为学分析似乎揭示了以完全理性为假设的传统威慑模型的缺陷。尽管如此,我们也必须承认行为学分析并没有提供一个明确的替代模型,来指导负责构建刑事司法系统的决策者。这并不能说明行为学分析在这方面是失败的:犯罪是一种复杂的人类社会现象,受到心理学、社会学、经济学和生理学上的众多因素所驱动。反过来,这种复杂性表明,期望利用任何单一的模型给世界上任何一个地区、任何特定时期的决策者(甚至即使是某个特定时间点上的某个特定决策者)提供所有问题的答案,都是不现实的。行为学分析的最大目标是丰富现有的政策辩论,并突出刑事司法系统可能考虑采取的潜在路径。

注　释

[1] 参见 Gary S. Becker，Crime and Punishment：An Economic Approach，76 J. Pol. Econ. 169 (1968)。

[2] 参见 Steven Shavell，Foundations of Economic Analysis of Law 473 – 530 (2004)。

[3] 相关文献综述，参见：Steven D. Levitt & Thomas J. Miles，*Empirical Study of Criminal Punishment*，in 1 Handbook in Law And Economics 455 (A. Mitchell Polinsky & Steven Shavell eds.，2007)；Isaac Ehrlich，*Economics of Criminal Law*，in 3 The Oxford Handbook of Law and Economics 295，304 – 16 (Francesco Parisi ed.，2017)。

[4] 相关文献综述，参见：Nuno Garoupa，Behavioral Economic Analysis of Crime：A Critical Review，15 Euro. J. L. & Econ. 5 (2003)；Christine Jolls，On Law Enforcement with Boundedly Rational Actors，in The Law and Economics of Irrational Behavior 268 (Francesco Parisi & Vernon L. Smith eds.，2005)；Richard H. McAdams & Thomas S. Ulen，Behavioral Criminal Law and Economics，in Criminal Law and Economics 403 (Nuno Garoupa ed.，2009)；Alon Harel，Behavioral Analysis of Criminal Law：A Survey，in The Oxford Handbook of Behavioral Economics and the Law (Eyal Zamir & Doron Teichman eds.，2014)。

[5] 参见 Steven S. Shavell，*A Model of Optimal Incapacitation*，77 Am. Econ. Rev. (Papers and Proceedings) 107(1987)。

[6] 参见 Shavell，前注[2]，第 516—518 页。

[7] 关于这些困难的分析，参见 Steven N. Durlauf & Daniel S. Nagin，*The Deterrent Effect of Imprisonment*，in Controlling Crime：Strategies and Tradeoffs 43，50 – 58 (Philip Cook，Jens Ludwig &Justin McCrary eds.，2011)。

[8] 参见 Anthony N. Doob & Cheryl Marry Webster，*Sentence Severity and Crime：Accepting the Null Hypothesis*，30 Crime & Just. 143 (2003)。

[9] 参见 Levitt & Miles，前注[3]。

[10] 参见 Harry R. Dammer & Jay S. Albanese，Comparative Criminal Justice Systems 213 – 38 (2013)。

[11] 在其早期研究中，Becker 谨慎地指出了各种风险偏好的影响，参见 Becker，前注[1]，第 179 页。另见 Shavell，前注[2]，第 502—508 页。

[12] 关于侵权法的经济分析，参见上文 9.2 节。

[13] 在货币制裁的背景下，这一假设是成立的，因为提高制裁强度几乎没有成本，只要它们不超过犯罪者的财富上限(注意，罚款是财富转移的一种形式，因此不产生实际的社会成本)。在非货币制裁的背景下，这一假设是否成立就不那么明显了，因为把人关进监狱会产生巨大的成本。

[14] Paul Robinson 和 John Darley 在法律文献中最清晰地阐述了这一论点。参见 Paul

H. Robinson & John M. Darley，The Utility of Desert，91 Nw. U. L. Rev. 453
(1997)（以下称为 Robinson & Darley，The Utility of Desert）；Paul H. Robinson
& John M. Darley，The Role of Deterrence in the Formulation of *Criminal Law
Rules：At Its Worst When Doing Its Best*，91 Geo. L.J. 949（2003）；Paul H. Rob-
inson & John M. Darley，*Intuitions of Justice：Implications for Criminal Law
and Justice Policy*，81 S. Cal. L. Rev. 1（2007）。

[15]　参见 John Mikhail，*Universal Moral Grammar：Theory，Evidence and the Fu-
ture*，11 Trends Cognitive Sci.143（2007）。

[16]　参见 John M. Darley，*Citizens' Assignment of Punishments for Moral Trans-
gressions：A Case Study in the Psychology of Punishment*，8 Ohio St. J. Crim.
L. 101（2010）。

[17]　参见 Antony R. Duff，Intention，Agency and Criminal Liability：Philosophy of
Action and the Criminal Law 103（1990）。

[18]　进一步的评述，参见：Kevin M. Carlsmith & John M. Darley，*Psychological As-
pects of Retributive Justice*，40 Advances Exp. Soc. Psychol. 193（2008）；John
M. Darley & Adam L. Alter，*Behavioral Issues of Punishment，Retribution，
and Deterrence*，in The Behavioral Foundation of Public Policy（Eldar Shafir ed.，
2013）。

[19]　参见 Cass R. Sunstein，David Schkade & Daniel Kahneman，*Do People Want Op-
timal Deterrence?*，29 J. LegalStud. 237，244 – 46（2000）。

[20]　出处同上，第 245 页。

[21]　参见 Kevin M. Carlsmith，John M. Darley & Paul H. Robinson，*Why Do We
Punish? Deterrence and Just Deserts as Motives for Punishment*，83 J. Personality
& Soc. Psychol. 284，288 – 95（2002）。

[22]　出处同上，第 292 页。

[23]　基于属于同一系列的九个实验，Baron 和 Ritov 还得出以下结论："一般来说，受试
者对案件之间不同的侦破概率似乎不是很敏感。"参见 Jonathan Baron & Ilana
Ritov，*The Roleof Probability of Detection in Judgments of Punishment*，1 J.
Legal Analysis 553，581（2009）。后续的一份研究在一个激励相容的实验室环境
中研究了这个问题，参见 Aurélie Ouss & Alexander Peysakhovich，*When Punish-
ment Doesn't Pay：Cold Glow and Decisions to Punish*，58 J.L. & Econ 625，639
– 45（2015）。

[24]　参见前注[5]及其对应正文。

[25]　参见 George P. Fletcher，Rethinking Criminal Law 459 – 69（2000）。细致考量这
一问题的观点，参见 Andrew Von Hirsch，*Criminal Record Rides Again*，10
Crim. Just. Ethics 2（1991）。

[26]　参见 John M. Darley，Kevin M. Carlsmith & Paul H. Robinson，*Incapacitation
and Just Deserts as Motives for Punishment*，24 Law & Hum. Behav. 659，660 –

71（2000）。

[27]　出处同上，第 676 页。

[28]　参见 Robinson & Darley, *The Utility of Desert*，前注[14]。

[29]　相关评述，参见 Darley & Alter，前注[18]，第 184—185 页。在这种情况下，分析的重点在于刑法的实质内容，然而大量的研究也将这一点与执法程序的公平性联系起来。可参见 Tom R. Tyler, Why People Obey the Law（1990）。

[30]　参见 Janice Nadler, *Flouting the Law*, 83 Tex. L. Rev. 1399（2005）。

[31]　出处同上，第 1410—1416 页。

[32]　参见 Paul H. Robinson & John M. Darley, *Does Criminal Law Deter? A Behavioural Science Investigation*, 24 Oxford J. Legal Stud. 173, 175–78（2004）。

[33]　参见 Baron & Ritov，前注[23]，第 566—569 页。

[34]　一般性的讨论，参见上文 2.7.2 节。

[35]　参见 Anthony Duff, Criminal Attempts 1（1996）。

[36]　参见 Andrew Ashworth, Principles of Criminal Law 445–47（5th ed. 2006）（对两种类型的未遂的评述）。

[37]　可参见 Model Penal Code §5.01(1)(c)（1985）（仅对构成犯罪实质性步骤的行为定罪）。

[38]　关于英美判例法的相关综述，参见：Duff，前注[35]，第 33—61 页；Hamish Stewart, *The Centrality of the Act Requirement for Criminal Attempts*, 51 U. Toronto L. J. 399, 402–11（2001）。

[39]　参见 Steven Shavell, *Deterrence and the Punishment of Attempts*, 19 J. Legal Stud. 435（1990）。

[40]　参见：Wayne R. LaFave, Criminal Law §11.2(b)（5th ed. 2010）（从早期预防的角度分析犯罪未遂）；Shavell，出处同上，第 458 页（从丧失犯罪能力的角度分析犯罪未遂）。

[41]　参见 Fletcher，前注[25]，第 131—197 页。

[42]　参见 Model Penal Code §5.05(1)（1985 年正式草案及修订意见）。

[43]　参见 Omri Ben-Shahar & Alon Harel, *The Economics of the Law of Criminal Attempts: A Victim-Centered Perspective*, 145 U. Pa. L. Rev. 299, 318–19（1996）。

[44]　出处同上，第 319 页注释 44。

[45]　参见：Richard A. Posner, *An Economic Theory of the Criminal Law*, 85 Colum. L. Rev. 1193, 1217–18（1985）；Shavell，前注[39]，第 452—455 页。

[46]　参见：Rita James Simon & Linda Mahan, *Quantifying Burdens of Proof: A View from the Bench, the Jury, and the Classroom*, 5 Law & Soc'y Rev. 319（1971）；Norbert L. Kerr, *Severity of Prescribed Penalty and Mock Juror's Verdicts*, 36 J. Personality & Soc. Psychol. 1431（1978）。但参见 Angela M. Jones, Shayne Jones & Steven Penrod, *Examining Legal Authoritarianism in the*

Impact of Punishment Severity on Juror Decisions, 21 Psychol. Crime & Law 939 (2015); Eyal Zamir, Elisha Harlev & Ilana Ritov, *New Evidence about Circumstantial Evidence*, 41 Law & Psychol. Rev.107, 138–45 (2017)。

［47］ 参见 Ehud Guttel & Doron Teichman, *Criminal Sanctions in the Defense of the Innocent*, 110 Mich. L. Rev.597, 611–20 (2012)。

［48］ 参见 Posner，前注［45］，第 1217—1218 页。

［49］ 参见 Model Penal Code §5.01(4) (1985 年正式草案及修订意见)。

［50］ 参见 Jonathan Baron & John C. Hershey, *Outcome Bias in Decision Evaluation*, 54 J. Personality & Soc. Psychol. 569 (1988)。

［51］ 参见：Robert A. Caplan, Karen L. Posner & Frederick W. Cheney, *Effect of Outcome on Physician Judgments of Appropriateness of Care*, 265 JAMA：J. Am. Med. Ass. 1957 (1991)；Francesca Gino, Lisa L. Shu & Max H. Bazerman, *Nameless + Harmless = Blameless：When Seemingly Irrelevant Factors Influence Judgment of (Un)ethical Behavior*, 111 Org. Behav. & Hum. Decision Processes 93 (2010)。

［52］ 参见上文 2.4.6 节。

［53］ 参见 Neal Feigenson, Legal Blame：How Jurors Think and Talk about Accidents 59 (2000)。

［54］ 参见 Donald A. Dripps, *Fundamental Retribution Error：Criminal Justice and the Social Psychology of Blame*, 56 Vand. L. Rev. 1383, 1401–03 (2003)。

［55］ 与基本归因错误现象相反的，是那些伤害仅与被告的行为有间接关联的案件。法律旨在通过近因原则(doctrine of proximate cause)，在一定程度上限制不良后果的刑事责任，以排除与被告的行为没有充分关联的不良后果。鉴于人们具有将责任归咎于人而不是环境的倾向，在确定因果关系时往往倾向于将刑事责任范围扩大化。出处同上，第 1405 页。

［56］ 参见 Paul H. Robinson & John M. Darley, *Objectivist versus Subjectivist Views of Criminality：A Study in the Role of Social Science in Criminal Law Theory*, 18 Oxford J. Legal Stud. 409 (1998)。

［57］ 我们在下文中进一步放宽这个假设。参见 12.4.2 节。

［58］ 参见上文 2.3 节。

［59］ 参见 Alon Harel & Uzi Segal, *Criminal Law and Behavioral Law and Economics：Observations on the Neglected Role of Uncertainty in Deterring Crime*, 1 Am. L. & Econ.. Rev.276 (1999)。

［60］ 例如，James Cox 在分析白领犯罪时采用了这一框架。参见 James D. Cox, *Private Litigation and the Deterrence of Corporate Misconduct*, 60 Law & Contemp. Probs. 1 (1997)。

［61］ 参见 Tom Baker, Alon Harel & Tamar Kugler, *The Virtues of Uncertainty in Law：An Experimental Approach*, 89 Iowa L. Rev. 443, 463 (2004)。

[62]　参见上文 2.3.1 节。

[63]　参见 Robinson & Darley, *The Utility of Desert*,前注[14],第 459—460 页。

[64]　参见上文 2.4.3 节。

[65]　参见 Christine Jolls, Cass R. Sunstein & Richard Thaler, *A Behavioral Approach to Law and Economics*, 50 Stan. L. Rev. 1471, 1538 (1998)。

[66]　参见 Garoupa,前注[4],第 9 页。

[67]　参见下文 16.4 节。

[68]　参见上文 2.2.6 节。

[69]　参见 Jolls, Sunstein & Thaler,前注[65],第 1538 页。

[70]　参见 Cass R. Sunstein & Adrian Vermeule, *Is Capital Punishment Morally Required? Acts, Omissions, and Life-Life Tradeoffs*, 58 Stan. L. Rev. 703, 714 (2005)。

[71]　参见 Cass R. Sunstein, *What's Available? Social Influences and Behavioral Economics*, 97 Nw. U. L. Rev. 1295, 1305 – 11 (2003)。

[72]　参见 Sunstein,前注[71],第 1311 页。

[73]　参见 Dan M. Kahan, *Two Conceptions of Emotion in Risk Regulation*, 156 U. Pa. L. Rev. 741, 755 – 56 (2008)。

[74]　这可以被视为一种信息过载的情况。参见 Martin J. Eppler & Jeanne Mengis, *The Concept of Information Overload: A Review of Literature from Organization Science, Accounting, Marketing, MIS, and Related Disciplines*, 20 Info. Soc'y 325 (2004)。另见上文 8.7.2 节。

[75]　参见上文 2.2.9 节。

[76]　参见 Harel & Segal,前注[59],第 304 页。

[77]　关于从众效应,参见上文 2.4.6 节、2.5.1 节、4.4.3 节。

[78]　参见 Daniel Katz & Floyd H. Allport, Student Attitudes (1931)。

[79]　参见 Bruno S. Frey & Benno Torgler, *Tax Morale and Conditional Cooperation*, 35 J. Comp. Econ. 136 (2007)。

[80]　相关综述,参见 Ehud Guttel & Alon Harel, *Uncertainty Revisited: Legal Prediction and Legal Postdiction*, 107 Mich. L. Rev. 467, 471 – 79 (2008)。

[81]　出处同上,第 479—498 页。

[82]　出处同上,第 487—491 页。虽然我们同意 Guttel 和 Harel 提出的观点很有趣,但我们同时也承认其在实践层面的问题。当中最大的隐忧或许就在于,对审计对象的身份进行保密的难度,以及掌握内部信息可能产生的腐败现象。

[83]　参见 Ralph Hertwig & Ido Erev, *The Description—Experience Gap in Risky Choice*, 13 Trends Cognitive Sci. 517 (2009)。

[84]　参见 Ido Erev & Ernan Haruvy, *Learning and the Economics of Small Decisions*, in 2 The Handbook of Experimental Economics 638 (John H. Kagel & Alvin E. Roth eds., 2016)。

[85] 出处同上,第 689 页。

[86] 例如,在美国酒后驾车受到惩罚的概率低于千分之一。参见 H. Laurence Ross, Confronting Drunk Driving: Social Policies for Saving Lives 61 - 62 (1992)。

[87] 参见:Durlauf & Nagin,前注[7],第 43 页;Daniel S. Nagin, *Deterrence: A Review of the Evidence by a Criminologist for Economists*, 5 Ann. Rev. Econ. 83, 101 (2013)。

[88] 参见 Shavell,前注[2],第 484 页。

[89] 参见 James Alm & Michael McKee, *Tax Compliance as a Coordination Game*, 54 J. Econ. Behav. & Org. 297 (2004) (税收);Christopher J. Waller, Thierry Verdier & Roy Gardner, *Corruption: Top Down or Bottom Up?*, 40 Econ. Inq. 688 (2002) (腐败)。

[90] 参见 Ido Erev et al., *Continuous Punishment and the Potential of Gentle Rule Enforcement*, 84 Behav. Processes 366, 370 (2010)。

[91] 威慑理论关注的是激励机制,因此犯罪行为人感受惩罚的方式是威慑理论的一个组成部分。而报应理论在这方面显得复杂得多。其中部分研究融入了遭受惩罚的主观体验,而部分研究则通过客观观察来评估政策。参见:Adam Kolber, *The Subjective Experience of Punishment*, 109 Colum. L. Rev. 182 (2009);Dan Markel & Chad Flanders, *Bentham on Stilts: The Bare Relevance of Subjectivity to Retributive Justice*, 98 Cal. L. Rev. 97 (2010);Harel,前注[4],第 591—594 页。

[92] 对这一问题更深入的讨论,包括对各种惩罚理论的影响,参见 John Bronsteen, Christopher Buccafusco & Jonathan Masur, *Happiness and Punishment*, 76 U. Chi. L. Rev. 1037 (2009)。

[93] 参见上文 9.4.2 节。

[94] 参见 Sonja Lyubomirsky, *Hedonic Adaption to Positive and Negative Experiences*, in The Oxford Handbook of Stress, Health and Coping 200 (Susan Folkman ed., 2010)。

[95] 参见 Philip Brickman, Dan Coates & Ronnie Janoff-Bulman, *Lottery Winners and Accident Victims: Is Happiness Relative?*, 36 J. Personality & Soc. Psychol. 917, 918 - 21 (1978)。

[96] 参见 Robinson & Darley,前注[32],第 188—189 页。

[97] 参见 Richard E. Lucas, *Time Does Not Heal All Wounds: A Longitudinal Study of Reaction and Adaptation to Divorce*, 16 Psychol. Sci. 945 (2005) (由于离婚导致长期幸福感下降的报道)。

[98] 参见上文 9.4.2 节。

[99] 参见:Timothy D. Wilson et al., *Focalism: A Source of Durability Bias in Affective Forecasting*, 78 J. Personality & Soc. Psychol. 821 (2000);Timothy D. Wilson & Daniel T. Gilbert, *Affective Forecasting*, in 35 Advances in Experimental Social Psychology 345 (Mark P. Zanna ed., 2003)。

[100] 参见 McAdams & Ulen,前注[4]。当然,关于享乐适应的研究发现与监禁的其他目标并不相关,比如消除犯罪能力。

[101] 参见 Daniel Kahneman et al., *When More Pain Is Preferred to Less*：*Adding a Better End*, 4 Psychol. Sci. 401(1993)。

[102] 参见 Edward Zamble, *Behavior and Adaptation in Long-Term Prison Inmates*：*Descriptive Longitudinal Results*, 19 Crim. Just. & Behav. 409 (1992)。

[103] 参见 Robinson & Darley,前注[32],第 191 页。

[104] 参见 Doron Teichman, *Sex*, *Shame*, *and the Law*：*An Economic Perspective on Megan's Laws*, 42 Harv. J. on Legis. 355, 357 - 78 (2005)。

[105] 相关文献参见 Bruno S. Frey & Reto Jegen, *Motivation Crowding Out*, 15 J. Econ. Surv. 589 (2001)。

[106] 参见 Richard M. Titmuss, The Gift Relationship (1971)。

[107] 参见 Uri Gneezy & Aldo Rustichini, *A Fine Is a Price*, 29 J. Legal Stud. 1 (2000)。

[108] 参见 Yuval Feldman & Doron Teichman, *Are All Legal Dollars Created Equal?*, 102 Nw. U. L. Rev. 223 (2008)。

[109] 参见 Yuval Feldman & Doron Teichman, *Are All Legal Dollars Created Equal?*, 102 Nw. U. L. Rev. 223 (2008)。

[110] 关于行为伦理学,参见上文 2.4.9 节。

[111] 出自《宋飞正传》(*Seinfeld*,1995 年 2 月 9 日美国 NBC 电视台播出的电视剧)(第 6 季,第 16 集)。

[112] 参见 Nina Mazar, On Amir & Dan Ariely, *The Dishonesty of Honest People*：*A Theory of Self-Concept Maintenance*, 45 J. Marketing Res. 633，635 - 36 (2008)。

[113] 出处同上,第 637—638 页。

[114] 出处同上,第 638 页。

[115] 参见 Max H. Bazerman & Francesca Gino, *Behavioral Ethics*：*Toward a Deeper Understanding of Moral Judgment and Dishonesty*, 8 Ann. Rev. L. & Soc. Sci. 85，95 - 6 (2012)(将伯纳德·麦道夫的庞氏骗局中的一部分与行为伦理学联系起来)。

[116] 参见 H.L.A. Hart, *Positivism and the Separation of Law from Morals*, 71 Harv. L. Rev. 593, 607 (1958)。

[117] 参见上文 7.2.1 节、8.7.3 节。

[118] 参见 Yuval Feldman & Doron Teichman, *Are All Legal Probabilities Created Equal?*, 84 N.Y.U. L. Rev. 980 (2009)。

[119] 出处同上,第 1009—1019 页。

[120] 相关政策辩论的正式提出,参见 Suzanne Scotchmer & Joel Slemrod, *Randomness in Tax Enforcement*, 38 J. Pub. Econ. 17 (1989)。有关该问题的后续经济学讨论,

参见：James Alm, Betty Jackson & Michael McKee, *Institutional Uncertainty and Tax Payer Compliance*, 82 Am. Econ. Rev. 1018 (1992); James Andreoni, Brian Erard & Jonathan Feinstein, *Tax Compliance*, 36 J. Econ. Literature 818, 852－53 (1998)。

[121] 理性选择分析还强调了在法律上的不确定性在与合规性决策相关联的环境中前者造成的不利影响（例如，当针对那些偏离规范程度更大的人进行执法时，或当对他们施加更严厉的制裁时）。参见 Scott Baker & Alex Raskolnikov, *Harmful, Harmless, and Beneficial Uncertainty in Law*, 46 J. Legal Stud. 281 (2017)。

[122] 相关文献综述，参见 Eyal Zamir, Law, Psychology, and Morality 31－33 (2015)。

[123] 参见 Jessica S. Cameron & Dale T. Miller, *Ethical Standards in Gain versus Loss Frames*, in Psychological Perspectives on Ethical Behavior and Decision Making 91 (David De Cremer ed., 2009)。

[124] 参见 Kaye J. Newberry, Philip M.J. Reckers & Robert W. Wyndelts, *An Examination of Tax Practitioner Decisions: The Role of Preparer Sanctions and Framing Effects Associated with Client Condition*, 14 J. Econ. Psychol. 439 (1993)。

[125] 可参见：Paul Corcoro & Peter Adelsheim, *A Balance Due before Remittance: The Effect on Reporting Compliance*, in Recent Research on Tax Administration and Compliance: Selected Papers Given at the 2010 IRS Research Conference (2010)，网址：http://www.irs.gov/pub/irs-soi/10rescon.pdf（实证数据）；Dennis R. Schmidt, *The Prospects of Taxpayer Agreement with Aggressive Tax Advice*, 22 J. Econ.Psychol. 157 (2001)（实验结果）；Erich Kirchler & Boris Maciejovsky, *Tax Compliance within the Context of Gain and Loss Situations, Expected and Current Asset Position, and Profession*, 22 J. Econ. Psychol. 173 (2001)（同上）；Kathleen DeLaney Thomas, *Presumptive Collection: A Prospect Theory Approach to Increasing Small Business Tax Compliance*, 67 Tax L. Rev. 111 (2014)（综述）。

[126] 参见 Maurice E. Schweitzer, Lisa Ordóñez & Bambi Douma, *Goal Setting as a Motivator of Unethical Behavior*, 47 Acad. Mgmt. J. 422 (2004)。

[127] 参见 Chip Heath, Richard P. Larrick & George Wu, *Goals as Reference Points*, 38 Cognitive Psychol.79 (1999)。

[128] 参见 Eesha Sharma & Adam L. Alter, *Financial Deprivation Prompts Consumers to Seek Scarce Goods*, 39 J. Consumer Res. 545 (2012)。

[129] 参见：Eesha Sharma et al., *Financial Deprivation Selectively Shifts Moral Standards and Compromises Moral Decisions*, 123 Org. Behav. & Hum. Decision Processes 90 (2014); Leslie K. John, George Loewenstein & ScottI. Rick, *Cheating More for Less: Upward Social Comparisons Motivate the Poorly Compensated to Cheat*, 123 Org. Behav. & Hum. Decision Processes 101 (2014)。

[130]　参见 Francesca Gino & Lamar Pierce, *The Abundance Effect*：*Unethical Behavior in the Presence of Wealth*, 109 Org. Behav. & Hum. Decision Processes 142 (2009)。

[131]　出处同上，第 152 页。

[132]　参见 Jerald Greenberg, *Employee Theft as a Reaction to Underpayment Inequity*：*The Hidden Cost of Pay Cuts*, 75 J. App. Psychol. 561 (1990)。

[133]　出处同上。

[134]　参见 Sharma et al.，前注[129]，第 99 页。

[135]　参见 Amos Schurr & Ilana Ritov, *Winning a Competition Predicts Dishonest Behavior*, 113 Proc. Nat'l Acad. Sci. USA 1754 (2016)。

[136]　可参见：Christopher M. Barnes et al., *Lack of Sleep and Unethical Conduct*, 115 Org. Behav. & Hum. Decision Processes 169 (2011)（睡眠剥夺）；Kai Chi Yam, Scott J. Reynolds & Jacob B. Hirsh, *The Hungry Thief*：*Physiological Deprivation and Its Effects on Unethical Behavior*, 125 Org. Behav. & Hum. Decision Processes 123 (2014)（食物剥夺）；Nicole L. Mead et al., *Too Tired to Tell the Truth*：*Self-Control Resource Depletion and Dishonesty*, 45 J. Exp. Soc. Psychol. 594 (2009)（令人筋疲力尽的额外任务）；Francesca Gino, *Unable to Resist Temptation*：*How Self-Control Depletion Promotes Unethical Behavior*, 115 Org. Behav. & Hum. Decision Processes 191 (2011)（同上）。

[137]　参见 Maryam Kouchaki & Isaac H. Smith, *The Morning Morality Effect*：*The Influence of Time of Day on Unethical Behavior*, 25 Psychol. Sci. 95 (2013)。

[138]　有研究从更广泛的层面上将贫困与理性联系在一起。研究表明，在贫困的环境中长大，大脑的生理变化可能会对冲动的控制能力产生限制。参见 Stephanie Plamondon Bair, *Dynamic Rationality*, Ohio St. L.J. (forthcoming, working paper, May 2017，网址：https://ssrn.com/abstract=2974416)。然而，考虑到与这些研究相关的复杂因果关系，我们很难基于这些结论得出具体政策。

[139]　参见 Örjan Fank et al., *The 1% of the Population Accountable for 63% of All Violent Crime Convictions*, 49 Soc. Psychiatry & Psychiatric Epidemiology 559 (2014)。

[140]　参见 Julian V. Roberts, *The Role of Criminal Record in the Sentencing Process*, 22 Crime & Just. 303, 304(1997)；Bureau of Justice Assistance, National Assessment of Structured Sentencing 67 (1996)。

[141]　参见 Michael H. Tonry, The Future of Imprisonment 97 (2004)。

[142]　这些法律被称为"三振出局"法。相关对比描述，参见 John Clarck et al., U.S. Dep't of Justice, "Three Strikes and You're Out"：A Review of State Legislation 6 (1997)。

[143]　参见 David A. Dana, *Rethinking the Puzzle of Escalating Penalties for Repeat Offenders*, 110 Yale L.J. 733, 736 (2001)。

[144]　参见 Markus Dirk Dubber, *Recidivist Statutes as Arational Punishment*, 43

Buff. L. Rev. 689，705 (1995)。

［145］ 参见 A. Mitchell Polinsky & Daniel L. Rubinfeld，*A Model of Optimal Fines for Repeat Offenders*，46 J. Pub. Econ. 291 (1991)。

［146］ 参见 Ariel Rubinstein，*An Optimal Conviction Policy for Offenses That May Have Been Committed by Accident*，in Applied Game Theory 406 (S.J. Brams, A. Schotter & G. Schwodiauer eds.，1979)。

［147］ 参见上文 12.3.3 节。

▶ 13

税法与再分配

13.1　绪论

　　税收是用来支撑政府开支的。同时，它影响了经济增长以及负担和收益在社会不同阶层之间的分配。它们对许多活动产生激励和抑制作用，包括知识和技能获取、加入劳动力市场、消费、交易与投资设计、养老储蓄、节约能源、吸烟，甚至婚姻和生育。公众对政府服务的普遍需求，加上对纳税的普遍厌恶，使得税收政策在任何一个社会中都成为极具争议性的政治议题。

　　长期以来，经济学家、律师和法律经济学家一直在研究税收制度。1994 年，爱德华·麦卡弗里呼吁人们注意行为学洞见可以多种方式可以对税收系统的实证与规范分析做出贡献，并为这一领域的实证与规范研究设定了议程。[1]此后，实验研究专门探究了各种启发式和偏差如何影响人们对税收和税务相关事项的判断与决策。这些研究发现，人们对税收的判断与决策表现出框架效应[2]以及孤立效应（分解效应）[3]。人们更喜欢"隐性"税收[4]，对非突显的税收反应不足[5]。人们的判断取决于呈现数据的度量指标（是百分比还是绝对数额）[6]，并且弄不清楚边际税率和平均税率之间的区别。[7]"税收"作为标签的使用本身会产生负面反应[8]，消费者更愿意避免与税收相关的成本，而非等额（或更大的）非税收货币成本。[9]与此同时，一场关于实验结果的规范性政策含义的激烈辩论也随之兴起。[10]

　　这些以及其他类似的发现都与税收系统的几个方面高度相关，包括：（1）税收设计；（2）税收对人们经济决策的影响；（3）税务合规；以及（4）纳税人挑战税收义务的倾向。在税务设计方面，表现出认知偏差的政策制定者可能会设计出不一致、低效和不公平的税收制度。此外，即使是不容易受到影响或克服了认知偏差的政策制定者，也可能功利性地迎合大众带有偏差的判断，以争取获得对其提案和他们本人的政治支持。当然，政策制定者也可能利用常见的启发式和偏差，为所追求的改革争取支持。

　　其余的三个方面与政策制定者的行为无关，而与纳税人的行为相关。第二个方面是税收对人们选择就业、购买商品、退休储蓄等经济决策的影响。在这种背景下，启发式和偏差同时具有黑暗的一面和光明的一面。黑暗的一面是人的偏差可能导致其作出次优决策。例如,假如人根据不含税价格而不是商品的全部成本(含税)做出购买决定,可能会造成过度消费。光明的一面是,税收往往会阻碍对社会有益的交易和其他活动,从而造成无谓损失(deadweight loss)。[11] 在这种情况下,隐藏交易或活动的税收结果,可能会增加社会福利。[12]

第三个方面是税务合规。心理学洞察对理解人们为什么交税(即使不交税的法律制裁很轻),以及在什么情况下更有可能逃税至关重要。因此,心理学洞察可以用来提高纳税合规性。最后,认知因素,尤其是税收的突显性,也会影响纳税人使用行政和司法程序挑战税务义务的倾向。

在税收系统中对与心理现象相关的不同方面进行区分是很重要的,因为相同的现象在不同背景下可能会产生不同的效果和政策含义。因此,德博拉·申克(Deborah Schenk)、戴维·加米奇(David Gamage)和达里恩·尚斯克(Darien Shanske)强调了政治突显性(political Salience,税收的可见性对税收设计的影响,前述的第一方面)和经济或市场突显性(economic or market salience,税收的可见性对经济决策的影响,前述的第二方面)之间的区别。[13] 例如,在价格标签中包含增值税(value added tax,VAT)可以增强其经济突显性,因为买家在做出购买决策时更有可能考虑商品的总成本。与此同时,这种含税的做法降低了增值税的政治突显性,因为消费者不会被频繁提醒该税种的存在。

除了在以下 13.2 节、13.3 节中提到的行为发现对税收制度四个方面的贡献以外,本章还将进一步讨论另外两个问题。一是再分配问题,这无疑是任何一个现代税收体系的核心目标(也是存在争议的目标)。[14] 近年来,行为学研究通过揭示人们如何形成对累进税制的判断、贫困的认知后果、财富与主观幸福感之间的关联,以及在不同的再分配方法和对象之间的选择,大大丰富了对再分配问题的实证和规范分析。13.4 节讨论这些研究结果及其影响。最后,13.5 节对使用税收作为调整人类行为的手段,特别是劝阻由于认知偏差导致的自我伤害行为,进行评述。

13.2 税收设计

13.2.1 概述

税收设计属于政府政策与决策的一个特例,我们在本书第 11 章对政府政策与决策进行了一般性讨论。公职人员的动机及其受到认知偏差的影响、公民启发式和偏差对其投票行为和对政府政策支持的影响,以及政府利用公众认知偏差操纵舆论的问题,均被提出讨论。[15] 在此背景下,本节将重点阐述这些问题在税收设计背景下的几种表现。我们将仅讨论公民对税收的态度对税收设计产生的影响。这些态度对人的经济决策、税收合规和挑战纳税义务的倾向的影响将被分别讨论,税收累进制的问题也一样。[16]

13.2.2 预算余额

经济学家、政治家和公民对政府的最佳规模,以及与之相关的国家年度赤字和整体债务的最佳水平,持有相互矛盾的观点。但即使这些问题(包括政府再分配政策的范围和方式)可以在抽象的层面达成共识,这一共识的实施前景仍然令人担忧。虽然个体都偏好享受政府服务,厌恶纳税,但他们确实能意识到这两者之间是相互关联的。完全理性的人,能够看到整体情况(而非表现出孤立效应),且其偏好具有时间一致性(而不是短视的)并且是参照非依赖的(而非表现出现状偏差、禀赋效应等等)。完全理性人会支持必要的措施,以实现(他们认为的)最佳赤字和债务水平。可是现实中的人可能不会。与确认偏差一致[17],政治上有分歧的双方都倾向于将对方的判断描述为非理性的。正如乔纳森·巴伦和爱德华·麦卡弗里所概括的那样,"小政府的支持者担心,民众要求即时享受(医疗和社会保障等项目),却忽视了它们的长期成本,之后又不愿意削减这些项目;而认为这类项目可取的大政府的支持者,则担忧民众现在支持减税,而忽视了任何由此产生的财政赤字(或盈余减少)在未来对政府履行其职责的能力的长期影响"。[18]

在一项通过网络开展的调查实验中,巴伦和麦卡弗里首先向受试者展示了关于税收、支出和债务的基本选项,总体上都是抽象术语;然后让他们做一个政策选择。结果发现受试者不支持减税也不支持削减开支。相反,当受试者被告知,目前总税收相当一个典型家庭收入的 20%,而美国国债大约是联邦政府年度预算的 3 倍,"所以减少它的空间足够",受试者表现出支持小政府以及维持小额预算盈余倾向。[19]然而,面对类似的问题,当受试者必须指出具体的支出类别或者需要削减开支的类别(如医疗保健、社会保障或武装部队)时,他们表现出完全不愿意削减开支。[20]巴伦和麦卡弗里将这种不一致称为"可识别的受害者偏差"(identified-victim bias)。[21]

基于上述及其他实验,巴伦和麦卡弗里得出结论:当人们不是完全理性时,某些认知偏差的效应会相互抵消。最终,民众不愿意削减已经享有的福利,这与现状偏差、禀赋效应和损失厌恶相关。即使较早之前的减税增加了预算赤字,这种立场也可能会阻碍削减开支。因此,减少预算赤字和国债的一种方法是对赤字和债务实施自我施加的(也许是从宪法上的)限制,这首先将在总体水平上实施抽象的限制,并对随后的具体决策设定限制。另一种方法可能是将新增支出同新资源的可用性挂钩。

将税收专用于特定支出的常见做法,与预算平衡问题密切相关,特别是在争取民众对新税种(或提高现有税收)的支持时。例如,燃油税通常被指定用于高速公路改造,而香烟税则经常被用于癌症研究。从传统的经济学角度看,这种做法既令人困惑,也可能让人不安。鉴于资金的可替代性,这种做法在一定程度上造成了政府预算的僵化,并且会随着情况的变化,使低效项目的开支得以延续。

根据公共选择理论,特定用途税的盛行可能源于政策制定时期的时政动态。当新税的征收对象范围很广,而受益于该额外的特定用途税收的群体很小时,这一群体可能会比一般持反对意见的公众更高效地支持新税开征。[22]概括地说,有观点认为,将税收与受拥护的政府项目挂钩,可能会促进其自愿纳税。[23]

然而,这些理论都不能解释特定用途税的一个显著特征,即征税活动和税收的预期用途之间典型的关联性。通常,被征税的活动与税收收入的用途密切相关。例如,对污染物征税所得的收入通常用于环保目的,而不是用于教育等其他同样也受欢迎的项目。实验和观察研究表明,这种关联性确实增加了民众对税收的支持。[24]事实证明,当税收与支出项目无关联时(例如,当一家餐馆的税收是为高速公路建设提供资金,或燃油税是为餐饮业检查提供资金时),它们的受支持程度不仅低于税收与支出项目一致时,甚至会低于税收收入没有指定用途时的情况。[25]这一结果表明,特定用途税的受支持程度,不仅源于预期支出的固有受欢迎程度,还源于缴纳税款与使用之间建立的关联。

这可能反映了已为心理学研究证实的一种普遍的直觉,即正向和负向的互惠应该使用相同类型的资源。[26]当得到的回报是另一种资源时,例如用金钱换取爱情时,互惠的满足感会显著降低。[27]这一发现对一系列法律场景具有重要影响。在民事补救领域,已被证明,与货币支付相比,受试者更偏好实物补偿(如互惠性的土地使用)。[28]而同样地,在国家强制执法领域,研究表明,受试者更倾向于能减轻违法者造成的特定伤害的制裁类型。[29]

13.2.3 税收的政治突显性

在做判断和决策时,人往往不会考虑所有的相关变量,而只倾向于关注那些可以即刻获取的信息,并忽略不太突显的信息。[30]在税收设计的背景下,这意味着人对较突显的税收的反应,比对不突显的税收更强烈。意识到公众对突显性强的税收持更强烈抵触态度的政策制定者(他们自己可能也都持有这种抵触情绪),往往倾向于选择非突显的税,而不是突显的。例如,政治突显性可以解释企业所得税被关注的程度。由于个人不直接交税,公众对企业所得税的反对很可能会很有限,即使这种税的大部分成本(取决于需求供给弹性)可能会转嫁给企业的客户(尽管,有组织的利益集团对公司税的反对可能会抵消公众反对的缺失)。[31]研究发现,即使当人们被提示应对此类税收的间接影响有所思考时,他们对此类税收的偏好会下降,但也不会完全消失。[32]

同样,含税的价格标签使得增值税的政治突显性降低,因为人们很少会注意到他们为产品和服务支付的价格其中有一部分实际上是一种税。[33]即使像个人工薪税这种基于员工工资直接计算的税种,也可能通过将部分工资税施加在雇主身上[34],在源头扣除税款(税收预扣)[35],并将用于社会保障的支付标记为"贡献"而不是税收(如在美国的情况),来降低其政治突显性。[36]政治突显性也解释了同一种税(如财产税)为什么在税率高的时候,会以不太突显的方式进行征收。[37]因此有研究发现,在收费道路上实施电子收费系统,会降低驾驶者对费率的觉知,从而使收费率提高了 20%—40%,并且设置收费的行为对地方选举的影响也下降了。[38]

政府最大限度地减少感知税收负担的一个方法,是遵循市场营销人员经常采用的奇数定价策略[39],即设定略低于整数的税率,如 19.9%。[40]然而有趣的是,税收立法有时会设定整数值作为最高税率(例如设定 50%作为最高收入者的边际税率)。有人认为,这种做法符合政客们的愿望,他们希望最大限度地提高普通选民感知到的对最富有的纳税人施加的税收负担,这可能会令普通人认为自己的边际税率相对较低。[41]

支持和反对使用不太显眼(隐性)税收设计的主要论据,围绕着对纳税人行为的影响,包括经济决策和税收合规,即围绕着市场突显性展开。下文将相应地进行讨论。[42]然而,也存在强有力的论据支持或反对利用某些税收的低政治突显性来增加整体税负。在关于政府使用助推的辩论中[43],政府透明度、选民自主权、民主价值观、社会福利最大化和权宜性考量等问题被提出。[44]不出所料,小政府的倡导者强烈反对使用低政治突显性作为增加税收的手段(同时他们还可能赞成使用低政治突显性来削减政府开支和税收)。[45]

毫无疑问,法律措施或多或少都具有政治突显性,这一事实本身就让人们对它怀有或多或少的不满。评估税收的最佳政治突显性水平,似乎还没有明确的标准。例如,如果有令人信服的实质性理由需要提高整体税负,那么可以说,主要问题在于所得税过于突显,而不是增值税不够突显。[46]无论如何,不同于市场突显性问题(这在税收政策中是独一无二的),税收的政治突显性问题提出了与其他任何政策的政治突显性类似的问题——无论是在不同的税收(组合)之间、在不同的政府福利分配方式之间,还是在不同的侵权责任制度之间选择。

为了说明上述观察,在下一小节中,我们将深入探讨在税收豁免与政府支出之间的选择。这个问题在美国及其他地区引起了广泛的关注。在这个选择过程中,人们会为了克服政治突显性及其他偏差,积极地重新框定决策过程。

13.2.4 税收豁免 vs.支出

政府征税为其活动提供资金,这些活动包括将利益配置给不同的个人、组织和公司。配置的目的可能是将资源重新分配给有需要的人、支持慈善组织,以及鼓励工业企业等等。基本的配置方法有两种:直接支出和税收豁免。前者的例子包括为高等教育或特定的经济事业提供贷款或贴息。后者包括诸如对残疾人和老年人的房地产免税,以及对慈善捐款、可再生能源系统的安装和运营实施税收抵免等措施。

这两种方法各有优缺点。税基越广,对不同经济活动之间的影响就越中立。由于免税缩小了税基,它们可能会导致经济决策产生低效的扭曲。这个论点也适用于直接支出。[47]更重要的是,这两种方法之间的选择,涉及机构上的选择:税收抵扣和减免由税务机关处理;而直接支出则由负责教育、住房、医疗等特定政府部门来管理。[48]据推测,后者更有能力设计和实施分配的准确标准。

反对税收抵扣和减免的另一个理由是,它们会使税收系统复杂化。然而,这种复杂性并不会因为采用直接支出计划取代免税而消失。相反,它会使得前者变得更加复杂。有观点还认为,相比穷人,税收抵扣可能对富人更有利,因为抵扣对边际税率较低或根本不纳税的人影响较小。[49]与免税不同,直接支出可以用来提供实物福利,而不仅仅是货币福利。货币福利对受惠者的自由限制较少,实物福利对受惠者的福利影响较大。[50]最后,免税特别适合作为一种鼓励志愿活动的手段,而不是将志愿活动转化为公开的有偿活动,从而挤出掉那些潜在的志愿者(那些不愿参与被定义为有偿活动的人)。[51]

我们关于选择免税还是支出的简要综述表明,二者并无绝对优劣之分。但是,免税的使用程度似乎远远超过了仅仅基于其相对优点的合理程度。[52]对这一现象,有两个相互关联的心理学解释:损失厌恶和低政治突显性。[53]从政府的角度来看,少征税可能被视为没有获得收益,而分配福利则被视为给予或损失。从没有被免税的人的角度来看,没有获得免税可能会被框定为没有获得,而不是损失。最后,从受益者的角度来看,免除交税(免除损失)可能比支付税款(损失)并得到相当的福利(收益)更令人愉悦。如果损失大于收益,那么税收减免可能会遇到更少的阻力,也不会受到那么严格的审查。[54]在某种程度上由于这些框架效应,通过税收系统转移福利,会比直接支出表现出更低的政治突显性。当免税的真实成本不突显时,议会对政府的监督效果较低。[55]

斯坦利·萨里(Stanley Surrey)揭示了将免税与直接政府支出区别对待的各种陷阱,从而成功推动了美国"税式支出预算"的颁布。[56]税式支出预算的一个主要目标是增加免税的突显性,并将其框定为类似直接支出。然而,整体而言,把免税重新框定为支出的尝试是失败的,因为自引入税式支出预算以来,税收抵扣和减免的使用并没有减少。[57]事实似乎证明,传统的框架比一些人预期的更有韧性。[58]

13.3　纳税人行为

行为研究不仅能够解释税收设计,还可以解释纳税人行为。本节将讨论心理学洞察如何有助于我们理解纳税人在经济决策、税收合规和挑战纳税义务等方面的行为。然后对相关研究的规范含义展开评述。

13.3.1　经济决策

税收增加了交易及其他活动的成本,减少了相关各方的净收益(而补贴属于增加净收益)。理性人在决定是否以及在何种条件下进行交易或参与一项活动(比如接受一份工作,或购买一件商品)时,应该考虑增加的成本(或收益)。然而,研究表明,有时候,至少有些人在做决策时,并没有充分考虑税收因素。税收的可见性或突显性,是决定人们在何种程度上会考虑对其活动带来的税收后果的一个主要因素。

拉杰·切蒂(Raj Chetty)、亚当·卢尼(Adam Looney)和科里·克罗夫特(Kory Kroft)开展了一次著名的实地实验和观察研究,以检验税收对购买行为的影响。[59]实验花费了三周多的时间在超市里进行。与美国大多数零售商店一样,张贴在货架上的价格不包括7.375%的销售税,该税将在收银台结账时收取。实验对化妆品、护发产品、除臭产品等三个品类的税前价格标签上标明了含税价格,对其他品类的产品保持了原有的做法。应用双重差分(difference-in-differences)方法[60],研究人员发现,在实施干预期间,与同一通道的其他商品以及其他商店的同类商品相比,实验组商品的销售量及总营业额下降了约8%。

为了排除这种下降可能由经过处理的价格标签造成的可能性,在观察性研究中,研究人员检验了1970年至2003年间两类税收的税率在州一级的变化对啤酒消费的影响。一类把消费税包含在价格标签中,另一类则在收银处增加销售税。结果发现,增加消费税对啤酒消费的减少幅度,比增加等量的销售税要大一个数量级。

最后研究人员还对商店购物者进行了一项调查,结果显示,后者对营业税相当了解。因此,造成这些结果的原因,似乎不是因为缺乏有关该税种的信息,而是由于税收没有标注在价格标签上。[61]在关于孤立效应或"所见即所有"(WYSIATI)的检验实验中,顾客普遍意识到了销售税的存在,比起在做出决策后到收银处再增加税收,当商品的全部价格在决策前被展示出来时,消费者的行为表现有所不同。

其他研究也为税收的突显性对居民消费决策的影响提供了进一步的证据。因此,上述对收费公路的研究发现,采用电子收费弱化了驾驶员对收费费率的觉知(相对于人工收费方式),降低了收费公路使用的需求弹性。[62]

突显性也可能影响人们对税收优惠的反应。例如,政策制定者可以利用销售税减免或所得税抵扣来鼓励消费者购买环保型汽车。可以说,销售税减免比所得税抵扣的突显性更强,因为它是在购买汽车行为时发生的明确的费用节约,而不是只有当消费者正确地提交其纳税申报表时发生的有条件限制的节省。[63]事实上,一项实证研究估算,1 000美元的税收减免能使混合动力车的销量增加45%;而同等的所得税抵扣只能使混合动力车的销量增加3%。此外,以消费者为基础的激励措施,如销售税减免,可能会产生独立的福利剩余,因为消费者非常看重被标记为免税的交易,这一事实本身会产生超过其原来的客观价值收益的市场突显性。[64]

有趣的是,税收的突显性不仅仅是由政府的税收设计和征收方式所决定。第三方也可能在这方面发挥作用。对慈善捐款的税收减免就是一个这样的例子。慈善组织有很强的动机告诉潜在的捐赠者,捐款是可以免税的,但他们没有动力提示捐赠者注意减税的限制条件,这使得许多捐赠者无法获得减税,换言之减税的规模降低。对房屋抵押贷款利息的扣除也是如此。由于税收减免与抵扣的非突显性与税收的非突显性对经济决策的影响方式相同,第三方的参与可能会放大这一现象的影响。[65]事实上,一项调查研究发现,对于纳税人获得税收补贴的资格及其规模,双方都存在普遍的误解。[66]

虽然现有的证据明确表明,税收突显性会影响纳税人的经济决策,但这些调查结果的规范及政策含义仍存在争议。下面我们会回到这个问题的讨论。

13.3.2　税收合规

逃税行为会带来各种负面影响。它无效地引导人们参与到更容易逃税的活动中,增加了这部分活动相关产品的消费(因为当不需要交税时,它们的成本更低)。逃税还不公平地增加了诚信纳税人的税负。毫无疑问,税收合规问题已经引起了税务机关和学者们的关注。[67]

关于税收合规的主要难题,并不在于人们有时候会违反税法,而在于人们遵守税法的情况似乎高于预期,人们会基于逃税取得的利益、违反税法面临的制裁,以及被发现的可能性来进行成本收益分析。[68]这并不是说法律制裁不重要。显然,在执法特别薄弱的领域,如自雇者,不合规的比例要高得多。[69]然而很明显,效用最大化(以货币来衡量)的理性人的假设并不能充分解释税收合规的情况。事实上,在过去的几十年里,人们对税收合规问题进行了大量的理论、实证和实验研究。[70]这些研究发现,税收合规依赖于,或至少与以下因素相关:人们对其他人合规率的感知(所谓的条件合作,conditional cooperation);人们对风险的态度,包括高估概率极低的风险;人们对税负分配的公正性以及税收征收体系的程序性公正的看法;人们对政府的信任程度以及对其征收的税收收入用途的支持程度;爱国主义感(特别但不仅限于在战争时期);以及其他各种影响人们道德行为的情境因素。[71]在此对那些研究我们不再赘述,因为它们的研究结果与其他法律领域的合规性研究没有根本上的不同(可参考第 12 章中关于税务合规问题的讨论)。[72]

考虑到逃税的负面影响,人们遵守纳税(及其他法律)义务的程度超过了标准的成本收益分析预测的程度,这并没有削弱行为学洞见在鼓励税收合规方面的重要性。采用这种洞察可能比更激进的税收执法更可取,后者在政治上可能也不受欢迎。行为学洞见与税收合规的相关性,可以通过看似唯一最有效的税收执行手段来加以证明,那就是税款预扣(tax withholding)。

世界各地的税务机关都将税款预扣(也称为源头扣缴,deduction at source)作为一种有效的征税手段。在这样的统一安排下,应税款项的支付方先从支付款项中预先扣除税款,再将扣除的税款转交给政府。税款预扣通常适用于工资、投资者利息和股息、特许权使用费,以及支付给外国实体的款项。预扣税款降低了征税成本,减少了逃税现象的发生。一旦雇员(或其他收款人)知道付款方已经向税务机关申报该款项,那么他们在自己的年度申报中漏报收入就没有意义了。[73]

税款预扣之所以大受欢迎,除了其他优点外,似乎还因为它降低了税收的突显性,让人感觉不那么痛苦。先收到应税收入,随后再缴纳税款的做法,很可能会被纳税人将该款项视为损失。相比之下,当税款在源头扣除时,纳税人更有可能将其净收入作为参照点,从而将扣除的税款框定为未获得的收益。[74]这种框架效应会影响逃税倾向。由于人们在损失域中倾向于实施违背道德标准的行为,并承担更多风险[75],税款预扣将扣除的税款重新框定为未获得的收益,从而提高了纳税合规性。这一说法得到了大量实证和实验研究的证实,这些研究比较了纳税人处于待缴状态(没有预扣或预扣不足)与处于退税状态(如由于过度扣缴)时的行为。[76]

13.3.3 挑战纳税义务

到目前为止,我们已经讨论了税收设计的行为面向、税收对人经济决策的影响,以及税收的合规性。与后两者密切相关,有人指出认知现象,特别是税收突显性,也会影响纳税人采取法律措施挑战其纳税义务的倾向。一项大规模的实证研究利用纽约市的两种财产税缴纳方式进行了研究。[77]部分业主收到税单后直接向市政府缴纳税款;还有一部分通过第三方托管账户缴纳税款,作为其每月按揭还款的一部分。在后一种情况下,税是业主每月还款的一部分,其中还包括抵押贷款本金、利息和保险。因此,税收对后一类纳税人而言突显性较低。[78]通过比较同一物业的同一业主(而非不同的业主或不同的物业间的比较)在两个不同年度(其中一个年度使用第三方托管账户,另外一年不使用)对物业纳税评估的上诉率,该研究对其他可以或者可能影响对财产税评估提出上诉决策的变量进行了控制。[79]

研究发现,第三方托管的使用,对于纳税人关于财产评估提出上诉的可能性具有较大的、统计上显著的负面影响。[80]这意味着那些通过托管账户付款的业主,以及那些没有提出上诉的业主,要比直接向市政当局缴付的业主支付更高的税。此外,与没有实施第三方托管的房产相比,实施托管的房产更有可能为少数族裔和移民所有。因此,财产税的突显性降低,会导致缴纳更高的税款,还会产生令人不安的分配效应。[81]

13.3.4 规范性辩论

上述行为研究的结论是,人对税收的反应(包括其经济决策、税收合规,以及对税负申诉的倾向),不仅取决于税收的净货币效应,还取决于其框架、突显性、对社会公平的感知,以及对他人行为的感知等。最重要的是,行为研究指出了税收的突显性对人的行为有很强的影响。这些现象的精确大小、发生率及相互关系,目前并不完全清晰(如果确实可以完全弄清楚的话),但它们是如此的稳健,以致它们的政策含义我们已经不得不加以考虑。

支持低市场突显性税收的基本论点,是基于这样一种经济学观点:税收可能会减少社会总福利。[82]税收提高了产品和服务,包括劳动力的有效价格。因此,那些在不征税的情况下本应被购买的商品和服务,一旦被征税,可能就不会被购买,即使这些商品和服务的生产成本低于其对购买者的效用。这些被放弃的交易产生了无谓损失,而并没有被政府的可比收益补偿,因为被放弃的交易并没有产生税收。税收也会对效率产生不利影响,因为它引导人们使用不征税或税率较低的商品(假设并非所有可能的替代品都被同等地征税),来替代他们原本最青睐的商品(需要被征税的),从而降低了其净收益。最后,除了无谓损失和替代效应外,税收还产生了收入效应,即让纳税人拥有的资源更少。虽然无谓损失和替代效应明显降低了效率,但收入效应却不一定如此,因为从纳税人那里获得的资源并没有消失,而是转移给了政府。

现在,如果税收完全或部分不可见,对人们行为的影响就会小一些。在未充分考虑税收的情况下,交易会在征税情况下继续进行,从而会降低无谓损失和替代效应的影响。从这些方面看,降低税收的突显性似乎是可取的。[83]乍一看,由于收入效应并不一定会影响效率,因此从效率的角度可以忽略税收的不可见性对收入效应的影响。但是,这样的结论未免过于草率。如果忽视税收会导致人们错误地计算其支出,以至于在奢侈品上花费太多,只留下很少的钱用于基本生活必需品的支出,那么隐性税收就可能会降低整体社会福利。[84]

这一基本分析支持使用非突显税,但并不是绝对如此。考虑到其他因素,情况则变得相当复杂。即使基于上述原因,税收的低市场突显性是可取的,其不可见性也具有局限性。以切蒂及其团队所做的关于销售税的研究为例[85],如果税率达到50%,购物者就不会像忽视仅为7.375%的税率那样忽视它,这是有道理的。相反,他们会很快了解到税收的巨大影响。更普遍地说,由于经验学习以及可以使用消除偏差的技术,低突显性税的有效性可能会降低。[86]更重要的是,纳税人可能在忽视低突显性税的倾向上有所不同。由于社会经济地位较低的人更有可能忽视这类税收,其负收入效应可能更为严重。[87]穷人不太倾向于挑战低突显性的税收,并因此会支付相对较高的税金。[88]此外,即使低突显性的税收同样地引导所有消费者过度消费,这种过度消费也会对消费者的长期福利产生不利影响,因为这意味着他们为未来储蓄过少。[89]

最后,虽然市场突显性和政治突显性是截然不同的现象(一种税可能在一种意义上突显,而在另一种意义上不突显),但政策决策需要考虑全面,两种突显性都必须考虑在内。正如关于政治突显性的讨论所示,这些问题与小政府和大政府之间的根本性辩论密切相关。[90]那些强烈反对大政府或支持政府透明度的人,以及那些痛恨操纵消费者决策以提高社会总效率的人,可能会将有限的权重归于低突显税种的优势。最后,虽然行为研究确实丰富了税收分析的结果,但它们并没有解决规范性辩论的问题。

13.4 行为学洞见与再分配

13.4.1 概述

全世界税收制度的一个核心目标,是在社会的不同阶层之间对财富和其他利益进行重新分配。一般意义上的分配正义,尤其是政府再分配手段的合法性和有效性,一直是哲学家、政治家、经济学家和法学家争论的焦点。一方面,有人认为:获得足够的营养、衣着、住房和医疗的权利是基本人权;再分配政策将被"无知之幕"背后的人所利用(在没有人能知道自己在社会中的实际财产及地位的情况下);现有的财富及其他社会资源的分配,往往是不公平剥削下的产物;由于资源的边际效用递减,将资源从富人转移到穷人的做法可能会提高社会总效用;极端不平等可能会导致社会不稳定与高犯罪率。另一方面,也有人认为:从富人那里强制夺取资源来分给穷人,侵犯了前者的基本人权,类似于偷窃;这种再分配对富人(不能享受自己努力获得的完整成果)和穷人(即使不工作,基本生存也得到了保证)从事生产活动的动机产生了不利影响,因此可能会降低社会总效用;等等。

上述争议对政府再分配在政治和法律上的辩论有直接影响,然而对这些争议的探讨,超出了当前讨论的范围。在此我们想给出一种普遍性观察,专注行为研究对当前这场辩论的几个贡献。普遍性的观察是,与标准的经济学分析相反,行为研究表明,人们通常不仅关心自身的福利,而且还关注他人的福利,并且他们倾向于在评估自己的立场与地位时,与其他人的立场和地位进行比较,而非仅仅进行绝对的评估。[91]虽然这些发现对再分配政策都没有产生结论性的影响,但它们为缩小社会经济差距提供了初步的论据。第一个发现意味着,人们偏好更广泛的平等和公正;第二个发现表明,减少不平等可能会提高社会总效用,这不仅仅因为资源的边际效用递减,而且还因为弱势群体由于他人享有特权这一事实而经历的负效用。[92]

除了普遍性观察的部分,本节主要讨论当前在关于政府再分配政策的辩论中,行为研究的四个主要贡献:累进税规范性判断的可塑性、稀缺性对决策的影响、财富对幸福感的影响,以及各种再分配手段的行为学影响。[93]

13.4.2 累进性判断

一般税收设计的各个行为面向,本章前面已经讨论过了。[94]在此我们集中讨论税收设计的一个特定方面,即税收制度的再分配效应。具体来说,有不少研究检验了人们对累进税的规范性判断(累进税指的是随着应税金额的增加,边际税率也会提高的税)。现行的规范性判断并不能解释规范性辩论的问题,因为规范性判断在道德上可能是错误的。然而,从法律体系应该反映这些判断的角度来看,出于民主或工具性的理由,这些判断仍然是重要的。其重要性在于它们可以解释现行的法律制度,而现行的法律制度可能是由持有相同主流信念的人所设计的。

假设因为抚养一个孩子,一对年收入为 3 万美元的夫妇可以从总收入中扣除 1 500 美元(因为抚养孩子的成本很高),他们的应税收入从而相应降低。对于年收入为 18 万美元的夫妇来说,每个孩子的抵扣金额是应该相同、更低,还是更高? 普遍的直觉是它肯定不应该更高。现在,假设比较的基准不是没有孩子的夫妇,而是有两个孩子的夫妇。进一步假设,由于孩子的养育成本很高,所以需要对只有一个孩子或者无子女的夫妇增税。增税可以通过取消这对夫妇原来可能享受的其他抵扣或减免项,或者在其实际收入中增加"虚拟收入"来实现。对于无子女的夫妇额外征收的税,是否应该是统一的,无论他们的收入是多少? 普遍的直觉是,富人的税负应该更高。由于这是同一问题的两种不同框架,只是采用了不同的比较基准,这两种普遍的直觉是不一致的。这种不一致的现象,最初作为一个思想实验由托马斯·谢林(Thomas Schelling)提出[95],随后被麦卡弗里和巴伦通过实验证实。[96]实验还表明,人们认为,对有孩子需要抚养的夫妇进行扣除(相当于奖励),比对无子女的夫妇征收附加税费(相当于罚款)更公平。因此,人们对累进税的判断具有参照依赖、损失厌恶、框架效应等特征。[97]

另一种众所周知的现象,是现状偏差,也是在对税收累进制形成判断时的一个明显特征。在比较两种可能的税收体系时,受试者倾向于支持现有制度的税收,无论现有的制度是哪个。[98]

麦卡弗里和巴伦还发现了中立偏差(neutrality bias)。所得税体系界定的纳税人,是以个人、夫妇或者家庭等作为纳税单位。然而,税收累进制与另外两个引人关注的目标——婚姻中立(marriage neutrality)与夫妻中立(couples neutrality)——之间的关系是不可协调的。婚姻中立意味着税收不受两个人是否登记结婚的影响;而夫妻中立是指总收入相同的夫妇应支付总金额相等的税。

借用麦卡弗里和巴伦的数值示例,想象在一个税收制度中,对年收入在 1 万美元以下的人税率为 0,高于这个收入的税率为 20%。[99]假如对已婚夫妇的零税率门槛提高一倍(提高至 2 万美元),那么其中一方收入 2 万美元、另一方收入为 0 的已婚夫妇实际上享受到了婚姻红利,因为他们的税从 2 000 美元(收入一方原应缴纳的税额)降到了 0。另一方面,假如年收入 1 万美元的门槛既适用于单身人士,也适用于夫妇,那么夫妻双方都挣 1 万美元的组合就需要缴纳 2 000 美元的税,而非当该门槛只适用单身人士时的零税款(这相当于"婚姻罚款")。假设为了避免违背婚姻中立原则,双方分别单独纳税,这样又会违背夫妻中立原则,因为两对总收入均为 2 万美元的夫妇将缴交不同的税额:其中一个人年入 2 万时税款为 2 000 美元,而两个人各入 1 万时税款为 0 美元。

麦卡弗里和巴伦还发现,在同样的决策困境下,受试者偏好哪种申报体系,取决于同一困境的不同呈现方式。当强调对婚姻的影响时,他们倾向于单独申报;但是当强调收入者的金额时,他们倾向于合并申报。[100]

在另外一系列与税收累进性判断相关的实验中,麦卡弗里和巴伦要求参与者,要么设计一个单一的全球税收系统,要么在保持其他参数不变的情况下,改变税收体系的其中一个组成部分。在孤立效应的典型表现下,参与者专注于他们被要求操纵的部分,而没有充分考虑其他部分的变化。[101]最终实验参与者表现出了惊人的度量效应(metric effect)——在选项以百分比而非绝对金额呈现时,他们更倾向于选择累进税。[102]

从上述的可比实验研究中,我们可以得出两个普遍启示。[103]首先,至少在这些研究参与者的范围内,累进税制得到了广泛的支持。其次,与其他复杂问题一样,人们对这个问题的判断不是绝对的,也并非毫不动摇。相反,人的判断取决于看待决策困境的框架,并会表现出其他的一系列启发式和偏差。消除这些偏差的前景,以及从制度上应对这些偏差的可能性,与在其他领域中政府决策的前景和可能性并没有什么不同。[104]

13.4.3　稀缺性

行为研究对于再分配议题的一个重要贡献来自最近的研究,这些研究揭示了一直未引起人们注意的贫困现象所造成的后果,从而引发了对再分配政策的关注。显然,如果无法支付足够的医疗和住房费用,健康的居住条件将无法得到保证。货币的本质是商品和服务的购买能力,因此缺钱就意味着缺乏基本的商品和服务。贫困在一些地区导致饥荒,而在另一些地区则存在着危害健康的过度肥胖。[105]不太容易让人想到的是,贫困还与睡眠质量差有关[106];经济上的不安全感会使身体痛感增加,降低了对疼痛的耐受力[107];经济压力大的吸烟者更可能想戒烟,但尝试戒烟并最终成功的可能性更小[108];家长的经济情况也会影响虐待儿童行为的发生[109]。

森德希尔·穆莱纳坦、埃尔达尔·沙菲尔及其同行最近集中于判断与决策方面的研究,这些研究表明贫困(以及其他类型的稀缺性,如时间压力和节食)如何对人们的认知表现与自我控制产生负面影响。[110]当人们专注于稀缺物品时,脑海中会反复萦绕在稀缺性上,以至于在思考其他生活问题时显得心智不足。例如,在一个实验中,美国的受试者需要面对一些假想的场景,这些场景分别描述了他们可能遇到的财务问题(例如需要修理汽车),这些问题涉及的成本或低(如 150 美元)或高(如 1 500 美元)。在考虑他们将如何处理问题时,参与者需要执行非语言任务,以衡量他们解决问题的能力和认知控制能力。结果发现,当面对简单的财务问题时,贫穷的受试者与富裕的受试者表现一样好。相比之下,当面对更具挑战性的财务问题时,穷人(而非富人)的认知表现会下降。[111]另一项研究考察了印度种植甘蔗的农民在种植周期内的认知表现变化。结果发现,同一批农民,在作物收获前(比较贫穷时),比起作物收获后(拥有大量销售收入时),他们的认知能力会下降。[112]

因此,稀缺性对人们的心智[穆莱纳坦和沙菲尔称之为"带宽"(bandwidth)]产生了负面影响。它妨碍了人们处理信息、解决问题和决策的能力。带宽降低了认知控制,从而妨碍了对促进目标实现的行为的决策与有效监控。因此,资金短缺(正如其他的短缺一样)会导致决策失误。对此,有人可能会补充说,穷人的误差允许范围往往比富人小得多,这意味着同样的轻率决策可能对穷人产生更糟糕的结果。[113]与一些固有的认知相反,贫穷并不是(或者至少不仅是,甚至都并非主要是)错误决策的产物;在很大程度上,是贫穷导致了错误的决策,从而造成了贫穷的恶性循环。这一发现可以解释,为什么与富人相比,穷人往往会有不按规律服药、不送他们的孩子上学、储蓄不足、借贷过多等现象。

上述发现具有政策意义。例如,如果穷人的错误决策是由于其视野狭窄,那么以财务教育和其他技能发展项目的形式对他们施加额外的任务,可能使现实情况变得更糟糕,因为这相当于进一步对穷人的心智进行征税(此类项目越严格,越不太可能成功)。[114]这些发现也丰富了对再分配政策的规范性政策分析,为再分配政策提供了新的论据。然而,要将上述行为学发现转化为具体的税收及其他再分配政策,可能是极具挑战性的。[115]

13.4.4　财富与主观幸福感

行为学对财富再分配问题的另一重要贡献,来自大量关于财富和幸福感之间关系的研究。[116]正如前一小节引用的以及其他许多研究成果所表明的,财富与生活的许多方面相关,包括更长寿、更健康的身心、更强的人际信任,以及更低的成为暴力犯罪受害者的风险。[117]根据关于幸福感的客观价值理论,财富有助于取得本质上美好的东西。从享乐主义的角度看,情况显得更加微妙。享乐主义理论将人类福利定义为拥有积极的精神状态,如幸福和快乐,以及避免消极的精神状态,如痛苦与折磨。[118]

在心理学文献中,关于人类福利的享乐主义理论反映在"主观幸福感"(subjective well-being,SWB)的概念中。[119]大量的研究检验了财富与主观幸福感之间的相关性。不断涌现的新发现,使总体情况变得复杂。财富和主观幸福感之间的相关性主要取决于主观幸福感的衡量标准,比如生活满意度、愉悦感或无痛苦感,而这些标准在不同的社会或不同的环境下有很大的差异。[120]研究还发现,即使在控制教育水平、性别和婚姻状况等变量的情况下,财富和主观幸福感之间的相关性仍然显著,但这些变量确实会影响相关性的强弱。例如,收入对男性主观幸福感的影响大于女性。[121]毫无疑问,收入和整体主观幸福感之间的一个重要的调节因素,是财务满意度,即一个人在主观上对自己的财务状况感到满意的程度。[122]

与当前的讨论特别相关的,有两个研究发现。首先,尽管在国家内部,收入和主观幸福感之间存在统计学上的显著相关性,但这些相关性在贫穷国家(如印度)更为明显,而在富裕国家(如美国和德国)则相对较小。[123]换句话说,贫穷社会中的穷人不幸福的风险要高得多。其次,与之前的研究结果一致,在较高的收入水平上,收入对主观幸福感的影响是递减的。与货币边际效用递减的经济学概念(基于关于人类幸福感的偏好满足观念)一样,收入与主观幸福感之间呈现出曲线效应。[124]

另外,一些纵向的实验研究检验了经济状况的变化对人们主观幸福感的影响。得到的证据是两面的。收入的增加不仅不一定会提升主观幸福感,反而有可能会使其下降。[125]在一项开创性研究中,菲利普·布里克曼(Philip Brickman)及其同事研究了中彩票对人的幸福感的影响。[126]他们检验了一个假说,该假说认为,与中彩票时的高峰体验的对比,会削弱普通愉悦感的影响,且习以为常后再次中彩票带来的新的愉悦感会降低,从而使中奖者不如人们预期的那么快乐。事实上,彩票中奖者并不比对照组的人感到更幸福。[127]从个人层面到国家层面的研究表明,在美国和日本等多年来经历了经济巨大增长和人民收入大幅增加的国家,幸福感几乎没有得到同步的提升。[128]

研究发现,对于发达国家的中高收入人群来说,收入的增加不太可能显著提高他们的主观幸福感,如果确实会提高的话。这一发现应该会让人们的生活决策受到影响。这对于政府设计再分配政策也很重要,因为它意味着从富人手中拿钱可能只会对他们的主观幸福感产生非常小的影响(如果有影响的话)。因此,幸福感研究为累进税提供了有力的依据。[129]事实上,一项针对54个国家的主观幸福感水平和累进税的研究发现,两者之间存在正相关关系(但主观幸福感水平与总体税率或政府支出之间不存在相关关系)。[130]

然而,要从上述研究中得出具体的政策结论,并非易事。一方面,以制定法律政策为目的,使用主观幸福感作为衡量人类福利的标准,其适当性并非是不证自明的。[131]另一方面,主观幸福感研究通常依赖于调查对象上报的幸福感和生活满意度。可以说,如果幸福程度很高的人往往倾向于报告较低的幸福得分,那么主观幸福感函数的凹性,可能反映的是上报的主观幸福感,而非实际的主观幸福感。[132]然而,研究发现凹性结果对上报所得的主观幸福感有强烈的扭曲作用。[133]此外,在对美国各州公开的主观幸福感与这些州的生活质量的客观衡量标准进行了大规模对比后,发现两者之间存在很强的相关性,从而支持了上报所得的主观幸福感的有效性。[134]

假设主观幸福感对法律政策制定很重要,并且我们能够克服上报的主观幸福感与实际的主观幸福感之间存在差异的困难,如何将幸福感研究的结果转化为税收政策仍然是一项艰巨的任务。影响主观幸福感的变量(如绝对收入与相对收入、婚姻状况,以及残疾)之间的相互作用,以及它们与税收的再分配效应、激励效应之间的相互作用,是复杂的,国民主观幸福感的数据也很难适用于最优税收经济模型。[135]即便如此,最优税收的标准经济学模型并不是建立在更坚实的实证证据之上的,因此,考虑这些哪怕粗略的心理学证据似乎仍然是可取的。

13.4.5 再分配的方法与对象

即便人们同意,推动某种分配正义的模式很有价值,并且实现这一目标是国家的合法(甚至是至关重要的)职责,但对于实现这一目标的适当方式,各方仍可能存在分歧。具体来说,虽然有些人认为再分配应通过税收和转移支付的手段,包括累进税、补贴、失业救济等来实现;另一些人则认为再分配可以、也应该通过私法规则来实现,比如采用最低工资立法、设定住宅租赁的最低宜居标准,以及根据被保险人的合理期望来解释保单的做法。反对使用私法规则作为再分配手段的一个核心论点是,它们会导致"双重扭曲"。[136]再分配的法定规则除了会跟所有的再分配模式一样对生产力上产生的不利影响外,它还会扭曲市场,阻碍了互惠交易的发生。例如,最低工资立法可以看作是提高了失业率,因为有些人本来可以以更低的工资被雇佣,但由于这项立法,他们根本不会被雇佣。[137]鉴于这种情况,再分配的法定规则实际上可能会带来一种反常的结果,使部分弱势群体的境况变得更糟。同样,尽管这场关于各种再分配手段,尤其是私法规则的合法性和有效性的辩论正在持续进行中,我们仍然无法在此对该主题及类似论点展开讨论。[138]相反,我们将重点关注这场辩论中的一些行为学贡献。

首先,一旦将过度乐观、确定性效应和心理账户等因素考虑在内,私法规则与税收一样会对工作的激励有不利影响的假设,就是值得商榷的。[139] 例如,假设在一个典型的侵权行为者比侵权受害人更富有的情境下,为了再分配的目的而扩大其侵权责任的范围。尽管理性的最大化者会把扩大的侵权责任的成本视为对其收入的征税,但现实中的人可能不会。这是因为过度乐观可能导致人们低估自己实施侵权行为的可能性,而且人们对待某些确定的结果(如纳税)和不确定的结果(侵权责任)的思维方式不同。[140] 至于心理账户,由于所得税是根据个人收入计算的,它很可能被视为从收入中直接扣除的费用,而侵权责任则可能不会被同样看待。[141] 可以肯定的是,这些论点的一般性和实证基础并非不证自明,因此需要进行更细致的检视。但是这些洞察不应被忽视。

此外,到目前为止,我们已经隐含地假定,适用于再分配的对象是货币。这一前提与作为标准经济学分析基础的、关于人类福利的偏好满足理论是一致的[142],因为只要人们认为合适,货币可以以各种方式使用。然而,行为学洞见使情况变得复杂化。首先,由于认知偏差以及贫困对决策的不利影响等原因,假如受惠者很可能会以次优方式来使用福利金,那么给予实物福利可能比货币更能提高受惠者的福利。[143] 例如,政府可以使用通过税收筹集的资金为弱势群体提供教育和医疗补贴,而不是直接发钱。同样,当私法规则在设定产品安全和公寓宜居性的最低标准时,通常会提供实物福利。与征税并转移支付的机制不同,私法规则也可能带来非货币福利,例如雇主、房东、卖方和保险公司给予的平等尊重的待遇。这种待遇直接有助于个人福利,而且对生产性活动的激励作用不会产生任何影响(与税收不同)。

行为学研究还表明,人们赋予一个物品的价值大小取决于其来源及获得的过程。例如,那些经过引导后认为自己因在某项任务中表现出色而获得奖励的受试者,比那些经过引导后认为自己因在同一项任务中表现不佳而获得安慰的受试者,更看重其得到的这份回报。[144] 权利感会增加物品的心理价值。税收和转移支付则更可能被视为施舍,而不是权利。[145] 人们认为自己获得的与权利相关的东西,比那些与失败和慈善有关的东西更重要,这一事实意味着私法规则作为一种再分配手段具有重大的优势。

对于付出者,也存在类似的作用关系。与按照公平的"游戏规则"对待买家、雇员和房客的做法相比,卖家、雇主和房东可能更痛恨缴纳高额税款,进而向穷人进行转移支付的做法。因此,在考虑到对付出者的影响及其政治上的可接受性时,私法的再分配规则也享有优势。

13.5　税收对行为的调节

相对而言,无论是由于个人行为的负外部性有可能损害整体社会效用,还是因为其违反了禁止伤害他人的道义论约束,对于采取措施预防或阻止他人实施伤害的做法,人们的争议相对较小。长期以来,税收与其他法律措施(如侵权法)一样,一直都被视为、并在实践中被当作一种可行的手段,让人们将其有害行为的成本(以及有益行为的收益)内在化。如以经济学家阿瑟·庇古(Arthur Pigou)的名字命名的庇古税,以及对正外部性的庇古补贴,提出了各种各样的度量问题及其他困难,但这些都超出了我们讨论的范围。

无论如何,庇古税征收的前提是:假设人是理性最大化者,他们不关心别人的福利,而只对税收产生的激励和抑制效应作出反应。更具争议的是,世界各地政府都利用税收制度来阻止自我伤害的行为,并鼓励自我助益的行为。常见的例子包括对酒精和烟草制品征税,以及对长期储蓄进行税收补贴。从这个意义上说,税收与强制义务及软性助推一样,属于国家可以用来帮助人们克服诸如动机性推理、短视和有限意志力等常见认知局限的一种手段。当然,伤害他人与伤害自己之间的界限有时是模糊的。例如,酗酒者对其自身及他(她)所处的环境都会产生不利影响。

这样一种对税收系统的利用方式,往往会引发一般性的关于法律家长主义的议题,该议题我们在本书的其他章节进行了讨论。[146]在包含各种家长主义措施的国家工具箱中,税收属于一种相对温和的措施,因为人们仍然可以自主地选择参与政府不鼓励的活动(在支付较高含税价格的情况下),而不参与可以获益的(经济上受激励的)活动。各种家长主义措施的相对优缺点,即税收/补贴与其他手段之间的选择,因环境而异,并且涉及存在争议的规范性问题及政策问题。[147]

行为学视角对这场争论做出的直接贡献主要体现在两个方面。首先,行为学研究有助于识别和理解实施自我伤害以及伤害他人行为的原因,为法律措施提供合理的依据。其次,在设计旨在调整人们行为的税收(或税收福利)政策时,可以将行为学洞见考虑在内。例如,人们发现,与厌恶损失概念相吻合,5美分的购物袋税使一次性购物袋的使用减少了40多个百分点,而对使用可重复使用的购物袋实施同样5美分的奖金则没有任何效果。[148]一般来说,"罪恶税"(sin taxes)的主要目的是阻止有害行为,而不是使国家收入最大化。因而这类税收(罪恶税)应该尽可能地突显,而不是隐蔽(然而,一旦将人类个体的异质性、税收的替代效应和收入效应,以及税收与税收福利之间的区别考虑在内,情况就会变得更加复杂)。[149]

从理论上讲,家长主义罪恶税可以产生帕累托改进:具有自我控制困难的人会受益于减少不健康产品的消费,而其他人则将从税收收益中获益。[150]可以说,由于穷人对不健康产品的消费价格更敏感,上述罪恶税对穷人的影响更大,穷人也将比富人从这些税中受益更多。这类税的累退性不仅比普遍认为的弱,甚至还可能产生累进效应。[151]

然而,这些论点提出了几个新问题。首先,衡量帕累托改进的标准是人们实际偏好的满足程度,而罪恶税显然不符合这一标准。但是,即使使用客观标准来衡量人类福利,由于人的异质性,要设计出让所有人都受益的罪恶税在实操上也是不可能的。此外,由于烟草和酒类等不健康产品的消费会使人上瘾,因此,税收对消费的影响可能有限,而如果假设这类上瘾的情况在穷人中更为普遍,那么它的累退效应则可能会相当强。

利用税收体系来作为行为调整手段的另一个例子,是基于这样一个发现:人们不一定会将金钱视为可相互替代的。人们会使用一套流程(心理账户),来管理其财务活动。人们将活动分配到特定账户中,将支出归入不同的类别,并通过隐含或明确的预算来限制其支出。账户的定义可以是狭义的,也可以是广义的,可以是每周结算一次、每月结算一次,或以此类推。[152]因此,举例说,在财政年度结束时一次性得到一大笔退税,比每个月减免或者抵扣更有利于储蓄,因为相比定期收入中的一部分,人们往往在在收到大额奖金的时候更可能进行储蓄。[153]

总的来说，人的异质性、认知偏差的多样性，以及对利润至上企业可能存在引导个体实施自我伤害行为的担忧，都会对通过税收手段来调整人们行为的尝试构成巨大的挑战。[154]从这个方面看，税收体系与调整人们行为的其他手段并没有什么不同。[155]

13.6　结语

本章考察了与税法相关的行为发现（包括税收体系的设计、纳税人的经济决策、税收合规，以及人们对一般税收和累进税收的规范性判断）、再分配（包括贫困对认知后果的影响、财富与主观幸福感的相关性，以及再分配的方法和对象的选择），以及税收作为调整人类行为手段的使用问题。将行为学洞见引入税法和政策研究，是相对较新的进步。然而，有相当部分建立在实验和实证研究基础上的文献，旨在对税收及其相关问题（而非一般的心理学研究）的判断与决策进行检验，这使得行为学贡献在这一领域尤其恰当且深刻。通过更密切地区分各税种以及不同实际场景下的差异，我们可能还将取得更大的进展。例如，即使我们将税收突显性的概念分解为政治突显性和市场突显性，这其中任何一类的涵义都可能过于宽泛。因为人们的判断与决策在一定程度上依赖于具体的情境，这可能使得任何对于市场突显性的行为反应的归纳，都存在或多或少的问题。最后，尽管出现了新的实证和实验发现，但关于税收政策的辩论仍然相当激烈，然而这些发现肯定会为这场辩论打下更合理的实证和行为基础。

注　释

［1］　参见 Edward J. McCaffery，*Cognitive Theory and Tax*，41 UCLA L. Rev. 1861（1994）。

［2］　参见 Edward J. McCaffery & Jonathan Baron，*Framing and Taxation：Evaluation of Tax Policies Involving Household Composition*，25 J. Econ. Psychol. 679（2004）。

［3］　参见 Edward J. McCaffery & Jonathan Baron，*The Humpty-Dumpty Blues：Disaggregation Bias in the Evaluation of Tax Systems*，91 Org. Behav. & Hum. Decision Processes 230（2003）。

［4］　参见 Edward J. McCaffery & Jonathan Baron，*Isolation Effects and the Neglect of Indirect Effects of Fiscal Policies*，19 J. Behav. Decision Making，289（2006）。

［5］　参见 Raj Chetty，Adam Looney & Kory Kroft，*Salience and Taxation：Theory and Evidence*，99 Am. Econ. Rev. 1145（2009）。

［6］　参见 McCaffery & Baron，前注［3］。McCaffery & Baron，前注［2］，第 686 页、第 696 页和第 699 页。

［7］　参见 David Gamage & Darien Shanske，*Three Essays on Tax Salience：Market*

Salience and Political Salience，65 Tax L. Rev. 19，31 – 33（2011）。

［8］ 参见 Catherine C. Eckel，Philip Grossman & Rachel M. Johnston，*An Experimental Test of the Crowding OutHypothesis*，J. Pub. Econ. 1543（2005）（当捐款未做标记时，受试者愿意捐款给慈善机构；而当捐款标记为"税收"时，受试者不愿意捐出）；David J. Hardisty，Eric J. Johnson & Elke U. Weber，*A Dirty Word ora Dirty World？：Attribute Framing，Political Affiliation，and Query Theory*，21 Psychol. Sci. 86（2009）（发现自认为是共和党人或独立人士，但不是民主党人的美国人，当高价商品的附加费用被标记为"碳补偿"而不是"碳排放税"时，更有可能购买）；Edward J.McCaffery & Jonathan Baron，*Thinking about Tax*，12 Psychol. Pub. Pol'y & L. 106，117 – 19（2006）。

［9］ 参见 Abigail B. Sussman & Christopher Y. Olivola，*Axe the Tax：Taxes Are Disliked More than Equivalent Costs*，48 J. Marketing Res. S91（2011）。

［10］ 相关文献综述参见：Edward J. McCaffery，*Behavioral Economics and the Law：Tax*，in The Oxford Handbook of Behavioral Economics and the Law 599（Eyal Zamir & Doron Teichman eds.，2014）；William J. Congdon，Jeffrey R. Kling & Sendhil Mullainathan，Policy and Choice：Public Finance through the Lens of Behavioral Economics 173 – 200（2011）。相关研究合集，参见 Behavioral Public Finance（Edward J. McCaffery & Joel Slemrod eds.，2006）。

［11］ 参见 N. Gregory Mankiw，Essentials of Economics 155 – 68（7th ed. 2014）。

［12］ 参见下文 13.3.4 节。

［13］ 参见：Deborah H. Schenk，*Exploiting the Salience Bias in Designing Taxes*，28 Yale J. on Reg. 253，272 – 75（2011）；Gamage & Shanske，前注［7］。

［14］ 参见：Louis Kaplow，The Theory of Taxation and Public Economics（2008）；Reuven S. Avi-Yonah，*The Three Goals of Taxation*，60 Tax L. Rev. 1（2006）。

［15］ 参见上文 11.2.1 节、11.3.2 节、11.3.3 节。

［16］ 分别参见下文 13.3.1 节、13.3.2 节、13.3.3 节，以及 13.4.2 节。

［17］ 参见上文 2.4.2 节。

［18］ 参见 Jonathan Baron & Edward J. McCaffery，*Starving the Beast：The Political Psychology of Budget Deficits*，in Fiscal Challenges：An Interdisciplinary Approach to Budget Policy 221，223（Elizabeth Garrett，Elizabeth A. Graddy & Howell E. Jackson eds.，2008）。

［19］ 出处同上，第 227—230 页。

［20］ 出处同上，第 230—233 页。在两项实验中，受试者也表现出锚定效应，他们受到问卷中数字的高度影响。关于锚定及调整，参见上文 2.5.3 节。实验没有发现短视的证据，但这可能与实验设计有关。

［21］ 有关可识别效应，参见上文 2.7.3 节、11.2.2 节、11.4.3 节，以及 11.5.2 节。

［22］ 参见 Susannah Camic Tahk，*Public Choice Theory and Earmarked Taxes*，68 Tax L. Rev. 755（2015）。

[23]　参见：Alice Rivlin, *The Continuing Search for a Popular Tax*, 79 Am. Econ. Rev. 113 (1989)；Yair Listokin & David M. Schizer, *I Like to Pay Taxes：Taxpayer Support for Government Spending and the Efficiency of the Tax System*, 66 Tax L. Rev. 179 (2014)。

[24]　参见 Daniel Hemel & Ethan Porter, *Aligning Taxes and Spending：Theory and Experimental Evidence*（working paper, July 2016, 网址：http://ssrn. com/abstract＝2807969)。

[25]　出处同上,第 13—15 页。

[26]　参见：Uriel G. Foa, *Interpersonal and Economic Resources*, 171 Sci. 345 (1971)；Edna B. Foa et al., *Response Generalization in Aggression*, 25 Hum. Rel. 337 (1972)。

[27]　参见 Meir Teichman & Uriel Foa, *Effect of Resources Similarity on Satisfaction with Exchange*, 3 Soc. Behav. & Personality 213 (1975)。

[28]　参见 Daphna Lewinsohn-Zamir, *Can't Buy Me Love：Monetary versus In Kind Remedies*, 2013 U. Ill. L. Rev. 151。另见上文 6.3.3 节、7.7.3 节。

[29]　参见 Jane Beattie & Jonathan Baron, *In-Kind and Out-of-Kind Penalties：Preference and Valuation*, 1 J. Experimental Psychol.：Applied 136 (1995)。

[30]　关于孤立效应以及"所见即所有"(WYSIATI)的一般性论述,参见上文 2.1.3 节。

[31]　参见 McCaffery,前注[1],第 1883—1886 页。

[32]　参见 McCaffery & Baron,前注[4]。

[33]　出处同上,第 1875 页。

[34]　出处同上,第 1883—1886 页。

[35]　参见上文 13.3.2 节。

[36]　参见 McCaffery,前注[1],第 1876—1883 页。

[37]　参见 Marika Cabral & Caroline Hoxby, *The Hated Property Tax：Salience, Tax Rates, and Tax Revolts*（NBER Working Paper No. 18514, 2012,网址：http://www.nber.org/papers/w18514)。另见下文注释[78]及其对应正文。

[38]　参见 Amy Finkelstein, *EZ-Tax：Tax Salience and Tax Rates*, 124 Q.J. Econ. 969 (2009)。

[39]　参见上文 8.3.5 节。

[40]　参见 Asmus Leth Olsen, *The Politics of Digits：Evidence of Odd Taxation*, 154 Pub. Choice 59 (2013)。

[41]　参见 Aradhna Krishna & Joel Slemrod, *Behavioral Public Finance：Tax Design as Price Presentation*, 10 Int'l Tax & Pub. Fin. 189, 197 (2003)。

[42]　参见下文 13.3 节。

[43]　参见上文 4.4.3 节。

[44]　全面的讨论,参见 Schenk,前注[13](认为将低政治突显性用于某些税种是很合理的)。

[45] 可参见:Milton Friedman & Rose D. Friedman, Two Lucky People 123 (1998)(经济学家 Milton Friedman 后悔自己在联邦所得税扣缴制度的创建中所扮演的角色,因为这促进了美国政府地位的扩张;关于税收扣缴,参见下文 13.3.2 节);Mc-Caffery,前注[10],第 616 页(描述了民主党和共和党在 2013 年"财政悬崖"危机期间达成的一项妥协协议,该协议使两年前颁布的、曾为许多纳税人节省了大量税金、被称为"工薪税假期"的工资税减免政策悄悄失效)。

[46] 参见 Gamage & Shanske,前注[7],第 78—98 页。

[47] 参见 Stanley S. Surrey, *Tax Incentives as a Device for Implementing Government Policy:A Comparison with Direct Government*,83 Harv. L. Rev. 705,725 (1970)。

[48] 参见 David A. Weisbach & Jacob Nussim, *The Integration of Tax and Spending Programs*,113 Yale L.J. 955 (2004)。

[49] 参见:Surrey,前注[47],第 720—725 页;Stanley S. Surrey & Paul R. McDaniel, Tax Expenditures 71 - 82 (1985)。

[50] 参见下文 13.4.5 节。

[51] 参见 Edward A. Zelinsky, *Do Tax Expenditures Create Framing Effects? Volunteer Firefighters, Property Tax Exemptions, and the Paradox of Tax Expenditures Analysis*,24 Va. Tax Rev. 797 (2005)。

[52] 参见:Edward D. Kleinbard, *Tax Expenditure Framework Legislation*,63 Nat'l Tax J. 353 (2010);Zelinsky,前注[51]。

[53] 关于损失厌恶,参见上文 2.3 节。

[54] 参见 Zelinsky,前注[51],第 814—820 页(通过实验检验直接支出和免税的框架效应)。

[55] 参见:Surrey,前注[47],第 728—730 页;Kleinbard,前注[52]。

[56] 参见:Surrey,前注[47];另见 Surrey & McDaniel,前注[49]。

[57] 参见:Victor Thuronyi, *Tax Expenditures:A Reassessment*,1988 Duke L. J. 1155,1170 - 81;Kleinbard,前注[52];Zelinsky,前注[51],第 801—804 页。

[58] 参见 Zelinsky,前注[51],第 826 页。关于框架的一般性讨论,参见上文 2.3.4 节。

[59] 参见 Chetty, Looney & Kroft,前注[5]。

[60] 双重差分(DID)是一种通过将实验组的结果随时间的平均变化与对照组的平均变化进行对比,来计算实验影响的方法。

[61] 关于税收突显性和税收知识的区别,参见 David A. Weisbach, *Is Knowledge of the Tax Law Socially Desirable?*,15 Am. L. & Econ. Rev. 187 (2013)。

[62] 参见 Finkelstein,前注[38],第 986—990 页。关于其他税收突显性的实证和实验研究的综述,参见:Schenk,前注[13],第 264—270 页;Gamage & Shanske,前注[7],第 27—31 页。

[63] 参见 Kelly Sims Gallagher & Erich Muehlegger, *Giving Green to Get Green:Incentives and Consumer Adoption of Hybrid Vehicle Technology*,61 J. Envtl.

Econ. & Mgmt. 1，9－11（2011）。

[64]　参见 Hayes R. Holderness, *The Unexpected Role of Tax Salience in State Competition for Businesses*, 84 U. Chi. L. Rev. 1091（2017）。还有人认为，以消费者为基础的激励措施比传统激励更有可能减轻无谓损失，增加消费者剩余。出处同上，第 1138—1141 页。

[65]　参见 Lilian V. Faulhaber, *The Hidden Limits of the Charitable Deduction：An Introduction to Hypersa lience*, 92 B.U.L. Rev. 1307（2012）。

[66]　参见 Jacob Golding & Yair Listokin, *Tax Expenditure Salience*, 16 Am. L. & Econ. Rev. 144（2014）。

[67]　参见下文 13.3.4 节。

[68]　关于税收合规的理论经济学分析的基石之作，参见 Michael G. Allingham & Agnar Sandmo, *Income Tax Evasion：A Theoretical Analysis*, 1 J. Pub. Econ. 323（1972）。

[69]　参见 Joel Slemrod, *Cheating Ourselves：The Economics of Tax Evasion*, 21 J. Econ. Persp. 25，26－30（2007）。

[70]　参见：James Alm, Garry H. McClelland & William D. Schulze, *Why Do People Pay Taxes?*, 48 J. Pub. Econ.21（1992）；Bruno S. Frey & Benno Torgler, *Tax Morale and Conditional Cooperation*, 35 J. Comp. Econ. 136（2007）；Kai A. Konrad & Salmai Qari, *The Last Refuge of a Scoundrel? Patriotism and Tax Compliance*, 79 Economica 516（2012）。研究合集，参见 Developing Alternative Frameworks for Explaining Tax Compliance（James Alm, Jorge Martinez-Vazquez & Benno Torgler eds., 2010）。相关文献综述，参见：Erich Kirchler, The Economic Psychology of Tax Behaviour（2007）；Michael Pickhardt & Aloys Prinz, *Behavioral Dynamics of Tax Evasion—A Survey*, 40 J. Econ. Psychol. 1（2014）；Christopher Y. Olivola & Abigail B. Sussman, *Taxes and Consumer Behavior*, in The Cambridge Handbook of Consumer Psychology 564，565－68（Michael I. Norton, Derek D. Rucker & Cait Lamberton eds., 2015）。

[71]　除了前注[70]中引用的研究和综述外，参见上文 2.7.4 节（关于社会合作）、2.2.5 节（对低概率的高估）、2.7.3 节（实质性和程序性公正的判断），及 2.4.9 节（行为伦理学）。

[72]　参见上文第 12 章。

[73]　参见 Piroska Soos, Self-Employed Evasion and Tax Withholding：A Comparative Study and Analysis of the Issues, 24 U.C. Davis L. Rev. 107（1990）。

[74]　参见 McCaffery，前注[1]，第 1875 页。

[75]　参见上文 2.3.1 节、12.5.3 节。

[76]　可参见：Paul Corcoro & Peter Adelsheim, *A Balance Due before Remittance：The Effect on Reporting Compliance*, in Recent Research on Tax Administration and Compliance：Selected Papers Given at the 2010 IRS Research Conference（2010），

网址：http://www.irs.gov/pub/irs-soi/10rescon.pdf；Henry S.J. Robben et al.，*Decision Frame and Opportunity as Determinants of Tax Cheating：An International Experimental Study*，11 J. Econ. Psychol. 341 (1990)；Albert Schepanski & Teri Shearer，*A Prospect Theory Account of the Income Tax Withholding Phenomenon*，63 Org. Behav. & Hum. Decision Processes 174 (1995)；Erich Kirchler & Boris Maciejovsky，*Tax Compliance within the Context of Gain and Loss Situations*，*Expected and Current Asset Position*，*and Profession*，22 J. Econ. Psychol. 173 (2001)；Kathleen DeLaney Thomas，*Presumptive Collection：A Prospect Theory Approach to Increasing Small Business Tax Compliance*，67 Tax L. Rev. 111 (2013)。

[77] 参见 Andrew T. Hayashi, The Legal Salience of Taxation，81 U. Chi. L. Rev. 1443 (2014)。

[78] 这一猜想得到了另一项大规模的关于财产税政治突显性的实证研究结果的支持 (Cabral & Hoxby,参见前注[37])。该研究利用美国各地第三方账户收缴财产税的操作差异造成的某些地区税收的突显性较低的情况进行了研究。研究发现,第三方托管账户较高的缴税率(即较低的税收政治突显性),与较高的财产税税率呈现强正相关。

[79] 参见 Hayashi,前注[77],第 1474—1475 页。

[80] 出处同上,第 1484—1485 页。

[81] 出处同上,第 1480 页。

[82] 税收并不一定会降低整体社会福利,税收也可能会提高整体社会福利,例如,利用将资源从边际效用低的人群转移到边际效用高的人群(因为他们更贫穷)的方式。在此我们的分析集中关注税收的不利影响,特别是关注使用较少具有突显性的税收是否可以减轻这些负面影响。

[83] 这一结论类似于这样一种标准主张,即在其他条件相同的情况下,对缺乏需求弹性的商品和服务征税是可取的。参见：Chetty, Looney & Kroft,前注[5],第 1166—1176 页；Jacob Nussim，*To Confuse and Protect：Taxes and Consumer Protection*，1 Colum. J. Tax L. 218 (2010)。

[84] 对相关考量的综合阐述,参见 Brian Galle，*Hidden Taxes*，87 Wash. U. L. Rev. 59，65‑72，77‑81 (2009)。另见 Gamage & Shanske,前注[7],第 61—65 页。

[85] 参见上文 13.3.1 节。

[86] 参见 Galle,前注[84],第 85—93 页。

[87] 出处同上,第 100—104 页。

[88] 参见前注[81]及其对应正文。参见 Gamage & Shanske,前注[7],第 65—79 页。Gamage & Shanske 得出的结论认为,文献中低市场突显性的缺陷被夸大了,由于其中一些缺陷可以被克服,因此降低税收的市场突显性通常是可取的。

[89] 参见 McCaffery,前注[1],第 613 页。基于这一点及其他考虑,McCaffery 坚决反对隐性税收(出处同上,第 610—615 页)。

［90］ 参见上文 13.2 节。

［91］ 参见上文 2.3.3 节、2.7.3 节、2.7.4 节。

［92］ 参见 Congdon, Kling & Mullainathan,前注［10］,第 145—149 页。

［93］ 行为研究结果对政府再分配计划的设计也同样重要。出处同上,第 155—172 页。

［94］ 参见上文 13.2 节。

［95］ 参见 Thomas C. Schelling, *Economic Reasoning and the Ethics of Policy*, 63 Pub. Interest 37, 53 - 56 (1981)。

［96］ 参见 McCaffery & Baron,前注［2］,第 688—691 页。

［97］ 相关现象,参见上文 2.3 节。

［98］ 参见 McCaffery & Baron,前注［2］,第 691—695 页。关于现状偏差,参见上文 2.3.5 节。

［99］ 出处同上,第 684 页。

［100］ 出处同上,第 694—695 页。

［101］ 参见 McCaffery & Baron,前注［3］。

［102］ 同上,McCaffery & Baron,前注［2］,第 686 页、第 696 页、第 699 页。

［103］ 其他相关研究,参见:McCaffery & Baron,前注［8］;Jonathan Baron & Edward J. McCaffery, *Masking Redistribution (or Its Absence)*, in Behavioral Public Finance,前注［10］,第 85 页。

［104］ 一般性的讨论,参见上文 2.8.6 节(关于偏差消除技术)、第 11 章(关于政府决策)。另见 Edward J. McCaffery & Jonathan Baron, *The Political Psychology of Redistribution*, 52 UCLA L. Rev. 1745, 1784 - 90 (2005)。关于试图解决税收支出的低突显性问题,参见上文 13.2.4 节。

［105］ 参见 Adam Drewnowski & S.E. Specter, *Poverty and Obesity*: *The Role of Energy Density and Energy Costs*, 79 Am.J. Clinical Nutrition 6 (2004)。

［106］ 参见 Nirav P. Patel et al., *"Sleep Disparity" in the Population*: *Poor Sleep Quality Is Strongly Associated with Povertyand Ethnicity*, 10 BMC Pub. Health 475 (2010)。

［107］ 参见 Eileen Y. Chou, Bidhan L. Parmar & Adam D. Galinsky, *Economic Insecurity Increases Physical Pain*, 27 Psychol. Sci. 443 (2016)。

［108］ 参见 Mohammad Siahpush et al., *Smokers with Financial Stress Are More Likely to Want to Quit but Less Likely to Try or Succeed*: *Findings from the International Tobacco Control (ITC) Four Country Survey*, 104 Addiction 1382(2009)。

［109］ 参见 Christina Paxson & Jane Weldfogel, *Work*, *Welfare*, *and Child Maltreatment*, 20 J. Labor Econ. 435 (2002)。

［110］ 一般性的讨论,参见 Sendhil Mullainathan & Eldar Shafir, Scarcity: Why Having Too Little Means So Much (2013)。

［111］ 参见 Anandi Mani et al., *Poverty Impedes Cognitive Ability*, 341 Sci. 976, 977 - 78 (2013)。

[112] 出处同上,第 979—980 页。另见 Anuj K. Shah, Sendhil Mullainathan & Eldar Shafir, *Some Consequences of Having Too Little*, 338 Sci. 682（2012）（通过实验检验"富裕"和"贫穷"受试者的借贷决策行为）。

[113] 参见 Marianne Bertrand, Sendhil Mullainathan & Eldar Shafir, *A Behavioral-Economics View of Poverty*, 94 Am. Econ. Rev. 419–23（2004）。

[114] 参见 Mullainathan & Shafir,前注[110],第 173—176 页。

[115] 另见注释[135]及其对应正文。

[116] 关于幸福感的研究对法律还有其他方面的影响。参见:*Conference on Legal Implications of the New Research on Happiness*, 37 J. Legal Stud. S1–S353（2008）; Happiness and the Law（John Bronsteen, Christopher Buccafusco & Jonathan S. Masur eds., 2015）。参见上文 9.4.2 节、12.4.3 节。

[117] 参见 Ed Diener & Robert Biswas-Diener, *Will Money Increase Subjective Well-Being? A Literature Review and Guide to Needed Research*, 57 Soc. Indicators Res. 119, 121（2002）。

[118] 关于人类福利理论,参见:Shelly Kagan, Normative Ethics 29–41（1998）;上文 1.3 节、4.2 节。

[119] 关于主观幸福感(SWB)及其他心理学文献中的人类福利的概念,参见 Richard M. Ryan & Edward L. Deci, *On Happiness and Human Potentials: A Review of Research on Hedonic and Eudaimonic Well-Being*, 52 Ann. Rev. Psychol. 141（2001）。

[120] 参见 Diener & Biswas-Diener,前注[117],第 127 页。

[121] 相关文献参见 Diener & Biswas-Diener,前注[117],第 128—130 页。

[122] 出处同上,第 130 页。另见 Mishna, *Pirkei Avot*（Ethics of our Fathers）4∶1（"Who is rich? He who is satisfied with his lot"）。

[123] 出处同上,第 122—127 页、第 129 页。

[124] 出处同上,第 129—130 页。

[125] 出处同上,第 131—134 页。

[126] 参见 Philip Brickman, Dan Coates & Ronnie Janoff-Bulman, *Lottery Winners and Accident Victims: Is Happiness Relative?*, 36 J. Personality & Soc. Psychol. 917（1978）。

[127] 然而,另一项研究发现,与小奖的中奖者或未中奖的人相比,中等规模奖金的中奖者在一年后心理压力确实得到减轻。参见 Jonathan Gardner & Andrew J. Oswald, *Money and Mental Wellbeing: A Longitudinal Study of Medium-Sized Lottery Wins*, 26 J. Health Econ. 49（2007）。

[128] 参见 Diener & Biswas-Diener,前注[117],第 139—142 页。

[129] 参见 Thomas D. Griffith, *Progressive Taxation and Happiness*, 45 B. C. L. Rev. 1363（2004）。

[130] 参见 Shigehiro Oishi, Ulrich Schimmack & Ed Diener, *Progressive Taxation*

and the Subjective Well-Being of Nations，23 Psychol. Sci. 86（2012）。累进性和主观幸福感之间的相关性,通过公民对教育和公共交通等公共产品的满意度来调节。

[131]　参见前注[118]及其对应正文。有主张认为,在以公共政策制定为目的时,主观幸福感作为衡量人类福利的指标,至少与偏好满意度同样合适,并优于使用收入作为衡量指标,参见 Paul Dolan & Tessa Peasgood，*Measuring Well-Being for Public Policy：Preferences or Experiences?*，37 J. Legal Studies S5（2008）。

[132]　参见 David A. Weisbach，*What Does Happiness Research Tell Us about Taxation?*，37 J. Legal Stud. S293，S308 - 09（2008）。关于在税收政策制定过程中,更多使用上报的主观幸福感作为福利衡量标准的问题,参见 Diane M. Ring，*Why Happiness?：A Commentary on Griffith's Progressive Taxation and Happiness*，45 B.C.L. Rev. 1413，1415 - 16（2004）。

[133]　参见 Maarten C.M. Vendrik & Geert B. Woltjer，*Happiness and Loss Aversion：Is Utility Concave or Convex in Relative Income?*，91 J. Pub. Econ. 1423（2007）。

[134]　参见 Andrew J. Oswald & Stephen Wu，*Objective Confirmation of Subjective Measures of Human Well-Being：Evidence from the U.S.A.*，327 Sci. 576（2010）。

[135]　参见:Weisbach,前注[132];Ring,前注[132],第1417—1422页。

[136]　参见 Louis Kaplow & Steven Shavell，*Why the Legal System Is Less Efficient than the Income Tax in Redistributing Income*，23 J. Legal Stud. 667（1994）。

[137]　参见 David Neumark & William Wascher，*Minimum Wages and Low-Wage Workers：How Well Does Reality Match the Rhetoric*，92 Minn. L. Rev. 1296 1309 - 11（2008）（通过回顾文献并得出结论,最低工资立法倾向于提高失业率）。相反的观点,参见 David Card & Alan B. Krueger，Myth and Measurement：The New Economics of the Minimum Wage（1995）。

[138]　对这场辩论的重要贡献包括:Anthony T. Kronman，*Contract Law and Distributive Justice*，89 Yale L.J. 472，498 - 510（1980）；Richard Craswell，*Passing on the Costs of Legal Rules：Efficiency and Distributionin Buyer-Seller Relationships*，43 Stan. L. Rev. 361（1991）；Chris William Sanchirico，*Taxes versus Legal Rules as Instruments for Equity：A More Equitable View*，29 J. Legal Stud. 797（2000）。

[139]　参见 Christine Jolls，*Behavioral Economics Analysis of Redistributive Legal Rules*，51 Vand. L. Rev. 1653（1998）。

[140]　关于过度乐观及确定性效应,分别参见上文2.4.3节、2.2.5节。

[141]　关于心理账户,参见前注[152]及其对应正文。

[142]　参见上文1.3节。

[143]　参见 Daphna Lewinsohn-Zamir，*In Defense of Redistribution through Private*

Law，91 Minn. L. Rev. 326（2006）。关于贫穷对决策的不利影响，参见上文 13.4.3 节。关于法律家长主义，参见上文 4.4.2 节。

[144]　参见 George Loewenstein & Samuel Issacharoff，*Source Dependence in the Valuation of Objects*，7 J. Behav. Decision Making 157（1994）。相关比较性研究见 Lewinsohn-Zamir，前注[143]，第 362—366 页。

[145]　参见 Lewinsohn-Zamir，前注[143]，第 367—368 页。

[146]　参见上文 4.4.2 节。

[147]　参见 Brian D. Galle，*Tax*，*Command … or Nudge? Evaluating the New Regulation*，92 Tex. L. Rev. 837（2014）。

[148]　参见 Tatiana Homonoff，*Can Small Incentives Have Large Effects? The Impact of Taxes versus Bonuses on Disposable Bag Use*，Am. Econ. J.：Econ. Pol'y（forthcoming，working paper，June 2015，网址：https://wagner.nyu.edu/files/faculty/publications/Homonoff％20-％20Can％20Small％20Incentives％20Have％20Large％20Effects_ 0.pdf）。

[149]　参见 Brian D. Galle，Carrots，*Sticks*，*and Salience*，67 Tax L. Rev. 53（2013）。

[150]　参见 Ted O'Donoghue & Matthew Rabin，*Optimal Sin Taxes*，90 J. Pub. Econ. 1825（2006）。

[151]　参见 Jonathan Gruber & Bottond Köszegi，*Tax Incidence when Individuals Are Time-Inconsistent：The Case of Cigarette Excise Taxes*，88 J. Pub. Econ. 1959（2004）。另见前注[108]及其对应正文。关于再分配的行为经济学，参见上文 13.4 节。

[152]　关于心理账户，参见：Richard H. Thaler，*Mental Accounting and Consumer Choice*，4 Marketing Sci. 199（1985）；Richard H. Thaler，*Mental Accounting Matters*，12 J. Behav. Decision Making 183(1999)。

[153]　参见 Hersh M. Shefrin & Richard H. Thaler，*The Behavioral Life-Cycle Hypothesis*，26 Econ. Inquiry 609，636(1988)。

[154]　参见：Edward J. McCaffery，*Behavioral Economics and Fundamental Tax Reform*，in Fundamental Tax Reform：Issue，Choices，and Implications 455（John W. Diamond & George R. Zodrow eds.，2008）；Faulhaber，前注[65]；Galle，前注[149]；Ryan Bubb，Patrick Corrigan & Patrick L. Warren，*A Behavioral Contract Theory Perspective on Retirement Savings*，47 Conn. L. Rev. 1317（2015）。

[155]　参见上文 4.4.3 节。

第五篇

法律程序

▶ 14

诉讼当事人的行为

14.1　绪论

诉讼与和解行为从一开始就引起了法律经济学家和行为学家的关注。与讨价还价的行为相似，诉讼的行为结构表明，在其他谈判议价场景下发展起来的经济学洞察也可以被应用其中，而关于谈判议价行为的行为学发现则可以用于诉讼当事人的研究。除了涉及民事诉讼与和解的文献外，本章还将讨论范围扩大到刑事诉讼中的客户与律师关系的几个方面以及辩诉交易。[1]

本章开篇将简要描述诉讼与和解的标准经济学分析（14.2 节）。然后分析一系列影响和解的行为障碍，包括信息收集和解释过程中的偏差、诉讼人过度乐观、对公平和报复的非理性担忧、源自诉讼对抗性质的偏差、在和解方案评估中的参照依赖，以及被告人寻求风险的心理现象（14.3 节）。尽管存在许多策略上和行为上的障碍，但大多数法律纠纷确实得到了解决。14.4 节将指出两种对和解具有强烈促进作用的行为现象，即后悔厌恶和损失厌恶。14.5 节将讨论对于替代性纠纷解决机制使用相对有限的行为学解释。14.6 节将更仔细地探讨律师的作用以及客户与律师之间的相互关系。最后，14.7 节强调行为学洞见对理解刑事诉讼中辩诉交易的贡献。[2]

14.2　诉讼与和解的标准经济分析

已有大量研究从经济学的角度对诉讼行为进行了分析。[3]总体而言，当诉讼带来的预期总收益超过其预期成本时，原告将提起诉讼。预期总收益取决于案件的基本事实、适用的法律规定，以及原告投入该案件的资源数量。诉讼的结果（原告在案件诉讼中的最佳投资回报），还取决于被告为其辩护行为所投入资源的范围和规模。从提起诉讼到最终审判的这一路流程，对诉讼双方来说通常都是代价高昂的。对于双方当事人而言，诉讼不仅包含庭审和律师费用等直接金钱支出，还包含时间、精力、司法对抗过程中的不快情绪，以及可能造成的声誉上的影响和其他间接成本。因此更常见的情况是，大多数案件在庭审前会达成和解，有部分案件则通过各种替代性纠纷解决（alternative dispute resolution，

ADR)机制来完结。[4]

一个理性的原告在考虑进行和解还是提起诉讼时,将首先计算案件的司法裁决所带来的预期收益(或其他司法补救的金钱等价物),以及获得该收益的可能性。然后他将从预期总收益中减去其预期诉讼成本,以确定他可以接受的最低和解金额,即其保留价值(reservation value)。而被告方的保留价值,即他可以同意支付的庭外和解的最高金额,将等于预期的司法裁决金额再加上其诉讼成本。在完全信息、对预期裁决的准确评估和诉讼成本为正的条件下,庭外和解相对于诉讼是帕累托更优的选择。只要诉讼成本足够高,即使出现信息不对称和对司法裁决结果不同的评估,也不会阻碍和解行为的发生。

尽管达成和解在绝大多数情况下对双方都是有利的,但是经济学分析预测并非所有案件都会达成庭外和解。其中一个主要障碍可能来源于信息的不对称。假设由于缺乏信息或信息错误,原告的保留价值高于被告的,将使互惠互利的协议空间不复存在。此外,即使信息对称,如果对和解的议价谈判是在双边垄断的条件下进行的话(即原告只能选择与被告和解,被告也只能选择与原告和解的情况),任意一方可以理性地拒绝可能达成的协议范围内的和解方案,以争取获得更大的和解盈余。强硬的讨价还价行为可能会带来更有利的和解协议方案,但也可能导致和解谈判陷入僵局。

一方倾向于和解的意愿,取决于包括其议价能力在内的多种因素。对于原告而言,延迟支付的成本越高,他将越倾向于快速结案;而对被告而言,延期结案越有利可图,他接受和解的速度将越慢。持续谈判的成本差异,可能来自诉讼当事人与其律师之间的费用安排、庭审准备的不同阶段所涉及的费用,以及诉讼各方的机会成本。和解的前景和时机,也取决于各方对风险的态度:风险厌恶程度越低的一方,越有可能拒绝互惠的和解方案。

本节简短的描述并不能充分说明对诉讼与和解的经济学分析的丰富性与复杂性。其他且不论,首先它忽略了当诉讼标的不可分割时的情况,也忽视了各种民事诉讼程序规则可能带来的影响(如审前发现的规则和诉讼费用分担的规则),以及代理律师的角色(其利益通常背离了客户的利益,这由协商的费用安排决定)。不过,仅就为接下来的讨论提供背景这一目标而言,上面的介绍已经足够了。

14.3　和解的行为障碍

14.3.1　概述

若干实证研究表明,有时候被诉讼当事人拒绝的和解提议,其实事后看起来比庭审判决更有利。[5]当然,最终判决结果不如被拒绝的和解方案有利,这并不一定意味着最初的决策是不理性或轻率的。和解的决策是在不确定的条件下做出的,并且可能基于不完整的信息。即使诉讼当事人不指望通过庭审获得更大的经济利益,他们也可能出于各种策略上或其他方面的原因(如对案件公开宣传的欲望,或希望创立判决先例),而理性地拒绝和解方案。然而,有充分的证据表明,未能成功达成和解的案件,其部分原因是由于行为偏差,下文将对此展开描述。此外,即使案件最终达成和解,但是往往和解的时机太晚,已经对双方当事人以及法院系统都造成了损害。这类延迟也可以归咎于行为因素。[6]

14.3.2 信息、自利偏差与过度乐观

在未达成和解前,和解决策的关键取决于诉讼当事人对庭审结果的预测。因此,对庭审结果的预测不同是导致和解谈判陷入僵局的主要原因。对庭审结果过高或过低的估计,都可能导致次优和解决策的产生。然而,我们更关注高估结果的情形,因为该情形更为普遍,并且低估结果将可能产生更强烈的和解意愿,因此低估并非和解达成的障碍。

对于庭审结果进行不切实际的预测,其中一个主要原因是信息不完整。然而,除了客观的信息稀缺之外,诉讼当事人的信息收集可能会由于确认偏差而发生扭曲,即倾向于寻找与自身的信念及之前的决定相符的信息。[7]在这种情况下,原告可能会更加关注支持其当初提起诉讼决定的新信息,而被告则倾向于寻求支持其辩护决定的信息。

此外,当信息不容易获取时,对信息的搜索行为本身将会影响信息获取后对信息的使用方式。[8]一开始,诉讼当事人在没有得到更多的附加信息前,可能会推迟决定是否和解,这正是遵循了“信息越多越好”(more information is better than less)的认知启发式。[9]一旦诉讼当事人获取了信息,其之前采取的等待或积极寻求信息的行为,增强了该信息的突显性及感知到的重要性。因此,诉讼当事人所做的决策,可能会与当信息一直都是随手可得的情况不同。当新获取的信息强化了当事人的立场,就有可能妨碍和解的达成。即使原来在下列两种情况下会被接受的和解要约,也可能遭到拒绝:(1)如果信息从来一直可用;或者(2)如果当事人在不等待缺失信息的情况下即做出了和解决定。[10]

和解的障碍可能不仅来自有偏差的信息收集(由于存在确认偏差)以及人们对所寻求信息的感知重要性的提高,也来自在回忆和解释信息时一些广为人知的认知偏差。人倾向于有选择性地回忆,并以自利的方式来解释信息。[11]因此,即使双方当事人都面对相同的新证据,当证据存在相互矛盾的不同解释时,每一方都可能会做出对自己有利的解释。[12]这种态度极化不仅不会缩小,反而会扩大了双方所做的预测之间的差距。由于诉讼的对抗性质,以及伴随对抗关系而来的认知偏差[13],诉讼当事人可能对另一方提出的证据持特别怀疑的态度。这种自利偏差不仅可能产生对事实不同的解释和对证据不同的评价,还可能产生对法律规范不同的解读,以及对纠纷解决方案的公平性做出不同评价。[14]

在收集和解释信息过程中存在的偏差,导致了双方对庭审的前景预测过于乐观。[15]人倾向于认为自己的感知和判断是无偏差的(所谓的“天真现实主义”)[16],而认为对方的感知和判断则是带偏差的。因此,他们倾向于相信一个公正的仲裁者(法院)会站在自己那一边。实验研究表明,这些认知偏差在和解谈判中会起作用,并且各方越是明显地表现出认知偏差,达成和解的可能性就越小。[17]

人们的预测不仅会过于乐观,而且往往会对自己所做预测的准确性过于自信。[18]在一项研究中,所有受试者都收到某个相同的法律纠纷的背景信息。此外,部分受试者收到原告方的观点,部分受试者收到被告方的观点,剩余的受试者则同时收到了双方的论点。虽然前两组的受试者都清楚他们看到的只是片面的观点,但他们对案件的预判仍然倾向于支持他们所获悉的观点。与同时收到两种观点的那组受试者相比,前两组的受试者所

做的预测通常不太准确,但他们对自己的预测更有信心。[19]这些发现准确地反映了诉讼当事人的感知,因此,过度乐观和过度自信的综合效应,可能会对达成互利的和解协议造成阻碍。

律师参与和解谈判可能有助于克服这些行为障碍。然而,如下所述,律师并不能完全避免这些认知偏差的影响[20],因此他们参与和解谈判也不会完全消除这些障碍。

14.3.3 "非理性"动机

虽然标准经济学分析通常以人使用金钱支付的意愿来衡量物品的效用,但它并没有假定人只关心钱。例如,为了获得更多的曝光,或为了对政策制定者施加间接压力,诉讼当事人可能会理性地倾向于诉讼而非和解。假如诉讼当事人未来将重复参与到类似的案件中,那么即使判决的预期赔偿金额低于案件当前的和解方案,他们仍然可能更倾向于法庭判决,以便创立一个有利的判决先例。然而,正如第 2 章中所讨论的,与人是自身效用的理性最大化者的假设相反,人同时也存在其他的偏好以及自我道德约束。[21]这种偏好及约束可能会妨碍和解达成。

因此,当人们努力使个人效用最大化时,他们也关心实质性公正,即使这与其自身利益相违背。[22]对实质性公正的关注,可能会影响和解的前景。如果诉讼当事人认为和解方案的内容是公正的,那么他有可能会同意和解,即使和解的结果不及其预期的法庭判决结果。同理,假如他认为和解方案不公正,他可能会拒绝和解,尽管和解方案优于法庭的预期判决。[23]不幸的是,鉴于诉讼当事人对实质性公正的判断本身往往也自带偏差[24],诉讼当事人对公正的关注往往会阻碍、而非促进和解的达成。

报应和复仇动机也可能会阻碍和解达成。[25]由拉塞尔·科罗布金和克里斯·古思里(Chris Guthrie)进行的实验表明,当对方的行为被认为冒犯程度较低且可以被原谅时,受试者更倾向于接受和解。[26]当原告寻求对其遭受的痛苦以及对被告不法行为进行司法谴责和确认时,可能更偏向于提起诉讼。即使有时诉讼当事人期望从诉讼中获得的物质利益较小,他们也更喜欢诉讼而不是和解,因为他们认为诉讼会给对方带来更大的伤害。[27]

另一方面则与程序性公正有关。人们不仅关注自身利益、实质性公正和报应惩罚,也关注程序性公正。[28]具体而言,相比和解,诉讼当事人可能更偏好庭审或法庭附设仲裁,因为他们希望表达自己的立场观点。[29]同理,当和解谈判在程序上被视为公正时,达成协议的前景以及诉讼当事人对协议内容的满意度都会提高。[30]

最后,行为学研究揭示了道歉(或不道歉)对是否达成和解的影响。正如珍妮弗·罗本诺尔特(Jennifer Robbennolt)所总结的,研究发现,通常而言,"道歉会影响原告的感知、判断和决策,可能使达成和解的概率提高。例如,它能改变人们对争议以及争议者的感知,减少负面情绪,改善对双方未来行为和关系的预期,改变谈判意愿和对公正的判断,提高接受和解方案的意愿。"[31]

14.3.4 源自诉讼对抗性质的偏差

完全理性的诉讼当事人可能会因为策略性的行为(如隐瞒信息或使用拖延战术),而错失达成互利和解的机会。然而除了策略性原因以外,和解谈判还可能因为与诉讼行为的对抗性质相关的偏差而失败。人往往忽视或低估自己在感知和判断中的自利偏差[32],这可能会导致他们将对方的立场视为带偏见的、不合理的,甚至是见利忘义的。将偏见归因于对方,可能会促使一方在谈判中表现得更不合作,这反过来可能会导致另一方增强其原有的偏见,因此做出更敌对的反应,以此类推。这一过程的结果很可能是冲突升级,而不是解决冲突。[33]

从原则上看,比起纯粹的分配谈判,和解协议(与庭审判决相比)具有更大的灵活性,更有利于整合性谈判。这种谈判可能会产生更符合各方利益的创造性解决方案。然而,诉讼的对抗性姿态可能会导致诉讼当事人认为,他们处于一种非输即赢的局面,即一方得到的任何利益必然会损害另一方的利益。这种"固定蛋糕"偏差(fixed-pie bias)可能导致谈判陷入僵局。[34]

最后,与和解谈判的对抗性质有关的另一个现象是反应性贬低(reactive devaluation)。若干研究结果表明,比起中立方或者同盟者提出的方案,人们倾向于贬低对手方的提议。[35]第三方(如调解人)的介入,可能有助于克服这一困难。[36]

14.3.5 和解方案评估中的参照依赖

原本有利的和解方案可能会遭到拒绝,因为在某些情境下方案的出价未达到感知到的基准。[37]例如,原告可能会将和解方案提出的损害赔偿金额与媒体报道的损害赔偿金额进行比较。由于媒体报道通常关注赔偿异常高的案件,原告的成功被过度代表,而且由于可得性启发式,诉讼当事人的委托律师提出的基准也可能同样不具有代表性,这种比较可能会导致和解方案被拒,而这是不明智的。[38]

同样地,假如一方提出和解出价后反悔,然后重新提出较低的出价,另一方可能会拒绝新的协议,因为新的出价似乎不如最初的出价有吸引力,而其实如果并没有最初的出价作为参照的情况下,新的出价本来会被接受。由于最初的出价已不复存在,如果随后的出价高于诉讼的预期净回报,那么拒绝后一个出价其实是不合理的。[39]科罗布金和古思里对另一个情境进行了实验研究。在一项受试者组间实验设计中,受试者被要求把自己想象成原告。他们被告知分别收到且拒绝了 2 000 美元及 10 000 美元的和解出价,然后被要求考虑是否接受 12 000 美元的最终和解出价。由于最初的出价成为一个参照点,相比10 000 美元,当最初出价为 2 000 美元时,受试者明显更愿意接受和解。[40]

上述及其他参照依赖的现象,如妥协效应和对比效应[41],也可能阻碍和解的达成。[42]

14.3.6 诉讼结果的框架化与风险态度

1985 年,玛格丽特 • 尼尔(Margaret Neal)和马克斯 • 巴泽曼(Max Bazerman)通过实验证明,谈判者的行为取决于他们如何构建看待谈判结果框架,特别是他们将谈判结果视为收益还是损失。[43]尼尔和巴泽曼发现,在和解谈判中,积极(收益)的框架比消极(损失)的框架带来更多的让步,以及更大的和解达成率。他们解释说,这样的结果源于谈判者对待风险的不同态度:由于人们在收益域表现得更厌恶风险,他们愿意做出更多让步,以避免陷入僵局。[44]于是有人提出了这样的假说:在和解谈判中,原告比被告更厌恶风险,因为原告可能将谈判结果视为潜在的收益(原告可能获得的司法裁定赔偿金额),而被告可能将其视为潜在的损失(被告可能被判决支付赔偿金)。[45]20世纪90年代中期,琳达·巴布科克(Linda Babcock)与其合著者以及杰弗里·拉克林斯基都为被告的风险逐求行为可能会导致和解谈判失败的猜测,提供了实验和实证支持。[46]根据和解谈判的自然框架,原告面临一个选择:要么通过和解获得确定的收益,要么通过持续的谈判或诉讼面对不确定的结果。另一方面,被告需要在接受确定的损失,与继续谈判或诉讼带来的不确定结果之间进行选择。与期望效用理论相反,由于人们在收益域倾向于规避风险,在损失域则倾向于寻求风险,原告往往会为自己设定一个低于预期净收益的保留价值,而被告的保留价值则高于预期的诉讼结果。以上研究发现,是基于学生群体(在巴布科克等人和拉克林斯基的研究中)以及庭审律师(在巴布科克等人的研究中)作为实验对象获得的。随后的一项研究发现,当联邦治安法官被要求分别从原告和被告的角度来评估和解方案时,也会产生类似的结果。[47]对和解协议和庭审结果数据库的检视发现,实验结果得到了强有力的实证支持。[48]

将诉讼框定为原告的收益,这相当于假设对原告来说相关的参照点是原告当前的处境。该假设与已被文献记录在案的、对伤害的享乐适应现象相一致[49],并且已经得到了部分研究的支持。[50]然而,这种框架化并不具有普遍性,有些研究已经能够在实验中进行操纵,使和解或诉讼的结果被框定为要么是原告的收益,要么是原告的损失。[51]除了原告在引发诉讼的事件(如交通事故)发生前的处境以外,另一个可能的参照点是当事人的意愿水平。与其他谈判场景一样,诉讼当事人的期望和意愿可能决定某一和解出价是被视为损失还是收益,从而诱发不同的风险态度。[52]

尽管前景理论假设人们在面对收益时通常是风险规避的,在面对损失时则是风险寻求的,它同时也假定人们对待风险的态度在收益和损失的概率低时会发生反转。[53]由此得出,在高风险、低概率的索赔中,原告很可能会倾向寻求风险,并因此拒绝接受超过预期赔偿金额的和解方案。克里斯·格思里提供的实验数据支持了这一猜想,并讨论了旨在阻止原告轻率提起诉讼的监管措施,或在未能阻止的情况下,鼓励他们达成和解。[54]

有些研究表明,某些诉讼当事人,如保险专业人士,不太容易受到框架效应的影响。[55]也有研究声称,律师不太容易受到框架效应的影响,因此可能在达成和解中发挥建设性作用[56],但这方面的证据并非是结论性的。[57]

14.3.7　结语

本节回顾了在感知、信息处理、判断和选择过程中可能会阻碍达成互利和解的一系列心理偏差。其中包括对认知理性(如可得性与参照依赖)和动机理性(如对实质性公正和报复心理的关注)相关假设的偏离。这些现象也许可以解释这样一种实证发现:许多案件的和解提议,在事后看来都被认为应该被接受,在当时却遭到了拒绝。

14.4 促进和解的行为因素：预期后悔与损失厌恶

前文所述研究解释了人们的启发式和偏差会如何阻碍达成互利的和解。相反，后悔与损失厌恶的结合，则解释了为什么大多数案件最后都达成了和解。[58]

当人们意识到如果当初做了不同的决策，结果可能比现在好时，就会体验到后悔的感觉。[59]后悔意味着自责[60]，并威胁到一个人的自我形象。[61]事后可能的后悔预期会影响人们事前的决策。[62]在其他条件相同的情况下，人们更愿意选择能够降低或消除事后后悔感的选项。

当决策者面临两个（或更多）选择时，后悔的预期主要取决于他预期事后自己会知道什么。他可能既不了解已选项的结果，也不了解未选项的结果（缺乏知识）；他也可能同时了解这两个选项的结果（完全知识）；或者他可能了解已选项的结果，但不了解放弃选项的结果（不完全知识）。[63]在完全知识的条件下，被放弃选项的结果成为一个突显的参照点：如果被放弃选项的结果比已选项的结果要好，人很可能会感到后悔。在不完全知识的条件下，后悔也是可能的，因为决策者可能会对未选项产生的结果进行想象，但在那种情况下，后悔的可能性显然较小。[64]

就其本质而言，无论是早期的后悔理论[65]，还是近期的决策情感理论（decision affect theory）[66]，都依赖于决策者的损失厌恶。然而，损失厌恶强化了预期后悔的效果。当被放弃的选项比实际选择的选项结果更优或更差时，决策者可能会预期到事后的后悔或喜悦。损失厌恶意味着潜在的后悔会比喜悦更突显。[67]因此，预期的喜悦不太可能抵消预期的后悔。

通常情况下，人在面对的多个选项在事后解决其中涉及的不确定性方面并不存在差异。当投资者面临购买股票 A 与股票 B 之间的选择时，他最终会知道哪个股票表现更好。类似地，在两个赌局之间进行选择之后，只有被选择的赌局结果被揭开，不论受试者选择哪个选项，他预期只能得到不完全的知识。然而，可选的选项有时并不相同，有的选项会导致完全知识，有的只有不完全知识。在其他条件相同的情况下，与完全知识的选项相比，损失厌恶外加后悔厌恶的人可能会将不完全知识的选项视为明显更具有吸引力的选项，因为不了解被放弃选项的结果，从而可以避免预期后悔。这种不对称是在确定的结果与不做选择就不会揭示结果的赌局之间做选择时的特征。

这正是和解谈判中的典型情况。诉讼当事人要么接受和解方案（接受某个确定的结果），要么等待庭审宣判，而如果双方达成和解，庭审的结果将永远不得而知。因此，后悔厌恶外加损失厌恶可以解释为什么尽管普遍存在信息不对称、策略性考虑，以及一系列的心理学障碍，还是会有那么多的诉讼当事人（不论是原告还是被告），倾向于达成和解。克里斯·格思里为这一主张提供了一些实验性、轶事性的证据支持，同时为律师在遭遇后悔厌恶外加损失厌恶的客户或对手方时的处理方法提出了建议。[68]

首先，律师应该评估其客户以及对手方的后悔厌恶程度。例如，格思里推测，大型机构的诉讼当事人会比仅具有单次诉讼经历的个体诉讼当事人表现出更低的后悔厌恶，这种后悔厌恶情绪通常在庭审前夕可能会更强烈。[69]证据表明，自尊心弱的人更容易感到后悔,律师也可以将这点纳入考虑。[70]一旦发现客户表现出后悔厌恶,这一因素就应该被纳入是否接受和解方案的决策中。然而,随后的研究表明,人非常善于避免自责,所以实际上他们体验到的事后后悔感通常会比预期的小得多。这意味着"那些花钱来避免将来后悔的人,可能是在购买他们实际上并不需要的情绪保险"[71],因此律师最好为他们的客户提供相应的建议。同理,律师可能希望在和解谈判中利用对手方的后悔厌恶与损失厌恶以争取更大利益。

14.5　替代性纠纷解决机制

作为判决或和解谈判的替代方案,在无需中立第三方的情况下,争议方可以诉诸替代性纠纷解决(ADR)机制,其主要形式包括仲裁和调解。通常情况下,当事人选择替代性纠纷解决机制是基于双方签署的合同要求,或是因为法院命令必须采用附属于法院的纠纷解决程序。本书仅讨论争议方可以在诉讼与替代性纠纷解决机制之间进行自由选择,自愿使用替代性纠纷解决机制的情况。

与诉讼相比,替代性纠纷解决机制有几个优点。[72]在仲裁中,双方可以选择通晓争议主题的专家作为仲裁员。这使得争议方无需向仲裁员提供背景信息,同时还可能提高决策的质量。因此,仲裁的成本可能更低,并且可以在更准确地理解相关问题的基础上做出决策。仲裁员的专业性和仲裁程序的较不正式的性质也有助于更快地解决问题。由于仲裁员的日程安排比法院灵活,而且通常不能上诉,所以纠纷的解决速度也更快。尽管仲裁也有缺点,但各方根据自身需求调整进度的能力应当使其至少能够克服一部分缺点。

调解通常也比判决速度更快、成本更低。与仲裁一样,调解可以为争议方保密。与仲裁不同的是,由于调解人不能强加任何措施,调解使双方对过程结果拥有更多的控制空间。成功的调解会带来双方协商一致的解决方案,增强共同遵守的前景,进而促进双方未来的合作。通过调解解决问题的范围比诉讼或仲裁更广。比起法院命令或仲裁决定,调解员可以帮助双方达成一个创造性的安排,更有效地服务于其利益。

关于私人自愿诉诸替代性纠纷解决机制的做法在实际中优于普通诉讼的程度,并没有太多的实证数据支持。大量的实验和实证研究已经检验了各种非司法纠纷解决机制的事前偏好以及事后满意度。这些研究大多将仲裁、调解或法院附带的替代性纠纷解决机制与普通诉讼进行比较,而不是将私人自愿采用替代性纠纷解决机制的情况与诉讼相比较。[73]然而,一些研究确实提供了与诉讼相比人们对替代性纠纷解决机制态度的清晰阐述。例如,一项大规模的定性及定量调查显示,大多数律师(包括外部律师及内部顾问)和企业高管对调解和替代性纠纷解决机制普遍持积极态度。[74]而令人费解的是,为什么实际情况中很少有争议方自愿选择替代性纠纷解决机制?"似乎确实发生了自愿的事后仲裁和调解,但它在有中立第三方介入的纠纷中所占的比重微乎其微。"[75]

对于该谜题,出现了各种解释,包括对替代性纠纷解决机制的不熟悉,以及偏好于诉讼的律师利益。在此我们仅关注行为学方面的原因。上文讨论过的许多达成和解的行为障碍——如过度乐观和过度自信、对报应和复仇的"非理性"担忧、反应性贬低,以及在损失域的风险逐求——也可能成为双方一致同意将纠纷诉诸替代性纠纷解决机制的阻碍。[76]

此外,也有研究表明,诉讼当事人可能由于模糊厌恶而不愿意选择替代性纠纷解决机制。[77]人们通常更偏爱可能的结果发生概率已知的赌局(风险)下注,而不是可能的结果发生概率未知的赌局(不确定性)。因此,如果人们更了解(或者他们以为自己更了解)诉讼以及(旨在和解的)独立谈判,而非调解或者仲裁,那么他们就可能会更偏好前者。[78]

替代性纠纷解决机制很少被采用的另一种解释是默认效应,或现状偏差。[79]对大多数人来说,默认选择是诉讼(包括接近于诉讼的和解谈判)。正如其名,"替代性纠纷解决机制"仅仅是一种替代选择。面对放弃诉讼并选择替代性纠纷解决机制的建议,当事方可能会将接受该建议视为采取行动,而坚持诉讼则被视为无须作为。由于选择替代性纠纷解决机制通常涉及前景和风险评估,厌恶损失的人可能会不愿意放弃将纠纷交由法院判决的权利。因此,现状偏差及忽略偏差将导致人们不愿采用替代性纠纷解决机制。

法院判决和替代性纠纷解决机制通常都会导致不完全知识,因为只有所选选项的结果事后才为人所知,从这个意义上看它们是对称的。与和解不同,选择替代性纠纷解决机制并不比坚持诉讼更能让人免于后悔。[80]由于调解通常意味着双方都做出让步,因此可能对原告(将结果视为可能的收益)比对被告(将其结果视为可能的损失)更有吸引力,因为在收益域和损失域人的风险态度不同。然而,一旦调解开始,同意调解就和私下达成和解一样有吸引力,因为它可以使双方免于后悔。而且双方在调解中投入的时间和精力越多,他们可能越不愿意放弃调解选择诉讼,因为沉没成本越高。[81]

14.6　律师与客户

14.6.1　概述

按照一般假设,标准经济学分析假定,律师及其客户都是理性的利益最大化者。律师与客户之间的分歧不仅在于双方都在努力实现各自的净回报最大化,还在于某些附加的个人考虑,比如公开宣传及提高信誉度(就律师而言),维护个人权利与对不当行为进行认定(对于客户而言)。因此,举例来说,原告及其律师对被告的道歉通常会有不同的反应:非专业人士在道歉后会表现出更强的和解意愿;而律师在道歉发生后可能会设定更高的期望,并在谈判中采取更强硬的立场。[82]一般来说,律师可能主要寻求最大限度的预期经济结果,而客户则可能更关注公平。[83]

律师服务的质量和数量在很大程度上是不可见且无法核实的,这加剧了律师与客户关系中存在的固有问题。因此,标准经济学分析侧重于运用合同和其他手段,使律师的利益与客户的利益保持一致,其中主要通过费用安排的激励效应来实现。[84]

迄今为止,在理解律师与客户关系及其对诉讼与和解的影响方面,行为学研究的主要贡献有两方面。首先,客户和律师的"非理性"偏差,如损失厌恶、默认效应和公平性约束,有助于解释法律费用安排中某些令人费解的地方。其次,许多研究已经就代理效应(为他人而非为自己做决策)和专业知识对判断与决策的影响进行了检验,包括在诉讼与和解的具体情境下律师的决策行为。因此,以下 14.6.2 节将对影响费用安排设计的行为因素进行阐述。14.6.3 节将讨论律师的参与是否会以及在何种程度上会影响诉讼与和解的决策。最后,14.6.4 节将根据实证和实验的结果,对律师是自身效用的理性最大化者的假设提出质疑。

14.6.2 费用安排

在法律纠纷中,无论是否有特定费用报销,律师通常基于以下三种方式之一(或其中某几种方式的组合)获得报酬:固定收费、计时收费,或胜诉收费(contingent fee, CF)。从理论上讲,固定收费可以确保客户不需承担超过约定金额的费用,但对律师处理案件投入时间和精力的激励动机最弱,因为他的报酬并不取决于他努力的结果。计时收费可以确保律师的工作付出和报酬之间的合理比例,尤其适合工作量难以预测的案件。然而,这会激励律师在案件上花费过多的时间和精力,推迟或阻碍达成和解,以最大化其报酬。在胜诉收费安排下,律师费取决于索赔的成功与否,按已收赔偿金额的一定比例计算,并在实际收款时进行支付。胜诉收费模式使财力有限的原告能够获得原本难以负担的法律服务。胜诉收费模式引导律师不受理预期赔偿过低的案件,从而为客户省去了那样的索赔所涉及的相关成本。该模式还鼓励律师争取胜诉,或达成更有利的和解协议,同时避免在处理案件上投入太多时间。然而,胜诉收费模式并没有实现利益的完美一致。由于律师最终只获得其努力成果的一部分,他可能倾向于投入很少精力,早早达成和解。[85]但在胜诉收费模式下,如果原告索赔失败,他不必支付任何费用;而如果采用其他费用安排模式,原告可能不得不为很少的工作量支付高昂的费用。在美国,胜诉收费安排是包括人身伤害在内的几类民事诉讼中标准的费用安排方式。有趣的是,胜诉收费安排的服务费率相当统一:传统的统一胜诉收费费率均为实收赔偿金额的三分之一。

经济学家、法学家和社会学家对费用安排问题的许多方面,特别是胜诉收费模式,进行了激烈的辩论。[86]有观点认为,美国的标准费率并不是充分竞争下的零利润费率,这要么是由于各种市场失灵导致的[87],要么是因为它为律师提供了更有力的金钱激励去争取高额赔偿(根据胜诉收费安排,律师在索赔中所占份额越高,他与客户的利益越趋向一致)。[88]其他的观点则认为,综合各方面因素考虑,现行服务费率是相当合理的。[89]

行为学洞见可能有助于解释法律服务市场存在的几个特征。首先,一系列的对照实验已经证明了胜诉收费模式对原告的吸引力很大程度上来源于损失厌恶。[90]由于律师服务的结果是不确定的,原告可能会将这种在胜诉收费与非胜诉收费之间的选择,视为在两个赌局间的选择。非胜诉收费的费用方式使原告面临着败诉仍需支付律师费的风险。因此,这就是一场混合赌局,在这场赌局中,原告要么获得一些收益,要么遭受损失。相比之下,虽然胜诉收费模式在胜诉的情况下可能会产生较小的收益,但它消除了损失的风险,因为如果案件败诉,原告无需支付任何律师费用。因此,这被视为是一场纯粹正向收益的赌局,在赌局中原告可能会获利,也可能维持不赚不赔。相比混合赌局,厌恶损失的人强烈地倾向于完全正向收益的赌局,因其排除了失败的可能性。[91]一些实验支持了这一论点,这些实验将资深的侵权律师作为受试者(让他们把自己当成客户来做出决策),这些实验涉到相对较小的赔偿金额。实验表明在这种场景下,信息问题以及金钱的边际效用递减因素,仅仅在原告的决策中起到了很小的作用。此外,当费用的激励效应被抵消时,受试者的偏好没有发生显著变化。这表明原告在关于费用安排的决策中,损失厌恶似乎比激励效应发挥着更大的作用。

另一个谜题是,尽管胜诉收费模式具有逻辑上的可能性、经济上的合理性,以及实践中的可行性,因而在原告中很受欢迎,但在被告中却很罕见。对于这种罕见现象,有人基于人们在损失域的风险态度,提出了一种行为学上的解释。与原告不同,被告似乎把要求支付赔偿金的判决和律师费都视为是纯粹的损失。因此,胜诉收费模式对原告的独特吸引力,即把混合赌局转变为纯粹正向收益的赌局,对被告来说并不存在。被告面临着在两个纯粹负收益的赌局之间的决策。此外,在损失域内人们通常都倾向于寻求风险。[92]因此,尽管胜诉收费模式缩小了潜在损失的范围,但通常被告并不愿意为这种风险的降低进行支付。[93]这一解释已经通过实验被证实。[94]

最后,有观点认为,美国胜诉收费模式的统一服务费率(均为获赔金额的三分之一),证明了存在反竞争的价格操纵,这将导致客户支付超越竞争状态下的费用水平。[95]对此,有观点指出,只要案件和律师之间存在"正向的选型匹配"(positive assortative matching),例如最好的律师处理获利最大的案件,次好的律师处理获利次多的案件,依此类推,那么统一的胜诉收费费率就会使费用与享有的法律服务质量之间形成有效相关。[96]若干行为现象对这一市场的稳定形成了支持。首先,尽管律师及其客户可能都认为订立一个很高的胜诉收费服务费率对双方都是有利的,尤其是在需要大量的工作而预期的赔偿金额很小的案件中,然而这类高费率似乎很罕见,因为人理所当然地认为这样是不公平的。实验研究表明,人们倾向于把胜诉收费费用安排视为一个分配公平(客户及其律师之间就赔偿款进行分配的公平性)的问题,而不是交换公平(在律师的工作量与其获得报酬之间的等价性)问题。因此,关注公平或个人信誉的律师,会避免收取很高的胜诉收费费率。[97]三分之一的胜诉收费费率之所以在上述公平性约束下仍大受欢迎,可能是因为这是一个分母较小的分数,也就是说,因为这是一个自然焦点。[98]最后,标准胜诉收费费率的存在使人们相信它是公平的。[99]胜诉收费费率作为在特定案件中评判公平性的基准,会产生默认效应,带来不主动退出默认安排的倾向。[100]

14.6.3　律师的决策

一旦聘请了律师,其在诉讼与和解过程中的参与就可能有助于改善决策,原因有以下几个。首先,由于他们接受过培训并具有经验,律师对相关风险和前景有更深入的了解。其次,律师的分析能力往往优于其客户。第三,由于他们在纠纷中通常带有较少情绪,因此更有可能冷静地考虑各种可选项的利弊。然而,如前所述,律师的经济利益及其他利益可能与其客户的利益并不一致,在这种情况下,他们提供的建议可能不能很好地服务于后者的最佳经济利益及其他利益。

除了这些一般性的结论,律师也可能比他们的客户更不容易受到认知偏差的影响,原因可能有二。首先,律师接受的培训及具备的从业经验可以帮助他们克服这些偏差。其次,那些为别人提供建议或代表别人做决策的人,可能比替自己做决策的人更不容易受到认知偏差的影响。

这两个猜想都已被探讨过,涉及各种专业的代理人,包括律师。关于专业知识,虽然研究结果有些模棱两可,但假如判断是在满足以下条件的决策环境下做出的话,似乎是可以反映出真实的专业知识水平的:(1)决策环境是有规律的、可预测的;(2)人们有机会了解和学习这些规律。[101]诉讼与和解提供了不完美的从经验中学习的机会。对于第一个条件,难点在于不同的案件在各个方面都有差异,包括客户、对手方和法官的特征,引起索赔的事件本身,以及法律环境(例如,新的判决先例的出现)。对于第二个条件,难点在于,当做出诉讼或者和解的决策时,人们往往不会知道如果当初做出不同的决策会发生什么结果。[102]

有大量的研究直接检验了律师在多大程度上容易受到各种认知偏差的影响。其中一些研究涉及律师对案件结果的预测,这对诉讼与和解的决策至关重要。在一项针对民事和刑事案件的研究中,律师被要求设定他们在现实中处理的案件的最低目标,并以百分比的形式来说明他对自己能够达到这个目标的确定程度。[103]采用"反向思考"(consider-the-opposite)的去偏差技术[104],大约一半的参与者被要求在设定最低目标前陈述他们可能无法达到最低目标的原因。另一半则被要求在设定最低目标后才列举这些理由。

结果显示,在所有案件中,有32%的案件最终结果与律师设定的目标相符;24%的案件最终结果超过了最低目标;44%的案件没有达到最低目标。总体而言,律师们对自己的预测表现得过度乐观与过度自信。有趣的是,代理律师在设定最低目标时越是过度乐观,他们对自己的预测就越是过度自信。预测的准确性并没有随着法律从业经验而提高。与男性相比,女性律师过度乐观和过度自信的程度略少一些。尽管有44%的律师未能达到他们设定的最低目标,只有18%的人事后对案件的结果表示失望,有一些人认为他们已经达成了目标,尽管事实上他们并没有。即使事先提出了未能达到最低目标的可能原因,也不能提高律师预测的准确性。

这些发现并不能让我们对律师能够克服过度乐观和过度自信的能力、他们从经验中学习的能力,或者简单的去偏差技术的效果抱有信心。事实上,职业经验可能会告诉律师,适度的过度乐观和过度自信有助于吸引客户,使客户相信他们会积极地代表客户,去争取有利的和解[105],在庭审中胜诉。[106]然而,即使当受试者不再担任实验指定的身份,甚至当受试者在金钱激励其做出准确预测的情况下,角色诱导以及认知偏差的影响也已经被证明存在于人对诉讼结果的预测中。[107]

律师和法学专业学生的过度自信,在一项关于判决结果预测的实验研究中也得到了证明。法学专业的学生与经验丰富的庭审律师组成配对,对陪审团的实际裁决进行预测。当参与者获知搭档的预估结果时,律师们对自己的预测进行了改善,尤其是当他们最初的预测与最终的实际结果相差较远的时候。然而,参与者未能充分利用"第二意见",因为他们低估了搭档所做的预测。事实上,相比法学专业学生,有经验的律师对其搭档意见的重视程度更低。[108]

诉讼结果预测还可能受到对可能结果的不同描述方式影响。研究表明,人们对不确定事件的概率评估取决于该事件如何描述。尽管互补事件的判断概率(judged proba-bility)相加等于1,两个以上的互斥且穷尽事件的判断概率相加通常大于1(该现象被称为次可加性),因此当一个事件被描述为多个具体可能性的析取时,对该事件的判断概率通常会上升。[109]

想象一下:法官可以同意或驳回对合同违约的索赔;驳回的情形可能包括认定为合同没有成立、被告已依法解除合同,或在特定情况下不需要履行合同。当人们被要求评估法庭同意或驳回的概率时,他们的判断概率之和通常为1。但是,对法庭同意索赔、因缺乏合同关系而驳回,因合同解除而驳回,以及不存在合同义务而驳回这四种情况独立给出的判断概率之和,却可能大于1。可以推测,比起得知可能被驳回的原因后,人们在没有得到进一步细节时对驳回的判断概率会更低。一系列针对有经验的律师进行的研究表明,他们对审判结果的预测(包括在他们经验范围内的问题)确实受到了对结果不同描述方式的影响,得到的描述不同,预测方式也不同。[110]在其中一项实验中,受试者被要求将自己想象成为资深律师,就是否接受被告提出的和解,给一位初级律师同行提出建议。当把索赔所面临的各种困难都归在一个标题下时(对所有受试者都相同),受试者建议接受和解的比例比单独提到这些困难时要小得多。

至于其他启发式与偏差,针对律师和其他专业人士的决策过程开展的研究显示,其影响不一。举例来说,大多数研究发现,专业人士与非专业人士一样容易受到框架效应的影响,当结果被框定为收益时,他们表现出风险厌恶;而当结果被框定为损失时,他们表现出风险逐求。[111]在一项研究中,律师在被要求作为原告律师(收益框架)来考虑和解方案时,比从被告律师的角度(损失框架)来考虑时,表现出了更强的风险厌恶。[112]然而,在随后的一项实验中,科罗布金和古思里发现,与非专业人士不同,律师在对待和解决策时的风险态度不受框架设定的影响。[113]科罗布金和古思里还发现了一些迹象,表明律师比非专业人士更不容易受到锚定效应的影响,但该差异在统计上并不显著。[114]

最后,在一系列实验的基础上,安德鲁·威斯特里奇(Andrew Wistrich)和杰弗里·拉克林斯基认为,律师的认知错觉会导致他们拖延和解谈判,拒绝和解方案,因此和解进程可能会被推迟,诉讼可能会被不必要地延长。这其中包括过度依赖直觉、框架效应、确认偏差、沉没成本谬误,以及对额外信息的不合理搜索(一旦获得信息,则会高估其重要性)。[115]

律师不太容易受到认知偏差的影响,除了可能因为其具备专业知识,还因为他们是在为别人提供建议,而不是为自己做决策。这两种决策模式之间的差异已经被注意到,并被发现与决策者的信息寻求程度、忽略偏差以及权力等因素相关。[116]例如,虽然研究结果不够明确,但在为他人做决策,或建议他人如何决策时,人们受到禀赋效应的影响似乎小于自己做决策时。[117]同时,有经验的律师在收益域(当被要求代表原告进行谈判时)以及在损失域(代表被告时)确实会表现出不同的风险态度。[118]更普遍地说,上述发现表明,律师在代表他人或为他人提供建议时确实会表现出认知偏差的影响。显然,这一点与律师决策行为中的其他方面一样,都需要进一步的实证研究。

14.6.4 律师的动机

前面讨论了律师与客户之间关系的两个方面:费用安排,以及由于律师的专业经验和代理角色而导致的决策差异。这两个问题从行为角度已引起了广泛的关注。而在律师与客户关系中同样重要的第三个方面,即律师最终只关心自身利益的经济学假设,得到的关注则少得多。这一假设并不意味着律师会不管不顾客户的利益,不失时机地投机取巧,因为见利忘义和机会主义都可能会对客户与律师的合作产生负面影响,降低客户再次雇佣同一位律师的可能性,损害律师的信誉。然而,这一假设确实表明,在这种工具性的考量下,律师只会关心自身的利益。因此,费用安排的激励效应极为重要。

与这一假设相反,行为研究表明,人往往关注他人的福利、社会公平与应得赏罚。[119]尤其(但不限于)在双边关系中,即使人对当前或者未来获得物质回报抱有期待,他们仍然愿意以公平的行为回应对方。这些发现与社会学家和社会心理学家为解释社会互动行为而发展起来的社会交换理论(social exchange theory)相符。[120]社会交换理论从微观层面的交换过程出发,对这一过程中浮现出的社会结构进行追踪。虽然社会交换理论之间存在着相当大的差异,但比起理性选择理论,社会交换理论在人类行为和动机方面具有更广阔的共识。因此,随着谈判的进行,这些研究表明存在着因偶然给予的互惠行为而引发的互动。除了有形回报和成本,研究还强调无形回报与成本的作用。其中一些研究将权力和地位的概念和成本与收益结合在一起。社会交换理论认为,人不仅关注自身利益的最大化,还关注公平、责任感和人际承诺。[121]近年来,关于情感在社会交往中作用的研究也越来越多。[122]

标准经济学模型解释和预测律师实际行为的能力有限的间接证据,可以在一项关于律师在不同收费安排下处理案件所花费时间的实证研究中找到。该研究表明,情况比抽象经济学模型仅基于每种收费安排的激励效应所做的预测要微妙得多。[123]在针对委托-代理关系的研究中,往往会发现更多的证据。与标准的经济学模型相反,社会交换理论预测,"将固定工资视为由委托人保证的利益的代理人,会感到有偿还这笔债务的义务……并将尽很大努力履行义务。随着时间的推移,这种义务承担和偿还的循环,将加深委托人与代理人之间的信任和感情。这将有利于双方未来的互利交换。"[124]

在一项实验研究中,受试者按要求做出一系列的选择。在"投资条件"下,选项以抽象的形式描述选项的概率、收益和可能的投入水平。在"交换条件"下,对选项的描述修改为,提供包括社会背景的线索,其中固定收益被描述为固定工资,可变收益被描述为绩效奖金,而可能的投入则被描述为需要付出的努力程度。[125]研究发现,将选择框定为是投资还是交换,会影响受试者的行为:在投资框架下选择低投入选项(而不是完全不投入或高投入的选项)的受试者,明显多于在交换框架下选择低投入选项的受试者。当低投入会为决策者带来预期的最高收益时,在投资框架下大多数受试者选择低投入的选项,而在交换框架下,大多数受试者倾向于要么避免进行交换,要么选择高度投入选项。[126]

在另一项实验中,成对的受试者(委托人与代理人)对一个项目的报酬方案进行协商,其中代理人随后决定在该项目上投入多少努力是未知的。根据理性选择理论,货币激励在诱导代理人付出高水平努力方面非常有效。然而,大多数配对组合(57%)都对包含相当数额固定报酬的方案达成一致,在这种方案下,代理人的低水平努力会使他的预期收益最大化。尽管如此,该组别中的31个代理人中有19人选择付出高水平的努力。在这组人群中,代理人决定付出的努力水平与报酬结构无关,而与代理人感知到的委托人的善意相关。[127]

更普遍看来,对于专业人士行为的研究表明,对于机会主义行为存在几种类型的约束。其中包括专业人士将他们的工作视为一种使命,而非仅仅是谋生手段,这种观念会促进自我控制、信任及利他主义的产生。[128]即使委托人无法判断他们所得到的服务质量,或者无法让行为不端的专业人士承担信誉成本,专业社群及其组织(如律师协会)也可能会对其施以声誉谴责及正式制裁。[129]在长期的关系中,客户和律师之间利益的界限可能会变得模糊不清,从而产生一个可能相对于其他群体而言的集体身份。有时,货币激励和积极监督可能不仅是多余的,甚至还会产生反作用,因为它们会"将可能产生社会效益的优良品质挤出"。[130]

与这些令人鼓舞的行为发现相反,行为伦理学的研究表明,即使是善意的人也容易受到自动的、无意识的心理机制的影响,这些心理机制会导致他们做出违背道德规范的自利决策。[131]事实上,有观点认为,若干因素,诸如利益冲突的普遍存在性、诉讼的对抗性质、律师在论证和合理化方面的专业能力、专业人群对法律规则而非道德价值的重视、典型的时间压力和高认知负荷,以及为了帮助他人(客户)而为不道德行为辩护的可能性,所有这些都使得律师可能采取自利行为。[132]其结果可能与理性选择理论预测的行为相似。

同理心、承诺以及群体身份认同可能至少会在一定程度上抵消律师的自利心理。这些因素的重要性因环境而异。[133]无论如何,如果想搞清楚律师与客户关系的复杂现实,不仅必须将出于个人利益的精心算计和无意识的自利偏差的影响考虑在内,还必须考虑非自利的动机及承诺。虽然有充分的理由相信律师的动机(如其他人的动机一样)比理性选择理论的假设更复杂,但这一说法有待进一步的直接实证检验。

14.7 关于辩诉交易的说明

本章关注民事诉讼与和解,但它将有助于彰显行为研究在刑事诉讼领域对同类议题的主要贡献。[134]

在大多数普通法体系中,绝大多数刑事案件都是通过辩诉交易完结的。[135]尽管争议方的偏好和选择在民事纠纷的解决中起着决定性的作用,但刑事司法系统旨在达成更广泛的社会目标,如形成具体或普遍的威慑、惩恶扬善和消除影响。辩诉交易提出了比民事纠纷和解更为复杂的问题,原因有如下几个:检察机关需要处理大量案件(形成不同的判例,同类案件预期将以同等方式处理);在典型情况下,控辩双方谈判能力的不对等;大多数被告人的社会经济地位低下;通常不参与谈判的受害人的存在;检察机关的预算限制;以及检察官据称可能会使用高压谈判技巧等。毫无疑问,辩诉交易制度备受争议。[136]

尽管存在争议,但辩诉交易的标准经济学分析与诉讼及和解的经济学分析并无根本区别。鉴于庭审对当事人和司法系统造成高昂的审判成本,辩诉交易不仅有利于控方和被告,而且在一定范围内也有利于提高整体社会福利。[137]在预期审判结果(即预期判决乘以定罪概率)的阴影下进行谈判,双方达成协议,通过分担节省下来的审判费用,使双方都受益。虽然这意味着放弃完全无罪的前景,但被告往往会从某些指控被撤销、从轻惩罚,以及省下的金钱和非金钱审判费用中获益。从控方的角度来看,辩诉交易消除了无罪释放的风险,有助于将更多资源分配到其他案件中,提高资源的效率,从而增强整体威慑力,促进刑事司法系统其他目标的达成。辩诉交易也减少了对司法资源的占用。然而,与民事诉讼过程相类似,由于信息不对称、双方的代理问题,以及谈判者的策略性行为,辩诉交易可能无法达成,或无法服务于其中一方当事人的利益。

有几项研究放宽了经济理性假设的限制,利用认知心理学的观点来更好地理解辩诉交易的过程并评估其结果。这些研究与民事领域诉讼与和解的行为学研究非常相似。由于辩诉交易会导致定罪和刑罚,被告可能会将其结果框定为确定的损失。由于人在损失域倾向于寻求风险,我们会对过多的被告可能会因此拒绝接受有利的辩诉交易,宁愿承担审判风险而感到担忧。平均来看,由于刑事被告人比一般人更喜欢冒险,这种担忧愈发明显。[138]辩诉交易的谈判也可能因自利偏差、过度乐观、过度自信或控制错觉而失败。[139]签署认罪协议可能会加快刑罚的实施,选择庭审则通常会推迟刑罚实施。而与当前成本相比,对未来成本(如监禁)的过度低估,可能会给辩诉交易造成另一种心理障碍。[140]最后,辩诉交易可能会因为被告不仅关注其自身的预期效用,还关注实质性公正而失败。[141]有经验证据表明,认为自己无罪的被告通常拒绝认罪,即使预期的审判结果不太有利。[142]因为负罪感让人感到很痛苦,被告会发现很难为自己的不法行为承担责任,因此这种担忧会被进一步放大。[143]

然而在现实中,即使一些辩诉交易失败,也从来不是一个大问题。一方面,经验事实表明,大部分刑事案件确实是通过辩诉交易解决的;另一方面,有规范性判断认为,承认一项未犯之罪要比不明智地拒绝辩诉交易糟糕得多。这两点引起了评论家们随之而生的疑问:既然人们在损失域倾向于寻求风险,为什么有这么多被告与控方达成辩诉交易?

理查德·伯克(Richard Birke)总结了对这一现象存在的四种可能的解释:(1)从被告的角度来看,辩诉交易的条款比预期的审判结果好得多,足以压倒任何冒险的倾向;(2)与一般人不同的是,刑事被告在损失方面是风险规避者;(3)被告倾向于将辩诉交易框定为收益而非损失;(4)辩护律师具有强烈的机构、财务或声誉上的动机,来说服其委托人接受辩诉交易,因此误导了委托人的选择。[144]伯克认为前两种解释没有说服力,并得出结论认为第四种解释(被告得到错误信息)最具有说服力。因此,他探讨了向被告提供正确信息的方法。[145]

在承认伯克的研究起点的同时,拉塞尔·科维(Russell Covey)就这些数据提出了与之相互竞争的一种解释。[146]科维表明,辩诉交易为被告提供的刑罚减轻程度非常大(考虑到与庭审有关的痛苦,刑罚减轻的程度甚至更大)。与当前讨论的问题更相关的是,他对被告将其选项框定为在确定的损失(辩诉交易)与不确定性(审判)之间进行选择的假设提出了质疑。首先,被告可以获得控方的证据和量刑指南(在适用该罪名时),这大大减少了与审判相关的不确定性。不确定性越小,风险偏好在辩诉交易和审判之间选择时发挥的作用就越小。[147]其次,审前羁押可能会改变被告人的参照点:当被告已经被关押,随后如果继续监禁即被视为维持现状。因此,审前羁押的预期期限越长(以及随后监禁的预期期限越短),辩诉交易被视为损失的可能性就越小。[148]

最后,科维指出了当检察官提出一个"限时优惠报价"(exploding offer)时,损失厌恶在诱导被告接受认罪协议中所起的作用。这种策略,通常为消费者市场中的供应商所使用[149],可能会导致被告对看待其选项的框架进行重新设定。与其将接受辩诉交易看作损失,被告可能会认为,拒绝一个即将过期的报价,是失去了一次机会。[150]

一个相关的论点认为,就选择辩诉交易还是庭审而言,被告及其律师在比较决策可能产生的不同结果的能力方面存在差异。选择庭审会产生完全知识(审判结果可以与被拒绝的辩诉交易条款进行比较),而接受辩诉交易则会产生不完全知识(审判的结果永远不为所知)。因此,损失厌恶和后悔厌恶的被告及其律师,可能会认为后者更具有吸引力。[151]

鉴于刑事被告人具有非典型的人格特质、文化背景和受教育程度,以及案件情况具有独特性,有学者对行为学研究结果是否适用于辩诉交易提出了质疑。[152]然而,尽管人们在决策中依赖启发式的程度有所不同,但尚无理由认为刑事被告人在损失厌恶等基本而普遍的认知现象方面与一般人群存在显著差异。

另一个问题与检察官和辩护律师克服认知偏差的影响、帮助被告做出效用最大化决策的能力有关。正如我们所见[153],这方面的论据支持和反对的都有。一方面,律师是专业的重复参与者,能够以更独立的方式评估各种选择,这可能使他们在某些情况下能够至少克服某些偏差。[154]在这方面,有观点指出,在刑事案件中,由于受教育程度有限和社会地位低下,大多数被告人不太能够指示其律师在谈判中采取对抗性做法。事实上,许多辩护律师并不是由被告支付报酬的(他们也并未预期会与被告进行反复互动),这进一步削弱了被告对其辩护律师的控制水平。[155]

另一方面,包括针对律师的大量已有研究表明,经验丰富的专业人士通常表现出与非专业人士类似的偏差,并使用与非专业人士相同的启发式。[156]在某些方面,律师实际上可能放大了认知启发式在辩诉交易决策中的作用。关于人们获取信息和系统性地处理信息的动机("认知动机")的研究表明,当人们在时间压力下讨价还价时,正如普遍的检察官与辩护律师之间的辩诉交易一样,这种动机会显著减弱。在这些情况下,人们对启发式的依赖会增强。[157]此外,社会心理学的研究表明,群体认同在人们处理信息的过程中起主要作用。因此,检察官与辩护律师同时具有的、强烈的、机构性的群体身份认同感,可能会强化其认知偏差。[158]

14.8　结语

和解与辩诉交易的共识性质(consensual nature),从一开始就引起了法律经济学家的注意。在过去的二十年里,人们逐渐认识到,完全基于理性选择理论进行分析具有其局限性,因此在这些领域中出现了越来越多的行为学研究。如上文所述,自利及确认偏差、在损失域的风险逐求倾向、后悔厌恶和损失厌恶的综合效应、现状偏差、禀赋效应和沉没成本,以及许多其他启发式和偏差,在诉讼、和解、辩诉交易和替代性纠纷解决机制中的影响尤为突出。在社会冲突和谈判的心理学研究中发现的反应性贬低和态度极化等特定现象,也与诉讼与和解直接相关。

然而,我们对于在诉讼、和解、辩诉交易和替代性纠纷解决机制的行为经济学方面的了解,还存在大量空白。总的来说,对于诉讼当事人及其律师在和解谈判、辩诉交易以及替代性纠纷解决机制中实际行为的定性研究、对照调查和实验室研究(以及数据库的统计分析)方面,还有很大的研究空间。这样的研究将有助于阐明实验室研究的外部有效性。具体而言,我们对律师的非自利动机以及替代性纠纷解决机制的过程还知之甚少。

注　释

［1］　关于诉讼行为对法律演进的总体影响，参见上文 5.3 节。

［2］　关于诉讼与和解行为研究的综述，参见 Jennifer K. Robbennolt，*Litigation and Settlement*，in The Oxford Handbook of Behavioral Economics and the Law 623 (Eyal Zamir & Doron Teichman eds.，2014)。

［3］　相关文献综述，参见 Kathryn E. Spier，*Litigation*，in 1 Handbook of Law and Economics 259 (A. Mitchell Polinsky & Steven Shavell eds.，2007)。另见 Robert G. Bone，*Economics of Civil Procedure*，in 3 The Oxford Handbook of Law and Economics (Francesco Parisi ed.，2017)。

［4］　参见 Richard A. Posner，Economic Analysis of Law 779－80 (9th ed. 2014)。

［5］　参见：Samuel Gross & Kent Syverud，*Getting to No：A Study of Settlement Negotiations and the Selection of Cases for Trial*，90 Mich. L. Rev. 319 (1991)；Samuel Gross & Kent Syverud，*Don't Try：Civil Jury Verdicts in a System Gearedto Settlement*，44 UCLA L. Rev. 51 (1996)；Jeffrey Rachlinski，*Gains，Losses，and the Psychology of Litigation*，70 S.Calif. L. Rev. 113，149－67 (1996)；Randall L. Kiser，Martin A. Asher & Blakeley B. McShane，*Let's Not Make a Deal：An Empirical Study of Decision-Making in Unsuccessful Settlement Negotiations*，5 J. Empirical Legal Stud.551 (2008)。

［6］　参见 Andrew J. Wistrich & Jeffrey J. Rachlinski，*How Lawyers' Intuitions Prolong Litigation*，86 S. Cal. L. Rev. 571 (2013)。

［7］　参见上文 2.4.2 节。

［8］　参见 Maia J. Young et al.，*The Pursuit of Missing Information in Negotiation*，117 Org. Behav. & Hum. Decision Processes 88 (2012)。

［9］　可能造成延迟作出和解决定的另一个启发式，是"保持大门开放"(keeping doors open)启发式。一般性的讨论，参见 Jiwoong Shin & Dan Ariely，*Keeping Doors Open：The Effect of Unavailability on Incentives to Keep Options Viable*，50 Mgmt.Sci. 575 (2004)。

［10］　参见 Amos Tversky & Eldar Shafir，*The Disjunction Effect in Choice under Uncertainty*，3 Psychol. Sci. 305 (1992)；Anthony Bastardi & Eldar Shafir，*Nonconsequential Reasoning and Its Consequences*，9 Current Directions Psychol. Sci. 216 (2000)；Donald A. Redelmeier，Eldar Shafir & Prince S. Aujla，*The Beguiling Pursuitof More Information*，21 Med. Decision Making 374 (2001)；Wistrich & Rachlinski，前注［6］，第 604—612 页。

［11］　关于自利偏差，参见上文 2.4 节。

［12］　参见：Charles G. Lord，Lee Ross & Mark R. Lepper，*Biased Assimilation and Attitude Polarization：The Effects of Prior Theories on Subsequently Considered*

Evidence, 37 J. Personality & Soc. Psychol. 2098 (1979); George Loewenstein & Don A. Moore, *When Ignorance Is Bliss*: *Information Exchange and Inefficiency in Bargaining*, 33J. Legal Stud. 37 (2004)。

[13] 参见下文14.3.4节。

[14] 参见 Linda Babcock & George Loewenstein, *Explaining Bargaining Impasse*: *The Role of Self-Serving Biases*, 11 J. Econ. Persp. 109 (1997)。关于对公平的感知的重要性,参见上文2.7.3节。

[15] 关于过度乐观,参见上文2.4.3节。

[16] 参见:Lee Ross & Andrew Ward, *Naive Realism in Everyday Life*: *Implications for Social Conflict and Misunderstanding*, in Values and Knowledge 103 (Edward S. Reed, Elliot Turiel & Terrance Brown eds., 1996); Emily Pronin, Carolyn Puccio & Lee Ross, *Understanding Misunderstanding*: *Social Psychological Perspectives*, in Heuristicsand Biases: The Psychology of Intuitive Judgment 636, 641 - 53 (Thomas Gilovich, Dale Griffin & Daniel Kahneman eds., 2002)。

[17] 参见 George Loewenstein et al., *Self-Serving Assessments of Fairness and Pretrial Bargaining*, 22 J. Legal Stud. 135 (1993)。

[18] 关于过度自信,参见 Don A. Moore & Paul J. Healy, *The Trouble with Overconfidence*, 115 Psychol. Rev. 502 (2008)。该文章中讨论了过度自信的三种形式,包括:高估个人表现、高估自己在人群中的排名,以及过度肯定个人信念的准确性。此处指上述第三种。参见上文2.4.4节。

[19] 参见 Lyle A. Brenner, Derek J. Koehler & Amos Tversky, *On the Evaluation of One-Sided Evidence*, 9 J. Behav. Decision Making 59 (1996)。

[20] 参见下文14.6.3节。

[21] 参见上文2.7.2节。

[22] 参见上文2.7.3节。

[23] 参见 Robert Mnookin & Lee Ross, *Introduction*, in Barriers to Conflict Resolution 2, 11 (Kenneth Arrow et al. eds., 1995)。

[24] 参见:Loewenstein et al.,前注[17];Babcock & Loewenstein,前注[14]。

[25] 关于报应心理的一般性讨论,参见:Linda J. Skitka & Daniel C. Wisneski, *Justice Theory and Research*: *A Social Functionalist Perspective*, in Handbook of Psychology, Vol. 5: Personality and Social Psychology 406, 415 - 16 (Irving B. Weiner, Howard A. Tennen & Jerry M. Suls eds., 2d ed. 2012); John T. Jost & Aaron C. Kay, *Social Justice*: *History*, *Theory*, *and Research*, in 2 Handbook of Social Psychology 1122, 1144 - 45 (Susan T. Fiske, Daniel T. Gilbert & Gardner Lindzey eds., 5th ed. 2010)。

[26] 参见 Russell Korobkin & Chris Guthrie, *Psychological Barriers to Litigation Settlement*: *An Experimental Approach*, 93 Mich. L. Rev. 107, 142 - 47 (1994)。

[27] 参见 Jean R. Sternlight, *Lawyers' Representation of Clients in Mediation*: *Using*

Economics and Psychology to Structure Advocacy in a Nonadversarial Setting，14 Ohio St. J. on Disp. Resol. 269，306 (1999)。

[28] 参见上文 2.7.3 节。

[29] 参见：Robert J. MacCoun，*Voice，Control，and Belonging：The Double-Edged Sword of Procedural Fairness*，1 Ann. Rev. L. & Soc. Sci. 171，172，189 (2005)；Sternlight，前注[27]，第 304—305 页。

[30] 参见 Rebecca Hollander-Blumoff & Tom R. Tyler，*Procedural Justice in Negotiation：Procedural Fairness，Outcome Acceptance，and Integrative Potential*，33 Law & Soc. Inq. 473 (2008)。

[31] 参见 Jennifer K. Robbennolt，*Attorneys，Apologies，and Settlement Negotiation*，13 Harv. Negotiation L. Rev. 349，350 (2008)（下文简称 Robbennolt，*Attorneys and Apologies*）。另见：Korobkin & Guthrie，前注[26]，第 147—150 页；Jennifer K. Robbennolt，*Apologies and Legal Settlement：An Empirical Examination*，102 Mich. L. Rev. 460(2003)；Jennifer K. Robbennolt，*Apologies and Settlement Levers*，3 J. Empirical Legal Stud. 333 (2006)。

[32] 参见：前注[16]及其对应正文；上文 2.4.5 节。

[33] 参照 Kathleen A. Kennedy & Emily Pronin，*When Disagreement Gets Ugly：Perceptions of Bias and the Escalation of Conflict*，34 Personality & Soc. Psychol. Bull. 833 (2008)。

[34] 参见 Max H. Bazerman & Margaret A. Neale，*Heuristics in Negotiation：Limitations to Effective Dispute Resolution*，in Negotiating in Organizations 51，62 - 63 (Max H. Bazerman & Roy J. Lewicki eds.，1983)。另见 Leigh Thompson & Reid Hastie，*Social Perception in Negotiation*，47 Org. Behav. & Hum. Decision Processes 98 (1990)。

[35] 参见：Constance Stillinger et al.，*The Reactive Devaluation Barrier to Conflict Resolution*（未出版之手稿，1990，由 Lee Ross & Constance Stillinger，*Barriers to Conflict Resolution*，7 Negot. J. 389，394 (1991)提及）；Ifat Maoz et al.，*Reactive Devaluation of an "Israeli" vs. "Palestinian" Peace Proposal*，46 J. Conflict Res. 515 (2002)。另见 Korobkin & Guthrie，前注[26]，第 150—160 页。

[36] 关于调解和其他争端解决机制，参见下文 14.5 节。

[37] 关于参照依赖，参见上文 2.3 节、2.5 节。

[38] 参见 Jennifer K. Robbennolt & Christina A. Studebaker，*News Media Reporting on Civil Litigation and Its Influence on Civil Justice Decision Making*，27 Law & Hum. Behav. 5 (2003)。

[39] 参照 Robbennolt，前注[2]，第 630 页。

[40] 参见 Korobkin & Guthrie，前注[26]，第 139—142 页。

[41] 参见上文 2.5.2 节、2.5.5 节。

[42] 参见 Robbennolt，前注[2]，第 627 页、第 633—634 页。关于对比效应与和解，另见

Mark Kelman, Yuval Rottenstreich & Amos Tversky, *Context-Dependence in Legal Decision Making*, 25 J. Legal Stud.287 (1996)。

[43] 参见 Margaret A. Neale & Max H. Bazerman, *The Effects of Framing and Negotiator Overconfidence on Bargaining Behavior*, 28 Acad. Mgmt. J. 34 (1985)。

[44] 关于人们在收益域及损失域不同的风险态度,参见上文 2.5.1 节。

[45] 参见 Robin Hogarth, Judgement and Choice 105 & n.20 (2d ed. 1987)。

[46] 参见 Linda Babcock et al., *Forming Beliefs about Adjudicated Outcomes:Perceptions of Risk and Reservation Values*,15 Int'l Rev. L. & Econ. 289 (1995);Rachlinski,前注[5]。

[47] 参见 Chris Guthrie, Jeffrey J. Rachlinski & Andrew J. Wistrich, *Inside the Judicial Mind*, 86 Cornell L. Rev. 777, 794 - 99 (2001)。

[48] 参见:Rachlinski,前注[5],第 150—160 页;Kiser, Asher & McShane,前注[5],第 566—567 页。

[49] 参见 John Bronsteen, Christopher Buccafusco & Jonathan S. Masur, *Hedonic Adaptation and the Settlement of Civil Lawsuits*, 108 Colum. L. Rev. 1516 (2008)。

[50] 可参见:Rachlinski,前注[5],第 128—130 页;Babcock et al.,前注[46];Eyal Zamir & Ilana Ritov, *Revisiting the Debate over Attorneys' Contingent Fees:A Behavioral Analysis*, 39 J. Legal Stud. 245, 268 - 69 (2010)。

[51] 参见:Korobkin & Guthrie,前注[26],第 120—138 页;Zamir & Ritov,前注[50],第 262—264 页。另见下文 14.6.2 节、16.3.4 节。

[52] 参见 Russell Korobkin, *Aspirations and Settlement*, 88 Cornell L. Rev. 1 (2002)。

[53] 参见:Amos Tversky & Daniel Kahneman, *Advances in Prospect Theory:Cumulative Representation of Uncertainty*, 5 J. Risk & Uncertainty 297 (1992);上文 2.3.1 节。

[54] 参见 Chris Guthrie, *Framing Frivolous Litigation:A Psychological Theory*, 67 U. Chi. L. Rev. 163 (2000)。

[55] 参见 Chris Guthrie & Jeffrey J. Rachlinski, *Insurers, Illusions of Judgment & Litigation*, 59 Vand. L. Rev. 2017, 2033 - 42 (2006)。

[56] 参见 Russell Korobkin & Chris Guthrie, *Psychology, Economics, and Settlement:A New Look at the Role of the Lawyer*, 76 Tex. L. Rev. 77 (1997)。

[57] 参见下文 14.6.3 节。

[58] 参见 Theodore Eisenberg & Charlotte Lanvers, *What Is the Settlement Rate and Why Should We Care?*, 6 J. Empirical Legal Stud. 111 (2009)。

[59] 参见 Marcel Zeelenberg & Rik Pieters, *A Theory of Regret Regulation 1.0*, 17 J. Consumer Psychol. 3 (2007)。

[60] 参见 Robert Sugden, *Regret, Recrimination, and Rationality*, 19 Theory & Decision 77 (1985)。

[61] 参见 Richard P. Larrick, *Motivational Factors in Decision Theories:The Role of*

Self-Protection，113 Psychol. Bull. 440 (1993)。

[62] 参见：David Bell, *Regret in Decision Making under Uncertainty*, 30 Operations Res. 961 (1982)；Graham Loomes & Robert Sugden, *Regret Theory：An Alternative Theory of Rational Choice under Uncertainty*, 92 Econ. J. 805 (1982)；Graham Loomes, *Further Evidence of the Impact of Regret and Disappointment in Choice under Uncertainty*, 55 Economica 47 (1988)；Richard P. Larrick & Terry L. Boles, *Avoiding Regret in Decisions with Feedback：A Negotiation Example*, 63 Org. Behav. & Hum. Decision Processes 87 (1995)。相关概述参见 Zeelenberg& Pieters，前注[59]。

[63] 参见：David E. Bell, *Risk Premiums for Decision Regret*, 29 Mgmt. Sci. 1156 (1983)；Ilana Ritov & Jonathan Baron, *Outcome Knowledge，Regret，and Omission Bias*, 64 Org. Behav. & Hum. Decision Processes 119 (1995)。

[64] Barbara Mellers 及其合著者没有找到支持想象结果假说的证据。参见 Barbara Mellers, Alan Schwartz & Ilana Ritov, *Emotion-Based Choice*, 128 J. Experimental Psychol.：General 332, 339 - 40, 342 (1999)。其他影响预期后悔的因素有：被放弃选项会产生更优结果的概率(意外事件往往令人更感后悔)；两种结果之间的差异(差异越大，预期后悔就越强)；决策者的个人特质(自尊心弱的人更容易感到后悔)；以及结果是由采取行动还是保持原状引起。参见：Ilana Ritov, *Probability of Regret：Anticipation of Uncertainty Resolution in Choice*, 66 Org. Behav. & Hum. Decision Processes 228 (1997)；Mellers, Schwartz & Ritov，上文；Robert A. Josephs et al., *Protecting the Self from the Negative Consequences of Risky Decisions*, 62 J. Personality & Soc. Psychol. 26 (1992)；Larrick，前注[61]。

[65] 参见：Bell，前注[62]；Bell，前注[63]；Loomes & Sugden，前注[62]。

[66] 参见：Barbara Mellers et al., *Decision Affect Theory：Emotional Reactions to the Outcomes of Risky Options*, 8 Psychol. Sci. 423 (1997)；Mellers, Schwartz & Ritov，前注[64]。

[67] 参见 Larrick & Boles，前注[62]，第 89 页；Mellers, Schwartz & Ritov，前注[64]，第 338 页、第 339 页。

[68] 参见 Chris Guthrie, *Better Settle than Sorry：The Regret Aversion Theory of Litigation Behavior*, 1999 U. Ill. L. Rev. 43, 73 - 81, 81 - 88。

[69] 出处同上，第 82—84 页。

[70] 参见：Josephs et al.，前注[64]；Larrick，前注[61]。

[71] 参见 Daniel Gilbert et al., *Looking Forward to Looking Backward：The Misprediction of Regret*, 15 Psychol. Sci. 346 (2004)。另见 Deborah A. Kermer et al., *Loss Aversion Is an Affective Forecasting Error*, 17 Psychol. Sci. 649 (2006)。

[72] 参见 Robert H. Mnookin, *Alternative Dispute Resolution*, in The New Palgrave Dictionary of Economics and the Law (Peter Newman ed., 2002)。

[73] 相关概述，参见 Donna Shestowsky, *Disputants' Preferences for Court-Connected*

Dispute Resolution Procedures：*Why We Should Care and Why We Know So Little*，23 Ohio State J. on Disp. Resul. 549（2008）。

[74] 参见 John Lande，*Getting the Faith*：*Why Business Lawyers and Executives Believe in Mediation*，5 Harv. Negot.L. Rev. 137（2000）。

[75] 参见 Maurits Barendrecht & Berend R. de Vries，*Fitting the Forum to the Fuss with Sticky Defaults*：*Failure in the Market for Dispute Resolution Services?*，7 Cardozo J. Conflict Resol. 83，90（2005）。

[76] 分别参见：上文 14.3.2 节、14.3.3 节、14.3.5 节，以及 14.3.6 节；Barendrecht & de Vries，前注[75]，第 96—105 页。

[77] 参见上文 2.2.9 节。

[78] 参见 Barendrecht & de Vries，前注[75]，第 102—103 页。

[79] 参见上文 2.3.5 节。

[80] 参见上文 14.4 节。预期后悔可能会影响是接受调解人提出的和解方案还是诉诸法庭判决的决策，但并不清楚它会如何影响人们做出是否选择调解的最初决定。

[81] 参见上文 2.3.7 节。

[82] 参见 Robbennolt，*Attorneys and Apologies*，前注[31]。

[83] 参见 Korobkin & Guthrie，前注[56]，第 108—112 页。

[84] 参见：Kevin M. Clermont & John D. Currivan，*Improving on the Contingent Fee*，63 Cornell. L. Rev. 529（1978）；Rudy Santore & Alan D. Viard，*Legal Fee Restrictions*，*Moral Hazard*，*and Attorney Rents*，44 J. L. & Econ. 549（2001）；A. Mitchell Polinsky & Daniel L. Rubinfeld，*Aligning the Interests of Lawyers and Clients*，5 Am. L. & Econ. Rev. 165（2003）；Albert Choi，*Allocating Settlement Authority under a Contingent-Fee Arrangement*，32 J. Legal Stud. 585（2003）；Win and Emons，*Playing It Safe with Low Conditional Fees versus Being Insured by High Contingent Fees*，8 Am. Law & Econ. Rev. 20（2006）。

[85] 另见 Eric Helland & Alexander Tabarrok，*Contingency Fees*，*Settlement Delay and Low-Quality Litigation*：*Empirical Evidence from Two Datasets*，19 J.L. Econ. & Org. 517（2003）。胜诉收费模式还使得律师更偏好金钱赔偿，而不是其他的替代性补救手段。

[86] 简要的概述及大量参考文献，参见：Zamir & Ritov，前注[50]，第 250—252 页；Eyal Zamir，Barak Medina & Uzi Segal，*Who Benefits from the Uniformity of Contingent Fee Rates?*，9 Rev. L. & Econ. 357，358 - 59，361 - 62（2013）；Winand Emons，*Legal Fees and Lawyers' Compensation*，in 3 The Oxford Handbook of Lawand Economics，前注[3]，第 247 页。

[87] 参见 Lester Brickman，*The Market for Contingent Fee-Financed Tort Litigation*：*Is It Price Competitive?*，25 Cardozo L. Rev. 68（2003）。

[88] 参见 Santore & Viard，前注[84]。

[89] 参见 Herbert M. Kritzer，Risks，Reputations，and Rewards：Contingency Fee Legal Practice in the United States 180－218 (2004)。

[90] 参见 Zamir & Ritov，前注[50]。关于损失厌恶，参见上文 2.3 节。

[91] 该主张假设，原告通常在聘请律师之前就确定了自己的立场，并以此作为相关的参照点。这一假设得到了几项研究的支持。参见：Zamir & Ritov，前注[50]，第268—269 页；前注[50]及其对应正文。

[92] 参见上文 2.3.1 节。

[93] 关于被告更加寻求风险的态度，参见上文 14.3.6 节。

[94] 参见 Zamir & Ritov，前注[50]，第 275—279 页。

[95] 参见 Brickman，前注[87]。

[96] 参见 Zamir，Medina & Segal，前注[86]。

[97] 参见 Eyal Zamir & Ilana Ritov，Notions of Fairness and Contingent Fees，74 Law & Contemp. Probs. 1 (2011)。另见上文 2.7.3 节。

[98] 参见 Zamir，Medina & Segal，前注[86]，第 369 页。

[99] 参见上文 2.7.3 节。

[100] 参见 Zamir，Medina & Segal，前注[86]，第 369—371 页。关于默认效应，参见上文 4.4.3 节。

[101] 参见 Daniel Kahneman & Gary Klein，Conditions for Intuitive Expertise：A Failure to Disagree，64 Am.Psychologist 515 (2009)。

[102] 参见上文 14.4 节。

[103] 参见 Jane Goodman-Delahunty et al.，Insightful or Wishful：Lawyers' Ability to Predict Case Outcomes，16 Psychol. Pub. Pol'y & L. 133 (2010)。

[104] 参见上文 2.8.6 节。

[105] 参见 Oren Bar-Gill，The Evolution and Persistence of Optimism in Litigation，22 J. Law，Econ. & Org. 490 (2006)。

[106] 参见 Elizabeth F. Loftus & Willem A. Wagenaar，Lawyers' Predictions of Success，28 Jurimetrics 437，450 (1988)。Babcock 及其团队发现，在代表原告方面经验丰富，但在代表被告方面经验很少的律师，在以前者的身份答辩时会表现出过度乐观，但在代表后者的身份时则没有。Babcock et al.，前注[46]，第 294 页。

[107] 参见 Christoph Engel & Andreas Glöckner，Role-Induced Bias in Court：An Experimental Analysis，26 J. Behav. Decision Making 272 (2013)。另见 Don A. Moore，Lloyd Tanlu & Max H. Bazerman，Conflict of Interest and the Intrusion of Bias，5 Judgment & Decision Making 37 (2010)。

[108] 参见 Jonas Jacobson et al.，Predicting Civil Jury Verdicts：How Attorneys Use (and Misuse) a Second Opinion，8 J. Empirical Legal Stud. 99 (Supp. 2011)。另见上文 2.8.4 节。

[109] 参见上文 2.2.7 节。

[110] 参见 Craig R. Fox & Richard Birke，Forecasting Trial Outcomes：Lawyers As-

sign Higher Probability to Possibilities That Are Described in Greater Detail，26 Law & Hum. Behav. 159（2002）。

[111]　相关概述及文献，参见 Eyal Zamir, Law, Psychology, and Morality：The Roleof Loss Aversion 34 - 35（2014）。关于在收益域及损失域风险态度的一般性讨论，参见上文 2.3.1 节。

[112]　参见 Babcock et al.，前注[46]。

[113]　参见 Korobkin & Guthrie，前注[56]，第 95—101 页。

[114]　出处同上，第 101—107 页。关于锚定效应，参见 2.5.3 节。

[115]　参见 Wistrich & Rachlinski，前注[6]。

[116]　参见上文 2.8.3 节。

[117]　参见：James D. Marshall, Jack L. Knetsch, & J.A. Sinden, *Agents' Evaluations and the Disparity in Measures of Economic Loss*, 7 J. Econ. Behav. & Org. 115（1986）；上文 2.8.3 节。在 Korobkin & Guthrie 的研究中，（前注[56]，第 95—101 页），律师与诉讼当事人不同，没有表现出损失厌恶。

[118]　参见 Babcock et al.，前注[46]。

[119]　一般性的讨论，参见：Simon Gächter, *Human Prosocial Motivation and the Maintenance of Social Order*, in The Oxford Handbook on Behavioral Economics and the Law，前注[2]，第 28 页；上文 2.7 节。

[120]　相关概述，参见 Karen S. Cook et al., *Social Exchange Theory*, in Handbook of Social Psychology 61（John De Lamater & Amanda Ward eds.，2d ed. 2013）。

[121]　相关概述，参见出处同上，第 68—72 页。

[122]　相关概述，参见出处同上，第 72 页。

[123]　参见 Herbert M. Kritzer, The Justice Broker：Lawyers and Ordinary Litigation 111 - 34（1990）。关于不同费用安排的激励效应，参见上文 14.6.2 节。关于律师的声誉在当中的作用，参见 Herbert M. Kritzer, Risks, Reputations, and Rewards：Contingency Fee Legal Practice in the United States 219 - 52（2004）。

[124]　参见 William P. Bottom et al., *Building a Pathway to Cooperation：Negotiation and Social Exchange between Principal and Agent*, 51 Admin. Sci. Q. 29, 32 - 33（2006）。

[125]　出处同上，第 34—37 页。

[126]　出处同上，第 37—41 页。

[127]　出处同上，第 41—54 页。

[128]　参见 Anurag Sharma, *Professional as Agent：Knowledge Asymmetry in Agency Exchange*, 22 Acad. Mgmt. Rev. 758, 777 - 78（1997）。

[129]　出处同上，第 778—781 页。应当指出，虽然该因素与其他类似的因素降低了费用安排的重要性，但它们与标准经济学分析并不矛盾。

[130]　参见 Gary J. Miller & Andrew B. Whitford, *Trust and Incentives in Principal-Agent Negotiations：The "Insurance/Incentive Trade-Off,"* 14 J. Theoretical

Pol. 231，231 (2002)。另见 Sharma，前注[128]，第 776 页（"对自身利益的强调，会促使部署适得其反的监控和监督手段"）。

[131] 参见上文 2.4.9 节。

[132] 参见 Jennifer K. Robbennolt，*Behavioral Ethics Meets Legal Ethics*，11 Ann. Rev. L. & Soc. Sci. 75 (2015)。

[133] 有时候，对他人利益的关注与对自我利益的关注是并行不悖的。例如，对长期稳定的客户与律师关系与由法庭指定的辩护律师和贫穷的被告人之间的一次性关系进行比较，可以发现，相对于一次性关系的案件，不论是对他人利益的关注还是对自我利益关注的动机，都有可能会导致律师对具有长期合作关系的案件投入更多的精力，更重视客户的利益。另见下文注[155]及其对应正文。

[134] 本节借鉴了 Zamir，前注[11]，第 92—96 页。关于刑事诉讼程序中其他方面的行为研究，参见：Dan Simon，In Doubt：The Psychology of the Criminal Justice Process 17 - 143 (2012)（分析了行为偏差对整个警察调查和审讯过程产生的影响）；Andrew J. Wistrich，Chris Guthrie & Jeffrey J. Rachlinski，*Can Judges Ignore Inadmissible Information? The Difficulty of Deliberately Disregarding*，153 U. Pa. L. Rev. 1251 (2005)（讨论了法官关于警察搜查行为合法性的判决）；下文第 15 章、第 16 章。

[135] 参见 Oren Gazal-Ayal & Limor Riza，*Plea-Bargaining and Prosecution*，in Criminal Law and Economics 145 (Nuno Garoupa ed. 2009)。

[136] 可参见：Stephanos Bibas，*Plea Bargaining outside the Shadow of Trial*，117 Harv. L. Rev. 2463 (2004)；Rebecca Hollander-Blumoff，*Social Psychology, Information Processing, and Plea Bargaining*，91 Marq. L. Rev. 163 (2007)；Michael O'Hear，*Plea Bargaining and Procedural Justice*，42 Ga. L. Rev. 407 (2008)；H. Mitchell Caldwell，*Coercive Plea Bargaining：The Unrecognized Scourge of the Justice System*，61 Cath. U. L. Rev. 63 (2011)。

[137] 相关文献参见 Gazal-Ayal & Riza，前注[135]。另见 Posner，前注[4]，第 792—797 页。

[138] 参见 Bibas，前注[136]，第 2507—2512 页。参见 Richard Birke，*Reconciling Loss Aversion and Guilty Pleas*，1999 Utah L. Rev. 205，245 - 46。

[139] 参见：Bibas，前注[136]，第 2498—2502 页；Russell Covey，*Behavioral Economics and Plea Bargaining*，in The Oxford Handbook on Behavioral Economics and the Law，前注[2]，第 643 页、第 646—647 页；上文 14.3.2 节。

[140] 参见 Bibas，前注[136]，第 2504—2507 页。

[141] 参见 2.7.3 节、14.3.3 节。

[142] 参见 Oren Gazal-Ayal & Avishalom Tor，*The Innocence Effect*，62 Duke L. J. 339 (2011)。

[143] 参见 Bibas，前注[136]，第 2502—2504 页。

[144] 分别参见 Birke，前注[138]，第 219—232 页、第 245—246 页、第 244—245 页和第

232—244 页。

[145] 出处同上,第 47—50 页。

[146] 参见 Russell Covey, *Reconsidering the Relationship between Cognitive Psychology and Plea Bargaining*, 91 Marq. L. Rev. 213 (2007)。另见 Covey, 前注 [139]。

[147] 参见 Covey, 前注 [146], 第 233—239 页。不同的观点参见 Uzi Segal & Alex Stein, *Ambiguity Aversion and the Criminal Process*, 81 Notre Dame L. Rev. 1495 (2006)。该观点认为与控方不同,被告表现出模糊厌恶,而这可能为控方所利用,迫使被告接受苛刻的辩诉交易;关于模糊厌恶的一般性介绍,参见上文 2.2.9 节。

[148] 参见 Covey, 前注 [146], 第 239—242 页。

[149] 参见上文 8.2.3 节。

[150] 参见 Covey, 前注 [146], 第 242—243 页。

[151] 参见:Albert W. Alschuler, *The Defense Attorney's Role in Plea Bargaining*, 84 Yale L.J. 1179, 1205 - 06 (1975); Birke, 前注 [138], 第 242 页;上文 14.4 节。

[152] 参见 Chad M. Oldfather, *Heuristics, Biases, and Criminal Defendants*, 91 Marq. L. Rev. 249 (2007)。

[153] 参见上文 14.6.3 节。

[154] 参见:Bibas, 前注 [136], 第 2519—2527 页;Covey, 前注 [146], 第 236 页;参照 Korobkin & Guthrie, 前注 [56]。

[155] 参见 Andrea Kupfer Schneider, *Cooperating or Caving In: Are Defense Attorneys Shrewd or Exploited in Plea Bargaining Negotiations?*, 91 Marq. L. Rev. 145, 159 - 60 (2007)。

[156] 参见上文 2.8.2 节、14.6.3 节。

[157] 参见 Hollander-Blumoff, 前注 [136], 第 174—177 页。

[158] 出处同上,第 177—181 页。参见 Alafair S. Burke, *Improving Prosecutorial Decision Making: Some Lessons of Cognitive Science*, 47 Wm. & Mary L. Rev. 1587 (2006)。

▶ 15

司法决策

15.1　绪论

利用心理学洞察来解释司法决策的尝试可以追溯到 85 年前。[1]然而,将判断与决策研究的理论和方法应用于司法决策取得的大部分进展,主要集中于最近二十年。首先,司法决策的行为学研究方法应与心理学和司法系统之间的其他交叉点有所区别。特别是,它应与司法心理学(即心理学家通过在法律诉讼中提供专家证词,对法院系统的运作做出贡献)区别开来。[2]司法决策也应区别于法官在法庭上的语言及非语言交际行为。[3]

同理,司法决策的行为分析还应与法官的决策、意识形态倾向,以及法律作为规范制度体系三者之间关系的实证研究有所区别。后一类研究,部分与理性选择理论有关,主要属于政治学家的研究领域。它侧重于高等法院对公共和宪法问题的决策。[4]它通常不考虑认知心理学与社会心理学的洞察[5],并且与下级法院做出的绝大多数普通司法判决不太相关。然而,部分学者,特别是丹·卡亨(Dan Kahan)及其合著者,确实使用基于经验的行为学洞见来阐明了群体承诺、法院在意识形态问题上的判决,以及公众对这些判决的看法之间的关系。[6]

由于法官通常不受市场激励的影响,而且他们在特定案件中做出的判决不会直接影响其个人福利,因此标准经济学分析(假设人是自身效用的理性最大化者),在解释司法行为方面并没有很大作用。为了应对这一挑战,理查德·波斯纳建议将法官的决策与非营利企业管理者(其收入不取决于企业的利润)的决策、政治选举投票人(尽管其投票行为对选举结果影响的可能性极小),以及剧院观众(对角色有认同感,并自主形成观点)进行类比。[7]与社会学家提出的态度模型和理性选择模型相反[8],波斯纳认为,法官除了制定良好的法律政策外,还受到多种动机的驱动,例如倾向于花费更少的精力、对声望和支持率的渴望、对判决被上级法院推翻的厌恶,以及完结诉讼的意愿。[9]波斯纳对司法决策做出了更为复杂的描述,尽管富有见地,但仍然忽视了行为学的研究视角。它没有克服经济学分析面临的基本难题,因为它在很大程度上假设法官从"遵循司法决策规则"、促进公共利益等方面获得效用。[10]虽然这一分析可以解释为什么法官不会随机做决策,或者为什么在没有直接金钱激励的情况下仍付出努力,但它无法解释法官是如何做出决策的。[11]

因此,与其他领域不同,在那些领域行为法律经济学在很大程度上是在对标准经济学分析做出回应的过程中发展起来的,在缺乏对司法决策的既有经济学分析的情况下,这一领域的行为研究与经济学视角无关。尽管如此,为了与本书的总体方向保持一致,我们将重点放在与行为法律经济学更为密切相关的行为学研究主题方面。因此,通过参考第2章所述经济学视角和行为学视角之间的三个主要对比,来描述司法决策行为学研究的贡献,将是有益的。这三个对比分别是对认知理性假设(启发式和偏差相关研究)、动机理性假设(涉他偏好)和后果主义道德论的偏离。[12]

司法决策的行为学研究大多来自启发式与偏差学派。因此,它们构成了本章的主要内容。本章还涉及社会心理学对理解小群体决策(如陪审团)的贡献。由于司法决策有其不可避免的规范性,因此对道德判断的行为学研究在这一领域也很重要。相反,由于几乎没有人会认为法官和陪审团的决策是为了直接将自身效用最大化,因此对人类动机的行为学研究与此相关性较小。

与司法决策相关的几个问题在本书的其他章节讨论过,在此不再一一讨论。为了充分了解法官和陪审团的决策过程,我们必须关注审判过程中其他关键人物的心理,如诉讼当事人、律师和证人,但这些问题将不在本章讨论,因为关于诉讼当事人和律师的行为已在第14章讨论过,而证据法将在第16章中讨论。第16章还将分析与证据法密切相关的司法决策的某些方面,如举证责任的重要性和意义,以及不愿意依据某些类型的证据来做出责任认定的现象。[13]

虽然讨论偶尔会涉及立法机构以及行政机构做出的决策,但关于政府不同部门之间的分工和相对能力的行政法和宪法的一般性问题,已在第11章中进行了讨论。与此同时,本章讨论的许多研究发现可能与其他机构履行的准司法职能有关,而这是一个较少研究涉及的主题。[14]最后,为了便于讨论,我们将不深入讨论在特定类型(如集体侵权诉讼)案件判决中司法决策的行为面向。[15]

本章共有10个小节。15.2节介绍司法决策认知过程的基础理论。15.3节探讨各种认知现象在司法决策中的表现,如折中效应与对比效应、后见之明偏差、忽略偏差及其相关现象,以及锚定效应。15.4节概述大量文献中关于事实认定者忽略不予采信的证据和其他无关信息(如媒体报道)的能力不足问题,以及减轻这一问题的各种尝试。15.5节介绍行为学研究对了解种族与司法决策之间相互作用的贡献。15.6节简要说明非后果主义道德判断在司法决策中是如何体现的。15.7节介绍对典型司法判决的研究,即将法律规范应用于事实的过程,特别是在规则和标准之间的选择对判决可预测性的影响。15.8和15.9节讨论司法决策行为学分析中的两个基本问题:群体决策,以及法官相对于非专业人士的决策对比。最后,15.10节对司法决策的行为学研究进行总体评价。

15.2　故事模型与基于融贯性的推理

本节将简要介绍关于认知机制的一般理论,司法决策者依赖这些认知机制处理复杂信息并做出决策。这些理论为讨论诸如不愿意根据统计学证据来认定责任,以及不愿意将法律标准应用于某些特定情况等认知现象,奠定了研究框架。[16]

本节相关的主要研究贡献,首先来自南希·彭宁顿(Nancy Pennington)和里德·黑斯蒂(Reid Hastie)关于故事模型的研究[17],以及基思·霍利约克(Keith Holyoak)、斯蒂芬·里德(Stephen Read)和丹·西蒙(Dan Simon)关于约束满足和基于融贯性的推理的研究[18]。故事模型侧重于事实认定,而基于融贯性的推理的研究则适用于法律问题的决策。[19]

故事模型对其他事实认定理论,如贝叶斯概率论、将差别权重赋予不同证据的代数模型,以及随机过程模型发起了挑战。[20]故事模型是在访谈研究和实验研究的基础上发展起来的[21],因此似乎能更好地描述在判决过程中对事实进行认定的实际心理过程。根据故事模型理论,故事的构建(创建一个叙事,以解释各种被认为是可靠且相关的证据),是在判决中认定事实的核心认知过程。访谈研究和实验研究表明,证据的心理表征并不是根据法庭上陈述的顺序、相关法律依据,以及证据是支持还是反对原告对事件的描述等因素来构建的。事实认定者通过为证据赋予结构来创建故事。故事由三种类型的知识构成:审判时呈现的证据、关于同类案件的知识,以及关于构成完整故事的要素的普遍观念。故事构建是一个主动加工的过程,将带来对证据的一种或多种解释。当面对不同的解释时,事实认定者会采用最能解释证据的那一种,即最为融贯、覆盖证据范围最广的故事版本。融贯性要求故事不存在内部矛盾或缺失的因素,并且符合事实认定者对物质世界以及人类动机和行为的信念。由于事实认定者对物质世界和社会世界的信念受到其群体承诺及意识形态倾向的影响,后者间接地影响了故事的构建。[22]

复杂的故事通常由几个方面构成。其中包括动机、行为和后果,由物理上的和意图上的因果关系联系在一起。某些事件(或其要素)可能没有任何直接证据支持,需要做出推断。因此,同一组证据可能会产生不止一个故事版本,而不同的事实认定者会认可不同的故事。彭宁顿和黑斯蒂发现,故事越完整、越融贯、涵盖的证据越多,事实认定者对其准确性就越有信心。事实认定者对故事真实性的信心会因其唯一性——即缺乏其他可以解释相同证据的合理的替代性故事——而进一步增强。

研究还发现,当指向某一可能的结论的证据是以时间和因果的故事顺序呈现,而支持对立结论的证据是以非故事顺序(如根据证词的顺序)呈现时,受试者倾向于采纳前者。[23]更有意思的是,在听取证据后,如果向受试者展示一些声称描述了该证据的句子,其中包括提到实际证据中未包含的事实的诱导性句子,那么受试者几乎会有两倍的可能性识别出那些支持他们所采纳故事的诱导性陈述,相比那些能确证替代性故事的陈述。[24]可见事实认定者会使用各种技术来填补空白,提高故事的可信度。

事实认定过程涉及在可能的叙事之间进行选择的行为,该观点得到了一项实验研究的支持。该研究发现,一旦证据被判断为对其中一方的说法支持甚微,就会增强事实认定者对相反版本真实性的信心。[25]基于融贯性的决策理论还得到了以下研究发现的支持:决策时间取决于可用信息的融贯性,而不是其数量,换言之,更强的融贯性有助于更快做出决策,即使那涉及更多的信息处理。[26]

根据故事模型和融贯性理论,被构建的故事版本和法律结论,可能会在庭审过程中、甚至是在稍后的陪审团审议过程中发生改变。融贯的故事及其法律含义是在庭审和司法决策过程中产生的,而非对决策的事后合理化。[27]这一观察结果与司法决策的融贯性理论的一个核心原则密切相关，即决策过程是双向的。证据和论证的可信度不仅决定了决策者采纳哪个故事版本及其做出的决策。被采纳的故事版本和司法决策，同时也决定了对各种证据的相关性、可靠性和重要性的评估，以及相互竞争的法律论证之间的力量对比。受试者倾向于给支持自己决策的证据和法律论证分配较大的权重，而给予与之矛盾的较小权重。[28]因此给定的证据或论证可能会间接影响到其他证据和法律论证的可靠性或说服力，即使两者之间看似没有任何联系。

即使最初的证据和法律论证是混乱且不融贯的，这种双向的过程往往也会让决策者发自内心地坚信其结论是清楚、确凿的。决策者通常不会意识到这种融贯性转移（coherence shift），因为他们无法准确地回忆起自己对证据和法律论证最初的评估。[29]因此，当实验受试者收到一份新证据，该证据足够有说服力，促使他们中的部分人改变最初的判断时，相应的融贯性转移（第二次转移）会伴随着最终的裁定而产生；与没有改变判断的人相比，改变判断的人对自己的最终裁定结果同样充满信心。[30]

虽然不必怀疑故事模型和融贯性理论的经验基础，也无需质疑前文所述的规范含义，最近的研究却对这些理论和贝叶斯推理之间据称的不兼容性提出了质疑[31]，甚至有研究试图将这两种理论与最类似于传统法律推理的论辩方法相结合。[32]有观点认为，即使未经训练的人无法进行正式的贝叶斯网络所需的复杂数学计算，他们在进行推理时也会遵循此类网络的定性规定。[33]这些发现提供了一种解释机制，事实认定者通过该机制来确定各种证据对不同版本故事的支持程度，并评估证据的强度、可信度和可靠性。这些研究发现丰富和补充了故事模型和融贯性理论。[34]

司法决策的故事模型和融贯性理论可以说具有规范含义。例如，西蒙认为，为了提高陪审团事实认定的准确性，应该在证据听证会之前给出有关实体法的指导，因为随后给出的指导已经不太可能改变一个基于不准确的法律假设而形成的融贯的故事。[35]另一个可能的含义，涉及偏差证据（prejudicial evidence）的可采性。鉴于一件足够强有力的证据可以通过间接影响其他变量来影响整个案件的心理模型，采纳偏差证据的危害可能会远超关于事实认定的贝叶斯理论的假设，因为它会影响对证据的可靠性和相关性的评估，而这些证据所涉及的是实质上并不相关的问题。[36]也有学者建议，陪审团"不仅应警惕过早做出判断，还应警惕任何暂时性的判断，以免这些意见影响陪审员对后续证据的评估"。[37]然而，这种直接警告的有效性受到了质疑。[38]

在对司法决策的一般理论进行介绍之后，我们将转而讨论具体的认知现象。

15.3　司法决策者的启发式和偏差

长期以来，对于法官能够以及应该在哪种程度上以一种机械的方式来实施法律规范，而不受其个人价值观和规范倾向的影响，这一问题一直存在着争议。然而，即使是那些认为法官在解释、适用和制定法律规范方面拥有（并且应该拥有）相当大的自由裁量权的人也同意，法官不得任意行使其自由裁量权，而且不应受到明显无关因素的影响。因此，嘲讽美国的法律现实主义，认为后者主张司法决策取决于法官早餐吃了什么，这是不公平的。然而，尽管这种对司法决策的讽刺从未得到证实，但最近的一项研究表明，法官与谁共进早餐确实可能会影响他们做出的实际判决。马克·莱姆利（Mark Lemley）和肖恩·米勒（Shawn Miller）发现，在下级法院法官到上诉法院担任临时调任法官一段时间后，上诉法官倾向于维持该法官的判决（与其他下级法院法官，或同一法官未到上诉法院担任临时调任法官前做出的判决相比）。[39]在控制其他变量（包括尽可能考虑临时调任法官的非随机选择）的情况下，两位作者得出结论，最有可能的解释是人际间的熟悉增强了上诉法院法官对下级法院法官自由裁量权的信任。

尽管如此，本节的其他部分将重点讨论传统的启发式和偏差的作用。本节将讨论其他情境下已被识别出的启发式和偏差，是否也会在法律决策中表现出来。由于篇幅有限，本节的讨论远谈不上详尽。

15.3.1 情境依赖

与理性选择理论的假设相反，人的判断与决策会受到情境的影响，并且这个行为在本质上是比较性的，而不是独立于参考点或者情境本身的。[40]人类思维的这一普遍特征，在司法决策情境下具体表现为三种形式：顺序效应、折中效应和对比效应。[41]

顺序效应是指信息呈现给决策者的顺序对其判断的影响。根据几个不同的变量，基础研究和应用研究都已经证明了首因或近因效应，即较早或较晚的信息对最终决策产生更大影响的情形。[42]在审判中，通常原告（民事案件）或检察官（刑事案件）先提出证据，然后被告再提出证据。每个诉讼当事人控制自己的证据和论证的呈现顺序。当法官和陪审团听取检察官或原告的证据时，他们希望听到被告提出不同的证据和论证，这一期望通常会实现。虽然潜在的心理机制尚不完全清楚，但针对司法情境下的研究一致指出了近因效应的影响：作为第二个陈述者相对有利；不论对任意一方来说，在最后阶段再提出最有力的证据和论证通常效果最好。[43]

这一发现可能对司法决策程序产生影响。在一项大规模的实验研究中，欧文·霍罗威茨（Irwin Horowitz）和肯尼思·博登斯（Kenneth Bordens）比较了分离审理（separated-trial）程序（该审理程序要求陪审团根据相关信息，就因果关系、责任、损害等不同的问题，连续作出决策）和统一审理（unitary-trial）程序（该程序要求陪审团在听取所有信息后，才对所有问题做出一个统一决策）。[44]研究发现，与故事模型和基于融贯性的推理相一致，在统一审理程序中，那些假定只会影响后面的判断的信息，往往也会对前面的判断造成影响。研究还发现，提出证据的顺序（例如，是先提出关于因果关系的证据，还是先提出损害责任的证据），对陪审团裁定的由被告承担的平均损害赔偿金额有影响。

折中效应指人们倾向于选择中间选择，而不是极端选择。因此，两个选项的相对排名，很可能会受到额外选项的纯可得性的影响。[45]马克·凯尔曼及其团队证实了折中效应可以影响司法判决。[46]他们的实验集中在不同类型谋杀罪的定罪判决上，即过失杀人、谋杀，以及情节严重的谋杀。结果表明，引入一个额外的、更严重的犯罪选项，会使事实认定者倾向于选择中间选项。在过失杀人和谋杀之间选择时，47％的受试者选择了过失杀人，而53％的受试者选择了谋杀。当增加第三个选项时，只有19％的受试者选择过失杀人，39％的受试者选择谋杀，而42％的受试者选择情节严重的谋杀。[47]

另一种情境依赖是对比效应。增加额外的一个选项,突出正在评估的其中一个对象的属性,即使增加的选项严格来说质量低劣,不应与决策相关,也可能会导致人们选择该对象。[48]凯尔曼及其团队发现对比效应会影响司法选择。在他们的研究中,受试者被要求选择恰当的犯罪制裁。在监禁与缓刑之间进行选择时,一个低劣制裁选项的引入(凸显了缓刑选项的优点),导致更多的人选择了缓刑。[49]

然而情境依赖并非都不可取。如下文所述,对陪审团决策的批评之一在于,陪审员(例如在设定非经济损害赔偿案件时)缺乏关于惯例判决的信息,因此他们的裁定金额有时是不可预测的,且受到无关信息的影响。[50]由熟悉惯例的法官做出的判决更加具有一致性和可预测性。然而,不同的法官会接触到不同的案件,因而法官对不同案件的熟悉程度是一个值得关注的问题。一项精心设计的关于量刑决策的实证研究中,阿迪·莱博维奇(Adi Leibovitch)利用宾夕法尼亚州的刑事案件是随机分配给法官的这一事实,进行了实验。[51]虽然随机分配可以确保法官在长期内接触到的案件构成趋于相似,但在短期内,包括在他们被任命为法官后的第一个任期,分配给每位法官的案件的平均严重程度可能会有很大差异。莱博维奇构建了一个配对的法官样本,随机选取了接受任命后首个任期内的案件数量位于分布两端的法官。她发现,对于同类案件,与处理犯罪严重程度较低的案件的法官相比,最初处理犯罪严重程度较高的案件的法官,往往会选择判处较短的刑期,并且不太可能使用加重量刑准则。这些研究发现在青少年法庭等有限管辖权法院的建立方面,具有重要的政策含义。看似悖论的是,专门审理相对较轻微犯罪的法院,在处理轻微犯罪时可能会比普通的法院更严厉。[52]

为了更好地理解情境依赖对司法决策的影响,我们还需要付出更多的努力。迄今为止,除了少数例外[53],大多数研究都集中在非专业人士的决策上。对法律决策环境越熟悉,决策者可能越不容易受到无关因素的影响。此外,现有的研究没有考虑到与不同法律问题有关的许多细微差别。例如,尽管杰弗里·拉克林斯基和福雷斯特·乔登发现了监禁刑期判决存在对比效应,而死刑判决没有这种效应。[54]

15.3.2　后见之明偏差

在判决结果做出后,法院通常被要求对判决进行回顾性评估。例如,在过失案件中,被告所采取的预防措施的合理性,是在与损害相关的风险已经显现后再加以审查的。法律往往要求司法决策者忽略事后披露的结果信息,而单纯从事前的角度对问题进行评估。[55]然而,行为学研究结果表明,决策者发现要忽略这些信息非常困难。

如第2章所述,大量的研究证实了后见之明偏差的存在[56],即人们一旦意识到某件事已经发生,就会倾向于高估该事件发生的概率。这些研究也为这一现象提供了认知和动机上的解释。

后见之明偏差已经在多个法律情境下得到了检验。在侵权法中,过失案件指的是原告声称因被告未尽合理注意的义务而让自己受到伤害的情况。原则上,法院应当审查被告在采取预防措施时的决定。[57]然而,金·卡明(Kim Kamin)和杰弗里·拉克林斯基证实,预防措施的事前评估与事后评估存在显著差异。[58]类似的结果在治疗师的治疗情境中也有被记录到：考虑到患者具有暴力行为的风险，治疗师需要采取某些预防措施。[59] 其他研究则在法院实际判决的情境中对这一问题进行考察。其中一项考察了 1 004 起案件的研究认为，在超过 40% 的案件中，尽管医生的行为是恰当的，但是法院还是认定了与麻醉相关的过失责任。[60]

后见之明偏差也可能会影响除了损害责任认定以外的决策。例如，在美国专利法中，专利的有效性要求相关发明是"非显而易见的"。[61] 然而，当需要对是否显而易见进行回顾性评估时，受后见之明偏差影响的决策者，预期会系统地将非显而易见的发明视为显而易见的——这一假说在对照实验中得到了证实。[62]

后见之明偏差还在警方搜查行为情境下得到了检验。在该情境下，法院通常需要确定执行搜查的警官是否具有合理依据（probable cause）。这一判定可能出现在事前或事后两种情况下：事前的情况指，警察在搜查进行之前申请搜查令；事后的情况指，对搜查中取得的证据的可采性做出证据认定。后见之明偏差表明，法官更倾向于为后一类案件找到恰当的理由，因为在这些案件中，定罪证据实际上是在搜查中找到的（否则就不会出现需要对搜查是否具有合理依据进行判定的问题）。这一假说在美国数百名法官参与的一系列实验中得到了广泛检验。[63] 从这一广泛的研究中得出的结论是，与非专业人士不同，法官在事前和事后条件下做的决策，并没有显著差异。

总的来说，后见之明偏差在很大程度上影响了司法决策。当做判决需要对行为进行事后评估时，法院可能无法忽略结果信息。然而，虽然法官并不能免受后见之明偏差的影响，但研究表明，这种偏差对法官行为的影响，要远远小于对未经训练人群的影响（如陪审员）。

15.3.3　忽略偏差及其相关现象

忽略偏差指的是当面对有风险的选项时，人倾向于选择不作为而不是主动作为的现象。人们认为，与被动造成的损害结果相比，需要对自己主动行为造成的损害结果承担更大的道德责任。相比人们不作为且随后得知作为将产生更好的结果而产生的后悔，如果他们主动作为造成比不作为更糟糕的结果，人们会感到更强烈的后悔感。因此，相比危害较小的主动作为，人们可能更愿意选择危害较大的忽略（不作为）。[64]

由于负责处理案件的法官无法不做出判决，因此忽略偏差似乎与司法决策无关。然而，有实验支持这样一种观点，即非专业人士感到接受一项主张比拒绝它更主动。[65] 如果法官也同样如此，那么忽略偏差就可能有助于解释，为什么即使原告对事实的陈述说服力比被告更胜一筹，法官也不愿意接受原告的诉讼请求。在普通法系的民事诉讼中，证明的一般标准是证据优势规则：为了胜诉，原告必须证明他们的故事更有可能发生。尽管有这一正式规定，但在一系列以高年级法律专业学生和经验丰富的律师为对象的实验中，埃亚勒·扎米尔和伊拉娜·里托夫发现，现实中的证明标准要高得多。接受诉讼请求，决策者需要对原告陈述的说服力进行评分，且评分应在 70 分或以上，评分范围为 0—100 分（0 分表示原告的故事版本完全不可信，100 分表示可信无疑问）。[66] 这些实验为法官会表现出忽略偏差提供了初步证据。马克·施魏策尔（Mark Schweizer）随后为这一主张提供了直接支持。他发现,表现出更强损失厌恶情绪的瑞士法官和书记员,在民事案件中采用了更高的决策阈值。[67]还有人认为,忽略偏差可以解释上诉法院常常驳回上诉的倾向。[68]

心理学家还发现了与现状偏差密切相关的现象。在其他条件相同的情况下,人倾向于保持他们认为的现状,而不是选择别的替代方案。一般来说,改变现状需要采取某些行为,而保持现状仅仅需要不作为。因此,现状偏差通常与忽略偏差相互混淆,尽管它们可以单独存在,也可以朝相反的方向影响人们的决策。[69]

对于法院不愿发布破坏现状的初步禁令[70],以及上诉法院不愿推翻下级法院判决的现象,现状偏差被认为是可能的一种解释。[71]它也被认为是对下述现象可能的解释:法院遵循先例(stare decisis)原则(判决先例具有约束力)[72];下级法院对法律变革的抵制[73];以及,更一般地来说,过去对现行法律具有巨大影响[74]。尽管如此,当扎米尔和里托夫向其实验受试者展示这样一个情境,在其中驳回一项宣告判决的要求将改变现状,而接受该请求则将维持现状,结果显示忽略偏差似乎比现状偏差对决策产生了更大的影响。[75]

另一个相关的现象是承诺升级。预期效用理论认为,在不同的行动方案之间选择时,应只考虑未来的成本和收益,因为过去是无法改变的。这意味着,不影响未来成本或收益的不可收回、已发生的成本,不应影响当前的决策。然而,大量的实证研究表明,人在做决策时往往会考虑沉没成本。因此,人在某件事上投入的资源、时间或精力越多,就越会坚持这件事。[76]

有人认为,关于承诺升级及其心理、社会和制度决定因素的大量文献,有助于更好地理解"遵循先例"这一概念的应用,这是普通法的基石。[77]事实上,对司法决策和沉没成本效应的研究,未来还存在很大的空间。例如,根据无审判价值原则(mootness doctrine),争议一旦失去实际意义(例如,当被诉的政策已被被告机构弃用的情况),法院应终止审理并驳回案件。法院是否愿意接受无审判价值的诉讼请求,可能取决于在该案件上已经付出的司法资源的数量,对这一点进行研究将会很有意思。

15.3.4　从定性判决到定量判决的转换,以及锚定效应

由于人们,特别是非专业陪审员,对数字量化的熟练程度有限,司法决策量化过程中有时会出现问题。[78]当司法决策者需要在不同的尺度之间进行转换时,比如在裁定非经济损害赔偿和施加刑事制裁时,对他们来说特别具有挑战。许多关于司法决策的行为学研究,都集中注意到了这一特殊难题。

虽然从一种尺度转换到另一种本身就是一种挑战,但这种挑战的大小还因不同的法律规范和决策者各自的专业知识水平而异。一种极端情况是,法律允许很大程度上不受制约的自由裁量权,例如,在为伤害和精神损害案件设定"合理"的赔偿时。当诸如非专业的陪审员等决策者缺乏相关经验以及有意义的参照点时,这种不受制约的自由裁量权尤其会带来问题。[79]这种情况一直以来存在于美国的许多法域中。[80]而另一种极端情况是,法律规定了精确的制裁或者补救措施,不给自由裁量权留一点空间。在这两种极端之间,可以制定或多或少具体的量化准则,就像某些法律体系在刑事判决量刑方面所做的

指引。

当司法决策者将定性判决转换为定量判决时，其决策应该服务于法律的目标，如罪犯的应得惩罚和建立社会威慑，且理想情况下决策应是前后一致、可预测和合理的。实证和实验研究表明，法官和陪审员对原告受伤的严重程度、被告行为的残暴程度，以及恰当的惩罚力度等问题做出的定性判决，具有显著的相似性和可预测性。[81]而当决策者（如法官和陪审员）被要求将这些定性判决逐一转换为定量的金钱赔偿时，差异是显而易见的。[82]例如，在一项涉及1 000多名有资格担任陪审员的受试者的大规模实验中，受试者在观看了一段产品责任审判的录像后，给出的损害赔偿的标准差为经济损失均值的138%，痛苦与精神损失均值的313%。在对经过截尾的数值进行分析时（高于第97百分位的值被视为等同于第97百分位的陪审员所认定的赔偿额），经济损失的标准差为均值的75%，痛苦与精神损失的标准差为均值的154%。[83]

然而，数据变异性的范围，及其是否应该引起实验室以外的特别关注，是有争议的一个问题。例如，有评论家声称，当人考虑到看似相似的案件在特征上的细微差别时，损害赔偿金在很大程度上是可预测和合理的。[84]法官审查陪审团裁决的权力、上诉法院对初审法官判决的监督，以及大多数索赔案件都是由经验丰富的律师通过谈判解决的这一事实，都大大减弱了实验室中观察到的扭曲因素带来的实际影响。[85]此外可以看到，一些显然不相关的锚点（例如经济损害赔偿金对惩罚性赔偿金的影响），具有规范上的相关性。[86]尽管如此，从实验和实证研究中得出的总体结论，与法律界表达的普遍观点是相呼应的：陪审团做出的金钱赔偿裁定，特别是非经济的惩罚性赔偿，其变异性和不规则性超出了合理的范围。

有若干个模型已经用于描述从定性评估中推导出数值的认知过程。丹尼尔·卡尼曼、戴维·施卡德和卡斯·桑斯坦提出了一种模型，用于描述个体陪审员设定惩罚性赔偿的过程，该模型被称为"愤怒模型"（outrage model）。[87]根据该模型，愤怒源于对被告行为的评价。伴随着损害结果而来的愤怒，激发出惩罚的意图。一旦惩罚的意图形成，陪审员就会通过将意图转化为金钱尺度来表达其态度。由于没有明显的方式来实现这种转换，该过程很容易受到各种锚点的强烈影响（见下文）。里德·黑斯蒂提出了一个更通用的四阶段模型——"意图＋锚定模型"（intention ＋ anchor model），该模型也适用于其他量化判决的形成。[88]这些模型都没有解决损害确定的顺序问题：决策者是先分别计算每一类别或子类别的损害和损失，然后将数字相加，还是先确定一个总金额，然后（如果需要的话）将总额分解到不同的类别中？现有数据似乎表明这两种机制都发挥了作用。[89]

实验结果及其背后的解释理论都指出了锚在当中所起的关键作用。当人们在做出数值量化判决前看到一个突显的数字时，他们倾向于从这个初始数字开始进行调整来做出判断，这个数字起到了锚点的作用。然而，这些调整往往不够充分，导致判断偏向于锚点。锚点也会对信息抽样产生偏差。它把人们的注意力吸引到与初始锚点一致的信息上，从而把注意力从本应带来更多调整的信息上转移开。此外，一个因素离初始锚点越近，决策者就越可能关注到两者之间的相似性；而一个因素距离初始锚点越远，决策者就越可能关注到其差异，从而淡化其相关性。即使数字本身并不能提供对判断当前问题有意义的信息，并且决策者已经充分意识到这些数字的无意义，数字还是会充当锚点。[90]锚定效应对非专业人士和专业人士(包括法官以及经验丰富的国际仲裁员)同样起作用。[91]

实验和实证研究已经强调了某些锚点在量化司法决策过程中的作用。一个常见的锚点,是经济性损害赔偿金额。研究发现,在经济性损害赔偿与非经济性损害赔偿、补偿性损害赔偿与惩罚性损害赔偿之间,存在着很强的相关性。[92]这些相关性可能表明,在确定后者时,前者起到了锚点的作用。由于损害的严重程度是决定经济性、非经济性和惩罚性损害赔偿时的一个重要因素,这种相关性似乎完全合理;甚至从经济性损害赔偿到非经济性和惩罚性损害赔偿的直接推断,也不一定是毫无根据的。与此同时,有证据表明,相比法官,经济性损害赔偿金额对非经济性损害赔偿金额的影响,对陪审员而言要更加强烈。[93]可以说,这一发现表明,在确定非经济性和惩罚性损害赔偿时,非专业人士会受到原告经济性损害赔偿的过度影响。

一个更令人不安的锚点,是原告提出的损害赔偿金额。[94]在一项实验中,尽管原告要求过高的损害赔偿会被受试者认为不友好,但原告要求的金额却成为一个锚点,影响损害赔偿金额的裁定。[95]即使是对于极端金额,这种效应也是线性的。这些数字呈现给陪审团的方式,也会影响裁定。[96]一项针对实际审理和陪审团审议的实证研究揭示了一种更微妙的情况:当原告提出的索赔要求非常高,尤其是针对非经济性损害赔偿的要求,这样的数字不仅有时会被视为无关紧要,而且还会被认为是离谱的,因此会产生适得其反的效果。[97]部分实验研究也指出了一种"回旋镖效应"的存在。[98]

虽然可以认为,原告要求的损害赔偿金额可以作为一个锚点,表明其所受损害的范围,但是其明显的可操纵性则令人担忧。特别是当损害赔偿金额表现出线性效应时,其中存在的可操纵性尤为令人担忧,即使决策者并不认为所提出的赔偿是原告的痛苦或医疗费用水平的真实反映。格蕾琴·查普曼(Gretchen Chapman)和布赖恩·伯恩斯坦(Brian Bornstein)的研究表明了这一点。[99]

另一项研究似乎表明了另一个无关因素的锚定效应:一个毫无根据的动议,它以案件未达到管辖所需的最低损害赔偿门槛为由,要求驳回侵权案件。[100]这个没有依据的管辖权动议,导致那些接触到它的法官所裁定的损害赔偿金额显著下降。

而在研究设定上限对损害赔偿金额影响的实验中,发现了一种特别有趣的锚定效应。一项研究发现,在一个涉及两名儿童死亡的案件中,赔偿上限大幅提高了赔偿总额的中位数。[101]另一项研究考察了赔偿上限对精神损失和痛苦的影响。[102]对于重度损害,当受试者被告知赔偿上限时,赔偿金的均值和变异性显著下降。对于中等程度的损害,赔偿上限的引入略微提高了均值,降低了赔偿金额的变异性,但这些影响均不具有统计上的显著性。然而,对于低程度的损害,赔偿上限大大提高了赔偿金额的均值和变异性。因此,赔偿上限可以防止原告利用精神损失和痛苦获得巨额赔偿,但从提升非经济性损害赔偿的可预测性的目标来看,由于其在低程度损害情况下的锚定效应,可能会产生反效果。[103]不告知陪审团存在赔偿上限(而由法官在陪审团确定损害赔偿后再加以上限的限制来做出裁定),可能可以缓解这一担忧,并减轻对陪审团通过提高未设上限项目的赔偿金来规避上限的担忧。[104]然而,从长远来看,赔偿上限保密的可能性似乎并不高。

总而言之,将定性判决转换为定量判决,降低了判决的可预测性,提高了变异性,并会涉及不同的法官和陪审团之间的巨大差异。[105]这些差异很可能是由于陪审员对判决和惩罚惯例了解有限,并且他们收到的指示含糊不清造成的。由于缺乏可靠的参照点,陪审团不得不依赖于有问题的数据,如原告的索赔金额或被告的获利金额。

解决陪审员在这方面遇到的难题,其中一种方法是避免将这类裁定委托陪审团处理,而改为委托法官来处理,因为法官应该都熟悉惯例的判决和量刑。世界上大多数法律体系都采用了这一方式。另一种规避方法是为陪审团提供更清晰的指示,例如量刑指南、惯常判决的均值和范围,以及同类案件的判决案例。[106]对于陪审团的量化裁决,美国的许多法域都缺乏明确的指示,这相当令人不解,因此要求改革的呼声也相当强烈。[107]

15.3.5　结语

从讨论中可以看出,在其他情境下影响人类决策的启发式和偏差,如折中效应和对比效应、后见之明偏差、忽略偏差及相关现象,以及锚定效应,也普遍地对司法决策起作用,只是作用不一。类似的影响在其他启发式和偏差上也被发现存在,例如框架效应[108]、合取谬误[109]、反向谬误[110]和优于常人效应[111]。最后,在几项研究中,丹·卡亨及其同事已经证明,事实认定可能会受到群体承诺和意识形态倾向的影响。这些案例中的潜在机制是动机性推理及其相关现象,包括天真现实主义、身份保护认知(identity-protection cognition)与文化认知(cultural cognition)。[112]

除了针对特定启发式和偏差影响的特定补救措施外,政策制定者还应该考虑对司法决策者易受认知偏差影响的问题做出更广泛的回应。这些偏差中至少有部分属于系统1直觉思维的产物。[113]如下文15.9所述,法律培训和从业经验,确实有助于专业法官克服其中部分偏差。然而,与在其他决策环境中一样,想要依靠专业知识和经验的帮助来改进决策,就需要对一个人决策的准确性进行快速、持续的反馈[114],而法官往往无法获得这种反馈。[115]允许法官和陪审团有更多的时间进行审议,可能会改善他们对系统2思维的应用,从而减轻受认知偏差影响的程度(尽管并非可以完全避免)。然而,上述方法的实施,直接取决于法院系统可用的资源数量,而这些资源往往由于政府预算内的其他需求而受到限制。[116]要求法官撰写有理据的意见书可能也会激发更深入的思考,但这同样需要分配更多的资源,因为撰写意见书很耗时。[117]提高法官对个人的启发式和偏差的认识(可以作为继续教育项目的一部分),可能会产生有益的效果,尽管这种去偏差技术的效果因环境而异,且效果通常不明显。[118]基于在其他情境下的去偏研究成果,应该纳入考虑的其他措施包括脚本模板和核对清单的使用,减少决策者对偏差线索(如锚)的暴露等。[119]最后,有观点建议为法官提供更多的用餐时间和休息时间,以抵消精神消耗,使他们作出更合理的决策。[120]然而,现有数据不足以支持该建议的因果关系主张。[121]

15.4　不予采信证据与无关信息

15.4.1　挑战

法庭属于独特的决策环境。人类的思维经过训练,虽然能够整合所有可用信息,而后做出最佳决策,但在法庭上却并非总是如此。有时证据规则和实体法律条文都规定,部分事实需要从决策者可获得的信息中排除。部分排除规则的前提是,某些类型证据的不利影响大于其证明价值。例如,关于被告过去被定罪的信息,可能与当前案件的责任认定有关,但也可能会使决策者偏向于做出有罪判决。其他类型的证据,如传闻证词,由于其证明价值有限,也可以排除在外。最后,部分排除规则源于与证据的证明力无关的政策考虑。例如,警察通过非法行为获取的证据,可能会被视为不予采信,以激励警察在今后的执法中注意行为得当,同时保护司法程序的公正性。[122]

然而,在审判过程中,事实认定者往往会接触到后来才被确定为不予采信的证据。当证人在法庭上无意中暴露了不予采信的证据时,就会发生这种情况。律师和证人也可能故意透露与法律问题无关的信息,以影响判决。在延长审判前及延长审判期间,来自媒体等外部来源的信息,也可被认为是不予采信的。

毫不意外,事实认定者是否真的能够忽略不予采信的信息,这个问题长期困扰着法律学者和整个法律体系。在最近的几十年里,学者们对这个问题转向实证方面的研究。本节将讨论不予采信的信息对司法决策者的影响程度,下一节将讨论消除这种影响的可能措施。

一个典型的例子是被告人过往的定罪经历对司法决策的影响。伊迪丝·格林(Edith Greene)和玛丽·道奇(Mary Dodge)采用对照实验方法,让其中一组模拟陪审员了解被告过去的定罪经历,而另一组则不了解这些信息。了解被告过去被定罪经历的模拟陪审员,更倾向于作出有罪判决。[123]最近,西奥多·艾森伯格(Theodore Eisenberg)和瓦莱丽·汉斯(Valerie Hans)对这个话题进行了观察式研究。[124]作为研究的一部分,他们收集了一组特别的数据,数据记录了刑事审判中被告人的行为。当被告出庭时,其犯罪记录通常会成为证据之一。在审判的这一阶段引入犯罪记录作为辩论证据时,对于控辩双方证据在证明力上相当的案件(即控方提出的证据并非绝对有力的案件),定罪率显著上升。值得注意的是,定罪率的上升并不是由于过往的犯罪记录对被告可信度的影响(这通常是接受该记录作为证据呈堂的原因),而是由于这些记录对陪审团决策阈值的影响。

许多研究记录了在其他法律领域中不予采信证据的影响,如传闻证据[125]、开庭前的公开报道[126],以及非法获取的证据[127]。虽然这些研究绝大多数涉及刑事案件中的定罪证据,但有观点认为,不予采信的证据也会影响民事案件中的司法决策,无论证据偏向哪一方。[128]一项大规模的综合分析得出了"不予采信证据对有罪判决产生了显著影响"的结论。[129]虽然这种影响相对较小,但在统计上是显著的。

研究人员还记录了职业法官类似的行为。在一项关于产品责任案件补救措施的不予采信证据的研究中,斯蒂芬·兰兹曼(Stephan Landsman)和理查德·拉科斯(Richard Rakos)发现,法官和模拟陪审员一样,无法做到无视那些被要求忽略的事实。[130]在随后的一系列实验中,安德鲁·威斯特里奇、克里斯·古思里和杰弗里·拉克林斯基报告了更微妙的结果。[131]他们发现,法官不能忽视某些不予采信的证据,包括和解协议内容、保密信息、强奸案受害人的性历史、原告的犯罪记录,或政府同意不在审判中使用的信息。然而,对于侵犯被告的辩护权而获取的口供,以及在无合理依据的情况下的搜查结果,他们可以做到无视。在另一个情境下,研究发现,与法律专业的学生不同,当法律条约规定要求法律专家无视他们在准备工作中接触到的信息时,他们可以做到这一点。[132]威斯特里奇、古思里和拉克林斯基承认,他们观察到的结果模式"难以解释",需要更多的数据。[133]本书同意这一评价。[134]

最后,从法律角度看来无关的可采信信息,也可能影响司法决策。例如,决策者需要决定是否采信警方在搜查中获得的证据。一般来说,根据美国法律,这项裁定需要对警方的行为进行仔细分析。[135]重要的是,在做出该裁定时,法院被要求不考虑被告人犯下的恶劣行径。[136]然而,受动机性推理影响的决策者,可能会有选择地分析案件的事实,以从他们的角度达到预期的结果。[137]

阿瓦尼·梅塔·苏德(Avani Mehta Sood)在一项针对非专业人士的实验中证实了这一假说。[138]在这项实验中,受试者被要求决定是否采信在非法汽车搜查时获得的证据。他们的决定依赖于证据排除规则的一种例外情况,这一例外允许采信警方在执法过程中不可避免会发现的证据(在不使用非法手段的情况下)。[139]实验操纵改变了所涉犯罪的严重程度:一半的受试者审查海洛因毒贩向高中生出售毒品的案件,而另一半审查大麻贩子向癌症晚期患者出售毒品的案件。实验结果表明,被告的行为显著地影响了受试者将法律应用于案件事实的方式。在海洛因贩卖案件中,大约60%的受试者接受了非法搜查中获得的证据;而在大麻贩卖案件中,只有15%的受试者承认非法搜查中获得的证据有效。在另一项针对主审法官的实验中也出现了相同的结果,并得到了观测数据的证实。[140]

15.4.2　陪审团指示与其他补救措施

如果潜在的陪审员在庭审前曾暴露在带有偏差的信息下,在对陪审员进行初步筛选时(voir dire,陪审团选任程序)可以将他们排除在名单之外。然而,这并不能完全解决问题,因为当涉及高度公开的事件时,可能很少人能避免接触到公开报道,而且陪审员在庭审期间也可能会接触到不予采信的证据。不仅如此,由于筛选过程主要依赖于潜在的陪审员个人提交的是否受到审前公开报道影响的情况报告,而这并不能可靠地预测他们实际上是否容易受到影响。而且筛选的实施过程本身也可能会增强公开报道带来的破坏性效果。[141]

对审前公开宣传信息的问题的另一种可能的回应,是宣布推迟开庭时间。然而,一项研究发现,这种推迟的效果好坏取决于审前公开报道的性质,具体来说,取决于公开报道属于事实导向还是情绪导向。前者可能会指向入罪证据,而后者则会引起对被告人的负面情绪。研究发现,即使将审判推迟几天被证明是对事实性公开报道的有效补救措施,也不会减轻情绪性公开报道的影响。[142]

在庭审过程中,刑事案件的被告人可能会避免出庭作证,以免出现检方出示其犯罪记录以质疑其作为证人的可信度(例如,根据美国法律这是允许的)之情况。然而,最近的一项研究表明,正如陪审团可能会受到被告犯罪记录的不当影响,陪审团往往也会坚持从被告选择不出庭作证的事实来推断被告有罪。[143]

当陪审员接触到不予采信的证据和无关的信息时,法院最直接的回应就是指示陪审员无视这些信息。由于陪审员为非专业人士,他们在做决策时应依据法院给予的实体法规则和证据规则(例如,举证责任和不予采信的证据)的指示。由于篇幅所制,我们将不全面地考察关于陪审团指示的海量心理学文献[144],而将重点放在与不予采信的证据和无关信息相关的研究上。在这方面,由于"人类的大脑不能简单地按照指令忘掉相关信息",因此,对陪审团指示的有效性存有怀疑是有理由的。[145]事实上,南希・斯特布莱及其团队进行的一项元分析表明,"司法指示并没有将陪审员所做的裁决恢复到其从未未接触过不可采信证据前的水平"。[146]

除了这一普遍结论外,其他与法官告诫相关的发现也值得引起进一步的关注。首先,在某些情况下,法官告诫可能会引起陪审团对不予采信的证据施以更多注意,从而产生"回旋镖效应"。[147]例如,据报告,与只被告知证据不可采信的模拟陪审员相比,受到详尽告诫的模拟陪审员表现出了更强烈的定罪倾向。[148]此外,要求陪审员去区分证词当中的一手信息与传闻信息的做法,很可能会适得其反,因其涉及信息的复杂性以及处理信息时的认知活动,当分配到给定信息的认知活动越多,这些信息在人的工作记忆中就越容易提取。[149]最后,陪审员对告诫的实质内容很敏感。当他们被指示由于技术性要求而需要无视某一证据时,他们相对不愿意这样做;但当他们因为证据的证明力有限而被要求无视该证据时,他们表现出更强的遵从意愿。[150]

这些发现与各种关于无视不予采信的证据的指示为何无效的解释——如信念固着(或确认偏差)、后见之明偏差(在非法获取证据的情况下)、陪审员对限制其自由使用可靠相关信息的抵抗(称为阻抗理论,reactance theory),以及精神控制(具有讽刺意味的是,精神控制使不可采信的证据更容易获得)——是一致的。[151]由于各种影响以及相应解释的多样性,很难在这方面提出全面的政策建议。

15.5　启动效应与偏见

启动指的是"当前情境对知识结构(如特质概念和刻板印象)的偶然激活",会引起特定的认知或情绪反应。[152]通过定义可知,启动发生在内隐记忆中,内隐记忆只能间接被获取。[153]通过度量在接触启动刺激前后执行某些任务的差异,可以揭示知识结构中先前经验的保留。例如,在一项经典实验中,约翰・巴奇(John Bargh)及其团队向其中一半的受试者暴露了关于老年人的刻板特征信息,即要求受试者用"年老""灰白色""健忘"和"皱纹"等词造句,而为另一半受试者准备了不同的启动刺激,即要求受试者用"干净""隐私"等中性词来造句。[154]该研究的因变量是受试者完成第一组句子后走过大厅所花的时间。与接受中性处理的受试者相比,暴露于刻板启动刺激的受试者步行速度更慢。虽然这项研究的结论受到了挑战(而这一挑战又引发了激烈的争论)[155],但启动效应本身已经得到了证实。[156]

启动效应对司法决策具有多种意义,从律师的诉讼策略及其对陪审员和法官施加启动效应的能力[157],到法庭室内装饰中融入的宗教和民族象征的影响,不一而足。[158]本节将不讨论这些含义,而聚焦于使用启动效应作为一种有效的实验程序,以确定受试者是否具有内隐种族偏见,这是一个具有重大理论意义和规范重要性的问题。这个问题显然超越了司法决策的情境,因为种族和其他偏见可能会影响诉讼中的其他人物[159]、其他政府决策者[160]、政治话语参与者[161]、雇主[162]，以及其他所有人的行为——由于篇幅限制，对这些问题我们不予讨论。

研究人员已经证明，带有种族色彩的启动刺激（例如，说唱乐 vs.流行音乐），会导致人们认为非洲裔的行为比其他群体更具敌意。[163]更普遍的是，学者们使用内隐联想测验（IAT）来检验人对边缘化群体，如少数族裔和同性恋者的态度。内隐联想测验通过测量人们在计算机任务中的反应时间，来记录他们的内隐联想。[164]这些研究表明，人们对不同的社会群体持有许多内隐偏见，并且比起外显偏见，内隐偏见往往能更好地预测行为。[165]

内隐偏见的研究已经逐渐渗透到法律分析、包括司法决策之中。[166]为了简洁起见，我们将讨论的重点集中在种族问题以及内隐偏见对美国非洲裔诉讼当事人的不利影响上。

珍妮弗·埃伯哈特（Jennifer Eberhardt）及其团队记录了非洲裔与犯罪之间的隐性双向关联。[167]当受试者的潜意识被非洲裔男性面孔所启动时，他们会更快地识别出与犯罪相关物品（例如枪支）的模糊图像。更令人惊讶的是，当潜意识被与犯罪有关物品的图像所启动时，受试者会更加关注非洲裔男性面孔。因此，正如这些作者所指出的，不仅非洲裔被联想为罪犯，而且犯罪也被联想到非洲裔。[168]相关研究表明，非洲裔男性与枪支之间存在隐性关联的结果，已经在大量研究中有报道，这些研究考察了人们在有武器和没有武器的欧洲裔或非洲裔的模拟视频中开枪射击的倾向。[169]然而，尽管所有这些发现都表明，人倾向于将种族与犯罪联系起来——这一联系很可能会在法庭上表现出来——但它其实并不是由司法决策的情境所引起的。

其他几项研究更直接地考察了内隐种族偏见在司法情境中起的作用。桑德拉·格雷厄姆（Sandra Graham）和布赖恩·洛厄里（Brian Lowery）询问了一组样本里的警员和青少年缓刑监督官，请他们分析一个与犯罪情境有关的案例描述。[170]在受试者不知情的情况下，一半人的潜意识被与非洲裔有关的单词所启动，而另一半人则被没有共同主题的单词所启动。紧接着，警员们阅读了两个模棱两可的犯罪场景，并被要求根据几个特征（例如敌意和成熟度）对假想罪犯进行评分，并评估这些种族不明的罪犯的罪责、预期的重复犯罪率，以及应受到的惩罚。最后，官员们再完成一份关于种族的一般态度和信念的问卷。结果表明，引导受试者做出决策的是内隐偏见而非外显态度。接受种族启动的受试组对罪犯的看法更为负面，并倾向于采取更严厉的惩罚。

贾斯廷·莱文森（Justin Levinson）、蔡华俭（Huajian Cai）和丹妮尔·扬（Danielle Young）引入了一种新的内隐联想测验，用于测算欧洲裔/非洲裔与有罪/无罪判断之间的关联。[171]他们发现非洲裔和有罪判断之间存在着隐性关联。此外，这种关联表明了研究对象在模棱两可的案件中是如何对证据进行分析的。[172]最近，贾斯廷·莱文森、罗伯特·史密斯（Robert Smith）和丹妮尔·扬在死刑方面提出了几个令人担忧的发现。[173]他们表明，在对死刑陪审员进行资格审查时，会对潜在的陪审员判处死刑的意愿进行审查，而如果潜在的陪审员有死刑判处意愿，那他们就会表现出相对的强烈隐性种族偏见。他们还发现人们的内隐联想测验得分与其判处死刑的意愿之间存在关联。也就是说，与欧洲裔被告相比，表现出更强烈内隐偏见的人更愿意将非洲裔被告定罪。

拉克林斯基及其同事对这一点进行了更细致的分析。[174]他们针对主审法官的研究，采用了两阶段设计。在第一阶段，法官参加一个标准内隐联想测验，以确定其种族偏好。

结果显示,欧洲裔法官中存在欧洲裔偏好,但非洲裔法官中不存在种族偏好。在第二阶段,法官被要求对三个模棱两可的刑事案件情境进行评估。在前两个情境中,尽管罪犯的种族身份仍然模糊不清,但在此之前,有一半的法官已经在潜意识中受到种族启动的影响。在第三个情境中,作为种族变量的被告人身份被明确地操纵(非洲裔或欧洲裔)。与格雷厄姆和洛厄里的结论相反[175],拉克林斯基及其同事没有发现与种族启动相关的效应影响。受到启动影响的法官与没有收到启动影响的法官,做出的评估没有明显差异。然而,研究人员确实发现法官的内隐联想测验得分对其量刑裁定有接近于显著水平的影响:在内隐联想测验时表现出欧洲裔偏好的法官,当受到与非洲裔相关的词而不是中性词启动时,会做出对被告更严厉的量刑判决。相反,在内隐联想测验中表现出非洲裔偏好的法官,在受到与非洲裔相关的词而不是中性词启动时,会给出更短的刑期判决。在种族被明确设定的第三个情境中,作者在对法官群体做整体分析时,没有发现任何影响。然而,进一步的分析确实揭示了内隐联想测验得分、法官种族和被告人种族之间存在的三向相互作用。具体来说,内隐联想测验得分与欧洲裔法官所做的判决结果无关,而非洲裔偏好的非洲裔法官则更倾向于宣告无罪。虽然这些结果很难一概而论,但有一个结论似乎很突出:种族的明确性很重要。正如作者指出的,"当法官意识到有必要监控自己的反应是否受到内隐种族偏见影响,并有动力去压制这种偏见时,他们似乎能够做到这一点。"[176]可以说,法庭上的决策更接近于第三个情境;因此,内隐偏见究竟在多大程度上影响现实中的决策,目前仍不清楚。

内隐偏见是司法决策研究中的一个新兴领域,在充分理解这一现象的影响之前,我们还需要做很多工作。应该进一步地准确探索内隐偏见(如果存在的话)在现实的法庭上是如何运作的,人们在哪些时候更可能试图去克服这些偏见。正如杰里·康(Jerry Kang)及其同事所承认的,"由于研究设计中存在难以置信的困难,我们还没有对真实刑事审判中的内隐偏见进行评估的研究"。[177]此外,我们目前几乎还没有关于种族偏见如何在民事诉讼领域发挥作用的信息。在对该情境下的内隐偏见开展了彻底的研究之后,康及其同事明确"承认,[他们]关于内隐偏见影响民事案件中陪审团决策的结论,属于推断性的,并没有很好的量化研究支撑"。[178]

最后,确定有效的干预措施,以减轻偏见的影响,可能是且应该是这一研究项目的最终目标。强化对法官的问责制(例如,通过要求出具书面意见书和限制法官快速作出判决的案件数量),可能有助于促进法官审慎而非凭直觉做出裁定。[179]同样,采用核对清单来确保法官做出决策时考虑到了所有相关因素,可能有助于消除偏见。[180]然而,很显然,促进决策的合理化可能会与司法系统的其他目标,例如快速实现正义的目标,产生矛盾,在实际政策实施时需要谨慎的权衡。[181]

15.6　司法决策:道德判断

前几节指出,司法决策可能会偏离认知理性(相反,会表现出各种启发式和偏差)和公平无偏(潜意识里的偏见态度可能会反映出来)的假设。本节重点介绍司法决策偏离标准经济学分析所依赖的后果主义道德的例子。

如第 2 章所述，虽然标准经济学分析建立在后果主义道德的基础上，但普遍的道德信念反映的是温和的道义论。[182]大多数人认为，促进整体的良好结果很重要，但这一目标的实现受制于随每个行为人而异的道德约束，人们（有时候）相信将个人福利置于整体福利之上的选择是道德的。

通常情况下，后果主义推理的含义与非后果主义的常识性道德的含义相似。因此，在违约损害赔偿的诉讼中，受害方本可以合理避免或减轻的损失将不予赔偿。同时，受害方有权要求赔偿其为防止损害发生而付出的合理费用，即使其付出的努力最终并未获得成功。这些规则在事前为受害方提供了有效率的激励，同时也符合非后果主义的归责和矫正正义观念。然而，就目前而言，更有趣的是经济效率和非效率的道德价值观出现背离的情况。已经有实验研究针对这样的案例加以研究。

根据旨在达到最优威慑的标准经济学分析来看，刑事制裁和惩罚性损害赔偿应与案件侦破和定罪的概率成反比（刑事诉讼中），或与责任认定或获得赔偿的概率成反比（民事案件中）。[183]相反，传统的报应主义认为，实际（而非预期）的惩罚应与行为的违法性和行为者的可责性相对应。[184]在几项实验研究中，当侦破概率较低时，受试者并没有给予更高的惩罚性损害赔偿或施加更严厉的刑事制裁。[185]其中一些研究发现，非专业人士与专业法官在这方面不存在差异。[186]即使将仅在侦破概率上存在差异的两个相似案件并列，使侦破概率突显，也只有少数受访者增加了对低侦破率案件的惩罚。[187]

一项调查的结果更能说明上述问题，该调查旨在得出人们对风险分析的态度。侵权法规定了过失伤害他人的责任。从效率的角度来看，其目标是激励产品和服务的供应商采取有效的风险防范措施。由于更严格的预防措施通常会增加生产成本，而且消费者购买更安全产品的意愿并不是无限的，因此在安全措施方面有效率的投资符合供应商、消费者和整个社会的利益。正如政府对环境风险的监管在理想情况下应该建立在基于证据且合理的成本收益分析的基础上，制造商对安全措施的选择也应该建立在合理的成本收益分析的基础上。[188]然而，轶闻证据和基普·维斯库西开展的大规模调查都表明，公司参与安全措施的成本收益分析的这一事实是为陪审团所憎恨的，将导致陪审团对此处以更高的惩罚性损害赔偿。[189]对安全措施开展合理的成本收益分析，不仅不会降低惩罚性损害赔偿的可能性，而且在分析中人的生命价值越高，惩罚性损害赔偿的金额也越高。专业法官不太可能采取零风险态度，即不允许在成本和安全之间进行权衡，也不太可能在公司开展此类成本收益分析时处以惩罚性损害赔偿。尽管如此，许多专业法官还是做出了这样的判决，特别是当风险涉及人的生命时，而这与经济效率的要求背道而驰。[190]

除了这些具体的实验结果之外，本书第 5 章及其他多处讨论的诸多法律学说更符合道义论道德的要义，而不是后果主义道德或福利经济学。[191]

15.7 规则 vs.标准：确定性与可预测性

到目前为止，本章主要讨论的是特定的行为现象，接下来的各节将讨论一般性问题，如群体与个人、法官与非专业人士的决策对比。但是，在讨论这些一般性问题之前，本节将探讨在法律领域特别重要的决策任务——具体来说，就是使用规则和标准来为特定案件做司法决策。

法律规范通常分为规则（rules）和标准（standards）。规则通常使法律结果得以依据有限数量、易于确定的事实而作出。规则的典型例子包括仅根据年龄来确定法律行为能力，以及对超过一定速度限制的司机处以固定罚款。相比之下，标准体现了实质性的目标和价值观，如维护合理性、诚信和避免显失公平。基于标准做出的判决需要考虑案件的整体情况，并根据标准所倡导的价值观对这些情况进行评估。

几个世纪以来，人们已经认识到，规则相对于标准的主要优势在于，它们能够限制人们的自由裁量权，增强法律的确定性和可预测性。美国的法律现实主义者和批判法学派（Critical Legal Studies）的学者对这一共识提出了质疑，他们认为通用的法律规范，无论多么详细，都无法决定任何特定案件的司法结果。[192]其中一个原因是，即使由详细的规则构成的法律体系也将允许法院自主选择适用于既定事实的规则。矛盾的是，当规则体系越复杂，法官在决定特定案件中适用的规则时的自由裁量权就越宽泛。[193]

经过五十多年的时间，实验和实证结果才开始出现在这场辩论中。针对法律专业学生和法学院新近毕业生开展的实验表明，要求在特定时限内采取某种行动的简单明确的规则，比起"合理时间"的模糊标准，更能起到限制决策者自由裁量权的作用。[194]当法律规范被制定为标准而非规则时，不遵守的社会规范以及自利行为会在更大程度上降低对法律规范的遵守程度。[195]这些研究结果对诸如消费者法等法律的制定具有重要影响。[196]与之相类似，经验证明规则比标准能更有效地约束下级法院的司法决策。[197]有趣的是，人们发现，比起基于标准做出的决策，法律论证过程对于基于规则做出的决策有更大的影响。当基于模糊的标准做出决策时，决策者可以选择他们更偏好的结果，无论是否有法律依据。当结果与规则的直接含义相矛盾时，法律论证有助于决策者达成其所期望的结果。[198]各种行为现象——包括动机性推理和其他认知偏差、背景知识和个人态度的差异，以及情境因素——都被用来解释为什么基于标准做出的决策可能是难以预测的，并且存在不确定性。[199]

虽然上述实验研究将基于标准做出的司法判决（以及一般的人类行为）与基于单一简单规则做出的判决进行了比较，但现实中的选择通常是在一个模糊的标准与一个有着无数区分、限制和例外的复杂规则体系之间进行。上述两项实验研究，考察了基于一套详细规则做出的判决与基于几个一般标准做出的判决的可预测性。具体来说，在针对高年级法律专业学生的大规模实验中，埃林豪斯（Ellinghaus）、赖特（Wright）和卡拉斯（Karras）比较了不同的法律规范模式，即详细的规则、稍微不那么详细的规则，以及非常笼统模糊的标准。受试者阅读有关法律纠纷的描述，并根据其中一种法律规范做出决定。[200]法律规范的确定性和可预测性，由不同判决之间的共识程度来衡量，即共识越广泛，法律规范的确定性和可预测性就越强。

这些实验的主要发现是，相比模糊的标准体系，复杂的法律规则体系并不利于产生更确定、更可预测的结果。此外，虽然在容易的案件中依靠标准会产生更多可预测的判决结果，但将规则应用于相对容易的案件并没有提高其判决的可预测性。[201]

在另一项实验中，埃林豪斯及其合著者要求受试者对结果的公正性以及判决结果对案件重要事实的考虑程度进行评分。结果发现，在基于标准做出判决的简单案件中，判决的公正性与受试者认为判决对所有相关情况的考虑程度之间存在正相关。在基于详细规则做出判决的研究中,则没有发现这种相关性。[202]因此,就引导决策者关注案件中的重要方面而言,标准似乎优于规则。

在一项后续研究中,研究人员调查了法官考虑的数据范围是如何影响判决的确定性和可预测性的。[203]除了做出司法决策外,实验中的受试者还被要求评估 15 种事实情况的重要性,根据其重要性,这些事实被实验人员划分为三类。在实验过程中,受试者被要求进行四次评估,时间分别在:阅读事实描述之后;阅读适用法律规范的说明后;写下支持各方立场的论据后;以及写下他们有理据支持的判决之后。在这个实验中,法律规范的可预测性和确定性同样取决于对决策的共识程度。

受试者普遍认同实验人员对不同情况的相对重要性的判断。随着决策过程的进展,他们会将重要的事实列为更重要,将不重要的事实列为更不重要。然而,不同于基于标准做出决策的受试者(他们将第二类事实列为更重要),那些根据具体规则做出决策的受试者则将第二类事实列为更不重要。这一发现支持了这样一种观点:在标准制度下,决策的可预测性和确定性之所以更高,是因为决策者对更广泛的情况提高了关注度。赖特及其同事还构建了一个联结主义模型,以反映呈现给受试者的数据的心理表征——该模型是 15.2 节中讨论的法律决策过程中的融贯性理论的基础。他们表明,"融贯性转移"现象很好地解释了其实验发现。

要确定这些发现的普遍性,还需要做大量的实验工作。在一项大型的比较实证研究中,可以找到支持上述结果的有力证据。该研究考察了在养老院监管的情境下,基于法律规则或标准的执法机制的确定性与一致性。[204]该研究发现,与监管人员在一套非常详细、复杂的规则下做出的评估结果相比,其在标准体系下做出的评估结果具有更高的一致性。技术规则的多样性似乎赋予了监管者更大的自由裁量权,以决定自己将如何应用这些规则,以及对各条规则施以的重视程度。

最后,法律规范是设计为规则、标准或是两者的任意组合,只是影响司法决策的确定性和可预测性的一个因素。因此,理解规范的制定会如何影响决策,并不会对法律规范的设计产生直接的或结论性的建议。可能首先还需要对相关因素之间的相互作用做进一步的探究。

15.8　群体决策

到目前为止,我们主要关注个体层面的司法决策。然而,许多司法决策是由一个群体达成的,他们要么是法官小组,要么是陪审团。本节将探讨群体动力学如何影响司法程序的结果。

如第 2 章所述,从个体决策到群体决策的转变,可以引发各种各样的结果。[205]群体动力学可能会减轻或者加剧认知启发式和偏差,或根本没有任何影响,这取决于群体特征、决策过程,以及决策对象。群体审议的效果也取决于相关启发式的性质。当问题很复杂或涉及价值判断,且没有明显的正确答案时(司法决策的情况通常如此),审议过程可能会促使群体走向极端,而这些极端并不反映出群体成员在审议前的偏好。这种现象被称为群体极化,该现象源自社会比较(那些努力达到自我认可和被他人认可的群体成员,会采取一种与群体内的主导观点一致但更极端的立场)以及信息影响(暴露于支持主流观点的大量有力论据中)。

研究人员记录了群体极化对司法决策的影响。研究表明,取决于具体情境的不同,这种现象可能会导致截然不同的结果。关于陪审团做出的有罪或无罪的决定,对现有研究的一项元分析指出了一种被称为"宽大处理偏差"(bias toward leniency)的现象。[206]当陪审团中没有明显的多数意见时,审议过程会倾向于宣告无罪。另一项实验表明,这一结果可能源自该决策环境中适用的唯一证明标准,即"排除合理怀疑"(beyond a reasonable doubt)标准。[207]由于这一标准反映了一种根深蒂固的社会和法律规范,主张无罪释放的陪审团成员在审议过程中可能具有不对称的优势,这有助于他们引导其他成员支持自己的观点。

然而,群体极化不总是会减轻法律后果。关于群体审议是否会提高司法量化裁决的一致性和可预测性,存在着相互矛盾的证据。[208]在一项研究中,沙里·戴蒙德、迈克尔·萨克斯和斯蒂芬·兰兹曼发现,在审议之前,单个陪审员裁定的赔偿金总额的标准差超过700万美元。然而,经过六人小组的审议后,陪审团裁定的赔偿金总额的标准差急剧下降至100万美元以下。这种变异性的急剧下降,同时出现在经济性与非经济性损害赔偿中。[209]相反,在一项涉及3 000多名受试者的大型实验研究中,施卡德、桑斯坦和卡尼曼发现,陪审团的审议实际上降低了可预测性,至少在惩罚性损害赔偿的情况下是如此。[210]由于群体极化,陪审团裁决的金额系统地高于审议前判决的中位数值。[211]由于这种趋势在陪审团审议前判决的中位数值较高时更为明显,因此赔偿金的整体变异性被提高。在作出惩罚性损害赔偿判决的陪审团中,27%做出的判决金额达到或者超过了陪审团成员在审议前判定的最高金额。

由于施卡德及其同事的发现准确地反映了现实中的司法决策过程,他们提出了一种明确的担忧。他们表明,促使群体决策走向更极端结果的群体审议,同时也显著增加了判决结果的不确定性。基于这一结果,研究者得出结论,"如果目标是降低裁决任意的不可预测性,审议是一种比统计汇总更糟糕的意见集中的方式"。[212]

如前所述,群体审议的结果取决于支配这个群体的背景规范。因此,施卡德及其同事承认,其研究发现不能自动推广。例如,在他们所有的研究中,被告人均为企业主体,目前尚不清楚面对个体被告人,是否会表现出类似的态度。[213]此外,不同的社会对惩罚等法律问题的态度各不相同。[214]某些社会可能倾向于宽大处理,而其他社会则可能倾向于惩罚性处理。此外,当规范随着时间的推移而改变时,对待这些研究发现应该更加谨慎。例如,最近的一项研究表明,陪审员中间存在严厉效应,而非宽大效应。[215]正如这几位作者指出的,这一发现可能反映了自20世纪70年代以来态度上的转变,该领域的大部分开创性工作都是在20世纪70年代完成的。显然,群体决策的微妙之处,为开展进一步研究提供了无限的空间。[216]

15.9　法官 vs.非专业人士

关于认知偏差的一个普遍问题是,专业知识在多大程度上减轻了这些偏差对决策的影响。在审判方面,问题在于职业法官是否与缺乏法律培训的人一样,会犯同样的错误。为了解决这个问题,在本节中,我们回顾了部分关于法官易受认知偏差影响的主要发现,特别关注针对这个问题而设计的对照实验。[217]

关于专家经验的心理学研究发现有些模棱两可。一般来说,如果决策环境是:(1)有规律和可预测的;(2)为人们提供了学习这些规律的机会,那么判断就能反映出真实的专业水平。[218]因此,决策者及时收到有关其决策质量的反馈非常重要。实证研究表明,某些专家表现出对各种偏差的适应力[219],而其他专家则没有[220]。

克里斯·古思里、杰弗里·拉克林斯基和安德鲁·威斯特里奇(GRW)在职业法官决策的认知方面提出了最广泛的研究成果。[221]本章前后引用了他们的许多发现。在这里,我们想简要强调一下从他们对司法行为的研究中浮现出的主要图景。根据 GRW 的研究,法官"通常容易受到启发式和偏差的影响,而这些启发式和偏差往往会导致其凭直觉和印象来做出判断"。[222]与大多数人一样,法官也会表现出基于快速的直觉而不是复杂的审慎思考来做决定的倾向。法官在认知反思测试中的结果,与其他受过良好教育者的人类似。认知反思测试衡量的是人对某个问题进行思考(系统 2)、而非简单地给出本能的、自发的答案(系统 1)的倾向。[223]在对不同的法官群体开展的大量研究中,GRW 表明,锚定效应、后见之明偏差、框架效应,以及其他文献有记载的偏差会影响法官分析案例的方式。[224]这些结果在全能型法官和专门从事某一特定法律领域的法官身上得到了复现。[225]而针对商业和国际仲裁员的研究,也得到了类似的结果。[226]

然而,GRW 确实记录了法官在克服人类决策陷阱方面的能力。例如,虽然法官发现通常很难忽视不予采信的证据,但他们有时确实能成功地做到了这一点。[227]具体而言,大量研究表明,法官在确定是否有合理依据的情境下,能够成功地忽略不予采信证据。如 15.3.2 节中所述[228],美国的法官在两种情况下会审查是否存在搜查的合理依据:一是在事前(为了获取搜查令的目的);二是在事后,即当搜查结果已经知晓时(为了证据目的)。在一项涉及 900 名州及联邦法官的研究中,GRW 证实其受试者在两种情况下都做出了相似的裁决。[229]

尽管 GRW 的研究结果清楚地表明,法官受到了认知偏差的影响,但他们的研究并没有阐明在这方面法官与陪审员表现的对比。有几项研究试图通过对法官和模拟陪审员运用相同的调查工具直接来研究这个问题。例如,里德·黑斯蒂和基普·维斯库西比较了后见之明偏差对 95 名法官和 277 名模拟陪审员所做裁决的影响程度。[230]他们发现,模拟陪审员表现出明显的后见之明偏差,而法官只表现出对这种偏差的倾向(在统计学上基本不显著)。在另一项研究中,维斯库西从各个角度比较了法官和陪审员在侵权诉讼案件中的决策行为,再次发现"法官在处理风险时受偏差的影响更少"。[231]法官更愿意对预防措施进行无偏差的成本收益分析,并倾向于更准确地感知风险。相比之下,陪审员更强烈地表现出"零风险心态",他们不允许在成本与安全之间进行权衡取舍,更愿意花费无限量的金钱来消除小风险。

法官和非专业人士之间存在着差异,而这些差异究竟来源于法官受过的法律训练,还是由于其实践经验,这是一个令人好奇的问题。斯蒂芬·迪克特(Stephan Dickert)及其同事开展的一项研究,让人们对这个问题有了初步的了解。[232]该研究使用德国联邦法院实际判决的案例描述,并将其与高年级法律专业学生、非法律专业的法官和其他专业的学生做出的判决进行了比较。法律专业学生的判决比非法律专业的法官更符合联邦法院的实际判决结果,而非法律专业的法官做出的判决甚至比非法律专业的学生的判决表现出更低的一致性。没有接受法律训练的受试者在被告知案件的更多信息时,表现出更强的情绪反应,而法律专业的学生则没有。这似乎是因为受过法律训练的受试者使用抽象的法律概念构建了他们的心理表征,而学生对照组和非专业的法官则更多地依赖于其听说过的类似案件来进行比较,或依赖于其个人经验。最后,法律训练和实践经验都与更高的自信水平表现出相关。

15.10　对司法决策的行为学研究的总体评价

司法决策的行为学研究面临独特的挑战。当然,法官也是人。但他们也是训练有素的法律专家和专业裁决者。行为学研究的基本任务之一,是考察法律培训和司法经验对法官决策的影响程度(如果确有影响的话)。基于对非专业人士开展的实验结果,得出有关司法决策的结论,这本身是有问题的。

在此背景下,弗雷德里克·肖尔(Frederick Schauer)认为,应该对法官和其他人(包括非专业陪审员)执行的任务(如事实调查与裁定),以及法官专属的任务(如选择、解释、运用和发展法律规范)加以区分。[233]即使法官在执行非专属任务时的决策与其他人没有根本上的不同,研究法官如何执行其专门指定的任务也具有特殊的意义。也许,法官的法律培训和实践经验、他们成为法官的个人选择,以及他们所处的机构环境都会在这方面产生影响。事实上,肖尔认为,如果"像律师一样思考"或"像法官一样进行推理",与作为非专业人士的思考和推理之间没有显著的区别,那么就没有理由对司法决策进行探究,就像没有理由去探究机械师或牙医的决策行为一样。[234]肖尔进一步指出,目前对司法决策的行为学研究还存在许多不足之处。

虽然对司法决策的行为学研究确实处于相对早期的发展阶段,但肖尔的批评似乎有些言过其实,原因有几个。首先,如15.1节所详述,已有大量的研究以职业法官作为受试者。此外,还存在一些关于"专属"的司法任务的实验研究,如将规则和标准应用于给定的事实集合,以及条约的解释等任务。[235]同时,我们应该承认,即使是以职业法官为受试者的实验,也与法官在现实世界中的表现存在显著差异;因此,对任何从前者到后者的推论,都必须持谨慎对待的态度。[236]出于实践和伦理的原因,对司法裁决开展随机的现场实验并报告自然实验,会特别具有挑战性——这些困难都是可以想象到的。[237]

关于陪审团履行的司法职能,大量实证和实验研究都着重于陪审团的决策,将符合陪审员资格的人作为受试者,并观察陪审员的实际审议情况。[238]此外,由于法官和非专业人士之间的假设差异,是建立在前者受过律训练的基础之上的,因此,针对法律专业高年级学生以及经验丰富的辩护律师开展的实验研究也提供了更深入的洞察。[239]

也有大量的研究对法官和非专业人士进行了直接对比。如15.1节所述,其中一些研究发现职业法官与普通人群之间存在一定差异[240],而另一些研究没有发现差异[241]。即使法官与其他人群的决策没有显著差异,通过研究普遍的心理现象如何与司法决策独特的程序和机构特征相互发生作用,仍然有很大的意义。[242]这样的研究可能会推动制度设计、法院程序,甚至实体法律规则的改革。正如大量关于医生决策的行为学研究为卫生系统的运作提供了信息,无论法官是否与其他决策者不同,司法领域也需要类似的研究。

最后,有进一步的研究支持了司法决策实验的外部有效性。其中包括针对经验丰富的非法律领域人士开展的研究、法官自述的审判描述研究,以及对实际判决的分析研究。[243]

最终我们应该承认,需要开展进一步的研究来确定司法决策的行为学主张的有效性和普遍性。对于法官解释、发展和应用法律规范的专属任务,尤其如此。对于法官在法庭上的实际行为,也还有进行定性研究的空间,以确定某些实验室发现的外部有效性。[244]与此同时,在这一领域也已经取得了许多成果。此外,这些基于不完善的实验和经验数据的行为学理论和政策建议,通常比没有数据支撑的理论和建议更可取。[245]

注　　释

[1] 参见 Jerome Frank, Law and the Modern Mind (1930)。

[2] 一般性的讨论,参见 Handbook of Psychology, Vol. 11: Forensic Psychology (Irving B. Weiner & Randy K. Ottoeds., 2d ed. 2012)。

[3] 参见 Peter David Blanck et al., *The Measure of the Judge: An Empirically-Based Framework for Exploring Trial Judges' Behavior*, 75 Iowa L. Rev. 653 (1990)。

[4] 在这些文献中,态度模型假定,法官的决策主要由他们对案件事实的态度决定,而非法律规范。理性选择模型加入了法官的策略性考量,即法官希望自己的态度能够被接受并得以实施。最后,新制度主义模型在上述因素的基础上补充了制度变量,其中包括法律,这里法律被定义为法律行为者的动态思维。参见 Keren Weinshall-Margel, *Attitudinal and Neo-institutional Models of Supreme Court Decision Making: An Empirical and Comparative Perspective from Israel*, 8 J. Empirical Legal Stud. 556, 569 (2011)。另见 Jeffrey A. Segal & Harold J. Spaeth, The Supreme Court and the Attitudinal Model Revisited(2002); Lee Epstein & Jack Knight, The Choices Justices Make (1998); Michael A. Bailey & Forrest Maltzman, The Constrained Court: Law, Politics, and the Decisions Justices Make (2011)。

[5] 参见 Lawrence Baum, *Motivation and Judicial Behavior: Expanding the Scope of Inquiry*, in The Psychology of Judicial Decision Making 3, 8 (David Klein & Gregory Mitchell eds., 2010); Wendy L. Martinek, *Judges as Members of Small Groups*, in The Psychology of Judicial Decision Making, 出处同上,第 73 页、第 73—76 页;Jeffrey A. Segal, Benjamin Woodson & Joshua Johnson, *The Behav-

ioral Economics Alternative：The Legal-Model Fiction in Epstein，Landes，and Posner's The Behavior of Federal Judges，97 Judicature 75 (2013)（书评）。

[6] 参见 Dan M. Kahan，*Foreword：Neutral Principles，Motivated Cognition，and Some Problems for Constitutional Law*，125 Harv. L. Rev. 1 (2011)；Dan M. Kahan et al.，*"Ideology" or "Situation Sense"? An Experimental Investigation of Motivated Reasoning and Professional Judgment*，164 U. Pa. L. Rev. 349 (2016)。

[7] 参见 Richard A. Posner，*What Do Judges and Justices Maximize?（The Same Thing Everybody Else Does）*，3 Sup. Ct. Econ. Rev. 1 (1993)。

[8] 参见前注[4]及其对应正文。

[9] 参见 Lee Epstein，William M. Landes & Richard A. Posner，The Behavior of Federal Judges：A Theoretical and Empirical Study of Rational Choice (2013)。

[10] 参见 Christoph Engel & Lilia Zhurakhovska，*You Are In Charge—Experimentally Testing the Motivating Power of Holding a Judicial Office*，46 J. Legal Stud. 1 (2017)（调查了关于法官决策动机的经济学文献，并通过实验表明，即使其他的激励被中和，受试者仍然会受到履行"法官"角色、执行法律规范和促进共同利益的预期所激励）。

[11] 参见 Neil S. Siegel，*Sen and the Hart of Jurisprudence：A Critique of the Economic Analysis of Judicial Behavior*，87 Calif. L. Rev. 1581 (1999)。

[12] 分别参见上文 2.2 节、2.3 节、2.4 节、2.5 节、2.7.3 节和 2.7.4 节，以及 2.7.2 节。

[13] 分别参见下文 16.3.4 节，以及 16.2.2 节和 16.2.3 节。

[14] 例外的情况，可参见 Omer Dekel & Amos Schurr，*Cognitive Biases in Government Procurement—An Experimental Study*，10 Rev. L. & Econ. 169 (2014)。

[15] 可参见 William N. Eskridge, Jr. & John Ferejohn，*Structuring Lawmaking to Reduce Cognitive Bias：A Critical View*，87 Cornell L. Rev. 616，634-38 (2002)。

[16] 分别参见下文 16.2.2 节、15.7 节。

[17] 参见 Nancy Pennington & Reid Hastie，*A Cognitive Theory of Juror Decision Making：The Story Model*，13 Cardozo L. Rev. 519 (1991)。

[18] 参见：Dan Simon，*A Psychological Model of Judicial Decision Making*，30 Rutgers L.J. 1 (1998)；Dan Simon，*A Third View of the Black Box：Cognitive Coherence in Legal Decision Making*，71 U. Chi. L. Rev. 511 (2004)（以下简称 Simon，*Third View*）。

[19] 相关研究以心理表征的联结主义模型为基础。相关概述参见 Simon，*Third View*，前注[18]；Stephen J. Read & Dan Simon，*Parallel Constraint Satisfaction as a Mechanism for Cognitive Consistency*，in Cognitive Consistency：A Fundamental Principle in Social Cognition 77 (Bertram Gawronsky & Fritz Strack eds.，2012)。

[20] 参见 Reid Hastie，*Introduction*，in Inside the Juror：The Psychology of Juror Decision Making 3，10-22 (Reid Hastie ed.，1993)。

[21] 参见：Nancy Pennington & Reid Hastie，*Evidence Evaluation in Complex Deci-*

sion Making，51 J. Personality & Soc. Psychol. 242（1986）；Nancy Pennington & Reid Hastie，*Explanation-Based Decision Making*：*Effects of Memory Structure on Judgment*，14 J. Experimental Psychol.：Learning, Memory & Cognition 521（1988）（以下简称 Pennington & Hastie, *Explanation-Based Decision Making*）；Nancy Pennington & Reid Hastie，*Explaining the Evidence*：*Tests of the Story Model for Juror Decision Making*，62 J. Personality & Soc. Psychol.189（1992）（以下简称 Pennington & Hastie，*Explaining the Evidence*）。

[22]　可参见：Dan M. Kahan, David A. Hoffman & Donald Braman, *Whose Eyes Are You Going to Believe*? Scott v. Harris *and the Perils of Cognitive Illiberalism*，122 Harv. L. Rev. 837（2009）；Dan M. Kahan, *Culture, Cognition, and Consent*：*Who Perceives What, and Why, in Acquaintance-Rape Cases*，158 U. Pa. L. Rev. 729（2010）；Dan M. Kahan et al., *"They Saw a Protest"*：*Cognitive Illiberalism and the Speech-Conduct Distinction*，64 Stan. L. Rev. 851（2012）。

[23]　参见 Pennington & Hastie, *Explanation-Based Decision Making*，前注[21]，第528—530 页。

[24]　出处同上，第 523—528 页。

[25]　参见 Craig R.M. McKenzie, Susanna M. Lee & Karen K. Chen, *When Negative Evidence Increases Confidence*：*Changein Belief after Hearing Two Sides of a Dispute*，15 J. Behav. Decision Making 1（2002）。

[26]　参见 Andreas Glöckner & Tilmann Betsch, *Decisions beyond Boundaries*：*When More Information Is Processed Faster than Less*，139 Acta Psychologica 532（2012）。

[27]　参见：Pennington & Hastie，前注[17]，第 523 页、第 531 页；Keith Holyoak & Dan Simon, *Bidirectional Reasoning in Decision Making by Constraint Satisfaction*，128 J. Experimental Psychol.：General 3（1999）；Dan Simon et al., *The Emergence of Coherence over the Course of Decision Making*，27 J. Experimental Psychol.：Learning, Memory & Cognition 1250（2001）。

[28]　参见：Pennington & Hastie, *Explanation-Based Decision Making*，前注[21]；Holyoak & Simon，前注[27]；Dan Simon, Chadwick J. Snow & Stephen J. Read, *The Redux of Cognitive Consistency Theories*：*Evidence Judgments by Constraint Satisfaction*，86 J. Personality & Soc. Psychol. 814（2004）。

[29]　参见：Holyoak & Simon，前注[27]，第 10—18 页；Simon, *Third View*，前注[18]，第 533 页。

[30]　参见 Simon, Snow & Read，前注[28]，第 824—827 页。

[31]　参见：David Lagnado, *Thinking about Evidence*，171 Proc. Brit. Acad. 183, 196 - 220（2011）；David Lagnado, Norman Fenton & Martin Neil, *Legal Idioms*：*A Framework for Evidential Reasoning*，4 Argument & Computation 46（2012）。

[32]　参见 Bart Verheij et al., *Arguments, Scenarios and Probabilities*：*Connections*

between Three Normative Frameworks for Evidential Reasoning，15 Law，Probability & Risk 35 (2016)。

[33] 参见 Lagnado，前注[31]，第 196—220 页。实验结果表明，在考虑专家证词的情况下，人是相对较好的贝叶斯推理者，参见 Adam J.L. Harris & Ulrike Hahn，*The Appeal to Expert Opinion：Quantitative Support for a Bayesian Network Approach*，40 Cognitive Sci. 1496 (2016)。

[34] 另一个问题是，司法事实认定者是否可以、以及如何在推理中明确使用贝叶斯网络，以及专家们如何在法庭上有效、可靠地呈现这些网络。参见：Norman E. Fenton & Martin Neil，*Avoiding Probabilistic Reasoning Fallacies in Legal Practice Using Bayesian Networks*，36 Austral. J. Legal Phil. 114 (2011)；Norman Fenton，Martin Neil & David Lagnado，*A General Structure for Legal Arguments about Evidence Using Bayesian Networks*，37 Cognitive Sci. 1 (2012)；另见下文 16.2.4 节。

[35] 参见 Simon，*Third View*，前注[18]，第 550—559 页。关于审前指导的其他好处，参见 Vicki L. Smith，*Impact of Pretrial Instruction on Jurors' Information Processing and Decision Making*，76 J. App. Psychol. 220 (1991)。与之相反的观点，参见下文 16.3.3 节，（关于在证据提交之前向陪审团提供举证责任指导的效果，存在相互矛盾的实验结果）。

[36] 参见 Simon，*Third View*，前注[18]，第 559—569 页。

[37] 参见 Kurt A. Carlson & J. Edward Russo，*Biased Interpretation of Evidence by Mock Jurors*，7 J. Experimental Psychol.：Applied 91，91 (2001)。

[38] 参见下文 15.4.2 节。

[39] 参见 Mark A. Lemley & Shawn P. Miller，*If You Can't Beat 'Em，Join 'Em？ How Sitting by Designation Affects Judicial Behavior*，94 Tex. L. Rev. 451 (2016)。

[40] 一般性的讨论，参见上文 2.3 节、2.5 节。

[41] 关于上述的以及其他情境效应，参见 R. Scott Tindale et al.，*Procedural Mechanisms and Jury Behavior*，in Blackwell Handbook of Social Psychology：Group Processes 574，591-94 (Michael A. Hogg & R. Scott Tindale eds.，2001)。

[42] 一般性的讨论，参见上文 2.5.4 节。

[43] 参见：Laurens Walker，John Thibaut & Virginia Andreoli，*Order of Presentation at Trial*，82 Yale L.J. 216 (1972)；Adrian Furnham，*The Robustness of the Recency Effect：Studies Using Legal Evidence*，113 J. General Psychol. 351 (1986)；José H. Kerstholt & Janet L. Jackson，*Judicial Decision Making：Order of Evidence Presentation and Availability of Background Information*，12 Applied Cognitive Psychol. 445 (1998)；Steve D. Charman et al.，*Evidence Evaluation and Evidence Integration in Legal Decision-Making：Order of Evidence Presentation as a Moderator of Context Effects*，30 App. Cognitive Psychol. 214 (2016)。

另见 Donald C. Pennington, *Witnesses and Their Testimony: Effects of Ordering on Juror Verdicts*, 12 J. Applied Soc. Psychol. 318 (1982)。

[44] 参见 Irwin A. Horowitz & Kenneth S. Bordens, *An Experimental Investigation of Procedural Issues in Complex Tort Trials*, 14 Law & Hum. Behav. 269 (1990)。

[45] 一般性的讨论,参见上文 2.5.5 节。

[46] 参见 Mark Kelman, Yuval Rottenstreich & Amos Tversky, *Context-Dependence in Legal Decision Making*, 25 J. Legal Stud. 287 (1996)。

[47] 出处同上,第 290—292 页。

[48] 一般性的讨论,参见上文 2.5.2 节。

[49] 参见 Kelman, Rottenstreich & Tversky,前注[46],第 295—297 页。在量刑的刑期长短方面,也报告了类似的结果,参见 Jeffrey J. Rachlinski & Forest Jourden, *The Cognitive Components of Punishment*, 88 Cornell L. Rev. 457 (2003)。

[50] 参见下文 15.3.4 节。

[51] 参见 Adi Leibovitch, *Relative Judgments*, 45 J. Legal Stud. 281 (2017)。

[52] 关于相关问题及可能的回应,参见 Adi Leibovitch, *Punishing on a Curve*, 111 Nw. U. L. Rev. 1205 (2017)。

[53] 其中包括:Jeffrey J. Rachlinski, Andrew J. Wistrich & Chris Guthrie, *Altering Attention in Adjudication*, 60 UCLA L. Rev. 1586, 1597 - 604 (2013); Leibovitch,前注[51]。

[54] 参见 Rachlinski & Jourden,前注[49]。

[55] 考虑到结果信息的潜在证明价值,该做法是否可取,属于另一个问题。对这一规范性问题的综合论述,参见 Maggie Wittlin, *Hindsight Evidence*, 116 Colum. L. Rev. 1323 (2016)。

[56] 参见上文 2.2.8 节。

[57] 可参见 Restatement (Third) of Torts: Liability for Physical and Emotional Harm § 3 (Am. Law Inst. 2010)。

[58] 参见 Kim A. Kamin & Jeffrey J. Rachlinski, *Ex post ≠ ex ante: Determining Liability in Hindsight*, 19 Law & Hum. Behav. 89 (1995)。关于该研究及其结果,参见上文 9.3.2 节。关于更多该情境下的实验研究,参见:Reid Hastie & W. Kip Viscusi, *What Juries Can't Do Well: The Jury's Performance as a Risk Manager*, 40 Ariz. L. Rev. 901 (1998); W. Kip Viscusi, *How Do Judges Think about Risk?*, 1 Am. L. & Econ Rev. 26, 46 - 56, 59 (1999)。

[59] 参见 Susan J. LaBine & Gary LaBine, *Determinations of Negligence and the Hindsight Bias*, 20 Law & Hum. Behav. 501 (1996)。一项要求受试者评估公司董事会决策合理性的实验,也得到了类似的结果。参见 Merrie Jo Stallard & Debra L. Worthington, *Reducing the Hindsight Bias Utilizing Attorney Closing Arguments*, 22 Law & Hum. Behav. 671 (1998)。

［60］ 参见 Frederick W. Cheney, *Standard of Care and Anesthesia Liability*，261 J. Am. Med. Ass'n 1599（1989）。另见 Mark I. Taragin et al., *The Influence of Standard of Care and Severity of Injury on the Resolution of Medical Malpractice Claims*，117 Annals Internal Med. 780（1992）（研究表明，在所考察的案件中，有21％的案件中的医生虽然被认定应对其行为负责，而实际上其行为完全合乎情理）。

［61］ 参见 35 U.S.C. §§ 101 - 03（2012）。

［62］ 参见 Gregory N. Mandel, *Patently Non-obvious：Empirical Demonstration That the Hindsight Bias Renders Patent Decisions Irrational*，67 Ohio State L.J. 1391（2006）。另见上文 6.4.5 节。

［63］ 参见：Andrew J. Wistrich, Chris Guthrie & Jeffrey J. Rachlinski, *Can Judges Ignore Inadmissible Information? The Difficulty of Deliberately Disregarding*，153 U. Pa. L. Rev. 1251（2005）（以下简称为 Wistrich, Guthrie & Rachlinski, *Inadmissible Information*）；Chris Guthrie, Jeffrey J. Rachlinski & Andrew J. Wistrich, *Blinking on the Bench：How Judges Decide Cases*，93 Cornell L. Rev. 1（2007）（以下简称为 Guthrie, Rachlinski & Wistrich, *Blinking on the Bench*）；Jeffrey J. Rachlinski, Chris Guthrie & Andrew J. Wistrich, *Probable Cause, Probability, and Hindsight*，8 J.Empirical Legal Stud. 72（2011）（以下简称为 Rachlinski, Guthrie & Wistrich, *Probable Cause*）。

［64］ 一般性的讨论，参见上文 2.3.5 节。

［65］ 参见 Eyal Zamir & Ilana Ritov, *Loss Aversion, Omission Bias, and the Burden of Proof in Civil Litigation*，41 J. Legal Stud. 165，180 - 82（2012）。

［66］ 出处同上，第 174—180 页、第 186—187 页。另见下文 16.3.4 节。

［67］ 参见 Mark Schweizer, *Loss Aversion, Omission Bias, and the Civil Standard of Proof*，in European Perspectiveson Behavioural Law and Economics 125（Klaus Mathis ed., 2015）。

［68］ 参见 Chris Guthrie & Tracey E. George, *The Futility of Appeal：Disciplinary Insights into the "Affirmance Effect" on the United States Courts of Appeals*，32 Fla St. U. L. Rev. 357，379 - 80（2005）。

［69］ 一般性的讨论，参见上文 2.3.5 节。

［70］ 参见 Eyal Zamir, Law, Psychology, and Morality：The Role of Loss Aversion 162 - 64（2015）。

［71］ 参见 Guthrie & George,前注［68］,第 377—379 页。

［72］ 参见：Robert A. Prentice & Jonathan J. Koehler, *A Normality Bias in Legal Decision Making*，88 Cornell L. Rev. 583，38（2003）；Goutam U. Jois, *Stare Decisis Is Cognitive Error*，75 Brook. L. Rev. 63（2009）。

［73］ 参见 Matthew Tokson, *Judicial Resistance and Legal Change*，82 U. Chi. L. Rev. 901（2015）。

［74］ 参见 Andrew J. Wistrich，*The Evolving Temporality of Lawmaking*，44 Conn. L. Rev. 737，740 (2012)。

［75］ 参见 Zamir & Ritov，前注［65］，第 177—180 页。

［76］ 一般性的讨论，参见上文 2.3.7 节。

［77］ 参见 Rafael Gely，*Of Sinking and Escalating*：*A（Somewhat）New Look at Stare Decisis*，60 U. Pitt. L. Rev. 89 (1998)。

［78］ 参见 Valerie P. Hans & Valerie F. Reyna，*To Dollars from Sense*：*Qualitative to Quantitative Translation in Jury Damage Awards*，8 J. Empirical Legal Stud. 120 (2011)。

［79］ 关于知识和参照点在决定评价能力方面的关键作用，特别是在人们缺乏固有参照系统的情况下，参见 Christopher K. Hsee & Jiao Zhang，*General Evaluability Theory*，5 Persp. Psychol. Sci. 343 (2010)。

［80］ 参见：Oscar G. Chase，*Helping Jurors Determine Pain and Suffering Awards*，23 Hofstra L. Rev. 763 (1995)；Edie Greene & Brian H. Bornstein, Determining Damages：The Psychology of Jury Awards 175–76 (2003)。

［81］ 参见：Roselle L. Wissler, Allen J. Hart & Michael J. Saks，*Decisionmaking about General Damages*：*A Comparison of Jurors*，*Judges*，*and Lawyers*，98 Mich. L. Rev. 751，773-82 (1999)；Daniel Kahneman, David Schkade & Cass R. Sunstein，*Shared Outrage and Erratic Awards*：*The Psychology of Punitive Damages*，16 J. Risk & Uncertainty 49，55–62 (1998)。

［82］ 参见：Michael J. Saks et al.，*Reducing Variability in Civil Jury Awards*，21 Law & Hum. Behav. 243 (1997)；Shari Seidman Diamond, Michael J. Saks & Stephan Landsman，*Juror Judgments about Liability and Damages*：*Sources of Variability and Ways to Increase Consistency*，48 DePaul L. Rev. 301 (1998)；Kahneman, Schkade & Sunstein，前注［81］，第 62—78 页；Wissler, Hart & Saks，前注［81］，第 782—796 页。

［83］ 参见 Diamond, Saks & Landsman，前注［82］，第 313—314 页。

［84］ 参见：Greene & Bornstein，前注［80］，第 200—201 页；Neil Vidmar & Valerie P. Hans, American Juries：The Verdict 299–302 (2007)。

［85］ 一般性的讨论，参见 Theodore Eisenberg, Jeffrey J. Rachlinski，& Martin T. Wells，*Reconciling Experimental Incoherence with Real-World Coherence in Punitive Awards*，54 Stan. L. Rev. 1239 (2002)。

［86］ 出处同上，第 1264 页。另见下文 15.3.4 节。

［87］ 参见 Kahneman, Schkade & Sunstein，前注［81］，第 51—53 页。

［88］ 参见 Reid Hastie，*The Challenge to Produce Useful "Legal Numbers,"* 8 J. Empirical Legal Stud. 6 (2011)。

［89］ 参见 Greene & Bornstein，前注［80］，第 159—161 页。

［90］ 一般性的讨论，参见上文 2.5.3 节。

［91］　参见：Chris Guthrie, Jeffrey J. Rachlinski & Andrew Wistrich, *Inside the Judicial Mind*, 86 Cornell L. Rev. 777, 787 – 94 (2001)（以下简称 Guthrie, Rachlinski & Wistrich, *Judicial Mind*）；Birte Englich, Thomas Mussweiler & Fritz Strack, *Playing Dice with Criminal Sentences: The Influence of Irrelevant Anchors on Experts' Judicial Decision Making*, 32 Personality & Soc. Psychol. Bull. 188 (2006)；Susan D. Franck et al., *Inside the Arbitrator's Mind*, 66 Emory L.J. 1115, 1140 – 51 (2017)。

［92］　参见：Theodore Eisenberg et al., *Predictability of Punitive Damages*, 26 J. Legal Stud. 623 (1997)；Theodore Eisenberg et al., *Juries, Judges, and Punitive Damages: Empirical Analyses Using the Civil Justice Survey of State Courts 1992, 1996, and 2001 Data*, 3 J. Empirical Legal Stud. 263 (2006)。

［93］　参见 Hans & Reyna，前注［78］，第 141—142 页。

［94］　参见：Gretchen B. Chapman & Brian H. Bornstein, *The More You Ask for the More You Get: Anchoring in Personal Injury Verdicts*, 10 Applied Cognitive Psychol. 519 (1996)；Reid Hastie, David A. Schkade & John W. Payne, *Juror Judgments in Civil Cases: Effects of Plaintiff's Requests and Plaintiff's Identity on Punitive Damage Awards*, 23 Law & Hum. Behav. 445 (1999)；W. Kip Viscusi, *The Challenge of Punitive Damages Mathematics*, 30 J. Legal Stud. 313 (2001)。

［95］　参见 Chapman & Bornstein，前注［94］，第 523—528 页。

［96］　参见 Dradley B. McAuliff & Brian H. Bornstein, *All Anchors Are Not Created Equal: The Effects of Per Diem versus Lump Sum Requests on Pain and Suffering Awards*, 34 Law & Hum. Behav. 164 (2010)。

［97］　参见 Shari Seidman Diamond et al., *Damage Anchors on Real Juries*, 8 J. Empirical Legal Stud. 148 (2011)。

［98］　参见：Mollei W. Marti & Roselle Wissler, *Be Careful What You Ask for: The Effect of Anchors on Personal Injury Damages Awards*, 6 J. Experimental Psychol.: Applied 91 (2000)；Greene & Bornstein，前注［80］，第 153 页。

［99］　参见 Chapman & Bornstein，前注［94］，第 527 页。更令人惊讶的是，所要求的赔偿金额还影响了对因果关系的判断：金额越高，被告造成原告伤害的可能性就被认为越大。（出处同上，第 525—526 页）。

［100］　参见 Guthrie, Rachlinski & Wistrich，前注［91］，第 787—794 页。

［101］　参见 Verlin B. Hinsz & Kristin E. Indhal, *Assimilation to Anchors for Damage Awards in a Mock Civil Trial*, 25 J. Applied Soc. Psychol. 991 (1995)。

［102］　参见 Saks et al.，前注［82］。

［103］　此外，赔偿上限还加剧了重度损害的补偿不足和低程度损害的过度补偿问题（Saks et al.，前注［82］，第 253—254 页）。在对惩罚性损害赔偿金额上限的实验研究中得到了类似的结果。参见 Jennifer K. Robbennolt, *Anchoringin the*

Courtroom：*The Effects of Caps on Punitive Damages*，23 Law & Hum. Behav. 353 (1999)。

[104] 关于后者，参见：Edith Greene, David Coon & Brian H. Bornstein, *The Effects of Limiting Punitive Damage Awards*，25 Law & Hum. Behav. 217（2001）；Catherine M. Sharkey, *Unintended Consequences of Medical Malpractice Damages Caps*，80 N.Y.U.L. Rev. 391（2005）。

[105] 参见 Wissler, Hart & Saks，前注[81]，第 804—810 页。

[106] 参见：Oscar G. Chase, *Helping Jurors Determine Pain and Suffering Awards*，23 Hofstra L. Rev. 763 (1995)；Saks et al.，前注[82]；Wissler, Hart & Saks，前注[81]，第 812—817 页。

[107] 可参见 Greene & Bornstein，前注[80]，第 202—203 页。

[108] 参见 Guthrie, Rachlinski & Wistrich, *Judicial Mind*，前注[91]，第 794—799 页。在针对资深商业仲裁员（Rebecca Helm, Andrew J. Wistrich & Jeffrey J. Rachlinski, *Are Arbitrators Human?*，13 J. Empirical Legal Stud. 666，677‐81 (2016)）和经验丰富的国际仲裁员的研究中，也发现了类似的影响（Franck et al.，前注[91]，第 1151—1159 页）。关于框架效应，参见上文 2.3.4 节。

[109] 参见 Chris Guthrie, Jeffrey J. Rachlinski & Andrew J. Wistrich, *The "Hidden Judiciary"*：*An Empirical Examination of Executive Branch Justice*，58 Duke L.J. 1477，1509‐12 (2009)（以下简称为 Guthrie, Rachlinski & Wistrich, *Hidden Judiciary*）。亦见 Helm, Wistrich & Rachlinski，前注[108]，第 647—677 页。关于合取谬误，参见上文 2.2.1 节。

[110] 可参见 Guthrie, Rachlinski & Wistrich, *Blinking on the Bench*，前注[63]，第 22—24 页。关于反向谬误，参见上文 2.2.3 节。

[111] 参见：Guthrie, Rachlinski & Wistrich, *Judicial Mind*，前注[91]，第 811—816 页；Guthrie, Rachlinski & Wistrich, *Hidden Judiciary*，前注[109]，第 1518—1520 页。国际仲裁员也是如此。参见 Franck et al.，前注[91]，第 1163—1166 页。关于优于常人效应，参见上文 2.4.3 节。

[112] 可参见 Kahan, Hoffman & Braman，前注[22]；Kahan，前注[22]；Kahan et al.，前注[22]。关于动机性推理，参见上文 2.4.2 节。关于文化认知，参见 Kahan，前注[6]。

[113] 一般性的讨论，参见上文 2.1.2 节。

[114] 一般性的讨论，参见上文第 114—115 页。

[115] 参见 Guthrie, Rachlinski & Wistrich, *Blinking on the Bench*，前注[63]，第 33—35 页。

[116] 出处同上，第 35—36 页。

[117] 出处同上，第 36—38 页。

[118] 出处同上，第 38—40 页。另见上文 2.8.6 节。

[119] 参见 Guthrie, Rachlinski & Wistrich, *Blinking on the Bench*，前注[63]，第 40—

43 页。关于去偏差,参见上文 2.8.6 节。

[120] 在一项颇具影响力的研究中,Shai Danziger、Jonathan Levav 和 Liora Avnaim-Pesso 对以色列假释委员会的裁决进行了检验。该委员会由经验丰富的法官担任主席。这些委员会在一天内做出几十项裁决,其间他们有两次用餐休息时间。研究发现,同意假释请求的百分比在每个决策期内逐渐下降,从 65% 下降到几乎为零,然后在每次餐后又突然回到 65% 左右。参见 Shai Danziger, Jonathan Levav & Liora Avnaim-Pesso, *Extraneous Factors in Judicial Decisions*, 108 Proc. Nat'l Acad. Sci. USA 6889 (2011)。

[121] 参见 Keren Weinshall-Margel & John Shapard, *Overlooked Factors in the Analysis of Parole Decisions*, 108 Proc. Nat'l Acad. Sci. USA E833 (2011) (这表明与 Danziger、Levav 和 Avnaim-Pesso 的假设相反,以色列假释委员会中案件的顺序不是随机的,也并非外生于餐间休息的时间)。另见:Shai Danziger, Jonathan Levav & Liora Avnaim-Pesso, *Reply to Weinshall-Margel and Shapard*:*Extraneous Factors in Judicial Decisions Persist*, 108 Proc. Nat'l Acad. Sci. USA E834 (2011);Andreas Glöckner, *The Irrational Hungry Judge Effect Revisited*:*Simulations Reveal that the Magnitude of the Effect Is Overestimated*, 11 Judgment & Decision Making 601 (2016)。

[122] 关于证据不予采信的各种依据,参见:1 McCormick on Evidence 897 - 991, 1013 - 87 (Kenneth S. Broun et al. eds. 7th ed. 2013);2 McCormick on Evidence 175 - 257。

[123] 参见 Edith Greene & Mary Dodge, *The Influence of Prior Record Evidence on Juror Decision-Making*, 19 Law & Hum. Behav. 67 (1995)。另见:Roselle L. Wissler & Michael J. Saks, *On the Inefficacy of Limiting Instructions*:*When Jurors Use Prior Conviction Evidence to Decide on Guilt*, 9 Law & Hum. Behav. 37 (1985);Sarah Tanford & Michele Cox, *The Effects of Impeachment Evidence and Limiting Instructions on Individual and Group Decision Making*, 12 Law & Hum. Behav. 477 (1988)。

[124] 参见 Theodore Eisenberg & Valerie P. Hans, *Taking a Stand on Taking the Stand*:*The Effect of a Prior Criminal Record on the Decision to Testify and on Trial Outcomes*, 94 Cornell L. Rev. 1353 (2009)。

[125] 可参见 Regina A. Schuller, *Expert Evidence and Hearsay*:*The Influence of "Secondhand" Information on Jurors' Decisions*, 19 Law & Hum. Behav. 345 (1995)。

[126] 可参见 Steven Fein, Allison L. Mc Closkey & Thomas M. Tomlinson, *Can the Jury Disregard That Information? The Use of Suspicion to Reduce the Prejudicial Effects of Pretrial Publicity and Inadmissible Testimony*, 23 Personality & Soc. Psychol. Bull. 1215 (1997)。一项对 44 件开庭前媒体报道的案件的元分析,记录了开庭前媒体报道的负面影响,参见 Nancy Mehrkens Steblay 等,*The Effects of Pretrial Publicity on Juror Verdicts*:*A Meta-analytic Review*, 23

Law & Hum. Behav. 219（1999）。相关综述，参见 Joel D. Lieberman，Jamie Arndt & Matthew Vess，*Inadmissible Evidence and Pretrial Publicity：The Effects（and Ineffectiveness）of Admonitions to Disregard*，in Psychology in the Courtroom：Social Aspects of Trial Processes，Vol. 1：Jury Psychology 67，69 - 71（Joel D. Lieberman & Daniel A. Krauss eds.，2009）。

[127] 可参见 Jeffrey Kerwin & David R. Shaffer，*Mock Jurors versus Mock Juries：The Role of Deliberations in Reactions to Inadmissible Testimony*，20 Personality & Soc. Psychol. Bull. 153（1994）。

[128] 参见 Nancy Steblay et al.，*The Impact on Juror Verdicts of Judicial Instruction to Disregard Inadmissible Evidence：A Meta-analysis*，30 Law & Hum. Behav. 469，476（2006）。

[129] 出处同上，第 477 页。

[130] 参见 Stephan Landsman & Richard Rakos，*A Preliminary Inquiry into the Effect of Potentially Biasing Informationon Judges and Jurors in Civil Litigation*，12 Behav. Sci. & Law 113（1994）。

[131] 参见 Wistrich，Guthrie & Rachlinski，*Inadmissible Information*，前注[63]。

[132] 参见 Yahli Shereshevsky & Tom Noah，*Does Exposure to Preparatory Work Affect Treaty Interpretation？An Experimental Study on International Law Students and Experts*，28 Eur. J. Int'l L. 1287（2017）。

[133] 参见 Wistrich，Guthrie & Rachlinski，*Inadmissible Information*，前注[63]，第 1324 页。

[134] 尽管完全忽视信息的不可能（或只是部分可能）对排除规则的有效性提出了挑战，但它实际上可能证明了这些规则的合理性。Ehud Guttel 认为，不可靠的证据（即可能被对方反驳的证据，如传闻证据）应该完全排除在外，因为它随后极有可能被反驳。这种反驳可能会扭曲事实认定者的决策，因为这是一种被称为过度纠正（overcorrection）的认知现象，即与起点相比，当某一信息被添加随后又被移除时，人们有过度纠正的倾向。参见 Ehud Guttel，*Overcorrection*，93 Geo. L.J. 241（2004）。

[135] 可参见 David Gray，*A Spectacular Non Sequitur：The Supreme Court's Contemporary Fourth Amendment Exclusionary Rule Jurisprudence*，50 Am. Crim. L. Rev. 1（2013）。

[136] 参见 Yale Kamisar，*"Comparative Reprehensibility" and the Fourth Amendment Exclusionary Rule*，86 Mich. L. Rev. 1，9 - 10（1987）。

[137] 关于动机性推理，参见上文 2.4.2 节。

[138] 参见 Avani Mehta Sood，*Cognitive Cleansing：Experimental Psychology and the Exclusionary Rule*，103 Geo. L.J. 1543（2015）。

[139] 参见 Nix v. Williams，467 U.S. 431（1984）。

[140] 参见 Andrew J. Wistrich，Jeffrey J. Rachlinski & Chris Guthrie，*Heart versus*

Head：*Do Judges Follow the Lawor Follow Their Feelings?*，93 Tex. L. Rev. 855，890 – 93（2015）。

[141]　参见 Lieberman，Arndt & Vess，前注[126]，第 69 页、第 72—73 页。

[142]　参见 Geoffrey P. Kramer，Norbert L. Kerr & John S. Carroll，*Pretrial Publicity，Judicial Remedies，and Jury Bias*，14 Law & Hum. Behav. 409（1990）。但也有研究发现，事实性和情绪性的审前宣传报道的影响没有区别，参见 Jeffrey R. Wilson & Brian H. Bornstein，*Methodological Considerations in Pretrial Publicity Research．Is the Medium the Message?*，22 Law & Hum. Behav. 585（1998）。

[143]　参见 Jeffrey Bellin，*The Silence Penalty*，103 Iowa L. Rev. 395（2018）。

[144]　关于陪审团指示的一般性论述，可参见：Theodore Eisenberg & Martin T. Wells，*Deadly Confusion*：*Juror Instructions in Capital Cases*，79 Cornell L. Rev. 1（1993）；Joel D. Lieberman & Bruce D. Sales，*What Social Science Teaches Us about the Jury Instruction Process*，3 Psychol. Pub. Pol'y & L. 589（1997）；Joel D. Lieberman，*The Psychology of the Jury Instruction Process*，in Psychology in the Courtroom，前注[126]，第 129 页；Vidmar & Hans，前注[84]，第 158—168 页、第 175—176 页、第 236—240 页、第 260—262 页。

[145]　参见 Tarika Daftary-Kapur，Rafaele Dumas & Steven D. Penrod，*Jury Decision-Making Biases and Methods to Counter Them*，15 Legal & Criminological Psychol. 133，138（2010）。

[146]　参见 Steblay et al.，前注[128]，第 478 页。另见：Michael J. Saks & Barbara A. Spellman，The Psychological Foundations of Evidence Law 85 – 108（2016）；Lieberman，Arndt & Vess，前注[126]，第 73 页、第 77—79 页。

[147]　参见 Lieberman，Arndt & Vess，前注[126]，第 73 页、第 79—80 页。

[148]　参见 Kerri L. Pickel，*Inducing Jurors to Disregard Inadmissible Evidence*：*A Legal Explanation Does Not Help*，19 Law & Hum. Behav. 407（1995）。另见：Michele Cox & Sarah Tanford，*Effects of Evidence and Instructions in Civil Trials*：*An Experimental Investigation of Rules of Admissibility*，4 Soc. Behav. 31（1989）；Dae Ho Lee，Daniel A. Krauss & Joel Lieberman，*The Effects of Judicial Admonitions on Hearsay Evidence*，28 Int'l J.L. & Psychiatry 589（2005）。

[149]　参见 Angela Paglia & Regina A. Schuller，*Jurors' Use of Hearsay Evidence*：*The Effects of Type and Timing of Instructions*，22 Law & Hum. Behav. 501，504（1998）。

[150]　参见 Steblay et al.，前注[128]，第 487 页。

[151]　参见 Lieberman，Arndt & Vess，前注[126]，第 80—87 页。

[152]　参见 John A. Bargh，Mark Chen & Lara Burrows，*Automaticity of Social Behavior*：*Direct Effects of Trait Constructand Stereotype Activation on Action*，

71 J. Personality & Soc. Psychol. 230，230 (1996)。

[153] 参见 John A. Bargh & Tanya L. Chamrand, *The Mind in the Middle: A Practical Guide to Priming and Automaticity Research*, in Handbook of Research Methods in Social and Personality Psychology 253 (Harry T. Reis & Charles M. Judd eds., 2000)。

[154] 参见 Bargh, Chen & Burrows,前注[152]。

[155] 可参见:Stéphane Doyen et al., *Behavioral Priming: It's All in the Mind, but Whose Mind?*, 27 PLoS ONE, 7, E29081 (2012); M. Lynne Cooper, *Editorial*, 110 J. Personality & Soc. Psychol. 431 (2016)。

[156] 关于该现象的一般性概述,参见 Gordon B. Moskowitz, Social Cognition: Understanding Self and Others (2005)。

[157] 参见 Kathryn Stanchi, *The Power of Priming in Legal Advocacy: Using the Science of First Impressions to Persuade the Reader*, 89 Or. L. Rev. 305 (2010)。

[158] 参见 Ran R. Hassin et al., *Subliminal Exposure to National Flags Affects Political Thought and Behavior*, 104 Proc. Nat'l Acad. Sci. USA 19757 (2007)。

[159] 可参见:Robert J. Smith & Justin D. Levinson, *The Impact of Implicit Racial Bias on the Exercise of Prosecutorial Discretion*, 35 Seattle U. L. Rev. 795 (2012); Justin Murray, *Reimagining Criminal Prosecution: Toward a Color-Conscious Professional Ethic for Prosecutors*, 49 Am. Crim. L. Rev. 1 (2012); L. Song Richardson & Phillip Atiba Goff, *Implicit Racial Bias in Public Defender Triage*, 122 Yale L.J. 100 (2013)。

[160] 可参见:Reshnia M. Saujani, *"The Implicit Association Test": A Measure of Unconscious Racism in Legislative Decision-Making*, 8 Mich. J. Race & L. 395 (2003); Sanford F. Schram et al., *Deciding to Discipline: Race, Choice, and Punishment at the Frontlines of Welfare Reform*, 74 Am. Soc. Rev. 398 (2009)。

[161] 可参见:David Domke, *Racial Cues and Political Ideology: An Examination of Associative Priming*, 28 Comm. Res. 772 (2001); Gregory S. Parks & Jeffrey J. Rachlinski, *Implicit Bias, Election '08, and the Myth of a Post-racial America*, 37 Fla. St. U. L. Rev. 659 (2010)。

[162] 可参见:Linda Hamilton Krieger, *The Content of Our Categories: A Cognitive Bias Approach to Discrimination and Equal Employment Opportunity*, 47 Stan. L. Rev. 1161 (1995); Anthony G. Greenwald & Linda Hamilton Krieger, *Implicit Bias: Scientific Foundations*, 94 Calif. L. Rev. 945 (2006); Parks & Rachlinski,前注[161]。

[163] 参见 Laurie A. Rudman & Matthew R. Lee., *Implicit and Explicit Consequences of Exposure to Violent and Misogynous Rap Music*, 5 Group Processes & Intergroup Rel. 133 (2002)。

[164]　关于具体的实验方法及一项元分析,参见 Anthony G. Greenwald et al., *Understanding and Using the Implicit Association Test*:*III. Meta-analysis of Predictive Validity*, 97 J. Personality & Soc. Psychol. 17 (2009).

[165]　出处同上。关于利用内隐联想测验来测量内隐偏见的做法,人们并未达成共识。参见:Hal R. Arkes & Philip E. Tetlock, *Attributions of Implicit Prejudice, or "Would Jesse Jackson 'Fail' the Implicit Association Test?"*, 15 Psychol. Inquiry 257 (2004); Mahzarin R. Banaji, Brian A. Nosek & Anthony G. Greenwald, *No Placefor Nostalgia in Science*:*A Response to Arkes and Tet lock*, 15 Psychol. Inquiry 279 (2004); Gregory Mitchell & Philip E. Tetlock, *Antidiscrimination Law and the Perils of Mindreading*, 67 Ohio St. L.J. 1023 (2006). 此外,所谓"无意识偏见"确为无意识的这一假设本身,也受到了挑战。参见 Ralph Richard Banks & Richard Thompson Ford, (*How*) *Does Unconscious Bias Matter?*:*Law, Politics, and Racial Inequality*, 58 Emory L.J. 1053 (2009).

[166]　相关研究合集,参见 Implicit Racial Bias across the Law (Justin D. Levinson & Robert J. Smith eds., 2012).

[167]　参见 Jennifer Eberhardt et al., *Seeing Black*:*Race, Crime, and Visual Processing*, 87 J. Personality & Soc.Psychol. 876 (2004).

[168]　出处同上,第 883 页。

[169]　参见:Joshua Correll, *The Police Officer's Dilemma*:*Using Ethnicity to Disambiguate Potentially Threatening Individuals*, 83 J. Personality & Soc. Psychol. 1314 (2002); E. Ashby Plant & B. Michelle Peruche, *The Consequences of Race for Police Officers' Responses to Criminal Suspects*, 16 Psychol. Sci. 180 (2005).

[170]　参见 Sandra Graham & Brian S. Lowery, *Priming Unconscious Racial Stereotypes about Adolescent Offenders*, 28 Law & Hum. Behav. 483 (2004).

[171]　参见 Justin D. Levinson, Huajian Cai & Danielle Young, *Guilty by Implicit Racial Bias*:*The Guilty/Not Guilty Implicit Association Test*, 8 Ohio St. J. Crim. L. 187 (2010).

[172]　亦见 Justin D. Levinson, *Forgotten Racial Equality*:*Implicit Bias, Decision-making, and Misremembering*, 57 Duke L.J. 345 (2007).

[173]　参见 Justin D. Levinson, Robert J. Smith & Danielle Young, *Devaluing Death*:*An Empirical Study of Implicit Racial Bias on Jury-Eligible Citizens in Six Death Penalty States*, 89 N.Y.U. L. Rev. 513 (2014).

[174]　参见 Jeffrey J. Rachlinski et al., *Does Unconscious Racial Bias Affect Trial Judges?*, 84 Notre Dame L. Rev. 1195 (2009).

[175]　参见 Graham & Lowery,前注[170]。

[176]　参见 Rachlinski et al.,前注[174],第 1221 页。

[177]　参见 Jerry Kang et al., *Implicit Bias in the Courtroom*, 59 UCLA L. Rev. 1124,

1146 (2012)。

[178]　出处同上，第 1168 页。关于内隐偏见在其他领域的影响，参见：Christine Jolls & Cass R. Sunstein, *The Law of Implicit Bias*, 94 Cal. L. Rev. 969 (2006); Jerry Kang & Mahzarin R. Banaji, *Fair Measures: A Behavioral Realist Revision of "Affirmative Action"*, 94 Calif. L. Rev. 1063 (2006); Samuel R. Bagenstos, *Implicit Bias, "Science," and Antidiscrimination Law*, 1 Harv. L. & Pol'y Rev. 477 (2007)。

[179]　参见 Andrew J. Wistrich & Jeffrey J. Rachlinski, *Implicit Bias in Judicial Decision Making: How It Affects Judgment and What Judges Can Do about It*, in Enhancing Justice: Reducing Bias 87, 117－18 (Sarah E. Redfield ed., 2017)。

[180]　出处同上，第 119 页。

[181]　额外的措施，参见：Anna Roberts, *(Re)forming the Jury: Detection and Disinfection of Implicit Juror Bias*, 44 Conn. L. Rev. 827 (2012); Pamela A. Wilkins, *Confronting the Invisible Witness: The Use of Narrative to Neutralize Capital Jurors' Implicit Racial Biases*, 115 W. Va. L. Rev. 305 (2012)。

[182]　参见上文 1.3 节、2.7.2 节。

[183]　可参见：Gary S. Becker, *Crime and Punishment: An Economic Approach*, 76 J. Pol. Econ. 169 (1968); A. Mitchell Polinsky & Steven Shavell, *Punitive Damages: An Economic Analysis*, 111 Harv. L. Rev. 869 (1998)；分别参见上文 12.2 节、9.2 节。

[184]　参见上文 12.3.1 节。

[185]　可参见：Cass Sunstein, David Schkade & Daniel Kahneman, *Do People Want Optimal Deterrence?*, 29 J. Legal Stud. 237 (2000); Jonathan Baron & Ilana Ritov, *The Role of Probability of Detection in Judgments of Punishment*, 1 J. Legal Analysis 553 (2009)。

[186]　参见 Baron & Ritov，前注[185]。另见 Jonathan Baron & Ilana Ritov, *Intuitions about Penalties and Compensation in the Context of Tort Law*, 7 J. Risk & Uncertainty 17 (1993)。

[187]　参见 Baron & Ritov，前注[185]。有关实验结果及其政策影响的进一步讨论，参见上文 12.3.1 节、12.3.2 节、12.3.3 节。

[188]　参见上文 9.2 节。

[189]　参见 W. Kip Viscusi, *Corporate Risk Analysis: A Reckless Act?*, 52 Stan. L. Rev. 547 (2000)。另见上文 9.5.1 节。

[190]　参见：Viscusi，前注[58]；W. Kip Viscusi, *Jurors, Judges, and the Mistreatment of Risk by the Courts*, 30 J. Legal Stud. 107 (2001)（以下简称 Viscusi, *Mistreatment of Risk*）。

[191]　参见上文 5.2 节、7.7 节、11.4.1 节、12.3 节。

[192]　参见：Karl N. Llewellyn, *On Reading and Using the Newer Jurisprudence*, 40

Colum. L. Rev. 581 (1940)；Joseph W. Singer, *Legal Realism Now*, 76 Calif. L. Rev. 465，469 – 70 (1988)。

［193］ 另见 Pierre Schlag, *Rules and Standards*, 33 UCLA L. Rev. 379，405 – 18 (1985)。

［194］ 参见：Brian Sheppard, *Judging under Pressure*：*A Behavioral Examination of the Relationship between Legal Decisionmaking and Time*, 39 Fla. St. U. L. Rev. 931 (2012)；Brian Sheppard & Andrew Moshirnia, *For the Sake of Argument*：*A Behavioral Analysis of Whether and How Legal Argument Matters in Decisionmaking*, 40 Fla. St.U. L. Rev. 537 (2013)。

［195］ 参见 Yuval Feldman & Alon Harel, *Social Norms*, *Self-Interest and Ambiguity of Legal Norms*：*An Experimental Analysis of the Rule vs. Standard Dilemma*, 4 Rev. L. & Econ. 81 (2008)。另见 Laetitia B. Mulder, Jennifer Jordan & Floor Rink, *The Effect of Specific and General Rules on Ethical Decisions*, 126 Org. Behav. & Hum. Decision Processes 115 (2015)。

［196］ 参见上文 8.7.3 节。

［197］ 参见 Joseph L. Smith & James A. Todd, *Rules*, *Standards*, *and Lower Court Decisions*, 3 J.L. & Courts 257 (2015)。

［198］ 参见 Sheppard & Moshirnia,前注［194］。

［199］ 参见 Jeremy W. Bock, *Behavioral Claim Construction*, 102 Minn. L. Rev. 1273 (2018)。

［200］ 参见 M.P. Ellinghaus, E.W. Wright & M. Karras, Models of Contract Law：An Empirical Evaluation of Their Utility (2005)。

［201］ 出处同上,第 38—41 页。

［202］ 出处同上,第 72—74 页。

［203］ 参见 E.W. Wright et al., *The Effect of Rule Determinacy on Deciding Contract Disputes*：*Experimental Data and Network Simulation* （working paper, July 2011,网址：http://ssrn.com/abstract＝1884195）。

［204］ 参见 John Braithwaite & Valerie Braithwaite, *The Politics of Legalism*：*Rules versus Standards in Nursing-Home Regulation*, 4 Soc. & Legal Stud. 307 (1995)。

［205］ 参见：上文 2.8.4 节；Norbert L. Kerr, Robert J. MacCoun, and Geoffrey P. Kramer, *Bias in Judgment*：*Comparing Individuals and Groups*, 103 Psychol. Rev. 687 (1996)。

［206］ 参见 Robert J. MacCoun & Norbert L. Kerr, *Asymmetric Influence in Mock Jury Deliberation*：*Jurors' Bias for Leniency*, 54 J. Personality & Soc. Psychol. 21 (1988)。

［207］ 出处同上,第 26—30 页。另见下文 16.3.5 节。

［208］ 此类裁决,参见上文 15.3.4 节。

［209］ 参见 Diamond, Saks & Landsman,前注［82］,第 313—317 页。

[210] 参见 David Schkade，Cass R. Sunstein & Daniel Kahneman，*Deliberating about Dollars：The Severity Shift*，100 Colum. L. Rev. 1139 (2000)。

[211] 参见 Shari Seidman Diamond & Jonathan D. Casper，*Blindfolding the Jury to Verdict Consequences：Damages，Experts，and the Civil Jury*，26 Law & Soc'y. Rev. 513，553-57 (1992)。

[212] 参见 Schkade，Sunstein & Kahneman，前注[210]，第 1160 页。

[213] 出处同上，第 1162—1163 页。

[214] 参见 Pat Mayhew & John van Kesteren，*Cross-National Attitudes to Punishment*，in Changing Attitudes to Punishment 63 (J.V. Roberts & M. Hough eds.，2002)。

[215] 参见 Dennis J. Devine et al.，*Explaining Jury Verdicts：Is Leniency Bias for Real?*，34 J. Applied Soc. Psychol. 2069 (2004)。

[216] 关于陪审团的决策，参见 Saks & Spellman，前注[146]，第 46—49 页。

[217] 部分实证研究发现，陪审团和法官之间存在相当大的差异，例如，在做出巨额惩罚性损害赔偿的判决方面。参见 Joni Hersch & W. Kip Viscusi，*Punitive Damages：How Judges and Juries Perform*，33 J. Legal Stud. 1 (2004)。然而，由于在法官和陪审团之间的案件分配并非随机的，因此很难从这些发现中得出一个明确的结论。参见 Eisenberg et al.，前注[92]。关于法官与陪审团决策的其他方面，参见 Saks & Spellman，前注[146]，第 50—55 页。

[218] 参见 Daniel Kahneman & Gary Klein，*Conditions for Intuitive Expertise：A Failure to Disagree*，64 Am. Psychologist 515 (2009)。关于专家经验以及认知偏差的影响，参见上文 2.8.2 节。

[219] 可参见：Russell Korobkin & Chris Guthrie，*Psychology，Economics，and Settlement：A New Look at the Role of the Lawyer*，76 Texas L. Rev. 77 (1997)（实验证明，与当事人自行组织的协商相比，律师可以促成更高的和解）；Chris Guthrie，*Panacea or Pandora's Box? The Costs of Options in Negotiation*，88 Iowa L. Rev. 601 (2003)（认为代表委托人谈判的律师，比起代表自己的非律师谈判者，更有可能克服谈判中的某些心理障碍）。

[220] 可参见：John C. Anderson，D. Jordan Lowe & Philip M.J. Reckers，*Evaluation of Auditor Decisions：Hindsight Bias Effects and the Expectation Gap*，14 J. Econ. Psychol. 711 (1993)（证明法官表现出后见之明偏差）；Gregory B. Northcraft & Margaret A. Neale，*Experts，Amateurs，and Real Estate：An Anchoring-and-Adjustment Perspective on Property Pricing Decisions*，39 Org. Behav. & Hum. Decision Processes 84 (1987)（实证研究表明房地产中介易受锚定效应的影响）。

[221] 对这方面文献的主要贡献包括：Guthrie，Rachlinski & Wistrich，前注[91]；Wistrich，Guthrie & Rachlinski，*Inadmissible Information*，前注[63]；Jeffrey J. Rachlinski，Chris Guthrie & Andrew J. Wistrich，*Heuristics and Biases in*

Bankruptcy Judges，163 J. Institutional & Theoretical Econ. 167（2007）（以下简称为 Rachlinski, Guthrie & Wistrich, *Bankruptcy Judges*）；Guthrie, Rachlinski & Wistrich, *Blinking on the Bench*，前注［63］；Guthrie, Rachlinski & Wistrich, *Hidden Judiciary*，前注［109］；Rachlinski, Guthrie & Wistrich, *Probable Cause*，前注［63］。

［222］　参见 Guthrie, Rachlinski & Wistrich, *Hidden Judiciary*，前注［109］，第 1521 页。

［223］　出处同上，第 1495—1500 页。关于认知反思测试（CRT）及思维的双加工理论，参见上文 2.1.2 节。

［224］　可参见 Guthrie, Rachlinski & Wistrich，前注［91］。

［225］　参见：Rachlinski, Guthrie & Wistrich, *Bankruptcy Judges*，前注［221］；Guthrie, Rachlinski & Wistrich, *Hidden Judiciary*，前注［109］。

［226］　参见：Helm, Wistrich & Rachlinski，前注［108］；Franck et al.，前注［108］。

［227］　参见 Wistrich, Guthrie & Rachlinski, *Inadmissible Information*，前注［63］（发现法官不能无视在和解会议中披露的要求、受律师-客户特权保护的谈话内容，以及原告的犯罪前科。相比之下，法官能够无视因侵犯刑事被告人的辩护权而获取的不可采信证据，以及在确定是否存在搜查的合理依据时得到的搜查结果，见下文所述。）另见 Shereshevski & Noah，前注［132］（研究发现，与法律专业的学生不同，法律专家可以无视他们在解释条约时不被允许使用的准备工作）。

［228］　参见上文 15.3.2 节。另见上文 15.4.1 节。

［229］　参见 Rachlinski, Guthrie & Wistrich, *Probable Cause*，前注［63］。另见 Wistrich, Guthrie & Rachlinski, *Inadmissible Information*，前注［63］。

［230］　参见 Hastie & Viscusi，前注［58］。另见：John C. Anderson et al., *The Effect of Using Diagnostic Decision Aids for Analytical Procedures on Judges' Liability Judgments*，14 J. Acct. & Pub. Pol'y 33（1995）；Viscusi，前注［58］，第 50—55 页。

［231］　参见 Viscusi, *Mistreatment of Risk*，前注［190］，第 110 页。

［232］　参见 Stephan Dickert et al., *The More the Better? Effects of Training, Experience and Information Amount in Legal Judgments*，26 Applied Cognitive Psychol. 223（2012）。

［233］　参见 Frederick Schauer, *Is There a Psychology of Judging?*，in The Psychology of Judicial Decision Making，前注［5］，第 103 页。另见 Barbara Spellman & Frederick Schauer, *Legal Reasoning*，in The Oxford Handbook of Thinking and Reasoning 719（Keith J. Holyoak & Robert G. Morrison eds.，2d ed. 2012）。

［234］　出处同上，第 105—106 页。

［235］　参见：上文 15.7 节；前注［132］及其对应正文。

［236］　参见 Neil Vidmar, *The Psychology of Trial Judges*，20 Current Directions in Psychol. Sci. 58（2011）。

［237］　可参见 Leibovitch，前注［51］。

［238］ 相关概述，参见：Vidmar & Hans，前注［84］；另见 Greene & Borenstein，前注［80］；Civil Juries and Civil Justice：Psychological and Legal Perspectives（Brian H. Bornstein et al. eds.，2008）。

［239］ 可参见：Ellinghaus，Wright & Karras，前注［200］；Zamir & Ritov，前注［65］；Eyal Zamir，Ilana Ritov & Doron Teichman，*Seeing Is Believing*：*The Anti-inference Bias*，89 Ind. L.J. 195（2014）。

［240］ 可参见 Wistrich，Guthrie & Rachlinski，*Inadmissible Information*，前注［63］。

［241］ 参见 Landsman & Rakos，前注［130］。

［242］ 参见 Emily Sherwin，*Features of Judicial Reasoning*，in The Psychology of Judicial Decision Making，前注［5］，第 121 页。

［243］ 参见 Dan Simon，*In Praise of Pedantic Eclecticism*：*Pitfalls and Opportunities in the Psychology of Judges*，in The Psychology of Judicial Decision Making，前注［5］，第 131 页、第 136—138 页。

［244］ 参见 Vidmar，前注［236］，第 61 页。

［245］ 参见上文 3.4 节。

证据法

16.1　绪论

证据法处理法律诉讼中的事实证明问题。它决定了各种证据的可采性和权重,以及胜诉所需证据的数量和质量。除了其他目标外,证据法致力于提高事实认定的准确性、根据相关规范性考量在诉讼当事人之间分配风险,并在尽可能小的司法错误和尽可能低的预防犯错成本之间取得平衡。证据可采性和权重规则可能有助于实现其他目标,如阻止非法的警察调查技术,或促进婚姻和谐。审判结果(包括间接的结果,如和解及辩诉交易的内容)在很大程度上取决于:证人的认知、记忆和动机;准备庭审证据的人员(包括警方调查人员、诉讼当事人和律师)的决策和行为;以及司法事实认定者的决策。因此,研究证人、诉讼当事人、调查人员和事实认定者的心理过程,对证据法至关重要。事实上,早在行为法律经济学出现之前,就有大量将心理学洞察应用到法律问题上的研究,例如对目击证人的身份认定和对事实信念形成的研究,其中一部分问题将在本章中进行讨论。[1]

证据法的行为学研究与司法决策的行为学研究之间存在部分重合。具体而言,证据法的行为学分析必须考虑以下因素:(1)关于司法事实认定的认知过程的一般理论,即故事模型和基于融贯性的推理;(2)事实认定者在忽略不予采信证据以及其他他们所接触到的信息方面的困难;(3)陪审团指示涉及的困难。这些问题在第 15 章中进行了讨论[2],本章将借鉴这些讨论结果。

本章内容主要由三部分组成。16.2 节讨论各种认知局限、启发式和偏差对不同类型证据(包括目击者证词、概率数据和间接证据)的实际可信度与感知可信度的影响。该节进一步对专家证词的使用能在多大程度上克服这些启发式和偏差进行了研究。16.3 节分析举证责任规则的行为学面向,包括原告举证责任的正当性,以及举证标准在民事和刑事诉讼中的现实意义。最后,16.4 节提出,人的有限理性不仅为发现司法真相制造了障碍,同时也会使利益相关方、诉讼当事人和证人更难以隐藏真相,从而有利于事实的准确认定。

16.2   证据的类型与认知偏差

人们的启发式和偏差会影响他们评估证据的方式,及其根据证据对责任进行分配的意愿。事实认定者对待不同类型的证据(如目击者证词、概率证据和间接证据)的方式是不同的,即使这样的差别对待并无任何理性依据。行为学研究还表明,因事实认定者的启发式和偏差产生的困难,会随着证人自身的心理局限而加剧,尤其是在目击证人的案件中。本节将讨论这些研究发现及其规范含义。

16.2.1   目击证人

尽管对技术证据和法医证据(如指纹和 DNA 分析等)的使用不断增加,但目击者证词在民事和刑事审判中仍继续发挥着关键作用。在过去几十年里,大量实证研究检验了目击者识别犯罪行为人和准确描述引发诉讼的事件的能力,以及司法事实认定者评估证词的可靠性和可信度的能力。[3]从这一系列研究中得出的结论令人相当担忧。

由于无法系统性地总结关于这一主题的大量文献,本节仅强调行为学研究对目击者证词与法庭对证人证词的评估做出的一些主要贡献。[4]

目击者证词

目击者的证词远没有人们想象的那么准确。作为美国"无罪计划"(Innocence Project)行动的一部分,有 350 多名被定罪的人通过 DNA 测试被宣告无罪,其中 70% 的人是由于目击者错误的指认而被定罪,在某些案例中超过一名目击者同时出现了指认错误。[5]许多关于目击者指认的现场研究和实验室研究都检验了目击者从一群人中挑选出嫌疑人的能力。总的来说,当嫌疑人出现在队列中时,不到一半的目击者(约 45%)认出了嫌疑人;20%—25% 的人选择了一个无辜的人;而其余(大约三分之一)的人拒绝作出选择。[6]这意味着大约三分之一的指认(不算没有提供指认的情况)是错误的。更引人注目的是,有 94 项实验室实验将嫌疑人不在指认列队的情况(这是警方实际调查中很可能发生的情况)与嫌疑人在队列中的指认进行了对比研究。在前一种情况下,48% 的参与者在队列中挑出了一个人,而根据定义此人并非犯罪行为人。[7]

可靠的识别需要对信息的准确编码、记忆保留和提取,但这三个过程都不是理想化的。人通常不擅长对陌生人的面孔进行信息编码,这种编码能力会随着目击者与对方之间距离的增加、场景中照明强度的减少、接触目标的时间长度的缩短,以及目击者压力水平的升高而减弱。[8]人尤其不擅于辨认其他种族或民族的成员。[9]

至于记忆保留阶段,记忆会随着时间的推移而消失。记忆也可能被干扰,例如,当在媒体上看到嫌疑人的图像时。[10]

最后,信息提取阶段通常也有问题。在刑事调查中,身份识别通常通过列队指认来完成。如前所述,大量研究表明,目击者过于倾向于在列队中选定一个人,特别是当他们假设犯罪行为人就在队列中,或者当嫌疑人以某种方式被单独标出时。因此,顺序队列,即让目击者一次只看到一个人(或只出示一张照片),并在下一个人出现之前询问这是否是犯罪行为人(以及对自己答案的确定程度),可以降低错误指认的发生率。[11]许多其他因素也已被证明会影响队列指认的可靠性。因此,在以下情况下指认的可靠性会提高:当无辜的被指认者的样貌与嫌疑人相比,既非差异很大,也不是过于相似时;当目击者被告知真正的犯罪嫌疑人可能不在队列中时;当指认程序的管理员没有给出关于嫌疑人身份的语言或非语言线索时(这使得双盲指认队列,即管理员自己也不知道嫌疑人身份的指认场景,可信度更高)。[12]管理员在指认过程中的反应,也可能会增强目击者对其指认的信心。正如我们将在下文中看到的,这可能会提高事实认定者错误定罪的风险,因为他们对目击者表现出的信心印象过于深刻。[13]事实上,部分研究发现,目击者的指认准确度与其信心之间的相关性,低到可以忽略不计。[14]

目击者不仅在犯罪嫌疑人的指认方面存在困难,而且在准确描述自己看到的事件方面也存在困难。在类似刑事调查的情境下对事件记忆的研究发现,人的报告准确率在65%—95%之间。[15]错误同样可能由信息感知、记忆保留和提取方面的问题引起。在感知阶段,由于注意力有限,人更擅长对事件的要点进行编码,而非其周边细节(这可能是刑事和民事责任确定的关键)。[16]人不太擅长判断物体之间的距离,事件持续的时间,物体的速度,以及其他人的身高、体重和年龄等特征。[17]

重要的是,记忆是一个主动构建事件描述的过程,在这个过程中,个人的感知与其对世界的信念和期望等其他信息相结合。心理学研究表明,人有时会混淆记忆片段的来源,错误地将一个事件中的元素插入到另一个事件中。在几项研究中,受试者自述其回忆起了不可能发生的事情,比如观看了一则根本不存在的电视报道。错误记忆也可能由自外部影响造成,如暴露于他人对该事件的描述中。简单的操纵,比如使用误导性的问题,就可能引导人们回忆起从未发生过的事情。[18]从事件发生到出庭作证,目击者对事件的描述,会通过他们与调查人员、其他证人和律师的互动,以及通过接触其他信息来源,在他们的脑海中被不断编辑与合成。

这些现象意味着目击者对事件的描述可能会因为警方的询问或审讯而遭到有意无意的扭曲。根据若干项现场研究发现,这是一种常见的情况。[19]错误的审讯技术甚至会导致产生虚假供词。[20]

事实上,警方调查的缺陷,会加剧目击者指认与事件描述的不可靠,而警方调查是检方在刑事诉讼中使用的主要证据来源。警方调查人员通常有很强的破案动机。他们必须提出假说,并获得证据来验证或反驳这些假说。鉴于来自外部和内部的破案压力以及警方的资源有限,通常不可能同时验证多个假说。在这种背景下,某些大家熟知的心理现象可能会造成错误的结论,并最终导致误判。

确认偏差就是这种现象其中之一。人倾向于记住与其现存信念相关的东西。因此,他们倾向于高估与自己支持的假说相符的新证据的相关性和重要性,而低估相反证据的可靠性和权重。[21]在极端情况下,这种融贯性转移[22]可能会导致所谓的"管状视野"(tunnel vision),即过度关注某一特定的调查方向,而忽视其他的可能性,并否定与自己假说不符的证据。[23]管状视野的原因部分是由于大多数逮捕都是在调查的早期进行的,因此被逮捕者会成为关注的焦点。管状视野强化了其他偏差,其自身也被其他偏差所强化。例如,目击者早期对嫌疑人的错误指认,可能会促使调查人员尽一切努力寻找对该嫌疑人定罪的证据,而这些看似有力的支持证据反过来可能会增强目击者对其最初指认准确性的信心。

除了确认偏差外,其他可能导致调查偏离案件事实的心理现象,还有对案件的情绪卷入、群体归属感和承诺升级。面对滔天罪行或遭受痛苦的受害人,调查人员可能会感到强烈的愤怒。这种情绪反过来可能会影响他们的判断力。它可能会加强对负面结果的归咎,产生报复的欲望,并导致信息处理表面化。[24]作为警察队伍的一员,调查人员通常共同致力于打击犯罪,并且也都对犯罪分子怀有敌意。因此,群体归属感可能会促进共识,增强攻击性,减少克制。[25]最后,由于承诺升级现象,在特定的调查方向上投入的时间和精力越多,调查人员就越不可能承认这是错误的。[26]

事实认定者对目击者证词的评估

随着针对目击者证词的心理学研究的广泛开展,有大量研究对事实认定者评价此类证词的准确性和可靠性的能力进行了检验。在这方面,新发现的情况并不令人鼓舞。一般情况看来,人们不太擅于识别谎言。[27]在法律情境中,人们过分信任他人准确指认犯罪者的能力,并缺乏对削弱这种能力因素的敏感度。[28]相反,人们往往相当重视目击者对其指认的自信程度。不幸的是,许多研究表明,目击者往往过于自信(部分原因是由于指认后发生的事件,如得到调查人员的积极反馈等),而其指认准确性和自信程度之间的相关性不高。[29]然而,最近有人提出,所报告的低相关性并非源自目击者证词的固有缺陷,而是由引出这些证词的过程中的程序性缺陷所致。当这一过程没有瑕疵时,高度自信确实可能与高准确性相关。[30]

事实认定者对目击者证词的评估与目击者的真诚程度有关,也与其是否能准确回忆事件的能力有关。评估目击者的真诚程度与评估其对事件记忆的准确性同样重要,因为目击者通常不是无利害关系的第三方,而是以某种方式与诉讼当事人之一有关联,或者与诉讼结果有其他利害关系。显而易见的例子就是,当诉讼当事人本人作证时,他们与该诉讼存在严重的利害关系。[31]

事实认定者可以通过目击者的行为表现和证词内容来判断其是否真诚。贝拉·德保罗(Bella DePaulo)及其同事根据已发表的、对36个独立样本的研究,对158个潜在的撒谎线索开展了元分析。[32]他们发现,凝视回避、坐立不安、眨眼、耸肩、触摸脸部以及微笑等许多经典行为线索的效应都相当小,通常不具有统计学意义。事实证明,有些人被认为是值得信任的,而另一些人则被认为不值得信任,不管他们是否如实提供证词。[33]与此同时,人通常对自己识别谎言的能力过于自信(且其自信程度与其识别谎言的实际能力之间几乎不存在相关性)。[34]那些有显著影响的行为线索,比如升高说话的音调,主要是由与压力和唤醒相关的线索组成。然而,即使对讲真话的人来说,在法庭上作证也会感到压力,因此可以说,从这些线索中得出的结论是有限的。在这方面,实验室实验的压力基线水平远低于法庭,因此实验室实验的结论可能缺乏外部有效性。[35]司法事实认定者根据目击者的行为表现来识别谎言的能力受到质疑的另一个原因是,虽在大多数实验室研究中,受试者要么撒谎,要么说真话,而在现实中,目击者可以并且确实会以一种隐瞒了完整的真相,但却不构成彻底谎言的方式出庭作证。这种误导性的证词可能更难以察觉,因为目击者不觉得自己在撒谎,或者感觉自己撒谎的程度很低。[36]

虽然实验结果和现实司法事实认定之间的这些差异可能会导致人们对事实认定者根据目击者的行为表现来识别谎言的能力产生强烈怀疑，但两者间的另外一些差异则让人们感到乐观。大多数心理学研究都是关于琐碎、日常、普通的谎言[37]，而不是像在法庭上做伪证那么严重的谎言。如果欺骗线索在谎言更为严重时会变得更加明显，那么直接把实验结果推断到司法事实认定，得出目击者行为无助于判断的结论，可能过于草率。[38]同样的道理，德保罗及其团队发现有动机的谎言和无动机的谎言之间有很大的差异："当人们有强烈的成功动机时，撒谎的线索会更明显。"[39]这一发现也意味着，撒谎线索在法庭上可能表现得更为明显——与研究者报告的实验相比，在法庭上目击证人往往与判决结果有强烈的利害关系。此外，德保罗及其同事分别对每种线索的效应大小和统计显著性进行了分析。正如他们所指出的，当事实认定者将若干种线索纳入考虑时（这是在现实中常见的做法），效应值和显著性可能会更高。[40]事实上，研究表明，当综合考虑多种线索时，识别讲真话者与说谎者的成功率会显著提高。[41]

尽管如此，无论是在日常生活中[42]，还是在庭审过程中，行为表现都不是识别谎言唯一、甚至主要的依据。[43]在这方面，基于内容的分析通常要重要得多。证词内容的两个主要特征，即一致性（内部一致性以及与法院获得的其他证据的相容性）和细节水平，可以作为判断其真实性的线索。虽然这两个指标都不是判断说真话（或不真诚）的决定性指标，而且有些不一致可能是由向证人的提问方式导致的[44]，但这些指标似乎比行为表现更能说明问题。[45]当司法事实认定者（及其他人）从不同来源获得了某一特定事件的相关信息时，特别是当目击者并不知道他们所掌握的信息时，事实认定者可能会表现得尤其好。[46]仅根据证词内容的特征（如描述的生动和详细程度，或描述是否按时间顺序）来确定某段陈述的真实性，是相当不可靠的，即使是由专业调查人员根据结构化规程开展的分析也是如此。[47]

政策意义

关于目击者证词的可靠性以及事实认定者对证词准确性的判断能力，上述文献综述是相当粗略的。尽管如此，它足以证明相关问题的复杂性。试图提出政策建议则更为复杂，因为减少司法事实认定中的错误，往往与司法裁决的其他目标——如确保司法系统的公共合法性，以及争端的最终解决等——相冲突。就减少司法错误需要占用更多资源这点来看，公共资源的分配必须与其他需求进行权衡。最后，即使我们将事实准确性的目标置于其他目标之上，仍然存在两个困难。首先，面对相互矛盾的调查结果、对调查结果的不同解释，以及不同心理现象之间可能存在的相互作用，想要预测警务实践或司法程序的任何改革对事实认定准确性的影响，并不容易。当在法律政策制定中使用行为学研究结果时，必然会产生对实验结果的普遍性和外部有效性的担忧。[48]其次，尽管一些措施可能会减少误判和漏判，但这两个目标之间往往也存在着权衡：采取减少有利于原告的误判或误裁的措施，可能会增加漏判以及合理索赔被驳回的情况。

这并不是说对此我们无能为力或无可作为，某些法律体系事实上已经针对上述心理调查结果采取了一些措施。[49]关于列队指认的建议清单包括：尽可能早地进行列队辨认；按时间先后顺序排列，而非同时排列；实施双盲列队，防止指认程序管理员提示；告知目击者，嫌疑人可能出现也可能不出现在列队中。[50]

为避免记忆被干扰,应尽快进行目击者问询,方式应为单独问询。调查人员既不应与目击者分享有关调查的信息,也不应对目击者回忆事件的能力给予反馈。[51]

为了克服警方调查人员的确认偏差和管状视野,有人建议采用反向思考技术[52],但其效力可能有限。[53]指定调查小组中的一名成员提出与主要假说相矛盾的假说的提议,也可能会引起类似的质疑。[54]一项更有效的措施是确保所有对目击者的问询和对嫌疑人的审讯都得到充分记录和保存。例如,视听记录可以用于检查目击者最初对其指认的信心程度,以及确保列队指认按照适当的标准进行。[55]

关于司法事实认定,例如,有建议认为不适当的列队指认的结果应被排除,以及采取更有力措施,防止陪审员暴露于证据外的信息。[56]丹·西蒙还建议废除那些建议陪审员在评估目击者的可信度时考虑其行为线索的陪审团指示。[57]对于上述每一项建议,都可能有人会提出反驳意见,但对这些问题做进一步阐述将超出当前讨论的范围。[58]

16.2.2　概率证据

目击者证词的替代选择是概率证据。然而,长期以来的研究表明,人们倾向于高估目击者证词的价值,而低估概率信息的价值。[59]决策者通常会拒绝或犹豫使用概率证据,有时在使用中会出错。在法律背景下,研究人员已经表明,人很容易被操纵,低估那些将某人与特定行为联系起来的科学证据的证明力。例如,在一个 100 万人的人口中,有 1 万人(相当于 1% 的人口)拥有一个相同的特征,许多人倾向于认为这个特征不具有法律相关性。因此有观点认为,人们没有充分利用关联证据。[60]值得注意的是,虽然不愿依赖概率证据往往可以免除追究法律责任,但忽视此类证据也可能会导致毫无根据的不当追责。本节将讨论这一领域中相互关联的三个现象:韦尔斯效应、基础比率忽视和反向谬误。[61]

韦尔斯效应

有时,司法事实认定者能获得的唯一信息是统计数据,没有目击者或有关该事件的其他直接证据。正如加里·韦尔斯(Gary Wells)在一项开创性研究中证明的那样,人们不愿意根据单纯的统计证据来确定责任。[62]例如,一件肇事逃逸事故的唯一可用信息,为该事故由公交车引起;且镇上只有两家公交车公司,其中一家运营着 80% 的公交车。这种情况下,大多数人不会认为该公司需要为事故承担赔偿的责任。

韦尔斯的假说的内容是:"要让证据对人的判决偏好产生重大影响,一个人关于最终事实的假说信念必须影响其对证据的信念。"[63]例如,某个城镇 80% 的公交车属于蓝色公交公司,20% 属于灰色公交公司,这一事实不足以证明前者对不明公交车造成的事故负有责任,因为责任的确定不会改变人对统计数据准确性的信念。无论事故是否涉及一辆蓝色公交车,统计数据都是真实的。相比之下,当称重站的工作人员作证称,根据他的记录,一辆蓝色公交车在事故发生前不久曾在附近站点称重,从而将该公交车公司与事故联系在一起时,责任的确定更可能受到该证词可靠性的影响,即使被告已经证实这些记录有 20% 的概率是错误的。在这种情况下,确定哪辆公交车制造了事故,确实与称重站记录的准确性及其工作人员证词的可靠性有关。韦尔斯发现,事实认定者更有可能在第二种情况下做出责任判定。重要的是,这两种情况下的受试者都准确地评估了蓝色公交车引起事故的概率,从而挑战下述假说:人们是由于不擅长处理概率证据,或是由于客观概率与主观概率评估之间存在差异,而不愿意做出责任判定。[64]

韦尔斯的假说受到了后续研究的挑战,这些研究对"韦尔斯效应"提出了与之争鸣的假说和解释。其中一种解释来源于丹尼尔·卡尼曼和阿莫斯·特沃斯基的模拟启发式(simulation heuristic)。[65]卡尼曼和特沃斯基认为,模拟不同情境的难易程度被用来判断特定事件的概率,以及评估两个事件之间的因果关系等等。基思·尼德迈尔(Keith Niedermeier)、诺伯特·克尔(Norbert Kerr)和劳伦斯·梅塞(Lawrence Messé)认为,在当前的研究背景下,基于统计证据作出责任判定的意愿,取决于人是否能轻易地模拟出同样与证据吻合的另一种情境。[66]在他们的实验中,受试者阅读了与韦尔斯分析的事故案件同类的各种诉讼细节。在保持概率不变的情况下,他们使用了不同的细节描述,使受试者在不同的难易程度下模拟被告并不是犯罪行为人的反面情境。结果表明,虽然对不同情境的概率评估是相似的,但在有利于模拟其他替代情境时,接受原告索赔诉求的意愿会显著下降。

基于同样的思路,迪安娜·赛克斯(Deanna Sykes)和乔尔·约翰逊(Joel Johnson)认为,由于理解目击证人的证词论断需要对该论断持有一个原始的信念,因此消除证词带来的心理表征并想象另一种情境,需要付出认知努力。当决策者面对的概率证据不包括需要消除的具体论断时,就不需要这样的努力。[67]

此后,韦尔斯的假说和易于模拟的解释都受到了质疑。基于一系列实验发现,哈尔·阿克斯(Hal Arkes)、布里塔妮·肖特·莱因哈德(Brittany Shoot-Reinhard)和瑞安·梅斯(Ryan Mayes)认为,责任判定的决定不仅基于对被告应该被定责的概率,还基于其他可能影响定责但不影响概率的因素,例如,存在另一名目击证人提供证词的情况。[68]

正如法律行为分析中经常出现的情况一样,当前不仅对所讨论的现象(如韦尔斯效应)背后的心理机制存在争议,还对其规范含义存在争议。某些评论者认为,根本不存在有说服力的认知或规范理由,来拒绝仅凭单纯的统计证据进行责任判定。[69]事实上,所有的证据,包括看似个案的证据,根本上来说都是统计性的。[70]其他人则坚持认为,不愿意进行这种责任判定,在规范上是合理的。一个关键的理由是,所声称的事实为真的概率,与支撑该主张的证据的权重或韧性之间存在区别。即使原告陈述正确的概率达到了法定证明标准,如果对这一概率的评估是基于太少的信息,或是基于一般的、非具体案件的证据,决策者就可能会合理地拒绝该主张。[71]举例说,一场马术竞技比赛中有1 000名观众,但只售出了400张门票,这意味着对于任意一名随机抽选的观众,他是逃票者的概率为60%。然而,事实认定者可能会驳回仅基于该证据提出的主张,认为其证据基础太薄弱。[72]只要关于具体案件的证据是找得到的,拒绝仅仅基于统计证据而追究责任的做法,可以激励具体证据的提出。反对者可能会回应说,这一论点预设了特定于案件的证据优于统计证据,而事实并非如此。

最后,应该指出的是,不愿意仅凭单纯的统计证据做出司法判决的情况,并不具有普遍性。针对美国上诉法院判决的分析表明,当无法提出个性化的证据时,法院倾向于在某几类案件中根据单纯的统计证据做出判决。法院在驳回简易判决的动议、计算收入的损失赔偿金以及在发生大规模侵权情况下进行市场份额认定时,都依赖于单纯的统计证据。[73]

乔纳森·凯勒(Jonathan Koehler)认为,法院在这些案件中对单纯的统计证据的采纳意愿,与针对基础比例忽视的心理学研究是一致的。[74]正如下文所述,这些研究表明,当同时掌握了某一事件的统计性信息及特定信息时,人倾向于低估甚至忽视前者;但当其只掌握了统计性信息时,他们却能根据这些信息做出准确的概率评估。然而,这些发现可能在很大程度上偏离了主题。如上所述的研究表明,韦尔斯效应的根本原因并非源于人们对概率的错误评估,而是尽管人们对概率的评估是准确的,且不存在特定于案件的信息,人们还是不愿意基于单纯的统计证据来确定责任。因此,其他的规范性考量,一定在诸如对收入损失的赔偿计算或大规模侵权案件的责任判定中发挥了作用。

基础比率忽视

到目前为止,我们关注的焦点在于司法决策者不愿根据统计证据来判定责任的情况。然而,影响人类决策的其他因素可能会导致人们做出无根据的责任判定。在这方面,我们特别关注基础比率忽视现象。基础比率忽视指的是人倾向于忽视某一特定事件发生频率的信息,而把注意力放在现有的个体案件的信息上。[75]因此,基础比率忽视与韦尔斯效应不同,韦尔斯效应发生在事实认定者仅掌握有统计证据的情况下,而基础比率忽视指事实认定者同时掌握了统计证据和具体案件证据的情况。

马娅·巴-希勒尔早期在一项涉及多个领域的决策行为研究中证明,基础比率忽视在司法情境中会导致错判。[76]在她的研究中,受试者被告知,夜间发生了一起涉及出租车的肇事逃逸事故,该市85%的出租车是蓝色的,其余15%的是绿色的。一名目击者在法庭上作证说,制造事故的出租车是绿色的。法院对目击证人的能力进行了测试,得出了其正确率为80%(错误率为20%)的结论。然后,受试者被要求评估绿色出租车发生事故的可能性。结果显示,受试者只关注目击证人的可信度,他们对绿色出租车肇事概率的众数和中位数估计为80%。然而,计算实际概率需要考虑出租车是绿色的基础概率,这样算下来实际概率只有41%。而只有大约10%的参与者给出了接近的答案。[77]

随后的一项实验研究也发现了司法情境中的基础比率忽视现象。[78]此外,在后一项研究中,受试者在决定是否对被告定罪时,不愿意使用统计学家向他们提供的解释信息。虽然具有数学背景的受试者能更好地理解统计学家提供的贝叶斯定理相关表述,但他们很可能也和其他受试者一样,在做决策时忽略它。

如第2章中所指出的,至少在法律情境下,一些评论者反对将基础比率忽视描述为一种非理性偏差,他们认为应该忽视基础比率,或仅仅给予很低的权重。[79]至少,必须非常仔细地考虑基础比率信息,因为任何给定事件都可能被描述为各种参考类别中的一种,并且任意类别内部在相关方面的同质性可能很低,等等。[80]

事实上,当被告声称某些事件(如可疑死亡)是偶然发生时,法庭确实会倾向于考虑基础比率证据。[81]与对基础比率忽视的一般心理学研究一致,当类别越具体,即当其定义性特征越接近争议中的事件,法院就越可能使用基础比率证据。[82]

反向谬误

反向谬误是一种与贝叶斯定理相反的错误倾向,其假定在B条件下A的概率与在A条件下B的概率大致相同。[83]这一错误倾向已在一项针对在职法官进行的实验中得到证明,该实验使用了一个仓库中的桶对一名路人造成意外伤害的侵权案件开展研究。[84]案件的法律问题是,该事故是由仓库工人的疏忽引起的,还是由其他因素造成的。受试者被告知以下信息:(1)当桶被疏忽地固定时,有90%的概率会发生松动;(2)当桶被安全地固定时,只有1%的概率会发生松动;(3)工人对桶疏忽地固定的概率,仅为千分之一。[85]基于以上信息,实验要求受试者从四个概率范围(0—25%、26%—50%、51%—75%和76%—100%)中估计案件中发生了疏忽操作的概率。虽然准确的答案是8.3%,但大多数参与者都没有选择这个概率最低的选项。然而,当中有40%的受试者确实选择了这个正确选项,这个结果比类似研究中的其他人群的表现要好。[86]

反向谬误载于《侵权法重述》(第二版)中。当中在描述"事实自证"(res ipsa loquitur)原则时指出,当"事件在不存在过失的情况下通常不会发生"时,事实认定者可以推定造成原告受伤的事件是由被告的过失造成的。[87]这一表述随后在《侵权法重述》(第三版)中被取代,第三版指出,"当造成原告伤害的事故,通常是由于与被告相关的那一类行为者的疏忽而造成时",可以推定为过失。[88]因此,虽然之前的表述错误地提到了在被告疏忽的情况下事故发生的概率,但现在的表述正确地提到了在事故发生的情况下疏忽的可能性。正如上述实验情境所表明的,以前的表述可能会导致错误的责任认定,因为它忽略了过失行为的基础比率,产生反向谬误。[89]

16.2.3　间接证据:反推断偏差

上一小节中讨论的概率证据通常被视为间接证据。除了关于事实认定者如何对待概率证据的发现之外,还有大量证据支持一种更普遍的现象,即司法事实认定者倾向于以不同于直接证据的方式对待间接证据[90],并且更不愿意仅依据间接证据认定责任[91]。当事实认定者表现出这种不情愿时,他们有时会遵循谨慎对待间接证据的法律规范,但更多的时候他们会无视那些否认证据类型之间的区分具有相关性的法律规范。[92]学者们大多认为这种倾向是站不住脚的。[93]事实上,人们注意到,有时候由于目击者证词的问题,间接证据比直接证据更可靠,因此低估其证明价值是一个"悖论"。[94]

对于不愿意仅依据间接证据来认定责任的倾向,已经有几种解释提出。如上一小节中所述,其中有一些解释仅适用于概率证据,所以在此我们重点讨论适用于非概率的间接证据的解释。其中一种解释是,与直接证据不同,间接证据的推论是基于概括得出的,"而根据定义,其准确率低于100%"。[95]即使是可靠的间接证据也可能与多个相互竞争的推论相容。[96]另一种解释并不认为间接证据在客观上不如直接证据那样有结论性,该解释认为间接证据可能只是在主观上被认为如此。事实认定者可能认为间接证据的可靠性和证明力远低于其实际水平,因此可能不愿依赖它来认定责任。[97]

第三种解释侧重于目击者证词的典型特征,而这些特征往往不是间接证据的典型特征。尤其是,目击者证词是"对犯罪行为本身的口头陈述",而间接证据往往则是抽象的。[98]直接证据是一种故事式的叙事,而基于间接证据得出的论点,则通常像一种演绎推理。前者往往生动、具体、激动人心,而后者则显得苍白、笼统、乏味。[99]这些特点使事实认定者更容易从直接证据中得出一个融贯的故事。[100]

然而,另一种可能性是,从事实认定者的角度来看,根据直接证词所做的决策涉及的责任程度较低。如果发现证词不准确或具有欺骗性,事实认定者可以合理辩解为证人应对其错误的判决负责。相反,如果基于间接证据进行的错误推断形成误判,那么可以说,责任在于事实认定者。[101]为了避免产生这种后悔感,事实认定者不太倾向于依赖间接证据。[102]

最后一种解释借鉴了模拟启发式(上文在概率证据的语境下讨论过),并假设:法官是否愿意基于间接证据来认定责任,取决于想象出与证据吻合的替代情境的难易程度。[103]可以说,当唯一的证据是间接证据时,更容易想象到替代情境,因为就其性质而言,间接证据本身并不能证明法律的实质事实。[104]

在与伊拉娜·里托夫共同开展的一项研究中,我们发现了一种普遍不愿意基于间接证据来判定责任的倾向,这种倾向超越了客观概率或主观概率评估的差异、证据的个案特异性、与证据吻合的替代情境的可想象性,以及不同证据的性质(目击者证词、统计证据,或法医证据)。对于这种现象,我们称之为反推断偏差(anti-inference bias)。[105]在我们的实验中,受试者分析了不当行为的概率保持不变,但证据类型是直接证据还是间接证据却是随机的情形。例如,比起通过收费公路上的两台摄像头分别记录的车辆通行时间(而非实际速度)来检测是否发生了区间超速驾驶,人们更愿意在单个测速摄像头检测到超速行驶的情况下做出驾驶者违规责任的判断。同样,如果已知某一损害仅由两个人(即被告和/或另一个人)造成,受试者更倾向于当实验室检测证明被告有牵连并证明另一人无罪时认定被告负有责任,而不是当实验室只能检测另一个人并证明他无罪时——即使结论的客观可靠性是一致的。[106]责任认定的倾向差异,并不会由于主观概率评估的不同而减弱。

一项后续研究表明,当司法决策者面对授予利益而非强加责任时,反推断偏差会显著减弱。[107]事实上,研究发现对直接证据和间接证据的差别处理,在收益域仅具有微弱的统计显著性,这也从另一个方面证明了损失厌恶现象。[108]

与其他偏差和启发式一样,反推断启发式通常产生准确的决策。通常,当我们亲眼看到某事时,或当有人说他亲眼看到某事时,那件事是真实发生了;不过从间接证据得出的结论却不一定如此。然而,与其他偏差和启发式一样,当依据间接和直接证据得出的关于相关事件的客观和主观概率相同时,反推断启发式也会产生系统错误。

只要实验室发现准确反映了司法的事实认定,那么反推断偏差就可能会导致司法决策的偏离正轨。显然,法律应该采取消除偏差影响的措施。然而,这种去偏差技术的有效性和可取性并非一目了然。在有效性方面,研究发现,通过询问实验受试者从已证实的事实中可以逻辑推断出什么结论,和/或通过强调在推断条件下得出推断的那些积极、直接的发现,对受试者进行引导,并不能消除甚至在统计上显著减轻反推断偏差。[109]指示事实认定者对直接和间接证据给予同等重视的措施,可能同样无效,因为对陪审团指示的研究已经对其效力提出了怀疑。[110]虽然对法官和陪审团就反推断偏差及其他许多偏差进行教育可能是有益的,但对于陪审团来说,这可能代价高昂,其有效性也可能是有限的。[111]最后,如果反推断偏差反映的是人们根深蒂固的认知直觉和道德直觉,那么规避它可能会削弱人们的普遍感知与裁决结果之间的理想关联。[112]

或者,决策者可以通过引入法律推定或扩大法律责任的范围,来克服反推断偏差。例如,在未遂犯罪的情况中,立法者可以通过将预备行为定为犯罪来解决事实认定者在不完全犯罪的案件中不愿进行责任推定的问题。一旦此类行为被定义为犯罪,事实认定者就不再需要对于嫌疑人是否企图犯下更严重的罪行进行推断,这样反推断偏差也就不再起作用了。[113]

16.2.4　专家证词

表面上看,专家证词是解决证人、陪审团和法官认知偏差的一种直接方法。[114]专家可以揭露影响证据提供和采用的偏差,并提出免受这些偏差影响的科学信息。不幸的是,使用专家并不是万能的,原因如下。首先,大量关于专家决策及推理的研究表明,各类专家都会使用启发式,也同样会表现出认知偏差。[115]以本书的两位作者作为法律专家证词书写者的经验为例,我们经常在推理中经历融贯性转移。[116]当我们被要求就一个复杂的问题撰写专家意见时,事实性数据和适用的法律规范往往在最初看起来显得相当不清晰和模棱两可。然而,当意见书完成时,所有的事实和法律碎片似乎完美地结合在一起,形成了一幅融贯的画面,并得出了决定性的法律结论。事实上,研究表明,专家们特别容易受到某些偏差的影响,如过度自信。[117]在对抗制中,各方聘用各自的专家作为代理人,这可能会产生进一步的偏差,因为专家们会有意无意地为其雇佣方的利益服务,这是我们通过作为法律专家的个人经验可以证明的另一种现象。[118]然而,由法院指定的专家可能不会受到最后这一种偏差的影响。[119]

法医证据是这方面值得引起注意的一种特殊类型的证据。尽管法医证据表面上看似客观,但其往往依赖于主观判断和个人解释。要在指纹、咬痕,甚至 DNA 样本之间进行匹配,有时需要个人对事实进行评估。因此,法医学分析很容易受到认知偏差的影响。特别是越来越多的研究记录到了一种称为"法医确认偏差"(forensic confirmation bias)的认知偏差。[120]也就是说,既存的信念和预期可能会影响专家如何解释呈现在自己面前的证据。举例说,当指纹专家接触到暗示有罪或无罪的背景信息时,他们在分析指纹结论时可能会摇摆不定。[121]

已经有人对于法庭上法医证据的处理和提交提出了若干建议,以尽量减少确认偏差对证据造成的污染。[122]建议之一,是阻止法医小组查看与其任务无关的任何信息。因此,负责分析指纹的法医学家,不应被告知该指纹属于已招供或已被目击者确认的嫌疑人。就法院而言,应该尽可能执行适当的程序,就像对目击者列队指认时采取的措施那样。此外,鉴于存在确认偏差的风险,法院不应将法医证据视为有别于案件中的其他证据。

原则上,专家可能表现出来的认知或其他性质的偏差,以及资深专家对法律决策者的决策操纵的影响,都可以通过对抗制中的交叉质问、提供相反的专家意见,以及在人类决策及其被专家滥用的问题上的专家意见来抵消。[123]然而,这些措施都不是完美的。为专家证词给出专业证据的费用,往往令双方当事人及法院系统望而却步。此外,归根结底,专家证词是否具有相关性和说服力,必须由总是缺乏相关科学或技术领域专业知识的司法事实认定者来确定。虽然这并非不可能,但要区分"好"科学和"坏"科学并解决专家之间的争议,可能很困难。[124]美国提出了更为激进的一项措施,即设立一个政府机构,负责为法医学家颁发执照,并在法医学界制定和执行标准。[125]虽然此类监管措施可能会淘汰不称职和不诚实的专家,但它不太可能克服司法决策者在处理专家证词时面临的日常挑战。

扩大专家的起用范围(包括起用决策方面的专家),也提出了一个更根本的问题,即公众的接受程度和合法性。与医疗保健等人类活动的其他领域一样,人们普遍不愿意用"遵循实证"或基于统计的决策,来取代人类的整体性决策和专业知识。[126]即使这种不情愿是不合理的[127],法律也不能忽视它,因为法律体系的效力部分取决于它被感知到的公平性和被公众接受的合法性,因此即使只是出于工具性原因,法律也不能忽视它。[128]

正如弗雷德里克·瓦尔斯(Fredrick Vars)所指出的,当涉及专家证词时,就像在其他领域一样,识别出决策中的偏差,比"制定一个解决问题多过制造问题的方案"要容易得多。[129]

16.2.5　结语

本节研究了与若干证据类型的可靠性相关的众多心理现象,以及事实认定者是如何评估其可靠性的。本节还讨论了事实认定者在解决事实争议和判定法律责任时,赋予不同证据类型的权重和相关性。研究表明,事实认定者通常倾向于夸大直接的目击者证词,而对间接证据(尤其是概率证据)的重视不足。有相当多的证据表明,在执行这些任务时,事实认定者会使用某些启发式,并会以可预测和系统性的方式表现出偏差。对于这些困难,我们考虑了现有的和拟议的克服方法,当中既包括在证据法范围内的方法(例如,采用专家证词),也包括证据法范围外的(例如通过修改实体法,或将决策委托给受过更好训练的决策者)。鉴于心理学研究结果的复杂性,以及心理学观点只是多方面问题的其中一个面向,我们承认对于相关难题没有简单的解决方案,有些解决方案还会造成新的问题。[130]

16.3　举证责任

16.3.1　规范性背景与学理背景

"举证责任"(burden of proof)一词,指的是两种责任:一是提供证据的责任,在对抗制的审判过程中,这一责任可能会从一方转移到另一方;二是说服责任,指的是在所有证据都已提出且事实裁判者仍存有疑问时,说服裁判者决定哪一方占优势。在本节中,我们将讨论后者。关于说服责任的那些规则,同时还确立了证明标准(standard of proof),即肯定或否决争议问题所需的信心水平。[131]

从经济学的角度看,判定举证责任和确立证明标准的首要考虑,是审判结果的效用。标准的设定应最大化真阳性(正确支持原告)和真阴性(正确支持被告)的效用之和,减去假阳性(错误支持原告)和假阴性(错误支持被告)的负效用。[132]额外考虑因素还包括证明标准为人们的主要行为创造的激励(如为防止事故发生而采取的注意水平)[133]、标准对诉讼费用的影响,及其对法庭裁决合法性的影响。[134]其他考虑因素还涉及为不同问题设定不同的(甚至连续的)证明标准的可能性,以及建议以基于概率的赔偿制度取代证明标准的规则,该制度根据案件对各方有利的概率来分配责任。[135]非效率方面的因素,如追求真相的内在价值,使规范性图景显得更加复杂。

从理论上讲,大陆法系不区分民事诉讼和刑事诉讼:在这两种情况下,证明标准都是内心确信(intime conviction,又译"自由心证"),即法官的(完全)确信或合理的、有理由的确信。[136]相比之下,普通法系设定了三种不同的证明标准。在刑事诉讼中,定罪需要犯罪构成要件达到了排除合理怀疑(beyond reasonable doubt)的程度。民事案件的一般证明标准是证据优势(preponderance of the evidence,也称为概率平衡,balance of probabilities)标准。在某些特定情况下,如民事案件中的欺诈指控,法律设定了更高的说服标准,即要求明确且令人信服的证据(clear and convincing evidence)。[137]更具体的规则进一步复杂化了这一图景,例如将积极抗辩的举证责任加诸被告,引入将特定问题的说服责任转移给被告的法律推定,或为特定事实设定具体的说服标准。[138]

在这样的规范性背景和学理背景下,本节重点介绍了行为学研究对理解举证责任的四大贡献:司法事实认定中故事模型的含义;举证责任产生的默认效应;民事诉讼中损失厌恶、忽略偏差与举证责任的关系;刑事案件中的"排除合理怀疑"标准有可能已经成为一种价值取向,因此它与其他任何问题之间的权衡都会引起许多人的反感。

16.3.2 举证责任与故事模型

克里斯托弗·恩格尔(Christoph Engel)提出,上述大陆法和普通法之间的分歧,可以通过直觉思维和审慎思维之间的区别来理解。[139]根据故事模型理论,人们不会在数学上精准整合不同的证据片段,而是会创建一个最能解释证据的叙事。[140]最终选中的故事版本是在庭审过程中,通过一个无意识的双向过程中产生的。证据的强度决定了决策者将采信哪个故事版本,而采信的故事版本反过来又决定了决策者对各种证据的相关性、可靠性和权重的评估。即使证据最初令人困惑,但这种双向融贯性转移的过程,往往会得出一个结论,使决策者真诚地相信这个结论是清晰和确凿无误的。因此,"内心确信"的概念可能被理解为反映了对下述观点的怀疑:以客观法律标准来控制事实认定过程,是可行性的。相比之下,鉴于直觉思维的局限性,普通法系力求在这一过程中施加尽可能多的理性。但这一努力的前景如何?

可以说,故事模型对关于说服责任及其有效性的传统理解提出了质疑。该模型的含义之一为:传统上将举证责任和证明标准描述为,它们只有在所有证据都已呈现完毕之后才发挥作用,这是不准确的。鉴于对证据的理解是一个渐进的过程,就证明标准对事实认定的影响而言,它应该在整个审判过程中都会发挥作用。从根本上看,故事模型可以对证明标准规则的有效性提出质疑。这表明,事实认定者可能会经历更强烈的融贯性转移,对更严格的证据标准作出反应。面对更严格的证明标准时,倾向于判定责任的事实认定者可能会认为,支持这种责任判定的证据更有说服力,或认为相反的证据更不相关和更不可信。在实验中发现,那些在刑事案件中判定被告有罪的受试者,表现出比无罪判决者更强烈的融贯性转移,这可以被解释为证实了上述猜测。[141]

这种担忧因下述发现而进一步加剧:不同证明标准的语言表述,并没有明确归责的概率阈值。即使是专业法官,对不同证明标准的概率含义持有的看法也大不相同。[142]还有一些人支持这样的看法,即尽管已有正式规则,但事实认定者会根据适用制裁的严厉程度,采用不同的证据阈值来定罪,换言之,制裁越严厉,实际适用的证明标准就越严格。[143]事实认定者也可能根据其更偏好的司法结果来调整实际阈值。[144]事实上,一项研究发现,与证明标准的量化定义不同,改变对证明标准的语言表述(使用"证据优势""明确且令人信服的证据",或"排除合理怀疑"),对定罪率没有显著影响。[145]

所有这些都可能表明,证明标准在实践中毫无意义。然而,下这样的结论未免过于仓促,因为有其他研究表明,举证责任规则的选择,甚至同一规则的不同定义的选择,都会影响决策。在早期的一项研究中,诺伯特·克尔及其同事指导实验受试者根据三种决策规则中的一种来决定是否对被告定罪。[146]在严格的定罪标准下,受试者被告知,基本上任何关于被告有罪的怀疑都是合理的。在宽松的定罪标准下,合理的怀疑必须是实质性的。最后,在未定义的定罪标准下,没有提供合理怀疑的明确定义。决策规则对定罪率有非常显著的影响。在严格标准下定罪率最低,而在宽松标准下定罪率最高。在标准未定义的情况下,回答"无意见"的受试者明显多于在严格和宽松标准的情况下。[147]

在最近的一项研究中,安德里亚斯·格勒克纳和克里斯托弗·恩格尔利用不包含关于定罪阈值的明确概率信息的美国式陪审团指示,比较了证据优势规则与排除合理怀疑规则下的决策行为。[148]研究发现,证据优势规则下的定罪率远远高于排除合理怀疑规则下的定罪率。虽然决策过程发生了融贯性转移,但在更严格的标准下,这些转移并不明显。因此,人们似乎能够根据不同的证据阈值来评估由此产生的融贯性水平。沿用基于融贯性的推理的术语,在更严格的证明标准下,决策者会坚持更严格的覆盖性、融贯性和唯一性标准。[149]因此,格勒克纳和恩格尔的发现与之前的研究结果是一致的,即自动的直觉过程会部分受到审慎思维过程的控制。[150]

格勒克纳和恩格尔的案例情境中的证据,包括了明确的概率,例如目击者自我报告的信心水平(介于80%至99%),以及犯罪现场看到由被告驾驶的汽车类型在该地区的相对概率(0.01%至6%不等)。他们发现,这种明确陈述的概率的变化,不会影响定罪率。[151]这一发现进一步支持了以下观点,即司法事实认定者并没有按照贝叶斯概率论的要求,在数学上整合不同的证据。

因此,故事模型和基于融贯性的推理不会使举证责任规则无效:更严格的证明标准会产生更少的责任判定。除了这一令人安心的结论之外,故事模型与基于融贯性的推理对举证责任规则的规范含义尚不明确。例如,根据故事模型,我们可以预期,与诉讼当事人提交证据之后相比,在诉讼当事人提交证据之前,给陪审团更高的关于排除合理怀疑的证据标准的指示将更加有效。然而,尽管一项实验研究为这一假说提供了明确支持[152],但随后的研究未能复现这一结果,这可能是因为大多数人都熟悉排除合理怀疑标准,并且无论如何都会将其应用于刑事案件中。[153]

16.3.3　举证责任：决胜点或参照点？

实验研究已经证实，决定着变化是被视为收益还是损失的认知参照点，有时不是固定的，甚至是可操纵的。[154]具体而言，研究已经表明，法律规范可以为受其约束的人建立相关基准线，从而通过产生默认效应来影响他们的行为。[155]因此，人们的认知与法律之间的关系是双向的：法律不仅反映了人们的认知，而且在某种程度上塑造认知。因此有充分理由相信，法律规范不仅通过其直接和明确的内容影响司法决策，而且还会通过微妙地左右法官和陪审团对相关问题进行框定的方式，来影响司法决策。这一命题关系到举证责任的概念界定及其现实影响。

一般常识认为，举证责任在民事案件中发挥的唯一作用就是打破僵局。[156]如果确实如此，那么只有在证据不充分的情况下，举证责任才有意义，因为证据基础不完整或证据缺乏会阻碍事实的认定。当双方都提出了足够充分的证据，说服责任将"只有在双方证据完全平衡的情况下才会发挥作用，换句话说，实际上永远不会发生（因为完全平衡是一种理论上存在的情况）"。[157]那么，为什么举证责任的问题会引起学术界和理论界的大量关注？为什么立法机构和法院要付出时间和精力制订颁布各种规则，使举证责任在一方和另一方之间转移？

对于上述疑问，一个答案是，说服责任往与提供证据的责任有关，而当双方都无法获得良好的证据时，提供证据的责任确实会对结果产生重大影响。[158]另一个更直接且同等重要的答案是，证据推定和说服责任不仅仅可以打破僵局。即使有足够充分的证据，证据推定和说服责任也会通过建立参照点来影响事实认定。正如卡尔·卢埃林（Karl Llewellyn）在大约八十年前富有远见地提出的，"举证责任不仅仅是提出证据的责任；当证据提供出来时，它也表明了判断证据的基准线"。[159]除非该责任被履行，否则法律默认的假设是所声称的事实不存在。因此，承担举证责任的一方，必须克服该规则产生的默认效应。

这种从行为学上对举证责任的理解，与上一小节的分析结论一致，即举证责任和证明标准对判决有显著影响，无论提供证据的责任如何。这也与下一小节所述的发现相一致，即为了满足证据优势标准，原告必须说服事实认定者，比起对手，他们对事实的陈述具有明显（而非略微）更强的说服力。

16.3.4　民事诉讼中的损失厌恶、忽略偏差和举证责任

行为学研究对举证责任的另一贡献，是证据优势规则的正当性和实际意义。我们将依次讨论这两个问题。

谁负责举证？

当原告对证据的解释与替代性解释同样看似可信时，为什么原告的诉讼请求会被驳回呢？对于这种风险分配，人们提出了各种各样的理由，包括消除执法成本[160]、阻止不必要和琐碎的诉讼[161]、文明原则[162]、平等原则[163]，以及财富边际效用递减[164]。埃亚勒·扎米尔和伊拉娜·里托夫认为，其中一些理由很薄弱，并且没有一个理由是充分

的。[165]他们认为诉讼当事人的损失厌恶,是设计该规则的一个可能的理由。[166]

　　如前所述,有充分的实验证据表明,诉讼当事人通常将诉讼前的现状视为相关的参照点。[167]因此,原告更可能将司法裁定的损害赔偿金与其他补救视为属于收益域,而被告则可能因为裁定将迫使他们支付损害赔偿金、转让财产等,而将裁定视为属于损失域。因此,在双方证据势均力敌的情况下驳回索赔请求,是符合损失(对于被告)比未获得的收益(对于原告)更显著的观念的。与边际效用递减不同,这种解释与当事各方的相对富裕程度无关。虽然这一理由与证据优势规则的其他依据相一致,但它与错误判决对被告和原告的负效用通常相似这一常见假设背道而驰。[168]

　　可以肯定的是,将司法错误的总体预期成本降到最低,仅是需要考虑的众多因素之一。如果最小化司法错误的成本是唯一的关注点,那么可以说所有索赔请求,而不仅仅是不符合举证责任的索赔,都应该被驳回,因为被告的损失通常都比原告的收益更大。但是,这将意味着任何实质性的法定权利都不会得到司法执行,这将对法律规范的威慑作用产生不利影响或消除其威慑作用。其他考虑因素可能要求举证责任从一方当事人转移到另一方,并为不同的问题设定不同的证明标准。[169]

　　还应强调的是,虽然诉讼当事人的损失厌恶可能为原告承担举证责任提供了规范性依据,但这并不意味着这一规范性理由实际上解释了法院在双方证据势均力敌的案件中驳回索赔的原因。扎米尔和里托夫在实验研究中发现,在民事案件中,即使原告寻求的是能够确认现状的宣告性判决,且驳回诉讼主张将有利于被告打开改变现状的大门,将未达到高说服标准的诉讼主张驳回的倾向也是很明显的。[170]这一实验并不支持如下的假设,即法官往往要求一个相对较高的证明标准,以便根据诉讼当事人的损失厌恶程度,将司法错误的成本降至最低。这是因为在这种情况下,驳回诉讼主张可以合理框定为是给原告造成损失,而宣告性判决则是维持现状。一项后续实验为这种倾向提供了另一种解释,即源自事实认定者自身的忽略偏差。显然,人们倾向于将接受诉讼主张视为采取了行动,而将其驳回视为一种不作为。厌恶损失的法官似乎认为做出正确的决策是一种收益,而做出错误的决策是一种损失,因此,在证据不能明确支持原告的案件中,他们会驳回诉讼主张,从而表现出一种不作为的忽略偏差。[171]马克·施魏策尔的研究随后为这一观点提供了直接支持。[172]

现实中的证明标准是什么?

　　由于诉讼当事人的损失厌恶与司法决策者的忽略偏差会影响民事案件的判决结果,这些心理现象不仅可以解释原告承担的举证责任,还可以解释为什么会采用比概率平衡或证据优势高得多的证明标准。如果损失通常比等量的收益显著 2.25 倍左右,那么为了尽量减少司法错误的总成本,证明标准应该明显高于 0.5。这一增加值是必要的,因为错误总成本等于错误数与它们产生的平均负效用的乘积。[173]同样地,如果司法决策者存在忽略偏差,因此驳回诉讼主张被视为"不作为"而支持诉讼主张被视为"作为",那么为了克服这种偏差,决策者必须被原告提供的证据明确地说服。

　　事实上,扎米尔和里托夫的实验(受试者是法律专业的学生和律师)支持以下结论,即民事诉讼中的证明标准在 0—100 区间上 60—75 的范围内,远远高于 0.5,其中 0 表示确定原告对事实的陈述是错误的,100 表示确定原告对事实的陈述是正确的。[174]同样,格勒克纳和恩格尔的实验,利用美国司法实践中关于证明标准的陪审团指示发现,在证据优势标准下,判定责任的平均明确标准为 76%,远远高于正式规则和陪审团指示的均值。与此同时,在排除合理怀疑规则下的明确标准仅为 85%,大大低于对该标准的传统理解。[175]

这些研究结果与其他研究结果相一致[176],都表明了大陆法系和普通法系之间的实际差距(如果差距真的存在的话),远远小于正式法律制度表面上所暗示的——大陆法系采用"内心确信"的单一标准,而普通法系则在民事和刑事诉讼中采用的是看似非常不同的证明标准。

16.3.5 刑事诉讼中的价值保护、禁忌权衡与举证责任

正如行为学分析揭示了民事诉讼中举证责任的意义,行为学分析也揭示了刑事司法系统在这方面的运作情况。普通法体系在刑事审判中采用的更高证明标准——排除合理怀疑——通常被视为一种严格的外部约束。美国早期的一个案例将这一标准描述为"神圣戒律"(divine precept)。[177]最近,美国最高法院关于该主题的主要案件,将该标准称为"基石般的'公理性和基础性'原则",其执行"是我们刑法治理的基础"。[178]正如丹尼尔·埃普斯(Daniel Epps)指出的,许多评论家将该标准视为"不证自明的真理"。[179]

此外,虽然根据定义,排除合理怀疑的标准会带来误判无辜者的风险,但法院仍然拒绝对这种风险进行明确的量化。[180]调查数据还显示,法官反对将举证责任量化。丽塔·詹姆斯·西蒙(Rita James Simon)和琳达·马汉(Linda Mahan)报告称,与要求明确量化举证责任的做法相比,超过 90%的受试法官更倾向于现有的做法。[181]出人意料的是,即使有经验证据表明量化举证责任可能是有益的,这种反对仍然存在。[182]

人们普遍认为,刑事审判中的举证责任是不可量化的绝对原则,不需要任何理由。这表明它可能反映了一种受保护的(或神圣的)价值,这种价值不与其他价值进行权衡取舍(禁忌权衡,taboo trade-offs)。[183]正如心理学文献所示,人倾向于拒绝对受保护的价值进行成本收益分析,许多人否认坚守这样的价值会产生任何成本。[184]虽然在处理假想的道德困境问题时,这种推理可能没有问题,但在处理现实中不可避免的政策权衡时,它可能有很大问题。

与刑事审判的举证责任相关的文献,已经描绘出了与提高决策阈值相关的高昂成本。聚焦于消除犯罪能力,拉里·劳丹(Larry Laudan)认为,现有的经验数据表明,一次错误的无罪释放会导致 36 起以上的犯罪发生(其中 7 起是暴力犯罪)。[185]因此,他主张在刑事审判中放宽举证责任的标准。[186]从后果主义的角度来看,我们应该特别关注举证责任所产生的事前激励。正如路易斯·卡普洛所示,从这个角度来看,应该设置决策阈值,以在阻止有害行为所得的利益与抑制善意行为所产生的风险之间进行平衡。[187]卡普洛细致入微的分析,对不同政策领域的相对成本和收益非常敏感。基于这一分析,他得出结论:给定社会福利的诸多参数,在某些情境下应该修改决策阈值。[188]

报应主义文献对这一问题开展了讨论。鉴于这方面研究的内容之丰富,我们无法就刑事审判中理想的举证责任得出单一结论。[189]尽管如此,报应主义者认为惩罚罪犯是一种责任,他们对放宽举证责任持宽容态度。例如,迈克尔·穆尔(Michae Moore)已经认识

到,证据优势是否可以作为刑事案件的决策阈值,取决于惩罚无辜者造成的不公正感所占的权重,而不是放任罪犯产生的不公正感所占的权重。[190]

如我们所见,关于刑事审判中理想错误率的学术讨论,并没有扩大到法院或立法机构的政策辩论中去。然而,仔细研究后就会发现,法律体系已经找到了一些方法,以微妙和非明示的方式放宽刑事审判中的举证责任。实现这一目标的方法之一,是将与应受责罚行为相关联的行为定为犯罪。[191]通过将与过去犯罪相关的行为(如洗钱),或将在未来犯罪相关的行为(如持有盗窃工具)定义为犯罪,立法机构可以有效地改变刑事审判的错误率,让更多的无辜者被定罪。同样,将定罪所要求的精神状态放宽至疏忽(甚至施加严格的责任),有助于在难以证明被告的精神状态能排除合理怀疑的情况下,确保更多定罪。

通过刑法的实质规范来调整刑事审判的错误率,可以使社会回避这样一个难题:全社会愿意承受多少无辜的人受惩罚,以实现刑事司法制度的目标?虽然在该制度下,所有犯罪行为人受到惩罚当且仅当其罪行被证明达到了排除合理怀疑的标准,而通过放宽定罪的实质性要求,能够在第一类错误和第二类错误之间取得不同的平衡。围绕这一制度的言论让社会继续相信,在所有刑事案件中,都会强制执行统一的高定罪门槛。这一法律策略与心理学文献的研究一致,这些文献表明,围绕受保护价值的公共话语往往使用模糊的修辞,以掩盖或忽视违规的行为。[192]

可以确定的是,虽然将排除合理怀疑的标准归类为受保护的价值可能有助于澄清法律为避开这一标准所采取的独特路径,但这对解决相关的规范性问题几乎没有帮助。一方面,受保护的价值以及用来规避它们的修辞策略,可以被视为一种偏差,阻碍了对困难的政策问题进行理性分析。[193]另一方面,它们也可以被视为防止有意义的文化制度被颠覆的一种微妙手段。[194]

16.4　有限理性的优势

本章的大部分讨论围绕着人的有限理性与认知偏差如何阻碍准确的事实认定而展开。然而,正如克里斯·圣基里科(Chris Sanchirico)指出的,在很大程度上,人的有限理性实际上有利于司法真相的查明。[195]

诉讼当事人和许多(如果不是大多数的话)证人对诉讼结果并非漠不关心。同样地,尽管警察和刑事检察机构为公众利益所服务,但通常都有很强的定罪动机。[196]因此,当证人(包括专家证人)竭尽全力去说服事实认定者采纳他们对事实的说法,甚至不惜牺牲真相时,存在着重大风险。所以,如果参与诉讼的各方都是完美的理性最大化者,那么法院揭开真相就会困难得多。

理性最大化者专注于排除或消除违反法律规范的证据,而不是遵守法律规范。完全理性的犯罪实施人、侵权人和违约人的行为方式,将给责任认定带来困难。他们不会留下任何关于其非法计划的书面证据,因此没有任何书面痕迹留下,或者他们会完全抹去这些痕迹。他们能够编造一个无懈可击的不在场证明。针对预期对方能获得的证据,他们会编造完美的谎言。即使在交叉质证中遇到意料之外的问题,理性最大化者也会根据先前的陈述和其他证据,以相一致的方式来作答。

然而,在现实中,大多数人不能像完全理性最大化者一样来开展主要活动、为庭审做准备,或出庭作证。犯罪过程中人们会留下罪证,而诉讼当事人、其他证人和代理人也无法完全预测到对方将在庭审中提出什么证据,以及在交叉质证中会提出什么问题。因此,虚假证词往往前后不一致和自相矛盾。谨慎的证人在回答可能暴露其证词之间或证词与其他确凿证据之间的不一致的问题前,会出现犹豫和停顿。不诚实的证人很难同时提供前后一致并且详细的证词。[197]即使他们确实设法避免了前后矛盾,其代价可能是只能提供更少的事件细节,而这反过来可能会降低可信度。经过长时间的取证过程,人会变得疲惫不堪,无法记起几小时前他们对相似问题给出的不诚实答案的细节。当遇到意想不到的问题时,提前的排练是无用的。

诉讼当事人与证人的有限理性对于事实认定的贡献,不仅源于其有限的认知能力,也源于其道德信念。人说谎时通常会感到不舒服,这使得他们的谎言更容易被察觉。

此外,一些法律规则使得不诚实的证人更难以掩盖真相,这加大了有限理性对准确的事实认定的贡献。由于"说谎可能比说真话更耗费心力",增强证人的认知负荷可能会产生某些线索,使谎言识别更容易。[198]盘问程序中允许提出意想不到的问题,并可以持续数小时;要求凭记忆作证而不能是笔记;关于对方专家证人仅用于准备的材料的披露权;以及防止证人听取彼此的证词——这些可以理解为是为了使有限理性的证人更难以欺骗法庭而制定的法律规则的例子。[199]

16.5　结语

甚至在法律行为学研究出现之前,心理学家就已经广泛地研究了人如何感知、记忆和报告事件,如何衡量他人陈述的可靠性和真实性,以及如何对其他信息来源作判断。尽管人在日常生活中经常做这些事情,但心理学家发现,受控的审判环境特别适合研究这些现象,这为司法事实认定提供了重要洞察,并为司法程序(包括证据法以及民事与刑事诉讼中涉及事实认定程序的部分)提供了政策建议。这些研究发现——大部分在本章进行了讨论,在上一章中也讨论了一些——突出了司法事实认定过程中的严重缺陷,以及克服这些缺陷的措施(例如排除规则和陪审团指示)的有限效力。这些研究还揭示了正式的证据规则(例如关于举证责任的规则)与司法事实认定者实际使用的规则之间可能存在的差异。

虽然这些研究结果描绘的画面令人担忧,但它们对于理解和改进司法事实认定,包括证据法的设计,都是极其重要的。事实上,行为学研究的贡献仅在很少的法律情境下会如此直接和令人信服。尽管如此,正如本章所述,在这一领域仍有许多需要探索之处。

注　　释

[1]　关于证据法的行为学分析的最新综述,参见:Michael J. Saks & Barbara A. Spellman, The Psychological Foundations of Evidence Law (2016);Fredrick E. Vars,

Evidence Law, in The Oxford Handbook of Behavioral Economics and the Law 703 (Eyal Zamir & Doron Teichman eds., 2014)。

［2］ 分别参见上文 15.2 节、15.4.1 节、15.4.2 节。

［3］ 可参见：Brian L. Cutler & Steven D. Penrod, Mistaken Identification：The Eyewitness, Psychology, and the Law (1995)；Dan Simon, In Doubt：The Psychology of the Criminal Justice Process (2012)。

［4］ 关于该领域内大量文献的全面综述，参见：The Handbook of Eyewitness Psychology, Vol. I：Memory for Events (Michael P. Toglia et al. eds., 2006)；The Handbook of Eyewitness Psychology, Vol. II：Memory for People (R. C. L. Lindsay et al eds., 2007)。

［5］ "无罪计划"是美国的一个诉讼和公共政策组织，致力于通过 DNA 测试为被错误定罪的人洗脱罪名。参见 http://www. innocenceproject. org/dna-exonerations-in-the-unitedstates (浏览日期：2017 年 12 月 31 日)。

［6］ 可参见：Tim Valentine, Alan Pickering & Stephen Darling, *Characteristics of Eyewitness Identification That Predict the Outcome of Real Lineups*, 17 Applied Cognitive Psychol. 969 (2003)(大规模的现场研究)；Steven E. Clark, Ryan T. Howell & Sherrie L. Davey, *Regularities in Eyewitness Identification*, 32 Law & Hum. Behav. 187 (2008) (对 94 项实验的元分析)。

［7］ 参见 Clark, Howell & Davey，前注[6]，第 192 页。

［8］ 参见：Simon，前注[3]，第 58—63 页；Kathy Pezdek, *Fallible Eyewitness Memory and Identification*, in Conviction of the Innocent：Lessons from Psychological Research 105, 113 - 15, 117 - 18 (Brian L. Cutler ed., 2012)。

［9］ 可参见 Christian A. Meissner & John C. Brigham, *Thirty Years of Investigating the Own-Race Bias in Memory for Faces：A Meta-analytic Review*, 7 Psychol. Pub. Pol'y & L. 3 (2001) (对 39 篇论文的元分析)。

［10］ 参见 Simon，前注[3]，第 64—69 页。

［11］ 参见 Nancy K. Steblay, Jennifer E. Dysart & Gary L. Wells, *Seventy-Two Tests of the Sequential Lineup Superiority Effect：A Meta-analysis and Policy Discussion*, 17 Psychol. Pub. Pol'y & L. 99 (2011)。

［12］ 参见：Simon，前注[3]，第 71—74 页；Nancy K. Steblay & Elizabeth F. Loftus, *Eyewitness Identification and the Legal System*, in The Behavioral Foundations of Public Policy 145 (Eldar Shafir ed., 2013)。

［13］ 参见：Simon，前注[3]，第 71—74 页；下文 16.2.1 节关于事实认定者的评述。

［14］ 参见 R.C.L. Lindsay, Gary L. Wells & Carolyn M. Rumpel, *Can People Detect Eyewitness-Identification Accuracy within and across Situations?* 66 J. Applied Psychol. 79 (1981)。

［15］ 参见：Günter Köhnken et al., *The Cognitive Interview：A Meta-analysis*, 5 Psychol. Crime & L. 3 (1999)；Simon，前注[3]，第 92—93 页。

［16］　参见 Simon，前注［3］，第 97—99 页。

［17］　出处同上，第 99 页。

［18］　出处同上，第 95—111 页。

［19］　出处同上，第 111—116 页。

［20］　出处同上，第 120—143 页。

［21］　出处同上，第 22—25 页。关于确认偏差，参见上文 2.4.2 节。

［22］　关于基于融贯性的推理，参见上文 15.2 节。

［23］　参见 Keith A. Findley，*Tunnel Vision*，in Conviction of the Innocent，前注［8］，第 303 页。

［24］　参见 Simon，前注［3］，第 27—28 页。

［25］　出处同上，第 28—29 页。

［26］　出处同上，第 29—31 页。关于承诺升级，参见上文 2.3.7 节。

［27］　参见：Aldert Vrij，Detecting Lies and Deceit 1‑7，141‑88 (2d ed. 2008)；Charles F. Bond, Jr. & Bella M. DePaulo，*Accuracy of Deception Judgments*，10 Personality & Soc. Psychol. Rev. 214 (2006)（大规模的元分析）。

［28］　参见：Simon，前注［3］，第 150—153 页；Cutler & Penrod，前注［3］，第 171—180 页、第 197—209 页。

［29］　参见：Cutler & Penrod，前注［3］，第 181—196 页；Simon，前注［3］，第 153—154 页；Amy Bradfield Douglass & Afton Pavletic，*Eyewitness Confidence Malleability*，in Conviction of the Innocent，前注［8］，第 149 页。

［30］　参见 John T. Wixted & Gary L. Wells，*The Relationship between Eyewitness Confidence and Identification Accuracy：A New Synthesis*，18 Psychol. Sci. Pub. Interest 10 (2017)。

［31］　参见 Chris William Sanchirico，*Evidence，Procedure，and the Upside of Cognitive Error*，57 Stan. L. Rev. 291，302‑06 (2004)。

［32］　参见 Bella M. DePaulo et al.，*Cues to Deception*，129 Psychol. Bull. 74 (2003)。

［33］　参见 Timothy R. Levine et al.，*Sender Demeanor：Individual Differences in Sender Believability Have a Powerful Impact on Deception Detection Judgments*，37 Hum. Comm. Res. 377 (2011)。另见 Charles F. Bond，Timothy R. Levine & Maria Hartwig，*New Findings in Non-verbal Lie Detection*，in Detecting Deception：Current Challenges and Cognitive Approaches 37，47‑50 (Pär Anders Granhag，Aldert Vrij & Bruno Verschuere eds.，2015)。

［34］　参见 Bella M. DePaulo et al.，*The Accuracy-Confidence Correlation in the Detection of Deception*，1 Personality & Soc. Psychol. Rev. 346 (1997)（基于 18 个独立样本的元分析）；Vrij，前注［27］，第 164—166 页。

［35］　参见：Sanchrico，前注［31］，第 312 页；DePaulo et al.，前注［32］，第 105 页。压力和行为举止之间的关系是有问题的，参见 Olin Guy Wellburn III，*Demeanor*，76 Cornell L. Rev. 1075，1080，1084‑86 (1991)。

[36] 参见 DePaulo et al.，前注[32]，第 106 页。另见上文 12.5.1 页。

[37] 出处同上，第 77 页。

[38] 一些法律学者倾向于彻底否认行为举止可以作为目击者不诚实的指标，相关例子包括：Wellburn，前注[35]；Sanchrico，前注[31]，第 310—312 页；Simon，前注[3]，第 123—124 页、第 165—168 页。

[39] 参见 DePaulo et al.，前注[32]，第 74 页、第 79 页、第 97—98 页、第 103 页。

[40] 出处同上，第 104 页。

[41] 参见 Vrij，前注[27]，第 66—67 页、第 89 页。

[42] 参见 Hee Sun Park et al.，*How People Really Detect Lies*，69 Comm. Monographs 144 (2002)。

[43] 参见 Max Minzner，*Detecting Lies Using Demeanor，Bias，and Context*，29 Cardozo L. Rev. 2557，2568 (2008)。

[44] 参见：Julian A.E. Gilbert & Ronald P. Fisher，*The Effects of Varied Retrieval Cues on Reminiscence in Eyewitness Memory*，20 Applied Cognitive Psychol. 723 (2006)；Neil Brewer et al.，*Beliefs and Data on the Relationship between Consistency and Accuracy of Eyewitness Testimony*，13 Applied Cognitive Psychol. 297 (1999)。

[45] 参见 DePaulo et al.，前注[32]，第 91—94 页、第 96 页；Sanchrico，前注[31]，第 314—317 页；Minzner，前注[43]，第 2568—2569 页。

[46] 参见 Minzner，前注[43]，第 2571—2572 页。参照：Maria Hartwig et al.，*Detecting Deception via Strategic Disclosure of Evidence*，29 Law & Hum. Behav. 469 (2005)；Maria Hartwig et al.，*Strategic Use of Evidence during Police Interviews：When Training to Detect Deception Works*，30 Law & Hum. Behav. 603 (2006)。

[47] 关于此类技术及其有限可靠性的最新概述，参见 Aldert Vrij，*Verbal Lie Detection Tools：Statement Validity Analysis，Reality Monitoring and Scientific Content Analysis*，in Detecting Deception，前注[33]，第 3 页。

[48] 参见：Gregory Mitchell，*Mapping Evidence Law*，2003 Mich. St. L. Rev. 1065；上文 2.1.4 节、3.4 节。

[49] 可参见：Steblay & Loftus，前注[12]（描述美国的列队指认改革）；National Centre for Police Excellence，Police Advice on Core Investigative Doctrine 62 (2005)，网址：http://www.caerphilly.gov.uk/pdf/Health_SocialCare/POVA/Core_ Investigation_ Doctrine_ Interactive.pdf（指示警方调查人员采用"ABC"法：即"不作任何假设；不相信任何人；挑战一切"，因为"经验表明，即使最初看似无可置疑的可靠材料来源也可能是错误的，而那些似乎证明一件事的材料后来也可能被发现可以支持完全不同的解释"）。

[50] 参见：David M. Zimmerman，Jacqueline L. Austin & Margaret Bull Kovera，*Suggestive Eyewitness Identification Procedures*，in Conviction of the Innocent，前注

[8]，第 125 页；Steblay & Loftus，前注[12]；Simon，前注[3]，第 80—86 页。

[51]　参见 Simon，前注[3]，第 117—119 页。

[52]　参见：Police Advice，前注[49]，第 62 页；Simon，前注[3]，第 45 页。

[53]　参见 Simon，前注[3]，第 45 页；上文 2.8.6 节。

[54]　参见 Simon，前注[3]，第 45—47 页。

[55]　出处同上，第 47—49 页。

[56]　出处同上，第 177—179 页。另见上文 15.4 节。

[57]　出处同上。

[58]　对目击者证词难题（以及其他对司法事实认定产生不利影响的行为现象）的另一种可能的反应是，专家证词会使事实认定者注意到这些难题的存在和意义。参见下文 16.2.4 节。

[59]　参见 Amos Tversky & Daniel Kahneman，*Judgment under Uncertainty：Heuristics and Biases*，185 Sci. 1124 (1974)。

[60]　参见 William C. Thompson & Edward L. Schumann，*Interpretation of Statistical Evidence in Criminal Trials：The Prosecutor's Fallacy and the Defense Attorney's Fallacy*，11 Law & Hum. Behav. 167 (1987)；另见 Jane Goodman，*Jurors' Comprehension and Assessment of Probabilistic Evidence*，16 Am. J. Trial Advoc. 361 (1992)；Norman E. Fenton & Martin Neil，*Avoiding Probabilistic Reasoning Fallacies in Legal Practice Using Bayesian Networks*，36 Austral. J. Legal Phil. 114 (2011)。统计证据的问题往往是在 DNA 证据的特定背景下讨论的。可参见 Dale A. Nance & Scott B. Morris，*Juror Understanding of DNA Evidence：An Empirical Assessment of Presentation Formats for Trace Evidence with a Relatively Small Random-Match Probability*，34 J. Legal Stud. 395 (2005)；Nicholas Scurich & Richard S. John，*Trawling Genetic Databases：When a DNA Match Is Just a Naked Statistic*，8 J. Empirical Legal Stud. 49，58 - 59 (supp. 2011)。为了便于讨论，我们不深入讨论 DNA 相关争议。

[61]　概率推理对于司法决策者的其他用途及其所面临的困难，参见：Andreas Mokros et al.，*Assessment of Risk for Violent Recidivism through Multivariate Bayesian Classification*，16 Psychol. Pub. Pol'y & L. 418 (2010)（分析贝叶斯推理在再犯风险评估中的应用）；Deborah M. Weiss，*The Impossibility of Agnostic Discrimination Law*，2011 Utah L. Rev. 1677（对于在涉嫌歧视案件中不愿使用社会框架进行分析的批评）；Charles J. Snyder，*Moneyball Lawyering*，65 Ark. L. Rev. 837 (2012)[关于律师在诉讼与和解决策中的统计数据（主要是基础比率）使用的讨论]。另见 Ward Edwards & Detlof von Winterfeldt，*Cognitive Illusions and Their Implications for the Law*，59 S. Cal. L. Rev. 227 - 51 (1985)（对概率评估中的认知偏差、与法律的相关性以及克服这些偏差的尝试的综述）。

[62]　参见 Gary L. Wells，*Naked Statistical Evidence of Liability：Is Subjective Probability Enough？*，62 J. Personality & Soc. Psychol. 739 (1992)。

[63]　出处同上,第 746 页。

[64]　关于该假设,参见 Laurence H. Tribe, *Trial by Mathematics: Precision and Ritual in the Legal Process*, 84 Harv. L. Rev. 1329, 1344 - 50 (1971)。另见 Thompson & Schumann,前注[60](通过实验证明受试者在使用概率信息时存在错误)。

[65]　参见 Daniel Kahneman & Amos Tversky, *The Simulation Heuristic*, in Judgment under Uncertainty: Heuristics and Biases 201 (Daniel Kahneman, Paul Slovic & Amos Tversky eds., 1982)。

[66]　参见 Keith E. Niedermeier, Norbert L. Kerr & Lawrence A. Messé, *Jurors' Use of Naked Statistical Evidence: Exploring Bases and Implications of the Wells Effect*, 76 J. Personality & Soc. Psychol. 533 (1999)。

[67]　参见 Deanna L. Sykes & Joel T. Johnson, *Probabilistic Evidence versus the Representation of an Event: The Curious Case of Mrs. Prob's Dog*, 21 Basic & Applied Soc. Psychol. 199 (1999)。

[68]　参见 Hal R. Arkes, Brittany Shoots-Reihard & Ryan S. Mayers, *Disjunction between Probability and Verdict in Juror Decision Making*, 25 J. Behav. Dec. Making 276 (2012)。

[69]　参见 Amit Pundik, *What Is Wrong with Statistical Evidence? The Attempts to Establish an Epistemic Deficiency*, 4 Civ. Just. Q. 461 (2008)。

[70]　参见 Michael J. Saks & Robert F. Kidd, *Human Information Processing and Adjudication: Trial by Heuristics*, 15 Law & Soc'y Rev. 123, 151 - 54 (1980)。

[71]　关于该观点的详细讨论,参见:L. Jonathan Cohen, The Probable and the Provable 36 - 39 (1977); Alex Stein, Foundations of Evidence Law 40 - 56, 80 - 106 (2005); Dale A. Nance, The Burdens of Proof: Discriminatory Power, Weight of Evidence, and Tenacity of Belief 1 - 14, 103 - 83, 251 - 94 (2016); L. Jonathan Cohen, *The Role of Evidential Weight in Criminal Proof*, 66 B.U. L. Rev. 635 (1986); David Kaye, *Apples and Oranges: Confidence Coefficient and the Burden of Persuasion*, 73 Cornell L. Rev. 54 (1987); Pundik,前注[69],第 474—487 页。

[72]　参见:Cohen,前注[71],第 74—76 页;L. Jonathan Cohen, *Subjective Probability and the Paradox of the Gatecrasher*, 1981 Ariz. St. L.J. 627。

[73]　参见 Jonathan J. Koehler, *When Do Courts Think Base Rate Statistics Are Relevant?* 42 Jurimetrics 373, 395 - 400 (2002)。

[74]　出处同上,第 400 页。

[75]　参见上文 2.2.2 节。

[76]　参见 Maya Bar-Hillel, *The Base-Rate Fallacy in Probability Judgments*, 44 Acta Psychologica 211 (1980)。

[77]　出处同上,第 211—212 页、第 219—220 页。

[78] 参见 David L. Faigman & A.J. Baglioni, Jr., *Bayes' Theorem in the Trial Process*, 12 Law & Hum. Behav. 1 (1988)。

[79] 参见:上文 2.2.2 节;Koehler,前注[73],第 377—379 页、第 380—385 页(批判性地讨论了反对在司法决策中使用基础比率证据的学术和司法论点)。

[80] 参见 Ronald J. Allen & Michael S. Pardo, *The Problematic Value of Mathematical Models of Evidence*, 36 J. Legal Stud. 107 (2007)。

[81] 参见 Koehler,前注[73],第 388—390 页。

[82] 出处同上,第 390—395 页。

[83] 参见上文 2.2.3 节。

[84] 参见 Chris Guthrie, Jeffrey J. Rachlinski & Andrew J. Wistrich, *Inside the Judicial Mind*, 86 Cornell L. Rev. 777 (2001)。

[85] 出处同上,第 808 页。

[86] 参见 Chris Guthrie, Jeffrey J. Rachlinski & Andrew J. Wistrich, *Blinking on the Bench: How Judges Decide Cases*, 93 Cornell L. Rev. 1, 22 – 24 (2007)。

[87] 参见 Restatement (Second) of Torts § 328D(1)(a) (Am. Law Inst. 1965)。

[88] 参见 Restatement (Third) of Torts: Liability for Physical and Emotional Harm § 17 (Am. Law Inst. 2010)。

[89] 关于对以往表述的批评,参见 David Kaye, *Probability Theory Meets Res Ipsa Loquitur*, 77 Mich. L. Rev. 1456 (1979)。另见 Jeffrey J. Rachlinski, *Heuristics and Biases in the Courts: Ignorance or Adaptation?*, 79 Or. L. Rev. 61, 90 – 93 (2000)。

[90] 虽然直接证据和间接证据之间的区分在分析上存在争议,但传统的理解是,直接证据无需经过演绎过程的中介环节就能证明一个重大事实,而间接证据则需要额外的心理推理步骤来确定重大事实是否存在。参见 1 Charles T. McCormick, McCormick on Evidence 308 (Kenneth S. Broun et al. eds., 6th, one-vol. ed. 2006)。

[91] 参见 Kevin Jon Heller, *The Cognitive Psychology of Circumstantial Evidence*, 105 Mich. L. Rev. 241, 247 – 55 (2006)。

[92] 参见:Richard K. Greenstein, *Determining Facts: The Myth of Direct Evidence*. 45 Hous. L. Rev. 1801, 1802 – 04 (2009); Eyal Zamir, Ilana Ritov & Doron Teichman, *Seeing Is Believing: The Anti-inference Bias*, 89 Ind. L.J. 195, 199 – 200 (2014)。

[93] 参见:1A John Henry Wigmore, Evidence in Trials at Common Law 957 – 64 (Peter Tillers 修订,1983);Greenstein,前注[92],第 1804 页。

[94] 参见:Heller,前注[91],第 244 页;另见 Greenstein,前注[92],第 1803 页。

[95] 参见 Paul Bergman, *A Bunch of Circumstantial Evidence*, 30 U.S.F. L. Rev. 985, 988 (1996)。

[96] 另见 Albert J. Moore, Paul Bergman & David A. Binder, Trial Advocacy: Inferences, Arguments, and Techniques 4 – 7 (1996)。

[97]　参见前注[64]及其对应正文。

[98]　参见 Heller,前注[91],第 265 页。

[99]　出处同上,第 265—280 页。

[100]　关于司法决策的故事模型,参见上文 15.2 节。

[101]　参见 Heller,前注[91],第 287 页。

[102]　关于预期后悔及其对人们决策的影响,参见上文 14.4 节。

[103]　参见前注[65]—[67]及其对应正文。

[104]　参见 Heller,前注[91],第 258—264 页。

[105]　参见 Zamir, Ritov & Teichman,前注[92]。

[106]　后续的一项研究也得到了同样的结论,该研究中使用的证据来自在直接证据和间接证据条件下的同一个实验室测试。参见 Eyal Zamir, Elisha Harlev & Ilana Ritov, *New Evidence about Circumstantial Evidence*, 41 Law & Psychol. Rev. 107, 116 - 20 (2017)。

[107]　出处同上,第 120—138 页。

[108]　关于损失厌恶,参见上文 2.3 节。

[109]　参见 Zamir, Harlev & Ritov,前注[106],第 145—148 页。

[110]　参见上文 15.4.2 节。

[111]　关于去偏差技术,参见上文 2.8.6 节。

[112]　参见上文 12.3.3 节。

[113]　参见 Zamir, Ritov & Teichman,前注[92],第 224—227 页。

[114]　参见 Saks & Kidd,前注[70],第 134 页。另见 Expert Testimony on the Psychology of Eyewitness Identification (Brian L. Cutler ed., 2009)。关于科学证据及其他专家证据的心理学研究,参见 Saks & Spellman,前注[1],第 202—231 页。

[115]　参见:David Faust & Jay Ziskin, *The Expert Witness in Psychology and Psychiatry*, 241 Sci. (New Series) 31, 33 - 34 (1988)(描述了临床医学专家证词中常见的判断错误);William Meadow & Cass R. Sunstein, *Statistics, Not Experts*, 51 Duke L.J. 629 (2001)(表明医生在评估常见的医疗实践时会表现得过于乐观)。另见上文 2.8.2 节。

[116]　关于融贯性转移的一般讨论,参见上文 15.2 节;下文 16.3.2 节。

[117]　参见上文 2.8.2 节。

[118]　关于动机性推理,参见上文 2.4.2 节。

[119]　参见 Saks & Kidd,前注[70],第 138 页。

[120]　参见 Saul M. Kassin, Itiel E. Dror & Jeff Kukucka, *The Forensic Confirmation Bias: Problems, Perspectives, and Proposed Solutions*, 2 J. Applied Res. Memory & Cognition 42, 45 - 48 (2013)。

[121]　参见:Itiel E. Dror, David Charlton & Alisa E. Péron, *Contextual Information Renders Experts Vulnerable to Making Erroneous Identifications*, 156 Forensic Sci. Int'l 74 (2006); Itiel E. Dror et al., *Cognitive Issues in Fingerprint Analy-*

sis：*Inter- and Intra-Expert Consistency and the Effect of a "Target" Comparison*，208 Forensic Sci. Int'l 10 (2011)。

[122] 参见 Kassin, Dror & Kukucka,前注[120],第 48—50 页。

[123] 关于指定独立专家和科学小组来帮助法庭区分合理与不合理科学论据的建议,参见 Debra L. Worthington et al., *Hindsight Bias*, *Daubert*, *and the Silicone Breast Implant Litigation*, 8 Psychol. Pub. Pol'y & L. 154 (2002)。

[124] 参照 Thomas D. Lyon & Jonathan J. Koehler, *The Relevance Ratio*：*Evaluating the Probative Value of Expert Testimony in Child Sexual Abuse Cases*, 82 Cornell L. Rev. 43 (1996); Erica Beecher-Monas, *The Heuristics of Intellectual Due Process*：*A Primer for Triers of Science*, 75 N.Y.U. L. Rev. 1563 (2000)。

[125] 参见 National Academy of Sciences, Strengthening Forensic Science in the United States：A Path Forward (2009)。

[126] 这种不情愿在法院使用统计工具的有关问题上已经明显表现出来。参见 Tribe,前注[64]。关于询证医学的类似观点,参见 Geoffrey R. Norman, *Examining the Assumptions of Evidence-Based Medicine*, 5 J. Evaluation Clinical Practice 139 (1999)。

[127] 参见 Meadow & Sunstein,前注[115](提出只要存在统计数据,就应优先采用统计数据,而不是专家对常见做法的描述)。

[128] 参见上文 12.3.3 节、16.2.3 节。

[129] 参见 Vars,前注[1],第 708 页。

[130] 这一判断,也适用于与此密切相关的一个现象,即事实认定者忽视不予采信信息与规范上无关信息的能力有限,而用以克服这一问题的措施也成功率有限。参见上文 15.4 节。

[131] 一般性的讨论,参见：McCormick,前注[90],第 562—594 页;Phipson on Evidence 160 - 200 (Hodge M. Malek & Jonathan Auburn ed., 18th ed. 2013)。

[132] 参见：John Kaplan, *Decision Theory and the Fact-finding Process*, 20 Stan. L. Rev. 1065 (1968); Fredrick E. Vars, *Toward a General Theory of Standards of Proof*, 60 Cath. U. L. Rev. 1 (2010)。

[133] 可参见 Louis Kaplow, *Burden of Proof*, 121 Yale L.J. 738 (2012)。

[134] 参见 Christoph Engel, *Preponderance of the Evidence versus Intime Conviction*：*A Behavioral Perspective on a Conflict between American and Continental European Law*, 33 Vt. L. Rev. 435, 442 - 48 (2009)。

[135] 可参见：Neil Orloff & Jery Stedinger, *A Framework for Evaluating the Preponderance-of-the-Evidence Standard*, 131 U. Pa. L. Rev. 1159 (1983); Stein,前注[71],第 144—153 页、第 219—221 页。

[136] 参见 Mark Schweizer, The Civil Standard of Proof—What Is It, Actually?, 20 Int'l J. Evidence & Proof 217, 218 - 20 (2016)。

[137] 参见 Engel,前注[134]。

[138] 参见 2 McCormick on Evidence,前注[90],第 675—732 页。

[139] 参见 Engel,前注[134]。关于系统 1 和系统 2 的区别,参见上文 2.1.2 节。

[140] 关于故事模型,参见上文 15.2 节。

[141] 参见 Andreas Glöckner & Christoph Engel, *Can We Trust Intuitive Jurors？ Standards of Proof and the Probative Value of Evidence in Coherence-Based Reasoning*, 10 J. Empirical Legal Stud. 230, 239 – 40 (2013)。然而,罪犯表现出更强烈的融贯性转移的这一事实,可能有一个更温和的解释。即在排除合理怀疑的标准下,无罪判决者可以因证据不足而宣告无罪,因此不必去贬低相互矛盾的证据的价值。参见 Engel,前注[134],第 461 页。

[142] 参见 Rita James Simon & Linda Mahan, *Quantifying Burdens of Proof：A View from the Bench, the Jury and the Classroom*, 5 Law & Soc'y Rev. 319 (1971)。

[143] 参见 Ehud Guttel & Doron Teichman, *Criminal Sanctions in the Defense of the Innocent*, 110 Mich. L. Rev. 597, 601 – 07 (2012)。但亦见：Angela M. Jones, Shayne Jones & Steven Penrod, *Examining Legal Authoritarianism in the Impact of Punishment Severity on Juror Decisions*, 21 Psychol. Crime & Law 939 (2015)；Zamir, Harlev & Ritov,前注[106],第 138—141 页。

[144] 参见 Glöckner & Engel,前注[141],第 232 页。

[145] 参见 Dorothy K. Kagehiro, *Defining the Standard of Proof in Jury Instructions*, 1 Psychol. Sci. 194 (1990)。

[146] 参见 Norbert L. Kerr et al., *Guilt beyond a Reasonable Doubt：Effects of Concept Definition and Assigned Decision Rule on the Judgments of Mock Jurors*, 34 J. Personality & Soc. Psychol. 282 (1976)。

[147] 出处同上,第 287 页。

[148] 参见 Glöckner & Engel,前注[141]。

[149] 参见 Engel,前注[134],第 461 页。关于这些方面的讨论参见上文 15.2 节。

[150] 参见上文 2.1.2 节。

[151] 参见 Glöckner & Engel,前注[141],第 235—238 页。另见 Eyal Zamir & Ilana Ritov, *Loss Aversion, Omission Bias, and the Burden of Proof in Civil Litigation*, 41 J. Legal Stud. 165, 174 – 75, 198 – 201 (2012)(发现案例情境中可比的细微差异不会导致责任认定结果的差异)。

[152] 参见 Saul M. Kassin & Lawrence S. Wrightsman, *On the Requirements of Proof：The Timing of Judicial Instruction and Mock Juror Verdicts*, 37 J. Personality & Soc. Psychol. 1877 (1979)。

[153] 参见：Vicki L. Smith, *Impact of Pretrial Instruction on Jurors' Information Processing and Decision Making*, 76 J. Applied Psychol. 220, 225 (1991)；Dan Simon, *A Third View of the Black Box：Cognitive Coherence in Legal Decision Making*, 71 U. Chi. L. Rev. 511, 557 & n.146 (2004)。关于陪审团指示,参见上

文 15.4.2 节。

[154]　参见上文 2.3.4 节。

[155]　参见上文 4.4.3 节。

[156]　可参见：Ralph K. Winter, Jr., *The Jury and the Risk of Nonpersuasion*，5 Law & Soc'y Rev. 335，339 (1971)；Thomas R. Lee, *Pleading and Proof：The Economics of Legal Burdens*，1997 Brigham Young U. L. Rev. 1，11，16；Alex Stein, *An Essay on Uncertainty and Fact-Finding in Civil Litigation，with Special Reference to Contract Cases*，48 U. Toronto L.J. 299，319 (1998)；Steve R. Johnson, *The Dangers of Symbolic Legislation：Perceptions and Realities of the New Burden-of-Proof Rules*，84 Iowa L. Rev. 413，438－39，444－46 (1999)。

[157]　参见 Johnson，前注[156]，第 438 页。

[158]　参见 Ronald J. Allen, *How Presumptions Should Be Allocated：Burdens of Proof，Uncertainty，and Ambiguity in Modern Legal Discourse*，17 Harv. J.L. & Pub. Pol'y 627，639－40 (1994)。

[159]　参见 Karl N. Llewellyn, *On Warranty of Quality，and Society*：II，37 Colum. L. Rev. 341，385 n.114 (1937)。

[160]　参见：Richard A. Posner, Economic Analysis of Law 844 (9th ed. 2014)；Lee，前注[156]，第 12—13 页。

[161]　参见 Winter，前注[156]，第 337 页。

[162]　参见 Dale A. Nance, *Civility and the Burden of Proof*，17 Harv. J.L. & Pub. Pol'y 647 (1994)。根据这一论点，每当一方诉讼当事人指控另一方违反了某项重要规范时，假设人们遵守此类规范，意味着要求提出指控的当事方承担举证责任。

[163]　参见 Stein，前注[71]，第 216 页。Stein 认为，康德式的平等对待原告和被告的要求，意味着错误判决的风险应在双方之间进行平均分配。因此，每一方在确定对自己有利的事实方面，都需要承担错误的风险。

[164]　参见 Richard A. Posner, Economic Analysis of Law 827 (8th ed.，2011)。假设原告和被告的平均财富水平相当，边际效用递减原则意味着，对于应胜诉但败诉的原告而言，其遭受的损失略小于应胜诉但败诉的被告所遭受的损失。这一论点在波斯纳著作的第 9 版中被省略了(Posner，前注[160])。

[165]　参见 Zamir & Ritov，前注[151]，第 187—189 页、第 196 页注释 22。

[166]　关于损失厌恶，参见上文 2.3 节。

[167]　参见上文 14.3.6 节、14.6.2 节。

[168]　可参见：Michael Finkelstein, Quantitative Methods in Law：Studies in the Application of Mathematical Probability and Statistics to Legal Problems 67 (1978)；Stein，前注[71]，第 148 页；Posner，前注[160]，第 845 页。

[169]　一般性的讨论，参见 Zamir & Ritov，前注[151]，第 193—197 页。

[170]　出处同上，第 177—180 页。

[171] 出处同上,第 180—182 页、第 192—193 页。另见上文 15.3.3 节。

[172] 参见 Mark Schweizer, *Loss Aversion, Omission Bias, and the Civil Standard of Proof*, in European Perspectives on Behavioural Law and Economics 125 (Klaus Mathis ed., 2015)。

[173] 使错误总成本最小化的说服标准 $S=\lambda/(\lambda+1)$,其中 λ 是被告的损失比原告未获得的收益更显著的因子。例如,如果 $\lambda=2.25$,那么 $S=0.69$。

[174] 参见 Zamir & Ritov,前注[151],第 176 页、第 177 页、第 180 页、第 186—187 页。

[175] 参见 Glöckner & Engel,前注[141],第 241—243 页、第 246 页。

[176] 参见:Simon & Mahan,前注[142];Schweizer,前注[136]。

[177] 参见 State v. Baldwin, 1813 WL, *8 (S.C. Const. Ct. App. 1813)。

[178] 参见 In Re Winship, 397 U.S. 358, 363 (1970)。

[179] 参见 Daniel Epps, *The Consequences of Error in Criminal Justice*, 128 Harv. L. Rev. 1065, 1081 (2015)。

[180] 参见 Peter Tillers & Jonathan Gottfried, *Case Comment—United States v. Copeland, 369 F. Supp. 2d 275 (E.D.N.Y. 2005): A Collateral Attack on the Legal Maxim That Proof beyond a Reasonable Doubt Is Unquantifiable?*, 5 Law Probability & Risk 135, 135 - 38 (2006)。

[181] 参见 Simon & Mahan,前注[142],第 329 页。

[182] 出处同上,第 329—330 页; Dorothy K. Kagehiro, *Defining the Standard of Proof in Jury Instructions*, 1 Psychol. Sci. 194, 196 (1990)。

[183] 关于这些概念,参见上文 2.7.2 节。

[184] 参见 Jonathan Baron & Mark Spranca, *Protected Values*, 70 Org. Behav. & Hum. Decision Processes 1, 5 (1997)。

[185] 参见 Larry Laudan, *The Rules of Trial, Political Morality, and the Costs of Error: Or, Is Proof beyond a Reasonable Doubt Doing More Harm than Good?*, in 1 Oxford Studies in Philosophy of Law 195, 202 (Leslie Green & Brian Leiter eds., 2011)。

[186] 出处同上,第 206 页。关于 Laudan 研究结果的详细分析,解释了为什么可能发生高估或者低估无罪释放的成本,参见 Epps,前注[179],第 1090—1091 页。尽管如此,Epps 得出结论称,在考虑错误无罪释放的成本时,Laudan 的分析是一种有用的工具。

[187] 参见 Kaplow,前注[133],第 752—772 页。

[188] 出处同上,第 748 页。

[189] 事实上报应主义常常回避这个问题。可参见 Jeffrey Reiman & Ernest van den Haag, *On the Common Saying That It Is Better That Ten Guilty Persons Escape than That One Innocent Suffer: Pro and Con*, 7 Soc. Phil. & Pol'y 226, 242 - 43 (1990)。

[190] 参见 Michael S. Moore, Placing Blame: A Theory of Criminal Law 156 - 57 (1997)。

［191］　参见 Doron Teichman，*Convicting with Reasonable Doubt：An Evidentiary Theory of Criminal Law*，93 Notre Dame L. Rev. 757 (2017)。

［192］　参见 Michael R. Waldmann et al.，*Moral Judgments*，in The Oxford Handbook of Thinking and Reasoning 364，383 (Keith J. Holyoak & Robert G. Morrison eds.，2012)；Baron & Spranca，前注［184］，第 13 页。参照：Guid Calabresi & Philip Bobbit，Tragic Choices (1978)；Guido Calabresi，The Future of Law and Economics 21 (2016)（从经济学的角度讨论同类的问题）。

［193］　参见 Jonathan Baron，*Moral Judgement*，in The Oxford Handbook of Behavioral Economics and the Law，61，70 (Eyal Zamir & Doron Teichman eds.，2014)。

［194］　参见 Alan Page Fiske & Philip E. Tetlock，*Taboo Trade-Offs：Reactions to Transactions That Transgress the Spheres of Justice*，18 Pol. Psychol. 255，291－94 (1997)；上文 2.7.2 节。

［195］　参见 Sanchirico，前注［31］。

［196］　参见上文 16.2.1 节。

［197］　参见 Vrij，前注［27］，第 39—41 页、第 45 页、第 101—114 页。然而，值得注意的是，即使是有理论基础的、由专家设计的、根据陈述内容来区分谎言和真话的技术，也并非很可靠。此外，该领域实验室研究的外部有效性可能会受到质疑，而当开展实地研究时，往往并不可能确定真相到底是什么。参见 Vrij，前注［47］。

［198］　参见 Aldert Vrij，*A Cognitive Approach to Lie Detecting*，in Detecting Deception，前注［33］，第 205 页。

［199］　参见 Sanchirico，前注［31］，第 332—341 页（出人意料的问题）、第 343—344 页、第 351—352 页（疲劳）、第 323—325 页（凭记忆作证）、第 325—327 页（揭露权）、第 331—332 页（单独证词）。关于提出意料之外的问题作为测谎手段的有效性，参见：Aldert Vrij et al.，*Outsmarting the Liars：The Benefit of Asking Unanticipated Questions*，33 Law & Hum. Behav. 159 (2009)；Gary Lancaster et al.，*Sorting the Liars from the Truth Tellers：The Benefits of Asking Unanticipated Questions*，27 Applied Cognitive Psychol. 107 (2012)。

译后记

当《行为法律经济学》译稿最终完成时,回望这段始于 2020 年初秋,终于 2025 年春末的旅程,竟已跨越了五年的光阴。有幸参与这部学术前沿著作的迻译,我们心怀感激,亦深感责任之重。

这段漫长的周期,源于本书厚重的分量与独特的挑战。作为行为学、经济学、认知心理学与法学深度交融的新兴交叉学科著作,书中存在着大量尚未在中文语境中形成统一、稳定译法的跨学科概念。一方面,经典心理学概念需与行为经济学新发现精确嫁接;另一方面,作者为阐明其理论框架,常使用经济学分析方法、引入大量法律实践案例进行分析和阐述。这要求我们不仅需扎实掌握不同学科的基础理论,更需在缺乏成熟先例可循的情况下,反复斟酌求证,寻找最贴合中文语境且能精准传递学术内涵的表达。书中严谨的论证和跨学科的精密融合,迫使我们以近乎敬畏的态度,反复推敲每一处表述,查阅海量文献,不敢有丝毫懈怠。工作与生活的平衡、偶遇的瓶颈,乃至外部环境的波动,都拉长了战线。然而,正是这份"慢工",让我们得以深度沉浸于作者的思想世界,体味其理论构建的精妙,也让我们对"信、达、雅"的追求有了更切肤的认知——这份"迟来的果实",凝聚的是我们作为译者的诚意。

特别需要向中山大学法学院丁建峰副教授郑重致谢。他不仅严谨审校了核心术语,纠正了理解偏差,更从更高维度阐释了术语的语境和脉络,极大地提升了译文的准确性与学术规范性。

本书译文的绪言至第三篇由专业译者詹非菲完成,第四篇至第五篇由热衷于译事的高校教师彭丽嫦完成。面对这门新兴交叉学科的理论创新和概念迷宫,我们常感如履薄冰。法律术语的严谨性、经济学模型的抽象性与认知行为科学描述的生动性,需在中文里艰难求得和谐。作为译者,我们深知译本难免存有疏漏,恳请方家读者不吝指正。期盼这部融合认知行为学、经济学与法学智慧的著作,能为中文世界的学者、实务工作者、政策制定者以及相关领域读者,打开理解法律与经济分析关系的新视野。

最后,感谢格致出版社编辑团队的辛劳与耐心,感谢家人朋友的理解支持!愿本译作成为探索行为法律经济学新路径的一束微光。

詹非菲　彭丽嫦

2025 年 6 月

图书在版编目(CIP)数据

行为法律经济学 / (以) 埃亚勒·扎米尔，(以) 多
伦·泰希曼著；詹非菲，彭丽嫦译. -- 上海：格致出
版社：上海人民出版社，2025. -- (当代经济学系列丛
书 / 陈昕主编). -- ISBN 978-7-5432-3680-6

Ⅰ. D90-059

中国国家版本馆 CIP 数据核字第 2025BT6665 号

责任编辑　　王　萌
封面设计　　敬人设计工作室　　吕敬人

当代经济学系列丛书

行为法律经济学

[以]埃亚勒·扎米尔　多伦·泰希曼　著

詹非菲　彭丽嫦　译

出　　版　格致出版社
　　　　　上海三联书店
　　　　　上海人民出版社
　　　　　(201101　上海市闵行区号景路159弄C座)
发　　行　上海人民出版社发行中心
印　　刷　浙江临安曙光印务有限公司
开　　本　787×1092　1/16
印　　张　36.75
插　　页　2
字　　数　838,000
版　　次　2025 年 7 月第 1 版
印　　次　2025 年 7 月第 1 次印刷
ISBN 978-7-5432-3680-6/F·1634
定　　价　178.00 元

当代经济学教学参考书系

行为法律经济学/埃亚勒·扎米尔等著

全球视角的宏观经济学/杰弗里·萨克斯等著

博弈论/迈克尔·马希勒等著

基本无害的计量经济学:实证研究者指南(重译本)/乔舒亚·安格里斯特等著

发展中国家的开放宏观经济学/卡洛斯·A.韦格著

经济学中有约束的最优化问题解析/彼得·B.摩根著

微观经济学(第四版)/周惠中著

经济学中的主体基建模/琳恩·哈米尔等著

可计算一般均衡模型的基本原理与编程(第三版)/张欣著

金融学原理(第七版)/彭兴韵著

博弈与社会讲义(第二版)/张维迎著

微观经济学:原理和分析(第二版)/弗兰克·A.考威尔著

贸易理论与政策的数值模拟导论/约翰·吉尔伯特等著

经济增长(第二版)/罗伯特·J.巴罗等著

信息与激励经济学(第三版)/陈钊著

合作的微观经济学/何维·莫林著

不确定性与信息分析(第二版)/苏希尔·比克查恩达尼等著

博弈论教程/肯·宾默尔著

精通计量:从原因到结果的探寻之旅/乔舒亚·安格里斯特等著

开放经济的宏观经济学/马丁·乌里韦等著

宏观经济学(第四版)/查尔斯·I.琼斯著

货币经济学——理论、实践与政策(第二版)/田素华编著

博弈论与信息经济学/张维迎著

法和经济学(第六版)/罗伯特·考特等著

金融市场学/彭兴韵著

《微观经济学:现代观点》题库(第九版)/H.范里安等著

微观经济学:现代观点(第九版)/H.范里安著

《微观经济学:现代观点》练习册(第九版)/H.范里安等著

组织经济学手册/罗伯特·吉本斯等主编

策略:博弈论导论/乔尔·沃森著

合同理论/帕特里克·博尔顿等著

经济理论中的最优化方法(第二版)/阿维纳什·K.迪克西特著

公共经济学/安东尼·B.阿特金森等著

公共经济学(第二版)/吉恩·希瑞克斯等著

公共经济学习题解答手册(第二版)/尼格尔·哈希　马沙德等著

金融经济学十讲(纪念版)/史树中著

宏观经济学数理模型基础(第二版)/王弟海著

货币理论与政策(第四版)/卡尔·瓦什著

鲁宾斯坦微观经济学讲义(第二版)/阿里尔·鲁宾斯坦著

机制设计理论/提尔曼·伯格斯著

经济增长导论(第三版)/查尔斯·I.琼斯等著

劳动经济学:不完全竞争市场的视角/提托·博埃里等著

衍生证券、金融市场和风险管理/罗伯特·A.加罗等著

劳动和人力资源经济学——经济体制与公共政策(第二版)/陆铭等著

国际贸易理论与政策讲义/理查德·庞弗雷特著

高级微观经济学教程/戴维·克雷普斯著

金融基础:投资组合决策和证券价格/尤金·法玛著

环境与自然资源经济学(第三版)/张帆等著

集聚经济学:城市、产业区位与全球化(第二版)/藤田昌久等著

经济数学引论/迪安·科尔贝等著

博弈论:经济管理互动策略/阿维亚德·海菲兹著

新制度经济学——一个交易费用分析范式/埃里克·弗鲁博顿等著

产业组织:市场和策略/保罗·贝拉弗雷姆等著

数量金融导论:数学工具箱/罗伯特·R.雷伊塔诺著

现代宏观经济学高级教程:分析与应用/马克斯·吉尔曼著

政府采购与规制中的激励理论/让·梯若尔等著

集体选择经济学/乔·B.史蒂文斯著

市场、博弈和策略行为/查尔斯·A.霍尔特著

公共政策导论/查尔斯·韦兰著

宏观经济学:现代原理/泰勒·考恩等著

微观经济学:现代原理/泰勒·考恩等著

微观经济理论与应用:数理分析(第二版)/杰弗里·M.佩洛夫著

国际经济学(第七版)/西奥·S.艾彻等著

新动态财政学/纳拉亚纳·R.科彻拉科塔著

《微观经济学》学习指南(第三版)/周惠中著

《宏观经济学》学习指南/大卫·吉立特著

宏观经济理论/让-帕斯卡·贝纳西著

国际经济学(第五版)/詹姆斯·吉尔伯著

计量经济学(第三版)/詹姆斯·H.斯托克等著

应用微观经济学读本/克莱格·M.纽马克编

理性的边界/赫伯特·金迪斯著

经济社会的起源(第十三版)/罗伯特·L.海尔布罗纳著

政治博弈论/诺兰·麦卡蒂等著

发展经济学/斯图亚特·R.林恩著

宏观经济学:现代观点/罗伯特·J.巴罗著

高级微观经济学/黄有光等著

货币、银行与经济(第六版)/托马斯·梅耶等著

全球市场中的企业与政府(第六版)/默里·L.韦登鲍姆著